문사통의교주 2

文史通義校注

Annotations and Correction on General Meaning of Historiography and General Meaning of Bibliography

지은이 장학성(章學誠, 1738~1801)은 중국 청나라 때 학자이며 원래 이름이 문효(文斅), 자가 실재(實齋), 호가 소암(少岩)이다. 절강성 회계(오늘날 소흥)에서 살림이 넉넉지 않은 지식인 집안에서 태어났다. 어려서 병치레가 잦아 공부가 지지부진했던 그는 열다섯 살부터 역사학에 흥미를 가지게 되었고 스물다섯 살부터 주균을 스승으로 모시고 고문을 배우기 시작했다. 서른세 살에 안휘 학정으로 부임한 주균을 따라 갔으며 본격적으로 『문사통의』를 쓰기 시작했다. 병으로 돌아가기 직전까지 글쓰기를 놓지 않았으니 평생의 공력이 『문사통의』에 고스란히 모여 있다. 1773년 서른여섯 살 되던 해 화주의 행정 책임자 유장성을 위해 『화주지』를 편집했다. 『화주지』를 편집하면서 당시 지식인들이 별 관심을 기울이지 않던 지방지를 새롭게 인식하게 되었다. 1777년 마흔한 살에 진사에 급제해 국자감 전적 벼슬을 받았으나 취임하지 않고 막빈 생활을 하면서 전국의 서원에서 강의도 하고 지방지도 편찬해 주며 생계를 이었다. 1794년 쉰일곱 살의 그는 고향 회계에 정착하고 평생 쓴 글들을 정리하기 시작한다. 1800년 예순세 살에 노환이 심해진 그는 실명 상태에 빠졌지만 사람을 불러 구술하면서까지 창작의 끈을 놓지 않았다. 이해에 그는 학문적 유언이라고 할 수 있는 「절동학술」을 썼고 이듬해 1801년 11월 세상을 떠났다.

옮긴이 임형석(林亨錫, Lim Hengseok)은 1969년 부산에서 태어나 자랐다. 1992년 부산대학교 철학과에서 학사 학위를, 1997년 중국 북경의 청화대학 사상문화연구소에서 사상사 석사 학위를, 2001년 북경대학 철학계에서 철학 박사 학위를 받았다. 2001년부터 부산과 인근의 여러 대학에서 시간강사 및 연구원으로 일했고, 현재 부산 경성대학교 중국대학 중어중문학과 초빙외래교수이다.

문사통의교주文史通義校注 **2**

1판 1쇄 인쇄 2011년 2월 20일 **1판 1쇄 발행** 2011년 2월 25일

지은이 장학성 **옮긴이** 임형석 **펴낸이** 박성모 **펴낸곳** 소명출판
등록 제13-522호 **주소** 137-878 서울시 서초구 서초동 1621-18 (란빌딩 1층)
대표전화 (02) 585-7840 **팩시밀리** (02) 585-7848
이메일 somyong@korea.com **홈페이지** www.somyong.co.kr

ISBN 978-89-5626-544-5 94820 값 29,000원, ⓒ 2011, 한국연구재단
ISBN 978-89-5626-542-1(전 5권)

이 번역도서는 2006년 정부재원(교육인적자원부 학술연구조성사업비)으로 한국연구재단의 지원에 의하여 연구되었음.

문사통의 교주 2

文史通義校注

장학성 지음
임형석 옮김

소명출판

일러두기

1. 이 번역서의 저본은 장학성이 쓰고 섭영이 교정하고 주를 단 『문사통의교주』(文史通義校注, 北京, 中華書局, 1985)이다.
2. 중화서국 판 『문사통의교주』의 표점(標點)은 대부분 옳지만 여러 사람이 함께 작업한 탓인지 어긋나는 경우가 가끔 발견된다. 이것은 통일시키고 역주에서 밝혔다. 아울러 창수량(倉修良)이 편집한 『문사통의신편』(文史通義新編, 上海, 上海古籍出版社, 1993), 엄걸(嚴傑)과 무수성(武秀成)이 번역한 『문사통의전역』(文史通義全譯, 貴陽, 貴州人民出版社, 1997)도 남김없이 대조했으며 참고한 부분도 간혹 있다.
3. 이 번역서는 장학성의 원문과 원주, 섭영의 교주, 옮긴이의 역주 세 부분으로 구성되어 있다. 장학성의 원문은 본문으로 번역하고 원주는 본문에 괄호를 친 뒤 작고 굵은 글씨로 옮겨서 구분했다. 섭영의 교주는 『문사통의교주』의 원래 순서대로 주로 처리했다. 옮긴이의 역주는 각각의 주 밑에 '*역주'라고 써서 따로 구분했다.
4. 번역은 가능한 우리말로 풀어쓰려고 노력했다. 원문에 충실하고자 노력했으나 원문이 지나치게 축약된 경우에는 의역하기도 했다. 전통 문인의 글쓰기 대부분이 그러하지만, 장학성의 문장도 축약이 심하다. 이를 그대로 옮길 경우 앞뒤 문맥을 파악하는데 어려움이 있기 때문에 적절하게 풀어 옮겼다. 필요한 경우에는 옮긴이의 역주에 이를 설명했다.
5. 인명, 지명, 서명 등은 모두 한글 음으로 표기했다. 온전한 우리말 번역을 위해 국내의 갖가지 번역서와 연구 성과를 가능한 한, 충실히 참조하고 반영하고자 노력했다. 기존의 번역이 어색하고 구태의연한 경우, 옮긴이의 관점에 따라 의역하고 현대적으로 해석하기도 했다.
6. 섭영의 교주는 장학성의 원문에 나타나는 인명과 지명, 서명 등 거의 모든 사항을 망라하고 있다. 옮긴이의 역주는 섭영의 교주를 충실히 옮기고도 충분치 않은 경우에만 달았다. 옮긴이의 역주 가운데 장학성의 본문에 대한 것은 별도로 표시했다. 별도의 표시가 없는 옮긴이의 역주는 섭영의 교주에 대한 역주이다.
7. 원어 표기가 필요한 경우에는 한글 뒤 ( ) 안에 부기하였다. 그리고 옮긴이가 의역한 경우, 곧 저자가 지나치게 축약해서 쓴 말을 풀어쓰는 경우에는 [ ] 안에 원어를 표기했다. 또한 동일한 원어 표기가 여러 차례 등장하는 경우는 독자의 편의를 위해 필요하다고 판단했기 때문이다.

문사통의교주(文史通義校注) 2_ 차례

권3 – 내편3

권4 – 내편4

문사통의교주 전체 차례

권 3
내편 3

사덕(史德)[1]

타고난 자질[才], 탄탄한 지식[學], 독자적 판단력[識] 가운데 하나만 얻기도 쉽지 않다. 그러니 세 가지를 전부 갖춘다는 것은 더욱 어렵다. 인류 역사가 지속되는 동안 문인은 많았지만 좋은 역사가가 적었던 것은 역사가의 직분 탓이다. 당나라의 유지기는 아마 자질, 지식, 판단력만으로 역사 기술의 원리를 거의 모두 포괄할 수 있다고 말했을 것이다.[2] 유

1 나는 이렇게 생각한다. 「사덕」편은 글을 쓰는 사람의 마음씀씀이를 논하고, 나아가 역사가의 소양까지 언급하고 있다. 역사가는 반드시 학문적 소양이 순수하고, 감정에 휘둘리지 말며, 기분 내키는 대로 쓰지 않아야만 한다. 그래야 사실대로 글을 쓸 수 있으며 믿을 만한 내용을 후세에 전하게 된다. 『장실재연보』에 따르면 「사덕」편은 건륭 56년에 지었다. 장학성 「여사여촌간」(與史餘村簡)은 이러하다. "최근 「사덕」 여러 편을 지었는데, 견해가 전에 비해 진전되었다네. 「원도」와 「원학」 여러 편과 서로 표리가 될 수 있겠지. 그러나 「원도」 여러 편도 사람들의 인정을 못 받고 있으니 이 글도 자네가 보는 것은 괜찮지만 남에게 보여주지 말게."(가업당본 『장씨유서』 권9)

역주_ 건륭 56년은 1791년이다.

2 『신당서』 「유지기전」(劉知幾傳)은 이러하다. "유지기[劉子玄]는 이름이 지기(知幾)이며 역사서를 두루 보았다. 형인 유지유(劉知柔)와 함께 문학적 재능을 갖춘 것으로

지기의 말이 옳다고 해도 역사는 뜻[義]을 소중하게 여기고 사실[事]을 갖추고자 하며 글[文]을 수단으로 삼는다. 맹자는 말한다. "『춘추』의 사실은 춘추시대의 패자인 제나라 환공과 진나라 문공이 한 일이며 『춘추』의 글은 역사를 기록하는 벼슬아치인 사관이 한 일이고 『춘추』의 뜻은 내가 취했노라고 공자께서 스스로 말씀하셨다."[3] 독자적 판단력이 없다면 역사의 뜻을 단정할 수 없으며 타고난 자질이 없다면 역사를 기록하는 글을 잘 쓸 수 없고 탄탄한 지식이 없다면 역사적 사실에 익숙해질 수 없다. 세 가지는 본래 각각 가까운 측면도 있고 비슷해 보이지만 사실 맞지 않은 측면도 있다. 잘 외우는 기송이 탄탄한 지식이라는 생각, 화려한 수사법이 타고난 자질이라는 생각, 격렬한 독단이 독자적 판단력이라는 생각은 좋은 역사가의 자질, 지식, 판단력이 아니다.[4] 유지기가 자질, 지식, 판단력을 제시했다지만 미처 역사 기술의 원리를 전부 보여주었다고 할 수는 없다. 지식은 있으되 판단력이 없는 역사가는 마치 어리석은 장사치가 금덩이를 쥐고서도 교역을 통해 재산을 늘릴 줄 모르는 것과 같다고 유지기는 말했다.[5] 이 말을 헤아려 볼 때, 유지기가 가리

유명했으며, 진사로 발탁되었다. 측천무후(武后) 때 여러 차례 봉각사인(鳳閣舍人)으로 천거되었고, 국사 편찬도 겸임했다. 중종(中宗) 때 태자솔경령(太子率更令)으로 발탁되었다가, 비서감으로 옮겼다. 처음에 유지기가 『무후실록』(武后實錄)의 편찬을 맡았을 때, 개정하려는 것이 있었다. 그러나 무삼사(武三思) 등이 들어주지 않았다. 기용되었어도 자신의 뜻을 완수할 수 없다고 생각하여, 『사통』 내편과 외편 마흔아홉 편을 지었다. 여기서 당시와 고대를 비평했다. 서견이 이것을 읽고 이렇게 탄식했다고 한다. '역사를 쓰는 사람은 마땅히 이 책을 좌우명으로 삼아야 할 것이다.'" 「사덕」편은 역사가에게 세 가지 장점이 있다고 말한 것을 논하고 있다. 주장은 다음을 보라.

3 이 구절은 『맹자』 「이루 하」를 보라.

4 유함흔 『문사통의지어』는 이러하다. "기송을 학문이라고 생각하는 것은 최근의 역사 고증[史考]이다. 어휘의 화려함[辭采]을 재능이라고 생각하는 것은 심약과 소자운 이후의 더러운 역사서이다. 격렬한 독단을 판단력이라고 생각하는 것은 송나라 사람들의 사론이다."

5 『신당서』 「유지기전」은 이러하다. "예부 상서 정유충(鄭惟忠)이 이렇게 물은 적이 있다. '옛날부터 문사(文士)는 많았지만 사재(史才)는 적었다. 무엇 때문인가?' 유지기는 이렇게 대답했다. '사는 타고난 자질, 탄탄한 지식, 독자적 판단력이라는 세 가

키는 자질, 지식, 판단력은 기송에서 어떤 것을 선택할 것인지 알고 문리를 완성하려는 정도에 지나지 않는다는 점이 증명된다. 그래서 유지기는 이렇게 말한다. "역사 해석의 주장을 이뤘지만 절개를 지킨 처사를 물리치고 간사한 영웅을 앞세우며 죽음으로 절개를 지킨 충신을 배척하고 군주만 꾸며준 이가 옛사람 가운데 있다." 그들은 "특정 학파의 도가 본래 그런 것이다"라고 말한다.[6] 이것은 문학을 지망하는 선비[文士]의 판단력이지 역사가의 판단력[史識]은 아니다. 역사가의 판단력을 갖출 수 있는 사람이라면 틀림없이 역사가의 덕[史德]을 알 것이다. 역사가의 덕이란 무엇인가? 역사서를 짓는 사람의 마음씨[心術]이다.[7] 더러운 역사서는 역사를 더럽혔기 때문에 자신을 더럽힌 격이고[8] 비방하는 글은 비방

지 장점이 있어야 합니다. 세상에 그것을 겸한 사람이 드물기 때문에 사재가 적습니다. 지식은 있는데 자질이 없는 사람은 마치 어리석은 장사치가 금덩이를 쥐고 있는 것과 같습니다. 장사를 해서 재산을 불리질 못하지요. 자질은 있는데 지식이 없는 사람은 마치 솜씨 좋은 장인에게 좋은 재목과 도끼나 자귀가 없는 것이나 마찬가지입니다. 집을 지을 수가 없는 게지요. 선과 악은 반드시 써야 교만한 임금이나 나쁜 신하도 두려움을 알게 만들 것입니다. 이것은 더할 것이 없습니다.' 당시 이것이 돈독한 논의라고 생각했다."

역주_ **정유충**(?~722)은 당나라의 대신이다. 송주(宋州) 송성(宋城, 현재 하남성 상구) 출신이다. 의봉 연간에 진사에 급제했으며 정형(井陘, 현재 하북성 정형)의 위(尉)에 임명되었다. 이후 정권의 변동에도 승승장구하여 개원 초에 예부 상서까지 올랐고 태자빈객(太子賓客)으로 관직에서 은퇴했다.

6 『사통』「오시」(忤時)는 이러하다. "옛날에는 어떤 역사서를 간행하거나 일가를 이룬 역사서를 편찬하게 되면, 형식과 계통이 각각 달랐고 궁극적인 뜻도 모두 구별되었다. 『상서』의 가르침은 정사에 통달하여 오래된 옛날 일도 아는 것을 위주로 했다. 『춘추』의 대의는 악을 징벌하고 선을 권하는 것이 우선이다. 『사기』는 처사를 물리치고 간웅(姦雄)을 앞세웠으며, 『한서』는 충신을 억누르고 임금을 꾸며주었다. 이것은 옛날의 성공과 실패를 따지는 범례와 좋은 역사가의 옳고 그름을 따지는 기준으로 나란히 놓은 것이다. 지은이는 이것을 상세히 말한다."

7 『예기』「악기」는 이러하다. "백성은 혈기(血氣)와 심지(心知)의 본성이 있으나 슬프고 즐거우며 기쁘고 화가 나는 일정함이 없다. 사물에 반응하면 이런 감정이 일어나서 움직이게 된다. 그런 뒤에 마음씀씀이[心術]가 형태를 가진다." 소는 이렇게 말한다. "술(術)은 말미암는 길을 말한다."

8 『사통』「고금정사」는 이러하다. "제나라 천보(天保) 2년에 비서감 위수(魏收)에게 예전에 들은 것을 널리 채집하여 역사서를 하나 편집하라고 명령했다. 그래서 『위서』 백서른 권을 지었다. 위수는 제나라에 아첨하느라 위나라 왕실에 공평하지 않은 점

한 일 때문에 자신을 나무라는 꼴이다.[9] 평소의 행실이 부끄러운 놈이라

이 많았다. 북조(北朝)와 무리를 짓기도 하고 남조[江左]를 대단히 모함했다. 위수의 성질은 남이 자신을 이기는 것을 미워하고 과거에 자신이 싫어한 것을 기억하길 좋아했다. 아무리 훌륭한 집안이나 대단한 덕성이 있는 사람이라도 그의 원한을 산 사람치고 더러운 말을 뒤집어쓰지 않거나 좋은 일을 깡그리 없애지 않은 집안이나 사람은 없었다. 분노를 다른 사람에게 옮기게 되면 그 사람의 고조부나 증조부까지도 깎아내리는 말을 서슴지 않았다. 책이 완성되어 처음 아뢰었을 때 황제는 위수에게 상서성(尙書省)에서 여러 사람과 토론해 보라고 명령했다. 그런데 앞뒤로 늘어서서 반박한 사람이 백여 명이나 되었다. 당시 상서령(尙書令) 양준언(楊遵彦)은 제나라에서 신분이 높은 신하였고 권세가 조정과 재야를 좌지우지했다. 위수는 양준언 집안의 「열전」을 대단히 아름답게 지었다. 그래서 양준언 무리의 배경을 깊이 입어 자기가 지은 역사서를 반박한 사람들은 모두 중벌을 받았다. 어떤 사람은 옥중에서 죽기도 했지만, 많은 사람들의 원한 맺힌 비방의 소리는 그치질 않았다. 효소제 때 위수에게 더욱 갈고 닦아 살피라고 명령했다. 그런 뒤에 바깥에 널리 퍼트렸다. 무성은 여러 신하에게 그것을 보인 적이 있는데 오히려 부실하다고 말했다. 가다듬고 고치라는 명령을 다시 내렸더니 변화시킨 것이 대단히 많았다. 이때부터 세상에서 위수의 책을 가볍게 여겨 더러운 역사서[穢史]라고 불렀다."

역주_ 양음(楊愔)은 자가 준언, 어렸을 때 이름은 진왕(秦王)이다. 홍농 화음 출신이다. 아버지 양진(楊津)은 위나라 때 사공시중까지 올랐다. 역사서를 읽기 좋아하고 특히 『춘추좌전』을 좋아했다고 한다. 건명(乾明) 원년 효소제(孝昭帝)에게 죽임을 당했다. 당시 나이가 쉰이었다. 천통(天統) 연간 말에 사공에 추증되었다.

9 사승(謝承)은 『한서』에서 이렇게 말한다. "채옹이 왕윤(王允)과 함께 앉아 있다가 동탁이 죽었다는 소식을 들었다. 채옹은 안타까워하는 한숨 소리를 냈다. 왕윤은 채옹을 꾸짖으며 이렇게 말했다. '동탁은 나라의 큰 도적이고 군주를 죽이고 신하를 죽였으니 천지가 보살펴 주지 않으며 사람과 신이 함께 미워하는 놈이다. 그대는 임금의 신하가 되어 대대로 한나라의 은혜를 받은 사람이다. 나라의 주인이 위태롭고 어려운데 창을 거꾸로 들지 않았다. 동탁은 하늘이 죽이신 것이다. 그런데 다시 한숨 쉬며 가슴 아파할 일인가?' 바로 그를 정위에게 체포하라고 했다. 채옹은 왕윤에게 사죄하며 이렇게 말했다. '비록 불충하긴 하지만 아직 대의를 알고 있습니다. 고금의 안정과 위기는 귀에 못이 박히도록 들었고 입에는 늘 달고 삽니다. 제가 어찌 나라를 배반하고 동탁에게 향한 사람이겠습니까! 제 미친 소리가 잘못 흘러나와 재앙이 들어왔으니 평민[黔首]으로 강등시키는 형벌을 받고 한나라 역사를 잇게 해주시길 바랍니다.' 공경들이 채옹의 재주를 안타까워하여 모두 왕윤에게 충고했다. 왕윤은 이렇게 말했다. '옛날 무제가 사마천을 죽이지 않은 것은 그에게 무제 자신을 비방하는 글을 지어 후세에 남겨주라고 시킨 꼴이오. 지금 나라의 사직[國祚]이 중간에 쇠락했고 전쟁은 계속되는데 말만 번지르르한 신하에게 어린 주인 주변에서 붓을 들게 할 수는 없소. 나중에 우리들도 모두 훼방하는 논의를 받게 만들게 될 것이오.' 드디어 채옹을 죽였다."(『삼국지』「위서」 "동탁전"(董卓傳)의 주에서 재인용) 홍매는 이렇게 말한다. "사마천은 『사기』를 지었다. 「봉선서」에서 무제가 신선과 귀조

면 그런 놈이 쓴 문사에 중요하게 여길만한 것이 있겠는가! 위수(魏收)는 왜곡하고 모함했으며 심약(沈約)은 음흉하고 올바르지 못하다.[10] 위수와

(鬼竈)를 믿고 방사를 부린 일을 대단히 상세히 기술했다. 그러므로 왕윤이 비방하는 글[謗書]이라고 말한 것이다."(『용재수필』 권4)

역주_ 사승은 자가 위평(偉平)이며 회계 산음 출신이다. 손권의 아내인 사부인(謝夫人)의 아우이다. 오군 독우(督郵)가 되었다가 나중에 낭중에 임명되었다. 장사 동부(東部) 도위(都尉), 무릉 태수(武陵太守)로 옮겼다. 『후한서』와 문집 네 권이 있다. 왕윤(137~192)은 자가 자사(子師)이다. 『후한서』에 따르면 그는 태원 기(祁) 출신이라고 한다. 한나라 헌제 초에 사도, 상서령에 임명되었다. 당시 한나라는 허울뿐이고 동탁이 권력을 쥐고 있었다. 왕윤은 동탁 암살을 계획하여 성공시켰지만 동탁의 잔당에게 반격을 당하여 가족과 함께 몰살당했다.

10 『북제서』(北齊書) 「위수전」(魏收傳)은 이러하다. "위수는 자가 백기(伯起)이며, 어렸을 때 자는 불조(佛助)이다. 거록(鉅鹿) 하곡양(下曲陽) 출신이다. 글이 화려하여 눈에 띄고 문사가 풍부하고 여유롭다. 『위서』 백서른 권을 지었다." 『양서』 「심약전」은 이러하다. "심약은 자가 휴문이며, 오흥 무강 출신이다. 뜻이 도탑고 학문을 좋아했으며 글을 잘 지었다. 고조가 선양을 받은 뒤, 상서복야가 되었다가 좌광록대부로 옮겼다. 죽은 뒤 은공이라는 시호를 받았다. 『송서』 백 권을 지었다." 『사통』 「채찬」(採撰)은 이러하다. "심약의 저서는 이전의 조상을 모함하길 좋아했다. 진나라에 대해서는 고의로 이상한 소리를 날조하고 송나라에 대해서는 비방하는 말을 많이 한다. 이전의 역사서가 그의 잘못을 이미 기록하고 꾸짖었다. 그러나 위수의 무리가 북조에 붙었기 때문에 남조[南國]를 더욱 괴롭혔다. 드디어 사마예[馬叡]가 우금(牛金)의 자식이고 유준(劉駿)이 노씨(路氏)와 붙어먹었다고까지 말했다. 이것은 걸왕을 돕는 앞잡이가 더욱 악랄한 법이요 사람의 재앙이라고 말할 수 있다. 얼마 지나지 않아 심약은 살아서 대가 끊겼고 죽어서는 부관참시를 당했다. 아마 이것도 살아생전 저지른 잘못이 부른 결과이리라."

역주_ 사마예(司馬叡, 276~322)는 동진의 첫 번째 황제이다. 자는 경문(景文)이며 시호는 원제(元帝), 묘호는 중종(中宗)이다. 서진이 멸망하자 호족의 지지를 받아 건강(建康, 현재 강소성 남경시)에 서울을 새로 정하고 즉위하였다. 재위 기간은 317~322년이다. 우금은 위나라 조인(曹仁) 휘하의 장수이다. 형주 남양 출신이며 후장군(後將軍)까지 올랐다. 유준(430~464)은 송나라 효무제(孝武帝)이다. 자는 휴룡(休龍), 어릴 때 자는 도민(道民)이며 송나라 문제(文帝) 유의륭(劉義隆)의 셋째 아들이다. 묘호는 세조이다. 문제의 총애를 받지 못해 지방으로만 돌았다. 처음에 무릉왕(武陵王)에 봉해졌다가 원가 연간 말에 강주 자사가 되었다. 태자 유소(劉劭)가 문제를 시해하자 형주 자사 유의선(劉義宣), 옹주(雍州) 자사 장질(臧質)과 군대를 일으켜 토벌하고 453년 신정(新亭)에서 황제로 즉위했다. 즉위한 뒤 형 유소의 식솔을 모두 죽였다고 한다. 당시 "앞에는 아들이 아비를 죽이더니 뒤에는 아우가 형을 죽였다"는 말이 파다했다 한다. 어머니 노씨를 황태후, 왕비 왕헌(王憲)을 황후로 삼았다. 스물네 살의 유준은 호색한이어서 닥치는 대로 여자들을 겁탈했다 한다. 심지어 노태후가 조정 대신의 아내들과 종실의 딸들을 초대하면 유소가 들어가 마음에 드는 사람을 범했다

심약의 책을 읽는 사람은 우선 그들의 사람 됨됨이를 믿지 않을 것이기 때문에 『위서』와 『송서』를 읽는다 해도 크게 걱정할 것이 없다. 내가 마음씨를 걱정하는 것은 사람마다 군자의 마음은 있지만 군자의 마음을 길러서 순수할 정도로 가라앉히지 못함을 걱정하기 때문이다. 위대한 현인의 수준에 도달하지 못하는 일반인이라면 군자의 마음은 있지만 순수하게 기르지 못할 것이다. 그렇다 하더라도 역사서를 지은 마음씨 일반에 대해 걱정한다면 공자의 『춘추』도 옳지 못하다는 결론이 나게 되니 결코 정당화될 수 없다. 무조건 일반화시키는 관점에서 잘못을 저지른 사람을 책망하는 것도 어렵지 않겠는가? 하지만 이것도 꼭 그렇지 않다. 아마 좋은 역사가가 되려는 사람은 필연과 작위가 만나는 접점[天人之際]에서 필연과 작위를 신중하게 변별해야만 할 것이다.[11] 필연성을 부여하는 동시에 작위를 보태지 않아야 한다.[12] 필연성을 부여하는 동시에 작위를 보태지 않는다면 설령 완벽한 역사 기술에 도달할 수 없다하더라도 읽는 사람들은 진실로 역사 사실을 알게 될 것이며 저술한 사람의 마음씨도 칭찬할 수 있을 것이다. 그러나 문학과 사학을 전공하는 유학자

고 한다. 심지어 노태후의 침실에서도 그런 짓을 서슴지 않았다 한다. 그러나 일설에는 유소가 노태후와 붙어먹었다는 소문도 있었다고 한다. 노태후는 이름이 혜남(惠男)이며 미모가 출중하여 후궁으로 들어왔다고 한다. 문제 때 숙원(淑媛)에 책봉되었다. 유준은 나중에 또다른 후궁 은귀비(殷貴妃)를 총애했다 한다. 은귀비가 일찍 죽고 유준은 슬픔 때문에 병이 들었고 옥촉전(玉燭殿)에서 서른다섯 살에 세상을 떠났다.

11 『장자』「천지」(天地)는 이러하다. "무위하면서 높은 것은 천도이다. 유위하면서 허물이 있는 것은 인도이다."「대종사」는 이러하다. "사람으로 하늘을 돕지 않는다."「추수」는 이러하다. "사람 때문에 하늘을 멸망시키지 않는다."「서무귀」는 이러하다. "사람 덕분에 하늘에 들어가지 않는다." 이 구절들은 모두 사람이 하늘에 누를 끼치지 않는다는 뜻을 밝히고 있다.

12 유함흔 『문사통의지어』는 이러하다. "타고난 천성을 다하는 것은 각자 타고난 분량대로다. 후세의 역사가는 어찌 공자와 같을 수 있겠는가? 오로지 각자 타고난 분량대로 정론을 기다릴 뿐이지, 감히 개인적인 의도로 독단할 수 없다."『장자』「산목」은 이러하다. "하늘이 쉬움을 더는 것도 받지 않고 사람이 어려움을 보태는 것도 받지 않는다." 사람이 보탠다는 것은 주관적 감정으로 일을 처리한다는 말이다.

는 자질, 지식, 판단력을 경쟁적으로 지껄이지만 마음씨를 변별해서 역사가의 덕을 논해야 한다는 점을 모르니 어찌 괜찮겠는가?[13]

요임금과 순임금이 옳고 걸왕(桀王)과 주왕(紂王)이 옳지 못하다는 사실은 누구라도 말할 수 있다. 임금다운 왕의 길[王道]을 높여 소중히 여기고 패자의 업적[霸功]을 배척하는 것[14]도 유학자들의 해묵은 버릇이다. 문사를 빌어 불후의 명성을 남기고자 하는 사람치고 착한 것을 착하다고 하고 나쁜 것을 나쁘다고 하는 마음[15]과 올바른 것을 표창하고 올바르지 못한 것을 미워하는 마음이 없는 사람은 없다. 그래서 필연과 작위가 서로 영향을 미치는 지점에서는 올바르게 발전할 싹이 대단히 미약하기 때문에 자잘한 총기만 믿을 수 없다는 것도 마음씨가 깊이 고려하지 않을 수 없다. 역사가 기록하는 것은 사실이며 사실은 반드시 글을 통해서만 전해진다. 좋은 역사가는 글을 잘 쓰지 않을 수 없지만 글이 사실에 휘둘릴까 걱정스럽다는 점을 모른다. 아마 사실에는 어떤 역사적 인물의 성공과 실패, 옳음과 그름에 대한 평가가 없을 수 없을 것이다. 일단 성공과 실패, 옳음과 그름이 결정되면 정치적 처신이나 왕조의 계승에 대한 평가는 평가자에 따라 불꽃 튀는 마찰을 일으키게[奮摩] 된다. 불꽃 튀는 마찰이 끊임없이 일어나면 기운이 쌓이게 될 테고 사실에도 흥망성쇠가 없을 수 없다. 일단 흥망성쇠가 결정되면 옛사람이 남긴 사물을 거듭 마주하여 옛사람과 옛사람이 실행한 일을 곱씹는[憑弔] 동안 미련 때문에 본래 밝히려고 했던 문제로 되돌아가야 함을 잊는 일[流連]이 생기

---

13 나는 이렇게 생각한다. 여기까지 역사가의 판단력을 갖춘 사람은 반드시 역사가의 덕을 알고 마음씀씀이를 조심해야 한다는 것을 말하고 있다.

14 『한서』「동중서전」은 이러하다. "인한 사람은 자신의 떳떳함을 올바르게 하지 자신의 이익을 꾀하지 않으며, 자신의 도를 밝히지 자신의 업적을 헤아리지 않는다. 그래서 공자의 문하에서는 삼척동자[五尺之童]라도 춘추시대의 오패[五伯]를 칭찬하는 일을 부끄러워한다. 그들은 속임수와 힘을 앞세우고 인의를 뒤로 밀친 사람들이다."

15 『춘추공양전』「소공 20년」은 이러하다. "군자가 선한 것을 선하다 하는 것은 길게 보는 것이고 악한 것을 악하다 하는 것은 짧게 보는 것이다. 악한 것을 악하다 하면 그 영향이 자신에게서 멈추지만 선한 것을 선하다 하면 자손까지 미친다."

게 된다. 옛사람이 남긴 사물을 마주하여 옛사람과 옛사람이 실행한 일을 곱씹는 동안, 본래 밝히려고 했던 문제로 되돌아가야 함을 잊는 일이 끊임없이 일어나면 감정이 깊어진다. 글 자체는 사람을 감동시킬 수 없으며 사람을 감동시키는 근거는 글을 쓴 사람의 기운이다.[16] 글 자체는 사람에게 들어갈 수 없으며 사람에게 들어가는 근거는 글을 쓴 사람의 감정이다.[17] 기운이 쌓이면 글이 무럭무럭 자라고 감정이 깊어지면 글이 중후해진다. 기운이 무럭무럭 자라고 감정이 중후해지도록 해주는 글이 천하에서 가장 훌륭한 글이다. 그러나 필연적인 글도 있고 작위적인 글도 있으니 변별하지 않을 수 없다. 기운은 양강(陽剛)을 얻으려는 경향이

16 『맹자』「공손추 상」은 이러하다. "기운은 몸을 채운 것이다." 조기의 주는 이렇게 말한다. "기운은 형체를 채워 기쁘거나 화를 내게 하는 것이다."

17 『논형』「초품」(初稟)은 이러하다. "감정은 사물에 접해서 그렇게 되는 것이다." 황종희는 이렇게 말한다. "글은 이치를 위주로 한다. 그러나 감정이 이르지 않으면 이것도 글의 껍데기일 뿐이다. 구양수[廬陵]가 친구를 사귀는 일에 대해 쓴 글은 울음을 삼키지 않을 수 없다. 유종원[子厚]이 자기 신세에 대해 한 말은 슬프지 않을 수 없다. 학경[郝陵川]이 진주(眞州)에 살 때 한 말과 대표원[戴剡源]이 옛 서울에 들어가서 한 말은 모두 측은하여 사람을 감동시킨다. 고금을 통틀어 이런 문장들은 갈아 없앨 수 없다. 참으로 하늘에 이런 감정이 있다면 하늘도 늙을 것이다. 그래서 세상에는 정정당당한 진용과 깃발이 없지 않다. 이것은 모두 위대한 글이라고 지목한다. 그러나 사람의 감정을 옮길 수 있는 것을 담지 못한 글은 이른바 확실히 아무 내용도 없는 것이다."(『논문관견』(論文管見))

역주_ **학경**(1225~1275)은 자가 백상(伯常), 택주(澤州) 능천(陵川, 현재 산서성 능천) 출신이다. 원나라 벼슬아치이자 학자이다. 할아버지 학천정(郝天挺)은 원호문(元好問)의 스승이다. 쿠빌라이 칸이 아직 황제가 되지 않았을 때 그를 불러 나라를 다스리는 방책을 물었고 즉위한 뒤 한림 시독학사에 임명했다. 국신사(國信使)에 임명하여 남송에 사신으로 갔다가 진주에 십여 년 동안 억류되었다. 절개를 굽히지 않고 있다가 원나라가 송나라를 멸망시킨 뒤 지원 11년(1274) 비로소 돌아올 수 있었다. 소문관(昭文館) 대학사, 사도, 기국공(冀國公)에 추증되었고 시호는 문충(文忠)이다. 글씨와 그림이 수준 높고 옛스러워 많은 사람들의 장점을 융합한 것이 그의 성격과 똑같다 한다. 저술에 『능천집』(陵川集)이 있다. **대표원**(戴表元, 1244~1310)은 원나라 때의 문학자이다. 자는 사초(師初), 다른 자는 증백(曾伯)이다. 경원(慶元) 봉화(奉化, 현재 절강성) 출신이다. 일곱 살에 벌써 글을 잘 지었고 시문에는 기이한 말이 많다. 남송 말에 진사가 되었고 건강부(建康府) 교수에 임명되었다가 전쟁 때문에 담(剡)으로 돌아갔다. 대덕 8년(1304) 예순한 살에 추천으로 신주(信州) 교수가 되었다가 무주로 전임했고 병으로 사직했다. 저술은 『담원문집』(剡源文集)에 담겨 있다.

있지만 감정은 음유(陰柔)와 합하려는 경향이 있다.[18] 사람은 음양 사이에서 끼어 있지만[19] 음양을 떠날 수 없는 존재이다. 기운이 이치에 부합하는 것은 필연이지만 기운이 이치를 어기면서 마음대로 구는 것은 작위이다. 감정이 천성에 뿌리를 두고 있는 것은 필연이지만 감정이 천성을 어지럽히면서[20] 엉망진창 무질서한 것은 작위이다. 역사서의 뜻은 필연에서 나오지만 역사서의 글은 작위의 힘을 빌지 않고서는 완성될 수 없다. 사람은 음양 사이에 끼여 있다는 걱정이 있기 때문에 역사서의 글은 바로 위대한 도의 공공성[公]에 뒤섞여 갈피를 잡을 수 없게 되고 글의 느낌은 드러나지 않게 된다. 글은 기운이 아니면 세워질 수 없으며 기운은 안정[平]을 소중하게 여긴다. 사람의 기운은 한가한 경우[21] 안정되지 않음이 없다. 사람은 일이 있으면 반응한다. 기운이 안정을 잃으면 방탕해지며[22] 기운이 안정을 잃으면 격렬해지고 기운이 안정을 잃으면 교만해진다. 이것은 양기에 손상을 입힌다. 글은 감정이 없으면 깊어지지 않으며 감정은 올바름을 소중하게 여긴다. 사람의 감정이 텅 비면 올바르지 않음이 없다. 일단 일이 생기면 반응하게 된다. 감정이 올바름을 잃으면 나태해지고 감정이 올바름을 잃으면 탐닉하게 되며 감정이 올바름을 잃으면 편협해진다. 이것은 음기에 손상을 입힌다.[23] 음양은 가라앉거나

18 『맹자』「공손추 상」은 이러하다. "그것이 기운이 되면 지극히 크고 지극히 강하다." 『설문해자』는 이러하다. "정(情)은 사람의 음기(陰氣)가 하고자 하는 것이다."

역주_ 양강은 양적이며 강한 것, 음유는 음적이며 부드러운 것이다.

19 『예기』「왕제」는 이러하다. "우(郵, 허물(過)이다)를 벌하는 것은 사실대로 시행한다." 주는 이러하다. "여(麗)는 부(附)이다."

20 골(汩)은 골(骨)이라고 읽으며 어지럽다[亂]는 뜻이다. 『상서』「홍범」은 이러하다. "오행을 어지럽게 늘어놓다." 『상서정의』는 이렇게 말한다. "오행을 늘어놓은 것이 모두 어지럽다는 말이다."

21 『논어』「술이」는 이러하다. "선생님이 한가하게 계셨다." 주희 주는 이렇게 말한다. "연거(燕居)는 한가해서 일이 없을 때이다."

22 탕(宕)은 탕(蕩)과 통한다. 방탕하다는 뜻이다.

23 『장자』「재유」는 이러하다. "사람이 지나치게 기뻐하면 양기에 손상을 입힌다. 지나치게 화를 내면 음기에 손상을 입힌다." 사마표는 이렇게 말한다. "비(毗)는 조(助)이다." 유월은 이렇게 말한다. "기쁨은 양에 속하고 화는 음에 속한다. 양을 돕거나 음

떠들썩해지는 걱정이 있기 때문에[24] 혈기(血氣)를 타고서 심지(心知)에 들어온다. 그 과정에서 묵묵히 가라앉은 채 옮겨가는 것은 공적인 것 같으면서도 실은 개인적으로 드러나고 필연인 것 같으면서도 실은 작위에 가려져 있다. 그것이 문사로 표현되어 뜻을 해치고 도를 어기는 지경에 이르러도 글을 쓴 사람은 도리어 모른다. 그러므로 마음씨를 조심하지 않을 수 없다.[25]

기운이 승하고 감정이 치우친 사람은 오히려 필연에 따라 움직이며 작위에 참여한다고 말한다. 게다가 재능과 교양[才藝]이 있는 선비가 문사에 탐닉하면 문학 작품이 아름다움을 보는 도구일 뿐이라고 생각하고 이런 생각이 마땅치 않은 것임을 모른다. 역사서가 글에 기대는 것은 마치 옷이 무늬를 필요로 하거나 음식이 맛을 필요로 하는 것과 같다. 무늬는 화려함과 소박함의 구분이 없을 수 없으며 맛은 진함과 담백함의 구분이 없을 수 없다. 이것은 필연적 추세이다. 화려함과 소박함이 다투면 올바르지 못한 빛깔이 없을 수 없고 진함과 담백함이 다투면 희한한 맛이 없을 수 없다.[26] 올바르지 못한 빛깔은 눈을 해치고 희한한 맛은 입맛을 잃게 한다. 이것은 화려함과 소박함, 진함과 담백함의 다툼에서 일어난다. 문사는 교묘함과 졸렬함의 구분이 있다. 오늘날 혈족의 역사서는 교묘함과 졸렬함만 경쟁하고 있는데,[27] 이런 현상은 근본을 버리고 끄트머리만 좇는 꼴이다. 이것도 글이라고 할 수 있다면 나는 정말 잘된

을 돕는다는 것은 음양의 조화를 상하게 한다는 말이다."(『제자평의』(諸子平議) 권18)

24 『장자』「대종사」는 이러하다. "음양의 기운에 어지러움이 있다." 곽상 주는 이렇게 말한다. "진(沴)은 능란(陵亂)이다." 진(沴)은 진(軫)이라고 읽는다.

역주_ 아래 본문의 **혈기**는 피와 기운, **심지**는 마음과 지식이라는 뜻이다. 동물, 특히 사람을 분석할 때 가장 기본적으로 짝이 되는 개념들이다.

25 나는 이렇게 생각한다. 여기까지 역사서의 글이 감정과 기운을 갖추고, 역사서를 짓는 사람은 하늘과 사람이 만나는 경계를 신중히 구분해야 한다는 점을 말하고 있다.

26 『노자』 제12장은 이러하다. "갖가지 빛깔은 사람의 눈을 멀게 만들고 갖가지 소리는 사람의 귀를 먹게 만들며 갖가지 맛은 사람의 입맛을 잃게 만든다." 왕필 주는 이러하다. "상(爽)은 차실(差失)이다."

27 『장자』「양생주」 "족포"(族庖)의 주에서 최씨는 이렇게 말한다. "족(族)은 중(衆)이다."

글을 본 적이 없다. 이것도 역사서라고 할 수 있다면 내 어찌 그런 사람과 함께 옛사람의 위대한 근본 바탕을 들을 수 있겠는가?[28]

한유는 이렇게 말한다. "인의를 실천하는 사람의 말은 마치 열매가 주렁주렁 매달린 것 같다."[29] 인은 감정의 펼쳐짐이요 의는 기운의 완수이다.[30] 정호는 일찍이 이렇게 말했다. ""관저"와 "인지"(麟趾)의 뜻이 있은 이후에야 『주관』의 법도를 실행할 수 있다."[31] 나라면 정호의 말을 "『시경』의 여섯 가지 뜻과 비흥의 뜻에 통달한 이후에야 '봄, 왕이 정확한 달력을 바로잡다'로 시작되는 『춘추』를 강의할 수 있다"고 말하겠다.[32] 아마 마음씨를 기르는 것이 소중하다고 말할 것이다. 사마천의 『사기』 백서른 편은 「보임안서」(報任安書)[33]가 말한 것처럼 "천지의 전체를 속속들

---

28 나는 이렇게 생각한다. 여기까지 문사에 빠져 있는 역사가는 뿌리를 버리고 끄트머리를 좇는 사람이라고 말하고 있다.

29 「답이익서」(答李翊書)를 보라.

30 정호 「답횡거선생논정성서」(答橫渠先生論定性書)는 이러하다. "천지의 항상성은 만물을 보편적으로 대하여 무심하다. 성인의 항상성은 만물에 순응하여 무정하다. 그러므로 군자의 학문은 드넓게 공정하면서 사물이 따르면 순응하는 것만 한 것이 없다."(『명도문집』(明道文集) 권3) 『맹자』 「진심 상」은 이러하다. "군자는 사물에 대해 아끼지만 인하지 않는다. 백성에 대해 인하지만 친하지 않는다. 친족을 친하고 백성을 인하게 대하며 백성을 인하게 대하며 사물을 아낀다." 이것은 감정이 펼쳐진 것이 인이라는 말이다. 또한 「공손추 상」은 이렇게도 말한다. "그것이 기운이 되면 의와 도에 짝하며 이런 굶주림이 없다. 그래서 의를 모아서 생기는 것은 의가 둘러써서 그것을 취하는 것이 아니다. 행위가 마음에 거리낌이 없다면 굶주린 듯하다. 나는 그래서 이렇게 말한다. 고자는 의를 아직 모르며 그것을 외부에 두고 있다." 이것은 기운의 완수가 의라는 말이다.

31 『이정외서』 권12는 이러하다. "명도는 이렇게 말한다. 반드시 "관저"와 "인지"(麟趾)의 의도가 있은 뒤에야 주공의 법도를 행할 수 있으리라."

32 여섯 가지 뜻은 「시교 하」의 주14를 보라. 비흥은 「시교 상」의 주31을 보라. 『춘추』 「은공 원년」 "봄 왕이 달력을 바로 잡았다." 『춘추공양전』은 이렇게 말한다. "원년이란 무엇인가? 임금이 해를 시작하는 것이다. 봄이란 무엇인가? 한 해의 시작이다. 왕이란 누구를 말하는가? 문왕을 말한다. 어째서 먼저 왕을 말하지 않고 나중에 달력을 바로잡았다고 말하는가? 왕이 달력을 바로잡기 때문이다. 왕이 달력을 바로잡았다는 것은 무엇을 말하는가? 대일통(大一統)이다." '봄 왕이 달력을 바로잡았다'는 책이란 역사서를 말한다.

33 『한서』 「사마천전」을 보라.

이 파고들어 연구한 뒤, 고금의 변화에 통달하여 일가의 주장을 이룬" 것이다. "시대의 이름난 사람을 이어받아 『역전』을 바로 잡고 『시』, 『서』, 『예』 및 음악 전체에 뿌리를 두었다"[34]라는 『사기』 「태사공자서」의 말은 『사기』의 본뜻이다. 발분하여 『사기』를 썼다는 사마천의 말[35]은 궁지에 몰린 처지의 서글픔을 서술하고 이를 빌어 꾸민 말에 지나지 않는다. 후세인은 발분했다는 사마천의 주장에 빠져 결국 『사기』 백서른 편이 원망과 비방 때문에 격발된 것[36]이라고 말했고, 왕윤(王允)도 사마천의 말을 비방하는 책이라고 물리쳤다.[37] 그래서 후세인들은 사마천의 글

---

34 나는 이렇게 생각한다. 『사기』 「태사공자서」는 "『역전』을 바로잡았다" 다음에 "『춘추』를 이었다"라는 세 글자가 있다. 유희재는 이렇게 말한다. "태사공의 글은 육예와 제자백가의 뜻을 함께 포괄하고 있다. 다만 측은한 감정과 억누르고 추켜세우는 일만 논한다면 삼백 편의 『시』 및 『이소』에서 얻은 것이 많다."(『문개』(文概))

35 『사기』 「태사공자서」는 이러하다. "그래서 역사서의 글 순서를 논하고 정했다. 칠년이 지나고 태사공이 이릉의 재앙을 당하여 감옥에 갇히게 되었다. 이에 깊은 한숨을 쉬며 이렇게 탄식했다. '이것이 내 죄인가! 이것이 내 죄인가! 몸이 망가져 쓸모없이 되었구나.' 물러나와 깊이 생각한 뒤 이렇게 말했다. '『시』와 『서』에서 드러내지 않은 것은 의지를 가진 마음을 완수하고자 했기 때문이다. 옛날 서백(西伯)이 유리에 억류되어 있을 때 『주역』을 해설했다. 공자가 진나라와 채나라 사이에서 곤욕을 치른 뒤에 『춘추』를 지었다. 굴원이 쫓겨난 뒤에 『이소』를 지었다. 좌구명이 눈이 먼 뒤에 『국어』가 생겼다. 손빈[孫子]이 다리를 잘린 뒤에 병법을 논했다. 여불위가 촉으로 좌천된 뒤에 세상에 『여씨춘추』가 전해졌다. 한비가 진나라에 감금된 뒤에 「세난」과 「고분」이 나왔다. 『시경』은 아마 현인과 성인이 분발하여 지었을 것이다. 이런 사람들은 모두 속에 막히고 맺힌 뜻이 있으나 풀 길이 없었다. 그러므로 지난 일을 서술하고 올 것은 생각한 것이다.' 그래서 마침내 요임금 이후부터 춘추시대가 마칠 때까지 서술했다."

역주_ 서백은 주나라 문왕을 가리킨다.

36 유희재는 이렇게 말한다. "태사공의 글에는 세상을 슬프게 보는 의도가 많고 세상에 분노를 터트리는 의도가 적다. 그래서 자신을 늘 높은 곳에 세워둔다. 읽는 사람들 가운데 어떤 사람은 슬프다고 할 테고 어떤 사람은 분노라고 하겠지만, 이것은 또한 자신의 기운이 가진 분량으로 증명할 수 있다."(『문개』) 이런 학설을 증명하기에 충분하다.

37 『후한서』 「왕윤전」(王允傳)은 이러하다. "왕윤은 자가 자사(子師)이며 태원(太原) 기(祁) 출신이다. 중평(中平) 원년에 황건적(黃巾賊)이 일어나자 특별히 선발되어 예주(豫州) 자사에 임명되었다. 헌제가 즉위하자 태복(太僕)에 임명되었다가 다시 수상서령(守尙書令)으로 옮겼다. 초평(初平) 원년에 양표(楊彪)를 대신하여 사도가 되었다. 동탁이 반역을 일으키려는 움직임이 조짐을 드러내자, 여포(呂布)와 결탁하여 여포

을 논할 때, 사마천이 비방을 능사로 했으며 뜻을 숨긴 채 풍자하는 글짓기를 역사가의 큰 권한으로 삼았다고 생각한다.[38] 어떤 사람은 사마천을 흠모한 나머지, 『사기』를 흉내 내서 비방과 풍자를 일삼는다. 이것은 바로 정당한 권력을 찬탈하려는 막돼먹은 신하와 자식[亂臣賊子]의 마음가짐을 가지고 『춘추』의 정정당당한 서술에 어리석게 덧붙인 꼴이니 사마천에 대한 잘못된 평가와 마찬가지 아닌가! 사마천의 『사기』는 「봉선서」(封禪書)에서 귀신에 홀린 무제의 정책을 비판하고[39] 「평준서」(平準書)에서 백성을 상대로 잇속을 차린 무제의 변변치 못한 정책을 비판한다.[40]

가 안에서 호응하게 했다. 동탁이 조정에 들어오는 길에 여포가 찔러 죽였다. 동탁의 장수인 이각(李傕)와 곽범(郭氾)이 난을 일으켜 왕윤을 죽였다." 사마천이 비방하는 글을 지었다는 말은 앞을 보라.

역주_ **양표**(142~225)는 자가 문선(文先)이며 홍농 화음 출신이다. 희평(熹平) 연간에 의랑에 임명되었다가 헌제 때 태위가 되었다. 당시 동탁이 권력을 잡자 천도한 뒤 전쟁을 피하려 했다. 그러나 동탁이 아뢰어 파면되었다. 동탁이 죽고 다시 태위가 되었다가 이각과 곽범의 난에 황제를 보호했으나 대역 죄인이라는 모함을 받았다. 공융(孔融)이 힘써서 겨우 면했다. 위나라 문제가 즉위한 뒤 태위로 임명하려 했으나 사양했다.

38 반고 「전인서」(典引序)는 이러하다. "사마천의 저서는 일가의 주장을 이뤄 후세에 명성을 드날렸다. 자신이 형벌에 빠졌던 까닭에 도리어 드러나지 않는 글[微文]로 풍자하고 꾸짖어서 자신이 살던 시대를 깎아내렸으니 떳떳한 선비는 아니다." 드러나지 않는 글은 풍자를 드러나지 않게 숨긴다는 말이다. 나는 이렇게 생각한다. 『사기』에는 드러나지 않는 글로 풍자한 말이 있으며 풍자도 적당하다. 이것이 바로 『사기』가 『한서』보다 나은 곳이다.

39 방포는 이렇게 말한다. "봉선이라는 일은 비록 희미해졌기 때문에 예의 규범을 얻어서 알 수 없었다. 그러나 이것으로 죽지 않는 명성에 합칠 수 있다는 생각은 괴물을 들이는 짓이다. 선인(仙人)과 봉래(蓬萊) 방사의 방술에 접한 일이 잘못이라는 것은 모든 사람이 안다. 많은 유생들이 구분하여 밝히지 못해 천하의 웃음거리가 되는 것을 선생은 두려워하고 한탄했다. 그래서 「태사공자서」에 자신의 의도를 깃들여서 자신의 아버지가 여기에 참여한 적이 없다는 것을 밝혔다. 그리고 아버지 사마담의 분노가 폭발하여 죽은 이유는 이러하다. 천자가 한나라의 영역을 봉하고 천 년의 정통을 이었으면서도 거듭 방사에게 어리석게 미혹되어 사마담 자신이 따라 갈 수 없게 된 일을 한탄했기 때문이다. 그리고 자신의 일을 구분하여 밝혔다."(『망계문집』 권2, 「서태사공자서후」(書太史公自序後)) 사마천이 글을 지은 뜻은 이로부터도 헤아려 알 수 있다.

40 한나라 무제가 평준령승(平準令丞)을 두었다. 이 관직은 천하의 운수와 세금 징수를 고르게 만드는 일을 주관했다. 비싸면 팔고 싸면 사들여 조세 평등을 원칙으로 서로

후세인들은 봉선을 비판한 사마상여의 글[41]이나 경제 정책을 비판한 환관(桓寬)의 『염철론』(鹽鐵論)[42]이 사마천보다 먼저 나온 사실을 보고도 어떻게 사마천 이후에 이런 비판이 드러났다고 하는가? 「유협열전」(遊俠列傳)이나 「화식열전」 같은 글을 보고 느낌과 개탄이 없을 수 없다.[43] 사마

평형을 이루게 만들었다. 그리고 서울로 운송했다. 그래서 평준이라고 부른다. 사마천은 이것이 백성과 이익을 다투는 잘못된 정책이라고 안타깝게 생각하여 「평준서」를 썼다. 이런 주장은 다음을 보라.

41 『한서』「사마상여전」은 이러하다. "사마상여는 병으로 관직을 물러나 무릉에서 살았다. 천자는 소충(所忠)에게 가보라고 시켰지만 사마상여는 이미 죽고 집안에 남긴 글도 없었다. 그의 아내에게 묻자 이렇게 대답했다. '제 남편[長卿]에게 글이 없었던 적은 없습니다. 늘 글을 썼지만 사람들이 또 가져가 버렸지요. 제 남편이 죽기 전에 한 두루마리의 글을 쓰고 이렇게 말하더군요. 사자가 와서 글을 찾거든 이것을 황제께 바치시오.' 그가 남긴 편지글[札書]은 봉선의 일을 말하고 있었다. 소충이 황제에게 올렸다." 이 글은 「사마상여전」 및 『문선』에 수록되어 있다.

42 『한서』「식화지」는 이러하다. "소제가 즉위한 뒤 육년이 지나고 군국에 현량한 선비와 문학의 선비를 천거하라는 명령을 내렸다. 백성들이 무엇으로 고통 받는지, 교화의 요점이 무엇인지 묻기 위해서이다. 이들은 모두 염철관[鹽鐵], 주각관[酒榷], 균수관[均輸官]을 없애길 원하며, 그래서 천하와 이익을 다투지 않고 절약하고 검소한 모범을 보여주길 원하고, 그러면 교화가 일어날 수 있을 것이라 대답했다. 상홍양(桑弘羊)은 이것이 국가의 중대한 사업이라고 이들을 비난했다. 상홍양은 이것이 사방의 이민족을 제압하고 변방을 안정시키는 일에 근본이 되기 때문에 없앨 수 없다고 주장했다." 『한서』「차천추전찬」(車千秋傳贊)은 이러하다. "선제 때 이르러 여남 출신 차공(次公) 환관(桓寬)은 『공양춘추』를 연구하여 낭으로 천거되었고 여강태수승(太守丞)까지 관직이 올랐다. 널리 통달했고 글을 잘 썼다. 염철에 대한 논의를 헤아려 펼쳐 조목을 증가시키고 그들이 논란을 벌인 근원을 추적하여 수만 자의 글을 썼다. 이로써 정치적 안정과 불안정의 원인을 밝히고자 했고, 일가의 법도를 완성했다." 『한서』「예문지」'유가'는 이러하다. "환관의 『염철론』(鹽鐵論)은 예순 편이다."

43 반고는 『한서』「사마천전찬」에서 이렇게 말한다. "그가 성인에 대해 옳으니 그르니 말한 것은 대단히 잘못되었다. 위대한 도를 논하면서 황제와 노자를 앞세우고 육경을 뒤에 논했다. 「유협열전」을 편집할 때 처사를 물리치고 간웅을 앞세웠다. 「화식열전」을 서술할 때 권세 있는 사람과 이익을 높이고 가난하고 신분이 낮은 사람을 모욕했다. 이것은 그의 폐단이다." 그러나 요내는 이렇게 말한다. "세상 사람들은 사마천[司馬子長]이 한나라에 벌을 받았으나 스스로 대속할 수 없었기 때문에 분노가 폭발하여 「화식열전」을 썼다고 한다. 나는 그렇지 않다고 생각한다. 아마 사마천은 당시 천자가 평안하고 담백하게 중국을 앞세우지 않고, 물자가 충분한지 모자라는지 대조해보지도 않은 것을 알고 있었을 것이다. 그리고 제도로 보잘 것 없는 예속만 막으려 하기 때문에 백성들이 음란함과 사치스러움을 본받게 만들고 있으며, 염

천처럼 훌륭한 사람에게도 호기심이 있는데[44] 이것도 참으로 가져볼 만한 것이다. 『사기』의 나머지 부분도 전부 고대부터 사마천 당시까지 전개된 역사적 과정을 평가하고 육예를 절충한 것이다.[45] 그런데 사마천이 어찌 감히 무제를 헐뜯을 수 있었겠는가?[46] 『이소』는 임금을 그다지 심하게 원망하지 않았는데 후세인이 너무 지나치게 견강부회했다고 주희도 일찍이 말한 적이 있다.[47] 나라면 주희의 말을 "사마천은 감히 군주를

치를 없애고 이익과 재물을 좇는다는 것도 알고 있었다. 훌륭한 선비가 곤궁하고 간단하게 사는 것에 곤란을 느끼고, 부유한 평민[素封]이 나라의 어른[君長]을 깔보고 대드는 일도 알고 있었다. 또한 저자거리[里巷]의 무리를 생각하고 좇아다니며 십분의 일씩 세금을 걷는 행위는 지극히 변변치 않고 천한 짓이라고 생각했다. 그리고 염철, 주각(酒沽), 균수(均輸)는 제왕의 부로써 보잘 것 없는 백성의 세금을 직접 걷는 것이니 부끄러워할 만한 했다."(『석포헌집』(惜抱軒集) 권5, 「서화식전후」(書貨殖傳後)) 종성(鍾惺)은 「화식열전」이 「평준서」가 갖추지 못한 것을 보충한 것이라고 말한다.

역주_ 종성(1574~1624)은 명나라의 문학자이다. 자는 백경(伯敬), 호는 퇴곡(退谷)이다. 호광 경릉(竟陵, 현재 호북성 천문현) 출신이다. 만력 38년(1610) 진사가 되었다. 공부주사에 임명되었다가 나중에 복건 제학 첨사(福建提學僉事)에 이르렀다. 관직을 버리고 귀향한 뒤 늘그막에 절에 들어갔다. 사람됨이 엄격하고 냉랭했다 한다. 같은 고장의 담원춘(譚元春)과 『당시귀』(唐詩歸), 『고시귀』(古詩歸)를 편집하여 당시 유명했는데 경릉파(竟陵派)를 이뤘다. 저술에 『은수헌집』(隱秀軒集), 『시경도사합고』(詩經圖史合考), 『모시해』(毛詩解), 『종평좌전』(鍾評左傳), 『오경찬주』(五經纂注), 『사회』(史懷) 『시귀』(詩歸, 앞의 『당시귀』와 『고시귀』를 합친 것), 『명시귀』(明詩歸) 등이 있다.

44 『법언』 「군자」는 이러하다. "공자는 많이 아꼈지만 대의를 사랑했다. 사마천도 많이 아꼈지만 기이함을 사랑했다."

45 『사기』 「공자세가」는 이러하다. "중국에서 육예를 말하는 자들을 노자에게 절중한다." 절중(折中)은 중정(中正)하고 치우치지 않음을 취한다는 말이다. 절충(折衷)이라고도 쓴다.

46 『사기』 「봉선서」는 드러나지 않는 말로 무제를 꾸짖고 풍자한 것이다. 이것이 바로 사마천의 뛰어난 점이다.

47 『주자어류』(朱子語類) 권137은 이러하다. "굴원의 글을 최근 우연히 읽었다. 그런데 처음부터 사람들의 오해를 받고 있었다. 옛날부터 오늘날까지 잘못이 계속 전해지고 그것을 깨트릴 수 있는 사람이 하나도 없었다. 게다가 말을 끼워 맞춰 보태고 꾸몄다. 보아하니 굴원은 본래 충성스럽고 측은한 마음을 가지고 임금을 사랑한 사람이다. 그가 지은 『이소』 여러 편을 보니, 전부 사모하는 마음으로 귀결되며 회왕의 의도를 차마 버릴 수 없었다. 그래서 정성스럽게 반복하여 스스로 멈출 수가 없었는데, 어찌 한 마디라도 회왕을 욕하는 구절이 있더냐? 그에게 조급한 마음이 있다는

비방하지 않았고 『사기』를 읽는 사람의 마음이 안정되지 않았을 뿐"이라고 고쳐 말하겠다. 자신이 고난을 겪었다고 해서 임금이나 아버지까지 원망하고 비방하면서도 인류 역사에 길이 남을 명성을 바란다면 이것은 어리석은 동시에 자기 분수도 모르는 짓이다. 이런 사람은 명교 내부의 죄인이자 하늘의 이치에 의해 죽임을 당할 텐데 다시 전할 만한 저술이 어떻게 있을 수 있겠는가! 굴원의 『이소』와 사마천의 『사기』는 인류 역사에 길이 남을 지극한 글이다. 굴원과 사마천의 글이 지극할 수 있는 이유는 삼대의 뛰어남을 받들어 품은[48] 동시에 필연과 작위가 만나는 접점에서 전개된 역사 과정을 평가하고 있기 때문이다. 그들 자신이 궁지에 몰렸기 때문에 그들에게 느낌과 개탄이 없을 수 없다. 그러나 불학무식한 놈들은 여전히 "군주를 비방했더라도 그들을 문사의 으뜸으로 우러르는 일에 아무런 방해가 되지 않는다"고 말한다. 그러면 대의(大義)는 무엇을 근거로 밝힐 수 있으며 마음씨는 무엇을 근거로 올바름을 얻을 것인가? 공자는 "『시』는 일으킬 수 있다"고 말한다.[49] 공자의 말을 해설한 사람은 "일으킨다"는 말이 선을 좋아하고 악을 미워하는 마음을 일으키는 뜻이라고 말한다.[50] 선을 좋아하고 악을 미워하는 마음은 비슷해

것도 보질 못했다. 나중에 숨도 쉴 수 없이 꽉 막혀서 어쩔 수 없이 강물에 몸을 던져 목숨을 버린 것이다. 그런데 지금 구절구절마다 회왕을 욕하는 것이라고 풀어놓았으니 굴원을 억울하게 모함하는 말이다. 다만 불평하는 마음으로 그의 말뜻을 보기 때문에 이런 것이다." 또한 『주자어류』 권139는 이러하다. "『초사』는 임금을 그다지 원망하지 않는다. 오늘날 여러 사람들이 모두 임금을 원망한 것이라고 풀이하고 있는데 형편없는 모양이다." 나는 이렇게 생각한다. "허물이 있다"[有過]라는 글자는 검본에 "의 허물"[之過]이라고 되어 있다.

48 『예기』「예운」은 이러하다. "위대한 도가 행해지고 삼대의 뛰어난 사람과 함께 한다."

49 『논어』「양화」를 보라.

50 『논어』「태백」은 이러하다. "『시』에서 일어난다." 주희 주는 이러하다. "흥(興)은 기(起)이다. 시는 성정에 뿌리를 두고 있고 올바르지 않은 것과 올바른 것이 있다. 시가 말하는 것은 쉽게 알 수 있기도 하지만, 읊조리는 사이에 억누르고 높이는 것을 반복하다 보면 시가 사람을 감동시키고 사람을 바꿔놓는다. 그러므로 시를 처음 배우기 시작할 때 선을 좋아하고 악을 미워하는 마음을 일으켜서 스스로 그만둘 수 없는 근거는 틀림없이 여기서 얻을 것이다." 왕수인은 이렇게 말한다. "오늘날 어린

보이지만 사실 다른 것을 두려워하므로 평소 마음씨를 기르는 일을 소중하게 여긴다. 『이소』와 『사기』는 모두 『시』보다 깊다. 말이 완곡하고 풍자가 많지만 명교를 배반하지 않는다. 하지만 『이소』와 『사기』의 글이라는 차꼬에 꽁꽁 묶인 사람은 이런 점을 변별하지 못한다. 그래서 나는 "반드시 『시경』의 여섯 가지 뜻과 비흥의 뜻에 통달한 이후에야 '봄, 왕이 정확한 달력을 바로잡다'로 시작되는 『춘추』를 강의할 수 있다"고 바꾸어 말한 것이다.[51]

이를 가르칠 때 오직 어버이에 대한 효도와 형제끼리의 우애, 임금에 대한 충성과 벗 사이의 믿음, 예의와 염치만 꼭 할 일로 생각한다. 어린이를 기르고 훌륭한 사람의 자질을 함양하는 방법은 마땅히 그들을 노래와 시로 유인하여 그들의 의지와 의도를 터트려주는 것이다. 그들을 이끌어 예를 익히게 하면 이로써 위엄 있는 모습을 엄숙하게 만들 것이다. 그들을 깨우쳐 글을 읽게 만들면 이로써 지식을 개발하게 될 것이다."(『전습록』 권2) 뜻은 이것과 마찬가지로 같다.

51 나는 이렇게 생각한다. 여기까지 『이소』와 『사기』가 『시』보다 깊이가 있으며, 마음 씀씀이를 기르는 것이 소중하다는 것을 말하고 있다.

사석(史釋)[1]

어떤 사람이 이렇게 물었다. "『주관』에 실린 부사(府史)라는 벼슬아치[史][2]는 내사(內史), 외사, 태사, 소사(小史), 어사(御史)라는 관직[3]과 다른 뜻이 있는지요?"

나는 이렇게 대답했다. "다른 뜻은 없다네. 부사라는 벼슬아치는 관청에서 문서를 쓰고 기록하는 역할을 하는 평민이지. 오늘날 서리(書吏)에 해당하는 사람일세. 내사 이하의 다섯 벼슬아치는 경(卿), 대부, 사가 맡는 직책이지. 그들은 도서(圖書), 기재(紀載), 명령, 법식(法式) 등의 일을 맡는데 오늘날 내각 육과(內閣六科),[4] 한림 중서(翰林中書)[5] 같은 부류와 같은

1　나는 이렇게 생각한다. 사는 사실의 기록이라는 직책을 맡은 사람이다. 그러므로 사자의 본뜻은 사실의 기록이다. 『설문해자』는 이러하다. "사(史)는 사실을 기록하는 사람이다. 우(又)의 의미를 따르며 중(中)을 쥐고 있다. 중(中)은 정(正)이다." 강영은 이에 따라 이렇게 주장해서 말한다. "관청의 장부[官府簿書]를 중(中)이라고 부른다. 그러므로 여러 벼슬아치는 치중(治中)이니 수중(受中)이라고 말한다. 소사도는 서민의 송사와 옥사에서 문서[中]를 판단해준다. 이것이 장부인데, 오늘날의 재판 기록

[案卷]과 같다. 이것이 중 자의 본래 의미이다. 그러므로 문서를 관장하는 사람을 사라고 부른다. 이 글자는 우(又)를 부수로 하고 중(中)을 쥐고 있는 것이다. 우(又)는 오른손이고 손으로 장부를 쥐고 있는 것이다."(『주례의의거례』(周禮疑義擧例)) 오대징(吳大澂)은 중을 죽간을 엮은 책[簡冊]이라고 생각하고, 중을 쥔다는 것은 다름 아니라 책을 쥔 모습을 본뜬 것이라고 한다.(『설문고주보』(說文古籀補)) 여항 장태염은 용(用) 자가 복(卜)과 중(中)에서 나온 글자이며 글자꼴이 '史'의 꼴을 하고 있고 이것은 바로 순수하게 '史'의 꼴을 상형한 것이라고 말한다. 장태염은 이로써 그 학설을 증명하고 있다. (『문시』(文始) 권7) 왕국유(王國維)는 중이 산가지[算]를 담는 그릇이며 이것이 죽간을 담는데 쓰는 것이라고 생각한다. 죽간이 많으면 엮어서 편(篇)으로 만들어야만 한다. 만약 죽간의 숫자가 열 개 남짓 되는 것은 중에 담아두는 것이 쓰기에 더 편하다.(「석사」(釋史)) 최근 사람인 금정암은 중이 아마 이(貳)의 상대적인 말일 것이라고 한다. 이는 부본이며, 중은 비장해둔 정본이다.(『중국사학사』 제1장) 중의 뜻풀이는 학설이 각각 다르지만, 대체로 사가 사실을 기록하는 벼슬아치라는 점을 밝힌 것은 한결같다. 「사석」편의 주된 뜻은 장고와 기주의 중요성을 밝히고, 「원도」와 「원학」의 뜻을 거듭 밝히는 데 있다. 이로써 도가 사실을 떠나지 않고, 글이 빈 말이 아니며, 모든 글이 사로 귀결된다는 것을 본다. 지은 해는 「경해 상」의 주1을 보라.

역주_ **오대징**(1835~1902)은 청나라 말의 금석학자, 고문자학자이다. 자는 지경(止敬), 청경(淸卿)이며 호는 항헌(恒軒), 별호는 각재(愙齋), 백운산초(白雲山樵)이다. 강소성 오현 출신이다. 진사에 합격한 뒤 관직은 광동 순무, 호남 순무에 이르렀다. 청일전쟁의 패전 책임을 지고 관직이 갈렸다. 골동품을 엄청나게 수집하여 실물과 문헌을 비교 연구했다. 저술에는 청동기 명문 탁본을 모은 『각재집고록』(愙齋集古錄), 고대 문물에 있는 글자들을 수록하고 비교 검토한 『설문고주보』, 『항헌소견소장길금록』(恒軒所見所藏吉金錄), 『고옥도고』(古玉圖考) 등이 있다. '史'(장태염의 인용문에서)는 본래 갑골문으로 썼지만 굳이 제시할 필요가 없어서 그냥 현재 쓰는 글자꼴로 표기했다. **왕국유**(1877~1927)는 자가 백우(伯隅), 정안(靜安)이며 호가 관당(觀堂), 영관(永觀)이다. 절강 해녕(海寧) 출신이다. 현대 중국의 고문자학, 고대 역사지리학 분야의 걸출한 학자이며 시인, 문예이론가, 사상가이기도 하다. 집안은 대대로 청빈했고 어려서 수재에 합격하여 힘들게 공부했다. 젊어서 향시에 여러 차례 응시했으나 합격하지 못하고 무술변법 이후 분위기가 바뀌면서 그만 두었다. 스물두 살부터 상해 시무보관(時務報館)에서 서기 생활을 했다. 여가 시간에 나진옥(羅振玉)이 차린 동문학사(東文學社)에서 외교와 서양 과학을 배웠다. 여기서 나진옥을 알게 되어 그의 도움으로 1901년 일본에 유학을 떠난다. 1902년 왕국유는 병에 걸려 귀국한다. 이후 나진옥의 추천으로 남통(南通)과 강소사범학교(江蘇師範學校)에서 철학, 심리학, 윤리학을 가르친다. 그리고 문학도 연구하면서 독학의 길에 접어든다. 1906년 나진옥을 따라 북경에 와서 학부총무사(學部總務司) 행주(行走), 도서관 편역(編譯), 명사관(名詞館) 협운(協韻) 등의 소소한 관직을 지낸다. 이 때 『인간사화』(人間詞話) 등 명저를 쓴다. 1911년 신해혁명 이후 왕국유는 그 동안 쓴 글 예순두 편을 들고 가족을 모두 거느린 채 나진옥을 따라 일본 교토로 망명을 떠난다. 이때부터 망한 청나라의 유민 의식을 가지고 산다. 당시 갑골문, 금문, 한대 간독 연구에 매진한다. 1916년 상해의 유명한 유태인 부동산 재벌 하둔(Silas Aaron Hardoon, 1851~1931)의 요청을 수락하여 상해에 돌아와 창성명지대학(倉聖明智大學) 교수에 취임하고 계속 갑골문과 고고학을 연구한다. 1922년 북경대학 국학문(國學門)의 통신 도사(通訊導師)가 된다. 이듬해 몽고 귀족이자 대학사인 승윤(升允)의 천거로 나진옥, 양종희(楊宗羲), 원려준(袁勵準) 등과 함께 마지막 황제 부의(溥儀)의 남서방(南書房) 행주가 되어 오품의 봉록을 먹는다. 1924년 군벌 풍옥상(馮玉祥)이 북경 정변을 일으켜 부의를 고궁에서 좇아내자 관직을 그만둔다. 왕국유는 이것을 엄청난 치욕으로 느껴 나진옥 등 청나라 유로들과 금수하(金水河)에 투신하여 청나라를 위해 죽기로 맹세했으나 집안 식구들의 만류로 그만두고 만다. 1925년 왕국유는 청화대학 청화연구원(清華研究院) 도사로 초빙되어 고사신증(古史新證), 『상서』, 『설문해자』 등을 가르친다. 양계초(梁啓超), 진인각(陳寅恪), 조원임(趙元任), 이제(李濟) 등과 함께 청화대학을 빛냈다. 1927년 6월 국민당의 국민혁명군(國民革命軍)이 북상하자 왕국유는 유서를 남기고 이화원(頤和園) 곤명호(昆明湖)에 투신 자살했다. 저술은 『왕국유유서』(王國維遺書)에 모았고 『관당집림』(觀堂集林)이 가장 유명하다.

2 『주례』 「천관」은 이러하다. "태재부[大宰府]는 여섯 명이며, 사가 열두 명이다." 정현의 주는 이렇게 말한다. "부(府)는 소장을 책임진다. 사는 문서를 관장하는 사람이다." 또한 재부(宰夫)의 여덟 가지 관직에 대해서 이렇게 말한다. "다섯째가 부이다. 관청의 문서[官契]로써 소장을 책임지는 일을 관장한다. 여섯째가 사이다. 관청의 문서[官書]로써 소장을 책임지는 일을 돕는 일을 관장한다." 정현의 주는 이렇게 말한다. "소장을 책임진다는 것은 문서 및 기물을 소장한다는 것이다. 소장을 책임지는 일을 돕는다는 것은 마치 오늘날 문서의 초안을 잡는 것과 같다." 여섯 명의 벼슬아치가 소속된 여러 관직의 관청에 사가 없는 경우가 없다. 이것은 다름 아니라 바로 후세에 서리(書吏)라고 부르는 사람일 뿐이다.

역주_ 앞서 말한 것처럼 '史'는 원래 벼슬아치를 뜻한다.

3 『주례』 「춘관」은 이러하다. "대사는 나라를 세우는 육전을 관장하여 나라의 다스림을 맞이하고 팔법을 관장하여 관부의 다스림을 맞이한다. 팔칙을 관장하여 도(都)와 비(鄙)의 다스림을 맞이한다. 법을 변별하는 사람들은 살펴서 믿음이 없는 자에게 형벌을 내린다. 나라나 도와 비 및 만백성이 약속하거나 맹세한 문서를 소장하고 육관의 부본을 만든다." 또한 이렇게도 말한다. "소사는 나라의 다스림을 관장하고 세계를 엮어[繫世] 소목(昭穆)을 변별한다." 또한 이렇게도 말한다. "내사는 팔병(八枋)이라는 왕의 법을 관장하여 왕에게 다스림을 아뢴다. 국법(國法) 및 국령(國令)의 업무를 도우며 부본을 가지고 정사를 살피고 회계를 맞이한다. 서사(叙事)의 법을 관장하여 왕에게 드릴 건의서[訪]를 받아서 왕에게 아뢰어 다스림을 듣게 한다." 또한 이렇게도 말한다. "외사는 왕의 직할지 밖으로 나가는 명령[外令]을 관장한다. 사방의 「지」를 관장하고 삼황과 오제의 책을 관장한다. 외사는 사방에서 쓰는 문서의 이름을 통하게 하는 일을 관장한다." 또한 이렇게도 말한다. "어사는 나라나 도와 비 및 만백성의 정령을 관장하고 총재를 돕는다. 다스리는 자들은 어사에게 법령을 받는다. 문서를 작성하는 일을 돕는 것을 관장한다. 정사에 종사하는 자들의 숫자를

사람이라네. 그들이 관청에서 맡은 역할의 구분이나 지위의 높고 낮은 차이, 부류나 등급의 판이함은 하늘과 땅 차이이지. 그러나 다른 뜻이 없다는 것은 이들이 모두 장고를 지키고 법을 근거로 선왕의 도를 보존한다는 뜻에서 한 말일세.[6]

부사라는 벼슬아치가 장고를 지키지만 선택할 줄 모른다는 것은 마치 창고지기[府]가 창고에 저장해 둔 물건을 지키지만 헤아리지 못하는 것

헤아린다." 청나라 황이주는 이렇게 말한다. "『대대예기』「성덕」(盛德)은 이렇게 말한다. '내사와 대사는 왼손과 오른손이다.' 이것은 내사가 왼쪽에 있고 대사가 오른쪽에 있다는 말이다.「근례」(覲禮)는 이렇게 말한다. '대사가 오른쪽에 있다.' 이것이 그 증거이다. 고대에는 왼쪽을 높였고 내사는 중대부이므로 높인다. 그러므로 내사는 왼쪽, 대사는 오른쪽에 있는 것이다.「옥조」'행동은 좌사가 쓰고 말은 우사가 쓴다.' 좌우의 글자는 지금 서로 잘못되어 있다.『한서』「예문지」와 정현의「육예론」은 모두 이렇게 말한다. '좌사가 말을 기록하고 우사가 사실을 기록한다.' 이것으로 증명된다."(『예서통고』 권34) 이에 따라 주나라의 내사가 다름 아니라 바로 고대의 좌사이며, 주나라의 대사가 다름 아니라 바로 고대의 우사라는 것을 알 수 있다.

4 『청통전』(淸通典) 권26「직관」 4는 이러하다. "도찰원(都察院)에 이과(吏科), 호과(戶科), 예과(禮科), 병과(兵科), 형과(刑科), 공과(工科)는 장인급사중(掌印給事中) 만주족[滿洲]과 한인(漢人) 각 한 명씩 관장한다. 급사중(給事中)은 만주족과 한인 각 한 명씩이고 황제의 말씀을 전달하고 여러 가지 정사를 비교 조사하는 일을 관장한다." 내각(內閣)은 다음을 보라.

역주_ **『청통전』**은 건륭 원년에 편찬한 청나라 제도를 적은 책이다. 모두 마흔여섯 권이다.

5 『청통전』 권23「직관」 1은 이러하다. "내각에 전대학사(殿大學士)는 만주족과 한인 각 두 명이고 각 부의 상서(尙書) 벼슬을 겸직한다. 황제의 명령을 널리 알리고 모든 정사를 도와서 처리하는 일을 관장한다. 내조와 외방의 여러 관청에서 제목을 표시한 상주문[題疏]가 도착하면 표를 해서 황제에게 바친다. 대답을 들으면 각 부(部)와 과(科)에 하달한다. 학사는 예부 시랑 벼슬을 겸직한다. 만주족 여섯 명과 한인 네 명이다. 본장(本章)을 펼치고 황제의 명령을 전달하여 알리는 일을 관장한다. 중서(中書)는 만주족 일흔 명, 몽고족[蒙古] 열여섯 명, 한군(漢軍) 여덟 명, 한인 서른 명이다. 기재(紀載)를 짓는 일, 문서 초안을 잡는 일, 번역하여 베껴 쓰는 일을 관장한다. 중서과 중서(中書科中書)는 만주족 두 명과 한인 네 명이다. 황제의 포고문과 조칙을 베껴 쓰는 일을 관장한다." "한림원에 장원학사(掌院學士) 만주족과 한인 각 한 명이다. 시독학사는 만주족 두 명과 한인 세 명이다. 시강학사(侍講學士)는 만주족 두 명과 한인 세 명이다. 시독(侍讀)에 만주족 두 명과 한인 세 명이다. 시강(侍講)은 만주족 두 명과 한인 세 명이다. 수찬(修撰), 편수(編修), 검토(檢討)는 정원이 없다. 한림원의 벼슬아치는 국사, 도적, 제고, 문장의 사무를 맡는다."

6 나는 이렇게 생각한다. 여기까지 사가 장고를 지키고 법으로 도를 보존하기 때문에 품계가 높고 낮은 차이가 벌어지지 않는다고 말하고 있다.

과 마찬가지이지. 선왕은 태재가 국가의 예산을 제정하고 사회가 한 해 동안의 통계를 대조하여 점검할 때,[7] 이들이 국고에 채워진 것과 빈 것을 조절하고 평등과 질서의 정의가 있다고 생각해서 임명한 것이네. 이들이 도덕적이거나 훌륭하고 능력이 있다고 해서 선발된 사람들이 아니라면 책임을 감당할 수 없었을 것이기 때문에 경, 사, 대부처럼 중요한 인물들에게 책임을 맡긴 것이지. 창고지기는 창고에 드나드는 물건들을 감히 제멋대로 결정할 수 없으며 관청에 있는 평민 출신 구실아치가 공급하고 사용할 수 있기 때문에 모자라는 느낌을 받지 않게 만들 수 있네. 경, 사, 대부는 국가 전체의 재정을 토론하여 국가의 원대한 계획을 세우는데 만약 창고에 갈무리 된 물자처럼 세세한 것은 반드시 부사에게 물어봐야만 하지.[8]

---

7 『주례』의 태재[大宰]라는 직은 "아홉 가지 직업[九職]으로 만백성을 맡고", "아홉 가지 세금[九賦]으로 재물[財賄]을 거두며", "아홉 가지 의식[九式]으로 재물의 쓰임새를 균등하게 절약하고", "아홉 가지 공물[九貢]로 나라의 쓰임새에 쓰게 한다." 이것은 대재가 나라의 쓰임새를 제어하는 것을 말한다. 사회는 조사하여 감찰하는 벼슬아치이며 "서, 계, 판, 도의 부본을 두고 모든 벼슬아치의 다스림을 맞이한다. 회계(會計)를 직접 듣는다. 장부를 대조하는 일은 하루가 가면 그날의 성과를 대조하고 달이 가면 한 달의 성과를 요점별로 대조하며 한 해가 가면 한 해의 성과를 대조하는" 일을 맡고 있다. 소는 이렇게 말한다. "한 해를 계산하는 것을 회(會)라고 한다. 한 해의 회계로 그 해에 이룩한 일과 문서를 대조한다." 이것은 사회가 한 해에 거둔 성과를 대질하는 것을 말한다.

8 『사기』「진승상세가」(陳丞相世家)는 이러하다. "문제[孝文皇帝]가 이제 더욱 국가의 일에 밝아졌다. 한번은 조회에서 승상 주발에게 이렇게 물었다. '천하에 한 해 동안 판결하는 옥사는 몇 건이나 되오?' 주발이 대답해서 말했다. '모르겠습니다.' 황제가 물었다. '한 해 동안 재정의 수입과 지출이 얼마나 되오?' 주발이 다시 사죄하며 모르겠다고 했다. 땀이 흘러 등을 흥건히 적셨는데 대답하지 못한 것을 부끄러워했다. 그래서 황제가 역시 좌승상 진평(陳平)에게 물었다. 진평은 이렇게 대답했다. '주관하는 사람이 있습니다.' 황제가 말했다. '주관하는 사람이 누구요?' 진평이 대답했다. '폐하가 옥사의 판결을 물으신다면 정위에게 물으시고 재정을 물으시면 치속내사(治粟內史)에게 물으시면 됩니다.' 황제가 이렇게 말했다. '만약 각각 주관하는 사람이 있다면 그대가 주관하는 것은 무슨 일이오?' 진평이 이렇게 대답했다. '신하를 주관합니다. 폐하가 제 노둔함을 모르시고 재상 자리에 있으며 죄를 기다리게 하셨습니다. 재상은 위로 천자를 도와 음양을 다스리고 계절을 순행하게 하며 아래로 만물의 마땅함을 기릅니다. 밖으로 사이와 제후를 눌러 어루만지며 안으로는 백성들을

다섯 벼슬아치와 문자의 관계는 태재나 사회와 재물의 관계와 같네. 『상서』의 전, 모, 훈, 고를 '요임금, 순임금, 삼대의 전성기에 붓을 들어 기록한 것이며 기록한 사람들은 모두 성인을 따르는 무리'[9]라고 생각한 증공의 견해는 뛰어나다고 말할 수 있지. 다섯 가지 벼슬아치는 경, 사, 대부 가운데 선발한 사람들이기 때문에 정미한 것까지 헤아려서 논하고 벼슬아치는 문서와 보고서[文誥], 도서[圖籍], 장정, 고사를 지키지 감히 제멋대로 결정할 수 없기 때문에 장고 가운데 세세한 곡절[10]은 반드시 부사에게 물어봐야만 하네.[11]

공자는 이렇게 말하지. '성인의 도리를 근거로 백성을 따르게 할 수 있으나 그것을 알게 해서는 안 된다.'[12] 선왕의 도법은 다른 것이 아니며 경, 사, 대부는 도리를 논하지만 부사는 법을 지킬 뿐이지. 사람의 지식과 판단력에는 도리를 논할 만하거나 논할 만하지 못한 차이밖에 없기 때문에 부사가 지키는 것 바깥에는 선왕의 도가 따로 없다네. 공자가 '제사 지낼 때 쓰는 그릇에 대해서 들은 적이 있습니다'[13]라고 말하자 증자는 이렇게 말했지. '군자가 도에서 세 가지를 소중하게 여깁니다. 제사 지낼 때 제사 그릇을 다루는 일은 책임을 맡은 벼슬아치가 있습니다.'[14]

친밀하게 복종하게 만들며 경대부가 각각 자신의 직책을 맡을 수 있게 합니다.' 문제는 이에 좋다고 칭찬했다." 이것은 은근히 그 일을 쓴 것이다.

9 「언공 상」의 주7을 보라.

10 원위(原委)와 곡절(曲折)을 줄인 말이다.

11 나는 이렇게 생각한다. 여기까지 장고의 원위와 곡절을 물으려면 모두 부사에게 있다는 것을 말하고 있다.

12 『논어』 「태백」의 글을 보라. 주희 주는 이렇게 말한다. "백성에게는 이러한 이치의 당연함을 알려주면 된다. 그러나 백성에게 이치의 근거를 알게 해서는 안 된다."

13 『논어』 「위령공」의 글을 보라.

14 『논어』 「태백」은 이러하다. "증자가 병이 들자 맹경자(孟敬子)가 병문안을 왔다. 증자가 말하였다. '새가 죽을 때가 되면 울음소리가 슬퍼집니다. 사람이 죽을 때가 되면 말이 선해집니다. 군자가 도에서 귀하게 여기는 것이 세 가지 있습니다. 용모를 움직일 때 사나움과 거만함을 멀리하고, 안색을 바르게 할 때는 믿음에 가깝도록 하며, 말소리를 낼 때는 비루함과 배반하는 것을 멀리하는 것입니다. 제사 그릇을 다루는 일은 책임자가 있는 법입니다.'"

증자의 말이 공자와 다른 것은 아니지. 공자는 선왕의 도를 헤아려 말한 것이고 증자는 사람들이 법에만 얽매일까 두려웠던 것이라네. 자공은 이렇게 말하지. '문왕과 무왕의 도는 아직 땅에 떨어지지 않고 사람들에게 있습니다. 공자께서 어디에서인들 배우지 않으시며 또한 어찌 일정한 스승이 있겠습니까?'[15] '공자께서 태묘에 들어가시면 모든 일을 물으셨다.'[16] 현직 벼슬아치나 신분이 낮은 일을 하는 사람, 무당이나 모든 장인들조차 공자가 스승으로 삼은 사람들이지. 공자가 노담(老聃)에게 예를 묻고 담자(郯子)에게 관제를 물은 일[17]이 어찌 장고에서 배운 것이 아니겠는가? 그러므로 도는 아무 근거도 없이 밝혀질 수 없고[18] 글은 아무 근거도 없이 지을 수 있는 것이 아니라네. 삼대 이전에 선왕이 펼친 교화를 도라고 부른 적은 없지만 도가 공허한 이론도 아니기 때문에 도가 없었던 것도 아니지. 삼대 이전에 글을 저작이라고 생각했던 적이 없는데 글은 허튼 주장이 아니기 때문에 후세인들이 도달할 수 없는 것이라네. 아마 관사와 치교가 나뉜 뒤부터 문자는 비로소 개인적 저술이 되었을 텐데 이제 문장과 학문은 관청이 가진 장고와 갈림길에 섰고 가르침을 세우는 사람도 법을 떠나서 도의 근본 바탕을 말할 수 있게 되었네. 『주역』은 이렇게 말하지. '진실로 적임자가 아니면 도는 헛되어 행해지지 않는다.'[19] 학자들은 성인이 주장을 세워 가르침을 전해준 것이라고 육경을 받들어 모시지만 그들은 삼대의 전성기에 전문적인 벼슬아치가

---

15 『논어』「자장」은 이러하다. "위나라 공손조(公孫朝)가 자공에게 이렇게 물었다. '중니는 어디서 배우셨소?' 자공은 이렇게 대답했다. '문왕과 무왕의 도는 아직 땅에 떨어지지 않고 사람들에게 있습니다. 훌륭한 사람은 그중 큰 것을 알고 훌륭하지 않은 사람은 그중 작은 것을 압니다. 문왕과 무왕의 도가 없지 않습니다. 공자께서 어디에서인들 배우지 않으시며 또한 어찌 일정한 스승이 있겠습니까?'"

16 『논어』「팔일」의 글을 보라.

17 공자는 노담에게 예를 물었다. 이것은 『사기』「공자세가」를 보라. 공자는 담자에게 관직을 물었다. 이것은 『춘추좌전』「소공 17년」을 보라.

18 『문선』「위도부」의 주는 이러하다. "전(銓)은 차(次)이다."

19 『주역』「계사전 하」를 보라.

장고를 지켰다거나 성인이 어떤 의도로 문장을 짓지 않았느냐는 것을 모른다네.[20]

『예기』는 이렇게 말하지. '예는 시절을 가장 크게 생각한다.'[21] 그리고 '글씨를 쓸 때는 동일한 글자를 쓴다'라고도 말하지.[22] 아마 당시 임금다운 왕의 제도를 소중하게 여긴다는 말이리라. 학자는 앞 시대 성인이 남긴 주장만 외우고 있을 뿐이지 지금 시행되는 임금의 제도가 무엇인지 제대로 모른다네. 그들은 글을 허리띠에 꽂는 수놓은 수건처럼 노리개라고 생각하고[23] 학을 기이함을 다투거나 사복(射覆)[24]의 재료라고 생각하며 학의 실용성을 다시 헤아리지 않기 때문에 도는 드러나지 않아서 알기 어렵게 되고 사대부의 학문과 문장이 국가의 쓰임새를 충분히 갖춰줄 수 없게 된 것이지. 법이 드러나면 지키기 쉽고 서리가 보존한 장고는 실제로 국가의 제도를 보존한 것이라네. 이것은 요임금과 순임금 이후 계승하거나 개혁하고, 덜어내거나 보탠 제도의 실제 자취이기도 하지. 배울 의지가 없다면 그만이지만 군자가 정말로 배울 의지가 있다면 반드시 자기가 사는 시대의 전장을 탐구하여 인륜과 일용에 절실하도록 해야 하네. 군자가 반드시 관청이 가진 장고를 탐구하고 경술의 정미한 본질에 통달해야 한다면 학은 실제 사업이 될 것이며 글도 허튼 주장에

---

20 나는 이렇게 생각한다. 여기까지 삼대 이전의 정교는 합일된 것이기 때문에 일에서 배웠다는 것을 말한다. 그러므로 허튼 이치도 없고 허튼 소리도 없었다.

21 「경해 중」의 주39를 보라.

22 「시교 상」의 주68을 보라.

23 『법언』「과견」(寡見)은 이러하다. "오늘날의 학문이란 화려하게 꾸미기만 하는 것이 아니다. 또한 이에 따라 허리띠에 꽂을 수건에 수를 놓기도 한다." 주는 이렇게 말한다. "반(鞶)은 대대(大帶)이다. 세(帨)는 패건(佩巾)이다. 반과 세가 이미 겉을 꾸몄는데 또 이것을 따라서 수를 놓는다는 것은 장구가 화려함이 많으나 내용이 적다는 말이다."

24 『한서』「동방삭전」은 이러하다. "황제는 수가(數家) 여러 명에게 사복(射覆)을 하도록 시켰다." 안사고는 이렇게 말한다. "수가(數家)는 술수가[術數之家]이다. 그릇을 덮은[覆] 아래에 어떤 물건을 놓아두고 모르는 상태로 그것을 맞추는[射] 것이다. 그래서 사복이라 부른다."

역주_ **사복**은 보이지 않게 가린 물건을 맞추는 놀이이다.

머무르지 않겠지. 이것이 이른바 바탕이 있으면 틀림없이 쓰임새가 있다는 것이네. 자기가 살고 있는 시대도 모르면서 고대를 좋아한다고 말하는 사람은 장고도 통달하지 못한 채 경술을 말하는 것이고 글을 허리띠에 꽂은 수건처럼 생각하고 학을 놀이처럼 생각하는 것이겠지. 설령 지극히 정밀하고 능통하다고 한들, 그것이 실제 쓰임새에 부합하지 않는 점은 확실하네.[25]

맹자는 이렇게 말하지. '삼천 근의 무게도 들어 올릴 수 있는 장사라 할지라도 깃털 하나를 들기에 부족하다. 가을 털의 끄트머리처럼 가는 것을 볼 수 있는 밝은 눈을 가진 사람이라도 수레 하나 분량의 장작을 보지 못한다.'[26] 쉬운 것을 어렵게 만드는 사람이나 어려운 것을 쉽게 만드는 사람은 저울질의 마땅함을 잃은 사람이겠지. 현대에 어두우면서 고대에는 박학다식하거나 장고에 황폐하면서 경술에는 통달한 학자는 『주관』의 경과 사가 맡은 어려운 일을 이길 수 있을 테지만 부사가 맡은 쉬운 일을 탐구한다는 것은 상상도 못할 것이네. 기를 버리고 도를 구한다거나 현대를 버리고 고대를 구한다거나 인륜과 일용을 버리고 학문의 정미한 본질을 찾는 것은 모두 부사라는 벼슬아치가 다섯 벼슬아치의 뜻에 통한다는 것을 모르기 때문이지.[27]

구실아치를 스승으로 삼는 것[28]은 삼대의 오래된 법이라네. 진나라 사람들이 고대와 어긋나는 것은 『시』, 『서』를 금지시키고 법률만 스승으

---

25 나는 이렇게 생각한다. 이 단락은 학문이 반드시 현대에 통해야만 실제로 쓸 수 있다는 것을 말하고 있다.

26 『맹자』「양혜왕 상」의 글을 보라.

27 나는 이렇게 생각한다. 여기까지 장고가 바로 국가 제도를 보존한 것이며, 반드시 이것을 근거로 해야만 경술의 정밀함에 통할 수 있고, 실학이 될 수 있다고 말한다. 그렇지 않다면 쉬운 것을 버리고 어려운 것을 얻는다.

28 「시교 하」의 주3을 보라. 최근 사람인 금정암은 이렇게 말한다. "진나라 때는 구실아치를 스승으로 삼았다. 구실아치는 다름 아니라 바로 사이다. 그러나 진나라 이전과 진나라의 차이는 다음과 같다. 진나라 이전에 학문은 서민에게는 도달하지 않고 제자백가의 학문이 일어났다. 진나라 때 배운 것은 법령으로 제한되어 있고 제자백가의 학문이 끊어졌다는 것일 뿐이다."(『중국사학사』 제1장) 이 주장은 대단히 옳다.

로 삼았다는 점뿐이지. 삼대의 전성기에 구실아치를 스승으로 삼지 않는 학문은 천하에 없었고 『주관』의 삼백육십 가지 관직[29]에 하늘과 사람의 학이 갖추어져 있었다네. 『주례』의 벼슬아치들이 규정된 관직을 지키면서 하늘의 조화[天工]를 망가뜨리지 않은 것[30]은 천하의 스승[師資] 덕분이지. 동주 이후부터 군사와 정교는 하나로 합쳐지지 않았기 때문에 사람의 모든 학술이 관청의 벼슬아치가 받들어 지키는 데서 나오지 않게 되었네. 진나라 사람들이 구실아치를 스승으로 삼으면서 비로소 고대의 제도를 회복시켰지만 사람들은 여전히 익숙한 것에 탐닉하여 도리어 진나라 사람들이 그르다고만 생각하지. 진나라는 틀림없이 여러 가지가 고대와 어긋나지만 도리어 고대와 부합하는 것도 있는데 그것이 바로 구실아치를 스승으로 삼는다는 것이네.[31]

공자는 이렇게 말하지. '현대에 살면서도 고대의 도로 돌아가려는 사람 자신에게 재앙이 이를 것이다.'[32] 이사는 『시』와 『서』를 금지시킬 것을 요청했는데 그는 유학자들이 고대를 옳다고 여기고 현대를 비판한다고 생각했지.[33] 그의 주장은 참과 비슷한 것 같지만 의도는 크게 어긋난다네. 후세의 군자들은 이 점을 살펴야만 하지. 삼대의 왕들도 앞 왕조의 예를 그대로 따르지 않았고 오제도 앞 시대의 음악을 그대로 잇지 않았네.[34] 예에서 시절이 가장 중요하다는 점을 모른 채 설핏 움직이기만 하면 고대를 좋아한다고 말하는 사람은 틀림없이 고대 제도를 정말로

---

29 『주례』「천관」의 소를 보라.

역주_ 하늘과 사람의 학이란 '天人官曲', 곧 만물의 성능과 벼슬아치의 능력을 가리킨다.

30 『상서』「고요모」(皐陶謨)는 이러하다. "하늘의 일[天工]을 사람이 대신한다."

31 나는 이렇게 생각한다. 여기까지 진나라가 구실아치를 스승으로 삼은 일이 고대의 제도와 부합한다는 것을 말하고 있다.

32 『예기』「중용」은 이러하다. "오늘날 세상에 태어나 고대의 도로 돌아가려는 사람이 있다. 이와 같다면 재앙은 자기 자신에게 미칠 것이다." 주희 주는 이러하다. "재(烖)는 고대의 재(災) 자이다. 반(反)은 복(復)이다."

33 「시교 하」의 주3을 보라.

34 「역교 상」의 주11을 보라.

아는 사람이 아닐 테지. 이런 사람은 법을 지키지 않는 어지러운 백성이기 때문에 공자는 그들을 미워하네. 은나라가 하나라의 예를 이었기 때문에 왕조가 백번 바뀌어도 알 수 있는 것이지.[35] 고대의 제도를 덜고 보태는 사람은 시대의 변화에 따랐다고 하지만 요임금과 순임금을 각박하게 대하거나 우임금, 탕왕, 문왕, 무왕, 주공을 비난하고 물리치면서 제대로 다스릴 수 있었던 사람은 아직 없었네. 『시』와 『서』를 금지시킬 것을 요청한 이사가 가장 바보스러운 사람이라고 군자는 생각하지. 후세로 올수록 요임금, 순임금, 삼대와 더욱 멀어진다네. 결국 요임금, 순임금, 삼대 가운데 어떤 왕조의 전장 제도가 훌륭한 세상에 드리워져 국가와 세계가 동시에 평화를 이룰 수 있다면 이것은 앞서 가신 고대의 거룩한 임금이 남긴 도와 아주 비슷한 상태를 얻지 못한 것은 아니지. 자기가 사는 시대의 전장, 관청의 벼슬아치가 지키는 장고는 『시』나 『서』, 육예의 전승과 통하지 않을 수 없다네. 그러나 학자들은 자기가 사는 시대를 아는 일에 어둡고 설핏 움직이기만 해도 고대에 대해 박학다식하다는 점을 자랑하는데 이것은 마치 서릉(西陵) 출신의 누조(嫘祖)가 누에를 친 일을 고증하고[36] 신농씨가 농사를 지은 일을 강의하면[37] 굶주림과 추위를 막을 수 있고 옷과 먹을거리도 필요 없다고 생각하는 것에 비길 수 있지."[38]

---

35 「원도 상」의 주19를 보라.

36 『사기』 「오제본기」는 이러하다. "황제가 서릉(西陵)의 딸에게 장가를 들었는데 이가 누조(嫘祖)이다." 누조는 황제의 정식 부인[元妃]이며, 처음으로 백성들에게 누에치기를 가르쳤다.

37 『사기』 「오제본기」는 이러하다. "신농씨의 세상이 쇠락하다." 『사기집해』는 반고를 인용하여 이렇게 말한다. "백성들에게 밭 갈고 농사짓는 법을 가르쳤다. 그래서 이름이 신농이다."

38 나는 이렇게 생각한다. 여기까지 덜고 보태는 고금의 차이를 말하고, 그렇게 하면 도가 통할 수 있다는 것을 말하고 있다. 고대에 박식함은 현대를 아는 일을 소중하게 여기며 장고는 경술에 통한다는 말로 「사석」편을 끝맺고 있다.

사주(史注)[1]

옛날에 공자는 『춘추』를 지으면서 쓸 것과 버릴 것[2]을 모두 갖추고 나서야 다시 『춘추』의 미언대의를 구술하여 제자들에게 전수했다.[3] 『춘

1 나는 이렇게 생각한다. 「사주」편은 사가 전문가의 학업이며, 방법 이외에 마음에서 마음으로 전해지는 심법이 있고, 사주의 쓰임새는 대단히 거대하며, 뜻이 「신정」(申鄭)편과 서로 참조해야 한다는 데 주된 요지가 있다. 어느 해에 지었는지는 「경해 상」의 주1을 보라.

2 「역교 하」의 주26을 보라.

3 『사기』 「십이제후연표서」는 이러하다. "공자는 왕도를 밝히려고 일흔 명도 넘는 임금들에게 기용해 달라고 했으나 쓰이지 못했다. 그래서 서쪽으로 주나라 왕실에서 문헌을 살피고 역사 기록과 오래된 견문을 논했다. 노나라에서 일으켜 『춘추』를 편집했다. 위로는 노나라 은공부터 기록하여 아래로는 애공 때 기린을 잡은 때까지 이르렀다. 그 문사를 요약하고 번거롭거나 중복되는 것은 삭제하여 의법(義法)을 제정했다. 왕도가 갖춰지고 인사에 두루 통하게 되었다. 일흔 명의 제자들은 공자가 전한 뜻을 구술로 전수받았다. 공자가 풍자하고 비판하며 칭찬하고 꺼리며 힐난하고 깎아내린 문사가 있는데 글로는 나타낼 수 없었다. 노나라 군자 좌구명은 제자마다 다른 부분만 보고 각자 자신의 뜻만 편안하게 여기는 바람에 참 모습을 잃게 될까 두려워했다. 그래서 공자의 역사 기록을 근거로 공자의 말을 갖춰 논한 뒤 『좌씨춘

추』에 대한 세 가지 「전」[4]이 만들어지자 세 가지 「전」 덕분에 각각 보고 들은 것을 근거로 경이 담고 있는 내용을 헤아려 밝혔다. 『춘추』는 그래서 명백해졌다. 제자백가는 자신의 학설을 짓기도 하고 그들의 제자가 스승의 학설을 함께 지키기도 했다. 그런 뒤에 제자백가의 학설이 천하에 드러나게 되었다. 역사 사실을 기록하고 보존하는 분야에서 옛사람은 직업을 집안에 대대로 전했으나 학자들은 학파를 통해 학업을 전했다. (공자는 틀림없이 당시 주나라의 주하사(柱下史)인 노담에게 예에 대해 물었을 것이다) 아마 역사를 기록하고 보존하는 일은 온 세상을 통틀어 가장 중요한 세 가지[5] 가운데 하나이기 때문에 어떤 개인이 혼자서 모든 사료를 남김없

추』를 완성했다."

4 『한서』 「예문지」 '춘추가'는 이러하다. "『좌씨전』은 서른 권이다. 『공양전』은 열한 권이다. 『곡량전』은 열한 권이다." 「예문지서」는 이렇게 말한다. "좌구명이 본래 사실을 논하여 「전」을 지었다. 공자가 허튼 소리로 경을 해설한 것이 아님을 밝혔다. 『춘추』가 지체 높은 사람을 깎아내린 것은 당시의 임금과 신하가 위세 있는 권력이나 세력이 있기 때문이다. 그런 사실은 모두 「전」에 형태를 드러내고 있으며 그래서 글에서는 숨기고 널리 퍼트리지 않았다. 그래서 당시의 어려움을 피한 것이다. 최근에 이르러 구설이 유행한다. 그러므로 공양씨, 곡량씨, 추씨, 협씨의 「전」이 생겼다. 네 학파 가운데 공양씨와 곡량씨는 학관에 세워졌고 추씨는 전수할 스승이 없으며 협씨는 아직 책이 없다." 「언공 상」의 주57을 참고하라.

5 『노자』 제25장은 이러하다. "그러므로 도가 크고 하늘이 크며 땅이 크고 왕도 크다. 세상에 네 가지 큰 것이 있고 왕도 그중 하나로 낀다." 세 가지 큰 것은 하늘, 땅, 도를 말한다. 서릉(徐陵) 「권진양원제표」(勸進梁元帝表)는 이러하다. "여기 세 가지 큰 것을 본뜨자면, 손님은 네 번째 종류입니다." 상관의(上官儀) 「권봉선표」(勸封禪表)는 이러하다. "이름은 세 가지 큰 것이 똑같고, 하늘이 덮고 땅이 싣는 것을 체득하여 만물이 구석구석 완성됩니다."

역주_ **서릉**(507~583)은 자가 효목(孝穆)이며 동해 담(郯, 현재 산동성 담성) 출신이다. 남조 양나라와 진나라의 시인이다. 서리(徐摛)의 아들이다. 어려서부터 시문으로 유명했다. 양나라 무제 때 동관학사(東宮學士)가 되어 늘 궁중을 드나들었고 유신과 함께 명성을 날렸다. 진나라가 들어선 뒤 상서좌복야, 중서감 등을 역임했다. 저술에 『서효목집』(徐孝穆集)과 『옥대신영』(玉臺新咏)이 있다. **상관의**(608?~664)는 자가 유소(游韶)이며 섬주 섬현(현재 하남성) 출신이다. 집안은 강도(江都)에 있었다. 정관 연간 초에 진사에 합격하고 홍문관 직학사에 임명되었다가 비서랑으로 전임했다. 늘 궁중 연회에 참여하고 『진서』 편찬에도 참가했다. 당나라 태종은 글을 쓸 때마다 상관의에게 보내 퇴고하도록 했고 잔치를 벌일 때마다 꼭 참석하도록 했다 한다. 고종이 즉위하고 비서소감(秘書少監)이 되었다가 서대(西臺) 시랑이 되었다. 상관의는 강

이 갖춘 뒤, 우거진 숲 같은 문학계에서 자기의 공로를 드러낼 수 있는 것은 아니리라. 사마천은 백서른 편의 글을 쓴 뒤,(『한서』는 이것을 『태사공』(太史公)이라고 불렀고, 『수서』「경적지」에서 『사기』라고 부르기 시작했다) 이렇게 말했다. "이것을 명산에 숨겼다가, 전할 만한 사람에게 전하리라."[6] 나중에 사마천의 외손자 양운(楊惲)이 사마천의 글을 널리 퍼뜨리기 시작했다.[7] 반고의 『한서』는 반고가 죽은 뒤로 당시 학자들이 완벽하게 알 수 없게 되었다. 마융은 동관의 장서각 아래 엎드려 절하고서 반고의 손아래누이를 따라서 사업을 전수했다. 그런 뒤에야 반고의 『한서』는 비로소 천하에 알려지게 되었다.[8] 사마천과 반고의 글은 요즘 사람이 볼 때 잘 갖춰져 있다지만 당시 이들의 책을 전하려면 반드시 감당할 만한 능력이 있는 사람이 있고 이들의 글을 읽을 수 있는 수업을 받을 때도 반드시 근거가 있어야만 했다. 옛사람이 가진 전문가의 학은 학업을 집안에 전했기 때문에 정해진 방법대로 쓴 것 이외에 틀림없이 마음으로 전해

직한 사람이라 고종에게 측천무후를 폐위시키라고 건의했다. 그것 때문에 무씨 집안과 원한을 맺었다. 인덕 원년(664) 폐출한 태자 양왕 이충(李忠)과 역모를 꾀했다는 고발이 들어와 상관의와 아들 상관정지(上官庭芝)가 함께 처형되고 집안을 적몰했다. 그러나 손녀인 상관완아(上官婉兒)는 나중에 중종의 비빈이 된다. 중종이 즉위하고 나서 억울함이 풀렸고 중서령, 진주 도독(秦州都督), 초국공(楚國公)에 추증되었다.

6 『사기』「사마천전」의 글을 보라.

7 『한서』「사마천전」은 이러하다. "사마천이 죽은 뒤에 그의 글이 차츰 나타났다. 선제 때 사마천의 외손자인 평통후(平通侯) 양운이 사마천의 글을 조술하여 드디어 널리 퍼트리게 되었다." 「양운전」(楊惲傳)도 보라.

8 반소가 『한서』를 이은 일은 「경해 하」를 보라. 『후한서』「열녀전」은 이러하다. "『한서』가 처음 나오자 통달하지 못하는 사람이 많았다. 같은 군 출신의 마융이 집앞에 엎드려 빌어서 반소를 좇아 읽는 법을 전수받았다." 『사통』「고금정사」는 이러하다. "반고는 나중에 두씨(竇氏) 사건에 연좌되어 낙양의 옥중에서 죽었다. 글이 대단히 흩어져 어지러웠고 종합해서 정리할 수 없었다. 반고의 누이 반소[曹大家]는 박학할 뿐 아니라 글도 잘 썼다. 황제의 명령을 받들고 교정하여 서술했다. 또한 고재랑(高才郎) 마융 등 열 명을 선발하여 반소를 좇아 읽는 법을 전수받게 했다." 원나라 왕탄(王惲)의 『옥당가화』(玉堂嘉話) 권2는 이러하다. "허형[許魯齋]은 이렇게 말한다. '옛사람은 『한서』가 모두 전수되었다고 보았지만 그렇지 않다. 어려움이 있었다. 어찌 「율력지」와 「천문지」를 말하겠느냐?"

야만 하는 것[法外傳心]이 있었다. 쓰고 버릴 것을 결정한 뒤, 남은 결과로만 알 수 없는 것은 제자들에게 구술하여 가르쳤다. 제자들이 함께 스승에게 배운 학업을 전하고 익혔기 때문에 영원히 전해지게 되었다. 사마천의 글에 배인(裴駰)이 주를 단 때[9]와 반고의 글을 응소(應劭)가 풀이한 때부터 헤아려 보면[10] 이들의 글에 주를 단 사람들이 나중에 약간 있었

---

9 배인(裴駰)은 자가 용구(龍駒)이며, 하동 문희 출신이다. 송나라 병조 참군(兵曹參軍)을 지냈다. 아버지인 배송지는 자가 세기(世期)이며 『삼국지』의 주를 달았다. 『송서』에 아버지와 아들이 나란히 같은 「열전」에 들어 있다. 『수서』 「경적지」 "정사류"는 이러하다. "『사기』는 여든 권이며, 배인이 주를 달았다." 배인은 「사기집해서」(史記集解序)에서 이렇게 말한다. "이 책을 대조하여 교정하면 문장과 구절이 다른 것이 많기도 하고 적기도 하여 내용을 변별하지 못했다. 그리고 세상의 미혹된 사람들이 저렇게 정해놓으면 이것을 따르고 옳고 그름이 계속 오락가락하는 바람에 참과 거짓이 어그러지고 뒤섞였다. 돌아가신 중산대부(中散大夫) 동완(東莞) 출신 서광은 많은 판본을 연구하고 대조하여 『사기음의』를 지었다. 여기서 동일한 것과 다른 것을 모두 열거했고 훈고와 풀이를 아울러 서술하여 대략 밝힌 것이 있었다. 그러나 생략한 것은 특히 유감이다. 부족하나마 내가 맡아서 서광의 책을 보태고 펼치게 되었다. 경전과 제자백가를 아울러 선유의 학설을 채집하여 보탠 것이 있다. 서광을 저본으로 했으며 『사기집해』라고 부른다."

10 『후한서』 「응봉전」(應奉傳)은 이러하다. "응봉(應奉)은 여남 출신이다. 아들인 응소는 자가 중원(仲遠)이다. 어려서 돈독하게 배웠고, 널리 보고 많이 들었다. 영제 때 효렴으로 천거되어, 태산(泰山) 태수가 되었다. 건안 2년에 원소의 군모교위(軍謀校尉)가 되라는 황제의 명령을 받았다. 당시 허(許)로 천도하면서, 문서와 기록이 거의 남아나질 않았다. 응소는 이것을 개탄하여 자신이 들은 것을 엮어서 모아 『한궁예의』(漢宮禮儀), 『풍속통』, 『집해한서』(集解漢書)를 지었다. 이것들은 모두 세상에 유행하고 있다." 『수서』 「경적지」 "정사류"는 이러하다. "『한서집해음의』(漢書集解音義)는 스물네 권이며, 응소가 지었다." 나는 이렇게 생각한다. 안사고는 「한서서례」(漢書叙例)에서 이렇게 말한다. "『한서』에는 예전에 주해가 없었다. 다만 복건, 응소 등이 각자 『한서음의』를 지어 각자 따로 시행되었다. 진나라[典午] 조정에서 진작(晉灼)이 하나의 책으로 모았는데 모두 열네 권이며 『한서집주』(漢書集注)라고 불렀다. 영가 연간에 없어지고 어지러워졌는데 금릉으로 황제가 피난을 가면서 남쪽의 학자들은 가서 볼 수 없게 되었다. 신찬(臣瓚)이라는 사람이 있는데 씨족은 알 수가 없다. 그가 살았던 시대를 대조하면 역시 진나라 초였다. 그도 여러 사람들의 『음의』를 총괄하고 모은 뒤 자신의 견해를 약간 넣어 책 끄트머리에 이어서 넣었다. 모두 스물네 권이며 두 질로 나누었다. 오늘날의 『집해음의』가 바로 그 책이다. 그러나 후세인 가운데 그것을 본 사람은 신찬이 지은 것인지 모르고 바로 응소 등의 『집해』라고 말한다. 왕검[王氏]의 『칠지』(七志)와 완효서의 『칠록』은 모두 제목에서 그렇게 말하고 있다. 그래도 살피지 않을 따름이다." 전대흔은 이렇게 말한다. "안사고

고[11] 주를 단 사람들은 모두 가학을 밝히려고 한 사람들이다.[12]

[小顔]의 주장에 따르면, 『수서』「경적지」가 기록하고 있는 것은 바로 신찬이 모은 것이고 응소에게서 나온 것이 아니다. 『수서』「경적지」는 완효서의 『칠록』에 실린 예전 글을 많이 수록하고 있으므로 응소 아래에는 등(等)이라는 글자가 있어야만 한다. 아마 옮겨 적는 사람이 그것을 빼버린 듯하다."(『십가재양신록』 권6)

역주_ 진나라 황실의 성은 '司馬氏'이다. '司馬'란 고대 관직 제도에서 말을 관리하는 직책이다. 관리하다는 뜻의 말에 '典'이 있고 말은 '午'라고도 부른다. '司馬'나 '典午'는 모두 '말을 관리하는 직책'이라는 뜻이다. 뜻이 같기 때문에 이렇게 부르기도 한다는 것이다. 은어이다. **왕검**(王儉, 452~489)은 남조 제나라의 문학자이자 목록학자이다. 자는 중보(仲寶)이다. 조상이 살았던 곳은 낭야 임기(현재 산동성)이다. 동진의 유명한 재상 왕도(王導)의 오대손이다. 아버지 왕승작(王僧綽)과 숙부 왕승건(王僧虔)은 문학으로 유명했다. 돌도 되지 않아 아버지가 살해당하는 바람에 숙부가 키웠다. 어려서부터 열심히 공부했다. 송나라 명제 때 상양 선공주(尙陽羨公主)와 짝을 지워 부마도위(駙馬都尉)가 되었다. 열여덟 살에 비서랑이 되어 비서승, 의흥 태수(義興太守), 태위 우장사(太尉右長史) 등을 역임했다. 제나라 태조 소도성(蕭道成)을 도와 즉위하게 만들었다. 제나라 남창현공(南昌縣公)에 봉해졌다. 죽은 뒤 문헌(文憲)이라는 시호를 받았다. 유흠의 『칠략』에 의거하여 『칠지』를 편찬했다. 유흠과 달리 「도보지」(圖譜志)를 추가하고 「문한지」를 창안했다.

11 『수서』「경적지」에 따르면, 『한서집해』를 제외하고도 복건의 『한서음훈』(漢書音訓) 한 권, 위소의 『한서음의』(漢書音義) 일곱 권, 유현(劉顯)의 『한서음』(漢書音) 두 권, 하후영(夏侯詠)의 『한서음』 두 권, 소해(蕭該)의 『한서음의』 열두 권, 포개(包愷)의 『한서음』 열두 권, 진작의 『한서집주』 열세 권, 육징(陸澄)의 『한서주』(漢書注) 한 권, 위릉(韋稜)의 『한서속훈』(漢書續訓) 세 권, 요찰(姚察)의 『한서훈찬』(漢書訓纂) 서른 권, 『한서집해』 한 권이 있다고 한다. 나중에 안사고의 주가 나오자, 여러 사람의 책을 전부 제치고 안사고의 것만 세상에 유행했다. 『직재서록해제』「정사류」는 이러하다. "『한서』 백 권은 당나라 비서감 안사고가 주를 달았다. 안사고는 승건 태자[太子承乾]의 명령을 근거로 앞 시대 유학자들의 주해를 총괄한 뒤, 복건과 응소 이후 스물 남짓한 사람들의 책에서 번쇄한 것은 삭제하고 소략한 것은 보충하여 자신의 학설로 가다듬어 일가를 이뤘다."

12 『사기』「역서」(曆書)는 이러하다. "주인의 자제들이 흩어졌다." 『사기집해』는 여순을 인용하여 이렇게 말한다. "특정 학파의 학업[家業]이 대대로 전해지는 것이 주(疇)이다. 율(律)은 나이 스물셋에 그것을 주관(疇官)에게 전했고 각자 그 아버지의 학문을 따랐다." 『사기색은』은 위소를 인용하여 이렇게 말한다. "주(疇)는 유(類)이다." 『북사』「강식전」(江式傳)은 이러하다. "강식은 어려서 가학(家學)만 전수받았다. 몇 년 동안 두 사람이 때때로 가르치고 전수하는 꿈을 늘 꾸다가 깨고 했다. 깰 때마다 기억이 났다." 고대에 개인적인 기술[術業]은 아비에서 아들로 계속 전해졌다. 그러므로 가학이라는 이름이 있는 것이다. 나는 이렇게 생각한다. 여기까지 앞 시대의 역사서에 주를 다는 범례[注例]가 있으며, 문장이 간결하고 학문이 전해졌다는 것을 말하고 있다.

위나라와 진나라 이후에 저작이 어지럽게 나타났다.[13] 이런 저작들은 이전의 사승도 없고 나중의 후학도 없다. 그들의 글은 형식이 산만하고 어지러웠기 때문에 쓰고 버릴 것을 결정할 때도 결코 옛사람처럼 근엄한[14] 뜻[義]이 없었다. 게다가 가리키는 뜻[旨]도 얄팍해서 잘 이해되기 때문에 드러나지 않아 알려주기 어려운 옛사람의 뜻과 같은 근거도 없다.[15] 그들은 힘닿는 대로 세상에 외로이 돌아다녔을 뿐이다. 대대로 이어져 내려온 역사서의 책임자가 있었지만 역사서를 편찬하는 고대의 학이 전해지지 않았기 때문에 역사가는 갖춰진 형식만 남기게 되었다. 문서로 남겨진 포고나 업무 처리를 위한 편지만[16] 분류해서 편집하거나 날짜에 따라 사실의 앞뒤를 단순히 기록하는 정도였다. 이것은 이루 말할 수 없이 혼란스러웠고 글도 너무 어지럽고 복잡해서 사마천과 반고의 옛 모습을 완전히 잃어 버렸다. 이것이 어찌 지은이의 타고난 자질과 힘이 사마천이나 반고에게 미치지 못하기 때문이기만 하겠는가? 아마 역사서에

---

13 나는 이렇게 생각한다. 위나라, 진나라, 남북조부터 당나라 초기까지 개인[私家]이 역사서를 편집하는 유행이 성행했다. 예를 들어, 후한의 역사서는 유씨(劉氏)의 송나라 이전에 아홉 가지가 있었다. 그러나 범엽의 『후한서』가 완성된 뒤 아홉 가지의 역사서는 없어졌다. 진나라의 역사서는 당나라 이전에 열여덟 가지가 있었다. 그러나 당나라 문제가 공식적으로 편찬한 『진서』가 완성된 뒤 열여덟 가지 역사서는 없어졌다. 위나라, 오나라, 촉나라 삼국의 역사서는 진수의 『삼국지』가 완성되기 이전에 각각 지은 사람이 있었고, 각각은 한 가지만 있었던 것도 아니다. 그러나 진수의 역사서가 유행한 뒤 다른 역사서를 모을 길이 막혀 버렸다. 이것은 결국 처음에 여러 사람들이 역사서를 편찬하고 모았으나, 마지막에 억지로 통일시켜 편집했다는 것이다.

14 「역교 하」의 주5를 보라.

15 『사기』 「사마상여열전」은 이러하다. "『춘추』는 헤아려 지극히 드러나지 않는 것을 본다. 『역』은 본디 그것을 근거로 드러나지 않는 것을 드러나게 한다." 「흉노전」(匈奴傳)은 이러하다. "공자는 『춘추』를 지을 때 은공과 환공 때는 분명하게 말하고 정공과 애공 무렵은 분명하게 말하지 않았다. 그것은 당시 절실한 일이었지만 비판을 피하고 말하기를 꺼렸기 때문이다."

16 『문심조룡』 「조책」은 이러하다. "서(誓)는 군대를 훈계하는 일에 쓰이고 고(誥)는 정사를 펼치는 데 쓰인다." 『국어』 「주어」는 이러하다. "선왕의 빛나는 덕은 무기를 살피지 않는다. 위엄 있지만 사양하는 명령이 있고 글로 알리는 말이 있다."

주를 다는 형식이 없어져서 나날이 번거롭고 중복되는 추세로 가지 않을 수 없었기 때문이리라.[17] 옛사람에게 어떤 책이 있으면 전하는 사람은 여럿이다. 후세에는 여러 사람이 함께 하나의 책을 같이 짓게 되었다. 전하는 사람의 범위가 넓으면 『춘추』의 간단함과 완전함, 드러나지 않음과 드러남의 방법은 보존된다. 지은이가 많으면 모순과 중복의 폐단이 나타나게 된다. 물길을 따라 내려가다 보면 하루하루 지나면서 근원을 잊게 되듯, 고대의 학을 어떻게 회복시킬 것이며 역사서[史策]는 어디에서 간단함을 얻을 것인가? 『구당서』(舊唐書)나 『신당서』(新唐書)의 분량은 『한서』의 두 배로 불었고[18] 『송사』(宋史)[19]의 분량은 다시 『구당서』나

---

17 『춘추좌전』「성공 14년」은 이러하다. "『춘추』의 기사는 드러나지 않되 드러내고, 기록하되 흐릿하게 감추며, 완곡하면서도 조리가 있고, 모두 쓰면서도 더럽지 않으며, 악을 징벌하고 선을 권한다. 성인이 아니라면 누가 그것을 편집할 수 있으랴!"

18 『직재서록해제』「정사류」는 이러하다. "『당서』는 이백 권이며, 오대(五代) 때 진나라의 재상인 탁군(涿郡) 출신 유후(劉昫) 등이 지었다. 『신당서』는 이백스물다섯 권이며, 한림학사인 여릉(廬陵) 출신 영숙(永叔) 구양수와 단명전 학사(端明殿學士)인 안륙(安陸) 출신 자경(子京) 송기(宋祁)가 지었다. 원래는 경력(慶曆) 연간에 왕요신(王堯臣), 장방평(張方平)에게 교정하여 간행하도록 편찬하라는 황제의 명령이 있었지만, 오래되어도 완성하지 못했다. 지화(至和) 연간 초에 구양수가 「본기」와 「지」를 짓고 송기가 「열전」을 지으라는 명령을 내렸다. 범진(范鎭), 왕주(王疇), 송민구(宋敏求), 여하경(呂夏卿), 유희수도 함께 편찬에 참여했다. 가우 5년에 황제에게 바쳤다. 대체로 예순한 편의 「전」을 없애고, 삼백서른한 편의 「전」, 세 편의 「지」, 네 편의 「표」를 보탰다. 그래서 「진서상표」(進書上表)에서 이렇게 말한 것이다. '사실은 앞서보다 증가했으나 글은 예전보다 생략했습니다.'" 『일지록』 권26은 이러하다. "『구당서』가 비록 대단히 번거롭다고는 하지만 사적은 명백하고 처음부터 끝까지 상세하게 볼 수 있다. 이것 자체도 볼 만한 책이다. 『신당서』의 「지」는 구양수가 지은 것이다. 대단한 편집을 거쳐서 글도 명백하다. 그러나 「열전」은 송기의 손에서 나온 것이라서 간단하여 명백하지 않다. 두 사람의 높고 낮음은 판이하게 다르다."

역주_ **유후**(887~946)는 자가 요원(耀遠)이며 탁주 귀위(歸義, 현재 하북성) 출신이다. 오대 때 후진의 정치가이다. 후당 장종 때 태상 박사, 한림학사를 역임했다. 후진 때 사공, 평장사에 이르렀다. 후진 출제(出帝) 개운(開運) 2년(945) 『당서』를 편찬하였다. 그러나 실은 조영(趙瑩) 등이 지었다. **송기**(998~1062)는 송나라의 문학자이자 사학자이다. 자는 자경(子京)이며 옹구(雍丘, 현재 하남성 기현) 출신이다. 천성 연간 형인 송상(宋庠)과 함께 진사가 되었다. 동지예의원(同知禮儀院), 상서 공부원외랑, 지제고 등을 역임했다. 나중에 용도각 학사, 사관 수찬으로 바꿨다. 『신당서』를 편찬했다. 죽은 뒤 경문(景文)이란 시호를 받았다. **왕요신**(1003~1027)은 자가 백용(伯庸)이며

응천부(應天府) 우성(虞城, 현재 하남성 우성) 출신이다. 인종 천성 5년(1027) 과거 시험에서 장원을 차지했다. 이후 여러 벼슬을 역임하다가 아버지 왕충(王冲)이 사건에 연루되어 지광주(知光州)로 나갔다. 광주에서 기근 때문에 폭동이 일어나자 조정에서 빌미로 삼아 처벌하려 했다. 왕요신은 이에 반대하는 상소를 올려 인종의 동의를 얻었다. 경우(景祐) 4년(1037) 지제고로 발탁되었고 한림학사가 되었다. 송나라와 서하의 전쟁이 터지자 체량안무사(體量安撫使)가 되었다. 가우 원년 호부 시랑에 임명되어 정사에 참여했다. 가우 3년 병으로 현직에서 죽었다. 상서좌복야를 추증하고 문안(文安)이란 시호를 추증했다. 원풍 3년(1080) 태사, 중서령을 추증하고 시호를 문충(文忠)으로 고쳤다. 대표작에 『숭문총목』(崇文總目)이 있다. **장방평**(1007~1091)은 자가 안도(安道)이며 남경 출신이다. 어려서 뛰어나게 똑똑해서 한 번 보면 모두 기억했다. 집안이 가난해 책이 없었기 때문에 남에게 역사책을 엄청 빌려와 다 읽고 열흘 만에 돌려주었다. 뛰어난 재주를 가진 사람라고 천거되어 교서랑이 되었고 곤산(昆山) 지현이 되었다. 여러 벼슬을 역임하고 태자소사로 은퇴했다. 철종이 즉위하자 태자태보를 추증했다. 장방평은 강개한 성격이라 왕안석이 일처리를 해도 굽히지 않아 명성이 높았다. 죽은 뒤 문정(文定)이라는 시호를 받았다. 저술에 『낙전선생집』(樂全先生集)이 있다. **범진**(1007~1087)은 자가 경인(景仁)이며 화양 출신이다. 진사 시험에 일등으로 합격했다. 인종 때 간원(諫院)을 책임졌다. 태자를 옹립하는 일을 주장하여 울기도 하고 열아홉 번이나 아뢰기도 했다. 백여 일을 그렇게 보낸 뒤 수염과 머리카락이 온통 희었다고 한다. 나중에 한림학사가 되어 왕안석과 불화를 빚어 은퇴했다. 철종이 즉위하고 단명전 학사로 기용했으나 사양했다. 촉군공(蜀郡公)에 봉했다. 죽은 뒤 충문(忠文)이란 시호를 내렸다. 저술에 문집과 『동재기사』(東齋記事)가 있다. **왕주**(1007~1065)는 자가 경이(景彝)이며 조주(曹州) 제음(현재 산동성 조현) 출신이다. 인종 천성 8년 진사가 되었다. 여러 벼슬을 역임하고 죽었다. 충간(忠簡)이란 시호를 받았다. 저술에 『융평집』(隆平集)이 있다. **송민구**(1019~1079)는 자가 차도(次道)이며 조주(趙州) 평극(平棘) 출신이다. 『신당서』의 예비 편찬 작업에 참여한 적이 있다. 또한 당나라 무종 이후의 실록을 개인적으로 편찬했다. 치평 연간 인종실록 검토관(仁宗實錄檢討官)이 되었다. 왕안석을 비방하여 외직으로 쫓겨났다가 용도각 직학사가 되었다. 그는 장서가 많아 선비들이 많이 드나들었다고 한다. 저술에 『춘명퇴조록』(春明退朝錄), 『당대조령집』(唐大詔令集), 『장안지』(長安志) 등이 있다. **여하경**은 자가 진숙(縉叔)이며 복건 진강(晉江) 출신이다. 경력 2년(1042) 진사가 되었고 북송의 인종, 영종, 신종을 거쳤다. 여러 관직을 두루 거쳤으며 송나라의 유명한 역사학자이다. 그는 생김새가 못나서 사람을 한번 놀래키고 재주가 뛰어나서 다시 한번 놀래켰다고 한다.

19 『사고전서총목제요』「정사류」는 이러하다. "『송사』는 사백아흔여섯 권이며, 원나라 탁극탁(托克托) 등이 황제의 명령을 받들어 지었다. 이 책의 전체 목록[總目]은「본기」마흔일곱 권,「지」백예순두 권,「표」서른두 권,「열전」이백쉰다섯 권이라고 제시하고 있다. 그러나 권478부터 권483까지는 사실「세가」여섯 권이지만, 전체 목록은 제시하지 않았다. 이것은 아마 우연히 빠트린 것이리라. 이 책의 대의는 도학(道學)을 드러내어 밝히는 것을 으뜸으로 치고, 나머지 일은 모두 그리 신경 쓰지 않

『신당서』의 두 배로 불었다. 역사서를 펼쳐서 살피는 사람은 책 읽는 고생도 이겨내지 못하는데 전하고 익히는 학업이 어찌 없어지지 않을 수 있겠는가?[20]

같은 스승에게 배웠지만 서술이 다른 이유는 견해나 지향이 다르기 때문이다. 근원은 바르지만 유파가 갈라지는 이유는 오랜 세월이 지나서 진면목을 잃었기 때문이다. 아홉 명의 경사가 『주역』을 전수한 학설[21]과 네 학파가 『시』를 전수한 학설[22]을 보더라도 사유가 숲의 나무처럼 많았고 그들이 전수한 내용도 어지러움을 견디지 못할 정도였다. 삼대 이후의 선비들[23]은 스승도 없이 옛사람에게 스스로 얻을 수 있다면 특정 학파의 작품을 정리하여 완성할 수 있을 것이다. 천지 사이를 방황하면서 외로이 서서 따르는 제자도 없이 이처럼 보잘 것 없는 학문을 품은 채, 사마천의 외손자나 반고의 손아래누이 같은 사람에게 자기의 학문이 빛을 보기만 바라고 있을 것이다. 이것은 틀림없이 어쩔 수 없기 때문이리

았다. 그러므로 일일이 헤아릴 수 없이 잘못이 많다."

20 『논어』「학이」(學而)는 이러하다. "전한 것을 익히지 않았는가?" 『논어정의』는 이러하다. "전(傳)은 스승이 내게 전한 것이다." 나는 이렇게 생각한다. 여기까지 후세의 역사서에 주를 다는 범례가 없어서, 글이 비록 많다지만 학업을 전수하는 일[傳業]은 사라졌다고 말하고 있다.

21 『한서』「예문지」 '역류'는 이러하다. "『회남도훈』(淮南道訓)은 두 편이다." 반고 자신의 주는 이렇다. "회남왕 유안은 『역』에 밝은 사람 아홉 명을 초빙하여 구사설(九師說)이라고 불렀다." 유향은 『별록』에서 이렇게 말한다. "황실 도서관의 『역전』과 『회남구사도훈』(淮南九師道訓)을 대조하여 교정하면서 거듭 중복되는 것을 제거하여 열두 편으로 정했다. 회남왕이 『역』을 잘 하는 사람 아홉 명을 초빙하여 그들을 좇아 채집하고 얻은 것이라서 『회남구사서』(淮南九師書)라고 이름 붙였다."(『초학기』 권21에서 재인용. 『태평어람』 609의 인용과 동일하다.)

22 『한서』「예문지」는 이러하다. "한나라가 일어나고 노나라 신공이 『시』의 훈고를 지었고 제나라 원고와 연나라 한생(韓生)이 「전」을 지었다. 세 학파가 학관에 늘어섰다. 또한 모공의 학문도 있었지만 세워지지 못했다." 별도로 「원도 하」의 주3에 상세하다.

23 『한서』「예문지」는 이러하다. "시대는 세 번의 고대를 지났다." 맹강은 이렇게 말한다. "『주역』「계사전」은 이렇게 말한다. '『역』이 일어난 것은 중고시대이겠지?' 그러면 복희씨가 상고시대이고, 문왕이 중고시대이며, 공자가 하고시대이다."

라. 사마천의 「태사공자서」는 자주(自注)[24]의 시초이겠지?[25] 「태사공자서」는 조술과 창작의 본디 뜻을 밝혔고 빼고 취한 것의 근거를 보여 주었다. 사마천은 자기가 말한 것을 후세인들이 모를 것을 두려워했던 것 같다. 그래서 사마천은 특별히 이렇게 표시해둔 것이리라. "고대 문자를 떠나지 않는다"[26]라거나 "그래서 육예에서 믿을 만한 것을 검증한다"[27]라는 사마천의 말은 『사기』 백서른 편의 종지이다. 각 권의 끄트머리에 배치하는 경우도 있고 각 편의 첫머리에 배치하는 경우도 있지만 반복해서 자신을 밝히지 않은 적은 없다. 반고의 『한서』 가운데 「연표」 열편과 「지리지」, 「예문지」는 자주를 달았다. 이것도 대강과 세목을 세우는 표준이다.[28] 진수와 범엽이 지은 역사서에 배송지와 장회태자(章懷太

---

24 나는 이렇게 생각한다. 「자서」는 가업당본 『장씨유서』에 "서례"(叙例)라고 되어 있다. 장학성 「사편별록서례」(史篇別錄叙例)는 이러하다. "역사가의 자주라는 범례를 어떤 사람은 반고의 여러 지에서 시작되었다고 한다. 사실 사마천의 여러 표에 이미 자주(子注)가 있다."(가업당본 『장씨유서』 권7) 「태사공자서」의 끄트머리에는 각 편을 지은 뜻을 기술하면서 "「오제본기」 첫 번째를 짓다" 등이라고 부르고 있다. 이것은 본문임에 틀림없으므로 자주와 다르다. 「삼대세표」(三代世表)는 모든 황제의 이름을 열거한 뒤에 주를 달았는데, 이런 것을 "자주"(子注)라고 할 수 있다.

역주_ 자주는 스스로 주를 다는 일이다.

25 권여(權輿)는 시작하다는 뜻이다. 여기서는 가장 일찍 나타난 자주를 가리킨다. 『사기』 「삼대세표」는 이러하다. "내가 『첩기』(諜記)를 읽어보니 황제 이후 모든 연대가 있었다. 오덕에 따라 계승된 것을 조사했다." 「세표」는 『첩기』에 뿌리를 둔다고 했으니, 그러면 가장 일찍 나타난 자주는 어쩌면 『첩기』에서 나온 것이겠지?

역주_ 『첩기』는 서명을 표시하는 '『』'가 없다. 이것은 표점자의 실수라고 생각된다. 뒤 본문에는 '첩기'에 분명 '『』'를 베풀었다. 여기서 '『』'는 옮긴이가 추가한 것이다.

26 『사기』 「오제본기찬」은 이러하다. "나는 서쪽으로 공동(崆峒)에 가고 북쪽으로 탁록(涿鹿)을 지나고 동쪽으로 바다에도 가보고 남쪽으로 장강과 회수에서 배를 탄 적도 있다. 나이 든 노인[長老]에게 가면 모두 제각각 황제, 요임금, 순임금과 관련된 장소를 자주 일러주고는 했다. 교육과 정사에 의한 교화는 본디 달랐다. 결국 고문을 떠나지 않는 것이 참에 가까웠다." 『사기색은』은 이러하다. "고문은 바로 『제덕』(帝德)과 『제계』(帝系)라는 두 가지 글이다."

27 나는 이렇게 생각한다. "내"(乃)는 가업당본 『장씨유서』에 "급"(及)이라고 되어 있다. 『사기』 「백이열전」은 이러하다. "학자의 문헌[載籍]은 지극히 넓어서 마치 자기가 믿는 것을 육예와 비교하는 것과 같다. 『시』와 『서』가 비록 완전하지 못하지만 순임금과 우임금의 글은 알 수 있다."

子)가 주를 달았다.[29] 석혜명(席惠明)이 『진기』(秦記)에 주를 달고[30] 유준(劉峻)이 『세설신어』(世說新語)에 주를 다는[31] 지경이 되자 잡사(雜史)라는 갈래의 역사서에도 오히려 주에 주를 다는 일[子注]이 생기게 되었다. 이것이 육조시대에 사학의 전통[史學家法]이 아직 사라지지 않았다는 증거의 하나이다. 육조시대 이후 역사가의 권한이 흩어지고 기전체 역사서의 분량이 지나치게 많아지게 되었다. 서무당(徐無黨)의 『오대사주』(五代史注)[32]

---

28 『한서』의 연표는 대강(大綱)과 세목(細目)으로 나눈다. 「지리지」나 「예문지」도 마찬가지이다. 본문은 대강과 같고 자주(子注)는 세목과 같다.

역주_ 대강은 큰 줄거리, 세목은 자질구레한 조목이다.

29 나는 이렇게 생각한다. 배송지는 송나라 원가 연간에 황제의 명령을 받들어 『삼국지』에 주를 달았다. 그가 인용한 책은 백오십여 가지가 넘는다. 무슨 책을 인용했는지는 조익의 『이십이사차기』 권6에 모두 보인다. 따로 「언공 중」의 주32에 상세하다. 『구당서』 「고종제자전」(高宗諸子傳)은 이러하다. "장회태자 이현은 자가 명윤(明允)이며 고종의 여섯째아들이다. 상원(上元) 2년 6월에 황태자로 세워졌다. 이현은 태자좌서자(太子左庶子) 장대안(張大安), 세마 유눌언(劉訥言), 낙천사호(洛川司戶) 격희현(格希玄), 학사 허숙아(許叔牙), 성원일(成元一), 사장저(史藏諸), 주보녕(周寶寧) 등 당시 학자를 불러 모아, 범엽의 『후한서』에 주를 단 뒤 표를 써서 황제에게 바쳤다."

역주_ 장대안은 위주(魏州) 번수(繁水, 현재 하남성 남락) 출신이다. 의봉 2년(667) 재상이 되었으며 장회태자가 중시했다. 영릉(永隆) 원년(680) 재상에서 파면되어 보주(普州) 자사로 강등했다. 허숙아(?~649)는 자는 연기(延基)이며 윤주(潤州) 구용(句容, 현재 강소성) 출신이다. 어려서 『모시』와 『예기』에 정통했고 시를 잘 읊었다. 여러 벼슬을 역임하고 태자세마 겸 숭현관 학사까지 올랐다. 저술에 『모시찬의』(毛詩纂義)가 있다.

30 『수서』 「경적지」 "패사류"는 이러하다. "『진기』는 열한 권이다. 송나라 전중장군(殿中將軍) 배경인(裴景仁)이 지었고, 양나라 옹주(雍州) 주부 석혜명(席惠明)이 주를 달았다."

31 『수서』 「경적지」 "소설류"는 이러하다. "『세설』(世說) 열 권은 유효표(劉孝標)가 주를 달았다." 『양서』 「문학전」은 이러하다. "유준(劉峻)은 자가 효표(孝標)이며, 형주 호조참군(戶曹參軍)이다. 고조가 문학을 지망하는 선비를 초빙할 때, 유준은 무리를 따라 떠다닐 수 없었기 때문에 임용되지 않았다." 고사손은 『위략』(緯略)에서 이렇게 말한다. "유의경은 한나라와 진나라 이후 아름다운 일과 아름다운 이야기를 모아서 『세설신어』를 지었다. 유준[孝標]이 주를 달았다. 한나라와 위나라의 여러 역사서를 인용하고 진나라 때만 해도 모두 백예순다섯 사람이다. 이것은 모두 정사 밖에서 나왔다."

32 『이십이사차기』 권21은 이러하다. "송나라 태조 개보(開寶) 6년 4월에 황제가 양나라, 당나라, 진나라, 한나라, 주나라의 역사서를 편찬하라는 명령을 내렸다. 7년 윤시

만 비교적 간단했기 때문에 곡삭에 쓰는 희양(餼羊)에 대한 공자의 비평에서 볼 수 있는 것처럼[33] 아직 한 가닥 실낱같은 명맥을 유지하고 있었다. 그러나 당나라와 송나라의 여러 역사가들은 끝이 어디인지 알지도 못한 채 망연자실해 있었다. 송나라의 범충(范沖)은 『신종실록』(神宗實錄)을 편찬할 때, 따로 『신종실록고이』(神宗實錄考異) 다섯 권을 지어 『신종실록』의 뜻을 밝혔다.[34] 이것은 범충도 자기 뒤에 대신할 사람이 없다는

월에 책이 완성되었다. 모두 백쉰 권이고 목록이 두 권이다. 편찬을 감독한 사람은 설거정(薛居正)이며 편찬에 참가한 사람은 노다손(盧多遜), 호몽(扈蒙), 장담(張澹), 이방(李昉), 유겸(劉兼), 이목(李穆), 이구령(李九齡)이다. 이들은 모두 앞 시대의 실록을 저본으로 삼아 원고를 썼다. 이것은 관청에서 편찬한 책이다. 그 뒤 구양수가 개인적으로 『오대사기』(五代史記) 일흔다섯 권을 지어 집에 소장하고 있었다. 구양수가 죽은 뒤인 희녕 5년 황제가 그 책을 찾아서 간행하라는 명령을 내렸다. 그래서 설거정과 구양수의 두 가지 『오대사』(五代史)가 나란히 세상에 유행하게 되었다." 『송사』「예문지」는 이러하다. "구양수의 『신오대사』(新五代史)는 일흔네 권(목록이 한 권이다)이며 서무당(徐無黨)이 주를 달았다."

역주_ 설거정(912~981)은 자가 자평(子平)이며 개봉부 준의(浚儀, 현재 하남성 개봉) 출신이다. 북송의 대신이자 역사학자이다. 어려서 학문을 좋아하고 큰 뜻을 품었다. 후당 청태(淸泰) 초에 진사 시험을 쳤으나 낙방했다. 이듬해 시험에 합격했다. 후진, 후주의 여러 벼슬을 역임했다. 송나라 초 호부 시랑으로 옮겼다. 송나라 태조가 이균(李筠)과 이중진(李重進)을 직접 토벌하러 갈 때 판류사삼사(判留司三司)였다. 개보 5년 국사와 『오대사』의 편찬을 감독했다. 개보 6년 단사(丹砂)를 복용하고 중독되어 죽었다. 태위, 중서령에 추증되었고 시호는 문혜(文惠)이다. 저술에 『문혜집』(文惠集) 등이 있다.

33 『논어』「팔일」은 이러하다. "자공이 곡삭에 쓰는 희양을 없애려고 했다." 『논어집해』는 정현을 인용하여 이렇게 말한다. "희생이 살아 있는 것을 희(餼)라고 한다. 예에서 임금은 매달 사당에 초하루를 알려야 하며 제사를 지냈다. 이것을 조향(朝享)이라 한다. 노나라는 문공 때부터 시작하여 조(朝)를 하지 않았다. 자공은 그 예가 없어진 것을 보았기 때문에 양을 없어려고 했다."

34 『직재서록해제』「기거주류」(起居注類)는 이러하다. "『신종실록고이』(神宗實錄考異)는 이백 권이며 편찬을 감독한 사람인 조정(趙鼎)과 사관 범충(范沖) 등이 지었다. 『고이』라는 것은 붉은빛, 검은빛, 노란빛 글을 갖추고 삭제하고 삭제하지 않은 뜻을 명백히 드러내는 것이다. 161권부터 171권까지 빠져 있다." 『송사』「유림전」 5는 이러하다. "범충은 자가 원장(元長)이며 소성(紹聖) 연간에 진사에 합격했다. 벼슬은 한림시독학사(翰林侍讀學士)까지 이르렀고, 용도각(龍圖閣) 직학사(直學士)로서 제사를 받들었다. 죽었을 때 나이는 일흔다섯이다. 범충이 『신종실록』(神宗實錄)을 편찬할 때, 『고이』라는 책을 지어 삭제하고 삭제하지 않는 것을 명백히 보여주었다. 원래 글은 검은 색으로 쓰고 삭제한 글은 노란 색으로 쓰며 새로 수정한 글은 붉은 색으

것을 알고 스스로 풀이를 남겼다. 이것은 『통감거요』(通鑑擧要)나 『통감고이』(通鑑考異)[35] 같은 종류와 마찬가지로 당연히 최근의 좋은 방법이라고 보아야 한다.[36]

유지기의 『사통』[37]은 보주(補注)의 형식을 세 가지로 구분한다.[38] 유지

로 썼다. 세상에서는 주묵사(朱墨史)라고 불렀다."

역주_ 조정(1085~1147)은 자가 원진(元鎭)이며 스스로 득전거사(得全居士)라는 호를 썼다. 해주(解州) 문희(현재 산서성) 출신이다. 남송의 벼슬아치이자 문학자이다. 휘종 숭녕 5년(1106) 진사가 되었다. 여러 관직을 두루 역임했다. 그는 악비(岳飛), 한세충(韓世忠) 등 장군을 추천하여 금나라를 막았다. 소흥 8년(1138) 소흥부 지부로 나갔다가 조주(潮州)로 유배를 갔다가 다시 길양군(吉陽軍, 현재 광동성 애현)으로 옮겼다가 죽었다. 효종 때 충간이라는 시호를 내렸다. 저술에 『충정덕문집』(忠正德文集) 등이 있다.

35 『자치통감』은 「서교 하」의 주37을 보라. 『통감거요』(通鑑擧要)에 대해 『직재서록해제』는 이렇게 말하고 있다. "사마광은 이씨(李氏)의 책이 분량이 많고 알기 어렵우며, 『목록』에 앞뒤가 없다는 점을 걱정했다. 그래서 늘그막에 『통감거요력』(通鑑擧要歷) 여든 권을 지었다. 그 원고는 이도(以道) 조열지(晁說之)의 집에 있었다. 지금은 그 책이 전해지지 않는다." 『자치통감고이』(資治通鑑考異)는 사마광이 지었다. 사마광은 『자치통감』을 편집할 때, 어떤 사실에 대해 서너 곳의 출처가 있을 경우 믿을 만한 것을 택하여 따르고 다시 다른 기록과 무엇이 다르고 같은지 참고했다. 별도로 이 책을 지은 이유는 오류를 변별하여 정정하고, 장래 있을 지도 모를 의혹을 떨쳐 버리기 위해서이다. 서른 권으로 책을 완성했다.

역주_ 조열지(1059~1129)는 자가 이도이며 거야(巨野, 현재 산동성) 출신이다. 사마광의 사람됨을 사모하여 스스로 경우(景迂)라는 호를 썼다. 많은 책을 읽고 시를 잘 쓰며 산수화를 잘했다. 육경에 통달했으나 역학에 특히 밝았다. 원풍 5년(1082) 진사가 되었다. 소식은 그를 저술과로 추천했다. 여러 벼슬을 거치고 건염(建炎) 연간 초에 휘유각 대제(徽猷閣待制)로 마쳤다. 저술에 『경우생집』(景迂生集)이 있다.

36 나는 이렇게 생각한다. 여기까지 사주가 일어나게 된 계기 및 사주가 일어난 뒤 사법은 겨우 남게 되었다는 것을 말하고 있다.

37 「사덕」편의 주2를 보라.

38 『사통』 「보주」(補注)는 이러하다. "옛날 『시』와 『서』가 완성되자 모장과 공안국은 학관에 세워져서 전해지게 되었다. 전의 당시 의미는 훈고를 위주로 하는 것이다. 이것은 역시 『춘추』의 「전」처럼 경과 짝을 지어 다니는 것이다. 중고시대로 내려와서야 비로소 「전」을 주라고 불렀다. 아마 전(傳)은 전(轉)일 것이다. 끝없이 굴려서 건네준다는 의미이다. 주(注)는 유(流)이다. 유통시켜 끊어지지 않는다는 의미이다. 이런 두 가지 이름을 헤아려보면 귀결점은 동일하다. 한영, 대덕, 대성, 복건, 정현[韓戴服鄭] 같은 사람은 육경을 칭송하면서 우러러 봤다. 배인, 이기, 응소, 진작[裴李應晉]은 삼사를 훈고하고 풀이하여 후학을 이끌어주었고 과거의 의미를 밝혀 고금에 걸쳐 전수했다. 그래서 유학자 가운데 으뜸[儒宗]이라고 한다. (1) 기존의 역사

기는 자신이 "역사에 관한 소책자나 인물의 사소한 사실에 관한 책"이라

서에 대한 보잘 것 없는 책이나 인물에 관한 잡기가 있다. 지우의 『삼보결록』, 진수의 『계한보신』(季漢輔臣), 주처(周處)의 『양선풍토』(陽羨風土), 상거(常璩)의 『화양사녀』(華陽士女) 따위이다. 이것은 아름다운 말을 장구에 열거하고 시시콜콜한 일까지도 서술하여 세세한 글에 남아 있다. 이것의 주석은 유학의 선비와 다른 것이다. (2) 다음은 호사가가 있다. 생각이 넓고 견문이 특이하지만 자질이 짧고 힘이 약해 스스로 도달할 수 없어 거의 천리마의 꼬리를 빌어 천리를 갔다고 뽐내는 것이다. 이것은 결국 대부분의 역사서와 다른 말을 기워서 이전 역사서에 빠진 것을 보충하는 것이다. 배송지의 『삼국지』, 육징의 『한서』와 유소의 『한서』, 유동(劉彤)의 『진기』, 유준의 『세설』 따위가 이것이다. (3) 자신이 역사를 기록하는 신하이기도 하지만 직접 간행하여 보충한 것이다. 비록 기록은 해박하게 남기지만 순서를 매길 자질이 모자란다. 번거로운 것을 제거하면 뜻이 인색하게 되고 끝내 기록하면 말이 거추장스럽다. 이것은 결국 수풀이 우거진 것처럼 들쭉날쭉한 대로 정하고 자주(子注)를 늘어놓는다. 소대환(蕭大圜)의 『회해란잡지』(淮海亂雜志), 양현지(羊衒之)의 『낙양가람기』(洛陽伽藍記), 송나라 효왕의 『관동풍속전』(關東風俗傳), 왕소(王劭)의 『제지』(齊志) 따위가 이것이다."

역주_ **보주**는 보충하는 주석이다. **주처**(236~297)는 자가 자은(子隱)이며 동오(東吳)의 오군(吳郡) 양선(陽羨, 현재 강소성 의흥) 출신이다. 파양 태수(鄱陽太守) 주방(周魴)의 아들이다. 그는 어려서 제멋대로 구는 바람에 고향 동네의 골칫거리였다. 나중에 뉘우치고 육기를 찾아갔다. 오나라가 망한 뒤 서진에서 벼슬살이를 했으며 굳센 성격에 아부하지 못해 권력자의 미움을 샀다고 한다. 저족과 강족의 반란을 토벌하러 갔다가 사장(沙場)에서 죽었다. **상거**(291?~361)는 자가 도장(道將)이며 동진 촉군 강원 소정향(江原小亭鄕, 현재 사천성 숭주시 삼강진) 출신이다. 상거 집안은 명문 대족이라서 이웅(李雄)이 사천에서 성한(成漢)을 건국했을 때 그를 산기상시로 임명했다. 347년 동진의 대장군 환온이 촉을 정벌하고 성한은 멸망한다. 환온은 상거를 발견하고 참군의 직책에 임명했다. 동진 조정은 중원 지역의 오래된 종족을 우대하고 촉 지역 출신을 무시했다. 상거는 나이도 많은데다 무시까지 당하고 보니 촉을 그리워하여 『화양국지』를 지었다. **소대환**(?~581?)은 자가 인현(仁顯)이며 남난릉(南蘭陵, 현재 강소성 상주시) 출신이다. 남조 양나라 간문제의 스무 번째 아들이다. 북주와 수나라의 학자이자 문학자이다. 어려서 영리하여 공부를 잘했다. 대보 원년(550) 낙량군왕(樂梁郡王)에 봉해졌다. 후경의 난 때 강릉까지 피신했다. 여러 벼슬을 받았으나 세사에 염증을 느껴 형제자매 간에도 소원하게 지내고 경전을 읽는 일로 나날을 보냈다. 서위가 양나라를 정벌하자 원제는 소대환을 보내 강화를 요청했다. 원제가 항복하고 장안에 머물렀다. 북주 보정(保定) 2년(562) 여러 벼슬을 받았고 문헌을 편찬했다. 수나라 개황 연간 초에 서하군수(西河郡守)로 나갔다가 죽었다. 저술에 『양구사』(梁舊事), 『사상의주』(士喪儀注) 등이 있다. **양현지(羊衒之)**는 양현지(楊衒之)의 잘못이다. 아래 주41을 보라. **왕소**는 자가 군무(君懋)이며 생졸년은 알 수 없다. 태원 진양 출신이다. 수나라의 역사학자이다. 저술에 『제서』(齊書), 『황수영감지』(皇隋靈感志), 『수서』, 『제지』 등이 있다.

고 말한 『삼보결록』(三輔決錄)[39]이나 『화양사녀』(華陽士女)[40] 같은 책, 역사 기록을 맡은 신하가 스스로 간행한 책이라고 말한 『낙양가람기』(洛陽伽藍記)[41]나 『관동풍속전』(關東風俗傳)[42] 같은 책을 두 가지로 구분한다. 유지기

---

39 『후한서』「조기전」(趙岐傳)은 이러하다. "조기는 자가 빈경(邠卿)이다. 처음에 이름이 가(嘉)였고 자가 대경(臺卿)이었다. 태상 벼슬을 살았고, 『삼보결록』을 지었다." 『진서』「지우전」은 이러하다. "지우는 자가 중흡이며, 경조 장안 출신이다. 어려서 황보밀을 섬겼다. 재주와 학문이 박식하고 통달했으며 저술에 게으르지 않았다. 벼슬은 태상 경에 이르렀다가 죽었다. 『문장지』 네 권을 지었고, 『삼보결록』에 주를 달고 풀었다." 『수서』「경적지」 "잡전류"(雜傳類)는 이러하다. "『삼보결록』은 일곱 권이다. 한나라 태복 조기가 짓고 지우가 주를 달았다."

40 여대방(呂大防) 「화양국지인」(華陽國志引)은 이러하다. "진나라 상거는 『화양국지』를 지었다. 앞서 한나라부터 진나라 초까지 사백 년 넘는 세월의 사녀(士女) 가운데 글로 남길 만한 사람은 사백 명이다." 『진서』「상거전」(常璩傳)은 이러하다. "상거는 자가 도장(道將)이며 산기상시를 지냈다." 『화양사녀』라는 책은 고증할 수 없다.

역주_ **여대방**(1027~1097)은 자가 미중(微仲)이며 경조(京兆) 남전(藍田) 출신이다. 여대충(呂大忠)의 아우이다. 황우(皇佑) 연간 초 진사에 합격해서 풍령(馮翊) 주부에 임명되었다. 영종 때 복왕(濮王)을 돌아가신 아버지라 부르는 문제를 거론하면서 공론을 거슬려 반대하는 상소가 빗발쳤다. 원풍 연간 초 지영흥군(知永興軍)이 되었다. 신종이 혜성이 나타난 일에 대한 의견을 묻자 상세하게 답했다. 당시 서하(西夏)와 전쟁을 치르느라 국정이 엉망이 되자 민정을 살피라는 상소를 올렸다. 원우 연간 초 급군공(汲郡公)에 봉해지고 상서좌복야 겸 문하시랑에 임명되었다. 팔년 동안 재임하면서 온갖 벼슬아치를 임용하고 파면하는데 사정을 두지 않았다. 나중에 장순(章純) 등이 일을 꾸며 유배당한 뒤 죽었다. 정민(正愍)이란 시호를 추증했다. 저술은 『문록』(文錄), 『문헌통고』(文獻通考) 등이 있다.

41 조공무 『군재독서지』는 이러하다. "『낙양가람기』는 세 권(『수서』「경적지」에 따르면 다섯 권이라 되어 있다)이며, 원씨(元氏)의 북위 때 양현지(楊衒之)가 지었다. 북위는 낙양으로 천도한 뒤, 당시 왕공이나 대인들이 절을 많이 만들었다. 어떤 사람은 자신의 저택을 희사하여 만들기도 했다. 그래서 스님들이 사는 절이 많았는데, 당시 천하제일이라고 했다. 양현지는 절들의 내력 및 사적을 대단히 상세하게 기록했다." 『직재서록해제』는 이러하다. "이주(爾朱)의 난리가 지나자 성곽과 폐허만 남았다. 그래서 이 기록을 추억하며 기술했다." 『사고전서총목제요』「낙양가람기」는 이렇게 말한다. "『사통』「보주」편에 따르면, 양현지의 이 기록은 사실 자주가 있다. 세상에 전해지는 판본에는 자주가 하나도 없다. 그래서 언제 사라지고 탈락되었는지 모른다. 그러나 송나라 이후로 주를 인용했다는 일을 들어본 적이 없다. 그래서 그것을 삭제한 지 너무 오래 되었기 때문에 이제 다시 고증할 도리가 없다."

역주_ **사신**은 역사 기록을 맡은 신하라는 뜻이며, 사관과 같다. **양현지**는 북위 때 북평(北平, 현재 하북성 정주) 출신이다. 기성(期城, 현재 하남성 필양) 태수, 비서감 등을 역임했다. 동위 때 상소를 올려 불교가 허무맹랑하다고 비판한 적이 있다. 효문제가

가 두 가지로 구분해서 부르긴 했어도 사실 이것은 동일한 형식이다. 이런 것들은 최근의 역사 평론가들이 즉시 회복하지 않으면 안 되는 것이다. 유지기가 "넓게 생각하고 동일한 사실에 대한 다른 견해를 많이 들었다"라고 말한 배송지의 『삼국지주』[43]와 유소(劉昭)의 『후한서주』(後漢書注)[44]라는 조목만 역사가의 오래된 방법이다. 이런 것들은 『사기색은』(史

낙양으로 천도한 뒤 전국의 사찰이 삼만여 곳, 스님이 이백만 명이나 되었다. 영후(永煦)의 난 이후 낙양의 절들은 폐허로 변했다. 양현지는 이것을 보고 『낙양가람기』를 지었다. 이주의 난리는 북위 말기 지배층 내에서 정권을 둘러싼 변란이다. 하음(河陰)의 변이라고도 한다. 이주씨는 설호(契胡)로 분류되며 선비족 탁발씨에게 부속된 종족이다. 북위 초에 수용천(秀容川, 현재 산서성 삭주)으로 이주하여 대대로 추장을 지내면서 많은 재력을 쌓았다. 북위 후기 이주영(爾朱榮, ?~530)이 설호의 추장이 되면서 팔천여 가구 규모의 부락을 꾸렸다. 북위 말 혼란스런 틈을 타서 이주영은 지방 호족과 결탁하여 수용 일대의 혼란을 진압하고 세력이 커졌다. 무태(武泰) 원년(528) 호태후(胡太后)가 북위 효명제를 독살하고 갓 태어난 황제의 딸을 아들이라 속이고 황제로 앉히려다 며칠 뒤 갓 세 살 된 원소(元釗)를 옹립했다. 거기장군이자 병주(幷州), 사주(肆州), 분주(汾州), 당(唐州), 항주(恒州), 운주(雲州)를 아우르는 육주토로대도독(六州討虜大都督) 이주영은 효명제를 위해 복수한다는 구실로 병주에서 군대를 이끌고 남하하여 낙양으로 치달았다. 4월 11일 하음에서 원자유(元子攸)를 황제(효장제이다)에 앉히고 스스로 시중, 도독중외제군사(都督中外諸軍事) 등에 취임했다. 이날 낙양 하교수장(河橋守將)이 이주영에게 항복하여 서울이 함락되었다. 호태후는 붙잡혀 삭발을 당하고 비구니가 되었다. 이튿날 황실과 귀족들은 하교에 나가 황제를 맞았다. 13일 이주영은 사람을 보내 호태후와 원소를 하음에서 익사시키고 하늘에 제사지낸다는 명목으로 모든 벼슬아치를 불러모았다. 효명제가 죽은 것은 벼슬아치들의 잘못이라고 선포하고 자리에 모인 이천여 명을 모두 죽여버렸다. 이것이 바로 하음의 변이다. 효장제는 은밀하게 모의하여 영안(永安) 3년(530) 9월 조현하러 온 이주영을 죽인다. 이주영의 조카 이주조(爾朱兆)가 분주(현재 산서성 분양)에서 낙양으로 진입하여 효장제를 죽이고 원공(元恭)을 황제(절민제이다)를 세웠다.

42 『북사』「송은전」(宋隱傳)은 이러하다. "후손인 송세경(宋世景)이 손효왕(孫孝王)을 따르다 북평왕(北平王)의 문학이 되었다. 그는 조정의 선비를 비방하여 『조사별록』(朝士別錄) 스무 권을 지었다. 주나라 무제가 제나라를 멸망시키자, 『관동풍속전』이라고 고치고 견문을 더욱 넓혀 서른 권으로 완성했다." 송서의 주는 알 수 없다.

43 「언공 중」의 주32를 보라.

44 『남사』「문학전」은 이러하다. "유소는 자가 선경(宣卿)이며, 임천왕(臨川王)의 기실이다. 애초에 유소의 큰아버지인 유동은 여러 사람의 『진서』를 모아, 간보의 『진기』에 주를 달았다. 이 책은 마흔 권이다. 왕소(王昭)가 『후한서』의 차이를 모아 범엽의 『후한서』에 주를 달았는데, 세상에서 넓고 상세하다고 했다. 이 책은 백여든 권이

記索隱)이나 『사기정의』와 같은 종류의 역사서[45]와 대동소이하다.[46]

문학과 사학 분야의 책들은 나날이 번잡하게 많아지고 있다. 어떤 책이 편집되어 간행되면 그 책이 자료를 취한 원서 가운데 열에 대여섯은 수십 년도 못 가서 사라지고 없어진다. 송나라와 원나라 때 역사서를 편찬하는 정해진 규정은 조사해도 찾을 수 있다.[47] 자주의 형식을 시행

다." 『십가재양신록』 권6은 이러하다. "유소는 본래 범엽 『후한서』의 「본기」와 「열전」에 주를 달았다. 다시 사마표의 『속한지』가 그것을 겸해서 주를 달았고 범엽에게서 빠진 것을 보충했다. 나중에 장회태자가 범엽의 『후한서』에 따로 주를 달았기 때문에 유소의 주는 결국 없어졌다. 오로지 『속한지』 서른 권만 장회태자가 범엽의 『후한서』가 아니라고 했다. 그래서 거기에는 주를 달지 않았다."나는 이렇게 생각한다. 유소가 주를 단 『속한지』 서른 권이 현재 범엽의 『후한서』와 합쳐진 것은 송나라 건흥(乾興) 원년에 손석(孫奭)의 요청 때문에 시작된 것이다.

역주_ 손석(962~1033)은 북송의 경학자이다. 자는 종고(宗古)이다. 박주(博州) 박평(博平, 현재 산동성 치평 박평진) 출신이다. 구경과에 급제했으며 송나라 태종 때 국자감 직강(直講)이 되었다. 진종 때 제왕시독이 되었고 용도각 대제에 이르렀다. 인종이 즉위하자 한림시강학사로 부름을 받았고 판국자감(判國子監)을 거쳐 병부 시랑, 용도각 학사, 예부 상서를 역임했다. 늘그막에 태자 소부로 은퇴한 뒤 집에서 죽었다. 저술에 『경전미언』(經典微言)이 있다.

45 『군재독서지』 「사평류」(史評類)는 이러하다. "『사기색은』은 서른 권이며, 당나라 사마정이 지었다. 서광[徐氏]과 배인[裴氏]의 주를 근거로 모순된 것들을 바로 잡고 인용한 근거가 치밀하다. 예를 들어 소식[蘇東坡]이 공자 제자인 재아는 전상(田常)을 따른 적이 없다는 것을 변론하여 글을 썼는데, 이것은 아마 사마정에 뿌리를 두었을 것이다." 『직재서록해제』 「정사류」는 이러하다. "『사기정의』는 서른 권이며, 당나라 장수절이 지었다. 개원 24년에 서문을 지었다." 『사고간명목록』은 이렇게 말한다. "이 책은 인용의 근거가 확실하며 대단히 해박하다. 특히 지리가 상세하며, 소리와 뜻도 다른 주에 비해서 더욱 치밀하다."

46 나는 이렇게 생각한다. 여기까지 유지기의 주를 다는 범례 세 조목을 논하고 있다.

47 송나라 태조는 개보 6년에 양나라, 당나라, 진나라, 한나라, 주나라의 역사서를 편찬하라고 명령했다. 오대의 여러 황제들은 본래 각각 실록이 있었기 때문에, 설거정은 바로 그것을 뿌리로 삼아 역사서를 완성했다. 그래서 일 년 안에 바로 완성할 수 있었다.(『이십이사차기』 권21을 보라) 인종(仁宗) 때 이르러 구양수와 송기에게 『당서』를 편찬하라고 명령했다. 그들이 『구당서』를 보충하고 모을 때 근거한 것은 당나라 때의 역사적 사실이며, 『신당서』 「예문지」의 기록에 따르면 무려 수십, 수백 가지나 된다. 예를 들어 손보(孫甫)가 지은 『당사기』(唐史記) 일흔다섯 권, 조첨(趙瞻)이 지은 『당춘추』(唐春秋) 쉰 권, 조인기(趙鄰幾)가 추가하고 보충한 『당실록』(唐實錄)과 『회창이래일력』(會昌以來日曆) 스물여섯 권, 진팽년(陳彭年)이 지은 『당기』(唐紀) 마흔 권 같은 책이다. 송민구는 무종(武宗) 이하 육대에 걸친 황제의 실록 백마흔 권을

보충한 적이 있다. 이것은 모두 구양수와 송기가 근거로 삼아 편집할 수 있었던 근거이다.(『이십이사차기』 권16) 원나라 순제(順帝) 때 송나라, 요나라, 금나라의 역사서를 편찬했는데, 삼년도 걸리지 않아 완성했다. 이것도 세 가지 역사서에 모두 옛 판본이 있었기 때문이다. 『요사』(遼史)는 요나라 때 이미 야율엄(耶律儼)의 판본이 있고, 금나라 때도 진대임(陳大任)의 판본이 있다. 이것이 『요사』의 옛 판본이다. 금나라가 망한 뒤, 여러 대에 걸친 실록은 순천부(順天)에 사는 장만호(張萬戶)의 집에 있었다. 나중에 이것을 근거로 역사서를 편찬했다. 이것이 『금사』(金史)의 옛 판본이다. 송나라가 망한 뒤, 동문병(董文炳)은 임안(臨安)에서 남겨진 사무를 주관했다. 그는 이렇게 말했다. "나라는 멸망해도 역사는 멸망할 수 없다." 결국 송사관(宋史館)에 있던 모든 기주를 원나라 서울로 옮겨 국사원(國史院)에 소장하게 했다. 이것이 『송사』의 옛 판본이다. 세 가지 역사서는 원나라 세조(世祖) 때 편찬한 판본이 있었지만, 정통을 무엇으로 잡아야 하느냐를 두고 의견이 갈려서 결정하지 못했다. 순제 때 이르러 송나라, 요나라, 금나라에 대해 각각 하나씩 역사서를 쓰라는 황제의 명령이 있었다. 그래서 탁극탁 등이 결국 앞서 있었던 것을 근거로 편집한 것일 뿐이다.(『이십이사차기』 권23) 그리고 이처럼 많은 역사서에서 자료를 인용하고 가져온 책들은 수십 년도 되지 않아 대부분이 사라져버렸다.

역주_ **손보**(998~1057)는 자가 지한(之翰)이며 허주(許州) 양적(陽翟) 출신이다. 어려서부터 공부를 좋아했다. 진사 시험에 합격하여 여러 벼슬을 역임했다. 벼슬은 형부 낭중, 천장각 대제, 하북도 전운사에 이르렀다. 시독으로 있다가 죽었다. 저술은 문집과 『당사기』가 있다. **조첨**(1019~1090)은 자가 대관(大觀)이며 북송의 정치가이다. 선조는 박주 영성(永城)에 살다가 나중에 봉상 주질(盩厔)로 옮겼다. 진사에 합격하여 여러 벼슬을 거쳤다. 벼슬은 지추밀원사(知樞密院事)에 이르렀다. 죽은 뒤 의간(懿簡)이라는 시호를 내렸다. 저술은 문집, 『춘추론』(春秋論), 『사기저오론』(史記牴牾論), 『당춘추』 등이 있다. **조인기**(922~979)는 자가 아지(亞之)이며 운주 수성 출신이다. 집안은 대대로 농사를 지었다. 북주 현덕 2년(955) 진사가 되었다. 여러 벼슬을 거쳤다. 저술에 문집, 『회창이래일력』, 『사씨무관지』(史氏懋官志) 등이 있다. **진팽년**(961~1017)은 자가 영년(永年)이며 남성(南城, 현재 강서성 남성현) 출신이다. 어려서부터 학문을 좋아했다. 남당의 황제 이욱(李煜)이 소문을 듣고 입궁시켜서 만났다. 송나라 옹희 2년(985) 진사에 합격했다. 대중상부(大中祥符) 원년(1008) 구옹(丘雍) 등과 황제의 명령을 받아 『절운』(切韻)을 수정한 뒤 『대송중수광운』(大宋重修廣韻)이라고 이름을 고쳤다. 수록된 글자는 이만육천여 자이며 중고음을 재구할 때 가장 중요한 근거이다. 『책부원구』의 편찬에도 참여했다. **야율엄**(?~1113)은 요나라의 대신이다. 자는 약사(若思)이다. 대강(大康) 연간에 장작 소감, 소부 소감, 대리 소경, 대리경을 역임했다. 대안(大安) 연간 초에 경주(景州) 자사를 지냈다. 이후 어사중승(御史中丞)이 되었다가 산서로 도전운사(山西路都轉運使)가 되어 폐단을 일소하고 부과액을 정했다. 요나라 도종(道宗)은 늘그막에 추밀원(樞密院)의 막중한 자리에 누구를 쓰면 좋을지 결정짓지 못하게 되자 골패를 던져 이긴 쪽을 임용하기로 했다. 야율엄이 이겨서 지추밀원사 벼슬로 바뀌고 월국공(越國公)에 봉해졌다. 나중에 칠수군왕(漆水郡王)으로 옮겼다. 시호는 충의(忠懿)이다. 저술에 『황조실록』(皇朝實錄)이 있한다면 인용 덕분에 어떤 책이 과거에 소장된 상황을 대략적이나마 남길 수 있을 것이다. 이것을 근거로 각 역사서의 「예문지」가 기록한 책이 얼마나 남고 사라졌는지 대조해서 바로 잡을 수 있을 테고 사법에도 도움이 될 테다. 하물며 인심이 나날이 각박해지고 기풍이 나날이 변질되어 의문이 드는 것은 기록하지 않고 비워둔다는 뜻이 있다는 말도 들리지 않는다. 새로운 책이 나올수록 견강부회의 나쁜 버릇만 도리어 더 교묘해지고 있다. 관청에서 역사서를 편찬하는 일은 오로지 맡은 책임만 틀어막길 바라고 있을 뿐이고 개인적 저술은 뜬 구름처럼 헛된 이름만 마음대로 분칠하여 감추려고 할 뿐이다. 남의 글을 표절하여 자기 책을 완성하는 경우도 있고 간단하면서 좋은 것을 못나고 변변치 못한 것으로 바꾸는 경우도 있다. 표절하거나 바꾸는 기술이 좀 더 교활해지면 동시대의 눈과 귀를 가려 바보로 만들 수도 있다. 그러면 저작의 도는 더욱 쇠락하게 된다. 만약 자주를 달아 자기가 무엇을 빼고 무엇을 취했는지 표시하게 한다면 견문이 너른지 좁은지, 공력이 엉성한지 빽빽한지, 마음씨가 참인지 거짓인지는 책을 펼치자마자 불을 보듯 환히 볼 수 있을 것이다. 그러면 기풍도 질박한 고대로 점차 복귀할 수 있을 텐데 이것은 이익 가운데서도 가장 큰 이익이 될 것이다. 그러면 지난 시대를 조사해 봐도 역사가의 가법(家法)이 이와 같으며 후세를 헤아려 봐도 이처럼 중요하게 매달려 있다. 글을 지을 때 앞 시대보다 간단하게 쓰더라도 일의 보람은 예전보다 많아질 텐데 어느 무엇이 자주보다 더 좋겠는가?[48]

다. **동문병**(1217~1278)은 자가 언명(彥明)이며 진정(眞定) 고성(藁城, 현재 하북성) 출신이다. 아버지 동준(董俊)을 따라 몽고에 투항했으며 좌부원수(左副元帥)가 돼 고성을 지켰다. 아버지가 전투 중 사망하자 고성 령(藁城令)을 세습했다. 1253년 쿠빌라이 칸을 좇아 대리국을 정벌했다. 쿠빌라이 칸이 즉위한 뒤 여러 벼슬을 역임했다. 남송 서울인 임안 포위 공격의 책임자였다.

48 나는 이렇게 생각한다. 여기까지 주를 다는 범례가 회복되어야만 하며 본래 뜻을 맺어야 한다는 것을 말하고 있다.

전기(傳記)[1]

'전'이나 '기'라는 이름을 붙인 책이 유행한 지 이미 오래되었기 때문에 아마 육예와 앞서거니 뒤서거니 뒤섞여 나타났을 것이다. 옛사람의 글은 정해진 형식이 없어서 경부와 사부도 나누지 않았다. 『춘추』는 좌씨의 「전」, 곡량씨의 「전」, 공양씨의 「전」이 있다.[2] 이들은 각자 들은 것을 기록하고 경에 의거하여 뜻을 일으켰기 때문에 설령 '기'라고 부른다 해도 괜찮을 것이다. 『예경』은 대덕(戴德)의 「기」와 대성(戴聖)의 「기」가 있다.[3] 이들은 각자 학설을 전하고 경에 붙어서 유행했기 때문에 설령

1 나는 이렇게 생각한다. 「전기」편은 바로 사부 가운데 「전」과 「기」의 의례에 의해 나타난 것이다. 어느 해에 지었는지 알 수 없다.

2 「사주」편의 주4를 보라.

3 『한서』 「유림전」은 이러하다. "후창(后蒼)이 『예』에 대해 수만 자를 말했는데 후씨(后氏) 『곡대기』(曲臺記)라고 불렀다. 그는 문인통(聞人通), 한중의 자방[漢子方], 양나라의 연군(延君) 대덕과 차군(次君) 대성, 패(沛)의 효공(孝公) 경보(慶普)에게 전수했다. 효공은 동평(東平)의 태부(太傅)가 되었다. 대덕은 대대(大戴)라고 부르는데 신도(信都) 태부가 되었다. 대성은 소대(小戴)라고 부르는데 박사로서 석거각의 논의에

'전'이라고 부른다 해도 괜찮을 것이다. 나중에 학문이 갈라지고 유파의 차이가 생겼다. 최근에 와서야 어떤 인물을 기록한 글을 「전」이라고 구분하고 어떤 사람의 사적을 서술한 글을 「기」라고 구분하기 시작했다. 아마 집부가 번성했기 때문에 「전」과 「기」를 나누는 생각이 자연스레 생겼을 것이다. 사람들이 왜 그렇게 나누는지 모르겠지만 결국 영원히 변하지 않을 올바른 이치인 양, 도저히 바꿀 수도 없게 되었다. 이런 상황은 대단히 많다. 만약 학자가 후세에 살면서 의리에 손상을 입히지 않는다면, 대부분의 사람들이 하는 대로 따라도 괜찮다. 우예(虞預)의 『투기』(妬記)[4]나 습착치(習鑿齒)의 『양양기구기』(襄陽耆舊記)와 같은 책[5]은 인물을 서술했지만 「기」라고 부르지 않았는가? 『사기』의 「귀책열전」이나 『한서』의 「서역전」(西域傳)[6]을 비롯한 여러 「전」은 사실을 기술했지만 「전」이라고 부르지 않았는가? 전적이라든지 경은 덕과 지위를 가진 선왕이 인륜의 법도와 규율을 잡기 위해 창조한 것이니 오늘날의 육예가 바로 이것이다.[7] 덕은 있었지만 지위가 없었던 공자는 조술했을 뿐 창작하지는 않았다. 그러므로 『논어』나 『효경』[8]은 모두 「전」이지 경이 아니

참여했고 구강(九江) 태수까지 지냈다. 이때부터 『예』에는 대대, 소대, 경씨(慶氏)의 학이 생겼다." 나머지는 「경해 상」의 주35를 보라.

4 『수서』 「경적지」 "잡전류"는 이러하다. "『투기』(妬記)는 두 권이며, 우통지(虞通之)가 지었다." 『남사』에 따르면 송나라 때 여러 군주치고 여자의 질투를 엄격하게 다루지 않은 사람이 없다고 한다. 명제는 질투할 때마다 가까운 신하인 우통지에게 『투부기』(妬婦記)를 짓게 했다고 한다. 나는 이렇게 생각한다. 우통지는 양나라 여요 출신이며, 『주역』을 했다고 한다. 벼슬은 병부 교위에 이르렀다. 우정(虞頂)은 진나라 여요 출신이며, 자가 숙녕(叔寧)이다. 벼슬은 산기상시로 마쳤다. 두 사람에 대해서는 여기서 고증에 실패했다.

5 『수서』 「경적지」 "잡전류"는 이러하다. "『양양기구기』(襄陽耆舊記)는 다섯 권이며, 진나라 습착치가 지었다." 조공무는 이렇게 말한다. "전편은 양양(襄陽)의 인물을 기록하고 중편은 양양의 산천과 성읍을 기록했으며 후편은 양양의 지방 행정 책임자[牧守]를 기록했다."

6 「귀책열전」은 『사기』 권128을 보라. 「서역전」(西域傳)은 『한서』 권96을 보라.

7 다름 아니라 육경이다. 『한서』 「예문지」의 주를 보라.

8 『논어』에 대해서는 「시교 상」의 주73을 보라. 『효경』에 대해서는 「경해 상」의 주29를 보라.

다. 『주역』「계사전」도 「대전」이라고 불렀을 뿐이다.[9] 후세에 이런 책들이 경에 편입되고 유학자들이 공자의 글을 우러르게 되자 공자의 글을 공자 이후의 유학자들이 지은 「전」이나 「기」와 구별하게 되었을 뿐이다. 주나라 말기부터 한나라 초기까지 유학자들은 저술이라는 사업이 어떤 것인지 알고 있었다. 그들은 자신의 사업이 경륜이라고 하면서 자신 있게 맡을 수도 없었지만 어리석은 창작에도 빠지지 않았다. 그들은 학설을 세우는 일이 거룩한 경을 이어받아 종주(宗主)로 삼는 것이어야 한다고 생각했다. 그들은 견문을 각자 글로 써서 「전」이나 「기」를 만들었다. 『대대예기』, 『소대예기』와 『시』, 『서』, 『주역』, 『춘추』의 여러 가지 「전」이 바로 이것이다. 아마 이런 「전」들은 경을 근거로 뜻을 일으킨 것이지만 사실 독립 저작이었기 때문에[10] 후세의 전주(箋注)와 본래 다를 것이다. 나중에 전문가의 학이 쇠락한 뒤, 집부의 형식이 나날이 성행하게 되었다. 인물을 서술하고 사실을 기술한 글들은 각각 독립된 단편이지만 예전과 마찬가지로 「전」이나 「기」라는 이름을 붙였다. 이것은 「전」과 「기」를 전문가의 가학이라고 생각한 옛사람의 뜻에 빌붙은 것일 뿐이다. 명나라 가정(嘉靖) 연간[11] 이후부터 글을 평론하는 사람들은 각자 문호를 나누었다.[12] 그중 수준 높은 평론을 하기 좋아하는 사람들은 입만 뻥긋

---

9 나는 이렇게 생각한다. 『사기』「태사공자서」가 『주역』「계사전」의 글을 인용할 때, 『역대전』이라 부르고 있다.

10 『춘추좌전』는 예전에 『춘추』와 별도로 유행했다. 진나라 두예가 『춘추좌씨전』의 주를 지으면서, 비로소 서로 합쳐지게 되었다. 「춘추좌씨전서」는 이렇게 말한다. "경을 나눈 햇수는 「전」의 햇수와 서로 일치한다. 경과 「전」의 의례와 분류를 나란히 하고 각각 따라서 풀이했다. 『춘추경전집해』라는 이름을 붙였다."

11 가정은 명나라 세종(世宗)의 연호이다.

12 『명사』「문원전서」(文苑傳序)는 이러하다. "홍치와 정덕 연간에 이동양(李東陽)이 송나라와 원나라 때 문학에 드나들고 당나라 때까지 소급하여 국가의 편찬 기구[館閣]에서 최고의 명성을 날렸다. 그런데 이몽양(李夢陽)과 하경명(何景明)이 복고를 부르짖었다. 서한 이후의 글, 중당 이후의 시는 몽땅 침 뱉고 버렸다. 글깨나 쓰고[操觚] 예술을 말할 수 있다는 선비들은 한꺼번에 그들을 으뜸으로 받들었다. 명나라의 시문은 여기서 한번 완전히 바뀐다. 가정 연간에 와서 왕신중(王愼中)과 당순지(唐順之)의 무리가 구양수와 증공을 문장의 으뜸으로 받들고 시는 초당(初唐)을 본받았다.

이반룡(李攀龍)과 왕세정(王世貞)의 무리는 진나라와 한나라 때의 문장을 위주로 하고 시는 성당(盛唐)을 법도로 삼았다. 왕세정과 이반룡이 가진 이론은 아마 이몽양이나 하경명과 서로 주거니 받거니 했을 것이다. 귀유광(歸有光)은 대단히 나중에 나와서 사마천, 구양수의 글을 자신의 목표로 삼고 이몽양, 하경양, 왕세정, 이반룡을 배척하는 데 힘썼다. 그리고 서위(徐渭), 탕현조(湯顯祖), 원굉도(袁宏道), 종성의 무리도 각각 한 시절을 다퉈 명성을 날렸다. 그래서 이몽양, 하경명, 왕세정, 이반룡을 으뜸으로 치는 사람들은 점차 쇠락하게 되었다. 천계와 숭정 연간에 이르러 전겸익(錢謙益)과 애남영(艾南英)은 북송의 기준과 법도에 준했고, 장부(張溥)와 진자룡(陳子龍)은 동한의 화려한 수사법을 땄다. 이것이 또다시 완전히 바뀐 것이다."

역주_ 이동양(1447~1516)은 자가 빈지(賓之), 호가 서애(西涯)이다. 조상이 살던 곳은 호광 다릉(茶陵, 현재 호남성)이다. 명나라 시인, 서예가, 정치가이다. 홍치제 때 예부 상서 겸 문연각 대학사를 역임했다. 오랫동안 북경에 살았다. 네 살 때 이미 한 자 정도 되는 큰 글씨를 쓸 줄 알아 당시 황제인 대종이 불러 시험해 보고 귀여워하여 무릎에 안고 있을 정도였다 한다. 영종 천순(天順) 8년(1464) 진사가 되어 벼슬길에 올랐다. 무종(武宗)이 즉위하고 태감(太監) 유근(劉瑾)이 정사를 좌우하면서 연로한 신하들과 충직한 벼슬아치들이 박해를 받았지만 오로지 이동양은 주도면밀하게 처신하여 재앙을 피하여 당시 선비들의 비난을 받았다. 나중에 유근이 죽임을 당하고 이동양은 자신을 꾸짖는 상소를 올렸으나 황제가 만류하고 태사를 추증했다. 죽은 뒤 문정(文正)이라는 시호를 내렸다. 영락 연간과 성화 연간의 문단에는 대각체(臺閣體)가 유행했다. 홍치 연간 중반부터 복고풍이 대각체를 대체할 때 이동양은 대각체를 계승했다. 이로부터 그를 우두머리로 하는 다릉시파(茶陵詩派)가 생기게 되었다. 저술에 『명회전』(明會典), 『회록당집』(懷麓堂集)이 있다. 이몽양(1473~1530)은 자가 헌길(獻吉), 호가 공동자(空同子)이다. 경양(慶陽, 현재 감숙성) 출신의 명나라 문학자이다. 한미한 집안 출신이다. 증조부는 왕씨네 양자로 갔다가 아버지가 이씨 성을 회복했다. 홍치 6년(1493) 섬서 향시에서 일등을 하고 이듬해 진사가 되었다. 부모님의 연이은 죽음으로 상을 치르고 홍치 11년 벼슬길에 나섰다. 홍치 18년 당시 권세가 날개 단 호랑이 같다던 장학령(張鶴令)을 탄핵하여 금의위(錦衣衛)에 갇혔다가 풀려났다. 정덕 원년(1506) 유근을 탄핵하는 상소를 대필하여 유배를 갔다. 유근이 죽은 뒤 복직되었다. 나중에 주신호(朱宸濠) 대신 「양춘서원기」(陽春書院記)를 쓰는 바람에 삭적되었다. 이몽양은 당시 대각체의 폐단을 절감하고 복고 운동을 일으켰다. 저술에 『공동집』(空同集)이 있다. 하경명(1483~1521)은 자가 중묵(仲默), 호가 대복(大復)이다. 신양(信陽) 출신의 명나라 문학자이다. 홍치 15년(1502) 진사에 합격했다. 중서사인, 이부 원외랑, 섬서 제학 부사(陝西提學副使) 등을 역임했다. 이동양에게 배웠으나 정치적 문제 때문에 문하를 떠났다. 이몽양 등과 복고 운동을 벌였다. 저술에 『하대복선생집』(何大復先生集), 『하자잡언』(何子雜言) 등이 있다. 왕신중(1509~1559)은 자가 도사(道思), 호가 준암거사(遵岩居士)이다. 진강 출신의 명나라 시인, 산문가이다. 왕신중은 둘째 아들이라서 왕중자(王仲子)라고 불렸다. 열여덟 살에 진사가 되어 여러 벼슬을 역임했다. 당나라와 송나라 산문을 배울 것을 주장했고 당순지, 귀유광, 모곤 등과 명나라 때 문학에서 당송파(唐宋派)라 불리는 유파를 형성했다. 저술에 시문집 『준암집』(遵岩集) 등이 있다. **당순지**(1507~1560)는 자가 응덕(應德), 호가 형천(荊川)이다. 상주(常州) 무진(武進) 출신이다. 명나라 때의 학자이자 문학자이다. 가정 8년(1529) 진사가 되어 한림원 편수에 임명되었다. 실록의 교정을 담당하다가 상관과 자주 충돌하여 결국 벼슬을 버리고 낙향해버렸다. 왜구의 노략질이 격심해지자 다시 관직에 올라 호종헌(胡宗憲)과 함께 왜구 방어에 주력했다. 왕신중, 귀유광과 함께 고문삼대가라고 불린다. 또한 왕기(王畿)에게서 가르침을 받은 양명학자이기도 하다. 저술에 시문집 『형천선생집』(荊川先生集) 등이 있다. **서위**(1521~1593)는 처음 자가 문청(文淸)이고 나중에 문장(文長)이라 고쳤다. 호는 천지(天池), 청등도인(青藤道人), 전수월(田水月) 등이다. 절강 산음(현재 절강성 소흥) 출신이다. 어려서부터 똑똑하고 포부가 컸다. 가정 연간 왜구를 물리치는 일에 참가하고 엄숭(嚴嵩)을 비판하면서 편안치 않은 생애를 보냈다. 결국 감옥에 일고여덟 해나 갇히기도 했다. 미친 체를 해서 풀려난 뒤 가난과 병에 시달리면서 시를 팔아 입에 풀칠을 했다. 중년부터 그림을 배워 여러 그림을 많이 남겼다. 그는 나중에 대진(戴進)이 대표하고 마원(馬遠)과 하규(夏珪)의 남송 원체화(院體畵) 전통을 이었다는 절파(浙派) 화가로 꼽혔다. 그러나 자유분방하고 폭발적인 그의 기질과 화풍은 석도(石濤)나 팔대산인(八大山人)에 가깝다. 저술에 『서문장전집』(徐文長全集) 등이 있고 그림의 대표작은 「묵포도도축」(墨葡萄圖軸), 「산수인물화조책」(山水人物花鳥冊) 등이 있다. **탕현조**(1550~1616)는 자가 의잉(義仍), 호가 약사(若士)이다. 강서성 임천(臨川) 출신이다. 명나라의 희곡작가이자 문학자이다. 1583년 진사가 된 뒤 여러 벼슬을 거쳤다. 1591년 상소 때문에 탄핵을 받아 광동 서문전사(徐聞典史)로 좌천되었고 나중에 절강 수창(遂昌) 지현이 되었다. 1596년 권력자의 미움을 받아 파면되었다. 이후 임천의 옥명당(玉茗堂)에 살면서 희곡 창작에 전념한다. 1598년 『목단정』(牧丹亭), 1600년 『남가기』(南柯記), 1601년 『한단기』(邯鄲記)를 썼다. 1587년작 『자차기』(紫釵記)와 더불어 옥명사몽(玉茗四夢)이라 부른다. 저술에 『옥명당집』(玉茗堂集) 등이 있다. **원굉도**(1568~1610)는 자가 중랑(中郎), 다른 자가 무학(無學)이며 호가 석공(石公), 다른 호는 육휴(六休)이다. 형주(荊州) 공안(公安, 현재 호북성) 출신이다. 명나라의 문학자이며 공안파(公安派)의 대표이다. 원굉도는 애초부터 벼슬길에 나갈 생각이 없었다. 만력 20년(1592) 진사에 합격했으나 벼슬은 하지 않고 스승을 찾아 산천을 유람했다. 오현 현령을 사직하고 소주와 항주 일대를 돌아다니며 많은 기행문을 남겼다. 원종도(袁宗道, 1560~1600)가 형이고 원중도(袁中道, 1570~1623)가 아우이다. 이밖에 강영과(江盈科), 도망령(陶望齡), 황휘(黃輝), 뇌사패(雷思霈) 등이 공안파의 주요 인물들이다. **전겸익**(1582~1664)은 자가 수지(受之), 호가 목재(牧齋), 몽수(蒙叟), 동간유로(東澗遺老) 등이 있다. 강소 상숙(常熟) 출신의 명말청초 문인이다. 만력 38년(1610) 진사가 되어 예부 우시랑에 올랐으나 동림당(東林黨)이었기 때문에 벼슬길은 순조롭지 못했다. 1644년 이자성 군대에 이어 청나라가 북경을 함락시키자 명나라 황족 주유숭(朱由崧)이 남경에 세운 조정에서 예부 상서를 역임했다. 이듬해 남경이 함락되자 항복했다. 청나라의 예부 우시랑에 임명되어 『명사』 편찬을 맡았다. 죽은 뒤 건륭제가 불충한 신하라고 격렬하게 비난하고 모든 저서를 불태웠다. 그는 명말청초 문단의 영수로서 송나라 소식과 금나라 원호문을 좋아했고 송나라와 원나라 시를 높게 평가하여 종송파(宗宋派)를 창시했다. 또한 이전의 복고 운동에 반대했다. 그는 대단한 장서가이기도 했는데 장서루인 강운루(絳雲樓)에 불이 나서 모두 잃어버렸다. 저술에 『초학집』(初學集), 『유학집』(有學集) 등이 있다. 애남영(1583~1646)은 자가 천자(千子)이며 동향(東鄉, 현재 강서성) 출신이다. 명나라의 산문가이다. 어려서부터 글짓기로 유명했다. 같은 고장의 장세순(章世純), 나만조(羅萬藻), 진제태(陳際泰)와 팔고문 개혁에 힘썼다. 천계 4년(1624) 향시에 응시했다가 당시 권력자인 환관 위충현을 비방하는 말을 대책에 썼다고 벌을 받았다. 예장사(豫章社)를 꾸리고 우두머리가 되었다. 청나라 군대가 남하하자 복건에서 당왕(唐王)을 알현하고 병부 주사가 되었다가 어사로 바뀌었다. 얼마 뒤 연평(延平)에서 죽었다. 장부(1602~1641)는 자가 천여(天如), 호가 서명(西銘)이다. 강소성 태창 출신이다. 숭정 연간 진사에 합격하고 서길사가 되었다. 어려서부터 힘껏 공부했다. 같은 고장의 장채(張采)와 명성을 나란히 했고 죽이 맞았다. 당시 문단을 개혁할 뜻을 가졌다. 천계 4년(1624) 두 사람은 소주에서 복사(復社)를 꾸렸다. 천계 6년 「오인묘비기」(五人墓碑記)를 써서 엄당(閹黨)을 통렬하게 공격했다. 숭정 원년(1628)부터 태창에서 글을 지어 엄당과 싸우기 시작하자 사람들 입에 오르내리고 이듬해는 천하에 명성이 진동하게 되었다. 저술에 『칠록재집』(七錄齋集), 『한위육조백삼가집』(漢魏六朝百三家集), 『춘추삼서』(春秋三書), 『역대사론이편』(歷代史論二編), 『시경주소대전합찬』(詩經注疏大全合纂) 등이 있다. 진자룡(1608~1647)은 원래 이름이 개(介), 자는 와자(臥子), 무중(懋中), 인중(人中)이며 호는 대준(大樽), 해사(海士), 질부(軼符) 등이다. 남직예(南直隸) 송강(松江) 화정(華亭, 현재 상해시 송강) 출신이다. 조상 대대로 농사를 지은 부유한 집안이다. 아버지 진소문(陳所聞)은 문학자로 강남에 명성이 있었다. 천계 3년(1623) 열여섯 살에 동자시(童子試)에 응시하여 이등을 했다. 아버지는 병을 핑계로 집에 있으면서 저보(邸報)를 볼 때마다 탄식하면서 진자룡을 가르쳤다. 천계 5년 엄당이 황제의 명령을 날조하여 소주 집에 말미를 내서 와있던 문선 원외랑(文選員外郎) 주순창(周順昌)을 체포하는 일이 있었다. 이것이 공분을 불러 일으켰고 진자룡은 멸족의 위험도 감수한 채 운동에 뛰어들었다. 이 해부터 같은 고장의 하윤이(夏允彝), 서부원(徐孚遠), 주립훈(周立勛), 송징벽(宋徵璧) 및 소주부와 가흥부의 문인과 학사들과 벗이 되어 학문을 연마하고 시무를 토론했다. 이들이 나중에 명나라 말기 강남 당사(黨社) 운동의 핵심 인물들이다. 숭정 원년(1628) 진자룡은 스물한 살 나이로 호광 보경부(寶慶府) 소양현(邵陽縣) 지현 장궤단(張軌端)의 딸과 결혼한다. 당시 강남의 유명한 기생 유여시(柳如是, 1618~1664)가 있었는데 인물과 예술이 당시 제일이라고 했다. 특히 칠언 근체시를 잘 썼다고 한다. 많은 문인들이 그녀를 보면 바로 사랑에 빠졌다고 한다. 진자룡은 풍류남자이지만 유여시에 대해 호감을 가지지 않았다. 유여시는 이런 점 때문에 진자룡에게 자신을 맡기고 성택(盛澤)에서 송강으로 여러 차례 찾아와 여제자를 자칭했다. 진자룡은 엄격하고 다가가기 힘든 사람인데다 명함에 여제자라 자칭한 것을 보고 더욱 기분 나쁘게 생각했다. 유여시는 마음을 바꿔 전겸익의 계실로 들어갔다. 숭정 2년 진자룡은 수재에 일등으로 합격했고 하윤이와 두린징(杜麟徵)은 송강에서 기사(幾社)를 꾸렸다. 숭정 3년 향시에 응시하여 거인이 되고 이듬해 북경의 회시에 참가했으나 낙방하고 말았다. 숭정 10

하면 「전」을 짓는 일이란 사관의 직분인데 자신이 사관이 아니니 어찌 남을 위해 「전」을 지을 수 있겠느냐고 말했다.[13] 요즘 세상에는 정해진

년 세 번째 북경으로 시험을 보러 갔을 때 하윤이와 함께 진사에 합격했다. 숭정 11년(1638) 진자룡은 절박한 마음을 가지고 『황명경세문편』(皇明經世文編)을 편집했다. 모두 오백네 권이며 보유가 네 권이다. 이어서 숭정 12년 서광계(徐光啓)의 『농정전서』(農政全書)를 정리하여 출판했다. 그 뒤 진자룡은 벼슬길에 나갈 생각을 단념했지만 불안정한 정세 속에 숭정 13년 절강 소흥부 사리(司理)로 취임한다. 숭정 16년 봄 이자성 군이 승덕(承德)을 깨트리자 남경이 크게 놀란다. 그는 전쟁을 대비하기 시작했다. 그러나 친구인 허도(許都)가 누명을 쓰고 죽는 것을 본 직후 할머니 병도 위독하고 해서 고향으로 돌아온다. 5월 2일 진자룡은 서울이 함락되었다는 소식을 듣고 통곡하며 죽으려 했다. 복왕(福王) 주유숭(朱由崧)이 남경에서 감국이 된 뒤 진자룡을 원직에 기용한다. 상소를 올렸으나 들어주지 않고 오히려 오해만 사자 벼슬을 그만두고 집에 돌아온다. 홍광(弘光) 원년(순치 2년, 1645) 5월 남경이 함락되고 진자룡은 묘빈(泖濱)으로 몸을 피한다. 사람을 모아들이고 준비하여 청나라 군대와 전투를 벌이지만 겨우 두 달을 버티다가 지게 된다. 8월 3일 송강이 함락되고 진자룡은 송강성 서쪽에서 청나라 군대를 만났지만 요행히 도망치고 하윤이는 물에 빠져 죽었다. 이제 진자룡은 성명을 숨기고 여기저기 떠돌면서 도피와 지하조직 생활에 들어간다. 스님으로 신분을 위장하기도 했다. 순치 3년(1646) 봄 오강 분호(汾湖)에서 소주에 주둔한 청나라 군대와 전투를 벌여 크게 이기기도 했다. 그러나 함께 싸웠던 오역(吳易)과 틈이 벌어진 것을 기화로 명나라를 수복하는 것은 안 될 일임을 안다. 7월에 가족을 고향으로 돌려보낸다. 순치 4년 송강제독(松江提督) 오승조(吳勝兆)가 강녕(江寧) 순무 토국보(土國寶)와 말썽이 생기자 반란을 꾸몄다. 그의 부하인 장주(長洲) 출신 대지준(戴之儁)이 진자룡을 안다는 명목으로 진자룡에게 연락을 취했다. 그는 진자룡에게 황도주(黃道周, 진자룡의 스승이다)와 연락하여 황도주의 친척 조카이자 명나라 세력인 주산수장(舟山守將) 황빈경(黃斌卿)에게 수군을 이끌고 호응해달라고 요구했다. 진자룡이 볼 때 황도주 등은 허풍이 심해서 일이 안 될 것이라 생각하고 반응을 보이지 않았다. 곧 오승조의 계획이 누설되어 옥에 갇혔다. 청나라 군대는 진자룡이 오승조와 공모했다고 꾸며서 체포하려 했다. 진자룡은 당장 도피했지만 체포되어 고문을 당했다. 5월 13일 남경으로 압송되는 도중 송강 부근의 다리를 지나다가 물에 뛰어들어 자살했다. 청나라 군대는 끌어올려 죽음을 확인하고 다시 능지처참한 뒤 물에 시체를 던졌다. 이튿날 그에게 배운 학생들이 그의 시체를 찾아 묻어주었다. 건륭제는 그에게 충유(忠裕)라는 시호를 내렸다.

13 『일지록』 권19는 이러하다. "열전이라는 이름은 태사공에서 시작되었고 아마 역사서의 형식일 것이다. 역사서를 짓는 직책을 맡지 않았다면 남을 위해 「전」을 세워줘서는 안 되는 것이었다. 그래서 「비」(碑), 「지」(誌), 「장」(狀)이 생기고 「전」이 없어졌다. 양나라 임방의 『문장연기』는 「전」이 동방삭이 「비유선생전」(非有先生傳)을 지으면서 생겼다고 말한다. 그래서 우언에 의해 전하는 것이라고 했다. 『한문공집』(韓文公集)에는 「전」이 세 편 있다. 「태학생하번전」[太學生何蕃], 「오자왕승복전」[圬者王承福], 「모영전」[毛穎]이다. 『유자후집』(柳子厚集)에는 「전」이 여섯 편 있다. 「송청전」

판단력도 없으면서 자기도 이해되지 않는 것을 억지로 풀이하는 사람이 있다. 이들은 무리를 지어 권커니 작커니 화답하는 과정에서 사관이 아닌데 남을 위해 「전」을 지어주는 일을 예전에 들어본 적이 없다고 한다. 고대에 없었던 글자가 후세에 계속 이어져 만들어지는 이유는 집부가 어지럽기 때문이다. 「전」은 본래 역사가가 창조한 것이 아니라도 사마천이나 반고 이전에 벌써 「전」이라는 형식의 글이 있었다.(맹자는 대궐 안에 있는 원유와 탕왕, 무왕의 일을 물은 제자에게 모두 "「전」에 그런 사실이 있다"라고 대답했다. 그때 기전체의 역사서는 미처 없었지만, 어찌 사관의 글도 없었겠는가!) 지금 사관의 직위에 있지 않기 때문에 「전」을 지으면 안 된다고 생각하는 사람에게 「전」이나 「기」에 무슨 구별이 있는지 묻고 싶다. 경사가 아니라면 어찌 「기」를 짓는 것이 마땅하단 말인가? 「기」는 꺼리지 않지만 「전」은 엄격하게 금지한다면 이것은 역사서를 중시하고 경을 가볍게 여기는 태도이다. 문장의 종지와 저술의 형식을 의례[例義]라고 부른다. 현대의 지은이들 가운데 여기 사로잡혀 살피지 못하는 사람이 많다. 결국 이처럼 의심할 수 없는 것에 무리하게 사로잡혀 끌려 다닐 뿐이다. 이것은 마치 촌스러운 시골 무당이 음양의 금기에 대해 함부로 지껄이는 바람에 어리석은 백성이 행동하기 부자연스럽게 만든 것이나 거의 마찬가지이다. 명나라 말기의 사람들은 생각만 하고 배우지 않았다. 장님처럼 깜깜한 그들의 주장에 침을 뱉어도 싸다! 오늘날 문장을 평론하는 사람들은 이제 배우기만 하고 생각하지 않는다. 이들은 명나라 말기의 평론가

[宋淸], 「종수곽탁타전」[郭槖駝], 「동구기전」[童區寄], 「재인전」[梓人], 「이적전」[李赤], 「부판전」[蝜蝂]이다. 「태학생하번전」은 다만 한 가지 일을 채록하고 「전」이라고 부르며, 「오자왕승복전」의 왕승복 같은 무리는 모두 미천한 사람인데도 「전」이라 부르고, 「모영전」, 「이적전」, 「부판전」은 듣기에 희롱거리일 뿐인데도 「전」이라고 불렀다. 아마 소설[稗官]의 종류일 뿐이리라. 「단태위전」[段太尉] 따위는 「전」이라 부르지 않고 「일사장」(逸事狀)이라고 부른다. 이것은 유종원이 감히 태위(太尉)의 「전」을 지을 수 없었기 때문이다. 왜냐하면 유종원이 역사서를 짓는 벼슬아치를 맡고 있지 않았기 때문이다. 송나라 이후부터 남을 위해 「전」을 세운 사람은 사관의 직책을 침범한 것이다."

들이 했던 주장을 자신들이 이은 것이 판단력 있는 행동이라고 도리어 뻐긴다. 이것은 오래되었다는 이유 때문에 어리석게 된 것이다.[14]

직분을 변별하는 주장은 더구나 사리에 어둡다. 지금 유행하는 「전」과 「기」는 누구라도 지을 수 있는 것이다. 자신이 경사인지, 사관인지 따질 필요 없다. 정사의 「열전」에 사로잡혀 「열전」만 「전」이라고 한다면 설령 자신이 사관의 직위에 있더라도 어떤 왕조의 역사서만 전문으로 짓는 것 이외에 어찌 개인이 「전」을 따로 지을 수 있겠는가? 사관이 직분의 구분을 주장하면서도 남의 요청에 응해서 「전」을 지어 준다면 아무나 지은 「전」과 다를 게 없다. 남들은 사관이 아니기 때문에 관례대로 「전」을 지으면 안 되고 나는 사관의 관직에 있기 때문에 「전」을 지어도 된다고 하는 것은 관청의 문서에 도장을 찍어야 효력이 있다는 것이나 마찬가지이다. 이것은 사관을 신분이 낮은 구실아치로 보는 것이며 남의 요청에 응하여 「전」을 지어 주는 일을 관청에 기대어 글을 휘갈겨 주는 도구로 생각하는 것이다. 이런 주장은 더구나 통할 수 없다. 정식으로 배

---

14 나는 이렇게 생각한다. 이것은 아마 요내의 「고문사유찬서」에 인용된 유대괴[劉海峰]의 학설을 가리킬 것이다. 여기까지 「전」이나 「기」가 옛날에 구별이 없었다는 것을 밝히고 있다. 사관의 신분이 아니라면 남을 위해 「전」을 세울 수 없다는 것은 사람들의 잘못된 논리를 밝힌 것이다.

역주_ 유대괴(1698~1780)는 자가 재보(才甫), 다른 자가 경남(耕南), 호가 해봉(海峯)이다. 안휘 탕구진(湯溝鎭) 진가주(陳家洲) 출신이다. 같은 고을의 오직(吳直)에게 배웠다. 이십대에 북경에 올라갔는데 방포가 그의 글을 보고 칭찬을 아끼지 않았다 한다. 옹정 7년(1729)과 10년에 과거 시험을 보았으나 부방에 오르는 것으로 만족해야 했다. 건륭 6년(1741) 방포의 천거로 박학홍사과에 응시했으나 대학사 장정옥(張廷玉)이 눌러서 떨어졌다. 장정옥은 나중에 같은 고향 출신이라는 것을 알고 아까워했다 한다. 건륭 15년 장정옥이 그를 추천하여 특별 시험을 보았으나 또 합격하지 못했다. 유대괴는 환갑이 지난 뒤 이현(黟縣) 교유가 되었다. 몇 년 뒤 사직하고 귀향하여 종양(樅陽) 강가에 살면서 문학을 가르쳤다. 유대괴는 방포를 스승으로 섬겼고 요내의 스승이다. 이들을 동성파의 세 거장[桐城派三祖]이라 한다. 건륭 연간에 상주 출신 전로사(錢魯斯)가 유대괴에게 배운 뒤 또 다른 제자인 왕작(王灼)과 함께 양호(陽湖) 출신의 운경(惲敬), 무진(武進) 출신의 장혜언(張惠言)에게 전수했다. 운경과 장혜언은 변려문체를 버리고 동성파 고문을 따랐는데 그들을 따르는 사람이 많아서 양호파(陽湖派)라고 부르게 되었다. 저술에 『고문약선』(古文約選), 『역조시약선』(歷朝詩約選) 등이 있다.

우지 않고 길바닥에서 주워들은 무리들은 대흥(大興) 출신 주균(朱筠) 선생이 이런 주장을 시작했다고 떠들고 다닌다.[15] 그들은 이것이 명나라 말기의 세상을 속이는 주장이라는 것도 모르고 문호의 편견을 가지고 왕세정(王世貞)이나 이반룡(李攀龍)을 공격하는 것이다.[16]

주균 선생은 이렇게 말한 적이 있다. "살아 있는 사람에게 「전」을 지어 주어서는 안 된다." 이것은 본래 올바른 이치이다. 그러나 옛사람을 살펴보면 꼭 그런 것은 아니다. 방육(龐淯)의 어머니인 조아(趙娥)가 아버지의 복수를 위해 원수를 죽였다는 『삼국지』의 이야기를 보자. 배송지는

---

15 주선생(朱先生)은 다름 아니라 바로 주균이다. 장학성은 나이 스물여덟에 주균을 따라 글을 배웠다.(「호북안찰사풍군가숙전」(湖北按察使馮君家叔傳)) 그래서 주선생이라고 부르고 이름을 밝히지 않았다. 장학성은 「주선생별전」(朱先生別傳)에서 이렇게 말한다. "선생의 함자는 균(筠)이며 자가 미숙(美叔)이고 죽군(竹君)이라는 자도 쓰셨다. 학자들은 사하 선생(笥河先生)이라고 불렀다. 조상 때는 소산(蕭山)에 대대로 살았지만, 증조부가 대흥(大興)에 처음 이주하셨기 때문에 대흥 출신이 된 것이다. 안휘 학정(學政)을 총괄 책임지시고, 우리 유학의 문화를 일으키시는 것을 사명으로 생각하셨으며, 사라진 문헌을 수집하여 망라하셨다. 사라진 책들을 어떻게 구할까 하는 황제의 물음을 받고서, 선생은 흔쾌히 대답하는 상소를 올려 조례(條例)를 갖춰 말씀하셨기 때문에 여기서 사고관이 열리게 된 것이다. 건륭 46년에 돌아가셨는데, 춘추가 쉰 하고도 셋이셨다. 건륭 갑술년(甲戌年) 진사에 급제하셨고, 한림원 편수로 마치셨다."(가업당본 『장씨유서』 권18)

16 『명사』「문원전」은 이러하다. "이반룡은 자가 우린(于鱗)이며 역성(歷城) 출신이다. 사진(謝榛), 왕세정, 종신(宗臣), 양유예(梁有譽), 서중부(徐中孚), 오국륜(吳國倫)과 함께 칠자(七子)라고 불렸는데, 이반룡이 우두머리였다. 그의 지론은 다음과 같다. 글은 서한부터, 시는 천보 연간 이후부터 모두 볼만 한 것이 없다. 이반룡은 재주와 생각이 굳세고 매서웠다. 최고의 명성을 누렸지만, 홀로 마음속으로 왕세정을 대단하게 여겼다. 천하 사람이 왕리(王李)라고 둘을 나란히 거론했다." 『명사』「문원전」 "왕세정은 자가 원미(元美)이며 태창(太倉) 출신이다. 처음에 이반룡과 문단의 맹주로 군림했다. 이반룡이 죽은 뒤 홀로 문단을 좌지우지한 것이 스무 해. 최고의 재주를 가졌고, 지역에서 최고의 명망을 드러냈으며, 소리가 화려하고 의도와 기운이 있어 온 세상을 폭 덮었다. 그의 지론은 다음과 같다. 글은 반드시 서한과 같아야 하며, 시는 반드시 성당과 같아야 한다. 대력(大曆) 연간 이후의 책은 읽지 않았고 어휘의 수식이 특히 심했다. 늘그막에 그를 공격하는 사람이 점차 일어나자, 곧 점차 평범하고 담백하게 썼다. 왕세정은 스스로 봉주(鳳洲)라는 호를 썼고 엄주산인(弇州山人)이라는 호를 쓰기도 했다." 나는 이렇게 생각한다. 여기까지 「전」이 바로 사의 직책이라는 주장을 논파하고 있다.

주석에서 황보밀(皇甫謐)의 『열녀전』(烈女傳)을 이렇게 인용하고 있다. "황문시랑(黃門侍郎) 벼슬을 지내고 돌아가신 안정(安定) 출신의 양관(梁寬)이 그녀를 위해 「전」을 지었다."[17] 조아는 당시 살아 있었으니까 옛사람도 살아 있는 사람을 위해 「전」을 짓지 않은 적은 없다. 이고(李翺)가 『양열부전』(楊烈婦傳)을 지었을 당시, 양씨는 아직 살아 있었다.[18] 옛사람 가운데 이와 비슷한 경우가 아마 없지 않은 듯하다. 아마 어떤 사람의 일생을 포괄해서 「전」을 지은 것이 『사기』와 『한서』의 열전 형식[列傳體]일 것이다. 어떤 사실을 뜻대로 제시하여 「전」을 지은 것은 『춘추좌전』에서

17 『삼국지』「위서」 "방육전"(龐淯傳)은 이러하다. "애초에 방육의 외할아버지 조안(趙安)은 같은 현의 이수(李壽)에게 살해당했다. 방육의 외삼촌 형제 세 사람이 한꺼번에 병으로 죽자 이수의 집에서는 기뻤다. 방육의 어머니 조아(趙娥)는 아버지의 원수를 갚지 못한 것을 스스로 상심하여 수레에 장막을 치고 검을 소매에 품고 가서 대낮에 이수를 도정(都亭) 앞에서 찔러 죽였다. 일이 끝나고 천천히 현에 가서 자수했는데 낯빛이 조금도 변하지 않았다. 그리고 이렇게 말했다. '아버지 원수는 이미 갚았으니 죽여주시길 청합니다.' 복록장(祿福長) 윤가(尹嘉)는 파면을 각오하고 조아를 놓아주었다. 조아는 가려고 하지 않았고 드디어 강제로 수레에 실어 집에 돌려보냈다. 사면을 받아 벌을 피했다. 주와 군에서 상을 주기는 어려워서 돌을 새겨 마을 입구에 세워주었다." 주는 황보밀의 『열녀전』(烈女傳)을 인용하여 이렇게 말한다. "돌아가신 황문시랑 안정(安定) 출신 양관(梁寬)은 아친(娥親)을 추모하여 서술하고 그를 위해 「전」을 짓는다." 아(娥)는 아친(娥親)이라고 되어 있다. 장학성은 『을묘차기』에서 이렇게 말한다. "양관의 「전」에 아친이 분노의 칼을 휘둘러 사람을 베었다는 말이 있다. 황보밀이 친(親) 자를 결국 이어붙인 것은 아(娥)의 이름이기 때문이 아닌지 의심스럽다."(가업당본 『장씨유서』 외편 2)

18 「양열부전」(楊烈婦傳)은 대략 이렇게 말한다. "건중(建中) 4년 이희열(李希烈)이 변경(汴京)을 함락하고 병사 수천 명을 나눠 항성현(項城縣)에 이르렀다. 현령 이간(李侃)은 어찌할 바를 몰랐다. 그의 아내인 양씨(楊氏)가 이렇게 말했다. '큰 상으로 죽음을 각오한 병사에게 명령을 내리면 틀림없이 해결됩니다.' 수백 명을 얻어 이간은 그들을 이끌고 성에 올라탔다. 양씨는 직접 그들을 위해 밥을 지어 먹였다. 날아온 화살이 이간의 손에 명중하는 바람에 이간은 상처를 입고 집에 돌아왔다. 양씨는 그를 꾸짖고 성가퀴에 다시 올라가고 당신을 따르는 사람들을 이끌고 장차 성벽을 넘어 내려가라고 했다. 백병전이 벌어지고 시위를 당기지 못한 활[弱弓]로 적을 쏜 사람이 있었는데 적장을 맞췄다. 적장이 말에서 떨어져 죽으니 도적들이 결국 흩어져 달아났다. 항성 사람은 다치지 않았다. 자사는 이간의 업적을 황제에게 보고했고 황제는 그를 강주(絳州) 태평현(太平縣)으로 승진시키라고 명령했다. 양씨는 오늘날까지도 여전히 살아 있다."(『이문공집』(李文公集) 권12)

경에 전을 붙이는 형식[傳經體]이다. 주균 선생은 「열전」이라는 형식만 가리켜서 말했을 뿐이다.[19]

소정채(邵廷采)는 옛사람이 개인적으로 「전」을 지었는지에 대해 우리 집안사람인 장대래(章大來)와 논변을 벌인 적이 있다. 소정채는 이렇게 말했다. "범엽이 등우(鄧禹)의 「전」을 지을 때 본디 개인이 지은 「전」에 기초해서 지었다는 사실을 설마 자네만 모르나?"[20] 이런 상황이 범엽에게만 나타나는 것은 아니고 배송지가 진수의 『삼국지』에 단 주에도 동한, 위나라, 진나라의 여러 사람들이 지은 개인적인 「전」을 인용하여 증명하

---

19 나는 이렇게 생각한다. 여기까지 살아 있는 사람을 위해 「전」을 세우지 않는다는 주장을 논파하고 있다.

20 『청사열전』(淸史列傳) 「유림전」 상2는 이러하다. 소정채(邵廷采)는 자가 염로(念魯)이며 절강 여요 출신이다. 황종희에게 학문을 물었고, 천하를 경륜하는 큰 방략을 찾는 일을 좋아했다. 평생 역산, 점후(占候), 병법[陣圖], 검술[擊刺] 등 배우지 않은 것이 없었다. 강희(康熙) 50년에 죽었는데, 나이는 예순넷이다. 제자들이 그의 글을 판각하여 『사복당집』(思復堂集) 열 권을 만들었다. 장태전(章太顚)은 이름이 대래(大來)이며 산음(山陰) 출신이다. 모기령[毛西河]의 문인이며 벼슬은 태첨(太詹)에 이르렀다. 그는 「서염로선생전후」(書念魯先生傳後)에서 이렇게 말한다. "제가 선생과 교제한 것은 늦었습니다. 그러나 선생과 수천 년, 수백 년을 오르내리며 역사 기록을 대단히 상세하게 논했습니다. 선생은 역사에서 벌어진 사건을 잘 알고 있었고 남들이 미처 모르는 것도 알고 계셨습니다. 선생이 돌아가신 지 다섯 해가 지났고 저도 나이 들어 시들어 늙고 있습니다. 의심스러운 일이 있어도 물어볼 수 없고 아름다운 말이나 행실도 밝혀 드러낼 수 없습니다. 그래서 듣고 본 것만이라도 어지럽지만 선생의 「전」 뒤에 붙이려 합니다. 어떤 사람은 이렇게 말했습니다. '남을 위해 「전」을 지을 수 없다. 「전」은 역사서이기 때문이다. 그리고 사관의 직책이 없이 「전」을 짓는 것은 제멋대로 구는 짓이다.' 선생은 이것이 크게 잘못되었다고 생각했습니다. 제가 선생과 변론한 적이 있습니다. 제가 이렇게 말했습니다. '한나라 때 「비유선생전」은 우언입니다. 당나라 때 「모영전」과 「이적전」은 장난이고 「재인전」, 「오자왕승복전」, 「종수곽탁타전」은 풍자이구요. 참으로 그런 사람을 전하고자 한 것은 아닙니다. 송나라 때 비로소 「전」이 생겼던 게지요.' 선생은 이렇게 말씀하셨다. '그대는 등우(鄧禹)의 「전」을 혼자만 보지 못했나? 범엽은 본디 근본을 둔 것이 있지 않나? 옛날 태사는 유헌(輶軒)을 타고 다니며 가승(家乘)을 채집했지. 패관의 기록은 실제로 공식 역사 기록[史宬]을 보충하는 걸세. 「방육전」의 조아 이야기[龐娥]나 『고사전』[高士]은 애초에 나라에서 만든 책이 아니었네. 그래도 모두 「전」이 되었으니 사관이 아니지만 「전」을 지어도 괜찮네."(『태전후갑집』(太顚後甲集))

역주_ 유헌은 임금의 신하가 타는 수레이다.

고 있는 것이 수십 명이나 된다.[21] 이런 경우는 『수서』 「경적지」, 『구당서』 「경적지」와 『신당서』 「예문지」에도 나타난다. 『동방삭전』(東方朔傳)이나 『육선생전』(陸先生傳)[22] 같은 글도 한결같지 않지만 충분하다. 이런 사실은 굳이 논변할 필요도 없는 것이다. 그들은 어린이용 교재를 참고하고[23] 소명태자의 『문선』[24]이나 당나라와 송나라 때 여덟 대가[唐宋八家]

---

21 『사통』 「정사」(正史)는 이러하다. "송나라 문제는 『삼국지』가 기록한 사실이 간단하다는 점에 마음을 상했다. 그래서 중서랑 배송지에게 갖은 서적을 모두 채록하여 빠진 것을 보충하라는 명령을 내렸다. 이때부터 세상에서 『삼국지』를 말하는 사람은 배송지의 주를 저본으로 했다." 나는 이렇게 생각한다. 『이십이사차기』 권6은 배송지의 주가 인용하고 있는 책 제목을 열거하고 있다. 그중 개인의 「전」[私傳]은 오나라 사람의 「조만전」(曹瞞傳), 「정현별전」(鄭玄別傳), 「순욱별전」(荀彧別傳), 「예형전」(禰衡傳), 「병원별전」(邴原別傳), 「정효별전」(程曉別傳), 「왕필전」(王弼傳), 「손자별전」(孫資別傳), 「조지별전」(曹志別傳), 「진사왕전」(陳思王傳), 「왕랑가전」(王朗家傳), 「유이별전」(劉廙別傳), 「임소별전」(任昭別傳), 「종회모전」(鍾會母傳), 「우번별전」(虞翻別傳), 「조운별전」(趙雲別傳), 「비위별전」(費禕別傳), 「화타별전」(華陀別傳), 「관로별전」(管輅別傳), 하소(何邵)가 쓴 「왕필전」, 육기가 쓴 「고담전」(顧譚傳)과 「기운별전」(機雲別傳) 등 이십여 명 이상이다.(「배송지삼국지주」(裴松之三國志注) 조)

22 『수서』 「경적지」 "잡전류"는 이러하다. "『동방삭전』은 여덟 권이다." 그러나 지은이의 이름이나 성은 밝히지 않았다. 『신당서』 「예문지」도 마찬가지이다. 또한 『수서』 「경적지」 "잡전류"는 이러하다. "『육선생전』(陸先生傳)은 한 권인데, 공치규(孔稚珪)가 지었다." 『신당서』 「예문지」는 수록하지 않았다.

23 『서경잡기』는 이러하다. "양나라 효왕은 궁실과 원유(苑囿)를 짓는 일의 즐거움을 좋아하여 으리으리한 궁을 만들고 토원(兎園)을 지었다." (『문선』 사혜련 「설부」(雪賦) 주에서 재인용) 『군재독서지』 「유서류」는 이러하다. "『토원책』(兎園策) 열 권은 당나라 우세남(虞世南)이 왕의 명령을 받들어 지었다. 고금의 일을 편찬하여 마흔여덟 가지 문을 만들었는데 모두 변려문체[偶麗]의 말이다. 오대 때 이르러 민간에 유행했는데 시골 훈당에서 글을 배우는 아이들에게 가르쳤다. 그래서 토끼장 책[兎園冊]을 남겼다는 책망이 있었다." 또한 『곤학기문』 권14는 이렇게 말한다. "『토원책부』(兎園策府)는 서른 권이다. 당나라 장왕(蔣王) 이운(李惲)의 영료좌(令僚佐)인 두사선(杜嗣先)이 과거 시험을 준비할 때 쓰는 목책(目策)을 흉내 내서 혼자서 문답을 설정하고 경과 역사서를 인용하여 풀이하고 주를 달았다. 이운은 당나라 태종의 아들이다. 그러므로 양나라 왕의 토원으로 책 이름을 정했다. 풍도(馮道)의 토원책이란 이것을 말한다." 『오대사』 「유악전」(劉岳傳)은 이러하다. "풍도는 대대로 농사를 짓던 집안 출신이라서 생김새가 질박하고 촌스러웠다. 아침에 조정에 들어오는데 병부 시랑 임찬(任贊) 및 유악이 그 뒤에 있었다. 풍도는 가면서 자주 뒤돌아보았다. 임찬이 유악에게 풍도가 뒤돌아보는 것은 무슨 짓이냐고 물었다. 유악은 이렇게 대답했다. '토원책(兎園冊)을 남기려는 것일 뿐일세.' 토원책이라는 것은 향교(鄕校)의

의 글[25]에 「전」이라는 형식이 아주 드물다는 것만 본 뒤, 진상을 밝힐 간접적 증거를 천하의 글 가운데서 더 이상 찾을 수 없다고 생각한다.[26]

예전에 내가 『호북통지』(湖北通志)를 편찬하는 일에 초빙된 덕분에[27]

세속적인 유생들이 농부와 목동들에게 외우도록 가르치는 것이다. 그래서 유악은 이것을 들어 풍도를 책망한 것이다."

· 역주_ 우세남(558~638)은 자가 백시(伯施)이고 여요 출신이다. 능연각(凌烟閣)의 스물네 명 공신 가운데 한 명이다. 수나라에서 비서감을 지냈다. 당나라가 되어 진왕부(秦王府) 기실, 참군을 지내고 태자중사인으로 옮겼다. 태종이 즉위하자 홍문관 학사, 비서감이 되었고 광록대부에 임명되었고 문의(文懿)라는 시호를 받았다. 글씨도 유명하다. 구양순, 저수량, 설직과 함께 당초사대가(唐初四大家)로 불린다. 풍도(881~954)는 자가 가도(可道)이며 스스로 장락로(長樂老)라는 호를 썼다. 오대 때 영주(瀛州) 경성(景城, 현재 하북성 교하 부근) 출신이다. 후당(923~934)과 후진(936~940)에서 재상을 지냈다. 거란이 후진을 멸망시킨 뒤 거란에서 태부를 맡았다. 후한(947~948)에서 태사를 맡았다. 후주(951~959)에서 태사를 맡았다. 후당 장흥 3년(932) 표준 경전을 인쇄하기 위해 황제의 허락을 받아 상서둔전 원외랑(尙書屯田員外郎) 전민(田敏) 등을 상감관(詳勘官), 이악(李鶚), 주연희(朱延熙) 등을 서사(書寫)로 삼았다. 당나라 『개성석경』(開成石經)을 저본으로 다른 주석을 같이 판각하여 구경을 만들었다. 단정한 해서로 썼으며 솜씨 좋은 장인에게 판각하게 했다. 후주 광순 3년(953) 5월 조판과 인쇄가 끝났는데 이십이 년이 걸렸다. 판각 사업을 국자감이 주관하게 했기 때문에 오대 감본 구경(五代監本九經)이라고 부른다. 최초의 관각본 서적이다. 풍도는 당시 위대한 유학자로 존경받았지만 후세인은 충절이 없다고 비난했다. 오대의 혼란기에 살았던 풍도는 다섯 나라, 열 명의 황제를 모셨기 때문이다.

24 「서교 중」의 주30을 보라.

25 『명사』 「문원전」 "모곤전"(茅坤傳)은 이러하다. "모곤은 고문을 잘했다. 진심으로 허리를 굽힐 정도로 당순지를 인정했다. 당순지는 당나라와 송나라의 여러 대가들을 좋아해서 『문편』(文編)을 지었다. 당나라와 송나라 사람은 한유, 유종원, 소순, 소식, 소철[三蘇], 증공, 왕안석의 팔대가[八家] 이외에는 취할 것이 없다고 생각했다. 그래서 모곤은 『팔대가문초』(八大家文鈔)를 골라서 편집했다. 그 책이 중국에 성행하자 시골의 하잘 것 없는 유생들도 모녹문(茅鹿門)을 모르는 사람이 없게 되었다. 녹문은 모곤의 별호이다."

26 나는 이렇게 생각한다. 여기까지 고대에 사사로운 개인의 「전」이 없었다는 것을 누누이 증명하고 있다. 월아당총서본은 이 단락 뒤에 단락을 나누지 않고 이어져 있다. 지고당총서본은 동일하다.

27 나는 이렇게 생각한다. 장학성은 주진영(周震榮)의 소개를 받아 필원을 알게 되었다. 필원은 건륭 53년 가을에 호광(湖廣) 총독이 되었다. 장학성은 가장 친한 친구인 소진함과 함께 필원 막부에 있으면서, 『속자치통감』을 편찬하는 일을 도왔다. 건륭 57년에 『호북통지』(湖北通志)를 편찬할 때(『장실재연보』에 따라 이 해에 지었다고 가정한 것이다) 장학성에게 그 사업을 주관하도록 시켰다. 다시 해를 넘겨 탈고했다.

당시 필원이 황제의 부름을 받고 서울로 황제를 만나러 가면서, 장학성을 호북(湖北) 순무 혜령(惠齡)에게 부탁했다. 혜령이 장학성과 맞지 않자, 그를 비방하는 논의가 일어났다. 당시 가흥 출신의 진증(陳熷)이라는 진사가 있었다. 그는 장학성에게 추천해 줄 것을 부탁해서 교정하고 간행하는 일을 맡고 있었다. 그는 혜령의 부탁을 받은 뒤 바로 『통지』 전체의 잘못을 상당히 지적했다. 일을 맡은 당국이 제대로 알지 못해, 결국 진증의 논리가 상당히 근본을 본 것이라고 인정했다. 필원이 되돌아와서 그 일을 듣고 장학성에게 편지로 보고하도록 했다. 그래서 장학성은 「통지변례」(通志辨例)를 지어 그것을 바로 잡으려고 했다.(이밖에 『수호북통지박진증의』(修湖北通志駁陳熷議) 한 권이 있으며 가업당본『장씨유서』 「보견」에 수록되어 있다) 「방지변체」(方志辨體)는 그 일을 서술하면서 이렇게 말한다. "나는 『호북통지』를 지었다. 애초에 총독 각하[督府] 한 사람만 알아주는 것을 믿고 결국 별도의 형식으로 혼자 결정했다. 나중에 소인배가 모함하고 훼방했다. 총독[都府]이 서울로 황제를 알현하러 간 틈을 타서 일을 책임진 사람이 먼저 들어온 말만 믿고 남에게 자세히 조사하게 했다. 그러자 과거에 총독 각하에 의지해서 생계를 꾸리던 자들이 수십 금의 이익만 보고 단번에 튀어 올라 일어나니 예가 쏘았다는 몽궁(蒙弓)으로 도리어 나를 쏘는 것이나 다르지 않았다. 명성을 좋아하는 선비의 버르장머리가 이렇다." 또한 장학성은 『호북통지』의 의례를 스스로 기술할 때 일부를 얼핏 보여주며 이렇게 말한다. "『통지』 「식화고」(食貨考)의 "전부"(田賦)라는 분류는 제가 『부역전서』(賦役全書)와 포정사사(布政司使)가 종합하여 모은 문서책에서 취한 것입니다. 거기 항목과 숫자를 올리고 명나라 및 청나라 사람들이 쓴 재부(財賦)의 이익과 못마땅한 점, 상주문[奏議]을 상세하게 게재하고 사대부가 사적으로 논하고 지은 것들도 채집한 뒤, 맥락이 통하도록 연결시켜 글을 지었습니다. 지은 글은 사오천 자에 지나지 않습니다. 그러나 읽는 사람은 열한 개 부(府)와 주(州)의 수백 년 동안 재부의 연혁, 이익과 폐단에 대해 불을 보듯 환하게 됩니다. 아마 포정사책(布政司冊)에는 총괄적인 큰 숫자도 있고 논의를 통해 성공과 실패를 밝힌 것도 있을 것입니다. 그러므로 글은 간단합니다만 사리는 명백합니다. 예전의 「지」(志)에는 부, 주, 현의 『부역전서』가 모두 실려 있고 차례대로 배열하여 편찬했습니다. 그래서 글은 천 쪽에서 천이백 쪽[五六百紙]에 가득 찰 정도이고, 그것을 보면 편과 권이 계속 이어집니다. 그러나 부세(賦稅)와 전곡(錢穀)의 숫자나 열한 개 부주의 수백 년 동안의 이익과 못마땅한 점, 성공과 실패에 대해서는 아득하여 구할 수가 없습니다."(가업당본 『장씨유서』 권14) 이로써 『호북통지』가 얼마나 규모가 크고 깊이가 있으며 진지하게 파고들었는지, 글이 간단해도 사실이 얼마나 상세한지 알 수 있다. 따라서 『호북통지』는 방지[志書] 가운데 걸작이라고 할만하다. 안타깝게도 오래지 않아 필원이 관직에서 잘렸기 때문에, 전체 사업이 모두 뒤집어졌다. 그래서 가경 연간의 관본(官本)에서 장학성이 지은 흔적은 묘연하여 다시 남지 않았다. 『장씨유서』 가운데 『호북통지검존고』 스무 권(가업당본 권24부터 권27까지) 및 『호북통지미성고』(湖北通志未成稿) 한 권(가업당본 권30)이 아직 남아 있어서 『호북통지』의 개략이나마 얼핏 볼 수 있어 다행이다.

역주_ **주진영**은 자가 청재(青在)이며 호가 낭곡(筤谷)이다. 가선(嘉善) 출신이다. 건륭 임신년(壬申年)에 거인이 되었고 직예 영정하 남안(永定河南岸) 동지를 역임했다. 저술에 총독 각하의 깊은 신임을 믿고 특별히 전심전력하여 세 가지 학으로 정리했다.[28] 「인물」이라는 분야는 전부 정사의 「열전」을 기술하는 범례대로 지어서 완성했다. 수나라와 당나라 이전의 인물 가운데 정사나 「열전」에 잘 밝혀진 인물에 대해서는 상세하든 간단하든 상호 참조하도록 만들고 더 쓰지도 빼지도 않았다. 그래서 그들의 성명만 거명하여 「인물표」(人物表)를 만들었다.[29](상세한 주장은 「인물표」의 "서례"(序例)에 있다) 그중

『낭곡시고』(筤谷詩稿)가 있다.

28 장학성 「위필제부의진호북삼서서」(爲畢制府擬進湖北三書序)는 이러하다. "옛날 수나라 유학자 왕통은 고대 역사서가 세 가지라고 말한 적이 있는데, 그것은 바로 『시』, 『서』, 『춘추』입니다. 저는 어리석지만 방지의 뜻이 『춘추』가 모든 나라에 남은 국사에 뿌리를 두는 것이고 장고의 뜻이 『주례』가 남긴 관례[官禮] 삼백 가지에 뿌리를 두는 것이며 「문징」의 뜻이 『시』의 열다섯 「국풍」에 뿌리를 두는 것이라고 생각합니다. 고대에는 각각 스승이 전수하는 연원이 있었고 각각 관청에서 지키는 것이 있었습니다. 후세에 그런 뜻이 허물어졌기 때문에 글들이 이리저리 떨어져나가거나 합쳐지고 나뉘거나 합쳐지게 되었습니다. 그래서 자주 아귀가 맞지 않습니다. 그래서 오랫동안 헤아려 펼쳐지는 과정에 법도가 점차 드러나게 되었습니다. 그러므로 당나라와 송나라 이후 정사를 제외하면, 『회요』(會要)나 『회전』(會典)으로 관례를 본받았고 『송문감』[文鑑]이나 『원문류』[文類]로 『시』 「국풍」[風詩]을 본떴습니다. 기대한 것은 아니지만 아마 고대와 일치할 것입니다. 다만 방지는 조각조각 잘려져 맑지 않고, 의례는 혼란 속에 끌려들어가 앞뒤가 한결같아 법도가 되기 어렵습니다. 그래서 국사가 수정하고 정리할 일에 대비할 수 없습니다. 저는 황송하게도 옛날 사관의 자리에 있으면서 이것 때문에 함께 일하는 여러 사람들과 전전긍긍하는 동시에 긴밀하게 연락하면서 세 가지 글을 새기고 있습니다. 이로써 행인의 다섯 가지 사물[五物]의 뜻에 다가간 듯합니다. 나중에 황실 도서관에 소장하도록 부치시면 틀림없이 채택될 것입니다."(강표(江標) 영겸각총서본 『문사통의보편』[靈鶼閣文史通義補編])

역주_ **강표**(1860~1899)는 자가 건하(建霞), 호가 사원(師邧)이다. 강소성 원화(현재 오현) 출신이다. 광서 연간에 진사가 되었고 1890년 서길사에서 한림원 편수로 고쳤다. 1894년 호남 학정에 임명되었다. 당시 호남은 보수적인 성향이 강해서 서양 학문을 극력 반대하고 있었다. 그는 개혁을 위해 서원을 정돈하기 시작했다. 1897년 이후 호남 순무 진보잠(陳寶箴)이 신정을 계획하자 적극적으로 도왔다. 담사동(譚嗣同), 황준헌(黃遵憲), 당재상(唐才常) 등과 장사에서 시무학당(時務學堂)을 세우고 교경학회(校經學會)도 만들었다. 『상학신보』(湘學新報)를 창간하여 서양 학문을 소개하기도 했다. 1898년 9월 유신운동이 본격화되자 북경으로 소환되었으나 아직 취임하기 전에 신정이 실패하여 파직되고 말았을 뿐 아니라 연금을 당했다. 이듬해 고향에서 죽었다.

29 『호북통지』 「범례」(凡例)는 이러하다. "방지의 「인물」은 옛날 역사서의 「열전」이 남

여러 역사서의 「열전」[本傳]에 실린 사람은 「문징」(文徵)에 전부 넣은 뒤, 조사하거나 검색할 수 있게 만들었다.(이른바 세 가지 학 가운데 「문징」은 『문선』을 본뜬 것이다) 이것은 찬술의 의례에서 아주 정밀하며 타당한 것이었다. 당시 어떤 소인배가 있었다. 그는 벼슬길이 막히자 자기를 추천해서 서국(書局)에 들어가게 해달라고 내게 졸랐다. 일도 하지 않고 밥이나 얻어먹자는 속셈이었다. 총독 각하가 좌천을 당하게 되자[30] 소인배들이 자신들의 이익에 군침을 흘리면서 모함하기 시작했다. 벌떼처럼 일어나 떼지어 비방하자 사업을 맡은 사람은 비방에 홀려서 그에게 교정을 맡도

긴 유산이다. 그러나 「지」(志)는 사관에 의해 채택되고 기록되는 것이므로 법도에 대해서는 역사서보다 상세해야만 한다. 최근에 방지를 편집하는 사람[志家]은 이와 반대로 역사 기록을 단락채로 잘라내 "지리류"의 책을 잘못 본뜨고 있다. 인물과 전고를 오려서 채택하는 범례는 역사서의 형식이 아니다. 그러나 옛사람의 이름은 역사 기록에 있고 본래 저절로 밝혀져 있기 때문에 원래 방지를 빌어서 표창하지 않는다. 만약 하나도 남김없이 모두 베낀다면 바로 지나치게 산만해진다. 만약 남김없이 모두 삭제한다면 또한 전범을 빠트리게 될 것이다. 오늘날 역사 기록을 밝게 드러내려는 사람은 그들의 「전」[本傳]을 기록하여 『문징』에 넣지 그들의 「지」[本志]에 중복해서 「전」을 세우지 않을 것이다. 그러나 그들의 이름을 나열하여 「인물표」를 만들어 놓으면, 보는 사람은 스스로 상호 대조하여 알 수 있을 것이다."(가업당본 『장씨유서』 권24) 또한 「답주소백서」(答朱少白書)는 이러하다. "이처럼 「전」의 여러 가지 형식은 역사 기록의 일반적 범례 밖에서 나온 것이다. 그것을 고대에 맞춘다면 모두 전수받은 것이 있을 것이며 동시에 한 마디 말이나 조그마한 뜻이라도 두찬(杜撰)에서 나온 것은 없다. 오로지 육안으로 글을 읽을 때는 그다지 주의를 기울이지 않는다. 그러므로 그것이 뿌리를 둔 것을 모를 뿐이다. 진증은 들은 건 많아도 판단력이 부족하다. 이에 여러 「전」이 결코 「전」의 형식이 아니라고 말한다. 심지어 『춘추좌전』이라는 「전」은 훈고와 해의(解義) 따위를 위주로 하므로 역사 기록의 「전」과 하늘과 땅처럼 판이하게 다르다고 말한다. 이것은 참으로 사람의 말을 꽉 막히게 하는 것[痰迷心竅]이다."(가업당본 『장씨유서』 「보유」)

역주_ **사람의 말을 꽉 막히게 하는 것**은 '痰迷心竅'를 옮겼다. 이것은 한의학의 증상명이다. 담이 탁해져서 심장의 구멍을 막는 증상이다.

30 건륭 59년 8월에 필원이 호북의 사교(邪敎) 사건을 아뢴 보고서가 상세하지 못하다는 이유로 건륭제는 조정의 논의에 부쳐 산동 순무로 강등시켜 보임시켰다. 아울러 호광 총독의 오년 치 양렴은(養廉銀)을 취소하는 벌을 내리고, 다시 산동 순무의 삼년 치 양렴은을 취소하는 벌도 내렸다.(이 사건은 『동화록』(東華錄) 건륭 119에 상세하다)

역주_ **건륭** 59년은 1794년이다.

록 명령을 내렸다. 나는 내가 추천한 사람이라는 것을 믿고 있던 참인데 그가 덕을 배반하고 의리를 씹어 삼킬 줄은 꿈에도 생각하지 못했다. 그는 평소 마음에 늘 두고 잊지 않던 것에 눈 감아 버리고 터무니없는 거짓말을 지어내어 상관을 속였다.[31](따로 이 일을 전문적으로 다룬 「호북통지변례」(湖北通志辨例)가 있다)[32] 그는 결국 "「문징」의 범례는 『문선』과 『문원영화』를 흉내 낸 것인데 『문선』과 『문원영화』에는 본래 「전」이라는 형식이 없습니다"라고 말했다. 이어서 「태학생하번전」[何蕃傳], 「이적전」(李赤傳), 「모영전」, 「송청전」(宋淸傳) 등 여러 「전」을 거론하며 이런 「전」들이 재미 삼아, 또는 선물로 주기 위해 쓴 것이므로 「열전」[正傳]에 넣을 수 없다고 말했다.[33] 상관은 학문과 식견이 있다고 그를 대단히 칭찬한 뒤, 뒤꽁무니에서 그의 말을 주장하면서도 내 앞에선 내가 모르게 숨겼다. 아아! 『문원영화』 칠백구십이 권부터 칠백구십육 권까지 다섯 권은 「전」을 싣고 있다.[34] 그중 「열전」의 형식에 속하는 것은 다음과 같은 것이 있다. 공경(公卿)의 「전」에는 병부 상서(兵部尙書)였던 양공(梁公) 이현(李峴)을 쓴 것이 있고 방진에 있는 장수의 「전」에는 동천 절도사(東川節度使) 노탄(盧坦)을 쓴 것이 있다.[35](이것은 모두 이화(李華)가 「전」을 썼다)[36] 문학자의

31 『상서』 「무일」(無逸)은 이러하다. "백성이 속이거나 속임을 당하거나 미혹됨이 없다." 주(譸)는 주(輈)라고 읽는다. 『옥편』은 이러하다. "주장(譸張)은 광(誑)이다."

32 이 글은 가업당본 『장씨유서』 권27에 실려 있다.

33 나는 이렇게 생각한다. 이것은 아마 『일지록』에 뿌리를 두었을 것이다. 앞의 주에 인용한 것을 보라.

34 『사고간명목록』 "총집류"는 이러하다. "『문원영화』는 천 권이며, 송나라 태평흥국 7년 이방 등이 황제의 명령을 받아 지었다. 아마 소명태자의 『문선』을 이으려고 했을 것이다. 그래서 『문선』이 양나라 초까지의 문학 작품을 수록했기 때문에 이 책은 바로 양나라 말에 시작하여 당나라 때까지 이르는 시대의 문학 작품을 수록했다. 그러나 남북조 때 글은 십분의 일이 조금 안 되고 당나라 때 글은 십분의 구보다 많은데도 가끔 전부 수록해 넣은 것이 있다."

35 이현(李峴)은 조상 때 농서(隴西)에 살던 집안 출신이다. 태자통사사인(太子通事舍人)에서 출발하여 다섯 관직을 거쳐 위주(魏州) 자사가 되었다. 이민족의 복장을 하고 황하 북쪽 지방을 다녔으며, 다시 경조윤(京兆尹)으로 천거되었다. 벼슬은 병부 상서에서 마쳤다. 죽은 뒤, 양공(梁公)을 추증했다. 이화(李華)의 「이현전」(李峴傳)은 『문

「전」에는 진자앙(陳子昂)을 쓴 것이 있고(노장용(盧藏用)이 「전」을 썼다)[37] 절개와 지조를 지킨 인물의 「전」에는 이신(李紳)을 쓴 것이 있다.(심아지(沈亞之)가 「전」을 썼다)[38] 열녀의 「전」에는 양부(楊婦)의 「전」(이고가 썼다)[39]이나 두녀(竇女)의 「전」(두목(杜牧)이 썼다)[40] 따위가 있다. 역사가가 쓴 「열전」의 범

원영화』 권792에 수록되어 있다.

역주_ 공경은 삼공이나 구경 같은 대신이다. 방진의 장수는 '節鉞'을 옮긴 것이다. 방진은 일정 지역에 성을 쌓고 주둔하는 군대를 말한다.

36 노탄(盧坦)은 자가 보형(保衡)이며 낙양 출신이다. 수안(壽安)의 영이 되었다. 헌종 때 여러 차례 관직을 거쳐 호부 시랑이 되어 탁지(度支)를 주관했다. 외직으로 나와 동천 절도사가 되었다. 죽었을 때 나이는 예순아홉이다. 이화의 「노탄전」은 『문원영화』 권792에 수록되어 있다.

37 진자앙(陳子昂)은 자가 백옥(伯玉)이며, 재주(梓州) 사홍(射洪) 출신이다. 문명(文明) 연간 초에 진사에 급제했다. 측천무후 때 인대각(麟臺閣) 정자(正字)가 되었다. 여러 차례 상소를 올려 사실을 말하여, 우습유(右拾遺)로 옮겼다. 무유의(武攸宜)가 북방을 토벌할 때, 표를 올려 관기(管記)로 삼도록 요청했다. 그는 부대에서 만드는 글[文翰]을 모두 그에게 맡겼다. 진자앙은 집안의 어른들을 모시기 위해 관직에서 풀려나 돌아왔다. 현령 단간(段簡)이 진자앙의 재산에 침을 흘리는 바람에, 사단을 꾸며 옥에 갇히게 되었다. 그는 옥중에서 근심하고 분노한 끝에 죽었다. 『진습유집』(陳拾遺集)이 있다. 노장용(盧藏用)의 「진자앙별전」(陳子昂別傳)은 『문원영화』 권793에 수록되어 있다.

38 이신(李紳)은 자가 공수(公垂)이며, 본래 조(趙) 출신이지만 오중(吳中)으로 이주했다. 원화 원년에 진사가 되었다. 당시에 절도사 이기(李錡)가 절서[吳]에 있었는데, 그를 손님으로 머물게 해주었다. 이듬해 이기가 교만하다는 소리가 들려 그를 불러들이라는 황제의 명령이 있었다. 그러나 이기는 갑작스런 병을 핑계로 가지 않았다. 그는 이신에게 상주문을 지으라고 협박했지만 따르지 않자, 그를 외옥(外獄)에 가둬버렸다. 이기가 죽임을 당하고 군대가 흩어지자, 바로 출옥했다. 목종은 그를 불러 우습유를 삼았다. 무종 때는 상서우복야(尙書右僕射), 문하시랑(門下侍郎) 등 여러 벼슬을 살았다. 죽은 뒤, 문숙(文肅)이라는 시호를 받았다. 『추석유집』(追昔遊集)이 있다. 심아지(沈亞之)의 「이신전」(李紳傳)은 『문원영화』 권795에 수록되어 있다.

39 위의 주18을 보라. 이 글은 『문원영화』 권796에 실려 있다.

40 두목(杜牧)은 「두열녀전」(竇烈女傳)에서 대략 이렇게 말한다. 두씨(竇氏)는 어렸을 때 자가 계랑(桂娘)이다. 얼굴이 아주 아름다웠다. 이희열이 변주(汴州)를 격파했을 때 계랑을 데리고 가버렸다. 계랑은 일찍이 이희열에게 이렇게 말한 적이 있다. "충성스럽고 용맹하기로는 부대 전체에서 진선기(陳先奇)만한 사람이 없습니다. 그의 아내인 두씨는 진선기가 총애하고 믿는다 합니다. 서로 왕래하는 일을 허락해주시길 바랍니다." 이희열은 그렇게 하라고 했다. 계랑은 진선기의 아내를 언니로 모셨다. 홍원(興元) 원년 4월에 이희열이 늙은 장수들을 모두 죽이려고 했다. 계랑은 밀랍으로 봉한 비단 편지를 진선기의 아내에게 보냈다. 진선기는 이에 따라 이희열을

례에 부합하는 것만 십여 편인데 『문원영화』에 「열전」이라는 형식이 없다니, 참으로 마음이 아프구나![41]

송나라 때 『문원영화』를 편집할 때, 범례의 분류가 본디 불완전했다. 이것은 소인배가 알 수 있는 게 아니다. 다름 아니라 『문원영화』에 채록된 「전」이라는 형식에는 「비」나 「지」(誌)처럼 글을 늘어놓아 꾸민 것(유신이 쓴 「구내부돈숭전」(邱乃敷敦崇傳) 같은 것)도 있고 지은이 자신이 기술했지만 「열전」 형식이 아닌 것(「육문학자전」(陸文學自傳) 같은 것)도 있으며 자신이 주장을 세워놓고 남이 지은 체한 것(「오자왕승복전」[王承福傳] 같은 것)도 있고 남의 이름을 빌어 풍자를 남긴 것(「송청전」 같은 것)도 있으며 「서」(序)나 「인」(引)처럼 남에게 선물하려고 쓴 것(「강거사전」(強居士傳) 같은 것)도 있고 우스갯소리로 재미 삼아 쓴 것(「모영전」 같은 것)도 있다. 이런 것들도 여러 「열전」 가운데 편집되어 있다.[42] 이한(李漢)이 한유의 문집을 편집할 때[43]

참수했다. 두목의 글은 『문원영화』 권796에 실려 있다.

역주_ 두목(803~853)은 자가 목지(牧之)이며 경조 만년(현재 섬서성 서안) 출신이다. 재상 두우의 손자이다. 태화 2년 진사가 되었으며 홍문관 교서랑에 임명되었고 마지막 벼슬은 중서사인이다. 만당의 위대한 시인이며 칠언절구가 특히 뛰어나고 산문부(散文賦)도 잘 지었다. 군사에 밝았으며 『손자병법』에 주를 단 적도 있다. 저술에 『번천문집』(樊川文集)이 있다.

41 나는 이렇게 생각한다. 여기까지 『문원영화』를 인용하여 정전이라는 형식이 있음을 증명하고 있다.

42 『문원영화』에는 「전」이 다섯 권 있다. 유신의 「구내돈숭전」(邱乃敦崇傳, 왕병은이 교정했으며 원주에는 글자가 쓸데없이 더 많다고 한다)은 권792에 실려 있다. 육우의 「육문학자전」(陸文學自傳), 한유의 「오자왕승복전」과 「모영전」은 모두 권793에 실려 있다. 유종원의 「송청전」은 권794에 실려 있다. 석교연(釋皎然)의 「강거사전」(强居士傳)은 권796에 실려 있다.

역주_ 「서」와 「인」은 문체인데 본문 앞쪽에 붙이며 이끄는 말의 구실을 한다.

43 이한(李漢) 「한창려집서」(韓昌黎集序)는 이러하다. "장경 4년 겨울에 선생이 돌아가셨다. 문인인 농서(隴西) 이한은 가장 후한 대접을 받고 친밀하다는 것을 황공스럽게도 알고 있었다. 드디어 남기신 글을 수습하여 잃어버린 것이 없었다. 부(賦) 네 편, 고시 이백열 편, 연구(聯句) 열한 편, 율시 백예순 편, 잡저(雜著) 예순다섯 편, 서(書)와 계(啓)와 서(序) 아흔여섯 편, 애사(哀詞)와 제문(祭文) 서른아홉 편, 비(碑)와 지(誌) 일흔여섯 편, 필(筆)과 연(硯)과 악어(鱷魚)에 관한 글 세 편, 표장(表狀) 쉰두 편이며 모두 칠백 편을 얻었다. 아울러 목록까지 마흔한 권으로 합쳤고 제목을 『창려선생집』(昌黎先生集)으로 붙였다." 이한은 자가 남기(南紀)이며 한유의 사위이다.

「태학생하번전」을 잡저에 편집해 넣거나 「모영전」을 잡문에 편집해 넣은 것만 못하지만 『문원영화』의 의례는 이제 확실해졌다.[44]

원화 7년에 진사에 합격했고 사부(使府)로 여러 차례 불렀다. 문종(文宗)이 즉위하자 둔전 원외랑(屯田員外郎), 사관 수찬(史館修撰)으로 불러 『헌종실록』(憲宗實錄)을 미리 편찬하게 했다. 태화 4년에 병부 원외랑(兵部員外郎)으로 옮겨 제고를 책임지다 곧 가부낭중(駕部郎中)으로 옮겼다. 태화 9년 6월에 빈주(邠州) 자사로 나갔다가, 분주 사마로 고쳤다. 회창 연간에 죽었다.

44 나는 이렇게 생각한다. 여기까지 『문원영화』를 편집한 분류의 범례 가운데 옳고 그른 것을 따져 바로잡고 있다.

습고(習固)[1]

논변은 어디에서 일어나는가? 옳고 그름을 따지는 마음에서 일어난다. 옳고 그름을 따지는 마음은 어디에서 일어나는가? 옳은지 그른지 확정할 수 없는 채, 옳은 것 같기도 하고 그른 것 같기도 한 틈에 끼어 있기 때문에 일어난다. 어디에서 극에 달하는가? 요임금이 옳고 걸왕이 그르다는 데서 극에 달한다. 요임금이 옳고 걸왕이 그르다는 것을 따지는 사람은 세상에 없다. 하늘이 높고 땅이 낮다는 것을 따지는 사람도 세상에 없다. 눈이 아주 밝다면 가을 털의 끄트머리처럼 가는 것도 볼 수 있고[2] 귀가 아주 밝다면 개미굴속의 개미 소리처럼 작은 소리도 들을 수 있다.[3]

---

1 나는 이렇게 생각한다. 「습고」편은 학문에서 참된 앎을 소중하게 생각한다는 것을 말하고 있다. 만약 본디 그런 상태에 익숙해져서 주장한다면 참된 앎이 아니다. 아마 「원학 하」편에서 미처 말하지 못한 뜻을 표현하는 것이리라. 어느 해에 지었는지는 「경해 상」의 주1을 보라.

2 『맹자』 「양혜왕 상」은 이러하다. "눈이 밝은 사람은 가을 터럭의 끄트머리도 살필 수 있다. 그러나 수레 가득 실린 장작더미는 보지 못한다."

그러나 태산을 볼 수 있다고 해서 눈이 밝다고 하지 않으며 우레 소리를 들을 수 있다고 해서 귀가 밝다고 하지 않는다. 요임금과 걸왕은 옳고 그르다는 이름일 뿐이지 옳고 그름을 따지는 근거는 아니다. 옳은지 그른지 확정할 수 없는 채, 옳은 것 같기도 하고 그른 것 같기도 한 것은 요임금과 걸왕의 경우처럼 옳고 그름이 분명하지 않다. 그것을 헤아려 짐작해 보더라도 요임금과 걸왕의 경우처럼 옳고 그름이 분명하지 않은 것은 없다. 이것은 옳고 그름의 드러나지 않는 본질에서 일어나서 논변의 정밀함에서 극에 도달한다. 요임금과 걸왕은 논변을 벌인 끝에 도달한 결과이다. 그러나 옳고 그름은 드러나지 않는 본질의 실마리이다.

드러나지 않는 본질에 대해 창조적 의견을 냈다면[4] 논변을 벌이는 사람은 자랑스럽게 생각하며 그것을 보물처럼 생각할 것이다. 그것을 헤아려 짐작해보았지만 요임금과 걸왕의 옳고 그름처럼 분명한 지경에 이르지 못한다면 창조적 의견이라고 소중하게 생각할 것은 없다. 그것을 헤아리고 짐작해 봐서 요임금과 걸왕의 옳고 그름처럼 분명한 지경에 이르렀다면 사람들은 그것을 요임금이 옳고 걸왕이 그른 것처럼 본디 자명한 것이라고 받아들이고 편안하게 생각할 것이다. 그러므로 창조적으로 옳고 그름을 얻었다면 결국 옳고 그름을 보지 않는 것이다.

요임금과 걸왕의 옳고 그름은 헤아려 짐작할 필요가 없다.[5] 사람들은 고금의 옳고 그름을 따져 쌓은 지식을 요임금과 걸왕의 옳고 그름처럼 당연하다고 편안하게 생각한다. 이것은 고금의 많은 창조적 의견이 밝혀내서 드러나지 않는 본질을 쌓은 뒤, 옳고 그름의 극에 도달할 때까지

---

3 『진서』「은중감전」(殷仲堪傳)은 이러하다. "대사성[父師]이 귀가 너무 밝다고 걱정한 적이 있다. 침대 아래 개미가 움직이는 것도 소가 싸우는 소리처럼 들린다고 말씀하셨다. 황제가 평소 그것을 듣긴 했지만 어떤 사람인지 몰랐다. 그래서 은중감에게 물었다. '이것을 걱정하는 사람이 누구냐?' 은중감이 눈물을 흘리며 일어나서 이렇게 말했다. '저는 진퇴유곡이옵니다.'"

4 『예기』「중용」은 이러하다. "숨기려는 일보다 잘 보이는 것은 없으며, 보이지도 않을 만큼 미미한 일보다 잘 드러나는 것은 없다."

5 요임금과 걸왕이 옳고 그름의 극치이며, 이것은 다시 미룰 수 없다는 말이다.

헤아려 짐작한 것이다. 하지만 자기가 생각하지 않고 옳고 그름의 극에 도달할 때까지 헤아려 짐작하여 쌓은 결과만 편안하게 생각하는 사람은 옳고 그름이 어디에 있는지 모른다. 옳고 그름이 어디에 있는지 모르는 사람은 끝내 옳고 그름을 잊지 못한다. 그런 사람은 본디 그런 것이니 내 의도를 여기에 바칠 필요는 없다고 생각할 뿐이다.

어떤 사람이라도 비슷한 것에 접촉하고 자꾸 생각하다보면 이른바 참된 것을 보게 될 것이다. 자기가 그르다고 생각하는 것을 남들도 그르다고 생각하고 내가 옳다고 생각하는 것을 남들도 옳다고 생각하면 뻐기면서 그것을 보물처럼 생각할 것이다. 그리고 그것을 드러나지 않은 본질을 밝힌 창조적 의견이라고 생각할 것이다. 헤아려 짐작해 봤는데 부합하고 견주어 봤는데 동일하다면 옳고 그름의 극에 달한 것이다. 이것은 다른 것이 아니라 본디 과거에 요임금이 옳고 걸왕이 그른 것이 자명함을 편안하게 생각했던 것과 같다. 전에는 까닭을 몰랐지만 이제는 까닭을 안다. 그 사람이 지금 본 것은 과거에 본 것과 다른 것이며 그 사람이 지금 말하는 것은 과거의 말과 사실 다른 것이다. 그러므로 옳고 그름에 대해서 생각하지 않는 사람이나 그런 사람이 자랑하는 창조적 의견은 모두 평범해서 기이하게 여길 필요가 없다.

어느 술도가에서 술을 빚었다가 시게 되자[6] 술이 시어 싸게 판다고 문에 크게 써 붙인 뒤 빨리 팔리기만 바라고 있었다. 글을 모르는 어떤 사람이 술도가에 들어가 술을 마셔보니 술이 시었다. 그는 주인이 미처 모른다고 생각했다. 그는 술도가를 떠날 때 물건을 두고 왔는데 주인이 쫓아와서 물건을 돌려주자 주인이 자기를 잘 대해 준다고 생각했다. 그는 남들이 듣지 못하게 입을 가리고 주인에게 이렇게 말했다. "그대 집의

6 『한비자』「외저설 우상」은 이러하다. "술을 파는 송나라 사람이 있었다. 술의 양도 대단히 공평했고 손님을 대하는 것도 대단히 부지런했으며 술도 대단히 잘 빚었고 깃발도 높이 걸었다. 그러나 술이 팔리지 않았다. 술이 시었기 때문이다." 나는 이렇게 생각한다. 월아당총서본에서 이 글은 앞에서 이어지기 때문에 줄을 바꾸지 않았다.

술이 시었던데 왜 싸게 내놓고 빨리 팔지 않소?" 주인은 그 소리를 듣고 어안이 벙벙해졌다.[7] 옳고 그름에 대해서 생각하지 않는 사람이나 그런 사람이 자랑하는 창조적 의견은 바로 주인에게 술이 시었다고 알려주는 것이나 매한가지이다.

요임금과 걸왕에 대해서는 본디 논변을 할 필요가 없다. 남들이 느끼지 못하더라도 요임금의 어진 은혜를 흠뻑 입은 사람이라면 틀림없이 느낌이 있을 것이다.[8] 요임금이 어떻다고 말할 수 없는 경지에 다가간 사람은 다가가면 다가갈수록 요임금이 참으로 옳다고 생각하리라. 걸왕의 포악함에 직면한 사람은 틀림없이 느낌이 있을 것이다. 걸왕의 죄가 몇 가지라고 헤아릴 수 없는 지경에 다가간 사람은 다가가면 다가갈수록 걸왕이 참으로 그르다고 생각하리라. 아주 오랜 옛날부터 본디 결정된 요임금과 걸왕의 옳고 그름은 여전히 느낌만 있는 지점에서 헤아려 보기 시작하여 말하거나 헤아릴 수 없는 상태에 다가가게 된다. 그런 뒤에 요임금이 옳고 걸왕이 그르다는 것은 본디 그런 것이었다고 정해진다. 옳고 그름을 참으로 아는 사람은 옳고 그름을 섣불리 말할 수 없다. 요임금이 옳고 걸왕이 그르다는 것을 참으로 아는 사람의 학문은 옳고 그름이 정해지기 전에 있는 것이지 요임금이 옳고 걸왕이 그르다고 생각하는 데 있는 것이 아니다.

요임금이 옳고 걸왕이 그르다고 하는 것은 임금다운 왕을 소중하게 생각하고 패자를 낮추어 보는 것이다. 주공과 공자만 우러르고 이단을 배척하는 생각이나 정이와 주희만 올바르고 육구연과 왕수인이 치우쳤다는 생각에 대해[9] 나는 그게 그런 것이 아니라고 말하지 않겠다. 하지

---

7 『주역』「진」(震)괘 "단사"(彖辭)는 이러하다. "웃음소리가 껵껵거린다." 소는 이렇게 말한다. "아아(啞啞)는 웃음소리의 소리이다." 아(啞)는 액(戹)이라고 읽는다.

8 『이아』「석고」는 이러하다. "기(幾)는 근(近)이다."

9 육농기(陸隴其)는 이렇게 말한다. "오늘날 학문을 논하는 사람은 다른 것이 없다. 역시 주희를 으뜸으로 받들 따름이다. 주희를 으뜸으로 하는 것이 올바른 학문이고 주희를 으뜸으로 하지 않는 것이 바로 올바른 학문이 아니다. 동중서는 이렇게 말한

만 본디 당연하게 생각하는 것에 익숙하면서 그것을 쉽사리 말하는 사람이 참으로 아는 사람이 아니라는 것을 나는 안다.

다. '육예의 분야에 있지 않은 것들은 공자의 방법으로 그들의 도를 모두 끊고 함께 나아가지 않게 만든 뒤에야 기강을 하나로 만들 수 있으며 법도를 밝힐 수 있다.' 오늘날 주희를 으뜸으로 하지 않는다면 역시 그들의 도를 끊고 함께 나아가지 않게 만들어야만 한다." 청나라 유학자 가운데 정자와 주희의 가법을 조심스럽게 지킨 사람은 육세의[陸桴亭] 선생 외에 육농기를 든다. 육농기는 자가 가서(稼書)이며 청헌(淸獻)이라는 시호를 받았다. 『국조선정사략』(國朝先正事略)은 이렇게 말한다. "육농기는 사람을 가르칠 때 반드시 주희의 『소학』 및 정단례[程氏]의 『독서분년일정』(讀書分年日程)을 전수했다. 이것은 학자가 순서에 따라 업적을 이루게 만드는 것이다. 그의 학문은 거경궁리(居敬窮理)를 위주로 한다. 궁리하면서 거경하지 않는 것은 사물에 신경 쓰다 의지만 잃어버린 것[玩物喪志]이자 지리멸렬해서 잃어버린 것이다. 거경하면서 궁리하지 않는다면 장차 견문을 쓸어버리고 선악을 공허하게 만들 것이다. 스승의 마음을 제 맘대로 쓰고서도 불교나 도교로 타락하지 않는 사람은 드물다. 그가 지은 『학술변』(學術辨)은 양명학을 선학(禪學)이라고 힘껏 배척했다. 왕수인의 못마땅한 점은 마음을 본성이라고 인식하는 데 있다고 말했다. 고경양(顧涇陽)과 고경일(高景逸)의 못마땅한 점은 움직임을 잊고 고요함을 얻는 데 있다. 그를 평론하는 사람은 정자와 주희의 도통이 명나라 설선[薛敬軒], 호거인[胡敬齋] 뒤로부터 오로지 육농기만 정종을 얻었다고 말한다."

역주_ 설선(薛瑄, 1389~1464)은 자가 덕온(德溫), 호가 경헌, 시호가 문청(文淸)이다. 산서 하진(河津, 현재 직산현) 출신이다. 진사 출신이며 대리시 정경, 예부 시랑, 한림원 학사 등을 역임했다. 늘그막에 집에서 가르치고 저술했다. 저술에 『독서록』(讀書錄), 『설문청집』(薛文淸集)이 있다. 호거인(胡居仁, 1434~1484)은 자가 숙심(叔心), 호가 경재이다. 여간현 매항(梅港) 출신이다. 숭인(崇仁)의 위대한 유학자인 오여필(吳與弼)에게 배웠다. 늘 친구인 진헌장(陳獻章), 누량(婁諒), 사복(謝復), 정간(鄭侃) 등과 교제했다. 벼슬할 생각을 버리고 산속에 집을 짓고 살았다. 백록서원(白鹿書院)을 맡게 되었다. 만력 연간에 문경(文敬)이라는 시호를 추증했다. 저술에 『호문경공집』(胡文敬公集), 『거업록』(居業錄) 등이 있다.

주륙(朱陸)[1]

천인성명(天人性命)의 이치[2]는 경전에 갖추어져 있다. 경전은 어떤 개인의 말이 아니기 때문에 종지가 동일했던 적은 한번도 없다. 천인성명의 이치는 사물에서 드러나지 허튼 소리에 맡겨져 있지 않다. 사유는 이치를 풀이하여 후학에게 보여주지만[3] 사물을 통해서만 이치가 드러나므로

---

1 나는 이렇게 생각한다. 장학성의 학문은 절동학파[浙東]에 근원을 두고 있다. 따라서 육구연과 왕수인에게로 거슬러 올라가며, 경세를 위주로 하며 의리를 헛되이 말하지 않는다. 종주(宗主)는 있으되 문호의 견해는 가지고 있지 않다. 그는 박학다식해지려고 힘쓰지만 돌아갈 곳이 없던 당시 학풍에 통쾌한 일격을 가하고 함께 시끌벅적한 저자거리로 가려고 한다. 이것은 사실 절충해서 치우침을 구제하려는 생각이다. 청나라 초기 모기령[毛西河]이 주희를 공격하자, 그의 잘못은 쉽게 알 수 있었다. 대진[戴東原]은 경학의 큰 스승이다. 주희의 말을 논할 때 치우치고 마음대로인 점이 없지 않았다. 장학성은 이에 대해 거의 단숨에 제대로 돌려놓으려고 한다. 전목은 이렇게 말한다. "장학성의 「주륙」편은 다름 아니라 대진 때문에 지은 것이다. 당시 대진은 아직 죽지 않았다. 그래서 글에서는 이름을 드러내지 않은 것이다. 나중에 다시 「서후」(書後)편을 쓰면서 비로소 「주륙」편이 대진을 겨냥해서 쓴 글이라는 것을 밝혔다. 이때는 대진이 세상을 떠난 지 이미 십여 년이나 지난 때이다." 또

학파 사이의 다툼은 없다. 비유하자면 이치는 물이고 사물은 그릇이다. 그릇은 크고 작은 그릇, 얕고 깊은 그릇의 차이가 있으나 물은 그릇이 담을 수 있는 양만큼 가득 부어도 물 자체가 가득 차거나 모자람이 없다. 요즘 사람들은 그릇에 물을 채우려고 하면서 그릇 크기는 내팽개치고 물을 부은 뒤 물이 넘치도록 찼는지 아직 모자라는지 토론하고 있다. 이처럼 형식은 공허한데 내용의 이치를 측정하려 한다면 평생 논쟁한다 하더라도 끝이 나지 않을 것이며 그릇도 본래 쓸모가 없는 것이다.[4]

자하의 문인이 자장에게 교제에 대해 물었다.[5] 치학이 나뉜 뒤에 사유

한 전목은 이렇게도 말한다. "「서후」도 「원도」 등 여러 편과 동시인 기유년에 지은 것 같다. 「고숙하과 갑편」에 옛 원고 한 편을 붙였다라고 말한 것은 다름 아니라 「주륙」이며, 다시 「서후」를 붙인 것이다."(『중국근삼백년학술사』) 기유년은 건륭 54년이다. 「서후」가 만약 이 해에 완성되었고 글에서 "대진이 세상을 떠난 지도 벌써 십여 년이 지났다"라고 했으니, 「주륙」편을 쓴 해는 건륭 43년 이전이어야만 한다.

역주_ **건륭** 54년은 1789년, **건륭** 43년은 1778년이다.

2 『한서』「사마천전」은 이러하다. "하늘과 사람이 만나는 지점을 끝까지 파고들고자 한다." 『논어』「헌문」은 이러하다. "아래에서 배워 위로 통달한다." 주희 주는 정자를 인용하여 이렇게 말한다. "아마 아래로 인사를 배워야만 바로 위로 천리에 통달할 것이다." 이것은 하늘과 사람이 가장 평범하고 실제적인 것이라고 풀이한다. 『주역』「건」괘의 "단사"는 이렇게 말한다. "건의 도는 변화하며 만물은 각각 본성과 천명을 바로잡는다." 공영달의 소는 이렇게 말한다. "본성은 타고난 바탕이다. 강하고 부드러움, 느리고 빠른 구별과 같다. 천명은 사람이 타고난 것이다. 신분의 높낮이나 장수하고 요절하는 것과 같다." 『대대예기』「본명」(本命)은 이러하다. "도에서 나눠진 것을 천명이라 하며 하나에서 형체가 나눠진 것을 본성이라 한다." 이것은 본성과 천명도 대단히 명확하다고 풀이한다.

역주_ **천인성명**은 하늘과 사람, 하늘의 명령과 사람의 본성이다.

3 「시교 상」의 주70을 보라.

4 나는 이렇게 생각한다. 이 단락은 이치가 사물을 드러낸다면 다툼을 그치게 할 수 있다고 말한다. 옛사람의 학이 일을 떠나지 않는다는 주장은 「원학 중」을 보라.

5 『논어』「자장」은 이러하다. "자하의 문인이 사귐에 대해 자장에게 물었다. 자장은 이렇게 말한다. '자하는 뭐라고 하던가?' 자하의 문인이 대답했다. '자하는 이렇게 말씀하십니다. 괜찮은 사람이면 함께 하고 괜찮은 사람이 아니라면 거절하라.' 자장은 이렇게 말했다. '내가 들은 것과 다르다. 군자는 현인을 우러르고 대중을 포용하며 잘하는 사람을 아름답게 여기고 잘 못하는 사람을 불쌍하게 생각한다. 내가 크게 훌륭하다면 남에 대해 무엇을 포용하지 못 하겠는가? 내가 훌륭하지 못 하다면 남이 먼저 나를 거절할 것이니 어떻게 내가 남을 거절할 수 있겠는가?'" 『논어집해』는 포함을 인용하여 이렇게 말한다. "벗을 사귀는 일은 자하처럼 해야 한다. 널리 사귀

는 자신의 앎만 우러르므로 자신이 들은 대로 실행한다.[6] 사유는 공자가 아니기 때문에 필연적 추세를 나누지 않을 수 없다. 고명과 침잠이 각기 갈리게 된 것[7]은 마치 추위가 있으면 더위가 있고 낮이 있으면 밤이 있는 것에 비길 수 있다. 비유의 의도를 아는 사람은 고명과 침잠의 상호 의존성을 축복이라 생각하고[8] 비유의 의도를 모르는 사람은 상호 의존성을 재앙이라 생각한다. 송나라 이후 주희로 대표되는 이학(理學)과 육구연으로 대표되는 심학(心學)이 있다. 이학과 심학은 역사가 지속되는 한 그들의 차이를 합일시키지 못할 테지만[9] 마찬가지로 역사가 지속되

는 것은 자장처럼 해야 한다."

6 나는 이렇게 생각한다. 『한서』 「동중서전」은 이러하다. "증자는 이렇게 말한다. '그가 들은 바를 우러른다면 그는 고명한 사람이다. 그가 아는 것을 행한다면 그는 광명정대[光大]한 사람이다.'" 이것은 자신이 들은 것을 우러러 아는 것을 실행한다고 말해야만 한다.

7 「박약 下」의 주6을 보라.

8 유함흔은 『문사통의지어』에서 이렇게 말한다. "이것은 다름 아니라 제자백가의 커다란 앎을 논한 것이다. 선생은 사학을 근거로 얻었다."

9 『송사』 「유림전」 "육구연전"은 이러하다. "애초에 육구연과 주희가 아호사에서 만났을 때 배운 바를 논변하니 일치하지 않았다. 주희가 지남강군[南康]이었을 때 육구연이 그를 찾아왔다. 주희와 함께 백록동서원[白鹿洞]으로 갔다. 육구연은 군자는 의로움에 밝고 소인은 이익에 밝다[君子小人喩義利]라는 『논어』의 한 장을 강연했다. 듣던 사람 가운데 심지어 눈물을 흘리는 사람도 있었다. 주희는 학자들의 드러나지 않는 마음을 절실하게 이치에 맞추는 것이 깊은 고질병이라고 생각했다." 주희의 학문은 가까이로 연평(이동(李侗)이다)에게서 배웠고, 위로 정이[伊川]를 으뜸으로 삼는다. 육구연[陸子]의 학문은 상채(사량좌이다)에게서 나왔고, 멀리 정호[明道]를 스승으로 삼는다. 비록 똑같이 정자의 문하[程門]에서 나왔지만, 각자 종주가 있다. 황종희는 「상산학안」(象山學案)에서 이렇게 말한다. "선생의 학문을 살펴보면, 존덕성을 으뜸으로 생각한다. 그래서 큰 것을 먼저 세우고 나중에 큰 것이 나와 함께 하는 근거를 작은 것 때문에 빼앗기지 말아야 한다고 생각한다. 만약 근본 바탕이 밝혀지지 않으면 헛되이 바깥에서 찾는 데 힘을 쓰게 될 테고 이것은 근원이 없는 물과 같다. 동시대 주희[紫陽]의 학문은 도문학을 위주로 한다. 격물과 궁리가 바로 우리 사람들마다 성인이 될 수 있는 계단이라고 생각한다. 만약 자신이 옳다고 진심으로 믿는다면 오로지 깊은 생각에만 매달리게 될 테고 이것은 스승의 마음을 마음대로 쓰는 것이다. 이어서 선생과 선생의 형인 육구령[復齋]이 주희를 아호사에서 만났다. 육구령은 시를 읊었는데 '경전의 주석에 미련을 두면 도리어 막히게 될 것이요, 정미한 도에 뜻을 두어도 도리어 가라앉아 버리네'라는 구절이 있었다. 선생의 화답시도 이렇게 말한다. '간단하고 쉬운 공부는 결국 오랫동안 지속되고 커질

는 동안 차이를 합일시키지 못할 것도 없다. 이학과 심학의 보잘 것 없는 무리는 무식하기 때문에 분쟁을 일으켜 서로 욕하고 있다. 이와 동시에 다툼을 해결하려고 힘쓰는 사람[10]은 둘 다 일리가 있다고 조정하려 해도 먼저 해결해야할 일이 많다. 그러나 다툼을 해결하려고 애쓰는 사람이 주희를 도문학(道問學)에 치우쳤다고 말한다면 결과적으로 이학에는 시간이 오래 걸려 진저리나는 느낌이 있다며 심학을 옹호하는 사람이 공격할 빌미를 주게 된다.[11] 다툼을 해결하려고 애쓰는 사람이 육구연은 존덕성(尊德性)에 치우쳤다고 말한다면 결과적으로 심학이 불교나 도교처럼 허무주의로 흘렀다고 이학을 옹호하는 자가 공격할 빌미를 주게 된다. 각자 무게 중심이 다르기 때문에[12] 학파 사이의 다툼도 인지상정이다. 주희의 계보를 계승했다고 주장하면서 육구연과 왕수인을 공격하려면 반드시 박학하고 견문이 많으며 경에 통달하고 고대의 이상에 동감

것이요, 지리한 사업은 결국 뜨고 가라앉을 것이다.' 주희는 자신을 비난하는 것이라고 생각해서 기분이 나빴다. 주희와 육구연의 차이는 더욱 심해졌다. 그래서 주희를 으뜸으로 하는 사람은 육구연을 미친 선불교[狂禪]라고 비난하고 육구연을 으뜸으로 하는 사람은 주희를 저속한 학문이라고 생각한다. 두 학파의 학문이 각각 문호를 이루니 거의 얼음과 숯 같았다."(『송원학안』(宋元學案) 권58)

10 『사기』「노중련전」은 이러하다. "노련이 웃으면서 이렇게 말했다. '이른바 천하가 소중하게 생각한다는 선비는 사람됨이 근심을 배척하고 어려움을 풉니다. 분란을 풀지만 취하는 것이 없습니다.'" 『사기』「골계열전」은 이러하다. "이야기가 약간 맞아떨어지면 역시 어지러움을 풀 수 있다."

11 「역교 하」의 주34를 보라.

역주_ 도문학은 외부 사물의 이치를 연구하여 터득하는 방법, 존덕성은 내면의 천부적 덕성을 받드는 방법이다.

12 『사기』「태사공자서」는 이러하다. "도가는 무위한다. 그들의 방법은 허무를 뿌리로 한다." 허무는 여기 뿌리를 둔다. 『상산연보』(象山年譜)는 이러하다. "순희(淳熙) 2년 을미년(乙未年)에 여조겸[呂伯恭]은 선생과 선생의 작은 형 육구령[復齋]에게 주희[朱元晦]의 여러 사람을 아호사(鵝湖寺)에서 만나기로 약속했다." "아호사의 모임은 사람을 가르치는 방법을 언급했다. 주희의 의도는 사람이 널리 살피고 책을 널리 보게 해서 요약하는 길로 되돌아가게 만들고자 하는 것이다. 육구연 형제의 의도는 먼저 사람의 본심을 밝히고 나중에 그들이 널리 책을 보게 만들고자 하는 것이다. 주희는 육구연이 사람을 가르치는 방법이 지나치게 간단하다고 생각했고 육구연은 주희가 사람을 가르치는 방법이 지루하다고 생각했다. 이것은 대단한 불일치이다."

한 사람이어야만 한다. 서산(西山) 진덕수(眞德秀),[13] 학산(鶴山) 위료옹(魏了翁),[14] 동발(東發) 황진(黃震),[15] 백후 왕응린[16] 등 여러 분처럼 부지런하게

---

13 『송사』「유림전」은 이러하다. "진덕수(眞德秀)는 자가 경원(景元)이며, 나중에 경희(景希)로 고쳤다. 복건(福建) 포성(浦城) 출신이다. 경원(慶元, 송나라 영종(寧宗)의 연호) 5년에 진사가 되었고, 이어서 박학굉사과에 합격했다. 기거사인(起居舍人) 겸 태상 소경(太常少卿) 등 여러 벼슬을 했다. 소정(紹定) 5년에 호부 상서로 부름을 받았다가 한림학사로 바뀌었다. 얼마 지나지 않아 병이 나서 참지정사(參知政事)에 임명되었다. 죽은 해는 단평(端平) 2년, 나이는 쉰여덟이다. 문충(文忠)이라는 시호를 받았다." 진덕수는 첨체인(詹體仁)에게 학문을 배운 일이 있는데, 첨체인은 주희를 스승으로 모셨다. 그러므로 진덕수의 학문은 주희를 으뜸으로 한다. 학자들은 그를 서산선생(西山先生)이라고 부른다. 저서에 『서산집』(西山集) 쉰여섯 권, 『대학연의』(大學衍義) 마흔세 권이 있다.

14 『송사』「유림전」은 이러하다. "위료옹은 자가 화보(華父)이며, 공주(邛州) 포강(蒲江) 출신이다. 경원 5년에 진사가 되었고, 교서랑으로 외직에 나가 가정부(嘉定府) 지부가 되었다. 아버지의 초상 때문에 벼슬을 벗고 백학산(白鶴山) 아래 집을 짓고 머물렀다. 광보(廣輔) 이번(李燔)이라는 사람에게 이런 일이 알려지자, 문을 열고 제자를 받았다. 선비들이 다투어 봇짐을 지고 따랐다. 이때부터 사천(四川) 지역 사람들도 모두 의리지학을 알게 되었다. 사천에 십칠 년을 머문 뒤, 조정에 병부 낭중으로 들어갔고, 벼슬을 거듭하여 권공부시랑(權工部侍郞)까지 지냈다. 단명전 학사 동첨추밀원사(同簽樞密院事), 독시경호군마(督視京湖軍馬)를 거쳐 곧 다시 부름을 받고 돌아가 소흥부(紹興府) 지부, 절동안무사(浙東安撫使)로 나갔다. 가희(嘉熙) 원년에 죽었다. 태사로 추증되었고 문정(文靖)이라는 시호를 받았다." 저서에 『학산전집』(鶴山全集) 백아홉 권이 있다.

15 『송사』「유림전」은 이러하다. "황진(黃震)은 자가 동발(東發)이며, 자계(慈溪) 출신이다. 보우(寶祐, 이종(理宗)의 연호) 4년에 진사에 합격했다. 도종(度宗) 때 사관 검열(檢閱)로 발탁되어 『영종실록』(寧宗實錄)과 『이종실록』(理宗實錄)을 함께 편찬했다. 외직으로 광덕군 통판[通判廣德軍]에 나갔다. 무주(撫州)에 기근이 들자, 곧 지주(知州)가 되어 선정을 많이 베풀었다. 제거상평(提擧常平)으로 승진했다가 제전형옥(提典刑獄)으로 고쳤다. 절동 제거상평으로 옮겼다. (왕문관(王文貫)을 스승으로 모셨던 적이 있어서) 벼슬살이 할 때 늘 날이 밝기 전부터 사무를 보았으며 일이 있으면 즉시 처리했다. 자신의 봉급이 박한데도 남이 급하고 어려우면, 그것을 두루 살펴 인색하지 않았다. 저서에 『일초』(日鈔) 백 권이 있다. 죽은 뒤 문인들이 문결 선생(文潔先生)이라고 개인적으로 시호를 드렸다."

16 「박약 중」의 주6을 보라. 황백가(黃百家)는 이렇게 말한다. "청나라 강패경(江貝瓊)은 이렇게 말한다. '상서 벼슬을 지낸 왕응린[厚齋尙書]이 학자들을 주희[考亭]의 학설로 인도하면서부터 한꺼번에 그를 따라 변했다. 그래서 오늘날 순수하게 올바른 학문에서 나오게 되었고 육구연의 치우치는 폐단이 없어지게 되었다.' 그래서 사명(四明)에서 주희의 학문으로 육구연의 학문을 변화시킨 사람이 동시에 세 명이 있다. 과재(果齋) 사몽경(史蒙卿), 동발 황진, 백후 왕응린이다. 깊고 편안하게 학문을 논한

공부한 뒤에 자신의 견해를 충실하게 만든 사람이어야만 존덕성만 공허하게 뇌까리는 짓을 허무주의라고 말할 자격이 있다. 오늘날 육구연과 왕수인의 심학을 공격하는 자는 충분한 지식을 가진 유학자가 아니고 황당무계한 시골 훈장 가운데서 나온다. 그래서 그들의 공격은 그들의 학업과 상반된다. 심학의 반대자들에게 왜 학문을 하지 않느냐고 물어보면 그들은 시간이 오래 걸려 진저리나는 느낌이 있기 때문이라고 대답한다. 심학의 반대자들에게 왜 촌스러운 것을 고집하느냐고 따져 물으면 그들은 성명 때문이라고 대답한다. 이것은 육구연과 왕수인을 공격하는 자들이 주희의 근사치도 얻지 못했기 때문이다. 즉 가짜 육구연과 가짜 왕수인이 진짜 육구연과 진짜 왕수인을 공격하는 것이다. 이것도 자신을 제대로 헤아리지 못한 것이라고 말할 수 있다.[17]

순자는 이렇게 말한다. "논변은 형편없는 학문에서 발생한다."[18] 주희와 육구연이 본질적으로 다르다면서 어찌 후학들은 그렇게 시끄럽게 떠들어 대는가?[19] 다만 학파가 분리된 뒤, 주희를 공격하고자 하는 사람은 반드시 육구연과 왕수인의 모습을 훔쳐 비슷하게 꾸미고 육구연과 왕수인을 공격하고자 하는 사람은 반드시 주희의 모습을 훔쳐 비슷하게 꾸민다. 주희의 모습과 비슷하게 꾸미면 반드시 번거롭고 여유가 없이 빡

것은 아마 여러 사람을 함께 취했을 것이다. 그러나 문헌을 종합하여 나열한 것은 사실 여조겸(東萊)의 방법을 스승으로 삼은 것이다."(『송원학안』 권85)

역주_ **황백가**(1634~?)는 절강 여요 출신이다. 황종희의 아들이며 황종희를 도와 여러 문헌의 편찬 사업을 펼치기도 했다. **사몽경**(1247~1306)은 자가 경정(景正)이며 은현(현재 절강성 영파) 출신이다. 도종(度宗) 함순 원년(1265) 진사가 되어 경릉부(景陵簿)에 임명되었다. 함순 10년 강음 교수가 되었다가 송나라가 망하자 벼슬을 하지 않고 천태산(天台山)에 들어가 살았다.

17 나는 이렇게 생각한다. 이 단락은 실학도 없으면서 육구연과 왕수인을 공격하는 것은 자신을 제대로 평가하지 않은 것임을 말하고 있다.

18 한유 「독묵자」(讀墨子)는 이러하다. "나는 변론이 보잘 것 없는 학문에서 생긴다고 생각한다. 그들이 각자 스승의 학설을 팔아먹기 바쁜 것이지 두 스승의 도가 본래 그런 것은 아니다."(『창려집』 권11) 여기서 순자라고 말한 것은 잘못이다.

19 『시』 「빈풍」 "치효"는 이러하다. "내 울음은 짹짹 두려운 소리 지른다." 「전」은 이러하다. "효효(嘵嘵)는 구(懼)이다." 여기서 이것으로 농지거리를 묘사한 것이다.

빡해지기 때문에 왕수인의 모습과 비슷하게 꾸민다. 왕수인의 모습과 비슷하게 꾸미면 반드시 텅 빈 듯 갈피를 잡을 수 없이 흐물흐물하다. 이것은 당연한 이치이다. 그러나 옛날부터 학파가 나뉘어 서로 공격할 때, 이학이나 심학은 자신의 내면에만 전념하고 경의 잔해만 지키는 무리이거나[20] 책은 끈으로 동여매놓고 보지도 않으면서 공자가 말한 인간 본성과 천도만 고담준론하는 무리이다.[21] 육구연과 왕수인의 입장에서 주희를 공격하는 일을 자신의 사명으로 생각하는 자들이 본래 가짜 육구연과 가짜 왕수인인 것처럼 주희의 입장에서 육구연과 왕수인을 공격하는 일을 자신의 사명으로 생각하는 자들도 가짜 육구연과 가짜 왕수인이지 가짜 주희라는 이름을 붙일 수 없다. 동일한 학파이지만 육구연과 왕수인은 가짜가 있고 주희는 가짜가 없는 이유는 허튼 소리는 쉽지만 실학(實學)은 어렵기 때문이다. 황간,[22] 채원정(蔡元定), 채침(蔡沈),[23] 진덕수, 위

20 유흠의 「이양태상박사서」에 있는 말이다. 『한서』 「유흠전」을 보라.

21 성천(性天)은 인간 본성과 천도를 말한다. 『논어』 「공야장」은 이러하다. "선생님이 인간 본성과 천도를 말씀하시는 것은 얻어 들을 수 없었다." 고염무는 「여우인논학서」(與友人論學書)에서 책을 묶어놓고 살피지 않는 것과 인간 본성과 천도를 소리 높여 이야기하는 폐단을 통렬하게 말하고 있다. 「박약 하」의 주9를 보라.

22 『송사』 「도학전」은 이러하다. "황간(黃榦)은 자가 직경(直卿)이며 민현(閩縣) 출신이다. 아버지 황우(黃瑀)는 감찰어사(監察禦史)였는데 착실한 행동과 직언으로 유명했다. 황우가 죽자 유청지(劉淸之)를 찾아뵈었다. 유청지는 그를 기이하게 여겨서 주희에게 수업을 받으라는 명을 내렸다. 황간은 주희를 만나고 온 뒤로 밤이 되어도 이부자리를 펴지 않고 허리띠를 풀지 않았으며 조금 피로하면 잠시 앉거나 의지하였다. 어떤 날은 동이 틀 때까지 그런 경우도 있었다. 주희는 어떤 사람에게 이렇게 말한 적이 있다, '직경은 의지가 굳고 생각이 깊다.' 주희는 자기 딸을 황간에게 아내로 줬다. 주희가 병이 깊어 일어나지 못하게 되자, 자신이 지은 글을 황간에게 주고 또한 손수 쓴 노래[訣]를 주면서 이렇게 말했다. '내 도를 여기에 깃들였네.' 한양군(漢陽軍)을 제법 지내다가 곧 안경부(安慶府) 지부가 되었다. 군의 성벽을 중창하여 전쟁에 대비했다. 나중에 금나라가 황주관(黃州關)과 사와관(沙窩關) 등을 깨트리자, 회동(淮東)과 회서(淮西)가 모두 놀랐다. 그러나 오로지 안경(安慶)과 안도(安堵)는 예전과 다름없었다. 사람들을 편안하게 하고 덕을 베풀자 서로 이렇게들 말했다. '너를 살린 사람은 아버지 황간이시다.' 황제가 명령하여 이각(李玨)을 보내 참의관(參議官)으로 임명하자, 거듭 사양하고 받지 않았다. 제자가 나날이 많아져 파촉(巴蜀)부터 강서와 호남[江湖] 사이 어디서든 선비들이 왔다. 잠시 박주(亳州) 명도궁(明道宮)에 가서 주관하다가 달을 넘기자 벼슬을 그만 두길 빌어 특별히 승의랑(承議郎)

료옹은 주희를 계승하고 충실한 학문에 힘썼다. 그래서 이학과 심학의 학파가 다르다는 견해까지 돌볼 겨를이 없었으며 동시에 흥망성쇠의 유행도 따를 수 없다고 생각했다. 이렇게 말한다면 주희의 유파는 육구연이나 왕수인의 유파보다 뛰어나다. 가짜 육구연과 가짜 왕수인이 주자학을 뒤덮더라도 도리어 그들을 끌어들여 같은 길을 가는 사람[同道]으로 만들려 한다. 하지만 나는 주희를 따르는 무리가 욕을 하면서 내 생각을 받아들이지 않을까 두렵다.[24]

아름다운 말과 아름답지 않은 말이 있으나 둘 다 병을 고치는 약석이 된다고 『춘추좌전』은 말한다.[25] 심학이 이학을 공격하는 것은 서로 완성

에 임명되었다. 죽은 뒤 문숙(文肅)이라는 시호를 받았다. 『경해』와 『문집』이 세상에 유행하고 있다."

23 『송사』「유림전」은 이러하다. "채원정(蔡元定)은 자가 계통(季通)이며 건양(建陽) 출신이다. 아버지 채발(蔡發)은 많은 책을 널리 읽은 뒤 그에게 정호와 정이의 『이정어록』(二程語錄), 소옹(邵雍)의 『황극경세서』(皇極經世書), 장재의 『정몽』(正蒙)을 전수했다. 그러면서 이렇게 말했다. '이것은 공자의 올바른 맥이다.' 채원정은 아버지의 뜻을 깊이 함양했다. 다 자라 변별하고 분석하는 능력이 더욱 정밀해진 뒤, 주희의 명성을 듣고 가서 그를 스승으로 삼으려 했다. 주희는 그의 학문을 두드려 보고 크게 놀라 이렇게 말했다. '이 사람은 내 오랜 벗이라 해도 되겠다. 제자의 대열에 두어서는 안 된다.' 사방의 학자들이 찾아오면 주희는 꼭 먼저 채원정을 따라 질문하고 바로잡으라고 했다. 우무(尤袤)나 양만리(楊萬里) 등이 천거했지만 굳이 병을 핑계로 사양했다. 서산(西山)에 집을 짓고 여생을 마칠 계획을 세웠다. 죽은 뒤 문절(文節)이라는 시호를 받았고, 학자들은 그를 존경하여 서산 선생(西山先生)이라고 불렀다. 저서에 『대연상설』(大衍詳說), 『율려신서』(律呂新書), 『연악원변』(燕樂原辨), 『성극경세』(星極經世), 『태현잠허요지』(太玄潛虛要旨), 『홍범해』(洪範解), 『팔진도설』(八陣圖說)이 있다. 아들은 채침은 자가 중묵(仲默)이며, 어려서 주희를 스승으로 모셨다. 주희가 늘그막에 『서전』을 짓고 싶었지만 미처 짓지 못하고, 결국 채침에게 부탁했다. 「홍범」의 숫자는 학자들이 오랫동안 전승을 잃었으나, 채원정이 홀로 진심으로 깨달았다. 그러나 그도 미처 논하지 못하고 이렇게 말했다. '내 책을 완성할 사람은 내 아들이다.' 채침은 깊이 생각하고 반복한 지 수십 년이 지난 뒤에 책을 완성했다. 구봉(九峰)에 은거하여 유명한 대신들이 천거하여 쓰려했으나, 취임할 만한 가치가 있다고 생각하지 않았다." 학자들이 구봉 선생(九峰先生)이라 부른다.

24 나는 이렇게 생각한다. 이 단락은 실학을 가장하기 어렵다는 것을 말하고 있다. 주자학(朱子學)을 가장하여 육구연과 왕수인을 공격하는 사람도 가짜 육구연이나 가짜 왕수인이라는 것을 말하고 있다.

25 『춘추좌전』「양공 23년」은 이러하다. "장손(臧孫)이 이렇게 말했다. '계손씨가 나를

시켜주는 긍정적인 작용이지 서로 못마땅한 점이 되는 부정적 작용은 아니다. 가짜 육구연과 가짜 왕수인이 "나는 주희를 배우며 주희를 받든다"고 말하는 것은 주희의 걱정거리이다. 아마 성명, 사공, 학문, 문장을 합일시키는 것이 주희의 학문일 것이다. 주희의 학문은 많은 지식에서 일관되는 원리를 찾아서 독자적 판단력을 가지게 만들며 박문(博文)에서 약례(約禮)하고 본말을 동시에 포괄하는 것이다.[26] 주희의 학문도 여러 경의 경의를 풀이하는 과정에 성공과 실패가 없을 수 없고[27] 훈고와 고정에 소홀함이나 빠트림이 없을 수 없다. 이것이 주희의 거대한 체계에 무슨 상처를 입히겠는가? 하물며 황간, 채원정, 채침, 진덕수, 위료옹처럼 주희의 학문을 전하는 자들은 경에 통달하여 이상적 시대인 고대를 마음에 새겨 늘 잊지 않으며 몸소 실행하고 실천하는 순수한 유학자이다. 그들은 자신의 주장을 굽혀 주희의 실패를 따르거나 견강부회하지 않았으므로[28] 이것으로 가르침을 세울 수도 있었다. 하지만 그들 가운데도

아낀 것은 질병[疾疢]과 같습니다. 맹손씨가 나를 미워한 것은 약이나 침[藥石]과 같습니다. 병이 아무리 아름다워 봐야 나쁜 침만 못한 법입니다. 침은 도리어 나를 살리지만 병이 아름다운 것은 독이 많이 퍼지게 될 것입니다.'"

26 일관(一貫)과 다식(多識)은 「원도 하」의 주34를 보라. 박문(博文)과 약례(約禮)는 「원도 하」의 주35를 보라. 『일지록』 권6은 완평(宛平) 손승택(孫承澤)을 인용하여 이렇게 말한다. "공자는 하늘이 낳은 성인으로 태어나면서부터 안다고 자처하지 않았다. 그리고 '고대를 좋아하여 재빨리 구한다'라거나 '많이 듣고''많이 본다'라거나 '문에 대해 널리 알고 예에 대해 요약한다'라고 말했다. 늙을 때까지 편집하고 조술하는 일을 쉬지 않고 오히려 좀 더 살아서 『역』을 배우고자 했다. 주희는 평생 공자를 본받았다. 학문의 진보는 치지에 있는 것이 틀림없고 함양은 공경하는 태도를 위주로 하는 것[主敬]에 있는 것이 틀림없다. 덕행도 여기 있으며 학문도 여기 있다."

역주_ 위 본문의 **학문**은 사회적 실천을 위한 폭넓은 지식의 준비이다. 바로 다음에 나오는 **박문**과 연결시켜 긍정적이며 의미로 사용한다. **문장**은 사회적 실천의 표현 방법이다. 바로 다음에 나오는 **약례**와 연결시켜 긍정적인 의미로 사용한다.

27 주희의 저술은 풍부하다. 더구나 경전의 풀이에 두루 신경을 썼다. 『주역』에 대해서는 『주역본의』와 『역학계몽』(易學啓蒙)이 있고, 『시』에 대해서는 『시집전』(詩集傳)이 있으며, 『대학』과 『중용』에 대해서는 각각 『대학장구』와 『중용장구』가 있고, 『논어』와 『맹자』에 대해서는 각각 『논어집주』와 『맹자집주』가 있으며, 『태극도』(太極圖), 『통서』, 『서명』(西銘)에 대해서도 각각 풀이가 있다.

역주_ 아래 본문의 **고정**은 비교하여 정정하는 작업이다.

성명만 높여 소중히 여기고 사공을 가볍게 여기며 모든 학문과 문장을 버려두고 주희의 『장구』와 『집주』가 제시한 종지 한두 가지만 지키면 그만이라는 사람이 있었다. 그들은 종지 한두 가지를 발판으로 육구연을 배척하고 왕수인을 비난하면서 마치 같은 하늘을 이고 살 수 없는 원수처럼 분하게 생각한다.[29] 그러면서 "나는 주희가 전수한 진리를 얻었다. 주희는 이로써 고금에 일관되는 원리에 통달했으며 우주 운행의 모든 과정을 다스렸다"고 말한다면 이 사람이 얻은 주희는 촌스럽고 아는 것도 없으면서[30] 오만하고 비뚤어진 마음에 자기만 옳다고 주장하는 주희일 것이다. 하물며 주희도 경의 풀이에 성공과 실패가 없을 수 없고 고정에 소홀함이나 빠트림이 없을 수 없는 것은 노나라의 서쪽 교외에서 기린을 잡는 것을 보고 공자가 붓을 꺾은 전국시대 이후[31] 면할 수 없는 일이다. 오늘날 육구연과 왕수인의 거짓을 얻고서도 주희를 배우는 것을 자신의 사명으로 생각하는 사람은 이렇게 말할 것이다. "주희를 묵수하는 일은 설령 독이 있는 것을 알더라도 먹지 않을 수 없는 것과 같다."[32]

28 나는 이렇게 생각한다. 황진 『일초』는 여러 유학자를 절충하여 지극히 당연한 것으로 돌아가려 했다. 이것은 다름 아니라 주희에 대해서도 떳떳하지 못하게 같아지려고 하지 않았다. 마음이 편안한 바를 얻으려고 했을 뿐이다. 채원정, 진덕수, 위료옹이 주장을 세울 때도 모두 그러했다.

29 『예기』 「곡례 상」은 이러하다. "아비의 원수는 함께 하늘을 이고 살아서는 안 된다."

30 『예기』 「학기」는 이러하다. "혼자서 배우고 벗이 없으면 외롭고 변변치 않으며 들은 것이 적어진다."

31 『춘추』는 이러하다. "애공 14년 봄 서쪽에서 사냥하여 기린을 잡았다." 『춘추좌전』에 대한 두예의 주는 이러하다. "기린[麟]은 어진 짐승[仁獸]이다. 거룩한 임금의 아름다운 상서이다. 당시 밝은 왕도 없었는데 나갔다가 우연히 잡은 것이다. 공자는 주나라의 도가 일어나지 않는 것을 가슴 아파했다. 아름다운 상서가 나타났는데도 대응이 없었다. 그러므로 노나라의 『춘추』를 근거로 다시 일어날 가르침을 정비했다. 기린을 잡았다는 구절에서 붓을 꺾은 것은 느낀 바가 있어서 그런 것이다. 이것은 본디 끝내려고 쓴 것이다." 나는 이렇게 생각한다. 『춘추공양전』과 『춘추곡량전』의 경은 여기서 끝난다. 『춘추좌전』의 경은 애공 16년 여름 공자[孔丘]가 죽는 데서 끝난다.

32 『후한서』 「유림전」은 이러하다. "하휴가 『공양묵수』(公羊墨守)를 지었다." 장회태자의 주는 이렇게 말한다. "『춘추공양전』의 대의를 공격할 수 없는 것이 묵가[墨翟]가

이렇게도 말할 것이다. "주희는 공자와 안자, 증자, 맹자의 장점을 실로 전부 갖추고 있다." 아! 그들의 말이 옳은지 그른지는 따질 필요도 없다. 주희가 이것을 안다면 얼마나 걱정이 심하겠는가?[33]

고자는 이렇게 말한다. "말에서 얻지 못했거든 마음에서 찾으려 하지 말라. 마음에서 얻지 못했거든 기운에서 찾으려 하지 말라." 부동심이란 밖으로 드러난 옳은 도리로 파악할 때 편안한 것을 찾지 않는다는 것이다.[34] 이것은 역사가 지속되는 동안 지켜야 할 시초이다. 옳음과 그름을 가리는 마음은 모든 사람에게 있다. 하지만 의리로 마음을 채울 수 없고 남의 선함을 받아들일 수도 없이 지키기만 한다면 고자와 비슷할 것이다. 옳음과 그름에 대한 남의 기준을 빌어 옳음과 그름에 대한 내 기준으로 삼는다면 혼자 깨달은 고자만 못하다. 옳음과 그름에 대한 남의 기준을 옳음과 그름에 대한 내 기준으로 삼는 것은 마치 용병을 고용하여 전투를 돕게 하는 것과 같다. 전투를 수행하여 이기는 것만 알지 왜 싸

성을 지키는 것과 같다는 말이다." 장학성 『병진차기』는 이러하다. "정자와 주희가 남긴 폐단은 비록 육구연과 왕수인에 비해서 가볍긴 하다. 그러나 세상 물정에 어둡고 괴이한 것은 인정과 멀다. 그렇다면 미친 선불교[狂禪]와 떨어진 거리도 그다지 멀지 않다. 육농기[陸當湖]처럼 정자와 주희를 가장 깊이 체득했다는 사람도 오히려 비상(砒霜)도 삼킬 수 있다는 잘못된 이론에 부화뇌동한다. 하물며 육농기 선생[當湖先生]보다 한참 못한 다른 사람들이야?"(가업당본 『장씨유서』 외편 권3) 이 말은 『육가서문집』(陸稼書文集)에서 찾아볼 수 없다. 어디서 나왔는지 알 수 없다.

33 나는 이렇게 생각한다. 이 단락은 가짜 육구연이나 가짜 왕수인이면서도 주자학을 가장하는 변변치 못함을 말하고 있다.

34 고자의 말은 『맹자』 「공손추 상」을 보라. 모기령은 이렇게 말한다. "부동심(不動心)에는 용기를 기르는 방법이 있다. 이것은 모두 기운으로 마음을 제어하여 마음을 움직이지 못하게 만드는 것이다. 이것은 다름 아니라 고자가 말한 구기(求氣)이다. 부동심에는 바로 기르는 방법도 있다. 그렇다면 오로지 바른 도로 마음을 길러 마음을 쑥스럽게 만들지만 기운을 굶주리지 않게 한다. 이것이 바로 맹자가 말한 의지를 가진다는 것이며 고자가 말한 구심(求心)이다. 그래서 부동심의 도는 곧바로 마음으로부터 찾는 것이 있는데 스스로 돌이켜 보는 것이 바로 이것이다. 도리어 마음이 제어하는 데서부터 찾는 것이 있는데 용기를 기르는 것이 바로 이것이다. 증자가 스스로 돌이켜 본 것은 다만 구심일 뿐이다. 북궁유(北宮黝)와 맹시사(孟施捨)가 용기를 기르는 것은 다만 구기일 뿐이다. 오로지 고자만 구심하지도 않고 구기하지도 않는다."(초순의 『맹자정의』에서 재인용)

우는지 이유를 모르는 것이다. 그러므로 남을 공격한다면 힘을 남김없이 쏟아야 한다. 남이 받드는 학설의 장점과 단점이 무엇인지 캐묻는다 해도 모두 이해할 수 없을 것이다. 그러므로 "독이 든 것을 명백하게 알지만 먹지 않을 수 없다"고 말했다.[35]

어떤 사람이 이렇게 물었다. "이학과 심학의 보잘 것 없는 무리는 뿌리를 잃었으나 주희의 갈래는 육구연과 왕수인의 갈래보다 뛰어나다고 생각합니다. 그렇다면 주희의 정통[俎豆]을 계승한 사람은 실수하지 않는 것이 틀림없는지요?"

나는 이렇게 대답했다. "어찌 실수하지 않는다고 하겠는가? 요즘 사람 가운데 주희의 학문을 가볍게 여기는 사람이 있는데 바로 주희에게서 여러 세대 지난 뒤에 일어난 주희의 직계인 대진(戴震)일세.[36] 그는 주희를 힐난하고 있지만 그의 학문은 육구연과 왕수인의 보잘 것 없는 무리보다 백배는 더 대단하고 그의 사고는 주자학파의 학자들보다 더욱 깊지. 그는 이학의 절정 고수이니 후학이 두렵다고 했던 앞 시대의 위대한 현인의 말을 주희도 벗어나지 못한다 할 수 있네.[37] 그가 계승한 이학의 계보를 곰곰이 따져보면 자신이 사실 주희에게서 여러 세대 지난 뒤에

35 나는 이렇게 생각한다. 이 앞의 두 단락은 묵수하는 사람들 마음에 스스로 체득한 것도 없으면서 공격하는 것을 돕는 일은 경쟁해서 이기는 것만 아는 것이라고 말하고 있다.

36 이것은 동원 대진을 가리킨다. 「서주륙편후」(書朱陸篇後, 「주륙」편의 부록)를 보라. 대진은 무원(婺源) 출신의 신수(愼修) 강영을 스승으로 섬겼다. 강영의 저서에는 『예서강목』 여든여덟 권이 있다. 경전을 모두 모으고 편장을 낱낱이 나눴다. 이것은 주희가 마치지 못한 실마리를 끝맺기에 충분하다. 『근사록집주』(近思錄集註) 열네 권은 최근 판본이 부숴서 조각 낸 것을 못마땅한 점이라고 생각하고 다시 원래 책의 순서로 돌려놓았다. 이것은 모두 학술의 크기와 관련된 것이다. 그래서 그는 성리학을 겸했으므로 사실 멀리 주희를 으뜸으로 하고 있으며 대진은 바로 강영 뒤에 일어난 사람이다.

37 두보 「희위육절구」(戲爲六絶句)는 이러하다. "요새 사람들은 부를 전했다고 비웃네만, 앞 시대의 현인이 나중에 태어난 사람을 두려워한다는 것을 모르네."

일어난 사람이란 것을 자기도 모르고 있지. 통달한 사람[通人]이나 초탈한 선비[達士]라고 불리는 사람들도 거의 대부분 바지를 걷어 올리고 개울을 건너듯 조심스럽게[38] 그를 따르고 있네. 독자적 판단력을 가진 사람이 본다면 이런 현상은 제나라 사람이 우물물을 마시면서 서로 자기가 판 우물이라고 주장하며 머리채를 잡고 싸우는 꼴이나 마찬가지라네.[39] 성명에 대한 주장은 허무주의로 들어가기 쉽지. 주희는 많은 지식에서 일관되는 원리를 찾아서 독자적 판단력을 가지게 만들며 박문에 약례를 집어넣었네. 주희가 말한 일은 번거롭고 여유가 없이 빡빡한 동시에 일의 결과는 충실할 테지만 성공하기 어렵지. 주희가 일관되는 원리를 찾았다고 하지만 실수가 없다고 감히 말할 수는 없을 걸세. 주희의 학문을 계승한 자들은 다음과 같은 다섯 단계를 거쳤지. 첫 번째 단계에 주희에게 직접 배운 제자인 면재 황간과 구봉 채침[40]이 있고 두 번째 단계에 서산 진덕수, 학산 위료옹, 동발 황진, 후재 왕응린[41]이 있으며 세 번째 단계에 인산(仁山) 금리상(金履祥)[42]과 백운(白雲) 허겸(許謙)[43]이 있고

38 『시』「정풍」(鄭風) "건상"(褰裳)은 이러하다. "그대 나를 사모한다면 치마 걷고 진수(溱水)라도 건너가리." 건(褰)은 옷을 추어올린다는 뜻이다. 옷을 추어올리고 물을 건너 서로 만난다는 말이다.

39 「언공 하」의 주128을 보라.

40 면재 황간과 구봉 채침은 모두 주희의 문인이다. 앞을 보라.

41 나는 이렇게 생각한다. 서산 진덕수는 첨체인에게 배웠고, 학산 위료옹은 보광(輔廣) 이번에게 배웠다. 그러므로 주희[晦翁]에 대해 두 세대 뒤의 제자가 된다. 동발 황진은 왕문관에게 배웠고, 후재 왕응린은 왕야(王埜)와 서기(徐幾)에게 배웠다. 주희에 대해 네 세대 뒤의 제자여야만 한다.

42 『원사』(元史) 「유학전」은 이러하다. "금리상(金履祥)은 자가 길보(吉父)이며 난계(蘭溪) 출신이다. 어려서 똑똑했다. 조금 자라서 자신을 더욱 채찍질했다. 천문, 지형, 예악, 전승(田乘), 병모(兵謀), 음양, 율력에 관한 책은 끝까지 연구하지 않은 것이 없었다. 장년이 되어 성리학[濂洛之學]을 알기 위해 같은 군에 사는 왕백에게 배웠으며, 하기(何基)의 문하를 좇았다. 이때부터 강의의 일관성이 더욱 빽빽해지고 조예가 더욱 뚫리게 되었다. 송나라가 망하자 금화산(金華山)으로 들어가 외부와 담을 쌓고 살면서 세상일을 덧없는 것으로 보았다. 인산(仁山) 아래 살았기 때문에 학자들이 인산 선생(仁山先生)이라고 불렀다. 대덕(大德) 연간에 죽었는데 문안(文安)이라는 시호를 받았다." 저서에는 『통감전편』(通鑑前編) 스무 권, 『대학장구소의』(大學章句

네 번째 단계에 잠계(潛溪) 송렴(宋濂)[44]과 의오(義烏) 왕위(王褘)[45]가 있고 다

疏義) 두 권, 『논어맹자집주고증』(論語孟子集註考證) 열일곱 권, 『인산집』(仁山集) 여섯 권이 있다. 나는 이렇게 생각한다. 하기는 황간의 문인이고 금리상은 하기[北山]에게서 배웠기 때문에, 주희에 대해 세 세대 뒤의 제자이다.

43 『원사』 「유학전」은 이러하다. "허겸(許謙)은 자가 익지(益之)이며 금화(金華) 출신이다. 태어나 몇 해만에 고아가 되었다. 조금 자라자 과정을 세운 뒤 스스로 부과하는 식으로 학문에 힘을 쏟았다. 금리상의 문하에서 수업을 받기 시작하여 몇 년이 지나자 그가 전한 것을 모두 얻었다. 연우(원나라 인종의 연호) 연간 초 동양(東陽)에 살다가 화산으로 들어가자 학자들이 한꺼번에 그를 좇았다. 문하에 온 선비 가운데 제자록에 이름을 남긴 사람이 천여 명이나 된다. 그들의 재질에 따라 나눠서 가르쳤는데 모두 얻은 바가 있었다. 마을 밖으로 나가지 않은 지 사십 년, 조정과 재야에서 천거가 줄을 이었지만 모두 그를 불러올 수 없었다. 지원(至元) 3년에 죽었는데, 나이 예순여덟이다. 일찍이 백운산인(白雲山人)이라는 호를 스스로 붙인 적이 있어, 세상에서 백운 선생(白雲先生)이라고 불렀다. 문의(文懿)라는 시호를 내렸다." 저서에 『허백운집』(許白雲集, 『송원학안』 권82)이 있다. 나는 이렇게 생각한다. 허겸은 금리상의 문인이니, 주희에 대해 네 세대 뒤의 제자여야만 한다.

44 『명사』 「송렴전」(宋濂傳)은 이러하다. "송렴은 자가 경렴(景濂)이며 조상들은 대대로 금화의 잠계(潛溪)에서 살았다. 송렴 때 와서 포강(浦江)으로 이주했다. 어려서 뛰어나게 똑똑하고 기억력이 좋아, 문인몽길(聞人夢吉)에게 배웠다. 오경에 통하게 되자 다시 오래학(吳萊學)에게 가서 따랐다. 여기서도 다 배우자 유관(柳貫)과 황호(黃浩)의 문하에서 배웠다. 명나라 초기에 선발되어 강남유학제거(江南儒學提擧)에 제수되었다. 황태자에게 경을 가르치라는 명을 받았다가, 곧 기거주(起居注)로 바뀌 『원사』의 편찬을 책임졌다. 한림학사 승지(翰林學士承旨)로 나아갔다가 제고를 책임졌고, 나이가 많다는 이유로 벼슬을 그만 두었다. 장손 송신(宋愼)이 호유용(胡惟庸)의 당에 연좌되는 바람에 무주(茂州)에 안치되었다. 기(夔)에서 죽을 때 나이 일흔둘이다. 정통(正統) 연간에 문헌(文憲)이라는 시호를 내렸다." 송렴은 여러 가지 책을 넓게 잘 알았고, 글도 순수하고 옛스러웠으며, 명나라 제도와 전장을 많이 가다듬어 정했다. 저서에 『잠계집』(潛溪集), 『한원집』(翰苑集), 『지원집』(芝園集), 『나산집』(蘿山集), 『용문자』(龍門子), 『포양인물기』(浦陽人物記)가 있다. 모두 백사십여 권이다. 나는 이렇게 생각한다. 주희의 학문은 황간으로부터 북산 하기, 노재 왕백, 계산(桂山) 문인선(聞人銑), 응희(凝熙) 문인몽길을 거쳐 송렴에 이르니, 여섯 세대 뒤의 제자여야만 한다.

45 『명사』 「충의전」(忠義傳) "왕위전"(王褘傳)은 이러하다. "왕위(王褘)는 자가 자충(子充)이며 의오(義烏) 출신이다. 어려서 똑똑하고 지혜로웠다. 자라서 유관과 황진(黃溍)을 스승으로 삼았고, 마침내 글로 세상에 명성이 났다. 원나라의 정치가 쇠락하자, 팔구천 자에 달하는 글을 지어 당시 재상에게 올렸다. 위소(危素)와 장기암(張起巖)이 함께 천거했지만 결과가 없었다. 청암산(靑岩山)에 숨어서 글을 지었다. 명나라 홍무 연간 초에 강남유학제거사 교리(江南儒學提擧司校理)에 제수되었고, 기거주로 옮겼다가, 동지남강부사(同知南康府事)가 되었다. 『원사』의 편찬에 불려와 송렴

섯 번째 단계에 영인(寧人) 고염무[46]와 백시(百詩) 염약거[47]가 있네. 그들은

과 함께 총괄 편집하라는 명령을 받았다. 책이 완성되자, 한림 대제(翰林待制)에 발탁되어, 국사 편수(國史編修)를 겸임했다. 운남(雲南)에 사신으로 갔다가 양왕(梁王, 파도(把都)이다)에게 해를 입어 죽었다. 정통 연간에 문충(文忠)이라는 시호를 추증했다." 그가 남긴 글은 『화천집』(華川集), 『옥당잡저』(玉堂雜著) 같은 여러 책에 있다. 나는 이렇게 생각한다. 주희의 학문은 의재(毅齋) 서교(徐僑)로부터 당경(唐卿) 왕세걸(王世傑), 반송(蟠松) 석일오(石一鰲), 진경(晉卿) 황진을 거쳐 왕위에 이른다. 다섯 세대 뒤의 제자여야만 한다.

46 『청사열전』「유림전 하」"고염무전"(顧炎武傳)은 이러하다. "고염무는 어릴 때 이름이 강(絳)이며, 자가 영인(寧人)이고, 강남 곤산(崑山) 출신이다. 책을 읽으면 단번에 열 줄을 읽었다고 한다. 나이 열네 살에 제생(諸生)이 되었다. 굳은 절개가 세상 사람과 완전히 달랐고, 같은 동네의 귀장(歸莊)과 잘 지냈다. 당시 귀장은 기이하고 고염무는 괴이쩍다[歸奇顧怪]라고 지목되었다. 명나라 말기의 많은 사건을 본 뒤, 과거 시험 준비를 하지 않고 경세의 학문을 연구했다. 어머니 왕씨(王氏)는 아버지가 돌아가신 뒤 수절하고 있다가 명나라가 망하자 먹기를 거부하고 돌아가셨다. 황하의 북쪽을 오가다가 최후로 화음(華陰)에 이르러 오십 무의 땅을 마련하여 정착했다. 일찍이 경학이 바로 이학이라고 주장했다. 경학을 버리고 이학을 말하는 사람이 있다면 올바르지 못한 학설이 일어난다고 주장했다. 경학을 버리면 그것이 바로 이학이라는 것을 모르는 사람은 선불교[禪學]라고 주장했다. 같은 시대의 여러 사람들에 대해, 높은 절개는 비록 손기봉(孫奇逢)과 이옹(李容)을 쳐주고 경세의 학문은 비록 황종희를 쳐주지만, 학문을 가지고 논한다면 이들은 모두 적합하지 않다. 고염무의 학문은 아마 꽃을 수렴하고 열매를 거두는 것을 위주로 할 것이다. 국가의 전장 제도와 군(郡)과 읍(邑)의 장고, 천문의 관측 도구와 모양, 수리, 조운, 병법, 농업 등의 근원과 흐름을 끝까지 연구하거나 장점과 단점을 비교하여 바로 잡지 않은 경우가 없었다. 『천하군국이병서』(天下郡國利病書) 백스무 권, 『조역지』(肇域志)의 편집, 『음론』(音論) 세 권, 『시본음』(詩本音) 열 권, 『역음』(易音) 세 권, 『당운정』(唐韻正) 스무 권, 『고음표』(古音表) 두 권, 『운보정』(韻補正) 한 권을 지었다. 그리고 『일지록』 서른 권은 더욱 정밀하고 깊은 경지에 이른 책이다. 또한 『두해보정』(杜解補正) 세 권도 지었다. 나머지 저작에는 『정림문집』(亭林文集)과 『정림시집』(亭林詩集)이 있다. 이것들은 모두 학술과 세도(世道)를 보충하는 것이다. 강희 21년에 죽었는데, 나이 일흔이다."

역주_ **손기봉**(1584~1675)은 자가 계태(啓泰), 종원(鍾元)이며 세상에서 하봉 선생(夏峰先生)이라 부른다. 직예성 용성(容城, 현재 하북성) 출신이다. 명나라가 망하자 은거하여 벼슬하지 않았다. 황종희, 이옹(李顒)과 더불어 삼대 유로라고 부른다. 처음에는 양명학을 위주로 했으나 만년에 주희의 이학에 기울었다. 저술에 『이학종전』(理學宗傳), 『하봉선생집』(夏峰先生集) 등이 있다.

47 『청사열전』「유림전 하」"염약거전"(閻若璩傳)은 이러하다. "염약거는 자가 백시(百詩)이며 산서(山西) 태원 출신이다. 대대로 소금상인 집안이었기 때문에 회안(淮安)에서 살았다. 나이 스물에 『상서』를 읽다가 고문 스물다섯 편에 이르렀을 때, 즉시

고대를 마음에 새겨 잊지 않고 경에 통달하며 학문의 진리를 찾았지. 그래서 그들은 자신의 주장만 고집하여 경의 잔해를 지키는 사람들도 아니었고 공허하게 성명을 말하는 사람들도 아니었네. 이들을 제외한 나머지 학자들은 글을 쓸 경우 사장으로 들어갔고 학문을 할 경우 박식함과 우아함만 뽐내는 쪽으로 흘렀지.[48] 그들의 종지가 어디 있는지 찾아보면

그것이 거짓이 아닌지 의심하게 되었다. 삼십여 년을 깊이 사색하여 드디어 어디서 꽉 막혀 있는지 전부 알게 되었다. 『고문상서소증』 여덟 권을 지었는데, 경을 인용하고 고대 문헌을 근거로 모순이 있는 이유를 하나하나 펼쳐보였다. 그래서 『고문상서』의 거짓이 크게 명백해졌다. 곤산 고염무는 자신이 지은 『일지록』과 서로 대질해보고 바로 여러 조목을 개정했다. 고염무는 허심탄회하게 그것을 따랐다. 편수 왕완(汪琬)이 『오복고이』(五服考異)를 짓자 염약거가 몇 가지 오류를 바로 잡았는데, 상서 서건학(徐乾學)이 탄복했다. 서건학이 황제의 명령을 받들어 『대청일통지』를 편찬할 때, 동정산(洞庭山)에 편찬 기구[局]를 열었다가 다시 가선(嘉善)으로 옮겼다가 다시 곤산으로 돌아왔다. 염약거는 언제나 그 사업을 함께 했다. 편찬 기구에 있는 사람들이 그가 쓴 서론(緖論)을 모아서 한데 엮고 『염씨쇄금』(閻氏碎金)이라고 불렀다. 『사서석지』(四書釋地) 등 다섯 권, 『맹자생졸연월고』(孟子生卒年月考) 한 권, 『잠구차기』(潛邱劄記) 여섯 권, 『모주시설』(毛朱詩說) 한 권을 짓고, 손수 『곤학기문』 스무 권을 교정했다. 또한 『일지록보정』(日知錄補正) 같은 여러 책이 있다. 강희 43년 죽었으며, 나이 예순아홉이다."

역주_ **왕완**(1624~1691)은 자가 초문(苕文), 호가 둔암(鈍庵)이다. 만년에 태호(太湖) 요봉산(堯峰山)에 은거했기 때문에 요봉 선생이라고 부른다. 장주 출신이다. 순치 12년(1655) 진사가 되어 호부 주사, 형부 낭중 등을 역임했다. 나중에 병을 핑계로 집으로 돌아갔다. 강희 18년(1679) 박학홍사과로 시험을 치고 한림원 편수에 임명하여 『명사』 편찬을 준비시켰더니 육십여 일 뒤에 병을 핑계로 돌아갔다. 왕완은 후방역(侯方域), 위희(魏禧)와 함께 청나라 초기 산문삼대가(散文三大家)라고 한다. 저술에 『둔옹유고』(鈍翁類稿) 등이 있다. **서건학**(1631~1694)은 자가 원일(原一), 호가 건암(建庵)이다. 강소성 곤산에 살았다. 강희 9년(1670) 과거 시험에 이등을 했고 편수에 임명되었다. 강희 11년 순천부 향시 부감독에 임명되었는데 사람을 부당하게 뽑았다고 강등되었다. 나중에 좌찬선으로 승진하여 일강기거주관을 맡았다. 어머니 상이 나자 돌아가 『독례통고』(讀禮通考)를 지었다. 상을 마치고 명사총재관(明史總裁官)이 되고 시강학사로 승진했다. 강희 23년 과거 시험에서 강소와 절강 출신은 많은데 호광과 강서는 한 명도 없었다. 이때 서건학의 아들과 조카는 합격했다. 강희제가 다시 채점하라고 명령을 내리고 이들은 불합격 처리되었다. 『청회전』과 『대청일통지』 편찬의 부총재를 맡았다. 강희 26년 승진했으나 공격이 많아져 면직을 상소했다. 원직은 해임하되 서적 편찬의 총재만 전담하라는 명령이 있었다. 주자학을 좋아하여 『통지당경해』(通志堂經解)를 편찬하기도 했다. 집에 전시루(傳是樓)란 장서루가 있어 『전시루서목』(傳是樓書目)을 편집하기도 했다.

자기도 어디 있는지 모른다네. 대진은 오늘날 세상에 태어나서 고염무와 염약거의 가르침을 들은 덕분에 과거로 거슬러 올라가며 고금의 창작과 조술의 의도를 진심으로 알 수 있었지.[49] 이것은 경에 통달하고 고대를 마음에 새겨 잊지 않을 수 있는 실마리인 동시에 스승의 목소리를 잇는 것이기도 하네. 그의 지혜가 독자적 판단력보다 나은 것은 어쩔 수 없지만 그의 기운이 의지를 흩어버리는 바람에 주희를 부끄러워하다 못해 도리어 비난하고 있지.[50] 앞서와 마찬가지로 자신의 근원이 어디에 있는지 잊은 셈이라네. 실학이 진리를 찾는 일은 인간 본성과 천도를 공허하게 담론하는 일과 다른 분야지. 고대를 고증하는 일은 실재와 차이가 나기 쉬우며 경을 풀이하는 일은 원래 의미를 잃기 쉽네. 이것은 부분적 현상으로 하늘 전체의 천문 현상을 모두 설명하기 어려운 것과 마찬가지지. 역상은 후세인이 이전보다 틀림없이 더 훌륭하네. 이것은 필연적 추세가 그렇게 만든 것이지. 후세인이 더 정밀하다고 고대 천문학을 관장하던 희씨와 화씨를 폄하하지만[51] 이것은 후세의 천문학도 희씨와 화씨가 남긴 방법을 기초로 한 것이라는 점을 무시하는 처사라네. 주희를 이은 지 여러 세대가 지난 오늘날, 그의 견해는 이전 사람보다 뛰어나지만 이것도 이전 사람이 남긴 실마리라는 점을 무시하는 처사이지. 그의 생각은 후세의 천문학자들이 희씨와 화씨를 폄하한 것과 마찬가지라네. 아마 그의 견해가 이전 사람을 능가할 수 있었던 것은 그의 지혜에 남들을 뛰어넘는 여유가 있었기 때문일 테지. 반대로 후세에 일어난 지혜와 생각만으로 대응하고 이것이 이전 사람이 남긴 내용이라는 점을 모른다

48 공안국 「고문상서서」는 이러하다. "만약 고대를 좋아하는 박식하고 우아한 군자이며 나와 뜻이 같다면, 역시 드러내지 않는 바가 없다."

49 『사기』 「오제본기찬」은 이러하다. "배우기를 좋아하고 깊이 생각해서 진심으로 그 의도를 아는 사람이 아니라면 본디 보거나 들은 것이 적은 사람에게 이런 이야기를 하기는 어려운 일이다."

50 나는 이렇게 생각한다. 이것은 대진이 그 날 직접 말하고 글로 남아 있지 않은 것을 가리킨다. 「서주륙편후」를 보라.

51 「역교 중」의 주23을 보라.

면 독자적 판단력이 그에게 부족하기 때문이겠지. 그의 처음 의도가 꼭 이런 결과를 낳으려고 한 것은 아니겠네만 그의 말이 우리 세대의 통달한 사람이나 초탈한 선비를 협박할 수도 있을 걸세. 그러나 그를 쫓아다니며 시비를 걸고 싸우는 사람들은 의지가 기운에 의해 흩어져버렸기 때문이지. 그런 과정을 겪은 뒤 자신도 자신의 주장에 그대로 머물며 전혀 의심하지 않게 될 텐데 이것도 의지가 기운에 의해 흔들렸기 때문이라네. 육구연과 왕수인을 공격하는 자는 가짜 육구연과 가짜 왕수인에게서 나오기 때문에 그의 학문이 아무리 자의적이며 촌스러워도 육구연과 왕수인을 하찮게 만들지는 않을 걸세. 주희를 폄하하는 사람이 주희의 학문에서 나왔는데도 그의 힘이 대단히 강력하기 때문에 주희 자신과 서로 대질하거나 주희 이후의 흐름과 그의 언행을 맞춰보는 사람은 없다네. 세상에 학문을 좋아하긴 하지만 참된 독자적 판단력이 없는 사람치고 그의 가르침을 따르지 않는 사람은 드물지.[52]

옛사람은 죽간과 비단에 글을 남겼으나 그것은 옛사람이 입에서 귀로 전수한 말이라네. 말이 일단 글자로 정착된 뒤, 직접 말하고 들은 사람 말고 남이 보게 되었지. 그러자 의도가 엄청나게 다양해졌다네. 사람에게 얼굴과 등이 있듯 드러난 의도도 있었지만 드러나지 않는 의도도 생기는 일을 면하지 못하게 되었지. 오늘날 교활한 자는 그렇지 않고 자신의 장점만 보여줘서 천하의 지혜로운 자들을 동요시키고 있네. 남이 자신의 단점을 알면 속이지 않을 수 없기 때문에 자신의 단점을 남이 아는 일을 달갑게 여기지 않지. 자신이 살 습지를 옮기는 큰 뱀은 자기보다 못한 작은 뱀을 떠받드는 법이지.[53] 그는 어떤 일을 알 만한 사람인데도 자기가 알만 하다고 판단하지 않는 사람을 만나면 그의 장점을 생략해버리고 자기가 이런 사람과 말할 가치가 없다고 생각하네. 그러나 한편

---

52 나는 이렇게 생각한다. 이 단락은 대진이 실학을 근거로 주희를 공격하는 것이 물은 마시면서 물이 나온 샘을 잊는 짝이라고 말하고 있다.

53 「역교 하」의 주47을 보라.

자신의 단점을 꾸며 자기가 못하는 게 없다고 남이 생각하게 만들지. 그는 자신을 마치 천둥과 번개처럼 예측 불가능하게 만들고 귀신처럼 알 수 없게 만들며 자물쇠 달린 궤짝처럼 굳게 닫아걸고 장터의 깃발처럼 선전한다네. 그래서 그는 과거부터 미래까지 옛사람도 후계자도 없는 유아독존이 되지. 천하에 정말 아는 사람은 적지만 꼭 무언가 아는 사람이라고 할 수 없는 사람은 많네. 정말 아는 사람은 일정하여 바뀌지 않지만 꼭 무언가 아는 사람이라고 할 수 없는 사람은 끊임없이 변화하지. 그러므로 붓으로 쓴 글로는 정말 무언가 아는 사람들에게 신임을 받지만 입으로는 꼭 무언가 아는 사람이라고 할 수 없는 사람들을 바보로 만든다네. 그래서 바람이 불면 풀이 눕듯 천하가 복종하고 따르고 있지. 단점을 생략하고 장점을 취한다면 그가 남긴 저술은 제대로 남게 될 것이네. 그의 저술 가운데 상당 부분이 그대로 따라야 하고 없앨 수 없는 것이네만 천하가 이렇게 복종하고 따른다면 거리낄 것이 무엇이 있겠는가! 그는 자신의 입과 혓바닥이 남긴 재앙을 모른 채, 아는 듯 보이나 실제로 모르는 사람의 마음에 깊이 들어가 버렸다네. 그는 옛사람에게서 제거할 것은 제거하고 취할 것은 취해야 한다고 하지만 이것은 밴댕이 소갈머리로 도를 해치는 일이지.[54] 소식은 이렇게 말한다네. '아비가 사람을 죽여 복수를 당해 죽으면 아들은 반드시 아비 원수의 목숨을 빼앗는다.'[55] 아마 그는 물을 마신 뒤에 샘의 고마움을 잊은 것처럼 주희를 대할 것이네. 하지만 글을 쓸 때는 겨우 보일 듯 말 듯 희미한 말만 숨겨두고 주희를 감히 거리낌 없이 배척하지도 못하지. 이것은 그가 정말 무언가 아는 사람의 미움을 받지 않는 이유라네. 꼭 무언가 아는 사람이라고 할 수 없는 사람들은 그의 입과 혀에서 나온 말에 익숙해졌기 때문에 방자하게 비방을 일삼고도 거리낌이 없어졌다네. 그들은 '이런 사람이니까

54 편심(褊心)과 같다. 『시』 「위풍」(魏風) "갈리"(葛履)는 이러하다. "다만 마음이 급하고 치우쳐 이로써 풍자하게 되었네." 편(惼)과 편(褊)은 통한다.

55 소식의 「순경론」(荀卿論)에 있는 말이다.

이런 말을 하지'라고 생각하게 되었고 대진 때문에 이제 주희를 정말 배척하지 않으면 안 되게 되었다네. 그의 가르침을 좇는 자 가운데 어느 누구라도 주희를 공격하는 일을 능사로 삼지 않은 사람이 없지. 주희를 공격하는 일을 능사로 삼은 사람들은 주희에게 악감정이 있는 것이 아니라 그렇게 하지 않으면 대진과 비슷하게 보이지 않을까봐 두려워했기 때문이라네. 곧 통달한 사람이 되지 못할까 두려워한 것이지.[56] 주희가 남에게 자신을 비방할 구실을 준 말은 대부분 그의 『어록』에서 나왔다네.[57] 『어록』은 주희의 제자와 문인들이 두서없이 기록한 데서 나왔기 때문에 주희가 당초 말한 뜻을 잃지 않았다고 할 수는 없지. 그러나 『어록』의 대략적인 뜻은 사실 주희가 직접 쓴 책과 표리 관계이기 때문에 주희가 글자로 기록한 글이나 그가 입에서 귀로 전수한 말이나 똑같은 것이라네. 이처럼 안팎이 한결같은 것이 옛사람의 학문이지. 나는 이런 뜻에서 그를 책망하는 것이니 그가 주희보다 한참 못한 사람이라는 것을 알 수 있다네. 내 판단이 이러한데 그가 쓴 보잘 것 없는 문자와 언어에서 무엇을 다투겠는가."[58]

부록_「주륙」편 서후(가업당본 『장씨유서』 권2에서 전재)

대진의 학문은 옛사람의 큰 줄거리를 깊이 통찰했으니 한 시대의 훌

56 『논형』「초기」는 이러하다. "널리 고금의 문헌을 보는 사람이 통달한 사람이다."

57 『상서』「중훼지고」(仲虺之誥)는 이러하다. "나는 미래의 세상이 나를 구실로 삼을까 두렵다." 『직재서록해제』「유가류」는 이러하다. "능양(陵陽) 이도전(李道傳)이 주희의 문인 가운데 요덕명(廖德明) 이후 서른 내지 스무 가지를 모아서 구강에서 판각하여 『회암어록』(晦庵語錄) 마흔여섯 권을 출판했다. 그의 아우인 이성전(李性傳)도 황간 이후 마흔한 가지를 얻어서 전록(前錄)에 없는 것을 판각하여 『회암속록』(晦庵續錄) 마흔 권을 출판했다."

58 나는 이렇게 생각한다. 이 단락은 대진이 입으로는 주희를 비난하는 일이 깊이 알 필요가 없는 사람을 현혹시키게 될 것임을 말하고 있다.

륭한 유학자라 해도 부끄럽지 않다. 그러나 그의 마음씨가 순수하지 않아 최근 학자들의 걱정거리가 되었기 때문에 나는 「주륙」편을 지어서 바로 잡고자 했다.

대진이 세상을 떠난 지도 벌써 십여 년이 지났다. 방자하게 그를 함부로 욕하던 동시대인들도 있었지만 그들은 본디 대진에게 누를 끼칠 수 없었다. 그리고 지나치게 대진을 너무 우러르고 받드는 사람들은 심지어 그를 맹자 이후 최고라는 말까지 했다. 이것도 대진에 의해 어리석은 말이 되어버렸다. 누가 죽은 뒤 그에게 감사하거나 원망하는 평가가 공평해지려면 그를 평가하는 논리는 공론에서 출발해야만 하는 법이다. 그러나 이제껏 대진의 품격을 정할 수 있는 사람은 아무도 없었다. 대진의 덕을 아는 자가 드물기 때문이다. 대진의 학문은 훈고에 깊이 통달했으며 명물과 제도를 연구했다. 대진은 궁극적 근거를 얻어서 도를 밝혔다. 요즘 사람들은 박식함과 우아함을 뽐내거나 고증[考訂]을 소중하게 여긴다. 대진의 훈고와 명물을 보고 "요즘 사람들이 좋아하고 즐기는 데 부합될 뿐 아니라 대진의 뛰어난 조예는 여기 있는 게야"라고 생각한다. 대진은 「논성」(論性)이나 「원선」(原善) 같은 여러 편의 글을 지어서 하늘과 사람, 이치와 기운에 대해 이전 사람이 미처 밝히지 못한 점도 사실 밝혔다. 하지만 대진이 하늘과 사람, 이치와 기운에 대한 글을 발표하자 요즘 사람들은 "대진은 공허하게 의리를 주장하고 있으니 차라리 대진이 짓지 말았어야 했을 게야"라고 생각한다. 이들은 대진의 학문을 본디 모르는 자들이다. 대진은 요즘 사람들의 판단력이 이 정도밖에 안 된다는 것을 알고 결국 에둘러서 이렇게 말했다. "나는 훈고, 성운(聲韻), 천상(天象), 지리의 네 분야가 어깨에 가마를 짊어진 가마꾼과 같다고 생각한다. 내가 밝힌 도는 마치 가마를 탄 고귀한 사람과 같다. 지금 세상에서 통달한 사람이라고 부르는 사람도 내가 보기에는 겨우 가마꾼과 더불어 날씨가 추운지 따뜻한지 인사를 나눌 정도의 수준이다." 대진의 말이 비록 전혀 근거가 없는 것 같지 않지만 그는 결국 우아한 도에 상처를 입힌 셈이다. 자기 생각이 아무리 옳다 하더라도 대진은 마치 정말 자신을 알아주는 사람이 세상에 아무도 없는 것 같아 흥분한 나머지 너무 심하게 말했다. 그러나 대진이 의리에 해를 입힌 것은 아니다. 그는 자신이 하는 일에 관해 대단한 자존심을 가지고 있었으며 "내가 연구하는 분야를 연구하지 않은 학자라면 도를 알 도리가 없을 게야"라고 생각했다. 훈고와 명물을 모른다 하더라도 이것은 일부일 뿐이다. 옛사람은 문사를 배우고 의리도 탐구했다. 대진의 말에 따른다면 한유, 구양수, 정호와 정이 형제, 장재와 같은 여러 유학자는 대진의 주장에서 출발한 것이 아니기 때문에 결국 도를 아는 사람이라고 할 수 없게 된다. 그러므로 대진의 주장도 지나친 것이다. 대진은 자신이 본 것이 도라고 주장하면서 자신이 옳다고 한 것을 남이 따라주길 바랐을 뿐이지 자신의 주장에 속일 수는 없었다.

대진은 사학의 의례나 고문의 법도에 대해 사실 이해하지 못했다. 그러나 오랫동안 강호를 두루 돌아다니다 보니 자신이 모르는 것이 있다는 점이 부끄러웠다. 그는 가끔 억지로 풀이하여 남이 가르침을 요구하는 일에 대응하곤 했다. 그는 남들이 당연하게 생각하는 것을 편안하게 생각하지 않고 자신의 독단을 어리석게 뽐내곤 했다. 내가 『분주부지』(汾州府志)를 만들 때, "불교 승려는 인물을 기록하는 부분에 같이 나열하면 아니 되며 유명한 스님을 고적(古蹟) 부분에 넣은 옛날 방지의 범례를 근거로 해야 한다"고 그는 말했다. "방지를 만들 때 지방의 연혁을 고증하는 일이 중요하다. 나머지는 뜻대로 해도 괜찮다"라고도 그는 말했다. 대진의 말처럼 마음대로 방지를 만든다면 독자적 판단력과 풀이가 점차 평범하거나 어리석은 상태가 될 것이다. 대진의 말은 자신을 속이는 일에 지나지 않을 뿐이었고 다른 사람을 속이려는 마음은 없었다. 나는 일찍이 영파도(寧波道)의 관청에서 대진을 만난 적이 있다. 그는 대주(代州) 출신 풍필[馮廷丞]의 집에 머물고 있었다. 풍필은 자신을 변변한 관직도 없는 사람이라고 낮춰 부르면서 대진을 대단히 우러렀다. 그래서 순식간에 풍필의 여러 아우도 따르게 되었고 대진을 성실하게 따르고 공경스럽게 배웠다. 그들이 대진의 말을 공경하는 모습은 마치 신령님을 받드는 것 같았다. 대진은 고의로 고담준론을 펼쳐 높디높은 하늘과 깊고 깊은 연못을 드나드는 것처럼 남의 넋을 빼놓아 그들이 헤아려 알 수 없도록 만들었다. 남들이 반고의 『한서』와 사마천의 『사기』 가운데 어떤 것이 우월하고 열등한지 물으면 반고를 나무란 정초 『통지』의 말을 전부 그대로 말하고선 자신의 독창적 견해인 것처럼 말했다. 고문사(古文辭)를 배우고자 청하는 자가 있으면 이렇게 말했다. "고문은 배우지 않아도 익숙해질 수 있다. 나는 예전에 고문사를 이해하지 못했다. 그러나 나중에 갑자기 하고 싶은 생각이 들어서 고문을 익히는 방법도 모르는 채, 옛사람의 글을 가져다가 반복해서 생각했다. 먹고 자는 것도 잊은 채, 며칠이 지나자 하룻저녁에 갑자기 깨달음이 생겼다. 이튿날 나는 짓고 싶은 글이 있어서 붓을 휘둘러 써내려 가니 별달리 생각하지 않고서도 완성할 수 있었다. 내가 그렇게 쓴 글들은 『좌전』, 『국어』, 『사기』, 『한서』보다 월등히 뛰어난 작품이었다." 대진에 대한 풍필 집안 여러 형제들의 공경과 믿음이 진심이긴 했지만 나는 이런 말을 듣고 나니 자못 대진이 의심스러워졌다. 아마 대진이 고대의 문사를 말한 뜻은 대흥 출신의 주균 선생과 그를 따르는 사람들이 "문사를 지을 때, 교묘하게 꾸미려는 의도를 품어서는 안 된다"고 논하는 것을 들은 데서 출발한 것에 지나지 않을 것이다. 대진은 사실상 주균 선생의 말이 쓴지 단지 맛도 보지 못했다. 게다가 대진은 주균 선생의 말이 평이하고 담백하여 기이한 것이 없다는 점을 깨닫자 드디어 해괴한 말을 하여 남들이 자신을 공경하며 자신의 말을 따르기 바랐다. 자신의 어리석은 거짓말이 여기에 이른 것도 모르고 자신을 속이는 것도 모자라 남을 속이는 지경까지 진행된 것을 보았지만 충분히 참을 수 있었다. 그래도 대진이 명교에 죄를 지은 것은 아니기 때문이다.

대진의 학술은 사실 주희의 도문학에서 얻은 것이다. 그러므로 공허함을 파고들어 이치를 말하는 남의 주장을 경계하고 자기 학설의 본원을 깊이 탐구하는 태도는 바꿀 수 없는 것이다. 도리어 명의에 대한 대진의 훈고 가운데, 가끔 주희가 따라오지 못할 정도로 뛰어난 것이 있었다. 사람들은 이것을 빌미로 주희를 변변치 않다고 폄하하고 심지어 주희는 모순과 오류투성이라고 배척하는 지경에 이르렀으며 주희가 함부로 학설을 만들었다고 비난하는 지경에 이르렀다. 그리고 이렇게도 이야기한다. "이것은 대진에게서 나온 것이다. 주희가 요행히 세상 사람들에게 으뜸으로 받들어진 지 오백 년이 지났기 때문에 주희의 운수도 점차 바뀌고 있는 중이다." 이런 지경이니 오류와 어리석음이 얼마나 심한가! 대진이 쓴 글 가운데 주희와 차이가 나는 부분도 있다. 대진이 사용한 말은 고염무나 염약거와 비슷하지만 그들은 감히 주희를 풍자하지 않았다. 이것은 그들이 본디 주자학의 가법을 계승했기 때문이다. 대진은 고염무나 염약거와 다르다. 그는 드러나진 않지만 주희를 비난하는 말을 간혹 한다. 대진도 감히 공공연하게 드러내놓고 주희를 비난할 수는 없었다. 그러나 대진이 대화를 나눌 때 저지른 잘못이 이런 지경에 이르렀으니 의리를 해치며 명교에 손상을 입힌 잘못이 어찌 얕고 드문 것인가! 어떤 사람은 대진을 옹호하며 이렇게 말한다. "말은 입에서 나오기 때문에 흔적이 남지 않는다. 더구나 말한 사람이 죽은 뒤 그가 쓴 글에 큰 모순이 없다면 왜 반드시 모순된 말만 골라서 대진의 두터운 도에 상처를 입히려고 하느냐? 대진이 남긴 책을 외울 정도로 읽고 감동을 받은 사람들 가운데 아직 대진을 이을 만한 사람이 없지만 대진이 입으로 남긴 말을 듣고 더욱 분발하는 사람이 그득하고 끝이 없는 현실을 모르는구나." 지금 대진의 고향인 안휘(安徽)의 휘주(徽州)와 흡현(歙縣) 지역에는 대진처럼 경에 통달하고 고대의 이상에 동감하는 일을 자신의 사명으로 생각하는 사람들이 있다. 그들은 주희를 가볍게 여기지 않으면 통달한 사람으로 인정받지 못한다. 그들은 성인을 비방하고 현인을 배척하는 일에 터럭만큼도 머뭇거리거나 거리낌이 없다. 나는 요새 유행하는 기풍이 대단히 두렵다. 내가 일전에 양주[維揚]에 있을 때, 일찍이 다음과 같은 주장을 기당 심업부 선생에게 말씀 드린 적이 있다. "대진이 자신을 세워 주장을 펼친 것이 어찌 주희만 하겠습니까? 그런데 학문과 문장에 대한 대진과 주희의 다툼은 그치지 않고 있습니다. 잠시만이라도 느슨하게 안정시키는 것은 어떻겠습니까?" 말이 거칠어 보여도 사실 정밀하고 얕아 보여도 사실 깊다.

대진은 이렇게 말한 적이 있다. "자기 입으로 뱉은 말이 당장 그 자리에 모인 사람들을 쏠리게 할 수 있는 사람이라도 살아서 말할 때와 달리 자신이 죽은 뒤 남은 책에서는 꿀 먹은 벙어리처럼 자신을 제대로 표현하지 못할 수 있는 경우도 있다." 이런 주장이 설령 완전히 맞는 것은 아니라 하더라도 정리(情理)에 틀림없이 요점이 있다. 이런 이치를 잘 알던 대진도 살아 있을 때 입과 혀로 이기려 하거나 또는 분을 참지 못하여 고상한 사람들과 다투어 손상을 입혔다. 그렇다면 대진이 그렇게 하면 안 되는 것을 알기는 알았지만 어질지 못해서 이런 요점을 지킬 수 없었던 것은 잘못이겠지? 대진이 평생 입으로 말한 것은 대략 세 가지로 요약할 수 있다. 첫째, 조정의 고관대작인 동시에 무거운 신망을 받고 있는 사람의 경우이다. 대진은 그의 학설에 따를 때가 많았다. 대진은 간혹 자신의 의도를 표현하더라도 반드시 상대방이 이해할 수 있는지를 헤아린 뒤, 자신의 날카로움을 슬쩍 보여주고 말을 얼버무리곤 했다. 둘째, 자신의 문하에 들어온 선비의 경우이다. 대진은 수업을 하면서 의혹을 풀어주고 실제로 보탬과 이익이 되게 했다. 셋째, 자신의 기풍과 명성을 흠모하지만 바로 가르침을 받을 수 없는 경우이다. 대진은 황홀하고 근거가 없는 말로 남을 더욱 아득하게 만들어 남이 건드릴 수도 없게 만든 때가 많았다. 그리하여 남이 하늘이나 하늘의 명령까지 의심만 하게 해놓고 끝내 결정하지 못하게 만들었다. 그러므로 벼슬살이를 하고 신분이 높은 사람들은 모두 대진이 죽은 뒤에 이렇게 말했다. "대진은 나와 같은 길을 가는 사람이었다. 나는 일찍이 대진이 어떤 책을 쓸 때 그중 이런저런 내용을 바로 잡아 주었다." 어떤 사람은 이렇게 말하기도 했다. "대진이 어떤 사실을 내게 물은 적이 있었다. 나는 그의 의견에 찬성했고 그도 내 의견에 기꺼이 따라주었다." 그러나 대진이 그들에게 물었을 때 그들의 주장을 따랐을 뿐이지 그들의 충고를 따라 대진 자신이 주장한 근거를 바로 잡은 것이 아니라는 점을 그들은 모른다. 대진 문하의 선비 가운데 대단히 뛰어난 사람들도 있었고 어떤 분야에서는 가끔 대진보다 나은 사람도 있었다. 대진은 자신의 수준에 바짝 다가선 제자들을 그다지 탐탁하지 않게 여기고 인정해주지 않았다. 대진은 본디 자기 제자를 잘 알고 있었다. 후학들은 대진을 흠모했지만 대진의 황홀하고 아득한 말을 듣고 나면 의심이 나도 감히 풀 수 없었다. 그들은 지금까지도 대진이 어떤 사람이었는지 확정하지 못한 채 머뭇거리고 있다. 대진을 지나치게 믿은 사람들은 드디어 대진이 한나라, 당나라, 송나라의 모든 유학자를 초월하여 맹자 이후 최고라고 주장하기까지 한다. 아무리 그래봐야 이들은 대진을 알 수 없을 것이다.

문덕(文德)[1]

의리에 대해 앞 시대 사람이 덜 치밀하게 말하고 뒷시대 사람이 더 치밀하게 말한다는 말은 생각해보지 않을 수 없다. 옛사람은 문을 논할 때, 오로지 문사에만 집중했을 뿐이다.[2] 유협은 육기의 주장을 바탕으로 문

1 나는 이렇게 생각한다. 「문덕」편이 논하는 것은 「사덕」과 서로 밝히는 점이 있다. 경(敬)은 다름 아니라 어쩔 수 없다는 뜻이며, 서(恕)는 다름 아니라 의미를 안다는 뜻이다. 저쪽이 역사서의 저술을 논한다면, 이쪽은 모든 글을 논하고 있을 뿐이다. 가경 원년, 곧 병진년에 지었다.(무창 가씨 초본에 따르면 『병진산중초』(丙辰山中草)에 제목이 있다고 한다) 장태염 선생은 이렇게 말한다. "문덕이라는 논의는 왕충의 『논형』에서 나왔다.(원주는 이러하다. 『논형』 「일문」(佚文)편은 "상서(上書)는 편리하고 마땅함을 진술하고 주기(奏記)는 구실아치와 선비[吏士]를 천거한다. 첫째는 자신을 위한 것이요 둘째는 남을 위한 것이다. 번거로운 글과 화려하게 다듬은 말에는 문덕의 지조가 없다. 자신을 다스리고 행위를 완벽하게 만드는 일에 벼슬아치를 따르면 개인을 위하게 되고 임금을 위하는 것은 없다"라고 한다) 양준언[楊彦遵]은 왕충을 따라 쓰고 있다.(원주는 이러하다. 『위서』 「문원전」은 "양음이 「문덕론」(文德論)을 지었다. 그는 고금의 문학자[辭人]들이 모두 재주도 있고 행실도 남겼지만 얄팍하고 음험하다고 생각했다. 오로지 형소[邢子才], 왕흔[王元景], 온자승[溫子昇]만 훌륭하여 덕의 소질이 있다고 생각했다"라고 한다) 장학성이 훔친 것이다."(『국고논

심(文心)을 밝혀 논했다.[3] 소철(蘇轍)은 한유의 주장을 바탕으로 문기를 밝

형』「문학총략」) 유함흔은 이렇게 말한다. "북제 때의 양음(楊愔)에게 이미 「문덕론」이 있지만, 어찌 왕충[仲任] 혼자만의 말이겠는가? 그러나 그것이 널리 알려지지 않았을 때, 선생께서 이미 스스로 주장한 것이다. 선생 말고 타고난 자질, 탄탄한 지식, 독자적 판단력 이외에 덕을 말한 사람은 없다. 유협은 문심(文心)을 밝혀 논했지만, 문심의 논의는 육기에게서 시작된 것이다. 소철(蘇轍)은 문기(文氣)를 밝혀 논했지만, 문기의 논의는 조비[曹子桓]에게서 시작된 것이다. 그렇다면 문덕을 논하는 것은 선생에게서 시작된 것일 뿐이지 어찌 꼭 선생 이전에 말이 이미 있었다고 해서 비난하는 논의를 하겠는가?"(『문사통의지어』) 나는 이렇게 생각한다. 장학성이 문덕이라고 말한 것은 지은이의 태도만 가리키는 것이지 수양을 다루지 않는다. 뜻이 본디 앞 시대 사람과 다른 것이다. 그리고 가려져 드러나지 않은 뜻을 밝히고 홀로 뛰어난 뜻을 불어넣었으니, 훔쳐 가졌다는 것과 사정이 더구나 다르다. 유함흔은 장학성의 학설에서 억울함을 풀어주었으니 상당히 얻었다고 하겠다.(「문덕」편의 주는 정천범의 『문학발범』을 참고하여 취한 것이다.)

역주_ 주에는 양준언을 楊彦遵이라고 잘못 쓰고 있다. 楊遵彦이라고 해야만 한다. 식자공의 실수일 것이다.

2 『논어』「위령공」은 이러하다. "선생님은 말씀하셨다. '말이 전달되었을 뿐이다.'" 『춘추좌전』「양공 25년」은 공자가 "문사가 아니면 업적을 이루지 못한다"라는 공자의 말을 인용하고 있다. 이것은 이미 「시교 상」의 주27에 보인다. 『사기』「십이제후연표서」는 『춘추』가 "문사를 요약하고 번거롭고 중복된 것을 제거했으며 의법을 제정했다"라고 말한다. 그래서 문사를 논한 것은 공자 이후부터 그래왔던 것이다.

3 『문선』의 이선 주는 장영서의 『진서』를 인용하여 이렇게 말한다. "육기는 자가 사형(士衡)이며 오군 출신이다. 할아버지 육손(陸遜)은 오나라의 승상이다. 아버지 육항(陸抗)은 오나라의 대사마이다. 육기는 어려서 아버지의 부대를 물려받아 통솔했기 때문에 아문장군(牙門將軍)이 되었다. 나이 스물에 오나라가 멸망하자 고향 마을로 물러나 있으며, 아우 육운(陸雲)과 함께 학문에 힘썼다. 열한 해 동안 학문을 쌓자 그의 명예가 서울까지 흘러들어가고, 명성이 천하 사방에 넘쳤다. 태자세마(太子洗馬)로 뽑혀 아우 육운과 함께 낙양으로 들어왔다. 사도 장화는 평소 그의 명성을 소중하게 생각하고, 다음과 같은 사실을 예전부터 잘 알고 있었다. 글에서 뛰어난 재주를 드러내고, 비단을 다루듯 문학 천재가 글을 매만져 당시 최고라고 했다. 새로운 소리와 오묘한 구절들은 장형[張氏]과 채옹[蔡氏]의 뒤를 따르는 것이다. 육기는 정리(情理)를 오묘하게 잘 이해하고 진심으로 형식을 알았기 때문에, 「문부」(文賦)를 지었다." 「문부서」(文賦序)는 이렇게 말한다. "나는 재주 있는 선비들의 작품을 살피고 속으로 그들이 마음 쓴 게 무엇인지 체득했다." 『양서』「문학전」은 이러하다. "유협은 자가 언화(彦和)이다. 승우(僧祐) 스님에 의지하여 그와 함께 살면서 십여 년 동안 공부했다. 드디어 불경과 논서[經論]에 널리 통하게 되었다. 천감(天監) 연간 초에 집안을 일으켜 조정의 요청을 받들었다. 중군(中軍)인 임천 출신 왕굉은 그를 끌어들여 기실을 겸하게 했다. 그 뒤 거기창조참군(車騎倉曹參軍)으로 옮겼다가 외직으로 나가 태말(太末)의 영이 되었다. 정치적 업적이 맑아서 인위(仁威) 남강왕(南

혀 논했다.[4] 이런 과정이 거듭되면서 이론은 더욱 정밀해졌다고 말할 수

康王)의 기실로 임명되었으며, 동궁통사사인(東宮通事舍人)을 겸임했다. 애초에 유협은 『문심조룡』 쉰 편을 지어 고금의 문체를 논했다. 그리고 글들을 인용하고 편집했다. 완성되긴 했으나 당시 유명한 사람들의 칭찬은 아직 받지 못했다. 유협 자신은 그 글을 소중하게 여겼기 때문에, 심약에게 결정해 달라고 부탁하고 싶었다. 심약은 당시 신분이 높은 권력자였기 때문에 자신을 소개할 방법이 없었다. 그래서 자신의 글을 짊어지고 심약이 집에서 나오길 기다렸다가, 수레 앞을 가로 막는데 행색이 마치 물건을 파는 장사치 같았다. 심약은 가져와 보라고 명령한 뒤 읽고서 그것을 크게 소중하게 생각했다. 그래서 그것이 문리(文理)를 깊이 얻은 것이라고 말한 뒤, 늘 그것을 책상머리에 펼쳐두었다." 『문심조룡』 「서지」(序志)는 이러하다. "문심이란 글을 지을 때 마음을 쓰는 일을 말한다. 옛날 연자(涓子)의 금심(琴心)이나 왕손(王孫)의 교심(巧心)이란 말이 있다. 마음이여, 아름답구나! 그러므로 나도 그 말을 쓴 것이다." 또한 육기의 「문부」를 품평하면서 "육기의 「문부」는 교묘하지만 부서져 어지럽다"라고 말했다. 내 스승이신 황간[黃季剛]은 이렇게 말한다. "「문부」는 사부이기 때문에 문체를 상세하게 갖춰 열거할 수 없었다. 유협이 그것을 확장시켰다. 거기 수록된 문체는 거의 전부를 망라하여 남김이 없다. 경이나 자부의 서적과 사부의 서적, 편지글이나 잡문은 자세하게 엮기 어렵다. 『문심조룡』의 굵은 줄기와 대강을 보면 정말 드넓은 평원보다 넓고 크다. 그러나 육기가 주장을 모르고 선택했다는 비난은 아직 더 고민해 봐야만 한다."

역주_ **연자의 금심과 왕손의 교심**은 각각 『한서』 「예문지」 '도가'와 '유가'에 보인다. **황간**(黃侃, 1886~1935)은 자가 계강, 호북성 기주(蘄州) 출신이다. 아버지 황운곡(黃雲鵠)은 진사 출신으로 사천 안찰사를 지냈다. 그래서 황간은 성도 금옥가(金玉街) 삼도회관(三道會館)에서 태어났다. 여섯 살에 아버지를 따라 호북성 기주(현재 호북성 기춘현)로 이사했다. 열한 살에 아버지를 따라 무창으로 가서 경전 이외에도 제자백가, 역사서 등을 두루 읽었다. 1897년 열두 살에 아버지를 여의었다. 1900년 열다섯 살에 현시에 응시하여 현학에서 공부했다. 1902년 열일곱 살에 무창에 있는 호북보통학당(湖北普通學堂)을 마쳤다. 동기 중에 송교인(宋教仁), 동필무(董必武) 등이 있다. 1905년 스무 살에 만주족을 배척하자고 선전했다는 이유로 재문보통학당(在文普通學堂)에서 제적당하지만 아는 사람의 자식이라는 이유로 장지동의 도움을 받아 일본에 유학한다. 1907년 여러 필명으로 많은 글을 써서 장태염이 편집하던 잡지 『민보』(民報)에 싣고 장태염을 스승으로 모신다. 1908년 어머니가 위독하여 귀국한 지 얼마 안 되어 돌아가신다. 상을 치르는데 청나라 정부의 체포령 때문에 황망히 일본으로 도망쳐 장태염에게 가서 국학을 위주로 공부한다. 1911년 신해혁명이 터지자 여러 가지 일을 도모했다. 1914년 옛 서적을 부지런히 연구하고 특히 『광운』에서 성과를 거둬 고성(古聲)을 열아홉, 고운(古韻)을 스물여덟 종류로 나눈다. 1919년 호적 등과 관계가 불편해져서 무창고등사범(武昌高等師範)으로 옮겨갔다. 1927년 북경사범대학(北京師範大學)의 초빙을 받아 갔다가 가을에 동북대학으로 갔다. 1928년 중앙대학의 초빙을 받았다. 1935년 남경에서 병으로 사망했다.

4 한유 「답이익서」는 이러하다. "기운은 물이다. 말은 물에 뜬 물건이다. 물이 크면 사

있다. 하지만 문덕(文德)에 대해서 논하는 글은 미처 보지 못했다.[5] 이것은 학자로서 마땅히 깊이 생각해 볼만한 일이다. 공자는 "덕이 있는 사람이라면 반드시 주장이 있는 법이다"[6]라든지 "말을 가다듬는 것은 정성

물이 크든 작든 결국 뜨게 된다. 기운과 말의 관계도 이와 같다. 기운이 왕성하면 말의 길고 짧음이나 소리의 높고 낮음은 모두 마땅하게 된다."(『창려집』 권16) 한유는 「박약 상」의 주13을 보라. 소철 「상추밀한태위서」(上樞密韓太尉書)는 이러하다. "문은 기운이 형체를 드러낸 것이다. 그러나 문은 배운다고 잘 쓸 수 없지만 기운은 길러서 이룰 수 있다."(『난성집』(欒城集) 권20) 『송사』 「소철전」(蘇轍傳)은 이러하다. "소철은 자가 자유(子由)이며, 나이 열아홉에 형인 소식과 함께 진사과(進士科)에 합격했다. 또한 형제는 함께 제거(制擧)를 맡았다. 철종(哲宗) 때 차례로 어사중승을 거치고 상서우승(尙書右丞) 벼슬을 받았으며 문하시랑으로 진급했다. 휘종(徽宗) 때 벼슬을 그만 두고 허(許)에 집을 지은 뒤, 영빈유로(潁濱遺老)라는 호를 썼다. 정화(政和) 2년에 죽었는데 나이 일흔넷이다. 문정(文定)이라는 시호를 받았다. 소철은 성품이 침착하고 고요하며 간단하고 고결했다. 글을 쓰면 헤아리기 어렵게 너르고 담백한 것이 사람됨과 비슷했다. 저서에는 『시전』, 『춘추전』, 『고사』(古史), 『노자해』(老子解), 『난성집』 등이 있으며 모두 세상에 유행한다." 나는 이렇게 생각한다. 문기의 이야기는 위나라 문제에게서 시작되었다. 그의 『전론』 「논문」은 이렇게 말한다. "문은 기운을 위주로 하며 기운의 맑고 탁함에 문체가 있어 억지로 강요할 수 없다." 또한 이렇게도 말한다. "서간은 때에 맞춰 고른 기운이 있다. 공융(孔融)은 문체의 기운이 고상하고 오묘하여 남을 뛰어넘는 것이 있다." 아마 사람의 재성(才性)과 타고난 자질이 고르지 않다는 점을 가지고 말한 것이리라. 그러나 한유와 소철이 논하는 문기는 첫째 문장의 기세를 가리키는 것이며, 둘째 문인의 수양까지 이른다. 그리고 이것은 모두 "나는 주장을 안다. 나는 내 호연지기(浩然之氣)를 잘 기른다"라는 『맹자』와 동일한 뜻에 뿌리를 두고 발휘한 것이다.

역주_ **공융**(153~208)은 자가 문거(文擧)이며 노나라 출신이다. 공자의 이십대 손이며 동한 말의 학자로서 건안 칠자의 한 사람이다. 북해상(北海相)이 되어 문교를 펼친 공이 혁혁했다. 그래서 공북해(孔北海)라 불리기도 한다. 조조가 한나라 헌제를 허창으로 옮기는 과정에 헌제를 따라 가서 여러 벼슬을 역임하지만, 차츰 권력을 장악하는 조조를 비판하고 대립하는 바람에 일족과 함께 조조에게 처형당했다. 저서에 『공북해집』(孔北海集)이 있다.

5 나는 이렇게 생각한다. 경전에서 문덕을 주장한 것에는 다음과 같은 것이 있다. 『상서』 「대우모」는 이러하다. "순임금이 이에 문덕을 크게 폈다." 『주역』 「대축」 "상전"은 이러하다. "군자는 이로써 문덕을 아름답게 한다." 『논어』 「계씨」는 이러하다. "그러므로 먼 데 있는 사람이 복종하지 않으면 문덕을 닦아서 오게 한다." 아마 이런 종류는 모두 문헌의 교육[文敎]과 덕의 교화[德化]를 가지고 말한 것이라서 문학과 상관없을 것이다. 왕충의 『논형』이 처음으로 언급하기 시작했으며, 양음과 양준언의 「문덕론」은 모두 「문덕」편이라는 이름을 결정한 뜻과 다르다. 왜냐하면 그것은 문사 가운데서 취한 것이 없이 자질, 지식, 판단력 이외에 덕도 말하기 때문이다.

스러움을 세우는 일이다"[7]라고 말한 적이 있다. 맹자는 "주장을 아는 것"[知言]이나 "기운을 기르는 것"[養氣]이 무엇인지 논한 적이 있다.[8] 그는 이것이 집의(集義)를 근본으로 한다고 보았다. 한유도 "인의의 과정"이라든지 "『시』와 『서』의 근원"을 말했다.[9] 공자부터 한유까지 덕에 대해 말한 셈이다. 그런데도 내가 문덕에 대해서 논하는 글을 미처 보지 못했다고 말한 이유는 문덕이란 본말을 겸하고 안팎을 포괄한 것이라는 옛사람의 말 때문이다.[10] 이것은 마치 도덕과 문장의 합일과 같은 말이다. 문사에 타고난 자질, 탄탄한 지식과 독자적 판단력이 있다고 말했던 사람도 없는 마당에[11] 글의 덕을 말한 사람은 더구나 없었다. 아마 고문사를 대할 때는 반드시 공경스런 태도를 가져야만 대상과 동감할 수 있을 것이다.[12] 문사를 마주할 때 반드시 공경스런 태도를 가져야만 한다는

---

6 『논어』「헌문」의 글을 보라.

7 『주역』「건」괘의 「문언전」을 보라.

8 『맹자』「공손추 상」은 이러하다. "'선생님은 어떤 것을 잘 하시는 지 감히 물어도 되겠습니까?' 맹자는 이렇게 대답했다. '나는 말을 알며 내 호연지기를 잘 기른다.' '호연지기란 무엇을 말하는지 감히 물어도 되겠습니까?' 맹자는 이렇게 대답했다. '말하기 어렵다. 호연지기의 됨됨이는 지극히 크고 지극히 강하여 곧음으로 기르면 해가 없다. 그러면 천지 사이에 가득 차는 것이다. 호연지기의 됨됨이는 의와 도를 짝하며 이것이 없으면 굶주리게 된다. 이것은 의를 모아 생기는 것이지 의가 뒤집어써서 취하는 것이 아니다. 행위가 마음에 부족하게 되면 굶주린다.'"

역주_ 집의는 사람이라면 지켜야만 하는 바른 도리인 의리를 모으는 일이다.

9 한유 「답이익서」는 이러하다. "비록 그렇지만 기르지 않을 수 없다. 그것을 인의의 길에서 행하고 『시』와 『서』의 근원에서 노닐면, 길을 잃지 않고 근원을 끊지 않고 내 자신을 마칠 뿐이다."(『창려집』 권16) 나는 이렇게 생각한다. "원"(源)은 예전에 잘못해서 "유"(流)라고 썼다. 여기서는 가업당본 『장씨유서』에 근거하여 바로 잡았다.

10 나는 이렇게 생각한다. 옛사람의 학은 근본바탕도 있고 쓸모도 있으며, 덕도 쌓고 글도 잘 짓는 것을 소중하게 생각했다. 『일지록』 권19는 이러하다. "『상서』의 전과 모, 『주역』의 효와 상, 이것은 요임금과 순임금, 삼대의 임금다운 왕의 말이다. 『논어』와 『효경』은 공자의 말이다. 문장이 여기 있고 인간 본성과 천도도 이것 바깥에 있지 않다. 그러므로 이렇게 말한다. '덕이 있으면 틀림없이 말이 있다.'" 이것은 도덕과 문장을 합해서 하나로 만든다는 뜻이다.

11 유지기는 역사가에게 세 가지 장점이 있으니 그것이 바로 자질, 지식, 판단력이라고 말한다. 「사덕」편의 주5를 보라.

12 『예기』「중용」은 이러하다. "기쁨, 노여움, 슬픔, 즐거움이 아직 튀어나오지 않은 것

말은 도덕적 측면[修德]만 가리키는 것이 아니다. 고대를 논할 때 반드시 대상과 동감해야만 한다는 말은 무조건적인 관용만 가리키는 것이 아니다. 공경스런 태도가 도덕적 측면만 가리키는 말이 아니라는 것은 기운을 굳세게 유지하고 느슨해지지 않는다는 뜻이다. 만약 느슨해지면 중용에 부합하지 못할 것은 틀림없다. 대상과 공감하는 것이 무조건적 관용만 가리키는 말이 아니라는 것은 옛사람의 처지를 떠올려 보면 태도를 결정할 수 있다는 뜻이다.[13] 아! 덕을 아는 자는 드물다.[14] 만약 글을 마주할 때 공경과 동감이 없을 수 없다는 점을 안다면 문덕을 아는 것이다.[15]

옛날에 진수의 『삼국지』는 위나라를 정통으로 생각하여 「본기」를 지었고 오나라와 촉나라를 정통이 아니라고 생각하여 「열전」에 분류했다.[16] 습착치는 『한진춘추』를 지어서 진수가 어지럽힌 정통을 바로 잡았

을 중(中)이라고 한다. 튀어나왔어도 모두 절도에 맞는 것을 화(和)라고 한다." 주희 주는 이러하다. "튀어나와서 모두 절도에 맞는다는 것은 감정의 올바름이다." 글을 지으려 할 때 마음과 기운을 점검하고 단속할 수 없으면, 표현에는 틀림없이 감정이 지나치다든지 절도를 넘어서는 폐단이 있을 것이다.

13 처지를 떠올려 보고 태도를 결정한다[設身處地]는 옛사람이 처했던 자리를 좇아서 논의를 세우라는 말이다. 아래를 보라.

14 『논어』「위령공」의 글을 보라.

15 나는 이렇게 생각한다. 여기까지 경과 서가 문덕의 요점이라는 것을 논하고 있다.

16 「언공 중」의 주32를 보라. 『이십이사차기』 권6 「삼국지서법」(三國志書法)은 이렇게 말한다. "『삼국지』의 형식에서 분별되어 드러나는 것은 위나라[曹魏]를 「본기」로 세우고 촉나라와 오나라를 「전」으로 세우는 것이다. 위나라를 정통으로 하고 나머지 두 나라는 모두 분수를 넘은 것이다." 또한 이렇게도 말한다. "정통이 위나라에 있다면 진나라가 위나라를 이은 것이 정통이라는 점은 다시 말할 필요도 없다. 이것은 진수가 진나라에 벼슬을 살았기 때문에 진나라를 우러르지 않을 수 없었기 때문이다." 그러나 무영전본[殿本] 『삼국지』「목록」의 「고증」은 이렇게 말한다. "역사가의 범례는 황제를 「본기」라 하고 신하를 「열전」이라 한다. 이것은 사마천에서 시작되어 반고가 조술했다. 『진서』는 남북조의 여러 나라[十六國]를 기록한 역사서인 「재기」(載紀)이며 대대로 그것을 고치지 않았다. 오직 『삼국지』에만 「본기」라는 이름이 없기 때문에 아울러 「열전」이라는 제목도 없다. 오나라와 촉나라를 다른 이름으로 구별하지 않고 얼렁뚱땅 『삼국지』라는 이름을 붙였다. 그렇다면 진수의 의도도 알 수 있다. 이제 고증은 진수의 원서에 있는 범례를 모두 따르고 「본기」나 「열전」 등

다.[17] 사마광의 『자치통감』[18]은 여전히 진수의 주장을 따랐으나 주희의

의 글자는 쓰지 않는다." 따라서 진수의 『삼국지』에는 원래 「본기」나 「열전」이라는 제목이 없었다. 나는 이렇게 생각한다. 『수서』 「경적지」 "정사서례"(正史敍例)는 이렇게 말한다. "삼국이 솥발처럼 대치할 때 위나라[魏氏] 및 오나라에는 사관이 있었다. 진나라 때 파서(巴西) 출신 진수가 삼국의 사실을 편집하고 모았다. 오직 위나라 황제만 「본기」를 짓고 위나라 공신 및 오나라와 촉나라의 임금을 아울러 모두 「전」을 지었다." 그래서 당나라 때 유행하던 판본에는 이미 「본기」와 「열전」의 구별이 있었다.

역주_ **전본**은 청나라 때 무영전(武英殿)에서 공식적으로 출판한 판본을 가리키는 말이다. 전판(殿版)이라고도 한다. 인쇄, 출판한 책이 아름답고 정확한 것으로 유명하다.

17 『진서』 「습착치전」(習鑿齒傳)은 이러하다. "습착치는 자가 언위(彦威)이며 양양 출신이다. 형양(滎陽) 태수일 때, 군에서 『한진춘추』(漢晉春秋)를 지었다. 이 책은 후한 광무제부터 시작하여 진나라 민제(湣帝)에서 끝난다. 삼국시대에 대해서는 촉나라가 한나라의 종실이기 때문에 정통이고 위나라는 비록 한나라를 받아서 진나라에 선양했지만 여전히 반역자라고 생각했다. 진나라 문제(사마소(司馬昭)이다)가 촉나라를 평정한 때가 바로 한나라가 망하고 진나라가 비로소 일어난 때이다. 진나라 세조 사마염(司馬炎)을 이끌어 선양하여 천하를 맡기는 일이 일어났다. 하늘의 마음을 밝히는 일은 세력이 강하다고 되는 것은 아니다." 『사통』 「탐색」(探賾)은 이러하다. "습착치는 위나라를 거짓 나라라고 생각했다. 아마 올바름과 올바르지 않음을 정하고 순조로움과 거역함의 이치를 밝히는 것일 따름일 것이다." 이 책은 지금 사라지고 없다.

역주_ **사마소**는 자가 자상(子上)이며 하내 온(溫, 현재 하남성 온현) 출신이다. 사마의(司馬懿)의 둘째 아들이다. 사마소는 아버지를 따라 촉나라와 싸웠기 때문에 군사에 대해 밝았다. 경초(景初) 2년 신성향후(新城鄕侯)에 봉해졌다. 정시 연간 초에 낙양 전농(典農) 중랑장에 임명되었다. 나중에 형 사마사(司馬師)를 대신하여 대장군이 되었다. 위나라를 좌지우지하다가 결국 찬탈하고 말았다. 감로 5년 황제 조모(曹髦)를 시해하고 조환(曹奐)을 허수아비 황제로 세웠다. 경원 4년 종회(鍾會), 등애(鄧艾), 제갈서(諸葛緖)에게 각각 군사를 주어 촉한을 정벌하고 멸망시켰다. 그리고 진공(晉公)이라 자칭하다가 나중에 진왕(晉王)에 올랐다. 함희 2년 죽었다. 사마소가 죽고 몇 달 뒤 아들 사마염이 위나라를 대신하고 황제에 등극했다. 사마소를 문제라고 추존하고 묘호는 태조로 정했다. **사마염**(236~290)은 자가 안세(安世)이다. 진나라를 세운 황제이며 시호는 무제(武帝), 묘호는 세조이다. 사마염은 사마소의 맏아들이며 아버지를 따라 여러 전쟁에 참여했다. 사마소는 어린 아들 사마유(司馬攸)에게 물려줄 생각이 있었는데 중신들이 반대해서 사마염이 265년 5월에 진왕 태자가 되었다. 그 해 8월 사마소가 죽은 뒤 사마염이 진왕이 되었다. 266년 1월 사마염은 위나라 원제를 협박하여 선양을 받고 황제가 되었다. 나라 이름은 진이라 했다. 268년 태시율령(泰始律令)을 선포하고 279년 가충(賈充), 양제(楊濟), 두예, 왕준(王濬) 등에게 오나라를 정벌하라는 명령을 내려 280년 3월 항복을 받아내고 오나라를 멸망시켰다. 천하를 통일한 뒤 사마염은 사치스런 생활에 젖어 이민족을 몰아내는 등의 일을 하지

『통감강목』[19]이 다시 일어나 『자치통감』의 정통을 바로 잡았다. "옳고 그름을 따지는 마음은 사람마다 있다."[20] 진수가 먼저 잘못해서는 안 되

않아 나중의 재앙을 키웠다.

18 「서교 하」의 주37을 보라. 『자치통감』 「위문제기」(魏文帝紀) 황초(黃初) 2년의 부론(附論)은 이렇게 말한다. "진나라는 책을 불사르고 유생을 생매장했습니다. 한나라가 일어나자 학자들은 비로소 오덕의 상생과 상승을 추론하기 시작했습니다. 진나라를 윤달처럼 비정통[閏位]으로 만들었습니다. 진나라는 목덕과 화덕 사이에 힘으로 지배한 패자이지 왕이 아니라고 합니다. 그래서 정통과 비정통의 논쟁이 일어났습니다. 제가 지금 진술하는 것은 다만 국가의 흥망성쇠를 서술하여 자연인의 편안함과 근심을 드러내고자 하는 것뿐입니다. 드러내 놓으면 글을 읽는 사람 자신이 좋고 나쁨, 성공과 실패를 알아서 택할 것입니다. 이로써 선을 권하고 악을 경계하게 만들 것이라 생각합니다. 이것은 『춘추』가 포폄의 필법을 세워서 어지러운 세상을 다스리고 어지러운 세상을 올바른 상태로 되돌린 것과 다릅니다. 정통과 비정통이 갈리는 미묘한 순간에 대해서는 감히 알 수가 없습니다. 그러나 천하가 분열될 무렵 한 해, 네 계절, 달과 날이 없어서 사실의 선후를 모르게 할 수는 없습니다. 한나라는 위나라에 전하고 진나라가 그것을 받았습니다. 진나라는 송나라에 전했다가 진나라[陳]에 이르렀습니다. 그리고 수나라가 그것을 취했고 당나라가 양나라에 전했다가 주나라에 이르렀습니다. 그리고 위대한 송나라가 그것을 이었습니다. 그러므로 위나라, 송나라, 제나라, 양나라, 진나라, 후량(後梁), 후당(後唐), 후진(後晉), 후한(後漢), 후주(後周)의 연호를 취하여 여러 나라의 사실을 기록하고, 이것을 우러르고 저것을 낮추지 않으며, 정통과 비정통의 구분이 있다는 것을 보여주지 않을 수 없습니다. 유비[昭烈]와 한나라의 관계는 비록 중산정왕(中山靖王)의 후예라고는 하지만 황실과 족속이 엉성하고 멀어져 유비가 몇 대 손인지, 이름과 지위가 무엇인지도 기록할 수 없는 지경이었습니다. 이런 지경이라 옳고 그름을 구분하기 어렵게 되었습니다. 그러므로 유비를 감히 후한 광무제 및 진나라 원제와 나란히 세울 수는 없습니다. 하는 수 없이 그에게 한나라가 남긴 정통을 잇게 할 수밖에 없었습니다."

역주_ **후량, 후당, 후진, 후한, 후주**는 합쳐서 오대시대의 다섯 왕조이다. 후량은 907년부터 923년까지, 후당은 923년부터 936년까지, 후진은 936년부터 946년까지, 후한은 946년부터 950년까지, 후주는 951년부터 960년까지 있었다. 후주는 북송 태조 조광윤에 의해 멸망당했다.

19 주희의 『통감강목』은 「경해 하」의 주36을 보라. 건안 26년 4월에 유비[先主]가 즉위한 뒤 원년을 고쳤다. 『통감강목』은 이것을 크게 썼다. "소열황제(昭烈皇帝)의 장무(章武) 원년이다." 유우익(劉友益)은 『강목서법』(綱目書法)에서 이렇게 말한다. "장무를 크게 쓴 것은 무엇 때문인가? 유비가 한나라 고조와 광무제를 이었기 때문이다. 위나라가 찬탈하여 세워지고 오나라가 할거하는 와중에 유비 자신은 중산정왕의 후예이다. 이름이 바르고 말이 순조로우니 이것을 버리면 어디로 되돌아갈 것인가? 그러므로 후세에 계통을 바로잡고 도가 정해진 것이다.(원주는 이러하다. 습착치의 『한진춘추』에 뿌리를 두고 있다)"

20 『맹자』 「고자 상」의 글을 보라.

었고 사마광도 나중에 잘못을 반복하지 않았어야 한다. 습착치와 주희의 판단력[識力]은 그들보다 우월한 경지에 있는 것이다. 예나 지금이나 『삼국지』와 『자치통감』을 나무라는 사람은 거의 입에서 나오는 대로 지껄이며 함부로 욕을 한다. 하지만 저승에서 옛사람을 다시 불러와[21] 기꺼이 내 마음에 공감하는지 물어보기 전에는 모를 일이다. 진수는 서진 때 사람이고 사마광은 북송 때 사람이다. 만약 위나라의 선양(禪讓)이 사실 왕조를 빼앗은 짓이라고 물리친다면 그들은 자기 임금과 조상을 어떤 처지에 두게 되는 것인가? 습착치와 주희는 본디 장강 남쪽으로 건너온 왕조에서 살았던 사람이므로 오로지 중원에서 천자의 정통성을 다투는 일만 두려워했다.(이 주장은 이전 사람이 이미 말한 것이다)[22] 여러 현인들의 처

---

21 『예기』「단궁」은 이러하다. "조문자(趙文子)가 숙예(叔譽)와 함께 구원(九原)을 바라보았다. 문자는 이렇게 말했다. '죽은 사람이 만약 살아날 수 있다면 나는 누구와 함께 정사를 돌볼까?'" 정현 주는 이러하다. "작(作)은 기(起)이다."

22 『퇴암수필』 권16은 청강(晴江) 적호(翟灝)를 인용하여 이렇게 말한다. "진수 『삼국지』는 위나라를 「본기」에 쓰고 촉나라를 「열전」에 썼다. 습착치 『한진춘추』는 한나라를 잇고 위나라를 넘어섰다. 이것은 판단력의 높고 낮음 때문이 아니라 시대 탓이다. 진수는 진나라 무제가 선양을 받았던 초창기에 『삼국지』를 지었다. 수나라가 위나라의 선양을 받고 위나라가 없어졌으며 촉나라는 이미 멸망했으니 어찌 위나라를 높이지 않을 수 있었겠는가? 습착치는 『한진춘추』를 진나라 원제가 중흥한 뒤에 지으면서 촉나라가 한나라 종실이고 한나라의 실마리를 이었다는 이유를 댔다. 이것은 원제가 왕실의 울타리가 되는 왕자[藩庶]이면서 진나라의 정통을 이었기 때문이다. 어찌 촉나라를 높이지 않을 수 있겠는가? 사마광 『자치통감』은 북송이 주나라의 선양을 받았을 때 지었다. 어찌 위나라를 정통으로 삼지 않을 수 있겠는가? 주희 『통감강목』은 남쪽으로 넘어와 귀퉁이에서 안정을 찾은 뒤에 지었다. 어찌 촉나라를 정통으로 삼지 않을 수 있겠는가? 진수와 습착치, 사마광과 주희는 위치를 바꿔도 모두 그럴 것이다." 『사고전서총목제요』「삼국지」는 이러하다. "이 책은 위나라를 정통으로 삼았다. 습착치가 『한진춘추』를 지으면서 비로소 다른 논의를 세웠다. 주희 이후부터 습착지를 옳다 하고 진수를 그르다 하지 않는 사람이 없었다. 그러나 이치로 논한다면 진수의 잘못은 아무리 꾸짖어도 변명할 말이 없을 것이다. 추세로 논한다면 습착치가 한나라를 황제로 인정한 일은 순조로우며 쉬우나, 진수가 한나라를 황제로 인정하고자 하는 일은 거스르고 어려운 일이다. 아마 습착치 때 진나라는 이미 남쪽으로 넘어갔을 것이다. 그런 일은 촉나라와 비슷한 것이다. 귀퉁이에서 안정을 찾은 것은 정통을 다툴 것이고 이것은 당시 논의하던 사람들이 보기에 미더웠다. 진수는 진나라 무제의 신하라는 신분이다. 그리고 진나라 무제가 위나라의 정통을 이었으니 위나라를 거짓이라 한다면 진나라도 거짓으로 만들게 된다. 그런 일

지를 바꾼다 하더라도 마찬가지일 것이다.[23] 그들의 판단력이 반드시 오늘날의 전문가보다 모자란 것은 아니다.[24] 옛사람의 세상을 모르면서 옛사람의 문사를 어리석게 논해서는 안 된다. 옛사람의 세상을 안다 해도 옛사람의 신세와 처지를 모르는 사람은 옛사람의 글을 서둘러 논하면 안 된다.[25] 옛사람의 신세와 처지는 본디 영화와 치욕, 사회적 지위의 낮음과 높음, 위축과 활동, 걱정과 즐거움에 따라 고르지 않다. 말을 할 때 어떤 목적을 가지고 하는 말이 있다. 설령 공자 제자인 유자라 할지라도 공자가 한 말의 구체적 문맥을 몰랐는데[26] 하물며 오랜 세월이 지난 뒤

을 당시 행할 수 있었겠는가? 이것은 송나라 태조가 황제의 자리를 찬탈한 일이 위나라에 가까운 것과 같다. 그러나 북한(北漢)과 남당(南唐)은 촉나라를 뒤따랐다. 그러므로 북송의 여러 유학자들은 모두 꺼리는 바가 있었지만 위나라가 거짓이라고 하지는 않았다. 고종 이후 동진[江左]이라는 귀퉁이에서 안정을 찾은 일은 촉나라에 가깝다. 그러나 중원의 위나라 땅은 전부 금나라에 들어갔다. 그러므로 남송의 여러 유학자들은 어지러이 일어나 촉나라를 황제라고 주장한 것이다. 이것은 모두 그들의 시대를 논해야만 하지 동일한 틀로 묶을 수 있는 것이 아니다." 이것은 장학성과 동시대의 학설이다. 원주에는 앞 시대 사람이 이미 주장한 것이라고 말했지만, 가리키는 바가 무엇인지 알 수 없다.

역주_ 적호는 자가 대천(大川)이며 청강은 그의 호이다. 인화 출신이다. 건륭 갑술년(甲戌年)에 진사가 되어 관직은 금화(金華) 교수에 이르렀다. 서예가로 유명하다. 저술에 『무불의재고』(無不宜齋稿)가 있다. 북한은 오대십국 때 십국의 하나이며 951년부터 979년까지 있었던 왕조이다. 남당도 십국의 하나이며 937년부터 975년까지 있었던 왕조이다.

23 『맹자』「이루 하」는 이러하다. "우임금, 후직, 안자는 자리를 바꾼다 해도 모두 똑같을 것이다."

24 『당서』「선거지」는 이러하다. "명경의 구별은 다섯 가지이다. 경에는 삼경, 이경이 있다. 일경을 배워 완벽하게 만든다." 학구(學究)라는 이름은 여기에 뿌리를 두고 있다. 이것은 변변치 못한 유학자를 넓게 가리킨다.

25 『맹자』「만장 하」는 이러하다. "천하의 좋은 선비를 벗으로 삼는 일을 아직 충분하지 않다고 생각하고 고대를 논하는 사람을 높인다. 그의 시를 읊고 그의 책을 읽는데 그 사람을 모른다는 게 말이 되는가? 그래서 그 시대를 가르친다. 이것이 상우(尙友)이다." 초순 『맹자정의』는 이러하다. "이렇게 생각한다. 옛사람은 각자 특정 시대에 태어났다. 그래서 그 말은 시대에 따라 각각 맞는 것이다. 오로지 그 시대만 논한다면 그 말에 집착하여 빠지지 않아야 하며 그 말을 변변치 않다고 버리지도 말아야 한다. 그래야 옛사람을 높이고 벗이 될 수 있다."

26 『사기』「중니제자열전」은 이러하다. "유약은 공자보다 열세 살 어리다." 『사기집해』는 정현을 인용하여 이렇게 말한다. "노나라 출신이다." 『예기』「단궁 상」은 이러하

에 태어난 사람이야 오죽하겠는가? 공자 제자가 대상과 동감하는 것을 논할 때, "내가 하고 싶지 않은 바를 다른 사람에게 베풀지 말라"고 했다.[27] 대상과 동감하는 도는 위대하다. 오늘날 자신을 문인이라고 생각하는 사람이라면 고대를 논할 때 반드시 먼저 옛사람의 신세를 잘 살펴야 한다. 문덕이 대상과 공감한다는 것은 바로 이것이다.[28]

한유는 글을 논하면서 이렇게 말했다. "먼저 받아들인 뒤에 배척하되 객관적인 마음으로 그것을 살펴야 한다."[29] 기운이 물이라면 말은 물에 뜬 물건과 같다. 유종원은 글을 논하면서 이렇게 말했다. "감히 가볍게

다. "유자가 증자에게 이렇게 물었다. '벼슬하다 관직을 잃었을 때의 처신에 대해 선생님께 물은 적이 있는가?' 증자는 이렇게 대답했다. '들었네. 벼슬하다 관직을 잃으면 바삐 가난해지려 하고 사람이 죽으면 빨리 썩고자 한다.' 유자는 이렇게 말했다. '이것은 군자의 말이 아닐세.' 증자는 이렇게 말했다. '내가 선생님께 그렇게 들었네.' 유자는 다시 말했다. '이것은 군자의 말이 아닐세.' 증자는 이렇게 말했다. '나와 자유가 그렇게 들었다니까.' 유자는 이렇게 말했다. '그렇군. 그러면 선생님은 이유가 있어서 그렇게 말씀하신 것이겠지.' 증자는 이 말을 자유에게 알렸다. 자유는 이렇게 말했다. '대단하구나! 유자의 말이 선생님과 그렇게 비슷하다니. 옛날 선생님이 송나라에 계실 때 환사마가 스스로 석곽(石槨)을 만드는데 삼년이 걸려도 완성하지 못하는 것을 보셨지. 선생님은 이렇게 말씀하셨네. '이처럼 사치스럽다면 죽더라도 빨리 썩는 것만 못하겠다.' 죽으면 빨리 썩고자 한다는 것은 환사마 때문에 하신 말씀이지. 남궁경숙(南宮敬叔)이 벼슬을 그만두고 외국에 나갔다가 돌아오면서 보물을 싣고 와서 조정에 복귀하려 했지. 선생님은 이렇게 말씀하셨네. '이처럼 재물을 뿌린다면 벼슬하다 관직을 잃으면 빨리 가난해지는 것만 못하겠다.' 벼슬하다 관직을 잃으면 바삐 가난해지려 한다는 것은 남궁경숙 때문에 하신 말씀이지. 증자는 자유의 말을 유자에게 알렸다. 유자는 이렇게 말했다. '그렇지. 내가 본디 말하지 않았나. 이것은 선생님의 말씀이 아니라고.' 증자는 이렇게 물었다. '그대가 어찌 그것을 알았나?' 유자는 이렇게 대답했다. '선생님이 중도(中都)에서 다스릴 때 두께가 네 치인 관과 다섯 치인 곽을 제정했네. 이것으로 죽은 사람을 빨리 썩게 하려는 것이 아님을 알았지. 예전에 선생님이 노나라 사구 자리를 잃고 장차 초나라에 가려고 할 때 자하를 먼저 보내고 다시 염유를 보내셨네. 이것으로 벼슬하다 관직을 잃은 사람이 빨리 가난해지려 하지 않는다는 것을 알았지.'"

27 『논어』「위령공」은 이러하다. "자공이 이렇게 물었다. '죽을 때까지 행할 만한 한 마디 말이 있습니까?' 선생님이 대답하셨다. '그것은 관용[恕]이리라! 내가 바라지 않는 것을 남에게 베풀지 말라.'"

28 나는 이렇게 생각한다. 여기까지 옛날에 반드시 관용했다는 것을 논하고 있다.

29 한유 「답이익서」는 이러하다. "맞아들여 그것을 거절하고 마음을 편안하게 만들어 그것을 살핀다. 그것이 모두 순수해진 뒤에 펼친다."

여기는 마음으로 흔들지 않으며", "게으른 마음으로 쉽게 보지 않으며", "뻐기는 기운으로 대하지 않으며", "어두운 기운으로 발표하지 않는다."[30] 한유나 유종원과 같은 현자들은 마음과 기운을 논할 때, 공자와 맹자의 뜻에 맞추겠다는 생각 없이 천인성명의 드러나지 않은 본질에 다가간다. 드러나지 않는 본질에 대한 글은 번거롭지만 깎아낼 수 없고[31] 드러나지 않는 본질에 대한 말은 변하지만 각각 들어맞는 법이다. 대략적인 뜻을 요약하자면 "글을 마주할 때 공경하는 태도를 위주로[主敬] 해야 한다"는 한 마디로 포괄할 수 있다. 공경하는 태도를 위주로 하면 마음이 안정되고 기운이 굳건하게 유지된다. 자신을 변화시키면 조용히 법도에 부합할 수 있게 된다. 역사가는 타고난 자질, 탄탄한 지식과 독자적 판단력이라는 세 가지 장점이 있어야 한다. 역사가로부터 나오지 않은 고문사[32]는 마치 음식이 농사에 뿌리를 두지 않았다는 것처럼 말도 안 된다. 독자적 판단력은 마음에서 생기며 타고난 자질은 기운에서 나온다. 탄탄한 지식은 마음을 집중하여 기운을 기르는 것, 곧 독자적 판단력을 단련시켜 타고난 자질을 완성시키는 것이다. 마음이 텅 비면 믿기 어렵고 기운이 붕 뜨면 늦춰지기 쉽다. 공경한 태도를 위주로 한다는 말은 수시로 마음과 기운 사이에서 점검하여 긴장을 늦추지 않는 동시에 일단 드러나면 거둬들이지 못할 못된 풍속의 폐단을 조심스럽게 방지한다

---

30 유종원 「답위중립논사도서」는 이러하다. "나는 문장을 지을 때마다 감히 가벼운 마음을 흔든 적이 없다. 남의 글을 표절하고서 남기지 않을까 두려웠기 때문이다. 나는 문장을 지을 때마다 감히 게으른 마음을 안이하게 한 적이 없다. 해이해져서 엄격하지 않을까 두려웠기 때문이다. 나는 문장을 지을 때마다 감히 어두운 기운을 낸 적이 없다. 어둠에 빠져 뒤섞일까 두려웠기 때문이다. 나는 문장을 지을 때마다 감히 뽐내는 기운을 일으킨 적이 없다. 거드름을 피우며 교만해질까 두려웠기 때문이다."(『유하동집』 권34)

31 『춘추공양전』 「희공 22년」은 이러하다. "『춘추』의 다듬은 말이 번잡하지만 생략하지 않는 것은 올바르기 때문이다." 주는 이러하다. "쇄(殺)는 생(省)이다."

32 『문심조룡』 「종경」이나 『안씨가훈』 「문장」의 글은 모두 경에 뿌리를 두고 있다고 한다. 그러나 장학성이 홀로 문(文)이 사(史)에서 나온다고 말한 이유는 아마 육경이 모두 사(「역교 상」을 보라)이거나 경이 사에 의해 포괄되기 때문일 것이다.

는 것이다. "밝게 빛나며 공경스럽게 멈추다"[33]라는 『시경』의 묘사는 성인이 시작부터 끝까지 제대로 완성하는 근거이며 광범위한 뜻을 가지고 있다. 이제 글을 마주할 때 마음과 기운을 점검하여 단단히 추슬러야 한다. 문덕의 공경스런 태도란 바로 이것이다.[34]

33 『시』「대아」"문왕"은 이러하다. "아름다운 문왕이여. 아아, 끊임없이 공경하셨네." 「전」은 이렇게 말한다. "목목(穆穆)은 미(美)이다. 집희(緝熙)는 광명(光明)이다."

34 나는 이렇게 생각한다. 여기까지 글에 임할 때는 공경을 위주로 한다는 것을 말하고 있다.

문리(文理)[1]

내가 우연히 좌량우(左良宇)의 책상에서 『사기』를 베낀 책을 발견했을 때, 그것을 가져다 보았다. 책에는 다섯 가지 빛깔의 둥근 원으로 된 표시가 있었고 각각 단락을 나눠놓았다. 거듭 곰곰이 읽어도 무슨 말을 하는지 이해가 되지 않았다. 좌량우에게 물어보니 어이없이 웃기만 한다. 자기도 읽으면 짜증이 난다고 한다. 그 책은 명나라 때의 귀유광(歸有光)에게서 나온 것이다.[2] 다섯 가지 빛깔로 표지를 달았는데 빛깔별로 의례

1 나는 이렇게 생각한다. 글에는 일정한 오묘함이 있지만, 일정한 방법은 없다. 정해진 방식을 가지고 끝없이 변하는 글을 저울질 하려 한다면, 옛사람을 두터이 모함하는 것일 뿐 아니라 또한 미래의 학문에 잘못을 남기게 된다. 「문리」편은 『사기』의 글에 표시해서 의법을 제시하려 한 귀유광의 일을 가지고, 문장이 정해진 방식[程式]에 빠져선 안 된다는 점, 판단력을 가지고 널리 통해야 한다는 점, 글짓기의 방법을 주장하는 사람을 위해 법칙을 가지고 있어야 한다는 점을 누누이 기술하고 있다. 장학성은 청나라 학문이 극성하던 시대, 곧 내용과 형식이 나뉘어 유행하는 무렵에 살았기 때문에 이렇게 말한 적이 있다. "의리를 위주로 하는 사람들은 사장(詞章)에 졸렬하고 문사를 잘 짓는 사람은 사실의 증명에 소략하다." 실물을 추구하는 주장이어야

가 있으며 서로 뒤섞지 말라는 설명이 있었다.[3] 어떤 빛깔은 한 편 전체의 얼개를 표시한 것이고 어떤 빛깔은 단락마다 아주 잘 쓴 부분을 표시한 것이며 어떤 빛깔은 의도의 풍격과 두드러지게 뛰어난 부분을 표시한 것이고 어떤 빛깔은 글의 정신과 기백을 표시하는 부분을 표시한 것이라고 한다. 범례에 따라 분류한 이유는 읽는 이들이 손을 모아 공손히 마음에 간직하여 잊지 않은 채, 헤아려 알기 편하게 해주려고 했기 때문

하며, 이로써 당시 문인의 공허하고 소홀한 잘못을 교정하려는 뜻을 「문리」편에서 여러 번 보이고 있다. 그러므로 자신을 버리고 추구하는 것이 옛사람의 겉모양과 비슷한 것을 재고 어루만지는 일이 되어서는 안 된다고 말한다. 이것이 바로 장학성이 주장을 세운 전제가 있는 지점이다. 『장실재연보』는 이러하다. "건륭 54년 선생은 태평으로 여행하셨다. 안휘(安徽) 학정의 관사[學使署]에 묵으셨다. 장소혜(張小兮)와 좌량우(左良宇)는 당시 유명한 준재들인데 지붕을 나란히 하고 살았다. 그래서 한가한 틈이 있으면 모여서 이야기를 나눴다. 문자에 대한 것만 이야기한 것은 아니며 방아쇠를 당겨 화살을 쏘듯, 때때로 느끼고 터득하는 것이 있었다. 「문리」는 좌량우의 책상에 놓인 녹본(錄本)을 보았기 때문에 지었다. 따라서 이 해에 태평에서 지은 작품이다." 「변사」는 이러하다. "글 자체도 이치를 가지고 있기 때문에, 아름답고 미운 것과 좋고 못난 것을 사람들이 보면 약속하지 않았어도 똑같은 느낌이 들게 된다. 기록한 이치와 아무 상관없는 것이 글의 이치이다." 문리라는 말뜻을 이처럼 스스로 풀고 있다.(「문리」편의 주는 조서륙(趙西陸)의 『문론전증』(文論箋證)을 참조하여 취했다.)

역주_ **건륭** 54년은 1789년이다. **조서륙**은 현대 중국의 문학 연구자이다. 『문심조룡』, 『문론』 등을 연구하여 저술이 있다. 동북인민대학(東北人民大學), 길림대학(吉林大學), 중국사회과학원(中國社會科學院) 등에서 가르쳤다.

2 『명사』「문원전」은 이러하다. "귀유광은 자가 희보(熙甫)이며 곤산 출신이다. 가정(嘉定) 안정강(安亭江)으로 이주하여 살면서, 책을 읽고 도를 이야기하니 배우는 무리가 늘 수백 명이나 되었다. 진천 선생(震川先生)이라 불린다. 고문을 지을 때, 원래 경술에 뿌리를 두었다. 『태사공서』를 좋아하여 그 신묘한 이치를 얻었다."

3 귀유광 『평점사기』(評點史記) 「예의」(例意)는 이러하다. "『사기』가 시작되는 곳에 용맹스러운 것을 얻으면 동그라미를 쳤고 좀 느슨한 것은 강조점을 찍었다. 붉은색으로 동그라미를 치거나 강조점을 찍은 곳은 결국 의도가 있는 구절[意句]과 사실을 잘 서술한 곳[敍事好處]이며, 노란색으로 동그라미를 치거나 강조점을 찍은 곳은 결국 기운이 흐르는 맥락[氣脈]이다. 말이 꺾이는 곳[轉折處]에도 노란색 동그라미를 쳤는데 사실은 계속 연결된다. 검은색으로 던지듯 강조점을 찍은 것[黑擲]은 이치에 반대되는 곳이며, 푸른색으로 던지듯 강조점을 찍은 것[靑擲]은 그다지 요긴하지 않은 곳이고, 붉은색으로 던지듯 강조점을 찍은 것[硃擲]은 아주 요긴한 곳이며, 노란색으로 던지듯 강조점점을 찍은 것[黃擲]은 편 전체에서 요긴한 곳이다." 이러한 몇 가지 원칙을 기록하여, 부분이나마 볼 수 있다.

이라고 한다.[4] 그리고 고문 비전(古文秘傳)이라고 부르고 있었다. 앞 시대의 사람들 가운데 고문을 주장했던 사람들은 아주 소중하게 생각하여 전수했고 함부로 남에게 보여주지 않은 책이라고도 했다. 이렇게도 말한다. "이 책은 마치 오조(五祖) 홍인(弘忍) 스님이 부처님 법의 등불을 전해 준 것과 같고[5] 영소(靈素) 도사가 부록(符籙)을 전수한 것과 같다.[6] 이들에게서 나온 것이 올바른 줄기[正宗]이다. 이들에게서 나오지 않은 것은 설령 평범하지 않고 뛰어난 저작이라고 해도 불가의 제자들이 야호선(野狐禪)이라고 꾸짖는다.[7] 나는 어려서 이것을 배웠고 나중에 서울로 공부하

---

4 『예기』「중용」은 이러하다. "한 가지 선을 얻으면 받들어 가슴에 꼭 지니고 그것을 잃지 않았다." 췌마는 「시교 상」의 주28을 보라.

5 불교의 선종은 모두 여섯 세대에 걸쳐 의발을 전했다. 초조(初祖) 달마(達摩), 이조(二祖) 혜가(慧可), 삼조(三祖) 승찬(僧燦), 사조(四祖) 도신(道信), 오조(五祖) 홍인(弘忍), 육조(六祖) 혜능(慧能)이 바로 진단육조(震旦六祖)이다. 전등(傳燈)은 전법(傳法)을 뜻하는 불교의 말이다. 『대반야경』(大般若經)은 이러하다. "부처님이 말씀하신 것은 등불을 전해 비추는 것과 같다." 당나라 법해(法海) 스님의 「육조대사법보단경략서」(六祖大師法寶壇經略序)는 이러하다. "나이 스물넷에 경을 듣고 도를 깨우쳤다. 황매산(黃梅山)에 가서 인가를 구했는데 오조가 그를 그릇으로 보고 의법(衣法)을 붙여 조사의 자리를 잇도록 했다." 나는 이렇게 생각한다. 혜능은 소주(韶州) 보림사(寶林寺)에 머물면서 제자들에게 법의 핵심만 말했지 의발은 전하지 않았다. 『정종기』(正宗記)를 보라.

6 『송사』「방기전」(方技傳)은 이러하다. "임영소(林靈素)는 온주(溫州) 출신이다. 어려서 부처님을 좇아 배웠는데 스승이 매질하고 욕하는 것을 괴롭게 생각하여 떠나서 도사가 되었다. 사람의 눈을 속이는 야릇한 술법[妖幻]을 잘했고 회수와 사수 사이를 오갔다. 정화 연간 말에 휘종이 좌도록(左道錄)에 방사를 찾으라고 하자, 서지상(徐知常)이 임영소를 소개했다. 그에게 통진달령 선생(通眞達靈先生)이라는 호를 내렸다. 상청보록궁(上淸寶錄宮)을 세웠다. 황제를 대신하여 천서(天書)와 운록(雲篆)을 널리 퍼트려 알리도록 했고, 이로써 세상을 속이고 뭇사람을 현혹시키는 일에 열심이었다. 벼슬아치와 백성들을 상청보록궁에 오게 해서 신소비록(神霄祕錄)을 받도록 했다. 조정의 선비 가운데 나서기 좋아하는 벼슬아치들도 솔깃하여 그를 따랐다."

7 『사가현록』(四家玄錄)은 이러하다. "백장 대지 선사(百丈大智禪師)에게 어떤 노인이 법문을 들었다. 노인이 이렇게 물었다. '스님은 이 산에 사십니다. 어떤 사람이 이렇게 물었지요. 「큰 수행을 한 사람은 인과(因果)에 되돌아가서 떨어집니까? 그렇지 않습니까?」 스님이 결국 이렇게 대답하셨지요.. 「인과에 떨어지지 않고 야호선(野狐禪)으로 떨어진다.」' 스님에게 깨달음의 말을 부탁드립니다.' 선사가 이렇게 말했다. '당신은 묻기만 하시오.' 노인이 바로 물었다. 선사가 이렇게 말했다. '인과에 어둡지 않다.' 노인이 크게 깨달아 이렇게 말했다. '이제 늙은 여우의 몸뚱이를 면했습니다.

러 가서 견문이 조금 넓어졌다. 내가 문장의 도를 알게 된 것은 처음부터 여기서 비롯되지 않았다. 그러나 그중에 어쩌면 한두 가지라도 얻을 것이 있을 것이다. 그래서 내팽개치지 못하는 것이지 소중하게 생각하기 때문은 아니다."[8]

나는 이렇게 말하련다.

문장의 도는 원나라 이후로 쇠락하고 병들었지만 아직 사라지지 않았다. 명나라 초기에는 송나라와 원나라의 유산을 이었고 법도를 대체로 보존했다. 가정제와 융경제[隆慶]가 다스리던 시대[9]의 상황이 어둡게 가리고 운수가 꽉 막힌 바람에 글은 거의 끊어지게 되었다. 귀유광은 이런 시대에 태어나서 왕세정과 이반룡의 무리에 대항하기에 힘이 모자랐다. 그는 그들이 그르다는 것을 진심으로 알고 있었다. 그래서 그는 왕세정을 평범하고 어리석다고 물리쳤다.[10] 그들이 진나라와 한나라 때의 거짓 고문 형식을 창작했으며 관직 이름이나 지명까지도 뭉뚱그려 고대에 부르던 대로 고쳐 썼다고 말했다.[11] 이런 글짓기는 그들이 무슨 말을 하고

다만 산 뒤에 살고 있었는데, 돌아가신 스님의 관례에 따라 불살라주시길 빕니다.' 바위 속에 과연 죽은 여우 한 마리를 발견했고 장작을 쌓아 화장해주었다." 야호선은 선가에서 외도(外道)를 부르는 말이다.

8 나는 이렇게 생각한다. 여기까지 좌량우의 말을 기술하고 있다. 이것은 글을 쓰게 된 과정이다.

9 가정은 명나라 세종의 연호이다. 융경(隆慶)은 명나라 목종의 연호이다.

역주_ **가정**은 1522~1566년까지이고 **융경**은 1567~1572년까지이다.

10 왕세정과 이반룡은 「전기」의 주16을 보라. 전겸익 「제귀태복문집」(題歸太僕文集)은 이러하다. "귀유광[熙甫]은 왕세정[王弇州]과 동시대에 살았다. 남을 위해 글에 서문을 써주면서 이렇게 말한 적이 있다. '요즘 글치고 옛사람의 학에서 비로소 시작된 글이 없다. 만약 제멋대로이고 어리석은 한두 사람이 거장이 되면 앞 시대 사람을 비난하고 배척하게 된다.'(「항사요문집서」(項思堯文集序)) 왕세정은 웃으면서 대답했다. '제멋대로라는 말이 참으로 있습니다만 어리석다는 말은 들어본 적이 없습니다.' 귀유광이 이렇게 말했다. '어리석기 때문에 제멋대로인 것이니 제멋대로인 사람치고 어리석지 않은 사람이 없소.'"

11 『일지록』 권19 「문인구고지병」(文人求古之病)은 이러하다. "오늘날의 지명이 예스럽지 않다고 옛 지명을 빌거나 오늘날의 관직 이름이 예스럽지 않다고 옛날 관직 이름을 빈다. 오늘날 늘 쓰는 글자를 버리고 옛 글자에서 통용되는 것을 비는 것은 모

있는지 변별할 수 없게 만든다. 그러므로 문리가 통하지 않는다고 직설적으로 그들을 꾸짖어도[12] 어리석은 말이 아니리라. 그러나 귀유광의 글은 기운의 근본 바탕[氣體]이 맑긴 하지만 그의 글이 얻은 것을 살펴본다면 이것도 억지로 갖다 댈 수 있는 것은 아니다. 그러므로 내가 그의 책 뒤에 글을 써 붙일 때, 선생이 세속의 도도한 흐름 속에 흔들리지 않는 기둥이 될 수 있었던 까닭은 다만 그의 글이 자연스럽고 세속의 유행에 빠지지 않았기 때문이라고 생각했다.[13] 마음에 많은 것을 담아서 바깥에 펼친다는 옛사람의 말[14]은 마음에 얻은 것을 소리로 표현하는 것이 말이라는 뜻이다.[15] 귀유광은 이런 말을 들어본 적이 없는 모양이다. 그래도 그를 당시의 호걸이라고 부르지 않을 수도 없겠다. 귀유광은 제예(制藝)에 대해서만큼은[16] 한나라 때의 사마천이나 당나라 때의 한유처럼 영원

두 문인이 자신의 속됨과 부족함을 덮으려고 하기 때문이다."

12 전겸익 「제귀태복문집」은 이러하다. "이런 말을 전해 들었다. 귀유광이 상소를 하러 길을 떠나면서 노새가 끄는 수레를 세내어 갔다. 귀유광은 장엄하고 엄숙한 모습으로 중간에 앉았고 후배[後生]와 제자들은 책을 쥐고 옆에서 모셨다. 가정 출신 서종백(徐宗伯)의 나이가 가장 어렸는데 이공동(李空同)의 글이 무엇이라고 하는지 좇아 물었다. 이공동의 문집에 있는 「우숙민묘비」(于肅愍廟碑)를 근거로 내놓았다. 귀유광이 다 읽고나서 그것을 내던지며 이렇게 말했다. '문리가 어디 통하는가!'"(『목재초학집』(牧齋初學集) 권83)

13 『상서』 「우공」은 이러하다. "지주(厎柱)와 석성(析城)." 육덕명 『경전석문』 「상서음의」는 이러하다. "지주는 산 이름이다. 황하 중간에 있다." 한유 「번소술묘지명」(樊紹述墓誌銘)은 이러하다. "문자가 순조로워 각각 직책을 안다." 증국번 「서귀진천문집후」(書歸震川文集後)는 이러하다. "당시에는 줄알(茁軋)의 풍습을 대단히 높이 쳤다. 제나라와 양나라의 조탁(雕琢)을 빌어 놓고 주나라와 진나라를 힘껏 추적한다고 부르는 일도 자주 있었다. 귀유광이 모든 것을 버리고 분칠하고 수식하는 일을 하지 않았다. 그리고 말을 가려 서문을 쓰고 그림을 새기고 그리지 않아도 물정을 밝힐 수 있었다. 고대의 지은이와 부합하는 것이며 나중에 올 사람이 법칙으로 취할 것이다. 그래서 지혜롭지 않다고 말할 수 없다."

14 한유 「진학해」는 이러하다. "선생은 글에 대해 속을 넓히고 바깥을 펼쳤다고 말할 수 있다."(『창려집』 권12)

15 양웅 『법언』 「문신」(問神)은 이러하다. "말은 마음의 소리이다. 글은 마음의 그림이다."

16 『명사』 「문원전」 "귀유광전"(歸有光傳)은 이러하다. "귀유광 제거(制擧)의 뜻은 경술에 깊고 깊어 뛰어난 대가가 되었다. 나중에 덕청(德淸) 호우신(胡友信)이 그와 명성을 나란히 하여 세상에서는 귀유광과 호우신을 똑같이 칭찬했다." 전겸익은 「귀진

히 신주를 옮기지 않고 제사를 받을 만한 큰 조상이다. 시문(時文)을 위주로 하는 요즘 사람들이 고문에 대해서 말할 때면 귀유광을 으뜸으로 치는 사람이 많다. 당송팔대가의 선집[17]을 거의 사서오경과 같은 것으로 보는 것도 유래가 있는 것이다. 귀유광과 당순지(唐順之)의 문집[18]만 문자를 논할 때 『사기』를 으뜸으로 생각한다. 그들이 『사기』에서 글의 힘을 얻었다고 하는 이유는 그들의 글과 『사기』가 다르기 때문에 아주 이상하다. 『사기』의 형식이 본래 하늘처럼 웅건하고 질박한 것은 아마 사마천의 타고난 자질이 커서 가볍고 재빠르게[輕靈] 운용한 탓이다. 오늘날 성질이 수더분하고 호탕하며[疏宕] 갑자기 기세가 꺾인다는[頓挫] 귀유광과 당순지의 말은 마음속에 아무런 내용이 없기 때문에[19] 딱 붙지 않고

천문집서」(歸震川文集序)에서 귀유광의 제예에 대해 이렇게 말하고 있다. "어릴 적 과거 시험에 응시했는데 글이 호방하고 내용이 꽉 차서 일거에 씻은 듯 농익었다. 사람들은 그가 소식을 가지고 노는 것에 놀랐다. 그러나 미루어 헤아리기 어렵고 얽매이지 않는 기풍은 장자에서 얻은 것이 많다는 것을 몰랐다."

역주_ 위 본문의 **호걸**은 지혜와 용기가 뛰어나고 기개와 풍모가 있는 사람이다. **제예**는 과거 시험을 위한 글짓기이다. 아래 본문의 **시문**은 과거 시험에 쓰는 팔고문(八股文)이다.

17 「전기」편의 주25를 보라.

18 『명사』「당순지전」(唐順之傳)은 이러하다. "당순지는 자가 응덕(應德)이며 무진(武進) 출신이다. 학문에 대해 들여다보지 않은 것이 없었다. 고문을 지으면, 글이 깊고 광대하며 굽이굽이 휘감아 도는 것이 대가의 기풍이 있었다."

19 방포 「서귀진천문집후」(書歸震川文集後)는 이러하다. "귀유광의 글은 시골에서 묻고 대답한 듯 촌스러운 것이 열에 예닐곱이다. 그리고 남이 요청하는 의도에 따라 평범한 그대로 자질구레한 것을 엮는다. 비록 세속적인 말에서 크게 멀어지고자 하지만 그의 도는 근거가 없다. 귀유광의 글이 친밀하고 오래 사귄 사람에게서 촉발될 때, 사람이 보잘 것 없어도 거리낌 없이 말하는 이유는 아마 예전 글에 가까운 것이 많기 때문일 것이다. 하늘과 관련된 일에 대해서 더욱 좋은 이유는 수식을 일삼지 않고 어휘의 사정을 아울러 얻었기 때문이다. 그래서 보는 사람이 슬프더라도 드러나지 않게 만든다. 귀유광은 글의 기운(氣韻)을 아마 사마천에게서 얻었을 것이다. 그러므로 구양수와 증공에게 법도를 얻어서 모습을 조금 바꾼 것일 뿐이다. 공자는 「간」(艮)괘의 다섯 번째 효사를 이렇게 풀었다. '말에 순서가 있다.' 「가인」(家人)괘의 「상전」은 그것을 이렇게 말한다. '말에 뭔가 있다.' 글이란 오래 전해지면 전해질수록 이것을 넘는 것이 없다. 귀유광의 글은 이른바 서문이 있는 글에 대해서는 아마 비슷하지만 뭔가 있는 것에 대해서는 모자랄 것이다."(『망계문집』 권5)

공허하게 미끄러지는[浮滑] 느낌을 지울 수 없다. 그들은 후세인들이 얕고 변변치 않게 그들의 글을 베끼게 만드는 악습을 조장했다. 그러므로 귀유광과 당순지 등 여러 선생들이 『사기』에서 글의 힘을 얻었다는 말은 의심스럽다. 그들이 얻었다 하더라도 『사기』의 껍데기만 얻었을 테지 옛사람의 깊은 곳에 대해서는 본 적도 없을 것이다. 이제 여러 선배가 전한 다섯 가지 빛깔로 표지를 단 교정본을 보고 나서야 귀유광이 옛사람의 깊은 경지에 이르지 못한 이유가 여기 있다는 것을 알겠다.[20]

자신의 주장을 세우는 요점은 마음에 내용을 가지고 있는가에 달려 있다.[21] 옛사람은 문장을 지을 때 마음속의 자기 견해에 뿌리를 두었다. 처음에 그들은 타오르는 불길처럼 화려하게 다듬는 것을 좋아하지 않았고 말을 다듬는 일을 마치 화려한 비단을 짜는 사람이나 수를 놓는 아녀자가 자기가 만든 비단을 자랑하는 일처럼 생각했을 뿐이다.[22] 부유하고

---

20 나는 이렇게 생각한다. 여기까지 귀유광이 비록 『사기』를 으뜸으로 쳤지만 『사기』의 껍데기만 얻었을 뿐이고 깊은 곳에 이르지는 못했다는 것을 말하고 있다.

21 『주역』 「가인」 "상전"은 이러하다. "군자는 말에 뭔가 있으며 행위에 항상성이 있다." 유희재 『예개』는 이러하다. "일을 논하고 일을 서술하는 것은 모두 사리(事理)를 완전히 밝히는 것을 앞세운다. 사리가 완전히 밝혀진 뒤에 필법(筆法)을 다시 강구할 수 있다. 그렇지 않다면 뭔가 있는 것을 떠나 밝혀 드러냄을 찾게 될 것이다. 이런 일은 적용하여 썩지 않고 지속될 수 있던 적이 있었는가?" 장학성 「평심매촌고문」(評沈梅村古文)은 이러하다. "『역』은 이렇게 말한다. '말에 뭔가 있으며 행위에 항상성이 있다.' 또한 이렇게도 말한다. '말을 다듬어 참을 세운다.' 이른바 사물과 참됨은 인심이 용납할 수 없는 데 뿌리를 두고 있다. 어진 사람은 어진 것을 보고 지혜로운 사람은 지혜를 본다. 견해가 실제 있어야 하는 데 요점이 있다. 그러므로 그가 말한 것은 어진 것과 지혜를 스스로 완성하고 모함하지 않는 것이다. 성인과 현인의 도덕이 궁극적으로 도달하는 상태를 갑자기 꾸짖을 필요는 없다. 그래야만 비로소 말의 참됨을 다듬는 것이다. 아마 사람에게는 각자 잘하는 일고 못하는 일이 있을 것이다. 치우치게 제시하고 이상주의자나 우직한 사람을 이야기하는 편이 말을 꾸미는 일과 더불어 중용의 길을 걷는 일보다 낫다. 이것은 참됨을 소중하게 생각하지 꾸밈을 높이지 않는다는 말이다."(가업당본 『장씨유서』 보유)

22 유종원 「답위중립논사도서」는 이러하다. "애초 내가 어려서 글짓기를 배울 때는 말을 다듬는 기교를 생각했다. 자란 뒤에야 글이 도를 밝히는 것임을 알았다. 이것은 본디 불꽃처럼 빛나는 것[炳炳烺烺]에 구애받지 않으며 화려한 빛깔[采色]에 힘쓰거나 소리를 과장하는 일을 잘한다고 생각하지도 않는다."(『유하동집』 권34) 『광아』

신분이 높은 집안의 아들은 설령 꿈에 취하더라도 몹시 가난하여 고통을 받으면서 적선을 비는 말을 할 수 없을 것이다. 병으로 고통 받거나 어려움을 겪는 사람은 설령 악기를 질탕하게 연주하는 화려한 잔치 자리에 참석하더라도 고통스런 신음소리를 기뻐하는 웃음소리로 바꿀 수 없을 것이다. 소리는 바로 자기 마음을 표현하는 근거이기 때문이다. 글도 바꿀 수 없는 근거가 있기 때문에 각자 일가를 이루게 된다. 오늘날 자기가 추구하는 것을 버리고 옛사람의 겉모습만 비슷하게 본뜨려고 하는 사람들이 있다. 이것은 기량(杞梁)의 아내[23]가 죽은 자기 남편을 위해 곡을 잘한다고 해서 부부가 평생을 같이 사는 서쪽 이웃집의 늙은 아내도 기량의 아내가 슬픔에 젖어 울부짖는 것을 배우는 짝이다. 굴원은 멱라강[汨羅]에 몸을 던져 스스로 목숨을 끊었지만[24] 한결같은 마음과 한결같은 덕으로 충만한 다른 왕조의 신하도 『초사』처럼 슬프게 원망하는 작품을 지어야만 한다면 이것도 거꾸로 된 것이 아닌가?[25] 옛사람도 글의 구체적 표현을 교묘하게 잘 쓰려고 하지 않은 적은 없다. 맹자는 이렇게 말한다. "자신의 의지를 가져야지 자신의 기운을 마구 쓰면 안 된다."[26] 학문이 주장을 세우는 일을 위주로 한다는 것은 맹자가 말한 의지이다. 문장이 도를 밝히는 도구라는 것은 맹자가 말한 기운이다. 학문에

「석훈」은 이러하다. "병병(炳炳)은 명(明)이다." 낭(烺)은 낭(朗)과 같다. 장학성 「신척」은 이러하다. "글을 논할 때는 청진(清眞)이라 풀이한다. 청이라는 말은 뒤섞이지 않은 것이다. 진이라는 말은 실제 얻은 것이 있으면 말로 드러내는 것이다. 청은 글을 가지고 논하는 것이고 진은 글을 논하기 전에 먼저 학문을 말하는 것이다."(가업당본 『장씨유서』 외편 1) 실제 얻은 것이 있으면 말로 드러낸다는 것은 다름 아니라 바로 글이란 마음에 품고 있는 견해에 뿌리를 둔다는 뜻이다.

23 『맹자』 「고자 하」는 이러하다. "화주(華周)와 기량(杞梁)의 아내는 남편이 죽자 곡을 잘해서 나라의 풍속을 바꿨다."

24 멱(汨)과 나(羅)는 두 줄기의 물 이름이다. 합류하면 멱라강(汨羅江)이라 부르며 현재 호남(湖南省) 상음현(湘陰縣) 북쪽을 흐른다. 굴원은 초나라 회왕과 양왕(襄王)에게 다시는 쓰이지 못했기 때문에, 여기서 물에 뛰어들어 자살했다.

25 전(傎)은 전(顚)과 같다. 『춘추곡량전』 「희공 28년」은 이러하다. "진나라 문공의 행사는 이미 뒤집어졌다."

26 『맹자』 「공손추 상」의 글을 보라.

서 마음 깊이 깨달은 것을 찾으려는 것은 본디 글의 근본이다. 잘못이 없는 문장을 얻으려는 것도 학문을 할 때 능력을 떨쳐 드러내는 일이다. 그러므로 송나라 때 유학자들은 도덕을 우러르고 문사를 변변치 않게 대했다.[27] 이천 정이 선생은 문사를 교묘하게 꾸미는 것은 도를 해치는 일이라고 생각했고,[28] 명도 정호 선생은 기송을 쓸데없는 물건을 가지고 노는 데 팔려 소중한 자기 본심을 잃는 일[玩物喪志]이라고 생각했다.[29]

---

27 주돈이 『통서』는 이러하다. "글은 도를 싣는 근거이다. 수레바퀴와 끌채를 꾸며도 그것을 쓰지 못하게 되면 헛되이 꾸민 것이다. 하물며 빈 수레야? 문사는 재주이다. 도덕은 내용이다. 내용을 돈독하게 해두면 재주 있는 사람이 그것을 쓴다. 아름다우면 아끼고 아끼면 전해진다. 훌륭한 사람은 이로써 학을 얻어 이르게 된다. 이것이 가르침이다. 그러므로 이렇게 말한다. '수식이 없는 주장은 오랫동안 행하지 못한다.' 도덕에 힘쓰는 일을 모르고 다만 문사만 잘하는 사람은 재주일 뿐이다." 송나라 때 유학자들이 도와 재주[藝]의 우열을 가린 것은 여기서 볼 수 있다.

28 『송사』 「도학전」은 이러하다. "정이는 자가 정숙(正叔)이다. 철종 초에 비서성(祕書省) 교서랑으로 부름을 받았다가, 숭정전(崇正殿) 설서(說書)에 발탁되었다. 소성(紹聖) 연간에 관적에서 삭제되고 부주(涪州)로 유배를 갔다. 휘종이 즉위하자 협주(峽州)로 옮겼다. 죽을 때 나이는 일흔다섯이다. 정이는 책이라면 읽지 않은 것이 없었고, 학문은 성(誠)에 뿌리를 두고 있었다. 『대학』, 『논어』, 『맹자』, 『중용』을 목표[標指]라고 생각했고 육경에 통달했다. 평생 사람을 가르치는 일에 게으르지 않았기 때문에 학자가 그의 문하에서 가장 많이 배출되었다. 그의 연원이 점차 퍼지자 이들은 모두 유명한 선비가 되었다. 부주 사람들은 북암(北巖)에서 정이를 제사지냈다. 세상에서 이천 선생이라 부른다." 글을 교묘하게 꾸미면 도를 해친다는 말은 「원도 하」의 주38을 보라.

29 『송사』 「도학전」은 이러하다. "정호는 자가 백순(伯淳)이며 대대로 산골에 살았다. 나중에 개봉(開封)에서 하남으로 이주했다. 희녕 연간 초에 태자중윤(太子中允), 감찰어사가 되었다. 마음을 바로잡고 욕망을 막을 것[正心窒欲]과 훌륭한 사람을 찾고 인재를 기를 것[求賢育才]을 주장했다. 성의(誠意)로 황제를 감동시켜 깨닫게 하는 일에 힘썼다. 왕안석이 정사를 장악하자, 언관(言官)의 직책을 떠날 것을 요청하여 외직으로 나가 제점경서형옥(提點京西刑獄) 벼슬에 있다가 첨서진녕군판관(僉書鎭寧軍判官)으로 고쳤다. 철종이 세워지자 종정 승(宗正丞)이 되었다. 죽을 때 나이는 쉰넷이다. 정호는 타고난 자질과 성품이 보통이 아니었고, 자신이 타고난 자질을 확충하고 길러 도가 있었다. 화락하고 순수한 기운이 등 쪽에 가득했다. 버릇이 된 과거의 풍속을 싫어하여, 개탄하면서 도를 얻으려는 뜻이 있었다. 수십 년 동안 여러 사람들의 책을 널리 보고 도교와 불교에도 드나들다가, 육경으로 되돌아와 도를 구한 뒤 얻었다. 문언박(文彦博)이 그의 묘비를 쓰면서 명도 선생이라고 했다." 정호[大程子]가 기송을 완물상지라고 말한 것은 「원도 하」의 주36을 보라.

역주_ **문언박**(1006~1097)은 자가 관부(寬夫)이며 분주(汾州) 개휴(介休, 현재 산서성) 출신

비록 뿌리를 잊고 끄트머리만 쫓는 사람들에게 한 말이지만 정호와 정이 선생의 의도를 헤아려보면 의지를 가진 사람이 기운을 마구 쓰면 안 된다는 것을 의미하는 말은 아니다. 말과 얼굴빛이 드러날 때 비루함과 어긋남을 멀리해야 한다는 증자의 말이나 문사는 뜻을 전달하는 것을 추구한다는 공자의 말이 있다.[30] 송나라 때 유학자들의 기준으로 보면 공자와 증자도 도를 모르는 사람이 되는 셈이다. 읽는 사람 스스로 글의 구체적 표현이 아름답고 훌륭하다고 평가하는 것이 소중하다. 이것은 마치 음식이 맛있고 옷이 가볍고 따뜻한 줄은 입고 먹는 사람들이 받아들이게 되면 각자 알지 남에게 알려주기 어려운 것과 같다. 남에게 먹고 입는 방법을 알려 주려는 사람을 예로 들어보자. 육회와 구운 고기처럼 맛있는 음식을 가리키며 그에게 직접 맛보게 하면 그는 맛있다는 것을 알게 된다. 여우털이나 담비 털로 만든 외투를 가리켜 그에게 직접 입어보게 한다면 그는 가볍고 따뜻하다는 것을 알게 된다. 이런 방법이 있다. 그런데 꼭 자기가 맛본 것을 도로 뱉어 남에게 먹여 맛있다는 것을 알려

이다. 북송 때의 정치가이다. 문언박의 조상은 춘추시대 제나라 전완이다. 전완의 시호인 경중(敬仲)을 따서 경씨였다. 오대 때 후진의 고조 석경당(石敬瑭)의 이름을 다른 글자로 바꿔 쓰느라 문씨로 고쳤다. 후한의 고조 유지원(劉知遠)이 다시 예전 성을 쓰라고 하여 다시 경언박이라 했다. 송나라 태종 때 익조(翼祖) 조경(趙敬)의 이름과 같아서 다시 문씨로 고쳤다. 천성 5년(1027) 진사에 급제하고 여러 벼슬을 두루 역임했다. 경력 7년(1047) 11월 패주(貝州) 왕칙(王則)이 난을 일으키자 8년 정월 문언박을 하북 선무(宣撫)로 임명하여 진압하도록 했다. 문언박은 진압의 공으로 동중서문하 평장사(同中書門下平章事), 집현원 대학사가 되었다. 신종이 즉위한 뒤 왕안석이 변법을 시작하자 문언박은 왕안석과 맞섰다. 결국 지방관으로 강등되자 은퇴하고 말았다. 철종 원우 원년(1086) 사마광의 추천으로 다시 복직하여 여러 벼슬을 역임하고 은퇴했다. 휘종 숭녕 연간에 채경(蔡京)은 우상(右相)으로서 문언박, 여공착, 사마광 등을 원우당인(元佑黨人)이라 지목하고 원우당인비(元佑黨人碑)를 세워 이들의 학술을 금지시켰다. 북송 말 또는 남송 초에 문언박은 원래 관작을 회복하고 충렬(忠烈)이라는 시호를 받았다. 저술에 『대향명당기요』(大饗明堂紀要), 『약준』(藥準)이 있으나 사라졌다. 현재 『문노공집』(文潞公集)만 전해진다.

30 『논어』 「태백」은 이러하다. "증자는 이렇게 말한다. '말소리를 낼 때는 비루함과 배반하는 것을 멀리하는 것입니다.'" 『논어』 「위령공」은 이러하다. "선생님은 이렇게 말씀하셨다. '다듬은 말은 표현일 뿐이다.'"

주거나 꼭 남을 안아서 자기 품에 넣은 뒤 옷이 따뜻하다는 것을 알려주는 이치는 없다.[31]

한유는 이렇게 말한다. "사실을 기록한 글은 반드시 요점을 들어야만 하고 주장을 편찬한 글은 반드시 숨은 뜻을 그려내야만 한다."[32] 구현과 제요의 글이라는 한유의 말은 후세인들만 들어본 적이 없는 것이 아니다. 설령 당시의 장적(張籍)이나 황보식(皇甫湜) 같은 사람들이라 할지라도[33] 한유의 견해가 과연 무엇인지 몰랐다. 아마 한유의 글이 다른 책의 유명한 구절을 찾아 잘라 붙인 것에 지나지 않는다면 이것은 글을 지을 때, 참고했던 것일 뿐이리라. 이런 종류의 표시와 메모는 옛사람도 틀림없이 가지고 있었다. 좌사가 십 년이나 걸려 「삼도부」를 지었을 때, 뜰이든 뒷간이든 어디든지 종이와 붓을 놔두고 눈에 띄는 대로 쓴 뒤, 괜찮은 것이 있으면 즉시 제대로 썼다고 한다.[34] 이제 좌사의 「삼도부」를 살펴보면 기이한 생각이나 오묘한 상상은 결코 없지만 사람의 마음을 움

---

31 나는 이렇게 생각한다. 여기까지 글에 반드시 말하는 내용이 있어야만 하며, 글이 아름답고 뛰어나다면 스스로 터득한 것이 있느냐 없느냐를 소중하게 생각한다고 말하고 있다.

32 한유 「진학해」의 글을 보라.

33 『신당서』 「한유전」(韓愈傳)은 이러하다. "장적(張籍)은 자가 문창(文昌)이며 화주(和州) 오강(烏江) 출신이다. 진사에 급제했다. 성품이 올곧았다. 한유가 노름을 좋아하고, 순수하지 못한 말을 지으며, 논의할 때 남을 이기려는 호승심이 있고, 불교와 도교를 배척하지 않으며, 맹가나 양웅처럼 글을 지어 후세에 내려주지 못한다고 한유를 꾸짖은 적이 있다. 벼슬은 국자사업(國子司業)으로 마쳤다." 『신당서』 「한유전」은 이러하다. "황보식(皇甫湜)은 자가 지정(持正)이며 목주(睦州) 신안(新安) 출신이다. 진사에 급제하여 육혼 위(陸渾尉)가 되었고, 벼슬은 공부 낭중(工部郎中)에 이르렀다."

34 『진서』 「문원전」은 이러하다. "좌사는 자가 태충(太沖)이며 제나라 임치 출신이다. 「삼도부」를 지으려고 했기에 저작랑 장재를 찾아가서 민(岷)과 공(邛)의 일을 물었다. 드디어 작품을 구상하는 십 년 동안 문이나 뜰, 울타리와 변소에 모두 종이와 붓을 늘어놓고 만약 우연히 한 구절을 얻으면 즉시 그것을 대충 써두었다. 작품이 완성되었을 때, 황보밀은 「삼도부」의 서문을 써주었고 장재는 「위도부」(魏都賦)에 주를 달아주었으며 유규(劉逵)는 「오부」(吳賦)와 「촉부」(蜀賦)에 주를 달아주었다. 사공 장화는 이것을 보고 이렇게 감탄했다. '반고와 장형의 후계자이다.' 그래서 신분이 높은 집안이 앞 다퉈 서로 베끼려고 했기 때문에 낙양의 종이 값이 비싸졌다."

직이고 사람의 얼을 뒤흔든다. 「삼도부」는 정말 십 년 동안 고통스럽고 힘들게 사색한 결과로 완성된 것이리라. 괜찮은 것이 있으면 즉시 제대로 썼다는 좌사의 말도 틀림없이 「서」나 「지」의 뜻을 나타내는 것이다. 그는 먼저 옛사람의 뛰어난 말을 잘라내서 옮겨두었기 때문에 나중에 글을 쓸 때 그것만 근거로 해도 글을 구사할 수 있었을 것이다. 책을 읽을 때 마음에 드는 것이 있는지 없는지는 읽는 사람한테 달린 것이지 각각은 관계가 없다. 그러므로 옛사람이 글을 논할 때 독서와 기운을 기르는 공부에 대해서 많이 말했다. 고대에 대해 박식하고 경에 통달하는 것의 중요성, 스승이나 벗과 가깝게 지내는 일의 이점, 자료를 취하여 도움을 받는 방법이 글짓기를 배우는 방법이다. 문사가 교묘하니 졸렬하니 평가할 때는 한쪽 모서리를 들어서 나머지 모서리 셋을 보여주는 방식[35]이나 글의 정취가 비슷한 것을 제시하는 방식을 취한다. 육기의 『문부』, 유협의 『문심조룡』(文心雕龍),[36] 종영(鍾嶸)의 『시품』(詩品)[37] 같은 문학평론서는 정교하게 다듬은 글자나 좋은 구절을 우연히 드는 경우도 있고 한 편의 글 전체에서 좋은 부분과 좋지 않은 부분을 품평하는 경우도 있다. 이런 방식은 읽는 사람이 글 자체에서 지은이의 의도를 알게 해주는 동시에 글이 표현한 것 이상의 마음을 이해하도록 만들어 준다. 이런 책들은 문사에 대해 아주 철저하게 생각한다. 어쩔 수 없이 남의 글을 잘라

---

35 『논어』 「술이」는 이러하다. "선생님이 이렇게 말씀하셨다. '분발하지 않으면 열어주지 않으며, 애태우지 않으면 말해주지 않고, 한 귀퉁이를 들어도 세 귀퉁이가 뒤집어지지 않으면 다시 말해주지 않는다."

36 「문덕」편의 주3을 보라.

37 『양서』 「문학전」은 이러하다. "종영(鍾嶸)은 자가 중위(仲偉)이며 영천 장사(長社) 출신이다. 학문을 좋아하고 이치를 생각했다. 형양(衡陽) 왕원간(王元簡)이 외직으로 나가 회계의 태수가 되자, 그를 끌어들여 영삭(寧朔) 기실로 삼았다. 그는 문한(文翰)을 관장하다가 서중랑(西中郎) 진안왕(晉安王)의 기실로 옮겼다. 종영은 고금의 오언시(五言詩)를 품평하고 우열을 논한 적이 있다. 이것의 이름이 『시평』(詩評)이다." 『직재서록해제』 「문사류」(文史類)는 이러하다. "『시품』(詩品)은 세 권이며, 양나라 기실인 참군 종영이 지었다. 고금의 지은이를 세 단계로 나누고 비평했다. 상품(上品)은 열한 명, 중품(中品)은 서른아홉 명, 하품(下品)은 예순아홉 명이다."

붙여서 글을 써야 할 때는 표시해서 메모한 것을 분류하는 방식을 취한다. 이것도 남의 글을 메모할 때 자기 마음에 맞았던 것들이지 반드시 남의 책이 가진 본래 모습에서 나온 것은 아니다. 비유컨대, 어떤 사람을 마음에 품은 채 달을 바라보기 때문에 그 사람이 떠오른 것이지 달 자체가 어찌 멀리 헤어져 있는 사람을 떠올리게 만든다고 하겠는가? 오랫동안 객지를 떠돌면서 빗소리를 들었기 때문에 빗소리를 들으면 슬픈 것이지 비 자체가 어찌 슬픈 상황을 가지고 있다고 하겠는가? 그러나 달빛 아래의 그리움이나 빗속의 느낌이 어찌 천지 사이의 가장 뛰어난 글이 아니겠는가? 이런 느낌과 그리움을 마음속에 비밀스레 간직하려 하든지 후학에게 은혜를 베풀어 주려고 하든지 상관없다. 다만 휘영청 밝은 달을 바라보거나 쏟아지는 장대비 소리를 들을 때는 꼭 이렇게 슬픈 느낌으로 받아들여야 한다고 생각하는 것이 문제이다. 좋은 벗과 갑자기 만난 사람이나 자기의 혼인 잔치를 하는 밤에 달을 바라보는 사람을 만나 물어본다면 그들은 틀림없이 믿지 않을 것이다. 그래서 동그라미와 네모를 그릴 수 있는 목수의 그림쇠와 곱자처럼 글짓기를 배우는 일도 글짓기의 기준만 전수하고 전수받을 수 있다. 목수가 그림쇠를 어떻게 활용하여 집을 지을 지 목수에게 달린 것처럼 글짓기를 구체적으로 어떻게 할지는 전수하고 전수받을 수 없다.[38] 분류대로 편찬해서 남의 글을 잘라내 나란히 늘어놓은 책이나 표시하고 메모한 뒤 평점(評點)을 찍은 책은 본래 보잘 것 없는 글짓기에 해당하는 일이다. 남에게 보여주어 알릴 수도 없고 스스로 메모해두고 자기만 쓸 수 있을 뿐이다. 아버지는 자기 메모를 어쩔 수 없이 아들에게 주지만 스승은 자기 메모를 제자에게 전

---

38 『맹자』「진심 하」는 이러하다. "맹자는 이렇게 말한다. '목수[梓匠]와 수레바퀴 만드는 사람[輪輿]은 남에게 그림쇠와 곱자를 줄 수 있을망정 남의 기술을 교묘하게 만들어주지는 못한다.'" 주희 주는 윤씨(尹氏)를 인용하여 이렇게 말한다. "그림쇠와 곱자, 법도는 남에게 알려줄 수 있는 것이다. 교묘한 기술은 그 사람만 가지고 있는 것이다. 비록 대단한 장인이라도 어떻게 할 수 없다." 심영의조(心營意造)는 다름 아니라 바로 마음을 가다듬는 데서만 나온다는 뜻이며 교묘하다는 말이다.

하면 안 된다. 아마 이것은 끝없이 많은 옛사람의 책을 어떤 사람의 일시적이고 유한한 이해 속에 얽매게 될까 두렵기 때문일 것이다.[39]

율시(律詩)를 지을 때는 평측(平仄)을 알아야만 한다. 고시(古詩)를 지을 때는 음절(音節)을 알아야만 한다. 그러나 평측은 드러나기 때문에 쉽게 알지만 음절은 드러나지 않기 때문에 살피기 어렵다. 고시에 능숙하다면 당연히 저절로 알 것이다. 어떤 고시를 가지고 시에 사용한 음절을 남에게 정하게 해보면 음절에 변화가 많기 때문에 알려져 있는 다른 고시의 음절로 제한할 수 없다. 조집신(趙執信)은 옛사람의 시를 근거로 『성조보』(聲調譜)[40]를 지었다. 당시 고시에 통달했다고 알려진 학자가 그것을 나무랐지만 나는 조집신을 위해 해명해줄 수 없었다. 그러나 음절을 모르는 사람에게 말해주면 깨달음이 생기게 해주리라. 그가 이것을 천하의 유일한 법도라고 들먹이지만 않았으면 할 뿐이다. 시문은 법도를 알아야만 하지만 고문도 법도가 있다는 것을 알아야만 한다. 시문의 법도는 드러나기 때문에 쉽게 알지만 고문의 법도는 드러나지 않기 때문에 알려주기 어렵다. 고문에 능숙하다면 당연히 저절로 알 것이다. 어떤 고문을 가지고 남에게 고문의 법도를 제시해보면 문장의 변화가 많기 때문에 다른 고문의 알려져 있는 법도로 제한할 수 없다.[41] 귀유광은 『사기』의

---

39 나는 이렇게 생각한다. 여기까지 메모를 따서 기록하는 일이 스스로 살펴보는 데는 도움이 되지만 남에게 보여줄 필요는 없음을 말하고 있다.

40 『청사열전』「문원전」 2는 이러하다. "조집신(趙執信)은 자가 신부(伸符)이며 산동 익도(益都) 출신이다. 강희 18년에 진사가 되어 한림원 서길사(庶吉士)로 고쳤다가 산관(散館)한 뒤 편수 벼슬에 임명되었다. 곧 우춘방(右春坊) 우찬선(右贊善)에 발탁되었다. 국상이 났는데 잔치를 벌이고 술을 먹었다가 탄핵을 받아 관직이 떨어졌다. 나이 여든셋에 죽었다. 조집신의 시는 본성의 천진함을 그렸고 가볍고 화려한 것을 힘껏 배척했다. 왕사정의 누이 딸을 아내로 맞았다. 고시의 곡조와 가락[聲調]을 왕사정에게 물었는데, 왕사정이 인색하게 굴었던 적이 있다. 조집신은 그래서 당나라 때 사람들의 여러 문집을 펼쳐 놓고, 배열하여 서로 비교하면서 일일이 밝혔다. 마침내 그 방법을 얻어 『성조보』(聲調譜) 한 권을 지었다."

역주_ 위 본문의 **율시**는 일곱 글자가 한 구를 이루는 형식의 시이다. **평측**은 평성의 글자와 측성의 글자이다. **고시**는 후한 이전의 시이다. **음절**은 하나의 단어를 이루는 소리 단위이다.

글을 가지고 다섯 가지 빛깔로 표시를 달아 의법(義法)을 제시했다. 오늘날 고문에 통달했다고 알려진 학자가 만약 그것을 듣는다면 틀림없이 남몰래 속으로 비웃겠지만 나는 귀유광을 위해 해명을 해줄 수 없다.[42] 그러나 법도를 모르는 사람에게 말해주면 깨달아 이해하는 데 어떤 도움이 되리라. 그가 이것을 전수할 만한 비전이라고 의지하지만 않았으면 할 뿐이다. 그것을 전수할 만한 비전이라고 의지하는 것은 마치 남쪽 끝에 있는 초나라 서울 사람이 북쪽 끝에 있는 연나라의 연석을 보석이라고 소중하게 여기는 것과 같다.[43] 일부만 가지고 어떤 책을 완전히 알 수 없다. 어진 사람이 보면 어질다고 말하며 지혜로운 사람이 보면 지혜롭다고 말한다. 울음소리나 웃음소리에 수렴되거나 발산되는 소리가 있고 노래와 울음소리에 낮은 소리와 높은 소리가 있는 것처럼 시의 음절이나 글의 법도를 군자는 배우지 않아도 할 수 있다고 생각한다. 그러나 군자가 반드시 남에게 보여주려고 하면 사람들은 도리어 거기 얽매이는

---

41 요내 「답옹학사서」(答翁學士書)는 이러하다. "문자는 사람의 말과 같다. 기운이 그것을 채우면 글을 본다. 비록 백 개의 왕조가 지난 뒤라도 그 사람을 앞에 세워놓고 함께 이것에 대해 말하는 것이나 마찬가지이다. 기운이 없다면 글씨를 쌓아둔 것일 뿐이다. 의도와 기운이 서로 제어하여 말을 다듬은 뒤에 곡조[聲音], 멜로디[節奏], 높낮이가 높아졌다 낮아졌다 하는 법도가 생긴다. 반복하고 진퇴하는 모습이나 빛깔의 화려함이 있기 때문에 음색의 아름다움은 의도와 기운을 근거로 때맞춰 변하는 것이다. 여기 어찌 정해진 법이 있겠는가!"(『석포헌문집』(惜抱軒文集) 권6) 이것과 참조하여 증명할 수 있다.

42 장학성은 귀유광이 『사기』에 동그라미와 점으로 평점(評點)한 일을 비평하면서 이렇게 말한다. "대체로 『사기』의 형식은 본래 하늘처럼 웅건하고 질박하다. 사마천의 타고난 자질이 크기 때문에 가볍고 재빠르게 운용한다. 오늘날 성질이 수더분하고 호탕하며 갑자기 기세가 꺾인다는 귀유광과 당순지의 말은 마음속에 아무런 내용이 없기 때문에 딱 붙지 않고 공허하게 미끄러진다는 느낌을 지울 수 없다. 그들은 후세인들이 얕고 변변치 않게 그들의 글을 베끼게 만드는 악습을 조장했다." 「문리」를 보라.

역주_ 위 본문의 의법은 뜻과 법도, 뜻과 방법이라는 뜻이다. 문학과 밀접한 관련을 가지고 있는 개념이다. 이에 상응하는 사학의 개념은 의례이다.

43 송나라 사람이 연석(燕石)을 보물로 생각하는 이야기는 「언공 하」의 주73을 보라. 나는 이렇게 생각한다. 여기서 초나라 서울인 영(郢) 사람이라고 말한 것은 우연한 잘못이리라.

바람에 노래하고 울거나 울부짖고 웃는 데서 나오는 참된 감정을 표현할 수 없게 될 것이다.[44] 자기 개인의 견해를 따지고 파고들어 지나치게 탐구하는 일에 매달리게 하지 마라. 우연히 훑어보다가 마음에 닿는 것이 있으면 붓을 들어 기록해두고 스스로 기억을 더듬는 데 써라. 그러면 말을 다듬을 때 도움이 되리라. 내 개인의 견해를 근거로 천하의 모든 사람들이 내가 이해한 범위 안에 들어와야만 한다고 생각한다면 후세인 가운데 나를 따르는 사람이 실제 있을 수도 있다. 저승에서 옛사람을 불러와 물어보자. 그러면 옛사람은 이렇게 말할 것이다. "내가 말하려고 한 것은 여기 없다!" 이건 너무 억울하지 않은가?[45]

---

44 장학성 「조립재시문제식인언」(趙立齋時文題式引言)은 이러하다. "나는 옛사람이 글을 완성하고 법도를 세우는 것이 말할 때 말을 시작하고 맺는 것이나 웃을 때 웃음을 거두고 터져 나오는 것과 같다고 생각한다. 저절로 그런 이치인데 어찌 일정한 방식이 있겠는가? 글에 정해진 방식이 있다면 얼굴이 비슷비슷하고 성령이 막히고 덮인 것과 같다. 그러면 옛사람이 주장을 세운 뜻은 어두워진다."(가업당본 『장씨유서』 권29)

45 나는 이렇게 생각한다. 여기까지 글에 변화가 많기 때문에 얽매일 만한 방식이 없다는 것을 말하고 있다. 정해진 방식을 가지고 글의 기술[文術]을 말한다면 과거를 모함하고 미래를 속이는 짓이 될 것임을 말하고 있다.

문집(文集)[1]

문집이 일어난 때는 당연히 문장의 상승과 하강이 교차하던 무렵이었겠지? 고대에는 조정이 전범과 규칙[典謨]을 가지고 관청이 법령을 보존했으며 풍시를 민간에서 채집하여[2] 상주문을 꾸며 임금에게 바쳤다. 이

---

1 나는 이렇게 생각한다. 후세의 문집은 모든 것을 망라하고 다양한 것을 총괄했지만, 애초에는 사실 사부만 수록했다. 소명태자의 『문선』이 오직 깊은 생각[沈思]과 다듬은 글[翰藻]만 취했던 것은 본디 이유가 있는 것이다. 왕검의 『칠지』는 『칠략』의 사부를 문한(文翰)이라고 바꿔 부르고 있다. 당시 벌써 잡문을 많이 수록했고 부만 수록한 것은 아니다. 완효서의 『칠록』은 한(翰)을 집(集)으로 고쳤고 『수서』 「경적지」는 그것을 이었다. 그래도 글의 수사법을 위주로 수록했을 뿐이다. 경부, 사부, 자부에 속하는 글이 들어오는 것을 막았다. 당나라 때 와서 논저와 전기가 문집에 들어오지 않는 것이 없었다.(유함흔의 주장에 뿌리를 두고 있다) 「문집」편은 그것의 원류와 득실을 논한다. 그러나 「시교 하」와 때때로 차이가 있기 때문에 교수의 도움을 받아야 한다. 지은 해는 「경해 상」의 주1을 보라.

2 『예기』 「왕제」는 이러하다. "순시해야 하는 해에는 이월에 동쪽으로 순수(巡狩)하며, 태사에게 백성들의 시를 올리게 하여 이로써 백성의 기풍을 살핀다." 유흠 「여양웅서」(與揚雄書)는 이러하다. "삼대, 주나라, 진나라의 헌거사자(軒車使者)와 주인사자(遒人使者)는 순시해야 하는 해에는 팔월에 순수할 길을 따라 돌아다니며 대어(代

때 개인이 스스로 책을 쓰거나 집안마다 독특한 학설을 보존하는 일도 아직 없었다.(유향이 황실 도서를 교정하면서 제자백가의 요점을 서술하여 기록했다. 그는 기록할 때마다 고대의 어떤 관청이나 어떤 집안이 관장하던 데서 나왔다는 식으로 말했다. 하지만 이것이 고대에 개인적 저술이 없었다는 증거는 아니다. 나머지는 『문사통의』「외편」에 상세하다)[3] 치학의 길이 갈린 뒤부터 제자백가가 유행하기 시작했다. 주나라부터 진나라 때까지 제자백가의 학은 어지럽기 그지없었다. 판단력이 있는 사람은 도술의 분열 상태를 못마땅하게 여기고 있었다. 그러나 스승과 제자를 통해 전해진 전문가의 학업은 글로 이름을 내보려고 한 적은 없었다. 만약 그의 학업을 드러낼 수만 있다면 그의 제자에게 전수시켰다.(제자백가는 모두 배우는 제자들에게 전수했다. 『관자』와 『안자』 같은 제자백가의 책에는 그들이 죽은 뒤의 일을 많이 기록하고 있다. 『장자』에도 장자가 죽어갈 때 한 말을 기록하고 있다. 『한비자』「존한」(存韓)편은 이사가 한비자를 반박하는 논의로 끝을 맺고 있다.[4] 이런 것들은 모두 본인이 지은 것이 아니다. 아마 그들

語), 동요(僮謠), 가희(歌戲)를 구한다."(『방언』 및 『고문원』(古文苑)에 부록으로 수록되어 있다) 『한서』「식화지」는 이러하다. "겨울을 함께 지내려고 모였던 사람들은 정월에 들로 흩어진다. 행인은 목탁을 흔들고 길을 따라 다니며 시를 채집하여 태사에게 바친다. 그것을 음률별로 나란히 분류하여 천자에게 들려준다." 하휴 『춘추공양전주』(春秋公羊傳注)는 이러하다. "남자가 예순이 되고 여자가 쉰이 되어도 아들이 없는 사람은 관청에서 입혀주고 먹여준다. 그들에게 민간에서 시를 찾도록 시킨다. 향(鄕)은 읍으로 올려 보내고 읍은 나라로 올려 보내며 나라는 천자에게 들려준다."

역주_ 풍시는 유행하는 시가, 또는 풍자하는 시가이다. 『시경』의 「국풍」을 말하기도 한다.

3 『교수통의』「원도」는 이러하다. "이치는 크고 만물은 많으니 완전히 알 수는 없다. 성인은 그것을 위해 관직을 세워 나누어 지키고 문자도 역시 그것을 따라 기록한다. 이런 관직이 있으면 이런 법도가 있기 때문에 법도는 관직에 갖춰져 있다. 이런 법도가 있으면 이런 책이 있기 때문에 관직은 자신의 책을 지킨다. 이런 책이 있으면 이런 학이 있기 때문에 스승은 자신의 학을 전수한다. 이런 학이 있으면 이런 학업이 있기 때문에 제자들은 자신의 학업을 익힌다. 관직이 학과 학업을 지키는 것은 모두 같은 데서 나왔고 천하는 같은 글자로 다스리는 것이기 때문에 개인이 저술한 문자는 없었다. 개인이 저술한 문자가 없기 때문에 관직이 지키는 나눠진 직책은 바로 모든 글의 분류와 순서이다. 이밖에 목록에 기록하는 법도가 따로 있는 것은 아니다."

4 『관자』에 관자가 죽은 뒤의 일이 기록되어 있고 『한비』의 글에 이사가 반박하는 논

에게 배운 사람들이 각자 보고 들은 것에 근거하여 덧붙여 놓았을 뿐이리라) 그들의 학설도 제자들에게만 전수되고 만 것이 아닐 테니 들쭉날쭉하고 뒤섞여 어수선한 글도 없었을 것이다. 서한과 동한 때 문장이 점점 풍부해지면서 저작은 쇠락하기 시작했다. 가의의 주의는 『신서』에 편집되어 들어갔고[5](이것이 바로 『가자서』이다. 당나라 때의 『집현서목』(集賢書目)에 처음으로 『신

의가 붙어 있는 일은 모두 「언공 상」의 주34 및 주35를 보라. 『직재서록해제』 「유가류」는 이러하다. "『안자춘추』는 열두 권이며, 제나라 대부 평중(平仲) 안영(晏嬰)이 지었다. 『한서』 「예문지」는 여덟 편이고 『안자』라고만 말하고 있다. 『수서』 「경적지」나 『신당서』 「예문지」는 일곱 권이라고 하며 비로소 『안자춘추』라고 부르고 있다. 이제 권의 숫자가 다르기 때문에 과연 원래의 책인지 아닌지는 알 수 없다." "『숭문총목』(崇文總目)은 그 책이 이미 사라졌다고 말한다. 오늘날 전해지는 것은 아마 안영이 벌인 사업을 채집하여 완성한 것이라고 후세인이 말하는 것이리라. 그러므로 유종원은 묵가 가운데 제나라 사람이 있어서 그가 지은 것이지, 안영 스스로 지은 것이 아니라고 말한다." 『장자』 「열어구」는 이러하다. "장자가 죽을 때가 되었는데, 제자들이 그를 후하게 장사지내려 했다. 장자는 이렇게 말했다. '나는 하늘과 땅을 널로 생각하고 해와 달을 한 쌍의 벽옥[連璧]으로 생각하며 별들을 구슬[珠璣]로 생각하고 만물을 제수[齎送]로 생각한다. 내 장례식의 도구가 어찌 갖춰지지 않은 것이 있으랴!'" 이것도 역시 장자를 배운 사람이 덧붙인 것이다.

역주_ 『숭문총목』은 송나라 때 나라에서 만든 도서 목록이다. 모두 삼천사백마흔다섯 부, 삼만육백예순아홉 권을 수록했다. 인종 경우 원년(1034)에 한림학사 장관(張觀), 이숙(李淑), 송기 등에게 중앙 정부와 비각에 소장된 책을 정리하라는 명령을 내렸다. 얼마 지나지 않아 다시 한림학사 왕요신, 섭관경(聶冠卿), 곽진(郭稹), 여공작, 왕수(王洙), 구양수 등에게 조목조목 교정하여 편집하라고 명령했다. 당나라 『개원군서사부록』(開元群書四部錄)을 본받아 도서 목록을 편집했다. 경력 원년(1041) 섣달 왕요신이 아뢰고 『숭문총목』이라는 이름을 받았다. 『숭문총목』의 형식은 나중에 조공무나 진진손이 본받아 목록을 작성했다.

5 「시교 하」의 주62를 보라. 노문초(盧文弨) 「서교본가의신서후」(書校本賈誼新書後)는 이러하다. "『신서』는 가의가 지은 것이 아니다. 그래서 가의에게 배운 사람이 가의의 말을 모아서 이 책을 지었을 뿐이다. 「과진론」은 사마천이 글을 전부 수록했다. 「치안책」(治安策)은 반고의 『한서』에 한 편만 보이지만, 이것이 흩어져 네댓 편이 되었다. 후세인은 이것을 가의가 평소에 초안을 잡아 창작한 것이라고 생각한다. (『주자어록』) 어찌 그럴 수 있는가? 가의의 글 가운데 『한서』가 기록하지 않은 글은 『설원』, 『신서』, 『한시외전』에 비슷한 것이 자주 나타난다. 비록 그렇더라도 청사씨(青史氏)의 기록 따위는 태교(胎教)에 관한 고대의 예를 모두 기록하고 있으며 「수정어」(修政語) 상편과 하편은 제왕이 남긴 교훈이 많고 「보부편」(保傅篇)과 「용경」(容經)은 고전을 함께 펼친다. 이것들은 근본을 갖추고 있다. 가의의 글은 『시』의 추우(騶虞), 『역』의 잠룡(潛龍)과 항룡(亢龍)을 풀이하고 있다. 이것도 경의 뜻을 깊이 얻

서』라는 이름이 나타난다) 사마상여가 지은 사와 부는 작품의 제목만 기록되었다.(『한서』「예문지」는 『사마상여부』(司馬相如賦) 스물아홉 편이라고 기록하고 『굴원부』 스물다섯 편 다음에 편집했다. 그리고 「예문지」의 "시부략서"(詩賦略敍)는 시부의 지은이가 백여섯 명, 천삼백열여덟 편이라고 뭉뚱그려 말하고 있다. 각각 한 사람의 작품이라고 하는 것은 여러 사람의 작품이 실린 『초사』를 하나로 보는 것이 아니라 아마 굴원의 작품만 담은 『이소』를 하나로 보는 것과 동등할 것이다) 이들은 일가의 주장을 이룬 것이며 제자백가의 시대와 그다지 멀지 않았기 때문에[6] 애초부터 여러 가지 형식을 모아서 엮은 뒤 문집을 만들겠다고 의도한 적은 없었다. 동한 이후 건안(建安) 연간부터 황초(黃初) 연간에[7] 이르는 사이, 갖가지 글들이 번성했다. 범엽의 『후한서』와 진수의 『삼국지』(「문원전」은

은 것이기 때문에 위나라나 진나라 때 사람들이 결코 할 수 없는 일이다. 그러므로 이것은 가의를 익힌 사람이 모아서 만든 것이라 하더라도 가의의 시대에서 크게 멀지 않은 때라는 것을 알 수 있다."(『포경당문집』(抱經堂文集) 권10)

역주_ 노문초(1717~1795)는 자가 소궁(召弓), 호가 기어(磯漁), 또 다른 호가 포경(抱經)이다. 절강 인화(어떤 사람은 여요라고 한다) 출신이다. 건륭 17년(1752) 삼등으로 진사에 합격했다. 시독학사, 호남 학정을 거쳐 은퇴했다. 강소와 절강의 여러 서원에서 이십여 년 동안 주강을 지내면서 학자들을 가르쳤다. 노문초는 대진, 단옥재와 친했다. 저술에 『포경당총서』(抱經堂叢書), 『군서습보』(群書拾補), 『포경당집』(抱經堂集), 『종산차기』(鍾山劄記), 『용성차기』(龍城劄記) 등이 있다.

6 유사배는 『논문잡기』에서 이렇게 말한다. "『한서』「예문지」는 시부를 다섯 종류로 서술하며 부를 다시 네 종류로 나눈다. 굴원 이후 스무 사람이 하나의 종류이며, 육가 이후 스물한 사람이 하나의 종류이고, 순자 이후 스물다섯 사람이 하나의 종류이며, 「객주부」(客主賦) 이후 열두 사람이 하나의 종류이다. 그러나 반고의 『한서』「예문지」는 구분한 의도에 대해 한 마디도 주를 달지 않았다. 최근의 교수하는 사람[校讎家]도 이것까지 논의한 사람이 드물다. 내가 볼 때 「객주부」 이후의 열두 사람은 한나라 때의 "총집류"이다. 나머지는 모두 분집(分集)이다. 그러나 분집의 부는 다시 세 가지로 나뉜다. 자신의 심정을 그리는[寫懷] 부가 있고 글을 펼치는[騁詞] 부가 있으며 이치를 밝히는[闡理] 부가 있다. 굴원 이후 스무 사람이 바로 자신의 심정을 그리는 부이다. 육가 이후 스물한 사람이 바로 글을 펼치는 부이다. 순경 이후 스물다섯 사람이 바로 이치를 밝히는 부이다. 자신의 심정을 그리는 부는 『시경』에서 근원이 나왔다. 글을 펼치는 부는 종횡가에서 근원이 나왔다. 이치를 밝히는 부는 유가와 도가에서 근원이 나왔다."

7 건안은 한나라 헌제의 연호이다. 황초는 위나라 문제의 연호이다.

역주_ 건안 연간부터 황초 연간까지는 한나라가 망하고 위나라가 세워진 『삼국지』의 시대이다.

『후한서』에서 시작되었다)는 여러 문사들의 열전을 편집했다. 열전에서 그들의 글을 표시할 때,[8] 누가 지은 시 몇 편, 부 몇 편, 비 몇 편, 잠 몇 편, 송 몇 편, 뇌 몇 편 하는 식으로 말하고 있지 누구의 문집 몇 권 하는 식으로 말하지는 않았다. 문집의 내용은 이미 갖춰졌지만 문집이라는 이름은 아직 확립되지 않은 것이다.(『수서』「경적지」는 "별집이라는 이름은 동한 때 창조된 것이다"라고 했는데 아마 미처 깊이 헤아리지 못한 것이리라) 지우가 『문장유별집』을 창조한 뒤부터 학자들은 이런 형식을 편리하다고 생각했다. 그래서 옛사람의 작품들을 따로 모아서 별집이라는 이름표를 붙이게 되었다. 문집이라는 이름은 사실 진나라 때 시작된 것이다.[9](진수는 『제갈량집』(諸葛亮集) 스물네 편을 편집했다. 이 책은 본래 『제갈량고사』(諸葛亮故事)라고 불렀는데, 편명들은 『삼국지』에 실려 있으며 자부에 속하는 책의 형식이다. 그리고 『진서』「진수전」도 『제갈집』(諸葛集)을 편집했다고 말하고 있는데, 진수는 목록의 표제를 『제갈씨집』(諸葛氏集)이라고도 부르고 있다. 아마 세상 사람들이 잘못 말한 것이리라) 상대편이 쓴 작품에 대응하기 위해 급하게 쓴 글, 과거 시험지나 재미 삼아 쓴 글 등 후세의 글[10]은 큰물이 넘쳐흐르듯 지나치게 많아서 둑이 터진 것 같았다. 이런 종류의 책들은 별집이라는 이름을 다투어 붙이게 되었다. 이런 책들은 유흠의 『칠략』으로는 도저히 수습하기 불가능할 정도이고 반고의 『한서』「예문지」로도 갖다 붙일 수 없는 정도였다.[11] 그들

8 『문심조룡』「총술」(總術)은 이러하다. "오늘날 늘 말하는 것에 문(文)과 필(筆)이 있다. 운율이 없는 것은 필이고 운율이 있는 것은 문이라 생각한다." 지(識)는 기(記)이다.

9 나는 이렇게 생각한다. "방"(仿)은 "방"(昉)이라고 해야만 한다. 『문장유별집』은 「시교 상」의 주37을 보라. 나는 이렇게 생각한다. 또한 「시교 하」는 이러하다. "글을 모아서 편집하는 일은 건안 시절에 시작되었지만 실제 위나라 이후 제나라와 양나라 무렵에 성행했다." 스스로 이렇게 주를 달았다. "위나라 문제가 서간, 진림, 응양, 유정의 글을 편찬하여 하나의 문집으로 묶었다. 이것이 문집의 시작이다. 지우의 『유별전』은 오히려 그 이후이다." 여기의 주장과 약간 다르다.

10 과거 시험지[決科]는 「박약 상」의 주8을 보라. 『한서』「양웅전」은 이러하다. "또한 어릿광대와 대단히 비슷했다."

11 유흠의 『칠략』은 「서교 상」의 주14를 보라. 완효서 『칠록』「서목」(叙目)은 이러하다. "후한 교서랑 반고는 『칠략』의 말을 근거로 『한서』「예문지」를 지었다."

이 썼다는 글도 자신의 감정을 뽐내며 모습을 꾸미는 것이고 모순되고 들쭉날쭉했다. 전문가의 학업[專業]과 일가를 이루는 일[名家]이라는 주장에서 곁가지를 뻗지 않는 기풍을 다시는 기대할 수 없게 되었다.[12] 치학이 나뉘고 제자백가가 나타난 때는 공적인 것과 개인적인 것이 교차하던 무렵이었다. 언행이 일치하지 않자 문집이 일어났고 참과 거짓이 판이하게 나뉘었다. 추세가 여러 번 변할 때마다 점차 시대의 수준이 낮아졌고 글이 번성하면 할수록 더욱 어지러워졌다. 만약 학을 좋아하고 깊이 생각하는 선비가 있다면 주장을 세우는 바탕을 글로써 추구해 보고 흩어진 것을 하나로 모아서 되돌려 보라. 세 번만 변혁을 거치면 고대의 학은 일어날 수 있을 것이다. 물길을 따라 내려가는 사람은 근원을 잊고 이름에 탐닉한 사람은 알맹이를 잃어버리는 것이 안타깝다. 두 동이[缶]나 한 독[鍾]이나 같은 부피인데도 두 동이를 한 독이라고 부르면 의심을 품는 게 세상인심이다.[13] 하물며 문집처럼 도도하게 흐르며 밑도 끝도 없는 문제야 말해 무엇 하리![14]

---

12 『교수통의』「종류」(宗劉)는 이러하다. "한나라, 위나라, 육조시대 때의 저술은 대략 전문가의 학파의 의도가 있다. 당나라와 송나라 때 시집과 문집은 안개 핀 바다처럼 넓다. 오늘날 세속에서 당나라와 송나라 때 대가의 문집을 두고 한유는 유가, 유종원은 명가, 소순은 병가, 소식은 종횡가, 왕안석은 법가라고 논한다. 이것은 모두 평생 얻은 것이 문자로 나타난 것이며 뜻은 곁가지로 벗어나지 않는다. 이것은 바로 옛사람이 저절로 제자백가의 하나가 되는 근거이다. 그들의 형식은 문집이라고 하므로 제자백가에 순서대로 분류하는 곳에 본래 억지로 늘어놓을 수 없다."

13 『장자』「천지」는 이러하다. "두 부가 한 종인지 아리송하면 가더라도 얻지 못한다." 곽상 주는 이러하다. "각자 믿는 근거가 있기 때문에 어디로 가야할 지 모른다." 『소이아』(小爾雅)는 이러하다. "둘과 이분의 일 부(釜)를 수(藪)라고 부른다. 둘과 이분의 일 수를 부(缶)라고 부른다. 두 부를 종이라고 부른다." 부와 종은 모두 부피를 재는 그릇인데, 이제 각자 그릇을 쥐고도 그것이 적당한지를 모른다.

14 장학성 『병진차기』는 이러하다. "아마 동한 이후부터 문집이 나날이 번성했을 것이다. 그것을 짓는 사람은 아마 남이 말하는 것에 응수하여 다퉜을 것이다. 여기에는 옛사람이 주장을 세우는 뜻이 드물다. 그러므로 문인의 찬술에는 다만 부, 송, 비, 잠, 명, 뇌 같은 여러 형식이 있을 뿐이다. 자부와 사부에 있는 전문가의 저술은 점점 나타나지 않게 되었다. 그러나 그들의 글에서 형식의 화려함도 내용보다 심했기 때문에 누구의 주장인지, 어느 학파의 학문인지 정할 수 없었다. 그것은 주장의 내

옛날에 유향과 유흠 부자가 조목조목 나눈 책들은 『주관』의 사라진 법도이겠지? 고금의 문자를 모아서 학파별로 나눈 뒤, 천하의 학술을 합쳐서 관청에서 지키게 해왔다. 이런 일에 어떤 정해진 방식이 대대로 전해지는 것은 아니기 때문에 주나라부터 진나라 때까지 이어진 근원으로 직접 거슬러 올라갈 수 있는 근거가 서한 왕조의 끝 무렵 사라졌다.(『한서』「예문지」는 기록되어 있지만 당시 남아 있지 않은 책도 원래대로 분류해 놓았다. 그렇다면 유향 이전에는 틀림없이 전수되었을 것이다. 또한 『칠략』이 학파를 나눈 것도 아직 확실한 근거가 없다. 당연히 유흠 때부터 전수되지 않았을 것이다) 반고의 『한서』「예문지」가 나온 뒤로 어지럽게 목록에 기록된 것 가운데 합쳐진 책도 있고 분리된 책도 있다. 그래서 종지도 모르게 되었고 책들이 전부 전해지지도 않았다. 책을 분류해서 편집할 때 얼마나 잘 쓰고 못 썼나 하는 것이나 요지를 써서 기록한 것이 얼마나 좋은지 좋지 않은지도 세세하게 조사할 실마리가 없다. 순욱의 『중경』에는 네 가지 분류법이 있는데[15] 그중 시부와 도찬(圖讚)은 급총서(汲冢書)와 함께 「정부」(丁部)에 분류되어 있다. 왕검(王儉)의 『칠지』(七志)[16]는 시부를 「문한지」(文翰志)라고

용을 세우지 않는 데서 말미암은 것이다. 그래서 글을 화려하게 짓더라도 글을 소중하게 여길 수 없게 된 것은 문집의 형식이 꼭 자부와 사부의 여러 글보다 못하기 때문은 아니다."(가업당본 『장씨유서』 외편) 나는 이렇게 생각한다. 여기까지 문집이라는 이름이 『문장유별집』에서 시작되어 후세에 흘러넘치게 되었으며, 지은 작품이 전문적인 학파로 복귀하지 않은 채 흐름을 따라 근원을 잊었고, 기울어지는 물결을 되돌릴 수 없다고 말하고 있다. "저"(底)는 예전에 윗사람의 이름을 다른 글자로 바꿔 써야 했기 때문에 "저"(抵)라고 했다. 여기서는 가업당본 『장씨유서』를 근거로 바로 잡았다.

15 왕은 『진서』는 이러하다. "순욱은 자가 공증(公曾)이며 비서감을 이끌었다. 중서령 장화와 함께 유향의 『별록』을 근거로 뒤섞여 어지러운 죽간을 정리하고 또한 급총죽서를 얻어 몸소 짓고 편집하여 『중경』을 만들었다."(『문선』 임방 「왕문헌집서」의 주에서 재인용) 별도로 「서교 중」의 주35를 보라.

16 『제서』(齊書) 「왕검전」(王儉傳)은 이러하다. "왕검은 자가 중보(仲寶)이며 낭야 임기(臨沂) 출신이다. 어려서 마음을 오롯이 하고 열심히 배웠고 손에서 책을 놓지 않았다. 중서감(中書監)이 되었고 죽었다." 『수서』 「경적지」는 이러하다. "원휘(元徽) 원년에 비서승(祕書丞) 왕검이 별도로 『칠지』(마흔 권이다)를 지었다. 첫째는 「경전지」(經典志)인데 육예, 소학, 역사 기록, 잡전을 기록했다. 둘째는 「제자지」(諸子志)인데

생각하고 「제자지」[諸子]와 「군서지」[軍書] 사이에 끼워놓았다. 집부가 나날이 영역을 넓히고 있지만 집부라는 전문적인 제목은 아직도 여전히 제시되지 않았다. 완효서가 『칠록』[17]을 지을 때, 「기술록」(技術錄), 「불교록」(佛教錄), 「도교록」(道教錄)의 세 가지로만 나누었다. 그래서 「경전록」(經典錄), 「기전록」(紀傳錄), 「자병록」(子兵錄), 「문집록」(文集錄) 네 가지가 결국 당나라 때 경, 사, 자, 집으로 나누는 방법의 시초가 되었다. 집부의 목록에 기록하는 방식은 사실 양나라 때 시작된 것이다. 고대의 학의 원류는 이때 한번 크게 변했는데 이것도 시대의 추세가 그렇게 만든 것이다. 아아! 저작이 쇠락하자 문집이 생겼고 전고가 궁해지자 유서(類書)가 나타났다.[18] 학자들은 간단하게 열람하는 일이 더 쉬웠으면 하고 탐내지만

고금의 제자백가를 기록했다. 셋째는 「문한지」(文翰志)인데 시부를 기록했다. 넷째는 「군서지」(軍書志)인데 병서를 기록했다. 다섯째는 「음양지」(陰陽志)인데 음양과 도위(圖緯)를 기록했다. 여섯째는 「술예지」(術藝志)인데 방기를 기록했다. 일곱째는 「도보지」(圖譜志)인데 지역 및 도서를 기록했고 도교와 불교가 함께 나타난다."

17 「시교 상」의 주22를 보라. 오인걸(吳仁傑)은 이렇게 말한다. "『한서』 「예문지」는 백 명의 부, 송, 가, 시를 수록하고 있지만 모두 집(集)이라고 말하지 않는다. 진나라 순욱은 글들을 네 가지로 나누면서 네 번째를 정부라고 했다. 송나라 왕검은 『칠지』를 지으면서 세 번째를 문한지라고 했지만 마찬가지로 집이라는 이름을 붙이지 않았다. 양나라 완효서가 『칠록』을 지으면서 비로소 「문집록」(文集錄)이 생겼다. 『수서』 「경적지」는 드디어 순황(荀況) 등이 쓴 시부의 글을 모두 집이라고 불렀다."(왕선겸의 『한서보주』(漢書補注)에서 재인용)

역주_ 오인걸은 자가 두남(斗南) 또는 남영(南英)이며 호는 두은거사(蠹隱居士)이다. 파양(鄱陽, 현재 강서성) 출신이다. 선조 때 낙양에서 곤산으로 이주했다. 순우 4년(1244) 진사가 되었고 나전(羅田)의 영, 국자학록(國子學錄), 한림원 편수를 역임했다. 경학과 사학에 능통했고 문학으로 이름 높았다.

18 『후한서』 「동평헌왕창전」(東平獻王蒼傳)은 이러하다. "일이 지나가면 전고가 된다." 전고는 전례(典例)의 고실을 말한다. 장초백 『남순고어』는 이러하다. "『예문유취』와 『북당서초』(北堂書鈔)는 유서의 시조이다." 「사고전서목록서」(四庫全書目錄叙)는 이러하다. "사실을 분류하는 책은 네 가지를 모두 수록한다. 그래서 경부도 아니고 사부도 아니며 자부도 아니고 집부도 아니다. 『황람』(皇覽)은 위나라 문제에게서 시작되는데 『수서』 「경적지」가 자부에 수록하여 대대로 이어졌기 때문에 그것을 바꿀 수 없다." 그렇다면 유서는 당나라 때 시작된 것이 아니다. 나는 이렇게 생각한다. 『신당서』 「예문지」 "자부"에 처음으로 유서라는 분야를 세웠다.

역주_ 유서는 현대의 백과사전에 해당한다. 『북당서초』는 수나라에서 당나라 초까지 벼슬을 지낸 우세남이 지은 도서 목록이다. 북당은 수나라 비서성의 뒤쪽에 있는 건물

이것이 실학이 쇠락하는 일이란 것을 모른다. 학자들은 쉽게 이룰 수 있는 명성을 탐하지만 이것이 위대한 도를 흩어버리는 일이라는 것을 모른다. 황하와 장강은 나날이 바다로 흘러가는데 호걸다운 선비는 미친 파도가 뒤집힌 뒤에 도도하게 동쪽 바다로 흘러가는 황하와 장강을 막아보려고 한다.[19] 그들이 이런 노력을 하면서도 온 세상의 비방과 비웃음을 받지 않고 미친놈이라고 지목당해서 사람들의 입질에 오르내리지 않는 것이 어떻게 가능하겠는가?[20]

이름은 내용의 손님 같은 것이다. 분류는 형식에 의해 일어난다. 옛사람에게는 전문가의 학이 있었고 후세에 전문 서적이 생겼다. 전문 서적이 생긴 뒤에 스승과 제자가 전수하고 전수받는 방식이 나타났다.[21](아마 정초가 이렇게 말한 적이 있을 것이다) 분류에 의해서 책을 탐구하는 것은 흐름을 따라 근원으로 거슬러 올라가는 것이다. 분류해서 편집하는 방법이 명확해지면 설령 『삼분』과 『오전』일지라도[22] 앉은 자리에서 찾아낼 수 있다. 교수학(校讎學)이 전해지지 않고 문집과 유서의 학문이 일어난 뒤부터 하나로 묶인 책이 뒤섞여 어수선함을 먼저 견디지 못하게 되었다. 나중에 일어난 사람은 무엇을 근거로 옛사람의 위대한 근본 바탕을 볼 수 있겠는가? 『초사』[23]는 굴원이라는 대가의 책이다. 『칠록』이 처음으로 집

이며 비서성을 가리킨다. 『황람』은 위나라 문제가 명령하여 작성한 도서 목록이다. 최초의 유서라고 한다.

19 한유 「진학해」는 이러하다. "모든 강물을 막아서 동쪽 바다로 보내고 미친 파도가 뒤집힌 뒤에 말려보려 하네."(『창려집』 권12)

20 나는 이렇게 생각한다. 여기까지 문집이 융성하고 전문가의 학업이 쇠락한 것을 말하고 있다.

21 『통지』 「도보략」(圖譜略) "서례"(序例)는 이러하다. "전문 서적이 있다면 전문적인 학문이 있다. 전문적인 학문이 있다면 그 학문은 틀림없이 전해진다."

22 「서교 상」의 주3을 보라.

역주_ 아래 본문의 교수학은 다른 판본을 대조하여 틀린 데를 고치는 학문이다.

23 『한서』 「예문지」 "시부략"은 이러하다. "『굴원부』는 스물다섯 편이다." 왕일 「초사장구서」는 이러하다. "굴원은 『시경』 시인의 뜻에 기대어 『이소』를 지었다. 위로는 이것을 근거로 풍자하여 충고했고 아래로는 이것을 근거로 자신을 위로했다. 어둡고 어지러운 시절을 만났기 때문에 임금이 살펴주거나 받아들이지 않았다. 그래서

부에 수록한 뒤로 『수서』 「경적지」는 특별히 "초사류"(楚詞類)라고 따로 표시하게 되었다. "초사류"는 "총집류"(總集類), "별집류"(別集類)와 더불어 세 가지로 분류된 뒤, 결국 목록을 만드는 사람들의 정해진 방법이 되었다. 그런 의례에 부합하는 책에는 사마상여의 부,[24] 소식과 이릉의 오언시,[25] 매승의 『칠발』[26]이 있다. 이런 것들도 별도의 제목을 달아야만 한다면 "부류"(賦類), "오언류"(五言類), "칠발류"(七發類)가 될 것이다. 총집과 별집이라는 명칭이 어찌 부합할 수 있단 말인가? 교수학의 원류는 사실 사부가 전문가에게 제시되지 않고 문인이 별집을 가지게 되었을 때 시작되었다. 『문심조룡』[27]은 유협의 전문 서적이다. 『집현서목』[28]이 총집

분노를 견디지 못해 결국 『구가』 이하 스물다섯 편을 다시 지었다. 초나라 사람들은 그가 행한 정의를 높이 평가하고 그의 문학을 진기하게 생각하여 계속 가르치고 전했다. 한나라 무제가 도의 가르침을 널리 확장하려 했을 때 회남왕 유안에게 『이소경』(離騷經)의 장구를 지으라고 시켜서 대의는 빛나게 되었다. 그래서 후세의 뛰어난 인물들[雄俊]치고 바라보고 사모하지 않는 사람도 없었고, 굴원의 신묘한 생각을 펼치고 그의 작품을 이어서 서술하지 않는 사람도 없었다. 유향이 황제의 명령을 받아 경을 교정하면서 열여섯 권으로 나눴다." 『수서』 「경적지」는 이러하다. "그 뒤에 가의, 동방삭, 유향, 양웅은 그의 문사를 아름답게 생각하여 그것을 본받아 글을 지었다. 아마 굴원이 초나라 사람이기 때문에 『초사』라고 불렀을 것이다." 『사고전서총목제요』 「초사류서」(楚辭類叙)는 이러하다. "『수서』 「경적지」의 집부는 『초사』를 따로 한 종류로 만들었다. 대대로 그것을 계승했다."

24 『한서』 「예문지」 "시부략"은 이러하다. "『사마상여부』는 스물아홉 편이다."

25 『문선』 "잡시류"(雜詩類)에는 이릉의 「여소무시」(與蘇武詩) 세 수, 소무의 「고시」 네 수를 수록하고 있다. 나는 이렇게 생각한다. 『문선』에 수록된 것 외에도 소무와 이릉의 시는 『초학기』 및 『고문원』에 소무의 「별이릉시」(別李陵詩) 한 수, 『예문유취』 및 『고문원』에 소무의 「답이릉시」(答李陵詩) 한 수, 이릉의 「녹별시」(錄別詩) 여덟 수가 있다. 아마 후세인이 가탁한 것이리라.

26 「시교 상」의 주50을 보라.

27 「문덕」편의 주3을 보라.

28 『통지』 「문예략」(文藝略) 4는 이러하다. "『당집현서목』(唐集賢書目)은 한 권이며, 위술(韋述)이 지었다."

역주_ 위술(?~757)은 경조(京兆) 출신이다. 어려서 똑똑하고 이천 권에 달하는 장서를 모두 보았다 한다. 어린 나이에 과거 시험에 합격했다. 개원 연간 마회소(馬懷素)에게 도서를 편집하라는 황제의 명령이 있었다. 이에 원행충(元行沖), 제한(齊汗), 왕순(王珣) 등을 기용하여 비각에서 도서를 정리했다. 장열(張說)이 그를 집현원 직학사로 승진시키고 상서 공부 시랑을 역임했다. 나중에 안녹산이 내린 관직을 받은 죄로 투

에 수록한 뒤로(『수서』「경적지」는 이미 이렇게 되어 있다) 『신당서』「예문지」는 『문심조룡』을 『사통』, 『문장귀감』(文章龜鑑), 『사한이의』(史漢異義)와 아울러 동일하게 분류했다.[29] 정초의 『통지』「예문략」이나 마단림(馬端臨)의 『문헌통고』(文獻通考) 「경적고」(經籍考)[30]도 여러 주장을 담은 책을 분류하는 일반적 규칙으로 삼았다.(정초의 『통지』는 『사통』을 "통사류"(通史類)에 넣었고 『문심조룡』을 "문집류"에 넣었다. 정초의 교수학은 의례가 가장 정밀하다. 그런데도 여

주(渝州)에 유배를 갔다가 자사 설서(薛紓)에게 곤욕을 치르고 굶어서 자살했다. 저술에 『당직의』(唐職儀), 『고종실록』, 『서경신기』(西京新記), 『어사대기』(御史臺記), 『개원보』(開元譜) 등이 있다.

29 『신당서』「예문지」 "총집류"는 이러하다. "유지기의 『사통』은 스무 권이다. 예유(倪宥)의 『문장귀감』(文章龜鑑)은 한 권이다. 배걸(裴傑)의 『사한이의』(史漢異義)는 두 권이다."

30 왕명성(王鳴盛) 『아술편』(蛾術編) 13은 이러하다. "『통지』는 정초가 모은 것이다. 정초는 협제산(夾漈山)에 살면서 기이한 것을 수집하고 고대를 찾아다녔다. 처음에 경지(經旨), 예악, 문자, 천문, 지리, 충어(蟲魚)를 짓고, 초목(草木)과 방서(方書)의 학문에 대해 모두 논변한 것이 있다. 그것의 강목을 조리 있게 만들고 약(略)이라는 이름을 붙였다. 모두 스무 편의 「약」이 있다. 또한 사마천 이후 열다섯 왕조의 역사서를 가지고 삭제할 「본기」와 「열전」은 삭제하고 합칠 것은 합쳤다. 『당서』와 『오대사』는 정초가 살았던 송나라 때의 대신들이 편찬한 것이기 때문에 감히 논의할 수 없어서 수나라까지 와서 그만 두었다. 모두 스무 편의 「약」인데 합쳐서 『통지』라고 부른다. 고종이 건강(建康)으로 거둥한 뒤 아뢰자 들이라고 명령한 적이 있었으나 마침 정초가 병으로 죽어버렸다. 순희 연간에 그것을 바쳤다." 『통지』는 모두 이백 권이며 가장 뛰어난 것은 스무 편의 「약」에 있다. 마단림(馬端臨)의 『문헌통고』는 삼백마흔여덟 권이다. 뒤의 「신정」의 주18에 상세하다.

역주_ **왕명성**(1722~1797)은 자가 봉개(鳳喈), 호가 서장(西莊) 또는 서지(西沚) 또는 예당(禮堂)이다. 가정(현재 상해시) 출신이다. 건륭 19년(1754) 과거 시험에 우수한 성적으로 합격하고 관직은 예부 시랑에 이르렀다. 은퇴하여 소주에 살면서 삼십 년 동안 은거하면서 경학과 사학을 연구했다. 저술에 『상서후안』(尙書後案), 『십칠사상각』, 『아술편』 등이 있다. 당시 전대흔과 함께 큰 명성을 누렸다. 그림도 잘 그렸고 시도 잘 썼으며 글씨도 일품이다. **마단림**(1254?~1323)은 자가 귀여(貴與), 호가 죽주(竹州)이다. 요주(饒州) 낙평(樂平, 현재 강서성 낙평) 출신이다. 원나라 때의 역사학자, 목록학자, 문헌학자이다. 남송 함순 연간에 과거 시험에 합격했다. 덕우(德祐) 2년(1276) 원나라 군대가 임안을 함락시키자 은거를 결심하고 연구와 저술에 매진한다. 원나라 초기 자호서원(慈湖書院)과 가산서원(柯山書院)의 산장을 역임한다. 저술에 『문헌통고』가 있다. 저술에 『다식록』(多識錄), 『의근수묵』(義根守墨), 『대학집전』(大學集傳) 등이 있었지만 모두 사라지고 없다.

전히 이런 잘못을 저지른 것을 보면 상스러운 목록학을 배워서 익힌 지가 이미 오래 되었다는 것을 알 수 있다) 그런 의례에 부합하는 책은 위나라 문제의 『전론』,[31] 갈홍의 『사초』(史鈔),[32] 장척(張騭)의 『문사전』(文士傳)[33]이 있다.(『전론』「논문」은 『문심조룡』과 같고 『사초』는 『사한이의』와 같으며 『문사전』은 『문장귀감』과 같다. 이들의 분류는 모두 비슷하다) 이런 책들도 뒤섞어 합친다면 총집에 넣어야겠지만 사부와 자부는 그러면 또 어떻게 나눈단 말인가?(『전론』은 자부에 분류해야 하며, 『사초』와 『문사전』은 사부에 분류해야 한다) 이런 범례의 혼란은 사실 문집을 전문 분야로 분류하기 어렵기 때문에 빚어진 일이다. 그리고 비슷한 것이 참된 것을 어지럽힐 수도 있기 때문에 생긴 일이다. 목록에 기록하는 일[著錄]의 원류를 찾을 수 없다면 지은이의 표제도 정해진 것이 없어진다. 낭울지(郎蔚之)의 『수제주도경집』[諸州圖經集][34]은 사부 "지리류"(地理類)의 책이지만 「집」이라는 이름을 가지고 있다.(『수서』「경적지」에 수록되어 있다) 왕방경(王方慶)의 『보장집』(寶章集)[35]은 경

31 「시교 하」의 주65를 보라.

32 『신당서』「예문지」 "잡사류"는 이러하다. "갈홍(葛洪)의 『사기초』(史記鈔)는 열네 권이다." 『진서』「갈홍전」(葛洪傳)은 이러하다. "갈홍은 자가 치천(稚川)이며 단양(丹陽) 구용(句容) 출신이다. 작은 할아버지[從祖]인 갈현(葛玄)이 신선이 된 뒤 갈선공(葛仙公)이라 불렸다. 갈홍은 그의 방법을 모두 얻었다. 간보는 갈홍을 영저작(領著作)으로 추천했지만, 갈홍이 굳이 사양하고 구루(句漏) 영이 되길 원했다. 그는 이렇게 말했다. '영예를 이루려는 생각이 아니라 단(丹)에만 관심이 있기 때문이다.' 스스로 포박자(抱朴子)라고 불렀기 때문에, 그의 책을 이렇게 이름 지었다."

33 『신당서』「예문지」 "잡전기류"(雜傳記類)는 이러하다. "장척(張隲)의 『문사전』(文士傳)은 쉰 권이다."

34 『수서』「경적지」 "지리류"는 이러하다. "『수제주도경집』은 백권이며, 낭울지가 지었다."

역주_ 위 본문의 **목록에 기록하는 일**은 목록을 기록하는 일이다.

35 『신당서』「예문지」 "소학류"는 이러하다. "왕방경(王方慶)의 『보장집』(寶章集)은 열 권이다."

역주_ **왕방경**(?~702)은 이름이 침(綝)이며 방경은 자이다. 자가 유명하여 자로 불린다. 옹주 함양(현재 섬서성 함양) 출신이다. 월왕부(越王府) 참군으로 시작하여 측천무후 때 석천현자(石泉縣子)가 되고 난대 시랑, 봉각난대 평장사를 역임했다. 죽은 뒤 연주(兗州) 도독이 추증되었고 시호는 정(貞)이다. 저술에 『왕씨팔체서범』(王氏八體書範)이 있다.

부 "소학류"(小學類)의 책이지만 「집」이라는 이름을 가지고 있다.(『신당서』 「예문지」에 수록되어 있다) 현각(玄覺)의 『영가집』(永嘉集)[36]은 자부 "석가류"(釋家類)의 책이지만 「집」이라는 이름을 가지고 있다.(『신당서』 「예문지」에 수록되어 있다) 제자백가나 보잘 것 없는 잡스러운 기예는 식견도 평범하고 어두운 데다가 글도 상스럽고 촌스럽다. 옛사람을 군데군데 베껴먹은 경우도 있고 대수롭지 않은 수단을 스스로 밝히는 경우도 있다.[37] 이것은 본래 집부에 분류되지 않는 것인데 어지럽게 「집」이라는 이름을 붙이고 있으니 어찌 일일이 말할 수나 있겠는가?(증공의 『융평집』(隆平集)[38]도 세속의 유행을 따라 「집」이라는 이름을 붙였는데, 이것을 『융평전』(隆平傳)이나 『융평지』(隆平志)라고 고쳐야만 내용과 이름이 균형을 이루게 된다) 집부의 세 가지 분류가 이미 생겼고 구류도 집부에 뒤섞인 것이 틀림없다. 학술이 헤매는 지금 상황이 어찌 여구에 귀신이 있다는 이야기[黎丘有鬼][39]나 갈림길이 많아 양

36 『신당서』 「예문지」 "석가류"(釋家類)는 이러하다. "현각(玄覺)의 『영가집』(永嘉集)은 열 권이며 경주(慶州) 자사인 위정(魏靖)이 편집했다."

37 『맹자』 「고자 상」은 이러하다. "이제 바둑이라는 술수는 자그마한 술수이다." 초순 『맹자정의』는 이러하다. "수(數)는 술(術)이다."

38 『군재독서지』 「잡사류」는 이러하다. "『융평집』은 스무 권이며, 우리 송나라의 증공이 지었다. 다섯 황제 동안 임금과 신하의 사적을 기록했다. 그러나 예를 들어 『태평어람』이 "총류"(總類)와 서로 다른 책이라는 둥 틈틈이 기록된 일에 잘못이 많다. 어쩌면 증공의 책이 아닐 수도 있다는 의심이 든다." 『사고간명목록』은 이러하다. "이제 증공의 「행장」(行狀)과 「신도비」(神道碑)를 대조하고 저술을 나열해 보니 이런 이름은 없다. 조공무의 말이 믿을 만하다."

39 『여씨춘추』 「신행론」 "의사"(疑似)는 이러하다. "양나라 북쪽 여구부(黎丘部)에 기이한 귀신이 있다. 사람의 아들, 조카, 여러 아우의 모습을 본뜨길 잘 한다. 고을의 어른 가운데 저자에 갔다가 취해서 돌아오는 사람이 있었다. 여구의 귀신이 아들 모습을 본뜬 뒤 그를 부축하고서 그걸 괴롭다고 말했다. 술이 깬 뒤 자신의 아들을 꾸짖으며 이렇게 말했다. '내가 네 애비인데 어찌 자애롭지 못하다고 말하느냐? 내가 취했을 때 네가 내게 괴롭다고 말한 것은 무슨 까닭이냐?' 아들이 울면서 땅에 엎드려 이렇게 말했다. '귀신이 한 짓입니다! 전 그런 적이 없습니다. 어제는 동쪽 고을 사람에게 가서 따졌습니다. 물어보십시오.' 아버지는 아들을 믿고 이렇게 말했다. '허! 이것은 틀림없이 기이한 귀신이다. 내가 본디 들은 적이 있다.' 이튿날 다시 저자에서 술을 마신 뒤 귀신을 만나 찔러 죽이려고 했다. 이튿날 아침 저자에 가서 술이 취했다. 진짜 아들은 아버지가 돌아올 수 없을까 두려워 결국 가서 맞이했다. 어른

을 잃어버렸다는 이야기[岐路亡羊][40]처럼 단순한 것이겠는가?[41]

은 진짜 아들을 바라보고 칼을 빼들고 찔렀다. 이 어른은 지혜로운 듯해도 아들 비슷한 것에 홀려 진짜 아들을 죽인 것이다."

40 『열자』 「설부」는 이러하다. "양자(楊子)의 이웃이 양을 잃어버리자 그의 무리를 이끌고도 다시 양자의 하인을 빌려 달라 청하여 좇아갔다. 양자는 이렇게 말했다. '허! 양 한 마리를 잃었는데 어찌 좇는 사람이 많은가?' 이웃 사람이 이렇게 말했다. '갈림길이 많기 때문입니다.' 되돌아온 뒤 양자가 물었다. '양은 찾았는가?' 그는 이렇게 대답했다. '잃어버렸습니다.' 양자가 물었다. '어찌 잃어버렸는가?' 그는 이렇게 대답했다. '갈림길 속에 다시 갈림길이 있었습니다. 제가 어디로 가야할지 모르겠더군요. 그래서 되돌아왔습니다.' 양자는 근심스런 낯빛으로 바뀌었다. 시간이 흘러도 말하지 않고 종일 웃지도 않았다."

41 나는 이렇게 생각한다. 여기까지 교수학이 전해지지 않자 장르가 나뉜 유파를 구분할 수 없게 되었고, 목록에 기록하는 일에 순서가 없어졌으며, 집부가 더욱 잡스러워졌다는 것을 말하고 있다.

편권(篇卷)[1]

『주역』은 이렇게 말한다. "볼에서 그치니 말에 순서가 있다."[2] 『시』는 이렇게 말한다. "말은 조리가 있네."[3] 옛사람은 말의 조리와 순서를 추구했을 뿐이다. 말을 글로 썼기 때문에 간책이 생기게 되었다.[4] 간책이 시작하고 마치는 자리를 표시한 것은 편(篇)이나 장(章)이라고 불렀다.[5] 맹자는 이렇게 말한다. "나는 『상서』 「무성」(武城)에서 죽간 두세 매 정도만

---

1 나는 이렇게 생각한다. 편(篇)은 글의 시작과 마침을 헤아리는 데 쓰는 것이고 권(卷)은 글을 쓰기 위해 엮은 비단의 길이와 관련된 것이다. 이밖에 다른 뜻은 없다. 그러므로 글을 쓸 때는 편을 논해야지 권을 논해서는 안 된다. 이것이 「편권」편을 지은 뜻이다. 지은 해는 「경해 상」의 주1을 보라.

2 『주역』 「간」괘의 육오 효사를 보라. 간(艮)은 지(止)이다. 보(輔)는 얼굴의 빰이다. 빰에서 그친다는 것은 가운데 있어야만 하며, 주장할 때 순서가 있어야 한다는 말이다.

3 『시』 「소아」 "도인사"(都人士)의 글을 보라.

4 『춘추정의』 「춘추좌씨전서」는 이러하다. "나무 조각 하나는 간(簡)이라 부르고 여러 개의 간을 연이어 엮으면 책(策)이라는 이름을 붙인다."

5 『정운』(正韻)은 이러하다. "편(篇)은 간(簡)이 장(章)을 이룬 것이다." 『문심조룡』 「장구」는 이러하다. "구절이 쌓여 장을 이루고 장이 쌓여 편을 이룬다."

취했을 뿐이다."[6] 이것은 죽간을 연속해서 엮은 것이 편이라는 증거이다. 『주역』「계사전」은 이렇게 말한다. "『주역』 상편과 하편에서 육십사괘를 점치면서 얻은 시초의 숫자는 만천오백이십 개다."[7] 이것은 시작부터 끝까지 모두 갖춰져야 편이 된다는 증거이다. 『춘추좌전』은 『시』를 인용할 때, 『시』의 편명을 든 뒤 순서대로 인용했다. 그럴 때는 어떤 장이 무엇 무엇이라 말한다고 했다. 이것은 편이 여러 하부 단위를 모아서 완성된 것이며 장이 부분으로 나뉘는 단락이라는 증거이다.[8] 글로 말을 충족시키려 할 때, 장을 완성하는 순서가 있는 이유는 오랫동안 지속적으로 표현할 수 있게 만들려는 데 요점이 있을 뿐이다. 편이나 장을 나눈 간책은 고려의 대상이 아니다. 후세에 글자가 번잡스럽게 많아지자 교수학이 생겼다.[9] 유향과 유흠이 목록에 기록한 것 가운데 편과 권으로 헤아린 경우가 많았다. 편은 대략 죽간에서 나왔고 권은 대략 거친 비단이나 고운 명주에서 나왔다. 사물을 근거로 이름을 정한 것이지 다른 뜻은 없다. 거친 비단이나 고운 명주에 글을 쓴 것은 죽간에 글을 쓴 것보다 나중이다. 그러므로 주나라나 진나라 때는 편이라고 불렀고 한나라에 들어온 뒤부터 비로소 권이 생기게 되었다. 다만 한나라 때는 죽간과 비단

---

6 『맹자』「진심 하」의 글을 보라.

7 『주역』「계사전 상」의 글이다. 나는 이렇게 생각한다. 책(策)은 점치는 시초이다. 「곡례」의 "책이 점치는 것이다"란 바로 이것이다.

8 장이 부분으로 나뉘다[章爲分闋]는 예를 들어 다음과 같은 것이다. 『춘추좌전』「선공 12년」은 이러하다. "무왕이 상나라를 이기자 이런 송(「시매」(時邁)이다)을 지었소. '무왕이 도끼와 창[干戈]을 거두고 활과 화살[弓矢]을 자루에 넣으셨네. 우리는 아름다운 덕을 가진 사람을 찾아서 당시 화하 세상에 펼치니 임금다운 왕께서 그것을 가지셨네.' 또 「무」(武, 「주송」(周頌)의 이름이다)를 지었는데 그 마지막 장은 이렇게 말하고 있소. '무왕의 공적을 영원히 정했네.'" 앞은 모두 어떤 편의 어떤 장이다. 『예기』「문왕세자」는 이러하다. "책임자[有司]가 악결(樂闋)을 알린다." 정현 주는 이러하다. "결(闋)은 종(終)이다."

9 『풍속통의』(風俗通義)는 이러하다. "유향의 『별록』은 이렇게 말한다. '교수는 이런 뜻이다. 한 사람이 글을 읽으면서 위아래를 비교하여 잘못된 것을 찾는 것을 교라고 한다. 한 사람은 책을 쥐고 한 사람은 글을 읽으면서 마치 원수끼리 마주친 것 같은 일이 수이다.'"(『문선』「위도부」의 주에서 재인용)

이 동시에 사용되었기 때문에 편이라고 이름붙일 경우는 틀림없이 시작과 끝이 있는 것이다. 권은 시작과 끝이라는 명칭이 없기 때문에 가끔 편이라는 말로 권을 표시하는 경우도 있었다. 그러므로 『한서』「예문지」가 몇 편이라고 기록한 것은 다름 아니라 후세의 몇 권에 해당하는 것이다. 이것이 대체적인 비교이다. 『시경』의 시를 삼백편이라고 하지만 권으로 따지면 스물여덟 권에 지나지 않는다.[10] 『상서』와 『예경』(禮經)도 권의 숫자가 적고 편의 숫자는 많다.[11] 한나라 때 거친 비단과 고운 명주에 책을 쓰고도 편이라고 불렀다는 것을 알 수 있다. 편이라는 이름은 글의 뜻이 시작되고 끝나는 것만 위주로 하지만 권은 길이가 길거나 짧은 비단을 이어붙이는 것과 관련이 있다. 여기 다른 뜻이 있는 것은 아니고 아마 편이라는 이름을 글에 붙이는 관례가 권을 붙이는 것보다 오래되었다는 말이리라. 그러므로 다른 편들이 같은 권에 있을 수 있지만 권을 나누는 것으로 시작과 끝을 표시한다는 일은 들어 보지 못했다. 반고의 『한서』「오행지」와 「원후전」(元后傳)은 편은 길지만 권은 짧다. 그래서 권 아래 다시 권[子卷]을 나누게 되었다.[12] 이것은 편은 바꿀 수 없지만 권은 나누거나 합칠 수 있다는 말이다. 이후부터 이것을 이어 수나라나 당나라 때까지 책을 헤아릴 때 권으로 헤아리는 경우가 많아졌고 편으로 헤아리는 경우는 적어졌다. 저술하는 사람들이 말하는 한 권이라는 것은 가끔 옛사람이 말한 한 편과 같아졌다. 그렇다면 때에 따라 사정이 변하면 지은이도 스스로 모르는 채 이런 일이 생긴다. 사마표(司馬彪)의 『속후한지』(續後漢志)[13]만 여덟 편으로 된 책이면서 삼십 권으로 나누고 있다.

---

10 『한서』「예문지」 "육예략"은 이러하다. "『시경』은 스물여덟 권이며 노나라, 제나라, 한나라 세 가지가 있다."

11 『한서』「예문지」 "육예략"은 이러하다. "『상서』의 고문경(古文經)은 마흔여섯 권이다." 반고 자신의 주는 이렇게 말한다. "쉰일곱 편이다." 또한 이렇게 말한다. "『예』의 고경(古經)은 쉰여섯 권이며 경이 일흔 편이다."

12 『한서』의 권27 상, 권27 중의 상, 권27 중의 하, 권27 하의 상, 권27 하의 하가 「오행지」이다. 권97 상, 권97 하가 「외척전」(外戚傳)이며, 권98이 「원후전」(元后傳)이다.

13 『진서』「사마표전」(司馬彪傳)은 이러하다. "사마표는 자가 소통(紹統)이며 고양왕(高

편을 나누어 권을 따르게 한 사마표의 방법은 반고의 『한서』가 권 아래 다시 권을 나눈 방법을 크게 변화시킨 것이다. 이것은 당나라와 송나라 때 정사 「열전」의 나쁜 선례가 되었고 옛사람의 뜻을 저버린 짓이다.[14] (『사기』와 『한서』는 열두 편의 「본기」, 일흔 편의 「열전」, 여덟 편의 「서」, 열 편의 「지」로 분류하고 있다. 편의 숫자만 들어도 책 전체가 자연스레 일목요연하게 드러난다. 『한서』 「오행지」는 권 아래 다시 권을 나눈 것이 다섯 권이며 「왕망전」은 권 아래 다시 권을 나눈 것이 세 권이다. 그러나 편명은 여전히 하나로 합쳐서 부르기 때문에 『한서』 전체의 권 숫자는 여전히 편의 숫자와 부합한다. 이것은 『한서』가 편의 시작과 끝을 위주로 하고 권의 분량이 아무리 많고 중복되더라도 떳떳하지 못하게 나누지 않기 때문이다. 사마표가 여덟 편의 『속후한지』를 서른 권으로 만든 뒤부터 드디어 편을 나누어 권을 따르게 하는 선례가 만들어졌다. 편과 권이 뒤섞이면서 이름과 내용도 바르지 않게 되었다. 구양수가 편찬한 『신당서』에는 쉰 권의 「지」와 열다섯 권의 「연표」가 있지만 사실 열세 편의 「지」와 네 편의 「표」가 있는 것이다. 『송사』의 「열전」은 이백쉰다섯 권이 있지만 「후비전」(后妃傳)이 한 편을 두 권으로 나누고 있고 「종실전」(宗室傳)이 한 편을 네 권으로 나누고 있으며 이강(李綱)의 「열전」을 두 권으로 나누고 있다. 또한 「도학전」

陽王) 사마목(司馬睦)의 큰 아들이다. 태시(泰始) 연간에 비서랑이 되었다가 비서승으로 옮겼다. 많은 책을 토론하고, 자기가 들은 것을 엮었다. 이 책은 세조부터 시작해서 헌제에서 끝난다. 햇수로 이백 년을 엮었고, 열두 황제를 기록했다. 위아래로 통하게 만들어 종합하고, 숱한 사실을 옆으로 일관되게 만들었다. 「기」, 「지」, 「전」 모두 여든 편을 지었고 『속한서』라고 부른다." 사마표의 책은 오늘날 사라졌다. 오로지 「지」 서른 권만 범엽의 책에 붙어서 유행하고 있다. 『직재서록해제』 「정사류」는 이러하다. "『후한지』(後漢志)는 서른 권이며, 진나라 비서감 사마표가 지었다. 양나라 섬령(剡令) 유소가 보충하여 주를 달았다. 『수서』 「경적지」와 『신당서』 「예문지」는 모두 범엽의 책이 아흔일곱 권이라고 한다. 오늘날 전해지는 책은 「본기」와 「열전」이 모두 아흔 권이며, 아마 지가 있었던 적은 없을 것이다. 유소가 주를 단 것이 바로 사마표의 『속한서』에 있는 여덟 편의 「지」일 따름이다. 범엽의 「본기」와 「열전」은 그것과 본래 별도의 책이다. 그 뒤 「본기」와 「열전」만 따로 유행하게 되자 「지」는 드러나지 않았다. 송나라 건흥 연간 초에 판국자감(判國子監) 손석이 처음으로 교감(校勘)을 건의했다. 하지만 그는 사라진 것을 보충하고 빠진 것을 보충하자고만 말했을 뿐, 그것이 사마표의 책이라는 것을 드러내지 않았다."

14 나는 이렇게 생각한다. 여기까지 편권의 쓰임새가 다르다는 것을 헤아려 찾고 있다. 나중에 고대의 뜻이 점점 사라져 버린 이유는 사마표가 허수아비가 되었기 때문이다.

(道學傳)과 「유림전」(儒林傳), 「외국전」(外國傳)과 「만이전」(蠻夷傳)처럼 같은 이름의 「열전」이면서 여러 권으로 나뉜 것들을 아우르면 무려 오십여 권이나 된다. 그러면 『송사』는 사실 백구십여 권에 지나지 않는다)

이런 것들 틈에 이름은 조금 다르지만 내용이 다르지 않은 것도 있다. 도교 서적에서 권(弓)이라고 부르는 것[15]은 다름 아니라 바로 권(卷)의 다른 이름이다. 원나라 때 편찬한 『설부』(說郛)는 권(弓)을 쓰고 있다.[16] 괴통(蒯通)의 『준영』(雋永)이 수(首)라고 부르는 것[17]은 단락[章]의 다른 이름이다. 양나라 때 편찬한 『문선』은 수(首)를 쓰고 있다.[18] 이것은 새로운 것을 표시하고 다른 것을 드러내는 것이기 때문에 이름과 내용에 결코 아무런 손상도 입히지 않는다. 당나라와 송나라 이후, 두루마리로 말아서 보관하는 권축(卷軸) 형식의 책이 낱장의 종이를 묶어서 만든 책으로 변했다. 그렇게 되자 책을 만드는 일이 아마 옛사람에 비해 단지 몇 배만 쉬워진 게 아닐 것이다.[19] 옛사람은 죽간으로 만든 책의 분량이 성가실

---

15 권(弓)은 본래 『설문해자』의 규(糾) 자이다. 도교 경전[道經]은 이것을 권질(卷帙)이라는 뜻의 권(卷)으로 빌려 썼다. 양나라 도홍경(陶宏景)의 『진고』(眞誥)를 보라. 도종의 『철경록』 권2는 이러하다. "권(弓)은 바로 권(卷) 자이다. 『진고』에서는 한 권(卷)을 한 권(弓)이라고 한다."

역주_ 도홍경은 본디 陶弘景이라고 쓰지만 陶宏景이라고 쓴 것은 청나라 건륭제의 이름과 같은 글자를 다른 글자로 바꿔 써야 했기 때문이다.

16 『사고간명목록』 "잡가류"(雜家類)는 이러하다. "『설부』는 백 권이며, 원나라 도종의가 편집했다. 나중에 그중 서른 권이 사라져 버렸다. 홍치 연간에 욱문박(郁文博)이 백 권으로 보충했다. 청나라 요안(姚安) 도정(陶珽)이 간행할 때, 백스무 권으로 증가되었다. 이것은 이미 옛 모습이 아니다."

역주_ 욱문박은 명나라 때의 교감학자이며 장서가이다. 송강(현재 상해시) 출신이다. 경태(景泰) 5년(1454) 진사가 되어 관직은 호광 부사(副使)에 이르렀다. 은퇴하여 고향에 돌아와 만권루(萬卷樓)를 짓고 서적 수집과 교감으로 세월을 보냈다. 나이 일흔아홉에 죽었다.

17 『한서』 「괴통전」(蒯通傳)은 이러하다. "괴통은 전국시대 유세하던 선비가 때를 저울질하여 변용하는 것을 논했다. 그도 자신의 학설에 스스로 서문을 썼는데 모두 여든한 수(首)이다. 이름을 『준영』(雋永)이라 했다."

18 「서교 중」의 주30을 보라.

19 『맹자』 「등문공 상」은 이러하다. "어떤 것은 두 배도 되고 다섯 배도 된다." 조기 주는 이렇게 말한다. "사(蓰)는 다섯 배이다."

정도로 많아서 한 편으로 합칠 수가 없다고 말했다.(상중하로 분류하여 나눈다) 오늘날은 그것보다 두 배나 많은 분량이라도 같은 책으로 엮는 것이 어렵지 않다. 그러므로 당나라 이전부터 권을 대단히 짧게 나누게 되었다. 육조시대의 문집이나 당나라 때의 문집이 열 권으로 되어 있다면 요즘 사람의 문집에서는 서너 권 분량에 지나지 않는다. 송나라 이후부터 드디어 권의 길이가 길어졌다. 옛사람이 권이라고 부른 것은 굴대에 둘둘 만다는 데서 나온 것이기 때문에 분량이 지나치게 길지 않은 것은 자연스러운 일이다. 후세인들이 종이를 묶어서 책을 만들자 권이라는 이름만 남은 것에 지나지 않는다. 그렇다면 사람들의 뜻에 따라 원하는 대로 거대한 분량의 책을 묶는 것도 어렵지 않게 되었다. 종이를 묶어서 만든 책이지만 거친 비단과 고운 명주에 쓴 책을 권이라고 불렀던 이름은 남은 셈이다. 이것도 한나라 때 거친 비단과 고운 명주를 사용했지만 죽간에 쓴 책을 편이라고 불렀던 이름을 남긴 것이나 본래 같은 이치이다. 편이라는 말을 쓴다면 글의 시작과 끝을 헤아리는 것이다. 이것은 영원히 바꿀 수 없는 것이다. 설령 죽간의 뜻이 시작된 유래를 따르지 않는다고 해도 좋다. 권은 두루마리의 길고 짧음에 제한이 있다. 결코 시작하고 끝맺는 데 고정된 형식은 없다. 거친 비단이나 고운 명주는 이미 쓰지 않고 종이로 만든 책을 쓰게 되었다. 그러면 자연스럽게 종이책이 감당할 수 있는 분량을 헤아려 그것에 의해 한계를 정해야만 한다. 사람들이 고대를 좋아하기 때문에 권이라는 이름을 붙이든 내용을 따라서 책이라는 이름을 붙이든 그 자체가 안 될 것은 없다. 그러나 권의 숫자를 가지고 책의 숫자인 것처럼 만들면 들쭉날쭉한 차이가 생긴다. 그러면 사람들이 권의 숫자를 근거로 편을 찾게 만든다. 이것은 책을 옆구리에 끼고 다시 권을 찾게 만드는 꼴이다. 이것은 쓸데없이 번거로움을 가중시키는 짓이며 당치 않은 일이다. 글의 번거로움과 간단함, 시작과 끝은 정해진 것을 고집할 수 없다. 그러나 목독과 죽간은 무겁기 때문에 이제 사용하지 않게 되었다.(조용히 이름도 없는 옛사람의 단편 자체는 한 권의 책에 묶여서 세상에 독립적으로 돌아다닐 수도 있다. 아마 목독과 죽간은 무게가 많이 나가기 때문에 후세의 종이 한 장과 달리 한 권의 책으로 엮기 어려울 것이다) 편 자체가 독립적으로 성립할 수 없기 때문에 반드시 권에 의존하여 연이어 엮어야만 한 것은 대세였다. 권은 고정되어 바꿀 수 없는 형식이 아니다. 편을 통틀어서 합치려고 하거나 책을 쪼개서 나누려고 하는 일은 단순히 편과 권이 나뉘고 합치는 것 말고도 한번이라도 더 많이 검색하게 만든다. 이것은 의례에 아무 상관도 없으면서 공연히 사람들을 어지럽히고 쓸데없게 만드는 것 아닌가? 그러므로 글을 짓더라도 편으로만 논해야지 권으로 헤아리는 것은 당치 않다.(권은 글의 본래 숫자와 상관이 없다. 편은 글을 근거로 숫자를 헤아리는 것이다. 편의 숫자로 헤아리면 자연스레 책에 빠진 권이 있는지 걱정할 필요가 없다. 그러나 권의 숫자로 헤아리면 책에 빠진 편이 없다고 보증할 수 없다) 반드시 권으로 헤아리고 싶다면 그들이 책의 길고 짧은 분량으로 헤아린 것을 듣고 저울질하여 골고루 나누면 될 것이다. 묶여 있는 책의 분량을 헤아리지 않고 아주 작은 분량으로 권을 나누거나 제목을 적은 종이쪽지를 붙여서 목록에 기록하는 것이 아름답고 훌륭하다고 생각하는 사람은 고대라는 수렁에 빠져서 내용을 잊은 셈이다.[20] 『숭문총목』(崇文總目)이나 『송사』「예문지」에는 간혹 책의 이름만 목록에 올라있고 권의 숫자를 상세하게 기록하지 않은 것이 있다. 명나라 때의 『문연각서목』(文淵閣書目)[21]은 책의 숫자만 목록에 올라있지 권의 숫자는 없다. 이런

20 『직재서록해제』「목록류」(目錄類)는 이러하다. "『숭문총목』은 한 권이다. 경우(景祐) 연간 초에 학사 왕요신(王堯臣)이 섭관경(聶冠卿), 곽진(郭稹), 여공작(呂公綽), 왕수(王洙), 구양수 등과 함께 지어서 정했다. 모두 예순여섯 권이다. 많은 유학자들이 모두 논의했는데, 구양수의 문집에 자못 여러 조목이 보인다. 지금 이것은 오로지 예순여섯 권의 목록일 뿐이다. 제목에는 소흥 연간에 개정했다고 한다." 나는 이렇게 생각한다. 해제(解題)가 예전에 사라졌기 때문에 오늘날 전해지는 판본은 『영락대전』에서 스무 권을 보충하여 모은 것이다.

21 초횡 『국사경적지』 "부록류"(簿錄類)는 이러하다. "『문연각서목』(文淵閣書目)은 열네 권이며, 양사기(楊士奇)가 편집했다." 영락(永樂) 연간에 남경의 서적을 문연각(文淵閣)으로 옮겨 소장했다. 이것은 다름 아니라 바로 그때 남겨서 기록한 목록집[冊籍]이다." 『사고간명목록』「목록류」는 이러하다. "여기 수록된 여러 책들은 천자문

책들은 목록을 적을 때 없어서는 안 될 고전이긴 하다. 이런 책들이 권과 책의 숫자를 들쭉날쭉하게 만들지 않았다면 어찌 오늘날 이런 폐단이 생기는 지경에 이르렀겠는가?(옛사람이 완성해 놓은 책은 억지로 고쳐서는 안 된다)[22]

(千字文)의 순서에 따라 번호를 매겼다. 천(天) 자부터 왕(往) 자까지 모두 스무 개의 호(號)인데, 책의 숫자는 있어도 권의 숫자는 없다. 『칠략』부터 『숭문총목』까지 궁중에 소장된 비서를 기록했다. 이처럼 대충대충 기록한 책은 이전에 없었다."

22 나는 이렇게 생각한다. 여기까지 저서를 편으로 논해야지 권으로 헤아려서는 안 된다는 것을 말하고 있다. 반드시 권으로 헤아리고자 한다면, 책을 헤아려 가려서 보충해야만 한다.

천유(天喩)[1]

하늘은 구별되지 않은 상태이기 때문에 이름 붙일 수 없다. 삼원(三垣), 칠요(七曜), 이십팔수(二十八宿), 십이차(十二次), 삼백육십오도, 황도(黃道), 적도(赤道)[2] 등은 역법을 연구하는 사람이 숫자를 기입하고 억지로 이름을

1 나는 이렇게 생각한다. 「천유」(天喩)편은 학술이 기풍을 열고 폐단을 구제하는 것을 소중하게 여긴다는 점을 논하고 있다. 아마 「원도」와 「원학」의 뜻을 펴서 늘였을 것이다. 어느 해에 지었는지는 「경해 상」의 주1을 보라.

2 별에는 상원(上垣), 중원(中垣), 하원(下垣) 세 가지가 있다. 『사기』 「천관서」는 이러하다. "상원 태미궁원(太微宮垣)에는 열 개의 별이 있다." 『당서』 「권덕여전」(權德輿傳)은 이러하다. "중원 자미궁원(紫微宮垣)에는 열다섯 개의 별이 있다." 『상산야록』(湘山野錄)은 이러하다. "하원 천시궁원(天市宮垣)에는 스물두 개의 별이 있다." 칠요(七曜)는 해, 달, 목화토금수 다섯 별이다. 「춘추곡량전서」의 주를 보라. 이십팔수(二十八宿)는 다름 아니라 바로 이십팔사(二十八舍)이다. 『사기정의』 「천관서」는 이러하다. "이십팔사는 동쪽의 각(角), 항(亢), 저(氐), 방(房), 심(心), 미(尾), 기(箕), 북쪽의 두(斗), 우(牛), 여(女), 허(虛), 위(危), 실(室), 벽(壁), 서쪽의 규(奎), 누(婁), 위(胃), 묘(昴), 필(畢), 자(觜), 삼(參), 남쪽의 정(井), 귀(鬼), 유(柳), 성(星), 장(張), 익(翼), 진(軫)이다." 십이차(十二次)는 다름 아니라 바로 별의 십이전차(十二躔次)이다. 술(戌)이 강루(降婁), 유(酉)가 대량(大樑), 신(申)이 실침(實沈), 미(未)가 곽수(鶉首), 오(午)가 곽

붙인 것일 뿐이다. 고금을 통틀어 이것을 합친다면 내용과 형식을 보태거나 더는 일이고[3] 이것을 나눈다면 학업(學業)과 사공, 문장과 성명이다. 그것이 처음 시작되었을 때 사람들은 다만 사물이 마땅히 그래야만 하는 상태로 보았지만 꼭 해야만 하는 일을 했다. 그래서 구별되지 않은 상태에 있지만 고정된 이름은 없었다. 그것을 조목조목 나누고 종류를 구별하면서 형식이나 내용이라고 이름을 붙이거나 학업이나 사공, 문장이나 성명이라고 이름을 붙이게 되었다. 그러나 이런 것들을 하나로 합치지 못한 것은 치우친 것을 근거로 폐단을 구제하려 하거나 들어서 사람들에게 알리고 보여주려 하거나 어쩔 수 없이 억지로 그것을 위한 이름을 지어주기 때문이다. 이것은 어떤 추세나 방향을 정한 것일 뿐이다. 후세인은 그 까닭을 살피지 않고 이름만 따르게 되었다. 이것으로 그들의 등급을 매길 수 있다고 생각했다. 그래서 주인을 들여보내고 종이 나오는 추세가 어지럽게 나타나게 되었다. 한학(漢學)과 송학(宋學)이 서로 꾸짖거나[4] 훈고와 사장이 서로 비방하거나[5] 존덕성과 도문학이 어지럽

화(鶉火), 사(巳)가 곽미(鶉尾), 진(辰)이 수성(壽星), 묘(卯)가 대화(大火), 인(寅)이 석목(析木), 축(丑)이 성기(星紀), 자(子)가 현효(玄枵), 해(亥)가 추자(娵訾)이다. 이십팔수 및 여러 별들은 모두 하늘을 따라 왼쪽으로 움직이며, 하루 밤 하루 낮에 하늘을 한 번 돈다. 한 해에 삼백예순다섯 번하고도 사분의 일을 돈다. 『이아』의 소를 보라. 해가 움직이는 길이 황도이다. 황도는 태양이 공중에서 한 해 동안 천구를 한 번 도는 큰 원이다. 적도(赤道)는 천구의 적도이며, 천구의 두 극 중간에 그은 큰 원이다.

역주_ **삼원**은 별자리의 세 구획, **칠요**는 일곱 개의 별, **이십팔수**는 스물여덟 개로 등분한 구획의 별자리, **십이차**는 별자리를 열두 거리로 구분한 것, **삼백육십오도**는 낮과 밤을 단위로 하는 등분, **황도**는 태양을 도는 지구의 길이 천구에 투영된 길, **적도**는 지구의 적도와 천구가 만나는 선이다.

3 『한서』「두주전」은 이러하다. "두흠의 대책은 이렇게 말한다. '은나라는 하나라를 이었기 때문에 내용을 높이 친다. 주나라는 은나라를 이었기 때문에 형식을 높이 친다.'" 『논어』「위정」은 이러하다. "은나라는 하나라의 예를 근거로 했기 때문에 덜고 보탠 것을 알 수 있다. 주나라는 은나라의 예를 근거로 했기 때문에 덜고 보탠 것을 알 수 있다."

4 나는 이렇게 생각한다. 청나라 때는 모기령이 정자와 주희를 처음 공격한 뒤부터, 안원과 이공(李塨)이 뒤를 이었다. 그래서 학자들은 이런 유행을 이어서 송학(宋學)이 내용이 없고 허술하다[空疏]고 비난하며, 배격하는 데 남김없이 힘을 쏟았다. 당

게 다투고 있다.[6] 그 이유는 지금 상태만 알고 원인을 모르기 때문이다.[7]

학업의 이유는 장차 세상을 다스리기 위해서이다. 이것은 마치 사람이 할 수 있는 한 노력을 다해서 하늘의 운행 법칙에 부합시키려는 의

시 요내는 공평한 관점을 가지고 있었다.(「여장송여서」(與蔣松如書)를 보라) 그는 다음과 같이 생각했다. "의리학[義理之學]은 세도와 인심에 관련이 있으므로 모함해서는 안 된다. 하지만 학문이 넓지 못하면 고대를 조술할 수 없고, 주장에 감칠맛이 없다면 오랫동안 행할 수 없다. 스승도 없는 유생[孤生]과 세속적인 유학자들은 변변치 못한 학설만 지키고 경의 풀이[傳注]를 병풍처럼 둘러치고도 보지 않는다. 이것은 본디 밉고 싫어서 쌀쌀맞게 대할만한 것이다. 그러나 교정하는 사람은 이에 오로지 명물과 상수를 비교하여 정정하는 것만 실학이라고 생각한다. 몸과 마음, 인간 본성과 천명에 대한 이야기는 공허하고 근거가 없다고 흉본다. 문장을 짓는 선비는 또한 타고난 재주와 기운을 드러내는 것만 기쁘게 생각하고 이치와 법도를 풀어놓고 멸시한다. 그들은 강학을 세상 물정에 어두운 것이라고 생각한다. 이것은 모두 치우침과 가림을 피하지 못한다. 그것을 바로잡을 근거를 생각하면 틀림없이 문호를 깨트려 없앨 것이다."(이원도(李元度) 『국조선정사략』(國朝先正事略) 권43)

역주_ **이원도**(1821~1887)는 자가 차청(次青) 또는 홀정(笏庭)이며 스스로 붙인 호가 천악산초(天岳山樵), 늘그막에 호를 초연노인(超然老人)으로 고쳤다. 호남 평강(平江) 출신이다. 열여덟 살에 수재가 되었고 도광 23년 거인으로 검양현(黔陽縣) 교유가 되었다. 함풍(咸豊) 2년(1852) 증국번이 호남에서 단련(團練)을 창설하면서 그를 막부에 초빙했다. 증국번을 도와 태평천국의 난을 진압하는 데 업적을 세웠다. 저술에 『국조선정사략』, 『천악산관시집』(天岳山館詩集) 등이 있다.

5 대진 「여방희원서」(與方希原書)는 이러하다. "예나 지금이나 학문의 길은 크게 세 가지이다. 어떤 사람은 이치와 의리에 종사하고 어떤 사람은 제도와 방법에 종사하며 어떤 사람은 문장에 종사한다. 문장에 종사하는 사람은 언제 누구라도 보잘 것 없다고 친다. 그러나 사마천, 반고, 한유, 유종원 등 여러 군자가 문장을 지으면서부터 이것은 도이지 예술이 아니라고 한다. 이렇게 도라고 말하는 것을 보면 도는 본디 보존되어 있는 것이다. 여기 여러 군자의 글도 예술이 아니라고 어찌 보겠는가?"(『대동원집』(戴東原集) 권9) 요내 「복장송여서」는 이러하다. "오늘날 학자는 모든 것을 교정하려는 생각에 오로지 한학을 으뜸으로 삼는 것이 최고이며, 정자와 주희를 공격하고 반박하는 것이 잘하는 일이라고 생각한다. 자기만 오로지 생각하고 명성을 좋아하는 사람을 한두 명 앞세워 서로 이끌고 본받는 사람은 그래서 학술의 커다란 해악이 된다."(『석포헌문집』 권6)

6 육구연과 주희는 동시대에 강학했지만 종지는 달랐다. 주희는 도문학을 위주로 했고 육구연은 존덕성을 으뜸으로 했다. 주희는 사람이 널리 살핀 뒤에 요약[約]으로 돌이키라고 가르쳤고, 육구연은 사람이 먼저 본심을 안 뒤에 널리 살피는 것을 일삼길 바랐다.

7 나는 이렇게 생각한다. 여기까지 풍회(風會)의 완성이 모두 치우침을 근거로 폐단을 구제하는 데서 일어나며, 이것은 어쩔 수 없는 필연이라는 것을 말하고 있다.

도, 곧 반드시 이래야만 한다는 의도가 달력을 만드는 사람에게 처음부터 있던 것은 아닌 것과 같다.[8] 앞 시대 사람은 꼼꼼하지 못하고 간단했지만 후세인이 상세하게 만든 것이 있고 앞 시대 사람에게 없었지만 후세인이 창조한 것이 있으며 앞 시대 사람이 늘 익히던 것이지만 후세인이 바꾼 것이 있다. 비유하자면 다음과 같다. 『예기』「월령」의 중성(中星)이 『상서』「요전」의 중성과 같을 수 없고[9] 태초역법(太初曆法)은 「월령」과 같을 수가 없다.[10] 당시 상황을 적절하게 참작해야만 된다는 것이 요점

---

8 『논어』「자한」은 이러하다. "선생님은 네 가지를 끊으셨다. 사사로운 의견이 없었고 반드시 해야만 한다는 것이 없었으며 고집이 없었고 내가 아니면 안 된다는 것이 없었다." 『경의술문』(經義述聞)은 이러하다. "사사로운 의견이 없었다는 것은 바로 내가 헤아려 완전히 이르지 못한 것이 없었다는 말이다." 『논어정의』는 장존여(莊存與)를 인용하여 이렇게 말한다. "반드시 해야만 한다는 것이 없었다는 것은 대의와 더불어 나란했다는 뜻이다."

역주_ 장존여(1719~1788)는 자가 방경(方耕), 호가 양념(養恬)이며 강소성 무진 출신이다. 건륭 10년(1745) 진사 시험에서 이등을 하여 한림원에 들어가 편수에 임명되었고 학정, 향시와 회시 고관을 역임하고 남서방과 상서방(上書房)에서 근무했다. 건륭 49년(1784) 예부 좌시랑에 발탁되었다. 『춘추공양전』을 연구했다. 저술에 『춘추정사』(春秋正辭), 『상서개견』(尙書概見) 등이 있다. 후세인이 『미경재유서』(味經齋遺書)로 모았다.

9 『예기』「월령」의 중성은 『상서』「요전」의 중성과 다르다. 예를 들어 「월령」은 이렇게 말한다. "음력 팔월[仲秋之月]에 해는 각수[角]에 있으며 해가 질 무렵에 견우(牽牛)가 남쪽에 있다." 황혼녘과 밤에는 견우가 중성이다. 「요전」은 이러하다. "밤에 중성은 허수[虛]에 있어서 중추(仲秋)를 맞춘다." 밤에는 허수가 중성이다. 시절의 변화에 따라 다르다는 것을 가리킨다.

역주_ 중성은 이십팔수 가운데 해가 질 때와 돋을 때에 하늘의 정남쪽에 보이는 별이다.

10 태초력(太初曆)은 「월령」과 다르다. 『사기』「역서」는 이러하다. "한나라가 일어나자 천하가 비로소 안정되었다. 그러나 틈이 없어서 진나라의 정삭(正朔)과 복색(服色)을 그대로 이었을 뿐이다. 현재의 황제가 즉위하자 방사 당도(唐都)를 초빙하여 하늘의 분야를 나누도록 하고 파(巴) 출신의 낙하굉을 시켜 전력(轉曆)을 계산하도록 했다. 그런 뒤에 일진(日辰)의 도수가 하나라 달력과 같아졌다." 한나라 무제는 율법을 고쳐서 결정한 뒤 태초력이라 불렀다. 이때 하나라 달력을 사용했다. 「월령」은 『여씨춘추』「십이기」의 첫머리를 베꼈다. 이것은 진나라의 달력이며 태초력과 다르다. 공영달 『월령정의』(月令正義)는 이러하다. "「월령」 구월은 이렇게 말한다. '오는 해를 위해 초하루를 내렸다.' 이것은 바로 구월이 한 해의 마지막이며 시월에 달력을 내렸다는 말이다. 이것은 때가 맞지 않는다." 이것이 다름 아니라 한 가지 증거이다.

역주_ 전력은 혼천설에 입각하여 혼천의가 도는 정도에 따라 정한 역법이다. 일진의 도수

이다. 주공은 문왕과 무왕의 뒤를 이었고 총재(冢宰)의 자리에 있었다. 그러므로 예악 제도를 창조하여[11] 그 시대의 고정된 헌법을 만들었다. 공자는 쇠락하는 시대에 살았고 임금의 덕은 있었지만 임금의 자리는 없는 소왕이었다. 그래서 공자는 조술했을 뿐이지 창작하지 않았다.[12] 그리고 이것을 근거로 선왕의 위대한 도를 밝혔다. 맹자는 처사들이 천하를 돌아다니며 빗나가는 논의가 넘치는 시대를 만났다. 그러므로 맹자는 양주와 묵적을 힘껏 물리쳤다. 그리고 이것을 근거로 공자가 전한 위대한 도를 전하고 조술하는 일[傳述]을 우러렀다.[13] 한유는 불교와 도교가 불길처럼 성행하는 때를 만났다. 그러므로 한유는 성인의 도를 헤아려 밝혔다. 그리고 이것을 근거로 천하의 학술을 바로잡으려고 했다.[14] 정호와

는 해와 달이 만나는 시각이다.

11 『사기』「주본기」는 이러하다. "무왕이 세상을 뜨자 태자 송(誦)이 즉위했다. 이 이가 성왕이다. 성왕은 나이가 어리고 주나라는 막 천하를 평정했기 때문에 주공은 제후들이 반란을 일으킬까 두려워 이에 정사를 대신 맡아서 행했다. 예악을 일으키고 바로잡았다. 제도를 여기서 고쳤기 때문에 백성들은 화목했고 칭송하는 소리가 일어났다." 『상서대전』은 이러하다. "주공이 정사를 맡은 지 육년, 예악 제도를 창조했다."

역주_ 총재는 『주례』가 규정한 나라 살림 전체의 총책임자이다.

12 『한서』「유림전」은 이러하다. "주나라의 도가 이미 쇠락하여 유왕과 여왕 때 허물어졌다. 그렇게 보잘 것 없이 이백여 년이 흐르고 공자가 일어났다. 공자는 고금의 글들[篇籍]을 완전히 살폈다. 그래서 『서』를 편집하면서 「요전」에서 끊었고 음악을 칭찬하면서 『소』의 춤을 본받았으며 『시』를 논하면서 「주남」을 첫머리에 두었다. 주나라의 예를 기우면서 노나라의 『춘추』를 근거로 노나라 열두 제후의 행사를 예로 들어 문왕과 무왕의 도로 그것을 엮었다. 그래서 한결같은 왕의 법을 완성하고 기린을 잡은 일에서 그만 두었다. 아마 늘그막에 『역』을 좋아하여 죽간을 엮은 가죽 끈이 세 번이나 끊어질 정도로 읽은 뒤 그것을 위한 「전」을 썼을 것이다. 이것은 모두 가까운 성인의 일을 근거로 선왕의 가르침을 세운 것이다. 그러므로 이렇게 말한다. '조술하지 창작하지 않으며 믿고 고대를 좋아한다.'"

13 『맹자』「등문공 하」는 이러하다. "거룩한 임금이 일어나지 않고 제후가 방자하며 처사가 마구 논의하고 양주와 묵적의 주장이 천하를 가득 채우고 있다. 양주와 묵적의 도가 쉬지 않고 공자의 도는 드러나지 않는다. 그래서 올바르지 못한 주장이 백성들을 속이고 인의를 막고 있다. 인의가 막히면 짐승들을 이끌어 사람을 먹이며 사람이 서로 잡아먹게 될 것이다. 나는 이것 때문에 두렵다. 성인들의 도를 밝혀 양주와 묵적의 설을 막고 음란한 말을 쫓아내려 한다." 『법언』「오자」는 이러하다. "예전에 양주와 묵적이 길을 막자 맹자가 말하여 그들을 물리치려 했다. 바로잡게 되었다."

14 한유 「진학해」는 이러하다. "이단을 쳐서 물리치고 불교와 도교를 쫓아내다."(『창려

정이 형제나 주희는 보잘 것 없는 무리의 학문이 근본을 잊은 시대를 만났다. 그러므로 이들은 성리를 변별하여 밝혔다. 그리고 이것을 근거로 세상에 널리 퍼져 있는 세속적인 사람의 마음을 잡아당겨 얻으려고 했다.[15] 그들의 사공은 모두 이어지지 못했다. 그러나 이것은 모두 경세라

집』 권12) 「여맹상서서」(與孟尙書書)는 이렇게 말한다. "한나라 이후 모든 유학자는 제각기 떳떳하지 못하게 편찬하고 보충했으나, 온갖 구멍과 헌데는 계속 어지러워지고 잃어버리게 되었다. 마치 머리카락 한 올로 삼천 근을 지탱하는 것처럼 위태로웠다. 겨우겨우 이어지고 이어졌으나 점점 드러나지 않고 소멸되는 과정에 있었다. 이런 때, 불교와 도교는 부르짖으며 북을 쳐서 천하의 대중을 불러 모은 뒤 따르게 만들고 있다. 아! 그들은 어질지 않음이 심하다. 불교와 도교의 해독은 양주와 묵적을 넘는다. 나는 맹자보다 훌륭하지 못하다. 맹자는 유학이 망하기 전에도 구제할 수 없었는데 나는 이미 망가진 뒤에 마침내 온전하게 만들려고 한다. 아! 나는 자신의 힘을 헤아리지도 않고 또한 나도 위태로워져서 죽더라도 구할 수 없다는 것을 알고 있다. 비록 그렇지만 나는 정밀하지 않지만 도가 전해지도록 만들려 한다. 비록 내가 소멸되어 죽더라도 전혀 한이 없다."(『창려집』 권18) 그가 용감하게 자임한 것을 알 수 있다. 『신당서』 「한유전찬」(韓愈傳贊)은 이렇게 말한다. "진나라부터 수나라까지 도교와 불교가 드러나서 유행했다. 성인의 도는 띠처럼 끊어지지 않았지만 여러 유학자들은 천하의 올바른 논의에 기대어 괴력난신을 도왔다. 한유는 홀로 탄식하고 성인을 인용하여 천하의 미혹과 다투었다. 비록 비웃음을 샀지만 넘어지더라도 다시 분발했다. 처음에 그것을 믿지 않는 듯하더니 끝내 당시에 크게 드러나게 되었다. 옛날 맹자가 양주와 묵적을 물리친 것이 공자의 시대에서 겨우 이백 년 뒤이다. 한유가 불교와 도교를 물리친 것은 그로부터 천여 년이 지난 뒤이다. 쇠락한 것을 일으켜 올바름으로 돌린 공은 맹자와 같지만 힘은 배나 더 들었다."

15 『송사』 「도학전서」(道學傳序)는 이러하다. "송나라 중엽에 주돈이는 전해지지 않던 성인과 현인의 학문을 얻었다. 인종 명도 연간 초에 정호 및 아우 정이가 실제로 태어났다. 그들은 자란 뒤 주돈이에게 학업을 전수받았다. 그들이 들었던 것을 마침내 확대하여 『대학』과 『중용』 두 편을 밝게 드러냈고 『논어』, 『맹자』와 아울러 유행시켰다. 송나라가 남쪽으로 피난간 뒤 신안 주희는 정호와 정이[程氏]의 올바른 전수를 얻었고 그 학문을 더욱 친밀하고 절실하게 만들었다. 아마 격물과 치지를 우선으로 하며 명선(明善)과 성신(誠身)을 핵심으로 했을 것이다. 『시』, 『서』, 육예의 글과 공자, 맹자가 남긴 말은 진나라의 분서 사건으로 뒤집어지고 어지러워졌다. 한나라 유학자들에게서 지리멸렬해졌고 위나라, 진나라, 육조시대에서 어두워지고 가라앉게 되었다. 주희에 이르러 환하게 되어 크게 밝혀졌고 질서정연하게 되어 각각 자신의 자리를 찾게 되었다. 이것은 송나라 때 유학자의 학문이며 제자백가를 뛰어넘고 위로 맹자와 접속하게 되는 근거가 된다!" 섭향고(葉向高) 「이정어록서」(二程語錄序)는 이러하다. "맹자 이후부터 조용하게 학술을 자임한 사람은 주장이 모두 제멋대로이고 지리멸렬하여 공자와 맹자의 전형(典刑)을 잃어버렸다. 아마 도는 아직 끊어지지 않았을 테지만 학문은 이미 끊어졌다. 주돈이, 정호, 정이, 장재, 주희는 공자와

고 말할 수 있다. 그러므로 학업은 기풍을 여는 근거이다. 기풍이 열리지 않으면 학업을 근거로 열어야 한다. 기풍이 쇠퇴했다면 학업을 근거로 잡아당겨 구제해야 한다. 사람의 마음과 풍속은 오랜 세월을 지나다 보면 폐단이 생기지 않을 수 없다. 이것은 마치 희씨와 화씨의 방법과 보장씨(保章氏)의 방법[16]이 오랜 세월을 지나다 보면 차이가 생기지 않을 수 없는 것과 같다. 그런 폐단을 근거로 보충하고 구제하는 조치를 베푼다. 이것은 마치 역법을 연구하는 사람이 역법의 오차를 근거로 달력을 고칠 조치를 논의하는 것과 같다. 역법의 오차는 지나치지 않으면 뒤쳐져

맹자의 학문을 이은 사람들이다. 주돈이[周子]는 성(誠), 무욕(無欲), 중정(中正), 인의(仁義)를 말한다. 장재[張子]는 예를 말한다. 주희는 거경궁리를 말한다. 그러나 주희의 거경궁리는 실제로 정자에 뿌리를 두고 있다. 내가 정자의 말을 살피니 「정성서」(定性書), 「호학론」(好學論), 「본천설」(本天說), 「본심설」(本心說) 따위가 있는데 모두 지극히 깊고 순수했다. 그는 경(敬)이라는 한 글자를 들고 나왔는데 진나라와 한나라 이후 아무도 언급한 적이 없는 것이다. 이것은 더구나 모든 성인이 마음을 전수한 요결이다. 그리고 격물하는 것이 궁리라는 주장은 정밀한 것과 큰 줄거리가 되는 것을 포괄하고 본말을 겸하고 있다. 이것은 본디 아래에서 배워 위로 통달한다는 뜻과 서로 증명하고, 증명해주는 것이기도 하다."

역주_ **섭향고**(1559~1627)는 자가 진경(進卿), 호가 대산(臺山)이다. 복건 복청(福淸) 출신이다. 만력 11년(1583) 진사가 되어 서길사에 임명된 것을 시작으로 여러 관직을 역임했다. 만력 35년 예부 상서 겸 동각대학사로 승진하고 이듬해 재상이 되었다. 당시 만력제가 정사를 돌보지 않은 지 오래되었고 중신인 이정기(李廷機)도 여론의 공격을 받아 정사를 돌보지 않아 내각에는 섭향고 혼자 남아 정사를 돌보았다. 당파 싸움 속에 균형을 잡으려고 노력했으나 실패하자 만력 42년 소사 겸 태자태사로 승진하면서 은퇴했다. 광종(光宗)이 등극하면서 태창(泰昌) 원년(1620) 그를 재상으로 다시 불렀지만 광종이 병으로 죽어버렸다. 희종(熹宗)이 즉위하여 천계 원년(1621) 섭향고는 중극전 대학사(中極殿大學士)로 승진하고 세 번째 재상을 맡았다. 그러나 위충현이 권력을 휘두르면서 반대파에게 동림당이라는 죄명을 씌우는 과정에 섭향고도 동림당의 우두머리로 지목당해 은퇴하고 말았다. 천계 7년(1627) 희종이 세상을 떠나고 같은 해 섭향고도 병으로 세상을 떴다. 숭정제가 즉위하여 위충현과 일파를 죽인 뒤 그에게 태사를 추증하고 문충이라는 시호를 내렸다.

16 희씨와 화씨는 「역교 중」의 주23을 보라. 『주례』 「춘관」은 이러하다. "보장씨는 하늘의 별을 관장하며 별[星辰], 해, 달의 변동을 기록한다. 이로써 천하의 변천을 살피고 그 길흉을 구분한다." 가규의 소는 이렇게 말한다. "이 벼슬아치는 해와 달의 변동이 항상성과 다른지 관장하여 길흉의 일을 안다."

역주_ **보장씨**는 『주례』에 규정된 달력을 만들고 역법을 관장하는 벼슬아치이다.

서 맞지 않는다. 유행의 폐단은 무거운 쪽으로 치우치지 않으면 가벼운 쪽으로 치우치기 마련이다. 무거운 쪽이나 가벼운 쪽으로 치우치는 것과 지나친 쪽이나 뒤처지는 쪽으로 치우치는 것은 끝까지 간 것을 근거로 해서 돌이키는 것이 아니다. 만약 끝까지 간 것을 근거로 해서 돌이키려 하면 치우치지 않으면서도 올바른 마땅함을 얻을 수 없을 것이다. 이름 내기 좋아하는 선비는 유행을 부리나케 쫓아다니며 학업을 닦는다. 이것은 불로 불을 끄려는 행동이나 물로 물을 막으려는 행동과 같다.[17]

하늘이 정해놓은 일은 사람을 이기지만 사람이 정해놓은 일도 하늘을 이길 수 있다.[18] 이십팔수와 십이차는 하늘을 감돌고 운행하면서 반복하는 횟수로 춘추시대 중국의 큰 도시와 작은 마을을 남김없이 포괄하고 있다. 중국은 거대한 대지에서 남동쪽의 조그마한 귀퉁이일 뿐이다. 천체가 궤도를 따라 한 바퀴 돌 때 별이 운행하는 정도와 중국을 연결시켜서 점을 쳐보면[19] 대응하지 않은 적이 없다. 이것은 아마 이치로 헤아려

---

17 이 말은 『장자』 「인간세」를 보라. 나는 이렇게 생각한다. 여기까지 학술이 기풍을 지탱할 수 있는 것을 소중하게 여기지, 기풍을 좇아가서는 안 된다는 점을 말하고 있다.

18 『사기』 「오자서전」(伍子胥傳)은 이러하다. "신포서(申包胥)는 이렇게 말했다. '사람이 많으면 하늘을 이긴다. 하늘이 정한 것도 사람을 파괴할 수 있다.'" 유기(劉祁) 『귀잠지』(歸潛志)는 이러하다. "하늘이 정한 것은 사람을 이길 수 있고 사람이 정한 것도 하늘을 이길 수 있다."

역주_ 유기(1203~1250)는 자가 경숙(京叔), 호가 신천둔사(神川遯士)이며 혼원(渾源) 출신이다. 유기는 여덟 살에 할아버지와 아버지를 따라 변경(汴京)에 왔다. 스무 살에 진사 시험을 보았으나 불합격하고 더 열심히 공부했다. 천흥(天興) 원년 변경이 함락되었을 때 최립(崔立)에 의해 비문을 지으라는 협박을 받았다. 금나라가 망하고 고향에 돌아와 귀잠당(歸潛堂)이라는 집을 짓고 은거했다. 원나라 쿠빌라이 칸이 유학자를 부를 때 첫손에 꼽혔고 산서동로(山西東路) 고시관으로 선발되었다. 저술에 『신천둔사집』(神川遯士集)이 있으나 없어지고 지금 『귀잠지』만 남았다.

19 '점을 쳐보면[占驗]'에 대해 『사기』 「천관서」는 이렇게 말한다. "태사공은 고대의 천문 변화를 헤아려보았다. 그러나 윤고[皐], 당매[唐], 감공[甘], 석신[石]은 당시의 사무를 근거로 그들의 글과 전승을 논했다. 그러므로 그들의 점험(占驗)은 곡식 알갱이나 소금 알갱이처럼 문란하게 뒤섞였다." 점험은 성상(星象)을 근거로 인사의 길흉을 점치는 것을 가리킨다. 미신이다.

역주_ 윤고(尹皐)는 조나라 사람, 당매(唐昧)는 초나라 사람, 감공은 제나라 사람, 석신은

짐작할 수 없는 일이겠지만 사람이 정해놓은 일이 하늘을 이기기 때문일 것이다. 하물며 서자평(徐子平)처럼 사람이 태어난 연월일시를 헤아려 볼 때도[20] 육십갑자를 사용하며 오행의 상생과 상극을 나누어 배당한다. 연월과 시간은 결코 갑자로 표시하는 것이 아니다. 옛사람에게 이런 말이 있었던 적은 없다. 그러나 후세인이 방법을 정한 뒤, 천체의 운행에서도 길흉과 화복을 헤아려 풀어보니 대응하지 않는 것이 없었다. 이것이 어찌 사람이 정해놓은 일이 하늘을 이기는 것이 아니겠는가? 『주역』이 "하늘보다 앞서서 행동해도 하늘이 어기지 않는다"[21]라고 말한 것은 아마 이 때문일 것이다. 학문에도 사람이 정해놓은 일이 하늘을 이기는 이치가 있다. 이치는 무극(無極)과 태극(太極)으로 나뉘고[22] 수는 선천수(先天數)와 후천수(後天數)로 나뉘며[23] 그림은 「하도」(河圖)와 「낙서」(洛書)가 있고[24]

위나라 사람이다. 모두 전국시대의 유명한 천문가들이다.

20 『직재서록해제』 「음양가류」(陰陽家類)는 이러하다. "『낙록자』(珞琭子)는 한 권이다. 이 책은 점쟁이[祿命家]가 근본 경전이라고 생각한다. 말이 천박하여 저자거리에서 점치는 일을 생계로 하는 사람이 한 것이다." 송나라 서자평(徐子平)은 『낙록자부주』(珞琭子賦注) 두 권이 있는데 세상에 유행하고 있다. 그러므로 세상에서는 그런 술수를 "자평"(子平)이라고 부른다. 사람이 태어난 날의 여덟 글자[生辰八字], 곧 태어난 연월일시를 근거로 운명을 헤아려 보는 것이다. 당나라 이허중(李虛中)의 『명서』(命書)에서 시작되었다고 전해진다.

21 『주역』 「건」괘의 「문언전」을 보라.

22 주돈이 『태극도설』(太極圖說)은 이러하다. "무극이면서 태극이다. 태극이 움직여 양을 낳는다. 양이 극에 이르면 운동을 멈추고 운동을 멈추면 음을 낳는다. 고요함이 극에 이르면 다시 운동을 시작한다. 운동하는 것과 운동을 멈추는 것은 서로 뿌리가 된다. 음과 양으로 나뉘면 양의(兩儀)가 선다. 양이 변하면 음이 합쳐서 수, 화, 목, 금, 토를 낳는다. 다섯 가지 기운[五氣]이 순조롭게 퍼지면 네 계절[四時]이 운동한다. 오행은 음양이다. 음양은 태극이다. 태극은 무극에 뿌리를 두고 있다."

23 소옹은 숫자로 『주역』을 말하고 「선천도」(先天圖)를 지었다. 그의 『선천괘위도설』(先天卦位圖說)은 이렇게 말한다. "선천학(先天學)은 심법(心法)이다. 「도」는 모두 가운데에서 시작하며 모든 변화와 모든 사물은 마음에서 생긴다." 『관물외편』(觀物外篇)은 이렇게 말한다. "선천의 학문은 마음이다. 후천(後天)의 학문은 자취이다. 드나듦, 있고 없음, 나고 죽음은 도이다." 우주의 모든 존재가 마음에서 생긴다고 생각하는 것이며, 이것은 주관적 관념론이다.

24 『주역』 「계사전 상」은 이러하다. "황하에서 「도」가 나오고 낙수(洛水)에서 「서」가 나오니, 성인이 그것을 본받았다." 공영달 『주역정의』는 이러하다. "『춘추위』는 이

인간 본성은 의리지성(義理之性)과 기질지성(氣質之性)이 있다.[25] 성인의 의도를 후세의 현인은 자신의 의도로 짐작했다. 그러자 성인을 이렇게 풀이해도 거리낄 것이 없이 괜찮다고 생각하게 되었다. 그들의 학설을 따른다고 해도 성인을 본받을 수 있으며 하늘을 본받을 수도 있다. 이것이 어찌 사람이 정해놓은 일이 하늘을 이기는 것이 아니겠는가? 우러름과 믿음이 너무 지나친 바람에 성인의 의도를 정말 얻었다고 생각하는 것은 본디 잘못된 생각이다. 다름 아니라 변별하고 반박하는 짓이 너무 지나친 바람에 숱한 유학자들이 서로 헐뜯고 욕한다고 생각하는 것도 어찌 마땅한 생각이겠는가?[26]

렇게 말한다. '황하는 하늘[乾]로 통해서 천포(天苞)를 냈고 낙수는 땅[坤]으로 흘러 지부(地符)를 토해냈다. 황하에서 용도(龍圖)가 튀어 나오고 낙수에서 귀서(龜書)가 감응했다. 「하도」는 아홉 편이다. 「낙서」는 여섯 편이다.' 공안국은 「하도」가 팔괘라고 생각하고 「낙서」가 구주라고 생각했다." 이것은 고대의 전설이다.

25 『이정유서』 권6은 이러하다. "본성만 논하고 기운을 논하지 않는 것은 갖춰지지 않은 것이다. 기운만 논하고 본성을 논하지 않는 것은 밝지 못한 것이다." 이기(理氣)의 주장은 정이에게서 피어나 주희에게서 완성되었다. 주희는 「답황도부」(答黃道夫)에서 이렇게 말한다. "천지 사이에 이치와 기운이 있다. 이치라는 것은 형태가 이뤄지기 이전의 도이고 만물을 낳는 뿌리이다. 기운이라는 것은 형태가 이뤄진 뒤의 기(器)이고 만물을 낳는 도구이다. 그래서 사람과 만물이 태어날 때는 반드시 이런 이치를 받은 뒤에야 본성이 생긴다. 반드시 이런 기운을 받은 뒤에야 형태가 생긴다."(『주문공문집』(朱文公文集) 권58) 또한 이렇게도 말한다. "천지 사이에 다만 본성이 바로 이치라는 한 가지 도리만 있을 뿐이다. 사람에게 선과 선하지 않음이 있는 이유는 다만 어떤 기질을 받았느냐에 따라 각자 맑아지기도 하고 탁해지기도 한다."(『주자어류』 권4)

26 나는 이렇게 생각한다. 여기까지 학문에 사람이 정한 것이 하늘을 이기는 이치가 있다는 것을 말하고 있다.

사설(師說)[1]

한유는 이렇게 말한다. "스승은 도를 전하고 학업을 전수하며 의혹을 풀어주는 사람이다." 한유는 이렇게도 말한다. "스승이 반드시 제자보다 훌륭할 필요도 없고 제자가 반드시 스승만 못할 필요도 없다." "도가 보존되는 것은 스승이 보존하는 것이다." 한유는 다시 이렇게 말한다. "무당과 의사, 온갖 종류의 장인들은 서로서로 스승으로 삼는 일을 부끄러워하지 않는다."[2] 서로서로 스승으로 삼는 일을 한유 당시 사람들이 부끄럽게 생각했다는 말은 이상하지만 결국 무당과 의사, 온갖 종류의 장인들은 그렇지 않았다는 것이다. 아마 한유는 당시 낡은 풍속에 대해서 말한 것이지 스승의 궁극적 처지를 다룬 것은 아닐 것이다. 『국어』는 이

1 나는 이렇게 생각한다. 「사설」편은 덕을 완성시키고 자질을 표현하도록 해주는 스승은 반드시 바꿀 수 없는 것임을 논하고 있다. 이런 뜻은 「원학」과 서로 이어진다. 어느 해에 지었는지는 「경해 상」의 주1을 보라.

2 앞은 한유의 「사설」(『창려집』 권12)을 보라.

렇게 말한다. “백성이 살려면 세 종류의 사람이 있어야만 한다. 백성은 으레 그들을 모신다. 이들은 임금, 부모, 스승이다.”[3] 이것은 도를 전하는 일을 위해 말한 것이다. 학업을 전수하고 의혹을 풀어주는 일은 고르지 않고 차별이 있다. 학업에는 정밀한 것과 큰 줄거리가 있으며 의혹에도 큰 것과 작은 것이 있다. 전수하고 풀어주는 사람을 스승이라고 하는 이유는 본디 이런 것이다. 그러나 이것은 도를 전하는 일과 틈이 벌어진다. 무당과 의사, 온갖 종류의 장인들이 서로서로 스승으로 삼는 것도 똑같은 일로 보아서는 안 된다. 아마 바꿀 수 있는 스승과 바꿀 수 없는 스승이 있고 그들의 차이는 똑같은 수준에 놓고 이야기할 수 없을 것이다. 스승의 주장을 아는 사람은 하늘을 아는 사람이겠지? 아마 사람은 하늘의 명령을 받지만 하늘은 소리도 없고 냄새도 없기 때문에[4] 임금을 시켜서 그들을 다스리게 했을 것이다. 사람은 하늘이 낳지만 하늘은 개별적인 사물들을 일일이 지정해서 낳는 것이 아니기 때문에 부모가 그들을 낳았을 것이다. 사람은 하늘을 배우지만 하늘은 아주 다정하고 친절하게 타일러서 가르치지 않기 때문에[5] 스승이 그들을 가르칠 것이다. 군자는 하늘을 섬기는 일을 생각하는데 하늘을 섬기는 일은 임금, 부모, 스승을 조심스럽게 모시는 데 있을 뿐이다.[6]

스승을 모시는 도를 잃은 사람은 사람이 되는 근거를 잃는 것이다. 이것은 마치 자신의 몸이 없으면 살 수 있는 근거가 없어지는 것과 같다. 그러므로 부모가 낳고 스승이 가르치는 이치는 본래 다르지 않다. 이것은 칠십 명의 제자가 공자를 모실 때,[7] 죽어도 같이 죽고 살아도 같이 살

3 「언공 하」의 주122를 보라.

4 『시』「대아」“문왕”은 이러하다. “하느님의 일은 소리도 냄새도 없는 것.”

5 『시』「대아」“억”(抑)은 이러하다. “너희에게 간절히 타이른다.” 『경전석문』은 『비창』(埤蒼)을 인용하여 이렇게 말한다. “순(諄)은 알려서 깨우치는 일에 익숙한 것이다.”

6 나는 이렇게 생각한다. 여기까지 도를 전수하는 스승을 아비처럼 섬기라고 말한다.

7 『맹자』「공손추 상」은 이러하다. “덕으로 사람을 감복시키는 사람은 마음속이 기뻐서 참으로 감복하는 것이다. 이것은 공자의 일흔 명이나 되는 제자가 공자에게 감복하는 것과 같다.”

며 동서남북, 공자가 가는 곳이라면 어디라도 따라 가고 감히 자기 몸이 자기 것인 양 하지 못했다. 이것은 감정의 친밀함 때문이 아니라 이세가 그래야만 했기 때문이다. 학업을 전수하고 의혹을 풀어주는 데는 고르지 않고 차별이 있다. 경사가 전수하고 제자가 전수받은 것은 장구와 훈고이다.[8] 사학의 근원은 기록할 것인가 삭제할 것인가 결정하는 의례이다.[9] 이런 것은 도의 근본 바탕에 포괄되어 있다. "글은 말을 완전하게 표현하지 못하며 말은 뜻을 완전하게 표현하지 못한다"라고 옛사람은 말한다.[10] 옛사람은 죽간과 백서 이외에 따로 마음으로 전한 것이 있으며 입에서 귀로 가르친 것의 유래를 틀림없이 밝힌다. 이것은 마치 종중에서 종파와 지파의 혈통 관계를 그림으로 나타낸 계보[譜系]가 어지러워져서 안 되는 것이나 매한가지이다. 옛사람이 마음으로 전한 것은 반드시 제대로 된 스승을 따라서 배워야만 전수받을 수 있다. 만약 제대로 된 스승이 아니라면 전수받을 수 없다. 이것이 바꿀 수 없는 스승이다. 학문과 전문가의 학업, 문장과 경세에 담긴 빠르고 더딘 뜻과 달고 쓴 의도[11]는

---

8 『예기』「학기」는 이러하다. "첫 해에는 경을 해석하고 뜻을 변별하는 것을 본다." 공영달의 소는 이렇게 말한다. "이경(離經)은 경의 이치를 해석[離析]하고 장구를 끊는 것을 말한다." 장구는 분장(分章)과 단구(斷句)를 말한다. 별도로 「원도 하」의 주6에 상세하다.

역주_ **분장**은 단락을 나누는 것, **단구**는 장보다 짧은 문장을 끊는 것이다.

9 필삭(筆削)은 「역교 하」의 주26을 보라. 두예 「춘추좌씨전서」는 이러하다. "경에 의례가 없을 경우, 행한 일을 근거로 말한다. 그러면 「전」은 그것의 궁극적 뜻을 곧바로 말할 따름이다." 방포는 「서사기화식전」(書史記貨殖傳)에서 이렇게 말한다. "『춘추』가 제정한 의법은 사마천에게서 밝혀졌다. 글을 깊이 이해한 후세인도 갖추었다. 의는 바로 말에 뭔가 있다고 『역』이 말한 것이다. 법은 바로 말에 순서가 있다고 『역』이 말한 것이다. 의가 주요한 것이 되며 법이 보조적인 것이 된다. 그런 뒤에 형식을 완성한 글이 된다."(『망계문집』 권2) 문학자가 말하는 의법이나 역사가가 말하는 의례의 실제 내용은 동일하다.

10 『주역』「계사전 상」의 글이다.

11 『장자』「천도」는 이러하다. "윤편(輪扁)은 이렇게 대답했다. '수레바퀴를 깎을 때 너무 깎으면 헐거워서 고정되지 않습니다. 덜 깎으면 빡빡하여 들어가지 않습니다. 너무 깎지도 덜 깎지도 않으려면 손에 익고 마음이 응해야 합니다. 입으로 말할 수가 없는 일입니다. 수가 있다면 그 사이에 있습니다.'"

깨달을 수 있지만 말로 전할 수는 없다.[12] 여기에도 지극한 도가 깃들어 있으며 반드시 제대로 된 스승을 따라야만 전수받을 수 있다. 제대로 된 스승을 따르지 않는다면 전수받을 수 없다. 이것이 바꿀 수 없는 스승이다. 만약 이런 스승이 있다면 살아계시는 동안 제자들이 성심성의껏 모실 것이며 곁에서 모시면서 정해진 규칙[方]이 없을 것이다.[13] 스승이 돌아가시면 제자들은 시동이 되고 축문을 올려 제사가 이어지도록 할 것이다. 이것은 일흔 명의 제자가 공자에게 했던 것과 같다고 해도 된다. 경전을 강학할 때 탁월한 뜻을 취하지 않을 것이다.[14] 문사를 도끼로 쪼개듯 분석하고 바로잡을 때,[15] 독립된 뜻을 볼 수 없을 것이다. 남들이 모두 알고 모두 할 수 있는 일은 우연한 기회에 내게 가르칠 것이다. 어떤 스승을 따랐으나 학업을 마치지 못했으면 그를 떠나 다른 스승에게 배우더라도 무방하다. 어떤 스승이 내게 알려주지 않은 것을 다른 스승에게 물을 수도 있다. 스승을 바꿨는데도 도를 완전히 탐구하지 못했다면 이런 스승이 바꿀 수 있는 스승이다. 설령 학문이나 문장이라 할지라도 하찮은 기예일 뿐이다. 그들이 취하여 본받는 것은 재인(梓人)이 쪼고 새기는 방법을 가르치는 것[16]이나 공녀(紅女)가 자수 놓는 방법을 전하는

---

12 『장자』「천도」는 이러하다. "말이 소중하게 생각하는 것은 의도입니다. 의도에는 따르는 것이 있습니다. 의도에 따르는 것은 말로 전할 수 없습니다." 이것은 마치 윤편이 수레바퀴를 깎는 일과 같다는 것이다. 수레바퀴를 깎는 장인은 오랫동안 수레바퀴를 깎다보니 진심으로 얻어 손이 반응하는 일이 몸에 익고 몸이 아는 것이라 설명할 수가 없다.

13 『예기』「단궁 상」은 이러하다. "스승을 섬길 때는 범하여 지나친 충고를 하지도, 허물을 숨기지도 말아야 한다. 주변에 있으면서 봉양하되 정해진 방법이 없다. 죽음에 이를 만큼 복종하고 부지런히 섬긴다. 스승이 돌아가시면 삼년 동안 심상(心喪)을 지낸다."

14 두보「희위육절구」는 이러하다. "거짓 형식을 별도로 편집하는 것은 풍아에 친해지는 길이요, 돌이켜 많은 스승을 보태는 것은 네 스승이라." 구씨(仇氏)의 주는 이렇게 말한다. "별재(別裁)는 구별해서 가다듬고 버린다는 말이다." 시의 형식에는 정체(正體)와 위체(僞體)가 있기 때문에, 위체를 없애고 정체를 높이는 것이다.

15 백악을 깎는 일을 하는 초나라 서울 영에 사는 사람을 이야기한 『장자』「서무귀」를 인용한 것이다.

것[17]과 다르지 않다. 누구에게라도 배울 것이 있다고 생각하는 사람이라면 천한 사람이라도 스승으로 모시고 예를 다한다. 그를 따라 다니며 짝하고 앉아서[18] 더욱 공경하고 사랑하면 된다. 임금, 부모, 스승을 부지런히 섬기는 일이나 스승과 자신을 낳아준 부모를 동등하게 대하는 의리를 꼭 엄격하게 만들려는 사람이 있다. 바꿀 수 있는 스승도 무조건 받들어야 한다며 제자에게 책임을 지우는 사람은 사리에 어두워 갈피를 잡지 못하고 헤매는 사람이며 그렇게 베푸는 제자라는 사람도 진심에서 비롯된 행동이 아닐 것이다.[19]

무당과 의사, 온갖 장인들의 스승은 본디 군자의 도에 비할 수 없다. 그러나 여기에도 주장이 있다. 옛사람 가운데 전문가의 학업과 일가를 이루는 학업은 기술(技術)의 정밀함에서 드러나지 않지만 독보적인 깨달음이 있다. 제대로 된 스승을 따라서 배워야만 전수받을 수 있고 제대로 된 스승이 아니라면 전수받을 수 없다. 이런 사람도 역시 바꿀 수 없는 스승이며 살아계시는 동안 제자들도 성심성의껏 모실 것이고 돌아가시면 제자들이 시동도 되고 축문도 올릴 것이다. 옛사람은 먹고 마실 때 반드시 음식을 먹고 마시게 해준 최초의 사람에게 제사를 올렸다.[20] 이

---

16 『주례』「고공기」는 이러하다. "재인(梓人)은 순거(筍簴, 편종이나 편경을 매다는 나무틀)를 만든다. 작은 벌레 무리를 새기는 일은 조탁(雕琢)이다." 나무틀에는 벌레 모양을 조각한다. 『춘추좌전』「선공 2년」은 이러하다. "초나라 사람이 가르쳤다." 주는 이러하다. "기(惎)는 교(敎)이다."

역주_ 재인은 조각하는 장인이다.

17 『한서』「역이기전」(酈食其傳)은 이러하다. "공녀(紅女)가 베틀에서 내려오다." 안사고는 이렇게 말한다. "홍(紅)은 공(工)이라고 읽는다." 공녀는 다름 아니라 여공(女功)이다. 『상서』「고요모」「전」은 이러하다. "올이 고운 칡옷[葛]을 희(稀)라고 한다. 다섯 가지 빛깔을 갖춘 것을 수(繡)라고 한다."

역주_ 공녀는 수를 놓는 여자 장인이다.

18 『예기』「왕제」는 이러하다. "아버지뻘 되는 사람은 따라서 행한다." 또한 「단궁 상」은 이렇게 말한다. "동자가 방구석에서 촛불을 잡고 있다."

19 나는 이렇게 생각한다. 여기까지 바꿀 수 있는 스승과 바꿀 수 없는 스승을 구별하여 가르고 있다.

20 『논어』「향당」(鄕黨)은 이러하다. "비록 거친 밥과 나물국이라도 반드시 제사를 지

것은 뿌리를 잊지 않는 행위이다. 하물며 내가 도덕과 기술[術藝]을 완성할 수 있었던 것은 내가 본디 그를 따라 배우지 않았다면 전수받을 수 있었을까? 제자가 스승만 못할 필요가 없고 스승이 꼭 제자보다 훌륭할 필요가 없다는 말뜻은 제자가 얻은 것이 어떤지 보아야한다는 뜻일 뿐이다. 잘 하냐 못하냐를 다투는 것은 도에 달렸다. 그렇다면 하찮은 기술[技曲]이나 예술[藝業]을 잘한다고 해서 무엇을 고집하면서 잘 하느니 못하느니 따지겠는가?[21]

아아! 스승의 도가 전해지지 않은 지 오래 되었다. 뜻이 있는 선비는 천하에서 스승을 찾지만 바꿀 수 없는 스승을 만나지 못한다. 고금을 살펴보면 가슴 설레게 하는 사람이 있다.[22] 나는 빙그레 웃음 띤 지도 모른 채 웃고[23] 주르륵 흐르는 데도 무엇 때문에 눈물이 나는지 모르겠다.[24] 이런 사람도 내 스승이다. 그분을 직접 볼 수 없어도 내게 은연중에 전수하고 나는 전수받는다. 이것은 비유하자면 아비 잃은 자식이 아버지의 영정에서 돌아가신 아버지를 보는 것과 같다. 설령 아무도 그것이 아버지의 생전 모습이라고 알려주지 않더라도 꿈꾸거나 선잠 자는 동안 반

내되, 반드시 마음을 가다듬었다.(齊, 재(齋)이다)" 주희 『논어집주』는 이러하다. "옛 사람은 마시거나 먹을 때 갖가지 음식을 각각 조금씩 내어 두간(豆間)의 땅에 놓아둔다. 이로써 선대에 처음으로 음식을 만든 사람을 제사지내고 근본을 잊지 않는 것이다." 『춘추공양전』「양공 29년」은 이러하다. "먹고 마실 때는 반드시 축을 왼다." 주는 이러하다. "축(祝)은 제사지내는 축에 근거한다."

역주_ 위 본문의 기술은 기예와 방법이다.

21 나는 이렇게 생각한다. 여기까지 스승의 소중함이란 내 도와 예술을 완성시켜 주는 데 있기 때문에, 온갖 장인과 차이가 없다는 것을 말하고 있다.

22 『초사』「구변」은 이러하다. "마음이 급하구나 정말 바르니." 『초사보주』(楚辭補注)는 이러하다. "평(怦)은 마음이 급하다는 뜻이다."

23 전(輾)은 웃는 모습이다. 『장자』「달생」은 이러하다. "환공이 벙글벙글 웃었다."

24 삭언(索焉)은 삭연(索然)과 같다. 눈물을 흘리는 모습이다. 『예기』「단궁 상」은 이러하다. "선생님이 말씀하셨다. '내가 전에 들어가 곡할 때는 상주가 슬퍼하는 것을 보고 나도 눈물이 났다. 내 어찌 아무 이유도 없이 눈물을 흘렸겠느냐? 너희들은 그것을 행하라.'" 『문선』 유효표 「중답유말릉서」(重答劉秣陵書)는 이러하다. "물이 솟듯 눈물이 왜 이유 없이 나는지 모르겠다."

드시 일러 줄 것이다.[25] 어떤 사람은 옛사람이 하신 일을 똑같이 본받을 수는 없고 반드시 이것 때문에 제사 때 시동이 되거나 축문을 읽을 필요는 없다고 생각한다. 우임금은 아버지인 곤을 반드시 제사지냈다.[26] 이것은 자기가 나온 뿌리를 우러르기 때문이다. 전쟁을 벌일 때는 치우를 제사지낸다.[27] 이것은 전쟁이라는 제도를 창조한 것을 우러르기 때문이다. 만약 어떤 사람을 골라서 꼭 우러러야 한다면 주공이나 공자를 선택하면 마음에 차지 아니하여 섭섭하거나 불만스럽게 남아 있는 느낌이 없으리라. 어떤 사람의 아들이 되어 부모를 모시는 당연한 일도 본디 내 공덕이라고 이야기하는 것은 영원히 신주를 옮기지 않고 제사를 지내는 조상의 사당으로 부모의 신주를 옮기고 할아버지의 신주를 가져와 제사를 지내는 것처럼 본말이 뒤집힌 것이겠지?[28]

---

25 장학성 「여주창미중한논학서」(與朱滄湄中翰論學書)는 이러하다. "오로지 호걸다운 선비만 옛사람에게서 스스로 스승을 얻을 수 있습니다. 옛사람의 의도에서 참됨을 취하여 마음에 정말 어쩔 수 없는 것이 있는 사람이 지극함을 힘껏 구한다면 이른바 군자가 자신에게 그것을 구한다는 것이겠지요. 세상이 중요하게 생각하더라도 내 의도가 바라는 것이 아니라면, 비록 태산처럼 크더라도 급히 돌아보지 않을 것입니다. 세상이 소홀하게 생각하더라도 참으로 내 의도가 바라는 것이라면, 비록 가을 터럭만큼 작더라도 감히 빠트릴 수 없을 것입니다. 집중하는 쪽으로 달려가기 때문에 성공하기 쉽습니다. 비방과 칭찬에 담담하기 때문에 스스로 터득한 것은 깊습니다. 이것이 바로 타고난 자질이 좋은 사람이 옛사람에서 자신에게 가까운 것을 내걸어 기준으로 삼은 뒤 잊지도 않고 조장하지도 않은 채 오랫동안 스스로 체득하는 마음을 가지고 있다는 것입니다. 이것이 이른바 밟는 길은 달라도 도를 기약하는 것은 같다는 것입니다."(가업당본 『장씨유서』 권9)

26 『예기』 「제법」(祭法)은 이러하다. "하후씨(夏后氏)도 황제를 제사지내고 교례에서 곤(鯀)을 제사지내며 전욱을 시조로 하고 우임금을 종조로 모셨다."

27 「경해 중」의 주24를 보라.

28 『설문해자』는 이러하다. "조(祧)는 천묘(遷廟)이다. 예(禰)는 친묘(親廟)이다." 대부(大父)는 조부(祖父)이다. 할아비를 우러르기 때문에 아비를 가벼이 할 수는 없다는 뜻이다. 나는 이렇게 생각한다. 여기까지 옛사람을 높여 스승으로 삼는다고 말하고 있다.

가년(假年)[1]

손님 중에 학문을 논하는 사람이 있었는데 그는 이렇게 생각하고 있었다. "후세의 책이 이전보다 많아졌지만 사람 목숨은 옛날보다 늘지 않았다. 그래서 사람이 타고난 자질이 옛사람만 못하다고 하겠다. 만약 오백 년 정도 살 수 있다면 지금 있는 모든 책을 다 읽지 못한다는 불만 없이 다 읽을 수 있을 것이다. 천 년 뒤를 헤아려 보면 책은 틀림없이 지금보다 몇 배는 많아질 것이다. 그렇다면 목숨이 천 년은 되어야 책의 분량에 부합하게 될 것이다." 어떤 사람이 이 말을 명언이라고 내게 전했다. 나는 어리석기 짝이 없고 학이 무엇인지도 모르는 말이라고 대답했다. 그 사람이 말한 대로 하려면 조물주가 설령 그에게 오천 년의 목

1 나는 이렇게 생각한다. 학은 질성에 뿌리를 두며, 성취가 크든 작든 수행한 햇수의 길이와 전혀 상관없다. 「가년」편은 박식하게 되려고 힘쓰는 사람이 남을 현혹시키기 때문에 나온 것이다. 「박약」편의 뜻을 잇고 있다. 다만 말이 자못 해학적이다. 지은 해는 「경해 상」의 주1을 보라.

숨을 늘여준다고 해도 통달하지 못할 것이다.[2]

학문과 심신의 관계는 추위에 옷이 필요하고 굶주림에 먹을거리가 필요한 관계이다. 죽을 때까지 배부르고 따스함에 만족하지 못하는 사람[3]이 목숨을 늘려 천하의 모든 옷과 먹을거리를 다 입어보고 다 먹어보려고 한다면 이것은 어리석지 않으면 헛된 공상이다. 『중용』은 이렇게 말한다. "지극한 정성은 타고난 본성을 완전히 발휘할 수 있게 한다. 그렇다면 인간 본성을 완전히 발휘할 수 있게 된다. 인간 본성을 완전히 발휘할 수 있게 된다면 사물의 본성도 완전히 발휘할 수 있게 될 것이다."[4] 사람이 사물과 다른 이유는 사람이 인의와 도덕에서 순수하고[5] 사물을 이해하고 인륜을 살피는 능력을 가졌으며[6] 천지가 생명을 기르는 과정에 참여하고 도울 수 있는 능력을 가지고 있기 때문이다.[7] 이것은 사람 이외의 다른 만물이 얻어서 완전해질 수 있는 것이 아니다. 지각(知覺)과 운동(運動), 심지와 혈기는 하늘에서 선천적으로 타고난 것인데, 사물과 어찌 다르겠는가? 타고난 바탕이 큰 것은 작게 쓰일 수 없으며 타고난 바탕이 작은 것은 바탕이 커지기를 기다릴 수 없다. 만물은 각각 궁극적 한계가 있는 법이다. 사람도 만물의 일종이다. 어마어마하게 덩치가 큰 물고기인 곤과 하늘을 뒤덮는 거대한 새인 붕의 목숨은 십억 년이다.[8]

---

2 나는 이렇게 생각한다. 여기까지 박식하게 되려고 힘쓰는 사람이 좀 더 살고자 하는 주장을 인용하고 있다. 이것은 글을 쓰게 된 과정이다.

3 『맹자』「공손추 상」 조기의 주는 이렇게 말한다. "겸(慊)은 쾌(快)이다."

4 『예기』「중용」의 글을 보라.

5 『맹자』「진심 상」은 이러하다. "군자의 본성은 인의예지가 마음에 뿌리를 내리고 있다. 군자의 낯빛은 밝고 윤택하게 얼굴에 드러난다." 수(睟)는 수(粹)라고 읽는다. 수연(睟然)은 윤택한 모습이다.

6 『맹자』「이루 하」는 이러하다. "순임금은 온갖 사물에 밝고 인륜을 살폈다."

7 『예기』「중용」은 이러하다. "사물의 본성을 다할 수 있다면 천지의 화육(化育)을 도울 수 있다. 천지의 화육을 도울 수 있으면 천지와 더불어 셋이 될 수 있다."

8 '곤과 붕의 목숨은 십억 년이다[鯤鵬之壽十億]'에 대해 『장자』「소요유」는 이렇게 말한다. "북쪽 바다에 물고기가 있다. 그 이름은 곤이다. 곤의 크기는 몇 천 리나 되는지 알 수 없다. 이것이 변화해서 새가 되면 그 이름이 붕이다. 붕의 등은 몇 천 리나 되는지 알 수 없다." 또한 이렇게도 말한다. "아주 오랜 옛날에 대춘(大椿)이라는

곤이나 붕에게 설령 천 년을 더 살게 해준다 해도 천 년이 오히려 유치하게 여겨질 것이다. 여름에만 나와서 울다가 죽는 쓰르라미는 봄과 가을을 모른다. 한 달을 산다면 쓰르라미에겐 엄청나게 오래 산 셈이다.[9] 사람은 천지 사이에 들어와 백 년을 기한으로 하는 만물의 일종이다. 심지와 혈기는 백 년의 수명이 주고 바라는 것을 두루 채워줄 수 있다. 그래서 억지로 이루려고 할 수 없는 것이다.[10]

공자는 "열다섯 살에 학에 뜻을 두었고 일흔이 되자 마음이 바라는 대로 행동해도 꼭 지켜야 할 법도를 넘지 않았다."[11] 성인은 인도의 극한이다. 성인이 되는 방법을 배우는 사람은 열배, 백배의 노력만 기울이면 된다. 나는 이제껏 열배, 백배의 시간을 기다려야 한다고 들어본 적이 없다. 능력 한 가지를 얻는 것과 기예 한 가지를 잘하는 것도 학에 뜻을 두는 시작이자 꼭 지켜야 할 법도를 넘지 않는 궁극적 경지이기도 하다. 그들이 성인의 경지에 이를 수 없는 이유는 타고난 바탕에 한계가 있기 때문이지 타고난 목숨이 촉박하기 때문은 아니다. 안연이 서른에 요절하자[12] 공자는 이렇게 말한다. "안타깝구나! 나는 그가 나아가는 것만 보았지 멈추는 것을 본 적은 없다."[13] 아마 안연이 백 년이라는 사람 목숨의

나무가 있었다. 팔천 년을 봄으로 하고 팔천 년을 가을로 한다." 십억이란 숫자는 다름 아니라 이로부터 과장해서 나온 것이다.

9 「소요유」는 이러하다. "쓰르라미와 매미는 봄가을을 모른다." 사마표는 이렇게 말한다. "혜고(蟪蛄)는 한선(寒蟬)이다." 『설문해자』는 이러하다. "나이 팔십을 질(耋)이라 한다."

10 나는 이렇게 생각한다. 여기까지 사물보다 사람이 소중한 이유는 천성에 있지 나이에 있는 것이 아니라는 것을 말하고 있다.

11 『논어』 「위정」은 이러하다. "선생님이 이렇게 말씀하셨다. '나는 열다섯 살에 학에 뜻을 두었다. 서른에 섰고 마흔에 미혹되지 않았으며 쉰에 천명을 알았다. 예순에 귀가 순해졌고 일흔에 마음이 하고자 하는 대로 따라도 법도를 넘지 않았다.'"

12 『사기』 「중니제자열전」은 이러하다. "안회는 나이 스물아홉에 머리카락이 모두 백발이 되었고 일찍 죽었다. 공자는 곡을 하며 서럽게 울면서 이렇게 말했다. '내게 안회가 오면서부터 문인들이 나날이 친해지게 되었다.'"

13 『논어』 「자한」의 글이다. 황간[皇氏] 소는 이렇게 말한다. "안연이 죽은 뒤 공자가 이렇게 탄식했다."

끝을 완전히 누릴 수 없었던 것을 가슴 아프게 생각한 말일 것이다. 공자는 이렇게도 말한다. "나보다 나중에 태어난 사람이 두렵다. 그러나 마흔이 되고 쉰이 되어도 그들의 명성이 들리지 않는다면 두려워 할 필요가 없다."[14] 사람의 목숨은 본디 팔십 년이나 구십 년일 수도 있고 심지어 백 년일 수도 있다. 이제 그들이 타고난 목숨을 다 할 때까지 기다리지 않고 마흔이나 쉰에 그들을 두려워 할 필요가 없다고 말한 것도 아마 백 년의 목숨을 염두에 두었을 것이다. 그들의 심지와 혈기의 쓰임을 살펴보면 본디 내 의도로 헤아려 알 수 있는 것이다. 쉰이 되어도 명성이 들리지 않는다면 설령 그들이 천 년, 백 년 더 산들 마찬가지일 것이다.[15]

신선이 되어 영원히 산다는 주장은 정말 넓고 멀어서 바라보기에 아득하다. 같은 종류의 사물이라도 다른 능력을 가지고 있을 때는 마찬가지 이치가 있는 것이다. 그러므로 여러 신선들이 동부(洞府)나 영산(靈山)에 살고 있다는 주장은 천 분의 십이나 백 분의 일이라도 가능성이 있을지 모른다. 이런 주장이 완전히 억지소리는 아닐 것이다. 그러나 천 년을 산다는 신선이 백 년을 산 통달한 유학자보다 나을 수 있다는 소리는 듣지 못했다. 이것은 목숨을 늘린다고 해도 학을 풍부하게 할 수 없다는 것의 확실한 증거일 것이다. 우임금은 아주 짧은 시간도 아까워했으며[16] 공자는 "분발해서 노력하면 밥을 먹는 것도 잊고 즐거우면 근심을 잊는다. 노년이 장차 오리라는 것도 모른다"[17]라고 말한다. 공자는 이렇게도

---

14 『논어』「자한」은 이러하다. "선생님이 이렇게 말씀하셨다. '나중에 태어난 사람은 두려워 할만하다. 앞으로 오는 사람들이 오늘만 못하리란 것을 어찌 알리오. 그러나 마흔이 되고 쉰이 되어도 알려지지 않는다면 이것도 두려워할 것이 못된다.'"

15 나는 이렇게 생각한다. 여기까지 학이 궁극적인 경지에 도달하려 해도 자질에 한계가 있다는 것을 말하고 있다.

16 『진서』「도간전」(陶侃傳)은 이러하다. "도간이 늘 사람들에게 이렇게 말했다. '위대한 우임금은 성인이시다. 그래서 촌음을 아끼셨지. 보통 사람이라면 촌음을 나눈 분음(分陰)도 아껴야만 한다.'"

17 『논어』「술이」는 이러하다. "섭공(葉公)이 자로에게 공자에 대해서 물었다. 자로는

말한다. "내가 몇 년 더 살 수 있으면 쉰 살이라도 『주역』을 배울 텐데."[18] 아마 사람이 백 년 동안 살아야만 할 수 있는 일을 완성하지 못하는 것을 두려워한 말일 것이다. 달리 말하자면, 이것은 사람의 힘으로 할 수 있는 일이지만 하지 못한다면 내 삶을 저버리는 것이라는 생각이다. 쓰르라미가 설령 곤이나 붕처럼 목숨이 길어진다 해도 쓰르라미의 능력은 맴맴 소리 내는 것으로 그칠 것이다. 아마 목숨이 길어진다고 해도 질성(質性)은 변할 수 없기 때문일 것이다. 성인과 현인은 하루하루 힘을 아끼며[19] 사람이 살 수 있는 백 년이라는 기한이 촉박하다고 섭섭하게 생각하지 않을 것이다. 이것을 본성을 다하는 것[盡性]이라고 부른다. 세상에는 어린 나이에 일찍 지혜를 깨쳐 글을 외우거나 읽는 능력이 남의 몇 배나 되지만 노력을 멈추지 않는 사람도 있다. 이런 사람은 보통 사람과 크게 다를 것이 분명하다. 그런 사람이 어른이 되었을 때, 어리석고 나약하지만 백배의 노력을 기울인 사람과 겨룬다면 즉시 이길 수는 없을 것이다.[20] 설령 재빠르거나 둔한 자질 차이가 있더라도 결국 모든 사

대답하지 않았다. 공자는 이렇게 말했다. '너는 어찌 말하지 않았느냐? 그 사람됨은 분발하여 먹는 것도 잊고 즐거워 근심도 잊으며 노년이 장차 이르리라는 것도 모르고 있다고 말하면 되었을 것을.'"

18 『논어』「술이」의 글이다.

19 『증자』「입사」(立事)는 이러하다. "군자는 날을 아까워하며 배운다." 『당서』「위원충전」(魏元忠傳)은 이러하다. "옛날 초가집[茆茨]의 서까래를 꾸며 검약함을 자손에게 남겼다. 그래서 힘을 아끼는 것이다." 왕중 「여주무조서」(與朱武曹書)는 이러하다. "한창 나이는 다시 오지 않으니 하루의 힘이 아깝다."(『술학』(述學) 「별록」)

역주_ 위 본문의 질성은 타고난 바탕과 인간 본성이 원래 뜻이지만, 장학성은 타고난 기질로서의 인간 본성이라는 하나의 개념으로 사용한다. 송나라 이후의 유학에서 '性'은 초월의 내재, '質'은 타고날 당시 함께 주입된 악의 계기라고 이해되었다. 비록 '性'을 초월의 내재라고 하지만, 송나라 이후 유학에서 진정으로 '초월성을 초월하지 못했다.' 이것을 정당한 극한으로 밀어붙인 것이 청나라 유학의 공로이다. 장학성도 청나라 유학의 일원으로서 초월의 내재라는 정당한 관점에서 인간 본성을 이해하고 질성의 개념을 제시한다.

20 『후한서』「마원전」(馬援傳)은 이러하다. "주발(朱勃)은 자가 숙양(叔陽)이다. 나이 열두 살에 『시』와 『서』를 외울 수 있었다. 공부할 때 늘 먼저 읽은 뒤 마원(馬援)의 형인 마황(馬況)을 기다리곤 했다. 주발은 네모난 동정을 단 옷을 입고 의젓하게 걸었

람은 백 년 동안 산다는 제한을 받고 있다. 심지와 혈기도 이치에 의해 요약할 수 있다는 명백한 증거이다. 요즘 사람은 학이 자신을 위한 일이라는 것을 모르고 박학다식에 힘써서 남에게 뻐기는 일이라고 생각한다.[21] 천하의 지식을 보고 들어 완전히 알기는 불가능하다. 게다가 남들이 좋아하고 높여 소중히 여기는 것과 일치시키는 것도 불가능하다. 요임금이나 순임금이라도 끝없는 지식을 좇을 수 없다. 요임금이나 순임금이라도 일개인의 몸으로 끝없이 많은 좋은 것들과 소중히 여기는 것을 좇을 수는 없다. 맹자는 이렇게 말한다. "요임금과 순임금이 지혜롭다고 해서 모든 만물에 두루 도달하지는 않는다. 요임금과 순임금이 어질다고 해서 모든 사람을 두루 사랑하지는 않는다."[22] 이제 어떤 사람이 평범한 자질을 가졌으면서도 요임금과 순임금도 두루 하지 못했던 것을 끝까지 해보려고 하늘에서 오백 년의 목숨을 빌려고 한다고 치자. 다행스럽게도 이것이 불가능하기 망정이지, 만약 그것이 가능하다면 이것은 요망스러운 사람일 뿐이다.[23]

장학성의 조카인 장정풍은 말한다. "자기가 공부하지 않는 일을 '나는

으며 점잖게 말하곤 했다. 마원은 글을 가다듬어서 알고 있었기 때문에, 그것을 보고 망연자실했다. 마황은 아우의 뜻을 알고, 먼저 술을 쳐주며 마원을 위로하여 이렇게 말했다. '주발은 그릇이 작고 빨리 완성된 격이니, 제 꾀는 이게 전부일 뿐이다. 끝내 너를 좇아 배우게 될 것이 틀림없으니 두려워하지 마라.' 마원은 장군이 되고 제후로 봉해졌지만, 주발의 지위는 현령에 지나지 않았다."

21 『논어』「헌문」은 이러하다. "고대의 학자는 자신을 위하고 오늘날의 학자는 남을 위한다." 『북당서초』는 『신서』를 인용하고 있다. "제나라 임금이 묵자에게 이렇게 물었다. '고대의 학자는 자신을 위하고 오늘날의 학자는 남을 위한다는데 어떻소?' 묵자가 이렇게 대답했다. '고대의 학자는 좋은 말 하나를 얻으면 자신에 꼭 붙인다는 것입니다. 오늘날의 학자는 좋은 말 하나를 얻으면 남을 기쁘게 하는데 힘쓴다는 것입니다.'" 자신을 위한다는 것은 자신에게서 충실함을 추구한다는 말이다. 남을 기쁘게 한다는 것은 틀림없이 명성을 훔치고 세상을 속이는 지경에 이를 것이다.

22 『맹자』「진심 상」의 글을 보라.

23 나는 이렇게 생각한다. 여기까지 자질이 바뀔 수 없기 때문에 학문은 본성을 다하는 일을 추구하는 것이지, 박식함과 우아함을 뽐내는 것이 아니라는 것을 말하고 있다.

기억력이 없어서 괴롭고 눈으로만 책을 훑어보다가 덮으면 바로 잊어버린다'라는 말로 변명하는 학자들을 볼 때마다 숙부는 늘 이렇게 말씀하셨다. '그대는 스스로 공부를 잘하지 못한다고 할 뿐이다. 만약 공부를 잘한다면 기억력이 충분하지 않다는 이치는 결코 없을 것이다. 책은 바다에 넓게 퍼진 안개만큼 많기 때문에 설령 성인이라도 완전히 읽을 수는 없다. 옛사람이 박학을 소중하게 생각한 이유는 반드시 학업의 전문가가 된 뒤라야 함께 박학다식을 이야기할 수 있었기 때문이다. 아마 전문가가 되면 일가를 이루게 되며 일가를 이루게 되면 주장을 세울 것이다. 우주의 명물 가운데 내게 절실한 것은 설령 하찮은 것도 남겨서는 안 된다. 내게 절실하지 않은 것은 설령 태산이라 할지라도 눈길조차 줄 필요가 없다. 이렇게 마음을 쓴다면 설령 가장 둔한 자질을 타고난 사람이라도 기억 못할 것이 없다. 전문가의 학업과 일가를 이루는 일도 모르면서 성인도 완전히 할 수 없었던 일을 데면데면하게 추구한다면 이것은 우공이 산을 옮기려 했던[愚公移山] 꾀이자, 우물 안 개구리의 견해와 같다.'「가년」편은 아마 목적이 있어서 터져 나온 말씀일 것이다. 이것도 박학다식하다고 뽐내는 사람에게 일침을 놓은 것이다. 「가년」의 다듬은 말씀은 엄숙하면서도 해학적이다. 사람들이 스스로 깊이 반성하도록 한 것은 앞의 말씀과 비교해 보면 학자들이 증명할 수 있을 것이다."

감우(感遇)[1]

고대에는 관사와 정교가 둘로 분리된 적이 없다. 뛰어난 백성은 그에게 분배된 삼천 평의 밭을 가꾸지 않을 때면 진리에 굶주려 상서(庠序)에서 공부했다. 그래서 원래 정해진 직업[恒業]이 없었다.(학업을 말한다) 그들은 늘 가진 재산[恒産]이 있었다. 그래서 해야 할 일을 버려두지 않았다. 주나라가 쇠락하자 벼슬아치는 지켜야 할 것을 잃어버렸다. 도의 행위를 갈고 닦는 일은 사유에게 개인적으로 배웠다.[2] 그래서 직책을 잃은 선비가 나타나기 시작했는데 이런 사람을 맹자는 고상한 뜻[尙志]을 가진 사람이라고 불렀다.[3] 관직에 나아가 녹봉을 얻어도 원래 정해진 자신의 직

---

1 옛날에 진자앙과 장구령도 「감우」라는 작품을 썼는데, 이로써 자신이 품은 생각을 펼쳐 묘사했다. 장학성의 「감우」도 스스로 개탄하는 말일 뿐이다. 지은 해는 「경해 상」의 주1을 보라.

2 「시교 상」의 주70을 보라.

역주_ 상서는 고대의 교육 기관이다.

3 『맹자』 「진심 상」은 이러하다. "왕자 점(墊)이 이렇게 물었다. '선비는 무엇을 일삼

업을 누리지 못했고 관직에서 물러나 농사를 지어도 늘 가진 재산을 얻지 못했다. 이것이 바로 사람들과 사귀며 살아가는 일이 고단하고 위태로워진 유래이다.(사, 공경, 대부는 벼슬아치나 벼슬의 등급을 말한다. 농사를 짓지 않는 사람이 아니거나 뛰어나지 않은 백성이 아니라면 고상한 뜻을 가진 사람이라고 할 수 있다. 맹자의 말은 벼슬아치가 직책을 잃어버리고 스승이 나뉜 상태가 되자 이런 종류의 이름이 등장했다는 상황을 가리킨다) 성인과 현인은 세상을 다스리려는 뜻을 가졌다. 임금은 훌륭한 선비를 기르려 한다. 그래서 신하는 관직에 취임하려 할 때[4] 관직에 취임하는 세 가지 원칙과 관직을 떠날 때 버리고 떠나는 세 가지 원칙이 있다.[5] 임금과 신하가 만나서 화합할 수 있는가에 대해서는 아마 말하기 어려울 것이다. 공자가 초나라로 가려고 할 때, 먼저 자하를 보냈고 이어서 염유를 보내 자하를 돕도록 했다.[6] 설류(泄柳)와 신상(申詳)은 노나라 목공(繆公) 옆에 제대로 된 사람이 아무도 없었기 때문에 스스로 편안하게 있을 수 없었다.[7] 맹자가 제나라를 떠날

아야 합니까?' 맹자는 이렇게 대답했다. '의지를 높여야 합니다.'"

4 『맹자』「만장 하」는 이러하다. "공자는 도를 행하리라고 보면 벼슬을 하고, 예로 대우하리라고 보면 벼슬을 하며, 임금이 어진 사람을 기르리라고 보면 벼슬을 하셨다. 계환자(季桓子)에 대해서는 도를 행하리라고 보고 벼슬을 한 것이고, 위나라 영공에 대해서는 예로 대우하리라고 보고 벼슬을 한 것이며, 위나라 효공에 대해서는 임금이 어진 사람을 기르리라고 보고 벼슬을 한 것이다."

5 『맹자』「고자 하」는 이러하다. "진자(陳子)는 이렇게 물었다. '고대의 군자는 어떻게 하면 벼슬을 했습니까?' 맹자는 이렇게 대답했다. '나아가는 것이 세 가지요, 물러나는 것이 세 가지이다. 맞이할 때 공경스럽게 초빙하여 예가 있거나 자신의 주장을 장차 행하겠다고 말한다면 벼슬에 나아간다. 예로 대하는 태도는 쇠퇴하지 않았지만 주장을 행하지 않으면 벼슬을 물러난다. 그 다음은 비록 자신의 주장을 미처 행하지는 않았지만 맞이할 때 공경스럽게 초빙하여 예가 있다면 벼슬에 나아간다. 예로 대하는 태도가 쇠퇴한다면 벼슬을 물러난다. 최하는 아침에 먹지 못하고 저녁에도 먹지 못하여 굶어서 집밖을 나갈 수도 없게 되었는데, 임금이 그것을 듣고 이렇게 말할 때이다. 「내가 크게는 당신의 도를 행할 수 없고 또한 당신의 주장을 따를 수도 없소. 그러나 내 땅에서 당신을 굶주리게 만든 것은 내가 부끄럽다.」 임금이 두루 살펴준다면 받을 수도 있다. 그러나 죽음을 면하는 것일 뿐이다.'"

6 『예기』「단궁 상」의 글을 보고, 「문덕」의 주26을 보라.

7 이 글은 『맹자』「공손추 하」를 보라. 『예기』「잡기」(雜記)의 "설류(泄柳)의 어머니가 죽었다" 주는 이러하다. "설류는 노나라 목공(繆公) 때의 현인이다." 「단궁」의 "자장

때, 시자(時子)는 맹자가 제나라에 남아주면 제나라 사람들이 맹자를 본받게 하겠다고 말한 제나라 임금의 말을 맹자에게 전했다. 어떤 손님이 맹자가 떠나는 것을 말리라고 제나라 임금에게 말했다는 주장도 있다.[8] 서로 꾸준히 필요하더라도 막상 서로 만나도 서먹하게 마련이다. 소개를 통해 자세하고 분명하게 알리고 매만져서[9] 보호를 유지하는 일도 세상의 추세가 그래야만 하는 상태에서 나오기 때문이다. 성인과 현인은 예절을 앞세워 관직에 나가고 정의를 앞세워 관직에서 물러난다. 외부 간섭을 조금도 받지 않기 때문에 이런 사람이 얻은 것은 온전하다. 선비에게 늘 가진 재산은 없지만 녹봉은 학 자체에 있다. 선비가 농사를 지어 굶주릴까 두려워하지 않는 이유는 추세가 그런 것까지 돌아볼 틈이 없기 때문이다.[10] 설령 그렇다고 해도 석 달 동안 임금이 써주지 않으면 죽어도 사당에서 제사를 받을 수 없다. 설령 살아 있다 해도 잔치와 음악회에 참석할 수 없다.[11] 이슬과 서리를 밟으면 마음이 걱정스러워지고

이 병이 들자 신상(申詳)을 불러 말했다"에서 "신상은 자장의 아들"이라 한다.

8 『맹자』「공손추 하」는 이러하다. "맹자가 신하됨을 그만두고 돌아가려 했다. 다른 날에 제나라 임금이 시자(時子)에게 이렇게 말했다. '나는 나라 한복판[中國]에 맹자에게 집을 주고 만 종(鍾)의 녹봉으로 제자를 기르게 하고자 하오. 그래서 모든 대부와 나라 사람[國人]이 모두 공경하여 본받게 만들려는데 그대는 어찌 나를 위해 그것을 말해주지 않는 것이오?' 시자는 진자를 통해 맹자에게 알렸다." 조기 주는 이러하다. "긍(矜)은 경(敬)이다. 식(式)은 법(法)이다. 모든 대부와 나라 사람이 모두 맹자의 도를 공경스럽게 본받게 만들고자 하는 것이다." "맹자가 제나라를 떠나 주(晝)에서 묵었다. 제나라 임금을 위해 맹자가 가는 것을 말리려고 하는 사람이 있었다. 그는 앉아서 말하는데 대꾸도 하지 않고 궤에 기대어[隱几] 누웠다."

9 『사기』「노중련전」은 이러하다. "제가 소개할 테니 선생에게 그를 만나게 하겠습니다." 『사기색은』은 이러하다. "소개(紹介)는 매(媒)이다. 모든 예에서 손님이 오면 반드시 개(介)를 통해서 말을 전한다. 소(紹)는 계(繼)이다. 개는 한 사람이 아니다. 그러므로 예에서는 개가 이어서[介紹] 명을 전한다고 말한다."

10 『맹자』「양혜왕 상」은 이러하다. "항산(恒産)이 없으면서 항심(恒心)이 있는 것은 오로지 선비만 할 수 있다." 『논어』「위령공」은 이러하다. "선생님이 이렇게 말씀하셨다. '군자는 도를 꾀하지 먹을거리를 꾀하지 않는다. 밭을 갈면 밥이 그 안에 있다. 배우면 녹이 그 안에 있다. 군자는 도를 걱정하지 가난함을 걱정하지 않는다.'"

11 『맹자』「등문공 하」는 이러하다. "주소(周霄)가 이렇게 물었다. '고대의 군자는 벼슬을 했습니까?' 맹자는 이렇게 대답했다. '벼슬했다. 『전』은 이렇게 말한다. 「공자가

초라하고 가엾은 처지에 슬픔이 가시질 않는다.[12] 성인과 현인이라고 해서 어찌 세상 사람들의 마음과 멀리 떨어져 있겠는가! 군자는 본디 궁한 법이다. 그래도 군자는 자신의 기준을 굽혀서 남을 헤아리는 일[枉尺直心]을 옛날 왕량(王良)이 법도를 어기고 수레를 몰면서 부끄러워 한 것처럼 부끄러워한다. 아마 자신이 얻은 것을 온전하게 할 수 없을까 두려울 따름이더라도[13] 예의에 관한 모든 절차를 다투지 않을 것이다. 시절을 만

석 달 동안 임금이 없으면 찾아도 얻지 못하는 것 같았다. 국경을 나간다면 반드시 선물[質]을 실었다. 공명의(公明儀)가 이렇게 말했다. 옛사람은 석 달 동안 임금이 없으면 조문한다.」' '석 달 동안 임금이 없다고 조문하는 것은 너무 급하지 않습니까?' 맹자가 이렇게 대답했다. '선비가 자리를 잃은 것은 마치 제후가 국가를 잃은 것과 같다. 『예』는 이렇게 말한다. 「제후가 밭을 갈고 김을 매면 곡식을 가득 담아 바친다. 부인이 누에를 쳐서 실을 자으면 옷을 만든다.」 희생이 이뤄지지 않고 곡식을 가득 담아도 깨끗하지 않으며 옷이 갖춰지지 않으면 감히 제사를 지낼 수 없다. 만약 선비가 밭이 없다면 역시 제사지내지 않는다. 희생으로 죽일 것과 그릇과 옷이 갖춰지지 않았으니 감히 제사지낼 수 없다. 그렇다면 감히 잔치도 하지 못할 것이니 조문하기에 충분하지 않으냐?'"

12 『예기』「제의」(祭義)는 이러하다. "서리와 이슬이 내리고 나서 군자가 그것을 밟으면 틀림없이 몹시 슬프고 애달픈 마음이 들 것이다. 이것은 추위를 말하는 것이 아니다."

13 『논어』「위령공」은 이러하다. "선생님이 이렇게 말씀하셨다. '군자는 본디 곤궁할 수 있지만 소인은 곤궁하면 넘친다.'" 『맹자』「등문공 하」는 이러하다. "진대는 이렇게 말했다. '제후를 보지 않은 것은 마땅히 작은 듯해야만 합니다. 이제 일단 보시면 대인은 임금다운 왕의 도를 근거로 하고 소인배는 패자의 도를 근거로 합니다. 또한 『지』는 이렇게 말합니다. 「한 자를 굽혀서 여덟 자를 편다.」 마땅히 이렇게 하셔야 합니다.' 맹자는 이렇게 말했다. '예전에 제나라 경공이 사냥을 할 때 깃발로 우인(虞人)을 불렀더니 우인이 오지 않았다. 그래서 그를 죽이려고 했다. 지사(志士)는 구렁텅이에 있음을 잊지 않고 용사(勇士)는 자신의 머리를 잃을 것을 잊지 않는다고 했다. 공자는 무엇을 취하셨을까? 제대로 부르는 것이 아니기 때문에 가지 않는 쪽을 취하실 것이다. 만약 부름을 기다리지 않고 간다면 어떤가? 또한 한 자를 굽혀서 여덟 자를 편다는 것은 이익으로 말한 것이다. 만약 이익으로 한다면 여덟 자를 굽혀서 한 자를 펴는 쪽이 이롭다면 역시 그렇게 할 것이냐? 예전에 조간자(趙簡子)가 왕량(王良)에게 폐해(嬖奚)와 함께 전차에 타라고 시켰다. 날이 저물도록 새를 한 마리도 잡지 못했다. 폐해는 돌아와 이렇게 보고했다. 「천하에 없는 하찮은 재주입니다.」 어떤 사람이 왕량에게 알렸다. 왕량은 이렇게 말했다. 「사냥을 다시 하자고 청하리라.」 억지로 청하여 허락을 받았다. 하루아침에 새를 열 마리나 잡았다. 폐해는 돌아와 이렇게 보고했다. 「천하에 둘도 없는 대단한 재주입니다.」 조간자는 이렇게 말했다. 「내가 너에게 전차 타는 일을 관장하게 하겠다.」 왕량에게 말했더니 왕량은

나지 못한 옛사람은 아랫자리에서 숨어 지냈다.[14] 후세에는 시절을 만나지 못해 아랫자리에 있다면 요행이라도 벼슬할 길이 없으리라. 관직에 나가지 않은 옛사람은 직접 농사를 지으며 도를 즐기고 살았다.[15] 후세에는 땅을 갈아 먹고 살면 요행이라도 도를 즐길 수 없으리라. 후세에는 옛사람이 청렴하게 물러나던 처지를 탐내고 요행을 바라는 온갖 기술을 부려 그것을 얻으려고 하지만 오히려 얻지 못한다. 그러므로 후세인은 다만 관직에 나가고 물러나는 원칙을 밝히고 떳떳하지 못하게 명예와 이익을 탐내지 말 것을 고대의 군자에게 요구한다. 후세인은 의지가 있는 선비가 물구덩이나 골짜기에 처박히는 것도 두려워하지 않고 용감한 선비가 머리를 잃더라도 절개를 지켜야만 된다고 후세의 군자에게 요구한다. 성인이 세상을 살면서 만나게 되는 처지는 본디 쉽거나 어렵다고 말할 것이 없다. 머리를 잃거나 물구덩이나 골짜기에 처박힌 뒤에야 그만하면 됐다는 평가를 받을 수 있다고 위대한 현인 이하 모든 사람에게 요구한다면 이것도 세상 사람들이 진심으로 하기 어려운 일이다.[16]

안 된다고 하면서 이렇게 말했다. 「저는 제가 말을 몰아 달리게 하는 것을 법으로 여길 때 날이 저물도록 한 마리의 새도 잡지 못했습니다. 속여서 만나니 하루아침에 열 마리를 잡았습니다. 『시』는 이렇게 말합니다. 말 달리기를 잃지 않으니 화살 버리기를 깨트리듯 하라. 저는 소인배와 함께 전차에 타는 일에 익숙하지 않습니다. 그러니 사양하길 청합니다.」 전차를 모는 사람도 활 쏘는 사람과 나란히 아첨하는 일을 부끄러워한다. 아첨하면 비록 언덕만큼 날짐승과 길짐승을 잡을 수 있어도 아첨하지 않는다. 만약 도를 굽혀 저것을 좇는다면 어쩔 것인가? 또한 자네 허물이리라! 자신을 굽힌 사람 가운데 남을 펴게 해줄 수 있는 사람은 아직 없었다네.'"

14 『맹자』「만장 하」는 이러하다. "맹자는 이렇게 말했다. '벼슬하는 것은 가난하기 때문이 아니지만, 때로 가난 때문에 하기도 한다. 장가를 드는 것은 몸을 기르려고 하는 것이 아니지만, 때로 몸을 기르기 위해 하기도 한다. 가난 때문에 벼슬하는 사람은 높은 벼슬을 사양하고 낮은 벼슬에 있을 것이고 부유함을 사양하고 가난한 상태에 있을 것이다. 높은 벼슬을 사양하고 낮은 벼슬에 있거나 부유함을 사양하고 가난한 상태에 있으려면 어떻게 해야 마땅할까? 관문의 빗장을 껴안고 딱다기를 치며 야간 순찰을 돈다.'"

15 『맹자』「만장 상」은 이러하다. "이윤은 유신(有莘)의 들에서 밭을 갈았지만 요임금과 순임금의 도를 즐겼다."

16 지사가 구렁텅이에 있고 용사가 머리를 잃는 일은 앞의 주13을 보라. 나는 이렇게

상앙은 제왕의 도로 진나라 효공(孝公)의 마음을 떠보았고[17] 가의는 귀신의 일을 한나라 문제에게 상세하게 대답했다.[18] 상앙은 앉아서 팔을 기대어 몸을 편하게 하는 안석[几]에 기댄 것처럼 진나라 효공을 편안하게 만들어 주었고 가의는 황제가 자리를 앞으로 끌어당겨 다가오도록 만들었다. 그들은 각자 의도대로 이룬 것이다. 그러나 상앙이 시절을 잘 만나고 가의가 시절을 만나지 못한 이유는 다음과 같다. 즉 상앙은 효공이 바라는 것을 잘 따랐고 가의는 문제가 어려워하는 것을 붙잡고 있었기 때문이다. 한비자는 「세난」에서 주장을 말하기가 어렵다고 탄식하고[19] 동방삭은 익살스러운 말에 주장을 실었다.[20] 아마 그들은 학 자체에

생각한다. 여기까지 과거보다 현재에 나아가고 물러남의 마디를 알기 어렵다고 말하고 있다.

17 『사기』「상군열전」(商君列傳)은 이러하다. "위앙(衛鞅)이 서쪽으로 가서 진나라에 들어갔다. 효공이 총애하는 신하인 경감(景監)이 다리를 놓아 효공을 만나게 되었다. 효공이 위앙을 만나 오랫동안 이야기를 나눴다. 효공은 때때로 졸면서 듣지 않았다. 자리가 파하자 효공은 경감에게 화를 터트리며 이렇게 말했다. '그대의 손님은 제멋대로인 사람일 뿐이야! 어찌 쓸 수 있겠나?' 경감은 이로써 위앙을 꾸짖었다. 위앙은 이렇게 말했다. '제가 오제의 도로 임금께 말씀드렸더니 제 뜻을 깨닫지 못하셨군요.' 위앙은 다시 효공을 만났다. 효공과 더불어 이야기하는데 효공은 무릎이 자리 앞으로 빠져나오는 것도 몰랐다. 며칠 동안 이야기했지만 물리질 않았다. 경감은 이렇게 말했다. '그대는 무엇으로 우리 임금을 사로잡았나? 우리 임금의 기쁨이 대단하네.' 위앙은 이렇게 말했다. '저는 임금에게 오제와 삼왕의 도를 근거로 삼대에 비할 수 있게 되리라고 말씀드렸습니다. 그러나 임금께서 이렇게 말씀하셨습니다. 「너무 오래 걸려서 나는 기다릴 수 없다. 또한 훌륭한 임금은 각자 자신의 이름을 천하에 드러내고 싶어 하는 법이다. 내가 어찌 답답하게 수십 년, 수백 년씩이나 기다려 제왕이 될 수 있단 말인가?」 그래서 제가 나라를 강하게 만드는 방법을 임금에게 유세했더니 임금이 그것을 크게 기뻐하실 따름입니다.'"

18 『사기』「가생열전」은 이러하다. "나중에 가생은 부름을 받고 황제를 알현했다. 문제는 마침 신의 강복을 받고 선실(宣室)에 앉아 있었다. 황제는 귀신과 감응한 일이 있었기 때문에 귀신의 근본을 물었다. 가생은 따라서 귀신의 근거에 대한 상황을 갖춰 말했다. 한밤중이 되자 문제는 자리를 앞으로 당겨 앉았다. 가생이 이야기를 끝내자 황제는 이렇게 말했다. '내 오랫동안 가생을 보지 못해 스스로 그보다 낫다고 생각하고 있었더니 이제 보니 멀었구나.' 가생은 여러 번 상소를 올려 제후들이 간혹 여러 군을 병합하고 있는 일은 고대의 제도가 아니니 점차 잘라내야 한다고 말했다. 문제는 듣지 않았다." 별도로 「서교 하」의 주15를 보라.

19 『사기』「한비전」은 이러하다. "한비는 한나라의 여러 공자(公子) 중 한 사람이다. 형

어려움이 있는 것이 아니라 배운 것을 어떻게 펼치느냐가 어렵다는 것을 알았으리라. 그러나 한비자가 결국 자신의 주장 때문에 죽고 동방삭이 여전히 어릿광대로 취급당한 이유는 무엇인가? 한비자는 번뜩이는 칼날을 드러냈기 때문에[21] 꺼리는 사람을 만나게 된 것이고 동방삭은 번뜩이는 칼끝을 숨겼기 때문에 요행히 온전하게 된 것이다. 그러므로 군자는 학술로 천하를 부리는 것을 어려워하는 것이 아니라 어떻게 학술을 부릴 것이냐 하는 또 다른 학술을 어려워한다. 고금이라는 시대도 다르고 추세도 다르기 때문에 변별하지 않을 수 없다. 고대의 학술은 간단

명과 법술의 학문을 좋아하지만 귀결점은 황로에 뿌리를 두고 있다. 청렴하고 곧은 신하가 올바르지 못하고 왜곡하는 신하에 의해 용납되지 않는 것을 슬퍼하여 과거에 성공과 실패가 어떻게 변화했는지 살핀 뒤, 「고분」, 「오두」, 「내외저」, 「설림」, 「세난」 등 십여 만 자나 되는 주장을 지었다. 그러나 한비는 유세의 어려움을 잘 알고 「세난」이라는 글에서 대단히 잘 갖췄음에도 끝내 진나라에서 죽었다. 자기 자신도 유세의 어려움에서 벗어날 수 없었던 것이다."

20 『한서』「동방삭전」은 이러하다. "동방삭은 자가 만경(曼卿)이며 평원(平原) 염차(厭次) 출신이다. 무제가 즉위하자 동방삭은 글을 올렸다. 그러자 공거(公車)에서 황제의 명령을 기다리라고 했다. 시간이 조금 흐르고 임금이 지나간다는 소리를 듣자, 어릿광대들이 모두 목 놓아 울면서 머리를 조아렸다. 임금이 무슨 짓이냐고 묻자, 이렇게 대답했다. '동방삭이 그러던데, 임금이 저희들을 모조리 죽여 버리시려 한다면서요.' 임금은 동방삭이 복잡한 놈이라는 것을 알고 있었기 때문에 동방삭을 불러 물었다. '왜 어릿광대들에게 겁을 준 것이냐?' 이렇게 대답했다. '어릿광대는 키가 세 자 남짓밖에 되지 않습니다만, 한 부대의 곡식과 이백사십 전을 봉록으로 받습니다. 저 동방삭은 키가 아홉 자 남짓이나 되지만, 마찬가지로 한 부대의 곡식과 이백사십 전을 봉록으로 받습니다. 어릿광대는 배가 터져 죽을 지경이고, 저 동방삭은 배가 고파 죽을 지경입니다.' 임금이 크게 웃었다. 그래서 그에게 금마문(金馬門)에서 명령을 기다리라고 했다, 조금 시간이 흘러 가까이 불렀는데. 임금의 총애를 받는 소리꾼인 곽사인(郭舍人)이 당시 이렇게 말했다. '저는 동방삭에게 수수께끼를 다시 묻기를 바라옵니다.' 동방삭은 소리에 응하여 척척 대답하는 것이 거짓으로 꾸며 창끝이 나오듯 하여 막힘이 없었다. 동방삭은 우스갯소리를 좋아하여, 무제는 배우로 그를 길렀다." 『문심조룡』「해은」(諧隱)은 이러하다. "해(諧)라는 말은 개(皆)이다. 얕은 말이 풍속에 부합하기 때문에 모두 즐거워하며 웃게 만든다. 은(讔)은 은(隱)이다. 다듬은 말에 숨겨서 의도를 숨긴다. 에두르는 비유로 어떤 사정을 가리키는 것이다."

21 '칼날[鍔]'에 대해 『장자』「설검」(說劍)에서 사마표는 이렇게 말한다. "악(鍔)은 검인(劍刃)이다."

하고 쉬웠기 때문에 마땅한 것이냐 마땅하지 않은 것이냐 하는 것만 물었을 뿐이다. 후세의 학술은 복잡하고 어려웠기 때문에 설령 학술이 마땅하더라도 쓸 수가 없다. 그래서 어떻게 학술을 부릴 것이냐 하는 또 다른 학술이 틀림없이 있지만 그중에도 교묘하거나 졸렬한 차이가 있다. 자신의 처지나 형편이 시절을 만나고 못 만나고는 학술이 마땅한지 마땅하지 않은지에 달린 것이 아니라 먼저 학술을 부리는 요령이 교묘한지 졸렬한지에 달렸다. 학술이 마땅하지만 남들이 꺼려하는 것을 좇고 교묘하지 못하면 그는 시대에 배척당하리라. 학술을 부리는 요령이 교묘하지만 자신의 학설이 마땅하지 않으면 후세의 비방을 받으리라. 물구덩이나 골짜기에 처박힐 수도 있다는 근심이 앞에서 조여 오고 교묘하고 졸렬한 결과가 뒤에서 조여 온다. 아! 선비가 학술을 연구해서 밝힐 때, 가능한 한 잘못을 적게 저지르고 자신이 얻은 것을 온전하게 할 수 있기를 바란다. 어찌 어려운 일이 아니겠는가![22]

하물며 드러나는 것과 어두워지는 것은 때에 달렸고 막히거나 통달하는 것은 천명에 달렸다. 타고난 자질이 뛰어나 어떤 분야에서 독보적인 사람이 있고 남에게 배워서 어떤 분야를 완성한 뛰어난 사람이 있다. 시대의 시급한 과제가 아니라서 쓰이지 않거나 시급한 과제라서 쓰이는 것도 시대가 좇는 유행과 반드시 같은 방향으로 부합할 필요는 없다. 이것도 추세이다. 유흠은 경술이 있었지만 한나라 무제를 만나지 못했고[23] 이광(李廣)은 펄펄 난다는 장수였지만 한나라 고조를 만나지 못했다.[24] 이

22 나는 이렇게 생각한다. 여기까지 후세인들이 교묘한 것을 추구하고 졸렬한 것을 피하려 하기 때문에 선비는 자신을 보전하기가 어렵다는 것을 말하고 있다.

23 「원학 중」의 주18을 보라.

24 『사기』 「이장군열전」(李將軍傳)은 이러하다. "장군 이광(李廣)은 농서(隴西) 성기(成紀) 출신이다. 이광은 문제를 수행한 적이 있는데, 용감하게 싸워 난관을 돌파하고 맹수와 격투를 벌인 일이 있었다. 그래서 문제는 이렇게 말했다. '아깝구나! 그대는 때를 만나지 못했다. 만약 그대가 고조 황제 때를 만났다면 만호후(萬戶侯)가 되는 것쯤이야 어찌 말할 게 있겠느냐?' 나중에 우북평(右北平)에 부임하게 되자, 흉노는 소식을 듣고 한나라의 비장군(飛將軍)이라 부르며 그를 피했다. 몇 년 동안 감히 우

것은 그들에게 영원히 안타까운 일이리라. 주나라 때 어떤 사람이 무예를 배웠는데 당시 임금이 학문을 높여 소중히 여겼기 때문에 고쳐서 학문을 익혔다. 그랬더니 임금은 다시 무예를 중시하는 쪽으로 바뀌었다. 그가 어릴 때 임금은 늙은 신하를 쓰길 좋아했는데 그가 나이 들어 늙자 젊은이를 쓰길 좋아하는 쪽으로 바뀌었다. 백발이 성성한 채 길에서 울어봐야 이것은 본디 그런 것이다.[25] 신하는 다름 아니라 임금이 요구하는 것을 갖춰야 한다. 임금과 신하가 절박하게 필요하면서도 만나기 결국 힘든 이유는 일일이 말할 수 없이 많다. 한나라 문제는 허벅지를 치면서 염파(廉頗)나 이목(李牧) 같은 장수를 떠올렸지만 정작 가까이 있는 위상(魏尙)은 천한 일을 하는 노역 형벌[罰作]을 면할 길이 없었다.[26] 송나

북평에 들어올 수 없었다."

25 섭장청의 주는 『논형』「봉우」(逢遇)의 다음과 같은 말을 인용한다. "예전에 벼슬길에 나서려다 여러 번 때를 만나지 못한 주나라 사람이 있었다. 나이는 먹어 머리가 백발이 되었는데 길에서 눈물을 흘리며 울고 있었다. 어떤 사람이 그에게 왜 울고 있느냐고 물었다. 그는 이렇게 대답했다. '내가 벼슬길에서 나서려다 여러 번 때를 만나지 못했소. 나이는 먹고 때를 놓쳐서 스스로 상심하여 이렇게 울고 있소.' 그 사람이 말했다. '벼슬길은 어쩌다 한번도 때를 만나지 못했소?' 그는 이렇게 대답했다. '내가 나이 어렸을 때는 문(文)을 배웠소. 문덕을 성취해서 비로소 벼슬길에 나가고자 했는데, 당시 임금이 나이 먹은 사람을 좋아했소. 나이 먹은 사람을 쓰던 임금이 죽자 후계자는 다시 무(武)를 썼소. 나는 무(武)로 바꿨지요. 무절(武節)을 비로소 익혔는데 무를 쓰던 임금이 다시 죽고 나이 어린 임금이 즉위했소. 나이 어린 사람을 쓰길 좋아하였는데 내 나이 이미 많았소. 그래서 한번도 기회를 만나지 못했던 것이오.' 벼슬길에 나가는 것은 때가 있는 법이니 일부러 구할 수가 없다." 나는 이렇게 생각한다. 『한무고사』(漢武故事)는 이러하다. "안사(顔駟)는 어떤 사람인지 내력을 모른다. 한나라 문제 때 낭이 되었고 무제 때 이르러 황제의 가마가 낭서(郎署)를 지났던 적이 있다. 황제는 안사의 어지러운 눈썹과 백발을 보고 이렇게 물었다. '영감은 어느 때 낭이 되었길래 어찌 그리 늙었소?' 안사는 이렇게 대답했다. '저는 문제 때 낭이 되었습니다. 문제가 문을 좋아하셨는데 저는 무를 좋아했습니다. 경제는 아름다운 사람을 좋아했는데 제 몰골은 추합니다. 폐하가 즉위하셔서 나이 어린 사람을 좋아하는데 저는 이미 늙었습니다. 그래서 세 황제가 바뀌는 동안 때를 만나지 못해 낭서에서 늙고 있습니다.' 황제는 그 말에 감동하여 회계 도위(會稽都尉)로 발탁하여 임명했다."(『문선』「사현부」(思玄賦)의 주에서 재인용) 이것은 그 일을 함께 사용한 것이다.

26 『한서』「풍당전」(馮唐傳)은 이러하다. "황제가 염파(廉頗)와 이목(李牧)의 사람됨을 듣고서 매우 기뻐했다. 그리고 허벅지를 치면서 이렇게 말했다. '나는 공교롭게 염

라 이종(理宗)은 위엄 있고 공경스럽게 정호, 정이 형제와 주희를 세상에 널리 알려 칭찬했지만 진덕수와 위료옹은 이종과 사이가 두텁지 아니하고 거리가 있어서 서먹함을 피할 길이 없었다.[27] 학술 자체가 어려운 것

파나 이목 같은 장수를 얻어서 지금 내 장수가 될 수 없구나. 만약 얻을 수 있다면 어찌 흉노를 근심하겠는가?' 풍당이 이렇게 대답했다. '폐하가 비록 염파나 이목을 얻으신다 한들 그들을 쓰실 수 없습니다.' 황제는 화를 내며 일어나서 궁궐[禁中]로 들어갔다. 한참 뒤에 풍당을 불러 다시 물었다. 풍당은 이렇게 대답했다. '이목이 조나라 장군이 되었을 때 변경에 있으면서 군시(軍市)에서 나오는 세금은 모두 병사들에게 베푸는 일에 썼고 상을 하사하는 일은 조정 바깥에 있는 자신이 결정했지 조정의 간섭을 따르지 않았다고 제 할아버지는 말씀하셨습니다. 그에게 임무를 맡겨 책임지고 성공하도록 했기 때문에 이목은 자신의 지혜와 능력을 모두 발휘할 수 있었습니다. 지금 위상(魏尙)이 운중(雲中) 태수가 되어 군시에서 나오는 세금은 모두 병사와 병졸에게 남김없이 주고 개인의 봉록을 내서 닷새에 한 번 소를 잡아 빈객(賓客), 군리(軍吏), 사인(舍人)에게 베풀고 있다고 저는 들었습니다. 그래서 흉노는 멀리 피하여 운중의 요새에 가까이 오지 않는다고 합니다. 위상은 위에 보고하면서 베어온 수급의 숫자가 여섯밖에 차이가 나지 않았습니다만 죄에 걸렸습니다. 폐하는 그를 옥리에게 내려 보내 벌을 받게 하고 그의 작위를 삭탈하고 한 해 동안 노역형 처분을 하셨습니다. 이로써 말하자면, 폐하는 비록 염파나 이목을 얻더라도 그들을 쓰실 수 없습니다.' 문제는 기뻐했다. 당장 풍당에게 부절을 가지고 가서 위상을 사면시키고 운중 태수로 복직시키라고 명령했다."

27 『송사』「이종기」(理宗紀)는 이러하다. "순우 원년 봄 정월 갑진일(甲辰日)에 황제는 이런 명령을 내렸다. '짐은 공자의 도가 맹가 이후부터 전해지지 않았다고 생각한다. 우리 왕조의 주돈이, 장재, 정호, 정이에게 와서 참으로 실천되어 성인의 영역을 깊이 탐구하고 천 년 이상 끊어진 학문이 비로소 귀결점을 찾게 되었다. 중흥 이후 또한 주희를 얻어 정밀하게 생각하고 명확하게 구분하여 표리가 떨어지지 않고 찰싹 달라붙게 되었다. 『대학』, 『논어』, 『맹자』, 『중용』의 글이 가진 본말을 꿰뚫게 만들었으니 공자의 도는 더욱 세상에 크게 밝혀졌다. 짐은 위의 다섯 신하가 쓴 글을 읽을 때마다 충성스런 말을 임금에게 아뢰는 것이 많다고 생각한다. 이제 학문을 살핀 지 기간이 좀 되었으니 학관에 그들을 배열하여 제사를 지내주고 이로써 높이고 장려하는 의도를 보이기를 명령한다.'" 이것은 정자와 주희의 일을 표창한 것이다. 진덕수와 위료옹은 「주륙」편의 주13 및 주14를 보라. 『독사논략』(讀史論略)은 이러하다. "이종(理宗)이 비로소 사미원(史彌遠)을 믿어 가사도(賈似道)와 정대전(丁大全)을 이어서 썼다. 그러면서 이렇게 말했다. '진덕수는 진짜 소인[眞小人]이고 위료옹은 가짜 군자[僞君子]이다.'(양대성(梁大成)의 말이다) 유명한 사람과 훌륭한 선비는 배척당해 거의 없어졌다."

역주_ 사미원(1164~1233)은 자가 동숙(同叔)이며 명주(明州) 은현(현재 절강성 은현) 출신이다. 사호(史浩)의 셋째 아들이다. 순희 14년(1187) 진사가 되어 여러 벼슬을 역임했다. 개희 3년(1207) 한탁주는 북벌에 실패하자 금나라와 화친을 모색했다. 사미원은

이 아니라 어떻게 학술을 부릴 것이냐 하는 또 다른 학술이 정말로 어렵구나, 어려워! 먼 산을 바라보면 산이 높고 빼어난 것이 손에 잡힐 듯하

당시 예부 시랑 겸 자선당(資善堂) 직강이었는데 양황후(楊皇后) 등과 한탁주를 때려죽일 비밀 모의를 했다. 그래서 예부 상서 겸 국사실록원(國史實錄院) 수찬이 되었다. 가정 원년(1208) 참지정사를 겸직하고 우승상 겸 추밀사에 임명되었다. 가정 13년 황태자가 죽고 이듬해 황제의 아우 기왕(沂王)의 아들이 황태자가 되었다. 사미원의 권세가 지나치게 커지자 사미원을 유배시켜야 한다는 말이 있었다. 사미원은 두려워하여 황태자를 폐위시킬 음모를 꾸몄다. 월주(越州)에서 종실인 조여거(趙與莒)를 데려다 기왕의 후사로 세우고 세력을 키웠다. 가정 17년 영종이 죽자 조서를 위조하여 조여거를 옹립하니 이가 바로 이종이다. 이듬해 호주(湖州) 출신 반임(潘壬) 등이 폐위된 황태자를 세울 모의를 하다가 미수에 그치자 사람을 보내 목을 매 죽으라고 시켰다. 지나친 권력과 전횡을 진덕수, 위료옹 등이 경계한 일이 있다. 죽은 뒤 충헌(忠獻)이라는 시호를 내리고 위왕(衛王)에 추봉했다. 가사도(1213~1275)는 자가 사헌(師憲)이며 천태 출신이다. 가섭(賈涉)의 아들인데 어머니는 가섭의 첩이다. 가섭이 죽은 뒤 음보로 가흥(嘉興) 사창(司倉)이 되었다. 가희(嘉熙) 2년(1238) 진사가 되었는데 누나가 이종의 귀비였기 때문에 벼락출세를 했다. 개경 원년(1259) 몽고 군대가 송나라를 공격하자 조정은 크게 놀랐다. 이때 가사도가 전선의 일부를 맡아 업적을 세웠다. 이때 오잠(吳潛)과 정대전이 사실상 좌승상과 우승상을 맡고 있었지만 이종은 크게 불만스러워 하던 차에 가사도를 소부에 임명하고 국정을 도맡게 했다. 가사도는 국정을 쇄신하기 위해 노력하고 군비를 증강시켰다. 경정(景定) 5년(1264) 이종이 죽고 도종이 즉위했다. 함순 3년(1267) 가사도는 태사, 평장군국중사(平章軍國重事)가 되었다. 가사도가 노력하는 과정에도 원나라는 계속 송나라를 공격하고 있었다. 덕우 원년 가사도는 직접 출정하여 군대를 감독했다. 그러나 대장 하귀선(夏貴先)은 원나라에 항복하기로 결심하고 있었기 때문에 싸우지 않고 도망갔다. 그리고 선봉이 이미 졌다고 떠들어대서 군대가 동요하여 뿔뿔이 흩어져 버렸다. 이 일이 알려지자 가사도는 파직당하고 유배를 당했다. 팔월에 감송관(監送官) 정호신(鄭虎臣)이 그를 죽여 버렸고 얼마 지나지 않아 송나라는 망했다. 정대전(1191~1263)은 자가 자만(子萬)이며 진강(鎭江, 현재 강소성) 출신이다. 가희 2년(1238) 진사가 되어 여러 벼슬을 두루 거쳤다. 정대전은 출신이 미천하고 아내도 노비 출신이다. 그래서 남의 눈치를 살피고 비위를 맞춰주는 비열한 태도가 몸에 익은 사람이었다. 이종이 총애하는 신하들과 친해지려 노력하여 결국 승진을 거듭했다. 일단 출세하자 이전의 태도를 바꾸고 조정 대신들을 모함하여 쫓아내기 시작했다. 정대전은 우선 동괴(董槐)를 탄핵하여 실각시킨 뒤 출세를 거듭하여 보우 6년(1258) 참지정사가 되고 사월에 우승상 겸 추밀사에 임명되었다. 정대전을 파직하라는 상소가 거듭되었지만 정대전의 당파가 그를 감싸 무사할 수 있었다. 개경 6년(1259) 몽고 군대가 남송을 정벌하는데도 정대전은 황제에게 숨기고 있다가 나중에서야 보고했다. 이종은 크게 노하여 정대전을 파면하고 삭탈관작했다. 나중에 사천으로 귀양을 보냈으나 역모를 꾸민 일이 발각되어 섬으로 귀양을 보내기로 하고 가는 도중 배 위에서 물에 빠트려 죽였다.

지만 산속에 들어가면 깨닫지 못한다. 지난 과거사를 돌이켜 생각하면 즐겁고 슬픈 일이 끝없이 떠오르지만 그런 지경에 있을 때는 모른다. 한나라 무제는 사마상여의 문학 작품을 읽었다. 그리고 마치 가볍게 나부끼거나 날아올라 구름을 헤치고 나가는 것 같다고 감탄한 뒤, 사마상여와 동시대에 살지 못한 일을 한탄했다.[28] 그러나 무제가 사마상여를 만나고 난 뒤에도 당시 무제 옆에서 시종하던 여러 신하들보다 사마상여를 더욱 우대했다는 이야기는 듣지 못했다. 사람들 중에는 그 사람을 좋아하더라도 그 사람의 학을 모르는 사람도 있고 그 사람의 글을 좋아하더라도 그 사람을 모르는 사람도 있다. 당나라 때 우당(牛黨)과 이당(李黨)이 당쟁을 벌였다.[29] 이당 사람들은 백거이를 싫어했기 때문에 백거이의

---

28 『사기』 「사마상여열전」은 이러하다. "촉 출신의 양득의(楊得意)가 구감(狗監)이 되어 황제를 모셨다. 황제가 「자허부」를 읽고 좋다고 하면서 이렇게 말했다. '짐은 이런 사람과 동시대에 함께 하지 못할고!' 양득의는 이렇게 말했다. '제 고을 사람 사마상여가 자기가 그 부를 지었다고 말하고 있습니다.' 황제는 놀라서 마침내 사마상여를 불러서 물었다. 사마상여는 이렇게 대답했다. '지은 일이 있습니다. 그러나 이것은 제후의 일이라서 볼 만한 것이 못됩니다. 천자의 사냥을 읊은 부[游獵賦]를 쓰길 청합니다.' 부가 완성되어 황제에게 바치자 천자는 그를 낭으로 삼았다. 사마상여는 황제가 선도(仙道)를 좋아하는 것을 보고 이렇게 말했다. '상림원의 일은 아름답다고 하기 부족합니다. 아직 화려한 것이 남았습니다. 저는 「대인부」를 지은 적이 있으나 아직 완성하지 못했습니다. 완성하여 바치도록 청합니다.' 사마상여가 「대인」이라는 송을 바치자 천자는 크게 기뻐했다. 표표히 높은 구름의 기운이 느껴지고 마치 천지 사이에서 노니는 것 같은 뜻이 있었다."

29 『신당서』 「이덕유전」(李德裕傳)은 이러하다. "이덕유(李德裕)는 자가 문요(文饒)이며 재상 이길보(李吉甫)의 아들이다. 애초에 이길보가 헌종의 재상일 때 우승유(牛僧孺)와 이종민(李宗閔)은 황제에게 대책을 직언했다. 대책은 당시 노선을 통렬하게 비난하고, 실패한 정사를 조목조목 짚었다. 이길보는 황제에게 호소하고 심지어 눈물까지 흘렸다. 현직 벼슬아치들은 모두 죄를 받아 결국 이길보와 원한이 생겼다. 이길보는 또한 황제를 위해 양하(兩河)에서 반란을 일으킨 장수들을 토벌할 일도 도모했다. 이봉길(李逢吉)이 그의 주장을 방해했기 때문에 일을 마치지도 못한 채 이길보는 죽었다. 배도(裴度)가 사실상 그를 이었다. 이봉길은 그와 논의가 맞지 않았기 때문에 파직을 당하고 떠났다. 그래서 이길보까지 거슬러 올라가 엮은 뒤 배도를 원망했다. 이덕유는 이것 때문에 배척을 받아 벼슬길에 나오지 못했다. 이 무렵 황제는 사정에 어둡고 평범했다. 그래서 이봉길은 배도를 꾀어 원진(元稹)과 서로 원한을 갖게 만들고 재상의 자리를 빼앗은 뒤, 자신이 차지했다. 이봉길은 우승유를 끌어들여 자신의 당파를 더욱 공고하게 만들려고 했기 때문에, 이덕유를 절서 관찰사(浙西

觀察使)로 내보냈다. 조금 시간이 흐른 뒤 우승유가 들어와 재상이 되었다. 이 때문에 우승유와 이덕유의 원한이 맺히게 되었다." 『신당서』 「이종민전」(李宗閔傳)은 이러하다. "장경 연간 초에 전휘(錢徽)는 공거(貢擧)를 맡고 있었다. 이종민은 전휘에게 자신의 친척을 부탁했다. 그러나 이덕유, 이신(李紳), 원진이 한림에 있으면서 황제에게 총애를 받고 있었다. 이들이 모두 전휘가 청탁을 받고 선비를 선발하는 것이 부실하다고 말했다. 이종민은 이에 연좌되어 검주(劍州) 자사로 좌천되었다. 이 때문에 유명한 집안이 결탁하고 당파를 만들어 마찰을 일으키는 일을 꺼리게 되었다. 전부 사십 년 동안 벼슬아치들[搢紳]의 재앙은 풀 수 없었다."

역주_ 우당은 우승유를 우두머리로 하는 당파, 이당은 이덕유를 우두머리로 하는 당파이다. 이덕유(787~850)는 자가 문요이며 진정(眞定) 찬황(贊皇, 현재 하북성 찬황현) 출신이다. 어려서 큰 뜻을 품고 열심히 공부했다. 특히 『한서』와 『춘추좌전』에 정통했다. 목종이 즉위한 뒤 황제의 명령서가 그에게서 나온 것이 많았다. 한림학사, 절서 관찰사, 서천 절도사(西川節度使), 병부 상서, 좌복야를 역임했다. 문종 태화 7년(838)과 무종 개성 5년(840) 두 차례에 걸쳐 재상이 되었다. 844년 무종을 도와 택로 절도사(澤潞節度使) 유진(劉稹)을 토벌했다. 토벌이 성공하여 태위 벼슬을 더하고 위국공(衛國公)에 봉해졌다. 진사가 되는 과거 시험을 반대하여 우당과 사십여 년에 걸친 당쟁을 벌이게 되었다. 당쟁에서 져서 형남(荊南)으로 유배되었다가 조주(潮州)로 옮겼다. 대중(大中) 2년(848) 애주(崖州) 사호(司戶)로 강등되었다가 대중 4년 죽었다. 죽은 뒤 태위에 봉해지고 위국공을 추증했다. 저술에 『회창일품집』(會昌一品集) 등이 있다. 이길보(758~814)는 자가 홍헌(弘憲)이며 조군(趙郡, 현재 하북성 조현) 출신이다. 헌종 때의 재상이며 지리학자이다. 이길보는 문음(門蔭)으로 벼슬을 시작하여 여러 벼슬을 거쳤다. 원화 원년(806) 검남서천 절도사(劍南西川節度使) 유벽(劉闢)이 촉을 근거로 할거하는데 헌종과 재상 두황상(杜黃裳)은 의견이 달라 어찌할지 결정하지 못했다. 이길보는 계획을 도와 장강과 회수 인근의 군대를 징발하여 삼협을 통해 사천에 들어가 유벽의 군대를 분산시키는 계책으로 평정했다. 이길보는 이듬해 절서 절도사 이기(李錡)의 난을 평정하여 계속 승진했다. 이후 우승유 등을 억압한 일로 여론이 나빠진데다 어사중승 두군(竇群)과 반목하는 바람에 두군의 탄핵을 받아 회남 절도사(淮南節度使)로 나갔다. 삼년 뒤 이길보는 다시 재상이 되어 이천오백여 명의 벼슬아치를 정리하고 스님 등의 특권을 없애 백성의 부담을 덜었다. 북쪽 국경의 성들을 수리하여 군비를 증강시켰다. 안사의 난이 평정된 뒤 회서 절도사 오소양(吳少陽)의 세력이 가장 컸다. 원화 9년 오소양이 죽고 아들 오원제(吳元濟)가 계승했다. 이길보는 기회라고 생각하여 조정에 들어오라 한 틈을 타서 평정할 생각이었다. 그러나 그는 갑작스레 죽어 일을 이루지 못했다. 뒤이어 재상 무원형(武元衡), 배도 등이 계속 토벌하여 원화 12년 회서를 평정했다. 저술에 『원화국계부』(元和國計簿), 『원화군현도지』(元和郡縣圖志) 등이 있다. 우승유(779~847)는 자가 사암(思黯)이며 안정(安定) 순고(鶉觚, 현재 감숙성 영태) 출신이다. 목종과 문종 때 재상을 지냈다. 정원 21년(805) 우승유는 진사에 합격했다. 원화 3년 과거 시험에서 지은 책문이 당시 재상인 이길보를 건드리는 바람에 출세하지 못했다. 이것이 이후 우당과 이당의 당쟁에 불씨가 되었다. 이후 이덕유와 번갈아 가며 세력을 다퉜다. 이종

작품을 꿰매 두고 읽지 않았다. 그들은 백거이의 작품이 사랑하는 마음을 생기게 하고 처음에 먹은 마음을 변하게 만들까 두렵다고 생각했다.[30]

민(?~843)은 당나라 종실이며 자가 손지(損之)이다. 정원 21년 진사에 합격했고 이후 여러 벼슬을 역임했다. 이종민과 우승유는 사이가 좋고 이덕유와 사이가 좋지 않았다. 시를 잘 쓰고 비문을 잘 지었다 한다. **이봉길**(758~835)은 자가 허주(虛舟)이며 농서(隴西, 현재 감숙성) 출신이다. 젊을 때 아버지가 고질병이 있어 낫게 해드리려고 많은 의학 서적을 보고 결국 의학의 이치를 깨달았다 한다. 그러나 의사를 직업으로 하지는 않았다. 관직은 문하시랑 동중서문하 평장사에 이르렀다. **배도**(765~839)는 자가 중립(中立)이며 하동 문희(현재 산서성 문희) 출신이다. 당나라 후기의 뛰어난 정치가이다. **원진**(779~831)은 자가 미지(微之)이며 하남 하내 출신이다. 여덟 살에 아버지를 여의고 빈천하게 살았다. 열다섯 살에 명경과에 합격했다. 스물한 살에 처음으로 벼슬길에 나선 뒤 여러 벼슬을 역임했다. 원화 4년(809) 감찰어사가 되어 권력자를 건드린 일 때문에 이듬해 강릉부(江陵府) 사조 참군(士曹參軍)으로 강등되었다. 이후 통주(通州) 사마, 괵주(虢州) 장사 등을 지냈다. 이후 여러 벼슬을 거쳐 태화 5년 무창군(武昌軍) 절도사로 있을 때 죽었다. 상서우복야를 추증받았다. 원진은 어려서부터 백거이와 사이가 좋고 함께 지은 시가 많다.

30 『구당서』「백거이전」(白居易傳)은 이러하다. "태화 연간 이후 이종민과 이덕유의 붕당(朋黨)이 일어났다. 옳고 그름을 배척하고 빠트려 아침에 승진했다가 저녁에 쫓겨나는 판이었다. 천자도 어찌 할 수 없었다. 양영사(楊穎士)와 양우경(楊虞卿)은 이종민과 관계가 좋았다. 백거이의 아내는 양영사 작은아버지의 누이였다. 백거이 스스로 더욱 불안해졌고 당인(黨人)들의 배척을 받을까 두려워했다. 마침내 자신이 도망치는 지경이 되길 바라고 다치는 일에서 멀어지길 바랐다." 『전당시화』(全唐詩話) 권2는 이러하다. "백거이[樂天]는 황제와 대신들[皇公]이 기뻐할 만한 글을 짓지 않았다. 그래서 문장을 쓸 때마다 이덕유는 그것을 대나무 궤짝에 넣어 꽁꽁 처매고 열어본 적이 없다. 유우석[劉夢得]이 언젠가 그것을 요청한 적이 있다. 그러자 이덕유는 이렇게 말했다. '시를 보면 내 마음이 돌아설 거요.'" 장학성 「상필무대서」(上畢撫臺書)는 이러하다. "예전에 이덕유[李文饒]가 백거이[白樂天]를 싫어하여 그의 시를 처매 두고 눈에 들어오지 않게 했다고 합니다. 시를 보면 아끼게 되고 그러면 애초에 먹었던 마음을 바꾸게 될까 두렵다고 말했다고 합니다. 그래서 누군가의 글을 아낀다고 꼭 지은 사람을 아끼는 것은 아니지요."(가업당본 『장씨유서』 권22)

역주_ **유우석**(劉禹錫, 772~842)은 자가 몽득이고 늘그막의 자호가 여산인(廬山人)이다. 팽성 출신이며 흉노족의 후예이다. 집안은 유학을 전수한 지체 있는 집안이고 혁신을 주장했다. 열아홉 살에 장안에 가서 배우고 조정에 상소를 올렸다. 스물한 살에 유종원과 함께 진사에 합격했고 같은 해에 박학굉사과에도 또 합격했다. 나중에 낭주(朗州) 사마로 좌천되었을 때 민요를 배워 시작에 응용했다. 서울로 돌아오란 명령을 받고 돌아왔으나 풍자하는 시구로 다시 연주(連州) 자사로 좌천되었다. 여러 벼슬을 지내고 소주 자사가 되었다. 당시 소주에 물난리가 나서 기근이 들었는데 이를 적극적으로 구제했다. 소주 자사를 지낸 위응물(韋應物), 백거이와 함께 삼걸(三傑)이라 부르고 삼현당(三賢堂)을 세웠다. 늘그막에 낙양에 돌아와 태자빈객이 되어 한 이것은 어떤 사람의 글이나 행실에 대해 사랑과 미움을 달리한다는 말이다. 정전(鄭畋)의 딸은 나은(羅隱)의 시를 읽고 읊다가 자신을 맡겨 그에게 시집가고 싶다는 생각을 하게 되었다. 나중에 나은의 생김새가 엄청나게 못생긴 것을 본 뒤로는 절대 나은을 입에 올리지 않았다.[31] 이것은 어떤 사람의 타고난 자질과 생김새에 대해 버리고 취하기를 나눈다는 말이다. 글이나 행실에 대해 사랑과 미움을 달리하는 일은 당파의 개별적인 견해에서 스스로 나온 것이며 타고난 자질과 생김새에 대해 버리고 취하기를 나눈 일은 여자의 좁은 견해이다. 세상 사람들은 학술을 소중하게 생각하고 옛사람의 책을 읽을 때, 이런 사람과 같은 시절에 살지 못한 것을 늘 한탄한다. 만약 정말 만나게 된다면 당파가 같네 다르네 하는 개별적인 견해에 이끌리거나 심지어 정민의 딸이 생김새로 사람을 따로 골랐던 짓거리를 본받을 것이다. 선비가 학술을 연구해서 밝힐 때, 가능한 한 잘못을 적게 저지르고 자신이 얻은 것을 온전하게 할 수 있기를 바라지만 어찌 어려운 일이 아니겠는가![32]

적하게 생활했다. 죽은 뒤 호부 상서에 추증되었다.

31 『신당서』「정전전」(鄭畋傳)은 이러하다. "정전은 자가 대문(臺文)이며 가계가 형양에서 나왔다. 진사에 급제하여 위남 위(渭南尉)로 발탁되었다. 유첨(劉瞻)이 재상이 되자, 그를 천거하여 호부 낭중(戶部郎中)이 되고 한림에 들어가 학사가 되고 얼마 지나지 않아 제고를 맡게 되었다. 병부 시랑으로 동중서문하 평장사로 들어갔다. 행군사마(行軍司馬) 이창언(李昌言)이 흥평(興平)에 주둔하고 있다가 부대를 이끌고 그가 있던 관청으로 달려왔다. 정전은 뜻밖에 습격을 받자 결국 군대를 이끌고 떠났다. 이듬해 황제가 그를 피난지[行在]로 불렀다. 왕탁(王鐸)을 장군으로 삼고, 정전을 사공, 문하시랑(門下侍郎) 평장사로 다시 임명했다. 군대의 모든 사무를 자문하고 결정하는 자리이다. 전령자(田令孜), 진경선(陳敬瑄), 이창언 세 사람이 서로 결탁하여 사람을 보내 정전에게 잘못했다는 말을 올렸다." 『구오대사』(舊五代史) 「나은전」(羅隱傳)은 이러하다. "나은(羅隱)은 여항 출신이다. 시가 천하에 유명했고, 특히 역사 이야기를 읊는 시를 잘 썼다. 그러나 비난하고 풍자하는 것이 많아서 과거 시험에는 합격하지 못했다. 당나라 재상인 정전이 그를 알게 되었다. 나은의 글은 비록 알려졌지만, 생김새가 희한하고 못생겼다. 정전의 딸은 어려서 문학적 소질이 있었고 나은의 시를 쓴 두루마리를 본 뒤 끊임없이 읊고 있었다. 하루는 나은이 저택에 오자, 정전의 딸이 발을 드리우고 그를 훔쳐보았다. 이 뒤로 그의 시를 끊고 읊조리지 않았다." 나은은 자가 소간(昭諫)이며 양나라 때 들어서서 급사중에 제수되었다. 나이 여든이 훌쩍 넘어 죽었다. 저서에 『나강동집』(羅江東集)이 있다.

순우곤(淳于髡)은 말이나 섬으로 자신의 주량을 헤아렸고[33] 서무귀(徐无鬼)는 개를 고르는 법과 말을 고르는 법을 논했다.[34] 이것은 "관저" 편을

---

32 나는 이렇게 생각한다. 여기까지 후세인들이 아끼고 미워하는 것이 다르기 때문에 선비가 자신을 보전하기 어렵다는 것을 말하고 있다.

33 『사기』「골계열전」은 이러하다. "순우곤(淳于髡)은 제나라 사람의 데릴사위였다. 제나라 위왕(威王)이 후궁에 술자리를 마련하고 순우곤을 불러 술을 내렸다. 그러면서 이렇게 물었다. '선생은 술을 얼마나 마셔야 취하시오?' 순우곤이 이렇게 대답했다. '저는 한 말을 마셔도 취하고 한 섬을 마셔도 취합니다.' 위왕이 이렇게 물었다. '선생은 한 말을 마셔도 취하는데 어찌 한 섬을 마실 수 있소? 무슨 말인지 들을 수 있겠소?' 순우곤은 이렇게 대답했다. '대왕 앞에서 술을 하사받으면 법을 집행하는 벼슬아치[執法]가 옆에 있고 어사가 뒤에 있습니다. 저는 두려워하며 엎드려 마시니 한 말을 넘지 못하고 곧 취해버립니다. 만약 아버지에게 손님이 오신다면 저는 소매를 감아 말고[帣韝] 무릎을 꿇고 앉아[鞠跽] 앞에서 술시중을 들면서 때로는 남은 술을 하사받아 술잔을 높이 들고 손님의 장수를 빌면서 자주 일어서게 됩니다. 마시더라도 두 말을 넘지 못하고 곧 취합니다. 만약 친구와 서로 노니는 사람을 오랫동안 서로 보지 못하다가 갑작스레 만나게 되면, 기뻐서 옛 일을 이야기하고 개인적인 감정을 서로 이야기하니 대여섯 말을 마실 수 있으나 곧 취합니다. 만약 마을의 모임에서 남녀가 뒤섞여 앉아 술잔을 돌리고 육박(六博)도 놀고 투호(投壺)도 하다보면 서로 잡아당겨 무리를 이루게 됩니다. 남녀 사이에 손을 잡아도 벌이 없고 노골적으로 바라봐도(目眙, 주목해서 보다) 금하지 않으며 앞에서는 귀고리가 떨어지고 뒤에서는 비녀가 떨어집니다. 저는 개인적으로 이것을 즐기며 여덟 말을 마실 수 있으나 두세 말밖에 마시지 않은 정도로 취합니다. 날이 저물고 술자리가 마치면 술통을 모으고 자리를 좁혀 앉아 남녀가 한 자리에 같이 앉고 신발이 어지럽게 뒤섞이며 술잔과 그릇이 엉망진창으로 나뒹굴고 마루 위의 촛불이 꺼집니다. 주인은 저를 남기고 손님들을 보낸 뒤 얇은 비단 속옷의 옷깃을 열면 향(薌, 향(香)이다) 내음이 은은히 풍깁니다. 이런 때 제 마음은 가장 기뻐서 한 섬이라도 마실 수 있습니다."

34 『장자』「서무귀」는 이러하다. "서무귀가 여상(女商)의 소개로 위나라 무후(武侯)를 만났다. 잠시 있다가 서무귀는 이렇게 말했다. '시험 삼아 임금께 제가 개 관상을 본 일을 말씀드리겠습니다. 제일 하질의 개들은 먹기 싫을 때까지 배불리 먹어야 그만 먹습니다. 이것은 삵의 덕성입니다. 중질의 개들은 해를 바라보는 것 같습니다. 제일 상질의 개들은 마치 자신이 사라진 듯 한결같습니다. 제가 개 관상을 보는 것보다 말 관상을 보는 것이 낫습니다. 제가 말 관상을 보면 앞니가 먹줄을 튕긴 것처럼 가지런하고 목덜미는 그림쇠를 대고 그은 것처럼 굽었으며 머리는 곱자를 대고 그린 것처럼 반듯하고 눈은 그림쇠를 대고 그린 것처럼 둥근 놈이 나라를 대표하는 국마(國馬)입니다. 하지만 아직 천하를 대표하는 천하마(天下馬)만 못합니다. 천하마는 완성된 자질을 가지고 있습니다. 마치 잃어버린 것처럼 조용하고 여윈 것처럼 한결같습니다. 이런 놈은 모든 말들을 앞질러 달려도 먼지 하나 일으키지 않을 지경이고 어디로 가는지도 모를 지경입니다.' 무후는 크게 기뻐하며 웃었다."

읊으면 아리따운 아가씨가 그리워지고[35] "녹명" 편을 읊으면 아름다운 손님에게 경의를 표시하고 싶은 생각이 일어난다는 『모시서』의 말과 같다.[36] 비유를 일으킴으로써 자신의 뜻을 깃들이는 것은 얕은 데서 깊은 데로 들어가려는 것이다. 이것은 시인이 에둘러 완곡하게 표현하려는 기풍이다. 실제로 세상 선비가 조그만 새끼양이나 기러기를 선물로 드리고[37] 자신이 배운 것을 시행하고 싶을 때 당시 사람들이 알아줄지, 알아준다 해도 차츰차츰 들어가야 할지 헤아려 보지 않을 수 없는 이유이기도 하다. 세상 사람들은 사람을 대할 때 "관저"를 들으면 황하 가운데 정말 모래톱이 있는지 찾으려 하거나 "녹명"을 말하면 다북쑥 우거진 들판을 정말 찾으려 하는 것처럼 행동한다.[38] 그러면서 아리따운 아가씨와 아름다운 손님에 대해서는 내버려두고 말하지 않는다. 보통 사람의 감정은 쉬운 것만 즐기려 하고 어려운 것을 두려워하며 같은 것을 기뻐하고 다른 것을 싫어한다. 남이 하는 말을 듣고 말뜻이 무엇인지 살피지 않는 사람이 열에 여덟아홉이다. 신분이 낮은 사내는 시절을 잘 만나서 부합하기 어렵다는 것을 안다. 그래서 그는 장점을 버리고 자신이 잘 하지도 못하는 것을 억지로 한다. 그는 세상이 높여 소중히 여기는 유행을 힘껏 쫓으

35 『시』 "관저서"는 이러하다. ""관저"는 아리따운 아가씨를 얻어서 군자와 짝 지우는 일을 즐거워한다. 현인을 들이는 것을 근심하지 아름다운 얼굴을 음탕하게 보지 않는다. 아리따운 아가씨를 슬퍼하고 훌륭한 사내를 그리지만 선함을 상하는 마음은 없다. 이것이 "관저"의 뜻이다."

36 『시』 "녹명서"(鹿鳴序)는 이러하다. ""녹명"은 모든 신하와 좋은 손님들에게 잔치를 베푼 것이다."

37 에둘러 완곡하게[微婉]는 「시교 상」의 주32를 보라. 질(質)은 지(贄)와 통하며 지(摯)라고도 쓴다. 처음 만날 때 들고 가는 선물이다. 『예기』 「곡례 하」는 이러하다. "지(摯)에는 천자의 창(鬯, 검은 기장으로 담은 술), 제후의 규(圭, 옥으로 만든 규(珪)이다), 경의 고(羔, 작은 양), 대부의 안(雁), 사의 치(雉)가 있다. 평민의 지는 필(匹, 오리를 가리킨다)이고 동자가 지를 대신 받아서 물러간다."

38 『시』 "관저"는 이러하다. "꽝꽝 우는 물수리 황하의 모래톱에 앉았네." 「전」은 이러하다. "물 가운데 사람이 살 수 있는 곳이 주(洲)이다." 『시』 "녹명"은 이러하다. "메에메에 사슴들 울며, 들의 다북쑥을 뜯네." 『모시전』은 이러하다. "평(苹)은 평(蓱)이다." 인진쑥[白蒿] 같은 종류이다.

면서 자신의 마음에 드는지 들지 않는지도 굳이 살피지 않는다. 세상이 높여 소중히 여기는 유행이 어찌 조금도 취할 것이 없겠는가? 그런 유행을 열어젖힌 사람은 뭔가 한 일이 있으리라. 하지만 그런 유행을 쫓는 사람은 유행에서 거짓된 것만 그대로 좇을 뿐이다. 아악(雅樂)은 세속적인 가요 때문에 사라지는 법이 없고 정나라 음악 때문에 사라지게 된다.[39] 이것은 정나라 음악이 교묘하기 때문이다. 좋은 곡식의 싹은 쑥이나 명아주 같은 들풀 때문에 망가지는 법이 없고 강아지풀 때문에 망가진다.[40] 강아지풀은 곡식 싹과 비슷하게 생겼기 때문이다. 학술은 유행하는 세속 때문에 잃어버리는 것이 아니라 거짓 학문 때문에 잃어버리게 된다. 거짓 학문은 아주 교묘하기 때문이다. 천하는 학술을 모르기 때문에 마음을 비우고 기다리지 않은 적이 없다. 거짓 학문이 나타나면 천하는 스스로 얻은 참된 학이 무엇인지 알 수 없게 된다. 이것은 향원(鄕愿)을 공자가 미워한 이유이며 사이비를 맹자가 깊이 미워한 이유이다.[41] 그러나 이런 거짓

---

39 『문선』「송옥대초왕문」(宋玉對楚王問)은 이러하다. "손님들 가운데 서울[郢中]에서 노래를 부르는 사람이 있었다. 그 시작은 하리파인(下里巴人)이라고 하는데 나라에 속한 무리이면서 답가를 지은 사람이 수천 명이나 되었다." 하리(下里)는 다름 아니라 바로 하리파인(下里巴人)이며 시중의 비속한 노래이다. 『논어』「위령공」은 이러하다. "정나라 곡조를 추방하며 말재주 있는 사람을 멀리하라. 정나라 곡조는 음탕하고 말재주 있는 사람은 위태롭다." 『논어』「양화」는 이러하다. "정나라 곡조가 아악을 어지럽히는 것이 밉다." 정나라 곡조는 정나라의 아름다운 음악이다.

40 『맹자』「진심 하」는 이러하다. "공자는 이렇게 말씀하셨다. '비슷하면서도 아닌 것을 미워한다. 강아지풀을 싫어하는 것은 그것이 어지럽힐까 두렵기 때문이다.'" 조기 주는 이러하다. "강아지풀의 줄기와 잎은 곡식 싹과 비슷하다."

41 『논어』「양화」는 이러하다. "선생님이 이렇게 말씀하셨다. '향원은 덕의 도적이다.'" 『맹자』「진심 하」는 이러하다. "만장이 이렇게 물었다. '어떤 동네에서 모두 조심스러운 사람[原人]이라고 칭찬한다면 어디를 가든 조심스러운 사람이라고 생각하지 않을 곳이 없을 것입니다. 공자가 덕의 도적이라고 생각하신 것은 무엇 때문입니까?' 맹자는 이렇게 대답했다. '그를 비판하려 해도 들 것이 없고 그를 풍자하려 해도 풍자할 것이 없다. 세상의 유행과 같으며 더러운 세상에 영합하여 충성스럽고 믿음직한 것처럼 살고 청렴하고 깨끗한 것처럼 행하면 대중이 모두 기뻐한다. 스스로도 이것을 옳다고 생각하기 때문에 요임금과 순임금의 도에 더불어 들어갈 수가 없다. 그러므로 덕의 도적이라고 하는 것이다.'"

역주_ **향원**은 역사적 맥락에서 수령을 속이고 양민을 괴롭히던 촌락의 토호를 가리킨다.

을 만들어내는 사람은 이것이 학술을 부리는 학술이라고 생각할 따름이다. 옛날에 공자도 사냥해서 잡은 짐승 숫자를 겨뤄서 독차지 하는 일을 한 적이 있다. 그러나 공자는 제사 그릇과 제물을 장부에 적어 올바르게 기록하는 방법을 결국 없애지 않았다. 조짐을 보아하니 시행할 수 없을 것 같으면 나중에 떠났다.[42] 그래서 학술을 부리는 학술을 성인과 현인은 없애지 않았다. 세상이 높여 소중히 여기는 유행의 변화를 학문이 따를 수 없다면 성인과 현인에겐 더구나 필요 없다. 설령 재장(梓匠)이나 윤여(輪輿)라 할지라도 이와 마찬가지이다. 그래서 군자는 조짐을 빌어서 자신이 배운 것을 시행하지만 시절을 만나고 못 만나고는 하늘의 명령을 따른다. 옛날에 양웅은 어린 나이에 벌레를 조각하듯 정교하게 글 짓는 솜

일반화하여 겉으로는 선량한 척하면서 다른 속셈을 품고 있는 사람을 가리킨다. 사이비는 옳은 것 같지만 그른 것이다.

42 『맹자』「만장 하」에는 제후가 하사하는 물건을 받아야 하는지에 대한 만장의 물음이 있다. "이렇게 물었다. '공자가 노나라에서 벼슬할 때 노나라 사람들이 사냥 시합을 벌였다. 공자도 역시 사냥 시합을 했다. 사냥 시합도 괜찮은데 하물며 제후가 주는 선물을 받는 것이야 사양할 필요가 있습니까?' 만장은 이렇게 물었다. '그러면 공자가 벼슬을 한 것은 도를 일삼으려는 것이 아니었습니까?' 맹자가 이렇게 대답했다. '도를 일삼는 것이다.' '도를 일삼는다면서 어찌 사냥 시합을 했습니까?' 맹자는 이렇게 말했다. '공자는 먼저 제사 그릇을 장부에 올바르게 기록하고 사방의 먹을거리 등은 장부에 기록하지 않았다.' 만장은 이렇게 물었다. '공자는 어찌 떠나지 않았습니까?' 맹자는 이렇게 대답했다. '징조 때문이다. 충분히 행할 수 있는 징조가 있는데 행하지 않았다. 그런 뒤에 떠난 것이다. 그래서 한 나라에서 삼년이 다 되도록 머문 적이 없다.'" 조기 주는 이러하다. "엽각(獵較)은 사냥해서 서로 비교한 뒤 이긴 사람이 남이 잡은 길짐승과 날짐승을 빼앗아 제사지내는 것이다. 공자는 어기지 않고 그것을 따랐다. 그래서 세상과 조금 같은 것이다. 공자는 쇠락하는 시대에 벼슬했으나 점차 그것을 바로잡았다. 먼저 장부를 만들어 종묘에서 제사지낼 때 쓰는 그릇을 바로 적었다. 이것은 바로 오래된 예이며 나라에 대비하려고 한 것이다. 그래서 사방의 진귀한 먹을거리는 장부에 올바르게 적을 만한 것이 아니었다. 진귀한 먹을거리가 늘 있기 어려우며 떨어지면 공경스럽지 못하게 된다는 것을 헤아렸다. 그러므로 사냥 시합으로 제사를 지냈다." 징조는 일이 시작되는 실마리이다. 시작되는 실마리는 실행할 수 있을 듯하지만 실행하지 않는 이유는 실행할 수 없다는 것을 비로소 알았기 때문이다. 공자는 그래서 떠난 것이다.

역주_ 아래 본문의 **재장**은 조각하는 장인, 곧 앞서 나왔던 재인이다. **윤여**는 수레를 만드는 장인이다.

씨 덕분에 명성을 얻었다. 그러나 나이 들어 늙어서는 『태현』의 원고를 쓰면서 고요하고 쓸쓸한 삶을 살았다.[43] 유지기는 먼저 사부로 이름이 알려졌지만 나중에는 『사통』을 기술했기 때문에 세상에서 훌륭하다고 인정하는 이름이 줄어들었다.[44] 이것이 어쩔 수 없는 일이라는 것을 그들은 정말 알았을 것이다. 그러나 그것을 천명처럼 편안하게 여겼다.[45]

---

43 『법언』「오자」는 이러하다. "어떤 사람이 내 아들이 어린데도 부를 좋아하느냐고 내게 물었다. 나는 이렇게 대답했다. '그렇소. 어린 녀석이 벌레 좀 새길 줄 알고 글씨 좀 팔 줄 알지요.' 조금 있다가 이렇게 대답했다. '다 큰 어른은 하지 않습니다.'" 『한서』「양웅전」은 이러하다. "성제 때 어떤 손님은 양웅의 글이 사마상여와 비슷하다고 추천한 적이 있다. 애제 때 정명, 부안, 동현이 일을 주도했다. 그들에게 붙은 모든 사람 가운데 어떤 사람은 이천 석까지 집안을 일으킨 사람도 있었다. 당시 양웅은 막 『태현』을 쓰면서 조용하게 자신을 지키고 있었다."

역주_ **정명**(丁明)은 애제의 어머니인 정도(定陶) 정희(丁姬)의 오빠인데 대사마였다. **부안**(傅晏)은 애제의 정비인 부황후(傅皇后)의 아버지이며 애제가 즉위한 뒤 공향후(孔鄕侯)가 되었다. **동현**(董賢)은 애제가 사랑한 남자인데 총애를 입어 대사마까지 되었다가 애제가 죽은 뒤 자살했다.

44 『사통』「자서」는 이러하다. "나는 언제나 스스로 헤아리지 못하는 점 때문에 나를 양웅과 견주기도 한다. 이유는 네 가지이다. 무엇인가? 양웅은 벌레를 새기는 자그마한 재주를 좋아한 적이 있었지만 나이를 먹은 뒤에 자신이 어릴 때 지은 것을 후회했다. 나는 어릴 때 시부를 좋아했지만 다 큰 어른이 되어 하지 않았다. 문학을 지망하는 선비라는 명성을 얻은 일이 부끄러웠기에 조술하는 일이 사명이라고 내 자신과 약속했다. 이것이 첫 번째 비슷한 점이다. 양웅은 『태현』을 쓰면서 몇 년이 걸려도 완성하지 못했다. 당시 소문을 들은 사람치고 그것이 쓸데없는 짓이라고 비웃지 않은 사람이 없다. 나도 『사통』을 지으면서 더위와 추위가 여러 번 지나갔다. 한가로운 속세 사람들은 모두 바보라고 생각한다. 이것이 두 번째 비슷한 점이다. 양웅이 『법언』을 지으니 당시 사람들은 그것이 제멋대로라고 앞 다퉈 책망했다. 그래서 양웅은 「해조」를 지어 응수했다. 내가 『사통』을 지으니 보는 사람마다 그것의 단점을 입질에 올렸다. 그래서 나는 「석몽」(釋蒙)을 지어 물리쳤다. 이것이 세 번째 비슷한 점이다. 범준(范踆)과 유흠은 어린 시절의 양웅을 소중하게 생각했다. 그러나 양웅이 『태현경』(太玄經)을 지었다는 소리를 듣자 그들은 장독뚜껑이나 덮게 될까 두렵다고 비웃었다. 내가 처음에 문학적 글쓰기[文筆]를 좋아할 때는 당시 사람들에게 대단한 칭찬을 받았다. 늘그막에 역사 기록을 이야기하니 결국 지기들에게도 값이 떨어졌다. 이것이 네 번째 비슷한 점이다." 유지기의 이야기는 「사덕」편의 주2를 보라.

45 나는 이렇게 생각한다. 여기까지 스스로 터득한 학문이 때를 만나거나 못 만나는 것은 하늘에 달린 것이기 때문에 운명처럼 편안하게 여길 것을 말하고 있다.

변사(辨似)[1]

사람의 마음은 숨어서 드러나지 않기 때문에 헤아릴 수 없다.[2] 말은 마음의 소리이다.[3] 사람을 잘 살피는 사람은 그 사람이 하는 말을 살필 뿐이다. 사람이 모두 착할 수는 없다. 그러나 착한 사람이 하는 말에는 착한 데 기대지 않은 말이 없다. 사람을 잘 살피는 사람은 그 사람이 하는 말이 착한 까닭을 살필 뿐이다. 공자는 이렇게 말한다. "나는 본래 남을 대할 때 그 사람 말을 듣고 그의 행실을 믿었다. 그러나 이제 나는 남을 대할 때 그 사람 말을 듣고 행실을 살피게 되었다."[4] 이것은 아마 그

1 나는 이렇게 생각한다. 편명은 「변사」이지만 뜻은 사실 조금도 바꾸지 않고 베끼는 일을 조심하라는 것이다. 「언공 중」에서 이미 언급했다. 아마 장학성의 논의는 남에게 자신의 글을 도둑질을 당해서 뜻을 잃은 일이 당시 있었기 때문이리라. 어느 해에 지었는지는 「경해 상」의 주1을 보라.

2 『예기』 「예운」의 글을 보라.

3 「문리」의 주15를 보라.

4 『논어』 「공야장」의 글을 보라.

사람의 말이 진실한 의도에서 나오지 않았기 때문이리라. 말이 진실한 마음에서 나오지 않는 것은 마치 인정머리 없는 송사에서 꾸미는 말이 막히더라도 진실한 느낌은 쉽게 보이는 것과 같다. 이것은 군자가 걱정하는 것이 아니다.[5] 학술의 걱정거리는 군자의 말과 한결같은 말을 걱정하지 않는다. 한결같은 말이라고 해도 의도를 가지고 말하면서 말의 근거를 찾는 것은 아주 가까운 거리에 있지만 하늘과 땅만큼이나 차이가 나는 일이자 비슷하면서도 아닌 일이다.[6]

천하의 주장은 본래 많지 않았다.(주장에는 온갖 변화가 있지만, 종지는 몇 가지 측면이면 완전히 개괄할 수 있는 데 지나지 않는다. 그러므로 주장이 본래 많지 않았다고 말한다) 사람은 온갖 변덕을 부리며 한결같지 않다. 온갖 변덕을 부리며 한결같지 않은 사람이라도 본래 말을 많이 하지 않는다. 그런 사람을 자취가 다르다고 해도 주장이 다를 수 없다. 이것을 성문이 넷 밖에 없지만 인구가 천 명, 만 명도 넘는 성에 비유해보자. 사람들이 성문을 나서서 가는 방향은 틀림없이 네 갈래 길로만 한정되지 않을 것이다. 그러나 그들이 성을 나설 수 있는 길은 아무리 많아도 성문 네 군데로 한정될 것이다. 가는 방향이 설령 다르다 해도 처음 수레를 끌고 나설 때[7]는 다를 수가 없다. 예로부터 해 오던 방식을 좇아 그대로 행하려는 의도를 가지고 행하지 않고 곧 동쪽으로 가려고 하면서 서쪽으로 가는 것

---

5 『예기』「대학」은 이러하다. "선생님은 이렇게 말씀하셨다. '송사를 들을 때 나는 마치 남인 것 같다. 반드시 송사를 없애야만 하리라! 실정[情]이 없는 사람은 자신의 말을 다할 수 없고 백성의 의지를 크게 두려워한다.'" 정현의 주는 이렇게 말한다. "정(情)은 실(實)과 같다. 사실이 없는 것은 헛되고 제멋대로인 말이 많다. 성인이 송사를 듣는 일은 남과 같을 뿐이다. 반드시 백성 가운데 사실이 없는 사람이 감히 말을 다할 수 없도록 만들고 마음의 의지[心志]를 크게 두렵게 만들어야만 정말로 그들의 의도대로 감히 송사를 하지 못하게 만들 것이다."

6 나는 이렇게 생각한다. 이 단락은 「변사」편의 전체 뜻을 이끌고 있다. 월아당총서본은 다음 줄을 바꾸지 않고 있다. 지고당총서본도 마찬가지이다.

7 『초사』「이소」는 이러하다. "아침에 창오(蒼梧)를 떠나네." 왕일 주는 이러하다. "인(軔)은 바퀴에 괴는 나무이다." 홍흥조 『초사보주』는 이러하다. "인(軔)은 수레를 멈추는 나무이다. 장차 떠나려면 그것을 뽑는다."

처럼 꾸미는 것이 아니라면 이것은 추세가 그렇게 만든 것이다.[8]

온갖 곡식을 기르고 가꾸는 일은 모든 백성이 곡식을 먹을 수 있게 하려는[9] 것이다. 의적(儀狄)은 이렇게 말한다. "온갖 곡식은 익어야만 한다." 무엇 때문에 곡식이 익기를 비냐고 묻는다면 의적은 이렇게 말할 것이다. "곡식이 익지 않으면 술을 담글 수 없기 때문이다."[10] 백성들에게 뽕나무를 심고 누에를 치는 법을 가르친 것은 늙은이가 비단옷을 입을 수 있게 하려는[11] 것이다. 치우는 이렇게 말한다. "뽕나무를 심고 누에를 치는 일은 세워야만 한다." 무엇 때문에 세우기를 바라느냐고 따져 묻는다면 치우는 이렇게 말할 것이다. "뽕나무를 심고 누에를 치는 일을 세우지 않으면 전쟁에 들고 나갈 깃발을 만들 수 없기 때문이다."[12] 의적이나 치우가 어찌 정말로 곡식이나 비단이 필요하다고 생각하지 않았겠는가? 그러나 그들 생각대로라면 우리 백성들이 먹고 입을 것은 보장받을 수 없을 것이다.[13]

---

8 나는 이렇게 생각한다. 이 단락은 마찬가지로 동일한 말이지만, 진짜와 비슷한 것의 구별이 있다는 것을 말하고 있다.

9 『맹자』「등문공 상」은 이러하다. "후직은 백성들에게 농사짓는 법을 가르치고 오곡을 심어서 길렀다." 조기 주는 이러하다. "수(樹)는 종(種)이다. 예(藝)는 식(殖)이다. 오곡(五穀)은 벼[稻], 기장[黍], 피[稷], 보리[麥], 콩[菽]이다." 『시』「대아」 "증민"(烝民) 「전」은 이러하다. "증(烝)은 중(衆)이다." 『상서』「고요모」는 이러하다. "옮기는 데 힘써 사람이 살 수 있는 곳으로 변화시키면 모든 백성이 이에 알갱이처럼 많아지리라." 공안국 『상서진』은 이러하다. "미식(米食)을 입(粒)이라 한다."

10 『전국책』「위책 2」는 이러하다. "옛날에 제녀(帝女)가 의적(儀狄)에게 술을 빚으라고 시켰는데 맛이 좋았다. 그것을 우임금에게 바쳤다. 우임금이 마시고 그것을 달게 여겨 결국 의적을 멀리 하고 감주(甘酒)를 끊었다. 우임금은 이렇게 말한다. '후세에 틀림없이 술 때문에 나라를 망치는 사람이 있을 것이다.'" 『태평어람』 843 『세본』은 이러하다. "의적이 처음으로 술[酒醪]을 빚었다."

11 『맹자』「진심 상」은 이러하다. "다섯 무의 집 담 아래 뽕나무를 심어 여자 한 명이 누에를 치면 늙은이는 비단옷을 입을 수 있다." 『주례』「여사」(閭師)는 이러하다. "서민이 누에를 치지 않으면 비단을 입을 수 없다."

12 치우가 무기를 만든 일은 「경해 중」의 주24를 보라. 『태평어람』 270 주는 이러하다. "치우는 신농씨의 신하이다."

13 나는 이렇게 생각한다. 이 단락은 비유를 설정한 것이다.

『주역』은 이렇게 말한다. "사람이 예측할 수 없는 음양의 변화가 신이다." 『주역』은 이렇게도 말한다. "신이라는 것은 만물을 묘하게 만들지만 말로 표현할 수 없는 것이다."[14] 맹자는 이렇게 말한다. "위대하면서도 변화시킬 수 있는 것이 성이다. 거룩하지만 사람이 알 수 없는 것이 신이다."[15] 이것이 바로 신령스런 변화[神化]와 신령스럽고 알 수 없음[神妙]이라는 주장의 유래이다. 사람이 예측할 수 없는 음양의 변화라도 음과 양을 떠나지 않는다. 만물을 묘하게 만들지만 말로 표현할 수 없는 것이라도 만물을 떠나지 않는다. 거룩하지만 사람이 알 수 없는 것은 알차고 단단함[充實]과 환하고 아름다운 빛[光輝]을 떠나지 않는다. 그래서 성이라고 부르든 신이라고 부르든 묘라고 부르든 상관없이 이것은 사람들이 자취에 빠지지 않도록 만든다. 자취에 빠지지 않기 때문에 바로 알고 있는 것을 근거로 모르는 것을 보려고 한다. 학술과 문장에는 신령스럽고 알 수 없는 경지가 있다. 보잘 것 없는 학자는 껍데기만 받았기 때문에[16] 자취에 사로 잡혀 그것을 찾으려고 한다. 참으로 아는 사람은 속에 신령스럽고 알 수 없는 것이 있으며 그것은 의도를 알아채야지 말로 전할 수 없는 것이라고 생각한다. 불학무식한 놈들은 마음이 짓눌려서 아무 것도 받아들일 수 없고 변별하는 데 막혀서 아무 것도 나올 수 없

---

14 『주역』「계사전 상」 및 「설괘전」의 글을 보라. 나는 이렇게 생각한다. 가업당본 『장씨유서』는 "위"(謂)를 "위"(爲)라고 했다. 여기서는 월아당총서본을 따라 바로 잡았다. 또한 여러 판본에는 "언"(言) 다음에 "자"(者) 자가 탈락되어 있다. 여기서는 『장씨유서』에 따라 보충했다.

15 『맹자』「진심 하」는 이러하다. "호생불해(浩生不害)가 이렇게 물었다. '악정자(樂正子)는 어떤 사람입니까?' 맹자는 이렇게 대답했다. '선한 사람이며 믿음직한 사람이다.' '선한 것은 무엇이고 믿음직한 것은 무엇입니까?' 맹자는 이렇게 대답했다. '그렇게 하고자 하는 것을 선이라 하고 그것이 자신에게 있는 것을 믿음이라 한다. 충실한 것을 아름답다고 하고 충실하면서 빛나는 것을 크다고 한다. 커서 교화시킬 수 있는 것을 거룩하다 하며 거룩하면서 알 수 없는 것을 신묘하다 한다. 악정자는 선함과 믿음직함의 중간이며 아름다움, 큼, 거룩함, 신묘함의 아래이다.'"

16 장형 「동경부」의 글이다. 설종(薛綜) 주는 이러하다. "말학(末學)은 근본을 줄기로 하지 않는 것을 말한다. 부수(膚受)는 피부가 심흉(心胸)에 줄기가 되지 않는 것을 말한다."

다. 이것도 의도는 알아챌 수 있지만 말로 전할 수 없는 것이다. 그러므로 군자는 사이비를 싫어한다.[17]

백혼무인(伯昏瞀人)이 열어구(列御寇)에게 이렇게 말했다. "사람들이 당신에게 다가가려 합니다. 당신이 만약 그들이 다가가도록 만들지 않았다면 그들이 당신에게 다가갈 수 없도록 만들 수 없었겠지요."[18] 그래서 사람이 다가오도록 만들 수 없는 사람은 아랫길이고 사람이 다가오지 않게 만들 수 있는 사람은 윗길이다. 중간쯤 되는 사람이라면 사람들이 다가가게 될 것이다. 천하에서 중간쯤 되는 경지는 쉽게 구별된다. 윗길은 중간을 벗어나고 아랫길은 중간에 못 미친다. 윗길과 아랫길은 늘 비슷하게 보인다. 학문은 미처 기송을 못하는 데서 시작한다. 널리 훑어서 깊어졌다면 기송을 넘어설 것이다.[19] 기송은 학문의 배나 수레와 같다. 어

---

17 『맹자』「진심 하」는 이러하다. "공자는 이렇게 말씀하셨다. '비슷하면서도 아닌 것을 미워한다. 강아지풀을 싫어하는 것은 그것이 어지럽힐까 두렵기 때문이다. 제멋대로인 사람을 싫어하는 것은 그것이 의로움을 어지럽힐까 두렵기 때문이다. 빠른 입을 싫어하는 것은 그것이 믿음을 어지럽힐까 두렵기 때문이다. 정나라 곡조를 싫어하는 것은 그것이 음악을 어지럽힐까 두렵기 때문이다. 자줏빛을 싫어하는 것은 그것이 주홍색을 어지럽힐까 두렵기 때문이다. 향원을 싫어하는 것은 그것이 덕성을 어지럽힐까 두렵기 때문이다.'" 나는 이렇게 생각한다. 이 단락은 학문과 예술의 오묘한 경지를 증명하고 있다.

18 『장자』「열어구」의 글을 보라. 곽경번(郭慶藩)은 이렇게 말한다. "보여(保汝)는 의여(依汝)라는 말이다. 『춘추좌전』「희공 2년」은 이러하다. '여관으로 다가가다.' 두예의 주는 이러하다. '보(保)는 의(依)이다.' 『사기』「주본기」는 이러하다. '백성이 그런 마음을 먹고 있으니 따르고 가까이 하여 되돌아갈 사람이 많을 것입니다.' 보귀(保歸)는 의귀(依歸)라는 말이다. 사마천은 보(保)가 부(附)라고 풀었다. 역시 의(依)이다. 왕일은 『칠간』(七諫)의 주에서 이렇게 말한다. '의(依)는 보(保)이다.'"

역주_ **곽경번**은 자가 자정(子瀞) 또는 호첨(岵瞻)이다. 상음(湘陰) 출신이다. 향시를 통해 제생이 되었으며 벼슬은 절강(浙江) 지부에 이르렀다. 저술에 『십이매화서옥시집』(十二梅花書屋詩集)이 있다. 그의 『장자집석』(莊子集釋)은 『장자』에 대한 상세한 주석이다.

19 『삼국지』「촉서」 "제갈량전"의 주는 『위략』을 인용하고 있다. "제갈량이 형주에 있으면서 건안 연간 초에 영천 출신 석광원(石廣元)과 서원직(徐元直), 여남 출신의 맹공위(孟公威) 등과 함께 모두 어울리며 배웠다. 세 사람은 정밀하고 익숙한 것에 힘썼지만 제갈량은 큰 줄거리만 살피려 했다." 제갈량은 글을 읽을 때, 글의 깊이를 볼 수 있었다. 그래서 외우는 것을 넘어서서 한 줄의 글자 숫자를 찾지 않았다.

떤 사람이 가려는 곳이 있다면 틀림없이 배나 수레를 이용할 것이다. 목적지에 도착했다면 배나 수레를 버릴 것이다. 한 걸음도 떼지 못하는 사람은 마찬가지로 배나 수레를 이용하지 않을 것이다. 배나 수레를 이용하지 않는 사람은 이런 핑계로 목적지에 도착하여 배나 수레를 버린 사람을 자기의 의견과 일치하는 사람이라고 비길 것이다. 그러므로 군자는 사이비를 싫어한다.[20](정호는 사량좌(謝良佐)가 경전에 대한 지식이 많은 것을 보자마자 쓸데없는 물건을 가지고 노는 데 팔려 소중한 자기의 본심을 잃었다고 말했다. 이것은 결국 공자 문하의 "하나로써 꿰뚫다"와 비슷하지 않다)

이치를 처음 보았을 때는 지혜로운 사람이든 어리석은 사람이든, 훌륭하든 못났든 상관없이 그다지 차이가 없다. 두 번째 생각해 보면 미묘하여 헤아려 알기 어렵기 때문에 믿을 수 없게 된다. 세 번째 생각해 보면 정신을 빼앗겨 해야 할 바를 잊어버려 마치 나를 빼앗긴 것처럼 된다. 두세 번 힘을 들이지 않는다면 처음만도 못하게 될 것이다. 이치를 처음 보았을 때는 바깥에 있는 것이기 때문에 내 정신은 온전할 수 있었지만 두세 번 생각한 뒤에는 안으로 들어왔기 때문에 내 자신이 사물의 반복되는 변화를 따르게 된다. 반복되는 변화를 완전히 끝낸 뒤라야만 이치를 처음 보았을 때의 지극한 경지를 다시 얻게 된다. 학은 번거로움을 꺼려서는 안 된다. 그러나 사물의 반복되는 변화를 따라 자신이 변화할 무렵에는 정신이 이치를 처음 보았던 때처럼 온전하지 않다. 그래서 틀림없이 시시각각 처음 본 이치를 떠올릴 것이다. 처음 본 이치를 떠올리는 과정은 미묘하여 헤아려 알기 어려울 때와 정신을 빼앗겨 해야 할 바를 잊어버릴 때 나침반처럼 옳은 방향을 가리킬 것이다.[21] 이것은 처음 이치를 본 상태로 되돌아가는 일에 거의 다가간 것이리라. 나는 배우

---

20 나는 이렇게 생각한다. 이 단락은 기송을 증명한 것이다.

21 최표『고금주』는 이러하다. "황제와 치우가 탁록의 들판에서 전쟁을 벌였다. 치우가 큰 안개를 만들자 병사들은 모두 길을 잃었다. 그래서 지남거(指南車)를 만들어 사방을 가리키고 결국 치우를 사로잡았다." 지남침을 쓰지 않고 남쪽을 가리킬 수 있는 수레이다.

기를 좋아하는 요즘 사람들을 쭉 보아왔다. 그들이 처음부터 본 것이 없이 마구잡이로 공부하는 사람은 아니었는데 나중에도 지극한 경지에 도달하리라는 기대도 없이 분발하여 고생스럽게 공부하고 있었다. 그래도 나는 내 학이 남들보다 나을 수 있다고 생각할 뿐이다. 하염없이 물에 떠서 표류하면서 묶여 있지 않은 배[22]는 설령 하루에 천리를 달릴 수 있다고 하더라도 무슨 쓸모가 있겠는가? 학은 번거로움을 꺼려서는 안 된다. 그러므로 군자는 사이비를 싫어한다.[23]

말은 이치를 밝히는 근거이며 문사는 이치를 기록하는 근거가 되는 도구이다. 빈 수레에 공연히 겉모습만 요란하게 꾸미고[24] 수레의 주인은 어떤 사람인지 아무 것도 들은 것이 없다. 문사에 탐닉한 사람과 더불어 글에 대해 말할 필요가 없다. 『주역』은 이렇게 말한다. "사물이 서로 뒤섞여 있기 때문에 무늬라고 한다." 『주역』은 이렇게도 말한다. "뜻은 멀리까지 도달하고 말은 아름답다."[25] 『상서』는 이렇게 말한다. "정치는 늘 일정함이 있는 것을 소중하게 생각하며 다듬은 말은 형식이 간단하고 긴요한 것을 높여서 소중히 여긴다."[26] 『시』는 이렇게 말한다. "말이 부드러우면 백성들이 서로 어울려 갈등이 없이 화목하게 된다."[27] 『예기』는 이렇게 말한다. "남의 주장을 훔쳐 제 것처럼 만들지도 말고 줏대 없이 남의 의견에 따라 움직이지도 말아야 한다. 옛사람을 본받고 선왕을 인용하여 근거로 삼아야 한다."[28] 『논어』는 이것을 풀이하여 "말은

---

22 『장자』「열어구」는 이러하다. "솜씨가 교묘한 사람은 수고스럽고 많이 아는 사람은 근심하게 마련이다. 무능한 사람은 찾은 것이 없고 배불리 먹고 만족한 채로 노닌다. 마치 매이지 않은 배가 물에 떠서 흘러 다니듯 텅 빈 채로 만족스럽게 노니는 사람이다." 이것은 학문에 으뜸가는 주인이 없다는 뜻이다.

23 나는 이렇게 생각한다. 이 단락은 힘껏 배우는 것을 증명한 것이다.

24 주돈이 『통서』「문사」(文辭)는 이러하다. "글은 도를 싣는 근거이다. 수레바퀴와 끌채를 꾸며도 그것을 쓰지 못하게 되면 헛되이 꾸민 것이다. 하물며 빈 수레야!"

25 『주역』「계사전 하」의 글을 보라.

26 『상서』「필명」(畢命)의 글을 보라.

27 『시』「대아」"판"(板)의 글을 보라.

28 『예기』「곡례 하」의 글을 보라.

표현일 뿐"이라고 말했다. 증자는 이렇게 말한다. "문사는 비루함과 어긋남을 멀리해야 한다."[29] 경전이 성인과 현인의 주장을 전할 때, 글을 소중하게 생각하지 않은 적이 없다. 아마 글은 본디 이치를 기록하는 근거이기 때문에 글이 갖춰지지 않으면 이치는 밝혀지지 않을 것이다. 하물며 글 자체도 이치를 가지고 있기 때문에 아름답고 미운 것과 좋고 못난 것을 사람들이 보면 약속하지 않았어도 똑같은 느낌이 들게 된다. 기록한 이치와 아무 상관없는 것이 글의 이치이다. 글의 지극한 경지는 문사를 중요하게 여길 필요가 없다는 것일 뿐이지 문사가 없어져야만 된다는 것이 아니다. 너절하고 더러운 유학자들은 배워먹질 못해서 입만 뻥긋하면 "문사를 정교하게 하면 도를 해친다"라고 말한다.[30] 그러므로 군자는 사이비를 싫어한다.[31]

육기는 이렇게 말한다. "글이 비록 내 마음에서 나왔다고 하더라도 다른 사람이 내 앞에 쓰지 않았을까 두렵다. 만약 청렴결백함에 손상을 입히고 정의를 어기게 된다면 설령 글을 아낀다 하더라도 버려야만 한다."[32] 문장에 대해 말하는 선비들은 마음에 얻은 것을 끝까지 밀고 나가려 할 때, 아마 옛사람이 나보다 먼저 이 말을 하지 않았을까 늘 두려워할 것이다. 만약 옛사람과 같다면 즉시 청렴결백함에 손상을 입히고 정의를 어기게 되기 때문에 설령 그것을 아주 아낀다고 해도 반드시 잘라낸다. 한유는 이렇게 말한다. "고대에는 글이 반드시 자신에게서 나왔지만 세월이 지나자 글을 지을 수 없어서 표절하게 되었다."[33] 한유의 말도

---

29 『논어』「위령공」 및 「태백」의 글을 보라.

30 「원도 하」의 주38을 보라.

31 나는 이렇게 생각한다. 이 단락은 문사를 증명하고 있다.

32 『문선』에 수록된 육기 「문부」의 글을 보라. 이선 주는 이렇게 말한다. "저축(杼軸)은 베 짜는 일로 비유한 것이다. 비록 자신에게 나왔지만 남이 나보다 먼저 이런 정서를 표현하지 않았는지 두렵다." 이것은 글을 지을 때 비록 자신의 마음에서 나왔다 하더라도, 마땅히 남의 글과 같은 것은 피해야만 한다는 말이다.

33 한유 「번소술묘지명」은 이러하다. "오로지 고대에만 어휘가 꼭 자신에게서 나왔고 시간이 흐르면서 창작할 수 없어서 표절하게 되었다. 나중에는 모두 앞 시대의 누구

이런 의도이다. 주장을 세우는 선비는 자신의 의도를 으뜸으로 삼는다.[34] 아마 사장 따위나 짓는 문학가들과 다른 종류일 것이다. 사람들은 이런 마음을 똑같이 가지고 있다. 그런 마음은 이런 이치를 똑같이 가지고 있다. 우주는 드넓고 그래서 책들은 어지럽게 뒤섞여 있다. 그런데 어떻게 자신이 말한 것은 전부 옛사람이 말하지 않은 것이 틀림없다고 할 수 있겠는가? 이것이 손상을 입히지 않는 첫 번째 이유이다. 사람마다 얼굴이 다른 것처럼 사람마다 마음도 다르다.[35] 만약 고의가 아닌데도 우연히 같다는 것을 알게 되면 옛사람의 글과 후세의 글이 어떻게 변화하며 굽이치는지, 무엇을 중요하게 생각하고 무엇을 중요하지 않게 생각하는지 따져야 한다. 그렇다면 틀림없이 완전히 같은 것은 아니라는 것이 밝혀지고 사람들은 스스로 그것을 변별할 수 있으리라. 이것이 손상을 입히지 않는 두 번째 이유이다. 글을 지을 때 종지는 많지 않다.[36] 글로 쓴 말이 엄청나게 많더라도 종지가 아직 없다면 그뿐이다. 우연히 옛사람과 같은 것이 있다고 해도 한둘에 지나지 않는다면 다른 것들이 우연히 같은 것을 포괄할 수 있을 것이다. 이것이 손상을 입히지 않는 세 번째 이유이다. 나는 자신의 주장을 세운 요즘 사람들을 쭉 보아왔다. 그들에게는 본래 종지라고 할 만한 것이 없고 옛사람의 말을 인용하여 그것을 거듭 밝혔다. 거듭 밝힌 뜻은 옛사람이 이미 갖추고 있었던 것이다. 설령 그렇다 하더라도 이것은 타고난 자질이 약한 사람이 하는 짓이며 사람들은 슬쩍 쳐다보기만 해도 안다. 이런 글을 결국 간장 단지를 덮는 종이로 돌린다 해도[37] 사실에 대해서 본디 아무 손상도 없는 것이다. 결국

를 베꼈다고 지적하는 일이 한나라 때부터 오늘날까지 똑같을 뿐이네."(『창려집』 권34) 여기 인용된 글에는 자그마한 잘못이 있다.

34 소통 「문선서」는 이러하다. "노자와 장자의 작품, 관자와 맹자의 유파는 아마 뜻을 세우는 것을 으뜸으로 하지 글을 잘 쓰는 것을 근본으로 하지 않을 것이다."

35 「언공 중」의 주52를 보라.

36 『신승전』(神僧傳)은 이러하다. "불도징(佛圖澄)은 깊은 경전을 묘하게 풀이하고 세상의 논의도 가로 질러 통하게 했다. 강설하는 날에는 종지를 바르게 내걸었기 때문에 처음부터 끝까지 수식하는 말을 환하게 이해할 수 있게 만들었다."

교활한 사람은 옛사람의 모습을 바꾸고 의도를 훔칠 것이다. 동시대에 사는 사람 가운데 창조적 논의를 하는 사람은 의도를 펼치더라도 어디서 온 것인지 꺼리고 말하지 않을 것이다. 스스로 터득한 것을 말하는 남의 소리를 듣고 아직 글로 쓰지 않았다는 것도 알았다면 서둘러 남의 의도를 훔쳐서 자신의 소유로 만들어 버리는 사람이 있다. 나중에 그 사람도 자기 글을 쓰게 될 테지만 자기 글이 도리어 훔친 놈의 글보다 나중에 나온 것이 되어 버린다. 하물며 남의 글을 훔칠 정도로 개인적이고 꾀죄죄한 꾀를 가진 사람이라면 훔친 글의 논리적인 빈틈을 임시변통으로 이리저리 주선하여 꾸며 대거나 실마리를 고쳐서 확장할 줄도 안다. 그래서 남들이 모르게 만들어서 자기가 훔친 글의 깊숙한 곳에 있는 내막을 변별하지 못하게 만든다. 만약 도둑질을 당한 사람이 직접 대면하여 질문하는 경우가 아니거나[38] 자신이 미처 도달하지 못한 것을 추궁당하지 않는 바에는 속임수가 쉽게 들통 나지 않는다. 남의 글을 훔친 사람과 같은 길을 걷는 사람이 마음을 다해 거듭해서 생각한 뒤 도둑질당한 글의 본말을 따져 묻는다면 훔친 글이란 점을 숨기고 있음을 공격할 수 있게 된다. 그러나 이름을 훔치고 세상을 속이는 일이 세상을 괴롭힌 것은 이미 하루 이틀의 일이 아니다. 당시 사람들은 아무개 아무개의 학문은 아무개보다 모자라지 않고 아무개 아무개의 학업은 아무개보다 낫다고 말하기도 하리라. 그러므로 군자는 사이비를 싫어한다.[39]

---

37 『한서』「양웅전」은 이러하다. "거록후(鉅鹿侯) 파상(芭常)은 양웅을 좇아 머물면서 그의 『태현』과 『법언』을 전수받았다. 유흠도 찾아가서 그를 살핀 적이 있다. 그는 양웅에게 이렇게 말했다. '헛되이 자신을 괴롭히는군. 오늘날 학자들은 녹봉과 이익만 좇아 아직 『역』도 제대로 이해하지 못하는데 게다가 『태현』은 어쩔 것인가? 나는 후세인이 장독뚜껑을 덮는 데 쓰지나 않을까 두렵네.' 양웅은 웃으며 대답하지 않았다."

38 『후한서』「주부전」(朱浮傳)은 이러하다. "주부는 편지로 그것을 바로잡아 꾸짖었다." 주는 이러하다. "질(質)은 정(正)이다."

39 장학성은 「신척」에서 이렇게 말한다. "시독을 지낸 소진함은 『이아정의』를 지었다. 혼자만 푼 것을 남들을 위해 말한 적이 있다. 시골의 경솔한 녀석들은 소진함의 책이 미처 완성되지도 않았는데 먼저 그의 학설을 훔쳐 특별한 해석으로 출간했다. 다

영원히 믿을 만한 사람은 유일하게 공자 한 사람뿐이리라. 공자의 주장은 특정 분야만 겨냥한 것이 아니다. 그래서 훌륭한 사람이라면 각자 공자의 장점을 얻었고[40] 못난 사람이라면 각자 비슷한 것으로 오해하게 되었다. "남을 가르치는 데 게으르지 않았다"는 말은 지식이 낮거나 인습에 젖은 사람을 가르쳐서 깨우치는 일을 모욕한다는 뜻이 아니다.[41] "나는 말하고 싶지 않다"는 말은 가르침을 거절한다는 뜻이 아니다.[42]

행히 소진함이 일찍 알았기 때문에 『이아정의』를 판각할 때 그 사람들이 언급한 것은 모두 고치고 바꿔서 부화뇌동하는 일을 피했다. 아마 동시대 사람도 누가 먼저 말하고 누가 뒤에 말했는지 알 수 없었을 테고 후세인의 의혹이 더욱 무성할 것도 두려워했기 때문일 것이다."(가업당본 『장씨유서』 외편 1) 또한 「여소이운논학서」(與邵二雲論學書)에서 이렇게도 말한다. "내 성품이 얕고 경솔해서 평생 얻은 것이 말과 이야기에 보이지 않는 것이 없네. 붓을 들어 글로 지은 것도 새롭고 기이해서 기뻐할 만한 것이 많지. 그러는 사이 유사(遊士)가 내 이야기의 날카로운 창끝을 베끼고 경생이 과거 시험 답안지의 바탕으로 삼고 있다네. 자네도 알고 있지 않은가? 이것은 그들이 얕기 때문이라는 것을. 최근에 남쪽과 북쪽을 마음대로 여행하면서, 눈으로 보고 귀로 들은 것을 전문가의 저술이라고 스스로 명명한 사람 대부분이 내 말을 몰래 쓰면서도 겉모습만 바꾼 것을 많이 보았네. 또한 그들은 내 학설을 명백하게 뒤집었으면서도 내 의도를 몰래 베끼고 있었네. 거의 이상은이 읊은 떨어진 솜옷[敝緼]처럼 몸에는 온전한 껍질이 없네. 두보가 읊은 헤어진 살점[殘膏]처럼 남에게 이익을 주는 것이 많네. 타고난 자질은 앞 시대의 철인이 아닌데 거쳐 간 처지는 대략 같네. 말해놓고 보니 부끄럽기도 하고 개탄스럽기도 하네."(가업당본 『장씨유서』 권9) 이것을 보면 앞에서 가리켜 말한 것은 장학성이 본디 느낀 바가 있어서 표현한 것이지 일반론이 아니라는 것을 알 수 있다. 나는 이렇게 생각한다. 앞에서 표절로 증명한 것이 「변사」편의 주요한 뜻이 있는 부분이다.

역주_ 이상은(李商隱, 813~858)은 자가 의산이며 호기 옥계생(玉谿生) 또는 반남생(樊南生)이다. 원래 회주(懷州) 하내(현재 하남성 필양) 출신의 당나라 시인이다.

40 한유 「송왕수재훈서」(送王秀才塤序)는 이러하다. "공자의 도는 커서 넓힐 수 있지만, 공자 제자들은 두루 살펴서 모두 알 수 없었다. 그러므로 배운다는 것은 모두 자신의 본성이 가까운 것을 얻는다."(『창려집』 권20)

41 남을 가르치는데 게으르지 않았다[誨人不倦]는 『논어』 「술이」의 글을 보라. 『주역』 「몽」(蒙) 괘 「단전」은 이러하다. "두세 번 점을 치면 모독하는 것이다. 모독하면 알려주지 않는다. 독(瀆)은 몽(蒙)이다."

42 『논어』 「양화」의 글을 보라. 주희 주는 이러하다. "말로 성인을 살피고 천리가 돌아다니는 실질을 살피지 않는 학자가 많다. 그들은 말을 기다리지 않고 드러낸다. 그래서 성인의 말만 헛되이 얻을 뿐이지 말하는 이유를 얻지 못한다. 그러므로 공자는 이것을 밝혀서 경고한 것이다."

"고대를 좋아하여 재빠르게 찾다"라는 말은 박학다식만 추구한다는 뜻이 아니다.[43] "하나로써 꿰뚫다"라는 말은 미처 끝까지 파고들지 못한 사물은 남긴다는 뜻이 아니다.[44] 아마 말 한 마디로 모든 것을 포괄하는 일은 설령 공자와 같은 성인이라도 할 수 없을 것이다. 훌륭한 사람이든 못난 사람이든 한 마디 말을 얻더라도 옳은 것을 찾지 않고 비슷한 것을 찾는 일은 자신에게 달려있다. 이것은 공자라도 어떻게 할 수 없는 것이다. 맹자는 공자를 잘 배운 사람이다. 공자가 어짊과 지혜로움을 주장했다면 맹자는 인의를 주장했다.[45] 공자가 동주를 위했다면 맹자는 제나라와 위나라를 임금다운 왕의 나라로 만들려고 했다.[46] 공자가 "믿기 때문에 고대를 좋아 한다"라고 말했다면 맹자는 "책에 있는 대로 전부 믿는다면 책이 없는 것이 낫다"라고 말했다.[47] 공자를 탐구하려는 사람은 반

---

43 『논어』「술이」는 이러하다. "선생님은 이렇게 말씀하셨다. '나는 태어나면서부터 아는 사람이 아니다. 고대를 좋아하고 재빠르게 찾으려고 하는 사람이다.'"

44 나는 이렇게 생각한다. 하나로 꿰뚫는다[一以貫之]는 『논어』에 두 차례 나온다. 한 번은 「이인」에 보이며, 주희의 주는 행위의 관점에서 말한 것이라 했다. 한 번은 「위령공」에 보이며, 주희의 주는 지식의 관점에서 말한 것이라 했다. 이것은 후자를 가리키는 것이며, 이미 「원도 하」의 주34에 보인다.

45 『논어』「옹야」는 이러하다. "선생님은 이렇게 말씀하셨다. '지혜로운 사람은 물을 좋아하고 어진 사람은 산을 좋아한다. 지혜로운 사람은 움직이고 어진 사람은 고요하다. 지혜로운 사람은 즐기고 어진 사람은 오래 산다.'" 유보남 『논어정의』는 이러하다. "공자의 몸통은 인과 지혜에 갖춰져 있다. 그러므로 그것을 말할 수 있다. 그것이 이른바 선한 말과 덕스러운 행위이다." 『주역』「계사전 상」은 이러하다. "어진 사람이 보면 어질다고 하고 지혜로운 사람이 보면 지혜롭다고 한다." 이것은 모두 공자가 인과 지혜를 주장했다는 증거이다. 맹자는 인의를 힘껏 주장했고, 모두 『맹자』 일곱 편에 보인다. 여기서는 모두 갖추지 않았다.

46 『논어』「양화」는 이러하다. "선생님은 이렇게 말씀하셨다. '나를 부르는 사람은 어찌 그냥 부르겠느냐? 만약 나를 써주는 사람이 있다면 나는 그를 동쪽의 주나라로 만들겠지?'" 맹자는 양혜왕에게 이렇게 말한다. "삶을 기르고 죽음을 여의는 데 유감이 없는 것이 왕도의 시작이다." 공손추에게 이렇게 알렸다. "제나라를 임금다운 왕으로 만드는 일은 마치 손바닥을 뒤집는 것과 같다." 공자는 춘추시대에 살았고 당시 제후들은 아직 주나라 왕을 우러렀기 때문에, 공자는 동쪽의 주나라라고 말한다. 맹자는 전국시대에 살았고 당시 제후들은 이미 왕을 우러르지 않았기 때문에, 맹자는 제나라나 위나라를 왕이라고 생각한 것이다.

47 『논어』「술이」는 이러하다. "선생님이 말씀하셨다. '조술하고 창작하지 않는 것과

드시 맹자에서 시작해야만 한다.[48] 정말 옳은 것을 얻으려는 사람은 비슷한 것을 추구해서는 안 된다. 비슷한 것을 추구하는 사람은 틀림없이 정말 옳은 것을 얻지 못할 것이다. 비슷한 것 때문에 오해하게 된 천하의 모든 사람은 각자 정말 옳은 것을 얻었다고 말하리라.[49]

믿고 고대를 좋아하는 것은 내가 우리 노팽에 견주어 보노라.'" 『맹자』「진심 하」는 이러하다. "맹자는 이렇게 말한다. '『서』를 다 믿으면 『서』가 없는 것이 낫다. 나는 「무성」에서 두세 개의 죽간을 취했을 따름이다. 지극히 인한 것으로 지극히 인하지 않은 것을 정벌하는데 어찌 절굿공이를 흐르게 할 정도로 피를 흘리겠느냐?'" 나는 이렇게 생각한다. 『논어』「팔일」은 이러하다. "(선생님은) 『무』에 대해 아름다움은 다했으나 선함은 다하지 못했다고 말씀하셨다." 공자는 무왕의 음악이 완전히 선하지는 않다고 말했다. 그래서 공자도 고대에 대해 마뜩찮은 점이 있었으며, 결코 전부 믿은 것은 아니다.

48 한유 「송왕훈서」(送王塤序)는 이러하다. "그러므로 성인의 도를 살피려고 찾는 사람은 반드시 맹자에서 시작해야 한다."(『창려집』 권20)

49 나는 이렇게 생각한다. 여기까지 옳은 것을 얻은 사람은 비슷한 것을 추구하지 않는다는 것을 말하고 있다.

권 4
내편 4

설림(說林)
지난(知難)
석통(釋通)
횡통(橫通)
번칭(繁稱)
광류(匡謬)
질성(質性)
힐루(黠陋)
속혐(俗嫌)
침명(鍼名)
폄이(砭異)
폄속(砭俗)

설림(說林)[1]

도는 공적인 것이고 학은 개인적인 것이다. 군자는 학을 통해서 도에 도달하며[2] 사람이 가진 힘을 전부 쏟아 부어 하늘과 하나가 되려고 한다. 사람이란 무엇인가? 정신의 인식 능력 및 신체의 자질과 힘이 사람의 모습과 기운으로 개체화된 것이다. 하늘이란 무엇인가? 불편부당한 중용의 올바름 및 공평함과 굽히지 않음이며 본질의 공공성에 뿌리를 둔 것이다. 그래서 도는 공적이고 학은 개인적이라고 말한다.

한비자의 「해로」(解老)와 「유로」(喩老)라는 글,[3] 『열자』의 「양주」편,[4] 안

---

1 『사기색은』 「한비전」은 이러하다. "설림은 여러 가지 일을 널리 인용한 것이 숲의 나무처럼 많기 때문에 설림이라고 한다." 「설림」편이 논하는 것은 「원도」, 「원학」, 「언공」, 「변사」 등 여러 편의 뜻을 더 밝힌 것이 많다.

2 『논어』 「자장」의 글을 보라.

3 『사기색은』 「한비전」은 이러하다. "이제 살피니 『한자』에는 「해로」와 「유로」 두 편이 있다. 이것은 아마 황로학을 높이는 것이리라." 웅십력(熊十力) 선생은 이렇게 말

영의 사실을 묵가가 기술한 『안자춘추』[5]는 도는 같아도 방법이 다른 사례이다. 이런 여러 학파의 쓰임새는 다르지만 이치는 서로 통한다. 교제에 대한 자하의 견해를 나무란 자장,[6] 맹자의 주장을 비판한 순경,[7] 소진의 합종책을 논파한 장의[8]는 방법은 같지만 지향이 다른 사례이다. 종지

한다. "「해로」가 꼭 한비가 지은 것은 아니리라. 그러나 틀림없이 노자의 무리에서 나왔고 법가를 주장하는 사람의 손으로 녹여 모은 것이리라. 그러므로 법가의 무리가 그것을 가져다가 한비의 책에 넣었을 것이다."(『십력어요』(十力語要) 권2)

역주_ 웅십력(1885~1968)은 원래 이름이 계지(繼智), 호가 자진(子眞), 늘그막의 호가 칠원노인(漆園老人)이다. 호북성 황강현(黃岡縣) 상파하(上巴河) 장가만(張家灣) 출신이다. 유명한 철학자이며 현대 신유가의 시조이다. 어려서 형에게 배웠으며 열네 살에 입대하여 1905년 호북육군특별소학당(湖北陸軍特別小學堂)에 입학했다. 재학 중에 무창의 과학보습소(科學補習所), 일지회(日知會) 등 반청혁명단체에 가입하여 무창기의 이후 신해혁명을 경험했다. 무창으로 돌아간 뒤 호북군정부(湖北軍政府) 참모로 임명되었다. 1917년 광주에서 손문이 이끈 호법운동(護法運動)에 참가했으나 실패한 뒤 철학 연구를 결심했다. 차례로 무창의 문화대학(文華大學), 천진(天津)의 남개중학(南開中學), 북경대학, 절강대학에서 가르쳤다. 1949년 이후 전국정치협상회의에 참여하고 전국정협(全國政協) 제1회부터 제4회까지 위원을 맡았다. 1968년 병으로 상해에서 세상을 떴다. 저술에 『신유식론』(新唯識論), 『원유』(原儒), 『체용론』(體用論), 『건곤연』(乾坤衍) 등이 있다.

4 『한서』「예문지」에는 『열자』 여덟 편이 있다. 오늘날 전해지는 『열자』라는 책은 거짓으로 가탁한 것이 아니냐는 세상의 의심을 많이 받고 있기 때문에, 다시 『한서』「예문지」가 말하는 옛날 것이 아니리라. 송렴 『제자변』은 이러하다. "「천서」(天瑞)와 「황제」 두 편은 비록 가정하는 말이 많지만 형체를 떠나고 지혜를 제거하여 조용하게 허무의 상태에 있으며 훌쩍 떠나 대화(大化)와 노닌다고 한다. 이것은 사실 도가의 핵심이 되는 말이다. 「양주」와 「역명」에는 지독한 개인주의[爲我]의 의도가 많다. 이것은 다름 아니라 고대에 있던 양주의 책에서 미처 없어지지 않은 것을 여기 베낀 뒤 붙여놓은 것이 아닌지 의심스럽다." 별도로 「시교 상」의 주15를 보라.

5 「언공 상」의 주37을 보라.

6 「주륙」의 주5를 보라.

7 『순자』「비십이자」는 이러하다. "선왕을 대략 본받았기 때문에 자신의 계통을 모른다. 오히려 그러면서도 재주가 번거롭고 뜻이 크며 견문이 뒤섞이고 넓다. 과거를 근거로 학설을 만들어서 오행(五行)이라고 부른다. 대단히 경박하고 어긋나서 비슷한 것도 없다. 드러나지 않는 것에 갇혀 주장도 없고 요약에 갇혀 풀이도 없으면서, 자신의 말을 꾸미고 그것만 공경하면서 이렇게 말한다. '이것이 진짜 선군자(先君子)의 주장이다.' 자사가 부르짖었고 맹가가 화답했다. 세속에서 이것에 빠진 사람은 어리석은 유학자[瞀儒]인데, 시끄럽게 떠들면서 그것이 그르다는 것도 모른다. 결국 그것을 전수받고 전하면서 공자와 자유가 이것으로 후세를 두텁게 만들었다고 생각한다. 이것은 자사와 맹가의 죄이다."

는 다르지 않으나 주장은 서로 다른 점이 있다.

악와(渥洼) 지역에서 생산되는 말[9]은 삼천 근이나 되는 무거운 짐[10]을 지고도 천리를 갈 수 있다. 하지만 악와말 두 필의 힘을 합친다고 해서 단번에 이천 리를 갈 수 있는 것은 아니다. 천하의 일등 학문이 가진 독특한 뜻은 성령이 독보적인 경지에 이르느냐 이르지 않느냐에 따라 결정된다고 할 수 있다. 설령 치우치거나 결여된 것이 생긴다고 하더라도 이것은 남이 어떻게 도울 수 있는 것이 아니다. 악와말 두 필이라고 단번에 이천 리를 갈 수는 없다. 악와말 두 필의 힘을 합친다 해도 말이 견딜 수 있는 한도인 삼천 근의 두 배인 육천 근이나 되는 엄청나게 무거운 짐을 짊어지고 각각 천리를 갈 수도 없다. 거대한 계획과 끊어진 사

---

8 『사기』「장의전」(張儀傳)은 이러하다. "장의가 진나라의 재상이 된 지도 네 해가 흘러 혜왕(惠王)을 임금으로 세웠다. 마치고서 재상을 사직하고 위나라의 재상이 되어 진나라를 위해 일했다. 먼저 위나라가 진나라를 섬기도록 만들어 제후들이 그것을 본받도록 만들고자 했다. 위나라 왕은 장의의 말을 들으려 하지 않았다. 장의는 부끄러워 진나라에 돌아가 보고할 수 없었다. 위나라에 네 해를 머물고 위나라 양왕(襄王)이 죽자 애왕(哀王)이 즉위했다. 장의는 애왕에게 다시 유세했으나 애왕이 듣지 않았다. 그래서 장의는 몰래 진나라에게 위나라를 정벌하라고 시켰다. 위나라는 진나라와 싸워서 패했다. 이듬해 제나라가 다시 침범하여 관진(觀津)에서 위나라를 이겼다. 진나라는 다시 진나라를 공격하려고 먼저 한나라 신차(申差)의 군대를 깨트리고 팔만 명을 참수했다. 제후들은 크게 두려워했다. 그리고 장의는 다시 위나라 임금에게 유세하여 이렇게 말했다. '이제 합종하는 사람이 천하를 통일하고 형제가 되길 맹약하려 합니다. 백마를 잡아 원수(洹水) 가에서 맹약하여 서로 굳게 지키기로 했습니다. 그러나 친형제로서 같은 부모에게 났어도 돈과 재물을 다투는 경우가 있습니다. 그런데 거짓을 반복하는 소진의 하찮은 꾀를 믿고자 하니 그것이 성공할 수 없다는 것은 명백합니다.' 위나라 왕은 이에 합종의 맹약을 배반하고 장의를 통해 진나라에게 평화를 요청했다." 나는 이렇게 생각한다. 장의가 합종의 맹약을 깨트린 것은 여기서 시작되었다. 이때는 주나라 신정왕(慎靚王) 4년이다.

9 『사기』「악서」는 이러하다. "신마(神馬)를 악와수(渥洼水)에서 얻은 적이 있다." 나는 이렇게 생각한다. 악와수는 현재 감숙성(甘肅省) 안서현(安西縣)에 있다. 당하(黨河)와 만나는 물줄기이다.

10 『맹자』「양혜왕 상」은 이러하다. "내 힘은 삼천 근을 들 수 있다." 조기 주는 이러하다. "백균(百鈞)은 삼천 근이다."

업은 각자 장점이 있느냐 없느냐에 따라 결과가 달라진다고 할 수 있다. 설령 모순이 생긴다고 하더라도[11] 이것은 남이 개인적으로 차지할 수 있는 것이 아니다.

문사는 옛사람이 중요하게 생각하지 않았다. 처음 창작한 다음에 토론을 거치고 수식하여 윤색하는 과정[12]은 본디 숱한 사람이 힘을 모아 만든 말이다. 최선을 다하기로 모두 약속했지만 개인을 뽐내는 일을 약속하지는 않았다. 정이(丁廙)가 조식(曹植)에게 자신의 글을 윤색시키면서 "누가 나중에 내 글이 수정된 사실을 알겠는가?"라고 말했다.[13] 여기에는 세상을 속이려는 의도가 있다. 원문을 남기는 동시에 좋든 나쁘든 수정한 글을 아울러 남긴다면 이것은 나중에 한 사람의 글을 읽으면서도 좋은 글 두 편을 읽는 이익을 얻게 해주는 일이다. 그러면 어찌 큰 보탬이 되지 않겠는가?

사마천은 『상서』, 『춘추좌전』, 『국어』의 글을 이었다. 그러나 자신의

---

11 「원도 하」의 주10을 보라.

12 『춘추좌전』「양공 31년」은 이러하다. "정나라가 장차 다른 제후국과 외교적인 일이 있으면 자산은 사방에 인접한 나라의 사정을 자우(子羽)에게 묻고 또한 그에게 외교 사령[辭令]을 지으라고 한 적이 많았다. 비심(裨諶)과 함께 수레를 몰고 들판에 가서 그에게 될지 안 될지 상의하도록 했다. 그리고 그것을 풍자간(馮子簡)에게 알려 결단하도록 했다. 일이 결정되면 이에 자태숙(子大叔)에게 주어 그것을 시행하게 하고 빈객을 응대했다. 그래서 실패하는 일이 드물었다." 『논어』「헌문」은 이러하다. "선생님은 이렇게 말씀하셨다. '외교사령을 지을 때는 비심이 그것의 초안을 만들고 세숙(世叔)이 그것을 검토하여 논했으며 행인인 자우가 그것을 수식하고 동리(東里)의 자산이 그것을 윤색했다."

13 『문선』 조식 「여양덕조서」(與楊德祖書)는 이러하다. "옛날 정이[丁敬禮]가 자그마한 글을 지으면 늘 내게 윤색하고 수식하라고 시켰다. 나 자신은 자질이 남보다 못하다고 생각하기 때문에 말을 다듬지는 못했다. 정이는 내게 이렇게 말했다. '그대는 어찌 어렵다고 의심하시오? 글이 아름답고 나쁜 것은 내 스스로 터득하고 있소. 후세의 누가 내 글을 그대가 정했는지 알겠소?' 나는 늘 이것이 딱 맞는 말이라고 찬탄하며 아름다운 이야기라고 생각한다." 정이(丁廙)는 자가 경례(敬禮)이며 패군 출신이다. 형인 정의(丁儀)와 함께 조식에게 잘했다. 문제가 즉위한 뒤 죽임을 당했다.

글이 옛사람과 같아지는 것은 달가워하지 않았다. 이것은 어쩔 수 없는 이세이다. 사마천도 『상서』, 『춘추좌전』, 『국어』의 글을 조금씩 집어넣었고 반고도 사마천의 글을 조금씩 집어넣었다. 그러나 자신의 글이 옛사람과 달라지는 것은 달가워하지 않았다. 이것도 어쩔 수 없는 이세이다.[14] 여기 시작부터 끝까지 어떤 사실의 모든 과정을 내가 남에게 묻는 경우, 내가 직접 보고 들은 것을 남이 어찌 따질 수 있겠는가? 장 아무개가 이 아무개에게 자신이 들은 것을 들려주는 경우, 장 아무개의 말이 어찌 훔쳐서 베낀 것이겠는가? 사람마다 얼굴이 다른 것처럼 사람의 마음도 각자 다르다. 장 아무개가 이 아무개에게 들려주었더라도 노래하는 얼굴이었는지 웃는 얼굴이었는지[15] 직접 경험하지 못했다면 이 아무개에게 완전히 전달할 수 없다. 이것이 어찌 고의로 다르게 만들려고 했기 때문이겠는가?

공자는 주공을 배우고[16] 주공은 하나라와 은나라를 본받았으며[17] 하나라와 은나라는 요임금과 순임금을 근본으로 하고 요임금과 순임금은 고대 이전의 태초를 본받았다. 그래서 "도의 거대한 근원은 하늘에서 나온다"[18]고 말하는 것이다. 산 아래에서 샘이 솟는 것을 보면 아마 샘물이 모래와 자갈 위에 드러나기도 하고 드러나지 않기도 하는 정도일 것이

---

14 『사기』가 채택하여 주워 모은 일은 「언공 상」의 주47을 보라. 『이십이사차기』 권2는 이러하다. "『한서』는 무제 이전의 「본기」와 「열전」에서 『사기』의 원문을 많이 이용했다. 오로지 넓히고 바꾸는 방법만 가다듬는 것에 따로 나타난다." 『문심조룡』 「서지」(序志)는 이러하다. "작품에 대한 평가가 오래된 이야기와 같은 것은 부화뇌동이 아니라 추세가 다르지 않을 수밖에 없기 때문이다. 이전의 논단과 다른 것은 떳떳하지 못하게 다르게 만들려고 한 것이 아니라 이치가 같지 않을 수밖에 없기 때문이다."

15 『맹자』 「이루 상」은 이러하다. "공손하고 검약한 것이 어찌 소리나 웃는 모습으로 할 수 있는 것이겠는가?"

16 「원도 상」의 주39를 보라.

17 「원도 상」의 주19를 보라.

18 「원도 상」의 주2를 보라.

다. 그러나 샘물은 구불거리며 흐르거나 곧게 흐르고 미약한 데서 시작하여 점차 드러나게 된다. 그래서 산의 옹달샘이 황하나 장강처럼 배를 띄울 정도로 큰 강물의 발원이라는 것을 알 수 있다. 아이가 옹알이를 하면서 말을 배울 때를 떠올려 보면 소리는 있으되 말이 없는 상태지만 표정을 추측하여 의도를 알 수 있다. 그래서 이것이 문장과 저술의 최초 상태라는 것을 알 수 있다.

어떤 시대의 역사서가 있고 어떤 나라의 역사서가 있으며 어떤 혈족의 역사서가 있고 어떤 개인의 역사서가 있다. 고사를 가지런히 정리하는 일과 전문가의 가학에 있는 일의 뜻은 드러나지 않기 때문에 명백하지 않다.(상세한 것은 「석통」과 「답객문」을 보라) 따라서 어떤 시대의 역사를 아는 사람은 드물다. 주나 현의 방지와 제후 나라들[列國]의 역사 기록의 뜻은 드러나지 않기 때문에 명백하지 않다.(상세한 것은 「방지」(方志)편을 보라)[19] 따라서 어떤 나라의 역사를 아는 사람은 드물다. 보첩(譜牒)은 사관이 규정한 방법의 제약을 받지 않는다.(상세한 것은 「가사」(家史)편을 보라)[20] 따라서 어떤 집안의 역사를 아는 사람은 드물다. 제자백가의 형식은 드러나지 않기 때문에 명백하지 않고 문집은 개인이 각자 창작했다. 따라서 어떤 사람의 역사를 아는 사람은 드물다.

전희(展喜)는 노나라 제후의 명령을 전금(展禽)에게서 전달받았다.[21] 그

---

19 나는 이렇게 생각한다. 「방지」는 현재 전해지지 않는다. 어쩌면 「방지변체」(가업당본 『장씨유서』 권14)를 가리키는지도 모르겠다.

20 나는 이렇게 생각한다. 「가사」(家史)는 현재 전해지지 않는다. 「고우심씨가보서」(高郵沈氏家譜序, 가업당본 『장씨유서』)나 「화주지 씨족표 서례」(和州志氏族表序例)(『문사통의』 외편 1)로 대체할 수 있겠다.

역주_ **보첩**은 집안의 역사를 담은 족보이다.

21 『춘추좌전』 「희공 26년」은 이러하다. "여름에 제나라 효공이 우리 노나라의 북쪽 교외를 정벌했다. 노나라 희공은 전희(展喜)에게 제나라 군사를 잘 대접하여 위로하라고 시키고 전금(展禽)에게 명령을 받으라고 했다. 제나라 임금이 미처 국경에 들어

렇다면 제나라 군대를 철수시킨 명령은 전금에게서 나왔다고 해도 괜찮을 것이고 전희에게서 나왔다고 해도 괜찮을 것이다. 제자가 스승의 주장을 계승하여 책을 쓰면 벗들은 질문을 던지기 때문에 풀이를 해줘야 한다. 후세인이 옛사람의 뜻을 끌어다 주장을 펼칠 때, 직접 말한 사람을 숨길 필요가 없다. 따라서 자신의 주장을 세우는 일에 스스로도 부끄러움이 없어야만 한다.

조식은 남이 자신의 글을 비판하는 것을 좋아했다. 만약 비판대로 자기 글에 좋지 않은 점이 있으면 언제라도 고쳤다.[22] 비판한 말도 남길 만하고 고친 말도 남길 만하다. 의도는 뛰어나지만 발을 헛디딘 것처럼 엉망으로 꾸민 글은 신묘한 붓질로 단청을 베풀 듯 다른 사람이 윤색할 수 있다. 풍부하게 꾸몄지만 학문이 별 볼일 없는 글은 대광주리 깊숙이 귀

오지 않았는데 전희는 그를 따르면서 이렇게 말했다. '임금께서 친히 옥지(玉趾)를 들어 욕되게도 누추한 우리나라에 오셨으니 저희 임금이 저에게 대접하고 위로하는 일을 맡으라고 시켰습니다.' 제나라 임금은 이렇게 물었다. '노나라 사람들은 두려워하고 있소?' 전희가 이렇게 대답했다. '소인들은 두려워합니다만 군자는 그렇지 않습니다.' 제나라 임금이 이렇게 물었다. '집집마다 경을 매달아 놓은 듯하고 들판에는 푸른 풀이 없는데 무엇을 믿고 두려워하지 않소?' 전희가 이렇게 대답했다. '선왕의 명을 믿습니다. 옛날 주공과 태공은 주나라 왕실의 팔다리 같은 신하로서 성왕을 끼고 보필했습니다. 성왕이 그들을 위로하여 그들에게 이런 맹서를 하사했습니다. 「대대로 두 집안의 자손들은 서로 해치지 말라.」 기록은 맹부(盟府)에 있고 태사가 그것을 맡았습니다. 환공은 이것으로 제후들을 규합하여 그들이 화합하지 않는 것을 화합하도록 꾀하고 부족한 것을 원만하게 해결하며 재앙을 구제했습니다. 이것은 제나라 시조 태공의 오래된 직책을 밝힌 것입니다. 임금이 즉위하실 때 제후들은 바라보며 이렇게 말했습니다. 「그는 환공의 공적을 따를 것이다.」 누추한 우리나라는 감히 보취(保聚)할 수 없었습니다. 저희는 이렇게 말합니다. 「어찌 환공의 뒤를 이은 지 아홉 해만에 선왕의 명을 버리고 태공의 직책을 없애겠는가? 만약 그렇다면 돌아가신 임금은 어떻게 볼 것인가? 임금은 틀림없이 그렇지 않으리라.」 이것을 믿고 두려워하지 않습니다.' 제나라 임금은 이에 되돌아갔다."

역주_ **옥지**는 보배로운 다리, 존귀한 다리라는 뜻이다. 옥체와 같은 뜻이다. **보취**는 병력을 모아 성을 지키는 것이다.

22 조식 「여양덕조서」(與楊德祖書)는 이러하다. "세상 사람들의 저술에 못마땅한 점이 없을 수 없다. 남이 내 글을 비판하는 것을 나는 늘 좋아한다. 만약 좋지 않은 것이 있다면 때맞춰 개정한다."

중한 책과 그림 두루마리를 갈무리한 것처럼 똑똑한 사람의 도움을 받을 수 있다.[23] 결국 영원히 썩지 않을 내용이 있다면 도움을 받더라도 거리낄 것이 없으리라.

진림이 조홍(曹洪)을 위해 위나라 태자에게 편지를 써서 올렸다. 편지는 적을 무찌를 때 지형의 이로움과 해로움을 말하고 있다. 글의 의도는 사실상 조홍에게서 나왔고 진림의 다듬은 글을 취한 것이 확실하다. 따라서 편지를 조홍의 문집에 수록하는 것도 괜찮을 것 같다. 그러나 "진림에게 글을 짓도록 명령하고 싶었지만 진림이 요즘 일이 많다. 따라서 늙은 내가 직접 생각해서 지었다"라든지 "결국 군자를 가볍게 여기면서 남의 손을 빌어 편지를 대신 쓰라고 말하는 것은 이상하다"라는 말은[24] 남이 쓴 글을 자기 것으로 빼앗은 변변치 못한 일을 덮으려 한 것이다. 따라서 조홍의 문집에 넣으면 안 된다.

---

23 권축(卷軸)은 글을 말한다. 『남사』 「육징전」(陸澄傳)은 이러하다. "그러나 권축을 본다고 반드시 숨기는 것이 많지는 않다." 사(笥)는 글을 넣는 대나무 상자이다. 『후한서』 「변소전」(邊韶傳)은 이러하다. "배는 편안하고 오경은 대나무 상자에 있네."

24 『문선』 진림 「위조홍여위문제서」(爲曹洪與魏文帝書)는 이러하다. "구월 이십일 편지를 받고 읽은 뒤 기뻐서 웃었습니다. 쥐고서 이리저리 곱씹었는데 질리지 않더군요. 역시 진림에게 답장을 짓도록 하고 싶습니다만, 진림은 요즘 일이 많아서 지을 수가 없었습니다. 편지 받은 기쁨을 오랫동안 지니고 싶어서 늙은이의 생각을 스스로 쥐어짰습니다. 말이 많아 하나하나 다 괜찮지는 않겠지만 큰 줄거리만 대략 들어서 이야기꽃을 피우는 데 충당하고자 합니다." 또한 이렇게도 말한다. "그간 제가 익부(益部)로 돌아온 뒤 사마상여, 양웅, 왕포가 남긴 기풍을 우러르는 제자로서 그들을 이겨 빛나게 만들려는 의지가 있었습니다. 그래서 문사에 대단히 분발하여 이전과 달라졌습니다. 가구(家丘)를 가볍게 여기는 사람을 아름다운 사람이라고 부르는 것은 괴이합니다. 이것은 무슨 말인지요?" 주는 「병원별전」(邴原別傳)을 인용하여 이렇게 말한다. "병원이 유학을 떠나 손숭(孫崧)에게 갔다. 손숭은 이렇게 말했다. '그대는 정현[鄭君]을 근거로 하다가 그를 버렸으니 정현은 동가구(東家丘)일세.' 병원이 물었다. '그대는 정현을 동가구라고 하는데 그러면 나는 서쪽 집의 어리석은 바보란 말인가?'" 『공자가어』는 이러하다. '공자의 서쪽 집에 어리석은 바보가 있었다. 그는 공자가 성인인지도 몰랐다. 그는 이렇게 말했다. 그는 동쪽 집에 사는 공구[東家丘]이다."

새를 비유로 들자면 의지와 독자적 판단력[志識]은 몸통에 해당하고 문사는 날개에 해당한다. 『장자』에 나오는 거대한 붕새처럼 엄청나게 큰 몸통을 가진 뒤에야 하늘을 뒤덮은 구름처럼 큰 날개를 움직일 수 있다.[25] 메추라기에게 독수리의 날개를 달아준다고 해도[26] 메추라기는 힘에 부쳐 날개를 들어 보지도 못하고 먼저 발을 헛디뎌 고꾸라지고 말 것이다. 하물며 메추라기에게 구름처럼 큰 붕새의 날개를 다는 일이야 말할 것이 있겠는가? 그러므로 글을 다듬는 것은 잠시 빌리는 것을 꺼리지 않지만 다듬은 글에 의지와 독자적 판단력이 있는지 또한 자신의 힘으로 감당할 수 있는지를 소중하게 여길 뿐이다. 아! 이것은 문사처럼 하찮은 것에 탐닉한 자와 더불어 말하기 어려운 것이다.

제자백가는 종지를 각자 가지고 있다. 제자백가의 문체는 높은 산처럼 우뚝 솟고 깨끗하기 때문에 다른 사람이 글을 다듬을 때 참고가 될 수 있다. 문집은 잡스러운 창작을 마구 그러모은 것이다. 문집의 형식은 포괄적이기 때문에 다른 사람의 글에 집어넣지 말아야 한다. 무슨 이유 때문인가? 문사와 문사의 뜻이 제자백가의 수준보다 못하지 않다면 아마 의지와 독자적 판단력이 뛰어난 사람이리라. 문자를 떠나서 영원히 썩지 않는 주장을 스스로 세울 수 있다면 제자백가를 거들떠보지도 말아야 한다. 만약 정말 뛰어나고 일가를 이룰 정도의 문집이 있다면 설령 남이 내 대신 말한 것을 집어넣더라도 무슨 손상이 있겠는가!

『장자』의 「양왕」편부터 「어부」편까지 네 편의 글이 진짜인지 가짜인

---

25 『장자』 「소요유」는 이러하다. "곤의 크기는 몇 천 리나 되는지 알 수 없다. 이것이 변해서 새가 되면 붕이라 한다. 붕의 등은 몇 천 리나 되는지 알 수 없다. 노하여 날면 붕의 날개는 마치 하늘에 드리운 구름 같다."

26 허신 『회남자』 주는 이러하다. "메추라기는 날아봤자 한 자를 넘지 않는다."(『문선』 「칠계」의 주에서 재인용) 『한서』 「추양전」은 이러하다. "매가 수백 마리라 해도 물수리 한 마리가 낫다."

지 변별하는 일이 있었다.[27] 굴원의 「초혼」(招魂) 부와 「대초」(大招) 부가 송옥과 경차(景瑳)의 작품인지 다투는 일이 있었다.[28] 꽉 막혔구나! 문사의 견해여.

예천(醴泉)[29]은 맛좋은 술과 비슷한 물이다. 천하에 맛좋은 술을 마시지 않는 사람이 아무도 없는데 맛좋은 술과 비슷한 예천을 마실 수 없음을 혼자 한탄하고 있다니. 심하구나! 세상 사람들은 사이비를 소중하게 여긴다.

저작이라는 형식은 옛사람의 뜻을 끌어다 쓰고 기존의 글을 이어서 쓴다. 자기 글을 쓸 때 원문이 어디서 나왔는지 밝히지 않는 것을 남의 글에서 아름다운 부분을 빼앗는 일로 치지 않는 이유는 그런 것까지 돌

---

27 『장자』의 「양왕」, 「도척」(盜跖), 「설검」, 「어부」 네 편을 소식은 후세인의 위작이라고 생각했다. 「언공 상」의 주36을 보라.

28 왕일 「초혼장구」(招魂章句)는 이러하다. "「초혼」은 송옥이 지은 것이다." 임운명(林雲銘) 『초사등』(楚辭燈)은 이러하다. "맨 앞에 있는 자서(自敍)와 맨 끝에 있는 난사(亂辭) 및 태사공이 지은 전찬(傳贊)의 말이다." 이것은 그것을 굴원의 작품이라고 결정한 말이다. 왕일 「대초장구」(大招章句)는 이러하다. "「대초」(大招)는 굴원이 지은 것이다. 어떤 사람은 경차라고도 한다. 밝힐 수 없을까 의심스럽다." 섭수번(葉樹藩)은 이렇게 말한다. "「초혼」편은 송옥이 지은 것이라고 왕일[王叔師]이 정한 때부터 천여 년 동안 이의가 없었다. 명나라 황유장(黃維章)에 이르러 비로소 「초혼」과 「대초」를 취하여 굴원에게 되돌렸다. 최근에는 황유장의 학설을 으뜸으로 치는 사람이 대단히 많다. 논의가 비록 순수하지 않아도 역시 학자들의 인식을 충분히 넓힐 수 있다."

역주_ **임운명**(1628~1697)은 자가 서중(西仲)이며 후관(侯官) 출신이다. 생졸년은 대략적 연대이다. 어려서부터 학문을 좋아했다. 골똘히 생각하는 일이 많아 목욕할 때 옷 벗는 것을 잊고 그대로 들어간 일도 있다 한다. 순치 15년(1658) 진사가 되어 휘주부(徽州府) 통판에 이르렀다. 경정충(耿精忠)이 난을 일으켰을 때 그는 마침 집에 있다가 열여덟 달을 갇혀 있었다 한다. 청나라 군대가 복건을 수복하자 비로소 풀려났다. 저술에 『읍규루문집』(挹奎樓文集), 『오산곡음』(吳山㲄音), 『초사등』, 『장자인』(莊子因) 등이 있다.

29 『이아』 「석천」은 이러하다. "단비가 때맞춰 내리니 만물이 아름다워진다. 이것을 예천(醴泉)이라 부른다."

아볼 여유가 없는 주요한 추세 때문이다. 마찬가지로 저작의 의지와 독자적 판단력이 스스로 성립할 수 있는지 내가 인용한 원문에 무게중심을 두지 않았는지 또한 내가 인용한 원문이 온 세상천지에 알려져 있지만 내가 다시 인용하더라도 못마땅한 점이라고 생각하지 않는지 반드시 확인해야 한다. 이렇게 해야만 저작이라는 일에 대해 말할 수 있다. 고증(考證)이라는 형식은 한 글자나 한 단어라도 반드시 어디서 나왔는지 밝혀야 한다. 출전으로 사용한 원서가 하나 둘이 아닌 경우, 반드시 가장 먼저 나타난 출전을 밝혀야만 한다.(예를 들자면 사마천과 반고에게 함께 나타날 때는 사마천을 인용하지 반고를 인용하지 않는 것이 원칙이다) 가장 먼저 나타났을 출전이 이미 사라졌다면 반드시 내가 인용한 출전을 밝혀야만 한다. (예를 들자면 유향의 『칠략』은 이미 사라진 책이지만 『칠략』이 분류한 순서가 『한서』「예문지」에 보인다. 완효서의 『칠록』은 이미 사라진 책이지만 완효서 당시 이미 사라진 책의 목록이 『수서』「경적지」의 주석에 보인다. 그러면 『칠략』과 『칠록』의 글을 인용할 때는 반드시 『한서』「예문지」와 『수서』「경적지」의 주석이라고 밝혀야 한다) 결국 이것은 나머지에 대해 신중하게 말하는 정해진 법칙이다. 여러 가지 출전이 동시에 보이는데도 가장 먼저 나타난 출전을 꼽지 않는다면 이것은 변변치 못한 짓이다. 이미 사라진 책[逸書]을 인용할 때 출전을 밝히지 않으면(남이 자신의 인용을 볼 때, 마치 이미 사라진 책이 아직 있는 것처럼 보일 수 있다) 이것은 남을 속이는 짓이다. 고증이라는 형식을 사용할 때 저작이라는 형식의 뜻을 어리석게 끌어다 쓴다면 이것은 표절하고 싶은 개인적인 욕망을 포장하여 감추는 일이고 속임수이다.

문사는 삼군이 제대로 편성된 군대와 같다. 의지와 독자적 판단력은 문사의 장수이다. 이광이 정불식(丁不識)의 군대에 들어갔을 때 꽂아놓은 깃발과 쌓아놓은 바리케이드가 모두 새것으로 바뀐 것처럼 보였다.[30] 하

30 『사기』「이장군열전」은 이러하다. "정불식(程不識)은 이전에 이광과 함께 변방의 태수로서 주둔한 장군이었다. 나가서 흉노를 격퇴할 때 이광은 행군할 때 대오를 갖추

지만 그 물건이 그 물건이지 본래 변한 적이 없고 그 일이 그 일이지 본래 바뀐 적도 없다. 이런 뜻을 아는 사람은 이미 존재하는 글을 전에 하던 대로 이어서 쓸 수 있다. 그러나 모든 내용과 형식이 반드시 자기에게서 나올 필요는 없다.

문사는 배나 수레와 같다. 의지와 독자적 판단력은 배나 수레를 모는 사람이다. 바퀴는 잘 망가지지 않기를 바라고 돛은 빠르기를 바란다. 아마 배와 수레를 사용하는 사람치고 이렇게 생각하지 않을 사람은 없을 것이다. 동서남북 사방으로 몰고 가는 것은 배나 수레를 모는 사람에게 달렸다. 이런 뜻을 아는 사람은 자신을 근거로 글을 사용할 수 있으며 글의 노예가 되어 자신을 힘들게 하지 않는다.

문사는 좋은 물건과 같다. 의지와 독자적 판단력은 물건을 만드는 훌륭한 기술자이다. 요리사가 오렌지, 감귤, 산사, 매실을 얻으면 달콤하고 씹는 맛이 좋은 것을 골라서 대나무 조각을 결어 굽이 높게 만든 그릇[籩]에 과일을 가득 담아 상에 올린다. 의사는 이런 과일을 가지고 약에 포함된 독기[藥毒]까지 갖춰 질병을 치료한다. 이런 뜻을 아는 사람은 같

지 않고 행진했고 물과 풀이 좋은 곳을 골라 주둔한 뒤 묵거나 쉬었다. 사람들은 자신이 편한 대로 머물렀다. 조두(刁斗)를 쳐서 자신을 지키지도 않았고 막부는 문서나 장부의 일을 간단하게 생략했다. 그러나 역시 척후를 멀리 내보냈기 때문에 피해를 입은 적은 없었다. 정불식은 부대의 대오를 바르게 하고 진영을 갖추어 행진했고 조두를 쳤으며 군관[士吏]이 군대 장부를 날이 밝을 때까지 정리했다. 정불식 군대는 쉴 수 없었다. 그래서 마찬가지로 피해를 입은 적이 없었다. 당시 한나라의 변방 지역 군에서 이광과 정불식이 모두 명장이었다. 그러나 흉노는 이광의 전략을 두려워했고 병사와 병졸도 이광을 따르길 좋아하고 정불식을 괴롭게 생각했다." 『당서』 「이광필전」(李光弼傳)은 이러하다. "애초에 곽자의(郭子儀)와 명성이 같았기 때문에 세상에서는 곽자의와 이광필이라 불렀다. 그러나 전쟁의 공은 중흥 제일이라고 했다. 이광필이 곽자의 대신 북쪽 변방에 갔을 때 쌓아놓은 보루, 병사와 병졸, 깃발을 바꾸지 않았다. 그리고 이광필이 하나같이 호령을 내렸기 때문에 기운은 이에 더욱 깨끗하고 밝아졌다." 이것은 아마 그 사실을 함께 사용했을 것이다.

은 글에서도 차이점을 취하고 같은 글을 다르게 쓸 수 있으니 글의 자취 때문에 막히지 않는다.(옛 책을 조각내어 부분적 의미만 취하면 각각 소용이 있지만 부분에 얽매인 유학자는 통달하지 못하여 조그마한 것을 두고 다툰다)

문사는 금속을 포함한 원석과 같다. 의지와 독자적 판단력은 원석을 다루는 용광로나 망치이다. 신령스럽고 기이한 것도 악취가 나는 것으로 바뀔 수 있으며 악취가 나는 것도 신령스럽고 기이한 것으로 바뀔 수 있다.[31] 이런 뜻을 아는 자는 일단 완성되어 변하지 않는 주장을 고집하지 않을 수 있다.(얻은 바가 있는 것이 바로 신령스럽고 기이한 것이고 얻은 바가 없는 것이 바로 악취가 나는 것이다)

문사는 거래하는 상품과 같다. 의지와 독자적 판단력은 상품을 잘 사고 잘 파는 장사치이다. 나는 다른 사람이 버린 것을 가지고 다른 사람이 필요로 하는 것을 준다.[32] 그러면 장사의 기술은 신령님과 통하게 된다. 이런 뜻을 아는 자는 유행을 적절히 참작하여 주장을 세울 수 있다.(유행은 치우쳐서 한쪽으로 달려가지만, 독자적 판단력을 갖춘 사람은 자신의 판단력을 소중하게 여긴다)

---

31 「서교 하」의 주32를 보라.

32 『사기』「화식열전」은 이러하다. "위나라 문후 때 이극(李克)은 땅의 힘을 다하는 데 힘썼지만 백규(白圭)는 시대의 추세가 변동하는 모양을 살피길 좋아했다. 그러므로 남이 버리는 것을 내가 취하고 남이 취하는 것을 내가 주었다." 송나라 유성(兪成)의 『형설총설(螢雪叢說) 하』는 이러하다. "절효 선생(節孝先生) 서적(徐積)은 『사기』「화식열전」에서 남이 버리는 것을 내가 취하고 남이 취하는 것을 내가 주라는 말을 읽었기 때문에 드디어 글짓기의 방법을 깨달았다."

역주_ **유성**(1150년 무렵)은 자가 원덕(元德)이며 동양(東陽) 출신이다. 글짓기에 힘을 쏟았고 나이 마흔이 넘은 뒤로 과거 시험에 응시하지 않았다고 한다. 저술에 『형설총설』이 있다. **서적**(1028~1103)은 자가 중거(仲車)이며 초주(楚州) 산양(山陽, 현재 강소성 회안) 출신이다. 일찍이 호원에게 배웠으며 치평(治平) 2년(1065) 진사가 되었다. 신종이 여러 차례 불러서 만났지만 귀가 먹어 벼슬살이는 하지 못했다. 원우 원년(1086) 추천으로 초주 교수가 되었다. 정화(政和) 6년(1116) 절효처사(節孝處士)라는 시호를 내렸다. 효행으로 이름 높았다. 저술에 『절효집』(節孝集)이 있다.

문사는 약에 포함된 독기와 같다. 의지와 독자적 판단력은 그것을 다루는 의사이다. 뜨거운 약으로 차가운 병을 고치지만 지나치게 열이 나면 차가운 병보다 고통이 더 심해진다. 차가운 약으로 열병을 고치지만 지나치게 차가워지면 열병보다 고통이 더 심해진다. 훌륭한 의사는 병이 지나치게 실한 경우에 이미 반대로 허해질 것을 걱정한다. 치우침을 치료하여 격렬해지지 않게 해야만 다시 도질 걱정을 하지 않는다. 이런 뜻을 아는 사람은 폐단을 구제하여 중용의 상태에 머물 수 있다.

무자위[桔橰]라는 기계[33]를 돌리는 사람은 반드시 위아래, 앞뒤로 돌리면서 작동시켜야 한다. 위로 밀면 아래가 저절로 당겨지는 것은 힘의 방향이 그렇기 때문이다. 앞으로 똑바로 밀거나 뒤로 똑바로 밀려고 해도 힘이 모자라서 움직이지 않는다. 미는 힘을 두 배로 하면 앞이 떨어지고 당기는 힘을 두 배로 하면 뒤가 튀어 오른다. 힘을 두 배로 한 것이 도리어 조종도 못하는 지경이 되었다. 사람이 아무리 똑똑하고 아는 게 많더라도 틀림없이 힘이 모자라는 경우가 있다. 힘을 배 이상 기울여야 하는 지경이 있다는 것을 반드시 알아야 한다.

음식 맛을 조절하거나 음악을 연주할 때는[34] 함께 쓰는 것을 소중하게 여긴다. 맛을 보는 것에 앞뒤의 구별이 있거나 소리를 듣는 것에 앞뒤의 구별이 있으면, 맛과 소리의 조화가 이루어지지 않는다. 우편물을 전달하는 과정이나 물시계를 지켜보는 숙직[35]은 앞뒤가 구별되지만 끊임없

---

33 『장자』「천지」는 이러하다. "나무를 뚫어 기계를 만드는데 뒤는 무겁게 하고 앞은 가볍게 합니다. 뽑아 올리듯 물을 떠내는데 콸콸 넘치도록 빠릅니다. 그 이름이 무자위[橰]입니다." 『장자』「천운」은 이러하다. "그대는 무자위라는 것을 본 적이 없는가? 끌어당기면 수그리고 놓으면 들어 올린다네."

역주_ 무자위는 물을 퍼 올리는 도구이다.

34 「언공 상」의 주8 및 주9를 보라.

35 『맹자』「공손추 상」은 이러하다. "파발마에 붙여 명령을 전하는 것보다 빠르다." 초순 『맹자정의』는 이러하다. "말을 타고 전하는 것이 치(置)이다. 걸어가서 전하는 것

이 이어지는 접속을 소중하게 여긴다. 모든 파발마가 함께 달리다가 동시에 멈추거나 숙직 서는 모든 사람이 한꺼번에 쉰다면 우편과 시간 측정은 이뤄지지 않을 것이다. 여러 사람이 달려들어 완성한 책에는 두 가지 종류가 있다. 앞뒤로 여러 세대에 걸쳐 전승되면서 쓴 책은 나날이 정밀해지지만 동시에 여러 명이 힘을 합쳐서 쓴 책은 나날이 소략해진다. 앞 세대와 뒤 세대가 전승할 경우에는 경쟁심이 없다. 그러나 동시에 여러 명이 함께 쓸 경우에는 서로 이기려는 경쟁심이 생기게 마련이다. 앞 세대와 뒤 세대가 있을 경우에는 전수해주고 전수받을 수 있다. 그러나 동시에 여러 명이 함께 쓸 경우에는 서로 이해하기 힘들게 마련이다. 앞 세대와 뒤 세대가 있을 경우에는 보충하여 구제하게 된다. 그러나 동시에 여러 명이 함께 쓸 경우에는 정돈할 겨를도 드물다.[36]

누구나 잘하는 것과 잘하지 못하는 것이 있다. 일반인이나 성인과 현인을 막론하고 이런 상황을 면할 수 없다. 내가 잘하지 못하는 것을 남이 잘하는 것과 바꾼다면 남이 추구하는 것을 얻지 못하는 경우가 없을 것이다. 의리를 위주로 하는 사람은 사장이 졸렬하고 문사를 잘하는 사람은 사실의 증명[徵實]에 소홀하기 마련이다. 의리를 중시하는 사람, 사장을 중시하는 사람, 사실의 증명을 중시하는 사람은 서로 끊임없이 비난한다. 의리는 독자적 판단력에 의해 생기고 사장은 타고난 자질에 의

이 우(郵)이다." 『수서』 「천문지」는 이러하다. "옛날 황제가 물이 줄줄 흐르는 것을 살피는 방법을 만들어서 기구를 만들어 법칙을 취했고 밤과 낮으로 나누었다." 『설문해자』는 이러하다. "누(漏)는 구리 그릇으로 물을 받는데 마디를 새겼다. 밤낮을 합쳐 백 개의 마디가 있다. 누하(扇下)의 뜻을 취했다." 『문선』의 주는 사마표를 인용하여 이렇게 말한다. "빈 주전자가 누이고 화살을 띄운 것이 각(刻)이다. 누에 물을 내려 보내 각을 헤아리며 이로써 중성과 저녁 무렵의 명성(明星)을 살핀다."

36 『춘추좌전』 「성공 16년」은 이러하다. "일전에 제가 초나라에 사신으로 갔을 때 자중(子重)이 진나라의 무력에 대해 물었습니다. 저는 이렇게 대답했습니다. '많은 병력과 정돈을 좋아한다.' 그러자 이렇게 물었습니다. '또 무엇이 있는가?' 저는 이렇게 대답했습니다. '여유를 좋아한다.'"

해 생기며 사실의 증명은 탄탄한 지식에 의해 생긴다. 따라서 타고난 자질, 탄탄한 지식과 독자적 판단력이라는 세 가지 장점을 한 사람이 전부 겸하기는 어렵다는 유지기의 주장이 생기게 되었다.[37] 한 사람이 세 가지 장점을 겸할 수 없지만 여러 분야의 전문가들에게 질문한다면 옛사람의 끊어진 사업도 다시 계승할 수 있을 것이다. 사심이 있는 사람은 명성을 떨치지 못할 것만 두려워한다. 그래서 세 분야의 전문가들은 서로 도움이 되지 않을 뿐만 아니라 오히려 서로 못마땅하게 생각한다.

고대를 좋아한다는 말이 꼭 고대가 현대보다 낫다는 말은 아니다. 고대를 좋아한다는 것은 바로 현대와 고대가 다르지 않기 때문에 계승과 혁신[因革], 동일성과 차이를 절충하는 방법을 찾으려고 한다. 고대의 거친 유산[糟魄]도 현대의 뛰어난 정화가 될 수 있다. 그렇다고 해서 고대의 거친 유산을 소중하게 여긴 나머지, 이것이 바로 현대의 뛰어난 정화가 될 수 있다는 것은 아니다. 거친 유산이 있는 덕분에 뛰어난 정화가 어디에서 나왔는지 생각해 볼 수 있다.(본질적으로 깊은 의도가 없는 유서를 예로 들어보자. 고대의 유서일수록 후세의 유서보다 상세하게 갖춰져 있지 못하다. 그러나 현대의 유서가 고대 서적을 인용하는 이유는 후세에 얻을 수 없는 자료를 수록하고 있기 때문이다. 고대 서적을 빌어서 남기는 것은 보배처럼 소중하다 할 것이다) 고대의 흠이나 못마땅한 점은 후세의 전형이 될 수 있다.[38] 고대의 흠이나 못마땅한 점이 곧바로 현대의 전형이 될 수 있는 것은 아니다. 흠과 못마땅한 점이 있는 덕분에 전형이 어디에 있는지 생각해 볼 수 있는 것이다.(『논형』은 가장 편견에 사로잡히고 뒤섞인 책이다. 그러나 『논형』의 주장 가운데는 후세에 전해지지 않은 것이 『논형』을 빌어서 남은 경우가 있다) 그렇다면 탄탄한 지식이

37 「사덕」의 주5를 보라.

38 『시』「대아」 "탕"(蕩)은 이러하다. "비록 늙고 훌륭한 사람 없으나 여전히 법도는 있네." 정현의 「전」(箋)은 이렇게 말한다. "일상사[常事]나 오래된 법[故法]이 아직 있으니 그것을 근거로 사용할 수 있다."

사실의 비교와 증명[考徵]을 소중하게 여기는 이유는 이것을 통해서만 의리를 밝힐 수 있기 때문이다.

말과 얼굴빛이 드러날 때 비루함과 어긋남을 멀리해야 한다.[39] 어긋남은 문사의 죄인이 맞다. 하지만 왜 비루함을 꼭 멀리 해야 하는가? 꾸밈이 없다면 말도 성립하지 않는다. 꾸밈이 없으면 말도 생기지 않을뿐더러 꾸며서 표현하려는 내용도 함께 사라진다. 이치에 어긋나지만 전승되는 제자백가의 작품도 있다. 그러나 말이 비루한 것치고 전승되는 작품은 없다. 이치는 어긋나지 않지만 말이 비루한 작품은 힘이 부칠 뿐이다. 말은 비루하지 않지만 이치가 어긋나는 작품은 이른바 익지 않은 곡식은 잡초만도 못하다는 것이다.[40] 이치가 중요하지 말은 가벼운 것이라는 주장은 천하고금의 일반적 원리[通義]이다. 그러나 비루한 말은 이치에 어긋나는 것을 결코 견디지 못한다. 이것은 아름다운 것을 좋아하고 못난 것을 싫어하는 공공의 마음도 모두 이치에서 나온 것이기 때문이다.

물결은 물의 바람이요 바람은 공기의 물결이다. 꿈은 마음의 꽃이요 글은 도의 개체이다. 물을 멈추면 물결은 자고 공기를 고요하게 하면 바람은 잔다. 지극한 사람은 꿈이 없고[41] 지극한 글은 사사롭지 않다.

성대모사[口技]를 연기하는 자는 단번에 사람과 가축, 물과 불, 남자와 여자, 노인과 어린이 등 온갖 소리의 형태를 같이 낼 수 있지만[42] 한 입

---

39 「원도 하」의 주37을 보라.

40 『맹자』「고자 상」은 이러하다. "오곡은 심기 아름다운 것이다. 만약 익지 않는다면 잡초[荑稗]만도 못하다."

41 『장자』「덕충부」(德充符)는 이러하다. "사람들은 흐르는 물에 얼굴을 비춰보지 않고 고요한 물에 비춰봅니다." 『장자』「대종사」는 이러하다. "고대의 진인(眞人)은 잠자더라도 꿈꾸지 않는다."

42 섭장청의 주는 임사환(林嗣環)의 「추성시자서」(秋聲詩自序)를 인용하고 있다. "서울에 성대모사를 잘하는 사람이 있어서 손님을 모아 성대하게 이야기를 펼쳤다. 대청마루의 북동쪽 모서리에 여덟 자나 되는 큰 병풍을 세워 두었다. 성대모사를 하는 사람이 병풍 뒤에 앉았는데, 탁자 하나, 의자 하나, 부채 하나, 무척(撫尺) 하나뿐이었다. 많은 손님들이 자리에 둘러앉아 조금 시간이 흐르자 병풍 뒤에서 무척을 두 번 내리치는 소리가 들렸다. 그 자리에 있던 모든 사람이 숨죽였고 감히 떠드는 사람이 없었다. 깊은 고샅에서 개 짖는 소리가 멀리서 들리더니 곧이어 부인네가 놀라서 깨고 남편을 흔들어 깨운 뒤 외설스런 일을 말했다. 입에 담긴 힘든 더러운 이야기에 처음에는 그다지 반응이 없었다. 그녀가 남편을 계속 흔들자 두 사람의 이야기 소리가 사이사이 뒤섞이더니 침대가 다시 병풍 속에서 끼익 끽 소리를 냈다. 그러다가 아이가 깨서 큰 소리로 울었다. 남편은 부인에게 아이에게 젖을 주라고 시켰다. 아이가 젖을 물려도 울자 부인은 토닥이며 웅얼거렸다. 남편이 오줌을 누자 부인도 아이를 안고 일어나 오줌을 누였다. 침대에서 다시 큰 아이가 깨어 계속 칭얼댔다. 이때 부인이 손으로 아이를 토닥이는 소리, 달래느라 입속에서 웅얼거리는 소리, 아이가 젖을 물고 우는 소리, 큰 아이가 막 깬 소리, 침대 소리, 남편이 큰 아이를 꾸짖는 소리, 작은 요강 소리, 큰 요강 소리가 한꺼번에 합쳐져 터져 나오니 온갖 기묘한 소리가 다 갖춰졌다. 자리에 가득 찬 손님치고 목을 늘어뜨리고 가자미눈을 뜨지 않은 사람이 없었다. 미소와 허 참 하는 찬탄이 나와 끝내주게 기묘하다고 생각했다. 그러다가 남편이 침대에서 자고 부인도 큰 아이를 불러 오줌을 누인 뒤 모두 침대에 올라가 잠들었다. 작은 아이도 점점 자려고 했다. 남편이 코고는 소리가 시작되었다. 부인은 아이를 토닥이다 점점 토닥이는 사이가 뜨더니 멈췄다. 쥐가 사각사각 갉는 소리, 그릇이 달그락거리는 소리가 조그맣게 들리고 부인이 꿈속에서 기침하는 소리가 들렸다. 손님들이 잠시 긴장을 풀었다가 조금씩 고쳐 앉았다. 갑자기 어떤 사람이 불이야 하고 큰 소리를 질렀다. 남편은 일어나면서 크게 소리치고 부인도 일어나 크게 소리치고 두 아이도 한꺼번에 울었다. 조금 있으니 백 명, 천 명이나 되는 사람이 크게 소리치고 백 명, 천 명이나 되는 아이들이 울고 백 마리, 천 마리나 되는 개들이 짖어댔다. 힘쓰는 소리, 무너져 내리는 소리, 불타는 소리, 휘휘 바람 부는 소리가 중간에 들리다가 온갖 소리가 한꺼번에 일어났다. 또 온갖 구해달라는 소리, 지붕에서 무언가 끌고 가는 듯 쉬익쉬익 하는 소리, 약탈하는 소리, 물 뿌리는 소리가 끼어들었다. 뭐든 있어야 할 소리치고 없는 소리가 없었다. 비록 사람에게 백 개의 손이 있고 손마다 백 개의 손가락이 달렸다 하더라도 하나하나 헤아릴 수 없을 만큼 많았다. 비록 사람에게 백 개의 입이 있고 입마다 백 개의 혀가 달렸다 하더라도 하나하나 이름 붙일 수 없을 만큼 많았다. 그래서 손님들은 낯빛이 변해서 자리를 뜨지 않는 사람이 없었다. 소매를 떨치고 팔뚝이 나오고 두 무르팍이 덜덜 떨린 채 먼저 달아나려고만 했다. 갑자기 무척을 한 번 딱하고 내려치더니 모든 울림이 다 끊어졌다. 병풍을 치우고 보니, 사람 하나, 탁자 하나, 부채 하나, 무척 하나뿐이었다."(『우초신지』(虞初新志) 권1)

역주_ **임사환**(1607~?)은 자가 기팔(起八), 호가 철애(鐵崖)이다. 복건성 안계현(安溪縣) 관교진(官橋鎭) 출신이다. 숭정 15년(1642) 거인에 합격하고 순치 6년(1649) 진사에 합으로 정말 온갖 소리의 형태를 만들어내는 것은 아니다. 온갖 소리의 형태가 사람의 귀에 똑같이 들린다고 생각되지만 이런 추세는 반드시 한도가 있는 법이다. 온갖 소리가 사람의 귀에 똑같이 들리는 정도를 한도로 한다면 조작하더라도 들려줄 수 있는 소리는 대략 많다. 그림을 잘 그리는 사람은 자그마한 화폭에 대상의 멀고 가까움, 얕고 깊음, 정면과 측면, 에두름과 교차 등 온갖 형상을 동시에 보여줄 수 있지만[43] 자그마한 화폭이 정말 온갖 형상을 갖추고 있는 것은 아니다. 온갖 형상이 사람의 눈에 똑같이 보인다고 생각되지만 추세는 반드시 한도가 있는 법이다. 온갖 형상이 눈에 똑같이 보이는 정도를 한도로 한다면 간단한 붓질로 보여줄 수 있는 형상은 많다. 소리와 빛깔이 사람의 귀와 눈에 똑같이 들리고 보이는 것이나 의리가 모든 사람의 마음에 똑같이 있는 것[44]은 동등하다. 진실로 의리가 똑같다는 점을 깨달은 뒤에 문사가 이것을 한도로 삼는다면 함께 더불어 저작에 대해 토론할 수 있다.

절반까지는 가능해도 전부는 불가능한 것이 천하에 있다. 반신불수를 고치는 약은 반신마비를 고칠 수 있다. 그러나 반신불수를 고치는 약을 두 배로 처방한다고 해서 죽은 사람을 살릴 수는 없다.(이 주장은 『여씨춘

격했다. 관직은 광동 제형안찰사(提刑按察司) 부사, 분순뇌경도(分巡雷瓊道) 겸리학정(兼理學政), 산서 좌참정도(左參政道)를 역임했다. 어려서 집안 형편이 어려웠지만 마음을 높고 크게 가졌다. 박학다식하고 글을 잘 지었다. 저술에 『철애문집』(鐵崖文集), 『영남기략』(嶺南紀略) 등이 있다. 무척은 성목(醒木)이라고도 하며, 이야기꾼이 주의를 환기시키기 위해 탁자를 두드릴 때 쓰는 나무토막이다.

43 『한비자』 「외저설 좌상」은 이러하다. "손님 중에 주나라 임금을 위해 젓가락에 그림을 그리겠다는 사람이 있었다. 삼년이나 걸려서 완성했다. 임금이 살펴보니 옻칠한 보통 젓가락과 같은 모양이었다. 주나라 임금이 크게 화를 냈다. 젓가락에 그림을 그린 사람이 이렇게 말했다. '스무 자의 담장을 쌓고 여덟 자짜리 창문을 뚫으십시오. 그리고 해가 처음 날 때 젓가락을 그 위에 끼워서 살피십시오.' 주나라 임금이 그렇게 했다. 젓가락의 모양을 멀리서 바라보니 용과 뱀, 날짐승과 길짐승, 수레와 말 등 만물의 모습이 모두 갖춰져 있었다. 주나라 임금은 크게 기뻐했다."

44 「원도 하」의 주7을 보라.

추』에 보인다)[45] 전부는 가능하지만 절반은 불가능한 것이 천하에 있다. 나무꾼은 지게에 땔감을 가득 지고 빠른 걸음으로 달려간다. 그러나 땔감을 절반으로 덜어내면 움직일 수 없는데 그것은 힘이 부족해서가 아니라 자세가 불편해서 그런 것이다. 유행의 추세는 반드시 폐단이 있기 마련이고 군자는 주장을 세워 폐단을 구제하고 유행을 중정의 상태로 되돌려 놓을 뿐이다. 폐단의 구제가 시대의 추세를 대체할 수 없을까 두려워하여 좀 지나치게 유행을 바로잡으려 한다면[46] 이것은 반신불수를 고치는 약을 두 배로 사용하면 죽은 사람도 살릴 수 있다고 생각하는 것과 같다. 폐단의 구제만 가지고 우리 도의 전체 용량을 추정하여 밝히지 않는다면 이것은 땔감을 질 때 절반을 덜어내면서 나무꾼이 힘들까 동정하는 것과 같다.

열치는 한 자이고 여덟 자는 한 길이다. 팔십 자를 재면 열 길을 얻을 수 있지만 팔백 치를 재면 열 길을 얻을 수 없는 것은 작은 오차도 누적되면 오차가 크게 벌어지기 쉽기 때문이다.[47] 남자 한 명의 힘은 삼천 평의 농토를 경작할 수 있으나 남자 여덟 명의 힘을 합치면 이만 칠천 평의 농토를 경작할 수 있는 것[48]은 백짓장도 맞들면 낫기 때문이다. 학문

---

45 『여씨춘추』「사순론」(似順論) "별류"(別類)는 이러하다. "노나라 사람 공손작(公孫綽)이 있었다. 그는 어떤 사람에게 이렇게 말했다. '나는 죽은 사람을 살릴 수 있소.' 그 사람이 이유를 물었다. 공손작은 이렇게 대답했다. '나는 본디 반신불수를 고칠 수 있소. 만약 내가 반신불수를 고치는 약을 두 배로 처방한다면 죽은 사람을 살릴 수 있소.' 사물에는 본디 작게 할 수는 있어도 크게 할 수 없는 것이 있다. 그리고 반만 할 수 있어도 온전하게 할 수 없는 것도 있다."

46 『남사』「왕곤전」(王琨傳)은 이러하다. "왕곤은 윗사람의 이름을 다른 글자로 쓰는 일이 너무 지나쳤다. 아버지의 이름이 역(懌)이고 어머니 이름이 공심(恭心)이라 모두 범할 수 없었다. 당시에 모두들 굽은 것을 바로잡다가 바르기가 지나쳤다고 말했다."

47 매승「상서간오왕」은 이러하다. "한 수(銖) 한 수씩 무게를 단다면 섬에 이르러 틀림없이 차이가 날 것이다. 한 치 한 치씩 길이를 잰다면 길에 이르러 틀림없이 지나치게 될 것이다. 섬으로 달고 길로 재면 재더라도 실수가 적다."

역주_ 수는 한 냥의 24분의 1, 약 0.15푼쭝의 가벼운 무게이다.

이라는 일은 각자의 장점을 모을 수 있어야 하고 작은 숫자에 집착하지 않아야 좋다.

유행의 추세는 평범한 사람이라도 부지런히 쫓아갈 수 있다. 유행이 지나가고 나면 제아무리 호걸이라도 떨쳐 일으킬 수 없다. 한나라 조정은 경술을 중시했기 때문에 말단 벼슬아치라도 육서에 통달할 수 있었으며 구실아치와 민간인이 문서를 올렸을 때 잘못이 있으면 즉시 위에 보고되어 탄핵 당했다.[49] 후세의 문학을 지망하는 선비 가운데 육서의 원리를 익히지 않은 사람이 많았다.(한유는 왕희지가 표준 글자가 아닌 통속적인 글자로 글씨를 쓴 점을 비난했다. 한유는 "글을 지으려면 대략이라도 글자를 알아야 마땅하다"라고도 말했다)[50] 후세의 문학을 지망하는 선비들이 어찌 한나라 조정의 말단 벼슬아치만큼도 똑똑하지 않거나 아는 게 없겠는가? 이것은 유행의 추세가 그렇게 만들었기 때문이다. 연나라 말을 할 줄 안다고 자랑하는 어떤 월나라 사람이 있었다. 연나라 말을 할 줄 아는 사람은 꼭 연나라의 도회지를 익숙하게 돌아보아 오랫동안 머무른 경험이 있어야만 입과 혀가 저절로 조절되고 유창해져서 남보다 나을 것이다. 그러

48 『맹자』「등문공 상」은 이러하다. "사방 십 리면 정이니 정은 구백 무가 된다. 한가운데가 공전이며 여덟 집이 모두 백 무씩 가지고 함께 공전을 기른다. 공전의 일이 끝난 뒤에야 감히 사전의 일을 처리할 수 있다." 초순 『맹자정의』는 이러하다. "조법(助法)은 여덟 집이 모두 백 무씩 사전을 가지고 함께 공전을 기르는 것이다. 그러면 집집마다 두 무 반의 땅에 농막, 우물, 주택, 텃밭을 만들고 나머지 팔십 무를 여덟 집이 함께 기른다."

49 허신 「설문해자서」(說文序)는 이러하다. "「위율」(尉律)은 이렇게 규정한다. 열일곱 살 이상의 학동(學僮)은 시험을 보기 시작하며 주서(籒書) 구천 자를 알면 사(史)가 될 수 있다. 또한 여덟 가지 문체로 그들을 시험하여 군은 태사에게 전달하여 함께 시험을 보인다. 가장 뛰어난 사람은 상서사(尙書史)가 된다. 글씨가 혹시 올바르지 않으면 즉시 들어서 탄핵한다."

50 한유 「석고문」(石鼓文)은 이러하다. "왕희지(王羲之)의 세속적인 글씨가 맵시를 내고 애교를 부리는 틈에 여러 장의 종이는 거위를 넓힐 수 있다."(『창려집』 권5) 또한 「과두서후기」(科斗書後記)에서 이렇게도 말한다. "문사를 지을 때는 대략이라도 글자를 알아야만 한다."(『창려집』 권13)

나 이 사람이 연나라에 도착하고 보니 평범한 남자 종이나 비천한 계집종, 어린 계집아이나 댕기머리를 한 사내아이도 모두 연나라 말을 할 줄 알았다. 그런 상황에서 약삭빠르게 월나라 말을 할 줄 아는 대장부라고 자랑한다면 어찌 한결같은 논리[通論]이겠는가? 공자의 문하에서는 어린아이도 춘추시대의 오패(五霸)를 칭송하는 일을 수치스럽게 생각한다.[51] 그렇다고 이 아이의 타고난 자질과 독자적 판단력이 관중, 호언(狐偃), 조최(趙衰)[52] 같은 여러 현인들보다 낫다고 우기면 공자도 인정하지 않을 것이다. 곡식을 잡초와 비교하면 곡식의 품격은 귀하고 잡초의 품격은 천한 차이가 있다. 그러나 익지 않은 곡식은 오히려 가을 잡초보다도 못하다. 일시적인 유행의 추세에 몸을 맡긴 자는 자랑스럽게 자신이 가는 일정한 궤도를 뽐내면서 "내가 얻은 자그마한 나무토막이 산처럼 높은 남의 누각보다 사실상 낫다"[53]라고 말한다. 이것도 역시 통달하지 못한 것이라 말할 수 있다.(한학을 우러르고 정현과 허신을 높이는 오늘날의 유행이 바로 이런 것이다. 요새 유행이 고대를 배우는 것이라지만 요새 유행하는 학문이 바로 고대의 학은 아니다. 모든 것이 가치가 없다는 듯 태연하게 침을 뱉고 버리는 꼴은 믿는 구석이 있는 것 같아도 뭔가 구린 데가 있으리라)

귀족 집안에서 일하는 종이나 마부가 반드시 귀족과 친한 사대부 손님보다 고귀한 사람은 아니다.[54] 그러나 귀족의 종이나 마부는 붉은 칠

51 『순자』「중니」는 이러하다. "공자의 문하에서는 키가 다섯 자밖에 안 되는 아이라도 춘추시대 다섯 명의 패자를 입에 올리는 일을 부끄럽게 생각한다."

52 관중은 제나라 환공의 재상이었고, 호언(狐偃)과 조최(趙衰)는 진나라 문공을 도왔다. 이들은 모두 패자를 도운 사람이다.

53 『맹자』「고자 하」는 이러하다. "근본을 헤아리지 않고 끄트머리만 가지런히 한다면 길이가 한 치밖에 되지 않는 나무도 높이 솟은 누각보다 높아질 것이다." 조기 주는 이러하다. "잠루(岑樓)는 산처럼 뾰족하게 솟았다는 말이다."

54 『설문해자』는 이러하다. "복(僕)은 일을 시중드는 사람이다. 어인(圉人)은 말을 관장하는 사람이다." 고대에는 주인에게 빈(擯)이 있고 손님에게 개(介)가 있었다. 『예기』「빙의」(聘義)는 이러하다. "상공(上公)에게는 일곱 명의 개가 있고 후백(侯伯)에게는 다섯 명의 개가 있으며 자남(子男)에게는 세 명의 개가 있다."

을 한 문이 있는 저택을 드나들면서[55] 이상한 자부심을 가지고 사대부를 깔보면서 "우리 집 대문이 크다"라고 말한다. 하지만 그런 태도를 사대부에게 드러내면 꾸지람을 듣고 꽁꽁 묶일 뿐 아니라, 사대부가 주인에게 다스려줄 것을 요청할 테고 귀족도 반드시 혹독하게 매를 치고 나서 "별 볼일 없는 집안이 잘 다스려지지 않았다"고 사대부에게 사죄할 거라는 것을 이들은 모른다. 학문에서 깨달음을 찾지 않고 남의 학문을 빌미로 내 수준이 높다고 뽐내는 것은 귀족 집안의 종이나 마부 같은 부류이다.

"장례를 치를 때는 하루바삐 가난해지길 바라며 죽을 때는 하루빨리 썩기를 바란다." 이건 군자의 말이 아니라고 유자는 말했다.[56] 그렇다면 일정한 문맥에서 작위적으로 말한 것이 정의(正義)와 다르다는 것은 성인도 피할 수 없다. 문사에 탐닉하는 요즘 사람은 성인과 현인이 세운 주장이 무엇을 뜻하는지 살피지 않고 즉흥적으로 옳고 그름을 단정한다. 즉흥적으로 하고서도 뛰어난 자질을 가진 사람이 공자에게 허물을 씌웠다고 책망하려고 한다.

『춘추』는 쓸데없이 말 많은 사람을 나무란다.(『춘추공양전』에 나온다)[57]

---

55 『진서』「국윤전」(麴允傳)은 이러하다. "남쪽으로 붉은 문[朱門]을 내고 북쪽으로 푸른 누각[青樓]을 바라본다." 장형 「서경부」는 이러하다. "북궐(北闕)의 가장 좋은 집은 길을 마주하여 바로 문을 여네." 설종 주는 이러하다. "제(第)는 관(館)이다. 갑(甲)은 첫 번째라는 말이다." 이선은 이렇게 말한다. "『한서』는 이렇게 말한다. '가장 좋은 데서 첫 번째 구역을 곽광(霍光)에게 하사했다.' 『한서음의』는 이렇게 말한다. '갑을 등의 순서가 있기 때문에 제(第)라고 말한다.'"

56 「문덕」의 주26을 보라.

역주_ 아래 본문의 **정의**는 모든 경우에 통용되는 올바른 도리이다.

57 『춘추공양전』「장공 17년」은 이러하다. "봄에 제나라가 정첨(鄭瞻)을 잡았다. 정첨은 누구인가? 정나라의 미천한 사람이다. 여기서 정나라의 미천한 자라면서 어찌 제나라가 그를 잡았다고 하는가? 대단히 제멋대로이기 때문에 썼다." 하휴 주는 이러하다. "대단히 제멋대로 굴기 때문에 그를 미워한다고 쓴 것이다."

공자는 이렇게 말한 적이 있다. “쓸데없이 말 많은 입이 국가를 전복시키는 것을 미워한다.”[58] 여기서 쓸데없이 말 많은 사람이란 간사하고 치우친 마음을 가진 사람을 가리킨다. 어떤 사람은 “옹야는 어진 사람이지 쓸데없이 말이 많은 사람이 아니다”라고 생각했다.[59] 설령 아무리 어리석다 하더라도 어진 사람이 간사하고 치우치지 않은 사람이 될 수 없음을 어찌 안타까워하겠는가? 또한 옛사람은 쓸데없이 말이 많지 않은 사람이라고 자신을 낮춰 부르는 버릇이 있다.[60] 그런데 어찌 간사하고 치우친 사람이 될 수 없는 것을 겸손이라고 할 수 있는가? 그러므로 쓸데없이 말 많다는 표현은 똑똑하고 말솜씨가 있는 사람의 일반적 호칭[通稱]이다. 순자는 「성악」(性惡)편에서 성인은 “본성을 변화시켜 거짓[僞]을 일으켰다”라고 말했다.[61] 위(僞)라는 말은 육서에서 인위(人爲)의 원래 글자[正名]이다. 순자는 아마 타고난 자질[天質]을 믿을 수 없기 때문에 학문은 반드시 인위를 근거로 해야 한다는 일반론을 말하려는 것이리라. 여기서 ‘위’는 허위와 속임수, 눈 가리고 아웅 하는 거짓이라는 뜻이 아닐 것이다. 그러나 순자를 죄인처럼 보는 세상 사람들은 순자가 성인을 사기꾼이라고 모함했다고 말한다. 이것은 옛사람이 무슨 말을 하는지 살피지 않다가 순식간에 옳고 그름을 단정하는 것이다.

고대에는 글자가 많지 않았다. 소리나 형태가 유사한 글자를 빌어 통용해서 썼기 때문에[62] 뜻이 겹치는 경우가 자주 있었다. 제자백가는 책

58 『논어』 「양화」의 글을 보라. “영구”(佞口)는 “이구”(利口)라고 써야만 한다.

59 『논어』 「공야장」의 글을 보라. 『사기』 「중니제자열전」은 이러하다. “염옹(冉雍)은 자가 중궁(仲弓)이다.” 정현[鄭氏]은 『목록』에서 이렇게 말한다. “노나라 사람이다.”

60 『국어』 「진어」는 이러하다. “이오(夷吾)는 쓸데없이 말이 많지 않다.”

61 『순자』 「성악」(性惡)은 이러하다. “사람의 본성은 악하다. 사람이 선한 것은 인위적인 것이다. 그러므로 성인은 본성을 교화시켜 인위를 일으킨다. 인위가 일어나면 예의(禮義)가 생긴다.”양경 주는 이렇게 말한다. “위(僞)는 위(爲)이고 교(矯)이다. 그 본성을 교정한다. 본성이 아닌데도 사람이 하는 모든 행위는 위라고 부른다.”

62 단옥재는 「설문해자서」(說文解字序)에서 전주에 대해 주를 달면서 이렇게 말한다.

을 쓸 때 고대 문자를 계승하여 썼으나 각자 중점적인 의미가 있었다. 이것은 군대의 명령이나 관청의 서식에 본래 쓰고 있는 법률 형식을 만드는 일과 같다. 그래서 제자백가가 세운 풀이가 반드시 피차 통용될 필요는 없었다. 굴원의 영수(靈脩),[63] 장자의 인시(因是),[64] 한비자의 삼오(參伍)[65]나 귀곡자의 패합,[66] 소진과 장의의 종형[67] 등의 말은 다른 사람의 책으로 옮긴다면 모두 무슨 말인지 알 수 없을 것이다.(근진(根塵)이나 법상(法相) 같은 불교 용어라든지 이에 준하여(以准), 모두 각자(皆各), 그에 미쳐(及其), 바로

"전주는 말이 서로 풀이하는 것과 같다. 주(注)는 관(灌)이다. 여러 글자가 돌고 돌아 서로 풀이하는 것은 마치 여러 곳의 물이 서로 부을 때 서로 주고받는 것과 같다."

63 『초사』「이소」는 이러하다. "맹세코 하늘은 아시리라 오직 영수(靈脩)의 까닭이라는 것을." 왕일 주는 이러하다. "영(靈)은 신(神)이다. 수(脩)는 원(遠)이다. 신령스럽고 밝아서 멀리 볼 수 있는 것은 임금의 덕이다. 그러므로 임금을 비유한 것이다."

64 『장자』「제물론」은 이러하다. "그래서 성인은 말미암지 않으며 그것을 하늘에 비춰본다. 이것도 역시 옳은 것을 따름[因是]이다." 곽상 주는 이러하다. "깨달음을 품은 사람은 천하의 옳고 그름을 근거로 자신에게서 옳고 그름을 없앤다."

65 『한비자』「양권」(揚權)은 이러하다. "텅 비운 채 고요하게 무위하는 것이 도의 실정이다. 삼과 오로 변화하는 것을 참작하여 사물에 비유하는 것이 일의 형태이다. 삼으로 그것을 참작하여 사물에 비유하고 다섯으로 그것을 참작하여 텅 빈 것에 부합한다면 뿌리와 줄기가 뒤집어지지 않는다. 그러면 움직여서 새더라도 잃지 않는다." 옛날 주는 이렇게 말한다. "삼(參)은 삼(三)이다. 오(伍)는 오(五)이다. 진술하는 일을 삼으로 참작하여 사물의 실정에 비유하기도 하고 오로 참작하여 텅 빈 것의 수에 부합하게 하기도 한다. 뿌리와 줄기가 제대로 서있을 수 있도록 하고 옮기거나 뒤집어 버리지 않도록 늘 조심한다. 이처럼 하면 움직여서 흩어지더라도 잃어버리고 새는 것은 아무 것도 없을 것이다."

66 「역교 하」의 주46을 보라.

67 『사기』「소진전」은 이러하다. "연형을 주장하는 사람[衡人]은 모두 제후의 땅을 갈라서 진나라에 주려고 합니다. 그러므로 제가 대왕을 위해 계책을 세우면 한나라, 위나라, 제나라, 초나라, 연나라, 조나라를 하나로 묶어서 친함을 따르는 것이 낫습니다." 『사기색은』은 이렇게 말한다. "연형을 주장하는 사람을 살펴보면 다름 아니라 합종과 연횡을 유세하는 선비이다. 동쪽과 서쪽이 가로[橫], 남쪽과 북쪽이 세로[從]이다. 진나라의 지형은 동쪽과 서쪽 가로로 길다. 그래서 장의가 진나라 재상이 되자 진나라를 위해 연횡을 꾀했다." 별도로 「역교 하」의 주44를 보라.

역주_ 아래 본문의 **이에 준하여**, **모두 각자**, **그에 미쳐**, **바로 같다**에 대해 중화서국의 표점자는 돈호(頓號)를 사용하여 '以', '准', '皆', '各', '及', '其', '即', '若'으로 갈라 두었다. 하지만 이것은 '以准', '皆各', '及其', '即若'으로 두 글자씩 하나의 관용어로 쓰이는 말들이다. 옮긴이가 교정한 데 따라 고쳐 옮겼다.

같다(卽若) 등과 같은 법률 용어는 모두 이런 경우이다)

풍난(馮煖)이 맹상군에게 "빚을 거두어 돌아와 아뢸 때 무엇을 사가지고 올까요?"라고 물었다. 그러자 맹상군이 "내 집에 뭐가 적은지 생각해 보시오"라고 말했다.[68] 학문과 경세, 문장과 교훈을 남기는 일은 마치 의사가 약이나 침으로 반신불수를 고치는 일과 마찬가지로 세상에 뭐가 모자라는지 생각해서 한다. 세상이 우러러 보기 때문에 학문이나 문장을 한다면 마치 이미 배가 부르지만 밥과 고기를 더 들여오고 이미 불을 피워 따스하지만 털옷을 껴입는 것과 같다. 학문이나 문장을 잘 하지도 못하면서 억지로 따라하게 한다면 마치 밥과 고기를 배불리 먹은 직후에 등겨를 먹으라고 들여오고 털옷을 입은 직후에 다 떨어진 옷이나 베옷을 들이는 것과 같다.[69] 더위가 왔는데 가죽으로 만든 따뜻한 옷을 갖추

---

68 『전국책』「제책」(齊策)은 이러하다. "풍난(馮煖)이라는 제나라 사람이 있었다. 가난하여 자기 목숨을 부지할 수도 없었다. 사람을 시켜 맹상군의 부하가 되어 문하에서 밥을 빌어먹길 바랐다. 나중에 맹상군이 기록을 꺼내놓고 문하에 이렇게 물었다. '누가 회계[計會]를 익혔는가? 누가 나를 위해 설(薛)에 가서 빚을 거둬올 사람이 없는가?' 풍난이 서명하면서 이렇게 말했다. '제가 잘합니다.' 그래서 수레를 준비하고 챙겨갈 것을 준비했다. 계약서[券契]를 싣고 가려는 참에 맹상군에게 작별하면서 이렇게 말했다. '빚을 다 거두면 무엇을 사서 돌아올까요?' 맹상군은 이렇게 대답했다. '우리 집에 적은 것이 뭔지 살펴보게.' 수레를 몰아 설에 갔다. 벼슬아치를 시켜 백성들을 모두 부르게 했다. 빚을 갚아야 하는 사람들이 모두 와서 계약서를 맞췄다. 계약서를 두루 맞춰보고 나서 명령을 고쳐서 빚을 백성들에게 모두 하사하고 이어서 계약서를 불살라버렸다. 백성들은 만세를 외쳤다. 오랫동안 수레를 달려 제나라에 도착하자 아침인데도 맹상군을 뵙기를 요구했다. 맹상군은 이렇게 물었다. '빚은 다 거뒀소?' 풍난이 대답했다. '다 거뒀습니다.' '무엇을 사서 돌아왔소?' 풍난은 이렇게 대답했다. '임금이 우리 집에 적은 것이 무엇인지 살펴보라고 하시지 않았습니까? 제가 헤아려보니 임금의 집에는 진귀한 보배가 쌓여있고 개와 말이 바깥 마구간을 채우고 있으며 미인이 집안을 채우고 있습니다. 임금의 집에 적은 것은 의로움뿐입니다. 저는 마음대로 임금을 위해 의로움을 사왔습니다.'"

69 『사기』「진시황본기」는 이러하다. "가난한 사람은 짧은 속바지나 거친 털옷도 좋다고 한다." 서광은 이렇게 말한다. "수(裋)는 소유(小襦)이며 수(竪)라고 읽는다." 『시』「빈풍」 "칠월"(七月)은 이러하다. "옷도 없고 털옷도 없다면 어찌 올해를 넘길 것인가?" 「전」은 이러하다. "갈(褐)은 모포(毛布)이다."

거나 추위가 닥쳤는데 칡으로 만든 시원한 옷을 갖추는 일을 나는 잘 보지 못했다.

바다에서 나는 번쩍이는 진주를 보배롭게 여기는 사람은 반드시 물고기 눈을 모은다. 산에서 나는 아름다운 옥을 높게 치는 사람은 반드시 옥 비슷하게 생긴 돌멩이를 다툰다.[70] 그래서 그림자는 몸에 하나이지만 망량(罔兩)[71]은 두셋이나 있는 것이다.(망량은 바로 그림자 옆에 생기는 보일 듯 말 듯한 그림자이다. 『장자』의 주를 보라) 그러나 물고기 눈이나 옥 비슷하게 생긴 돌멩이는 싸기 때문에 번쩍이는 진주나 아름다운 옥에 비해 배나 빨리 팔린다. 진주나 옥은 무심하지만 옥 비슷하게 생긴 돌멩이에는 의도가 있다. 의도가 있기 때문에 마음이 쏠리기 쉽다. 진주나 옥은 쉽게 변하지 않으나 옥 비슷하게 생긴 돌멩이는 유행을 탄다. 유행을 타기 때문에 마음에 들기 쉽다. 진주나 옥은 자신이 알아서 쓰지만 옥 비슷하게 생긴 돌멩이는 남 말을 듣고 나서야 쓰게 된다. 남 말을 듣고 쓰게 되면 마음이 쉽게 흡족해진다. 진주와 옥은 비쌀 뿐 아니라 정해진 값도 없다. 옥 비슷하게 생긴 돌멩이는 정말 팔기 쉬운 물건일 뿐 아니라 값도 싸다. 쉽게 팔리는 옥 비슷한 돌멩이가 어찌 팔리지 않을 턱이 있는가? 그러니 쉽게 팔리지 않는 진주와 옥을 어찌 버리지 않을 수 있는가?

짐새[鴆]의 독은 코뿔소 뿔이라야 해독할 수 있다.[72] 습기 때문에 생긴

---

70 『한시외전』은 이러하다. "흰 뼈는 상아와 비슷하고 물고기 눈은 보석과 비슷하다." 『주역참동계』는 이러하다. "물고기 눈이 어찌 보석일 수 있겠는가? 쑥[蓬蒿]은 개오동나무[檟]를 대신할 수 없다." 『전국책』 「위책」은 이러하다. "무부(武夫)는 옥과 비슷하고 흰 뼈는 상아와 비슷하다. 이것은 모두 사이비이다." 『문선』 「상림부」는 이러하다. "연옥(碝玉)과 무부(碔砆)." 주는 장읍을 인용하여 이렇게 말한다. "무부는 옥에 버금가는 돌이다. 붉은 바탕에 흰 무늬가 있다. 푸르디푸른[蔥蘢] 빛깔이라 옥과 잘 구분되지 않는다."

71 『장자』 「제물론」은 이러하다. "망량(罔兩)이 그림자[景]에게 물었다." 곽상 주는 이러하다. "망량은 그림자 바깥에 흐릿하게 어두운 것이다."

병의 고통은 빈랑(檳榔)이라야 살릴 수 있다.[73] 짐새가 있는 지방에는 틀림없이 코뿔소가 있다. 습기 때문에 고통 받는 고장에는 틀림없이 빈랑이 있다. 천지가 만물을 낳는 생명력도, 천지의 기운이 끊임없이 순환하며 만물을 만들고 변화시키는 과정의 이치도 본래 그러한 상태이다. 한나라 때의 유학자는 경을 전수할 때 전문적으로 전수하는 일을 소중하게 생각했다.[74] 전문적으로 전수하고 전수받는다면 경의 근본을 어지럽히지 않을 것이다. 전문적으로 전수하고 전수받는 일은 자신의 주장만 고집하고 경의 잔해를 지키는 폐단이 있다. 그래서 경을 지키지 못하게 되자 촌스러워졌다. 유흠의 『칠략』은 제자백가의 유파를 순서대로 논한 뒤에 주나라의 공식적 제도가 남긴 유산을 헤아려 밝혔다.[75] 그래서 자

---

72 『설문해자』는 이러하다. "짐(鴆)은 독이 있는 새이다." 『본초강목』(本草綱目)은 이러하다. "코뿔소 뿔은 구문(鉤吻), 짐우(鴆羽), 사독(蛇毒)을 상쇄시킨다."

73 육유(陸游) 『피서만초』(避暑漫抄)는 이러하다. "영남(嶺南)에는 가끔 이상한 물체가 공중에서 떨어지는 경우가 있다. 처음에는 탄환만 했다가 점점 커져서 수레바퀴만 해져서 결국 사방으로 흩어진다. 사람이 그것을 맞으면 즉시 병에 걸린다. 이것을 장모(瘴母)라고 부른다." 『본초도경』(本草圖經)은 이러하다. "빈랑(檳榔)은 남해(南海) 및 영외(嶺外)의 주군에서 난다. 크기는 광랑(桄榔)만 하며 키가 대여섯 길이다. 곧게 자라고 가지는 없다. 껍질은 청동(靑桐)과 비슷하며 마디는 계죽(桂竹)과 같다. 잎은 나무의 꼭대기에 나며 순두(楯頭)와 비슷하기도 하고 파초(芭蕉)와 비슷하기도 하다. 열매는 씨방이 있으며 잎 중간에서 나온다. 씨방 하나에 몇 백 개의 열매가 들어있고 생김새는 달걀[雞子] 모양이다." 『본초강목』은 이러하다. "빈랑은 장려(瘴癘)를 물리친다."

역주_ **영남**은 대체로 현재 광동과 광서를 가리킨다. 전통적으로 다섯 고갯마루(五嶺), 곧 대유령(大庾嶺), 도방령(都龐嶺), 기전령(騎田嶺), 맹저령(萌渚嶺), 월성령(越城嶺)의 남쪽을 가리켰다. **영외**도 영남의 다른 말이다.

74 「원도 하」의 주5를 보라.

75 『칠략』은 「서교 상」의 주14를 보라. 『교수통의』 「원도」는 이러하다. "유흠은 아마 관사가 합일되어 있는 옛사람의 도를 깊이 이해하고 있었을 것이다. 그리고 개인에게 애초에 저술이 없는 이유도 아마 알고 있었을 것이다. 무슨 까닭인가? 그는 육예를 서술한 뒤 제자백가까지 서술했다. 그리고 어떤 학파는 아마 고대의 어떤 관직이 관장하던 데서 나왔고 그것이 전해져서 어떤 학파의 학문이 되었으며 잃어버려 어떤 학파의 폐단이 되었다고 반드시 말했다. 어떤 관직이 관장하던 것이라고 그가 말한 것은 바로 법도가 관직에 갖춰져 있으며 관직이 어떤 책의 의례를 지키고 있다는 말이다. 전해져서 어떤 학파의 학문이 되었다고 그가 말하는 것은 바로 관청이 직책을 잃어버려서 스승과 제자가 전수하고 전수받는 학업의 의례가 되었다는 말이

신의 주장만 고집하는 촌스러움의 독기를 풀어 주었다. 당나라 때는 책을 편찬하면서 국가의 편찬 기구[館局]을 설치했는데[76] 국가의 편찬 기구는 각자 장점을 펼쳤다. 국가의 편찬 기구를 설치한 일은 어지럽게 흩어져 통솔하는 기강이 없다는 폐단이 있다.[77] 그래서 기강을 잃자 어지러워졌다. 유지기의 『사통』은 고금의 이익과 못마땅한 점을 평론하고 법도의 기준을 세웠다.[78] 그래서 흩어지고 어지러운 독기를 다스렸다. 학문과 문장은 유행의 추세를 따를 때 독기가 때때로 발작한다면 빈랑과 코뿔소 뿔을 사용해야 함을 알아야만 한다.

약에 대해 생각하는 이유는 약이 병을 치료하는 쪽으로 치우쳐 있기 때문이다. 병을 앓는 사람이 약을 복용하면 병이 나을 수 있으나 정상인이 복용하면 도리어 병이 드는 경우도 있다. 천하에 완전한 결과란 없으며 성인도 완전한 쓸모가 있는 것은 아니다. 곡식이 가장 좋고 소중하다고 해도 적절한 한도를 넘어 과식한다면 사람을 죽이지 않을 것이라 못하리라. 그러므로 양생을 아는 사람은 적절한 한도 안에서 모든 것을 먹

다. 잃어버려 어떤 학파의 폐단이 되었다고 그가 말한 것은 바로 마음이 생겨서 정사를 일으키고 정사를 하면 일을 해친다고 맹자가 말한 것이다. 변별하고 구별하면 아마 주장을 아는 학자에 가까워지려고 하는 것이리라."

역주_ 주나라의 공식적 제도는 『주례』를 가리킨다.

76 『구당서』「직관지」(職官志)는 이러하다. "사관은 대대로 비서저국(祕書著局)에 속했다. 정관 3년 비로소 사국(史局)을 황제가 있는 궁궐[禁中]로 옮겼는데 문하성의 북쪽에 있다. 재상이 국사 편찬을 감독하여 드디어 고사를 완성했다."

77 『사통』「사관건치」는 이러하다. "최근에 앞 다퉈 경쟁하는 선비들은 사직(史職)에 있는 것을 가장 좋아한다. 글을 짓고 붓을 놀리려는 사람은 열에 한둘도 없다. 이윽고 글이 완성되고 공들여 베끼면 서명한 뒤 함께 바친다. 작위와 상이 시행되면 소매를 걷어붙이고 서로 받으려고 다툰다. 결국 옳고 그른 기준이 없게 만들었고 참과 거짓을 뒤섞이게 만들었다."

78 『사통』은 「사덕」의 주2를 보라. 『사고전서총목제요』는 이렇게 말한다. "내편은 모두 역사가의 형식을 논하며 옳고 그름을 변별하고 있다. 외편은 역사서의 원류를 서술하고 아울러 옛사람의 성공과 실패를 뒤죽박죽 평하고 있다." 여기서 『사통』의 큰 줄기를 볼 수 있다.

는다. 도를 체득하는 일을 아는 사람은 적절한 한도 안에서 제자백가를 모두 남길 수 있다. 육경과 삼사는 학술의 근본이다.[79] 나는 이것을 잘 연구하지 못한 사람이 독기 때문에 고통 받는 경우를 보았다.

학문과 문장이나 똑똑하고 말솜씨만 좋다고 해서 세상을 지탱할 수 없다. 세상을 지탱하는 근거는 독자적 판단력에 있다. 독자적 판단력을 소중하게 생각하는 이유가 치우친 유행을 지탱할 수 있느냐 없느냐에 달린 것은 아니다. 유행이 치우친 상태에도 없앨 수 없는 것이 있음을 알아야 한다. 독자적 판단력을 소중하게 생각하는 이유가 자신의 장점을 쓸 수 있느냐 없느냐에 달린 것은 아니다. 자신의 장점이 포괄할 수 없는 것도 있음을 알아야 한다. 없앨 수 없는 것도 있음을 아는 사람은 엄격하게 거짓을 제거한다.(유행의 추세는 한쪽으로 치우치는 데 지나지 않다. 오로지 거짓에 맡기는 자는 치우친 유행 때문에 자신의 독보적 견해도 해를 입는다) 엄격하더라도 신중하게 치우침을 다스린다면(정말로 독보적 견해를 얻은 사람이라면 치우친 유행을 다스리기만 하면 충분하다) 폐단을 없앨 수 있다. 포괄할 수 없는 것도 있음을 아는 사람은 자신이 모르는 것을 잠시 제쳐두고 능력 있는 사람을 잘 찾는 사람이다. 그런 사람이 없더라도 자신의 단점을 알기 때문에 자신이 모르는 것을 걸어놓고 해결할 수 있는 사람을 기다릴 것이다.(누구라도 잘하는 것과 못하는 것이 있다. 같은 종류의 사물에 비춰 끝까지 미뤄본다면 성인도 잘하지 못하는 것이 있다. 그렇다 한들 성인에게 무슨 손상이 있겠는가? 오늘날 거짓으로 달려가 추세를 좇는 사람들을 꾸짖을 수 없다. 그런 사람들 가운데

79 『장자』「천운」은 이러하다. "공자는 『시』, 『서』, 『예』, 『악』, 『역』, 『춘추』의 육경을 편찬했다." 진나라 때 분서갱유를 단행하면서 『악경』이 사라졌다. 『십가재양신록』 권6은 이러하다. "『속한서』「군국지」(郡國志)는 이러하다. '이제 중흥 연간 이래의 군현이 고쳐지고 달라진 것을 기록하고 아울러 『춘추』와 삼사의 회동(會同), 정벌, 지명을 기록한다.' 삼사는 『사기』, 『한서』, 『동관한기』(東觀漢記)를 말한다. 당나라 이후부터 『동관한기』[東觀記]가 전해지지 않아 범엽의 『후한서』를 삼사의 하나로 충당했다."

독보적 견해를 얻은 사람도 있을 것이다. 거짓으로 달려가 추세를 좇는 사람들은 자신이 못하는 분야의 사람을 만날 경우 모르는 것도 억지로 아는 척 한다. 그렇지 않으면 큰 소리로 남을 속이면서 "이것 이외에는 말할 가치도 없다"고 떠든다. 도는 하늘만큼 크다. 하늘 근처도 보지 못한 사람과 무슨 논할 가치가 있겠는가? 자신은 집안에만 있으면서 우연히 하늘 귀퉁이를 보고서 집 밖의 하늘은 말할 가치도 없다고 말하는 이치가 어찌 있겠는가? 내가 이런 사람을 본 적이 있었지만 일일이 꾸짖을 짬이 없다) 이렇게 한다면 세상을 속이지 않을 수 있다. 도는 공적인 것인데 나 혼자만 도를 가졌다고 한다면 어진 사람이 아니다. 유행의 추세는 순환과 왕복을 거듭하기 때문에 사람이 억지로 한다고 해서 이길 수 있는 것이 아니다. 내가 도의 공평함을 가지지 않은 채, 순환과 왕복 한복판에 들어가서 억지로 이길 생각을 한다면 지혜롭지 못한 것이다. 어질지도 지혜롭지도 못하다면 학을 이야기할 자격이 없다. 학을 이야기할 자격도 없는데 시끄럽게 학에 대해 잡담을 늘어놓는 사람들이 세상에 어지럽게 널려있다.[80]

80 유함흔은 『문사통의지어』에서 이렇게 말한다. "첫 단락 및 마지막 단락이 가장 정밀하고 긴요하다."

지난(知難)[1]

하기가 어려운가, 알기가 어려운가? 사람을 안다는 것은 그의 성이나 이름을 아는 것도 아니요 그의 목소리나 얼굴, 웃는 표정을 아는 것도 아니다. 그의 책을 읽고 그의 주장을 아는 것은 왜 이런 말을 하는지 이유를 아는 것일 뿐이다. 천하 모든 사람이 그의 책을 읽는다고 치자. 그의 주장을 아는 사람은 천 명 가운데 백 명도 안 될 것이다. 그의 말을 아는 사람은 더구나 천하에 몇 명 되지 않을 것이다. 그가 왜 이런 말을 하는지 이유를 아는 사람은 아까 천 명에서 추린 백 명 가운데 한 명도 될까 말까이다. 그러나 천하 모든 사람들은 이렇게 말한다. "나는 그의 책을 읽을 수 있고 그가 왜 이런 말을 하는 지 이유를 안다." 이것이 앎

1 나는 이렇게 생각한다. 장학성은 홀로 탁월한 뜻을 품고 있었기 때문에, 당시 아는 사람이 대단히 적었다. 고금을 쓸쓸히 보고 있었기 때문에, 당시 홀로 서 있는 아득한 느낌을 가지지 않을 수 없었다. 「지난」편은 깊고 긴 슬픔을 깃들여 자신을 위로하는 바탕으로 썼다. 지은 해는 「경해 상」의 주1을 보라.

의 어려움이다. 사람들은 『주역』을 점치는 책이라고 알고 있다. 공자는 그것을 읽고 나서 『주역』의 지은이에게 걱정이 있다는 것을 알았다.[2] 이것은 성인이 성인을 안 것이다. 사람들은 『이소』가 사부의 시조라고 알고 있다. 사마천은 그것을 읽고 나서 굴원의 의지가 슬프다고 생각했다.[3] 이것은 현인이 현인을 안 것이다. 만약 사마천의 의지를 갖추지 못한 채 굴원의 의지를 알고자 하거나 공자의 걱정을 갖추지 못한 채 문왕의 걱정을 알고자 하는 사람이 있다면 아는 일은 거의 불가능하다. 옛사람은 걱정과 의지를 가지고 있었지만 불행하게도 후세인들 가운데 그가 걱정한 것을 걱정하고 그가 뜻한 것을 뜻한 사람을 얻지 못했다. 따라서 자취도 없이 사라져 밝게 드러나지 못한 사람이 아마 적지 않으리라.[4]

유협은 이렇게 말한다. "한비자의 「저설」이 처음 나오고 사마상여의 「자허」가 처음 완성되었을 때, 진시황과 한무제는 동시대에 살지 못한 일을 한탄했다. 그러나 나중에 그들이 동시대 사람이라는 것을 알았을 때 한비자는 옥에 갇히고 사마상여는 중용되지 못했다."[5] 이것은 아마 동시대에 살지 못한 일을 슬퍼하며 자신을 알아주는 사람은 믿을 수 없다는 말일 것이다. 이사가 한비자를 대단히 두려워한 일[6]이나 한무제가

---

2 『한서』「예문지」는 이러하다. "진나라가 책을 불사를 때 『역』은 점치는 일이었기 때문에 전하는 사람이 끊어지지 않았다." 『주역』「계사전 하」는 이러하다. "『역』이 일어난 것은 중고시대이겠지? 『역』을 지은 사람은 걱정이 있었겠지?"

3 『문심조룡』「변소」는 이러하다. "그 문사의 화려함과 우아함은 사부의 으뜸이 되었다." 『사기』「굴원전찬」(屈原傳贊)은 이러하다. "나는 「이소」, 「천문」, 「초혼」, 「애영」(哀郢)을 읽고서 그의 의지를 슬퍼했다."

4 나는 이렇게 생각한다. 여기까지 말하는 근거가 어디에 있는지 아는 데 어려움이 있음을 말하고 있다.

5 『문심조룡』「지음」(知音)의 글을 보라. 『사기』「한비전」은 이러하다. "한비는 「고분」, 「오두」, 「내외저」, 「설림」, 「세난」의 십여 만 자를 지었다. 진나라 왕은 그 책을 보고 이렇게 말했다. '과인이 이 사람을 만나서 그와 노닐 수 있다면 죽어도 한이 없으련만!' 그래서 급히 한나라를 공격했다. 한나라는 이에 한비를 진나라에 사신으로 보냈다. 이사와 요가(姚賈)가 그를 해쳐서 옥리에게 보내 한비를 다스리게 했다." 「자허」는 「감우」의 주28을 보라.

6 『사기』「한비전」은 이러하다. "한비와 이사는 모두 순경을 섬겼다. 이사는 스스로

사마상여를 어릿광대로 취급한 일[7]은 그들에 대해 깊이 알고 마땅하게 처분한 것이리라. 이것은 어쩔 수 없는 추세에서 나온 것이다. 이것은 '자취는 모르는 것 같지만 마음은 잘 아는' 것이라고 말할 수 있다. 가의는 멀리 장사(長沙)로 쫓겨났다가 나중에 한나라 문제의 부름을 받아 선실(宣室)에서 황제를 대면하게 되었다. 문제는 결국 이렇게 말하는 지경까지 이르렀다. "오랫동안 그대를 만나지 않아 내가 그대보다 나을 것이라 생각했는데 그대를 만나고 보니 아직 멀었다는 것을 알겠구려."[8] 이것은 임금과 신하 사이에 서로 잘 만났다고 할 수 있는 일이다. 그러나 한나라 문제는 나라를 다스려 안정시키라는 가의가 아뢴 말씀을 모르고 가의가 귀신에 대해 상세하게 대답한 일만 알고 있으니 이것은 '자취는 잘 아는 것 같지만 마음은 모르는' 것이라고 말할 수 있다. 유지기는 세상에 견줄 데가 없을 정도로 뛰어난 자신의 학에 자부심을 가지고 있었지만 시류 때문에 업신여김을 당했다.[9] 그러나 유지기는 세 번이나 역사

한비보다 못하다고 생각했다."

7 『한서』「엄조전」은 이러하다. "사마상여는 늘 꾀병을 핑계로 일을 피하곤 했다. 황제는 자못 그를 어릿광대로 길렀다." 『한서』「양웅전」은 이러하다. "과거에 무제가 신선을 좋아하여 사마상여가 「대인부」를 바쳐 풍간하고자 했다. 무제는 도리어 가볍게 날아올라 구름을 밟는 의지가 있다고 했다. 이로써 말하자면 부를 지어 권하는 일을 멈추지 않은 것은 명백하다. 또한 자못 어릿광대와 비슷했다." 여여숙의 시는 이렇게 읊고 있다. "원개 같은 학문도 장차 고질이 되고, 상여 같은 글도 결국 어릿광대 비슷해졌네."

8 「감우」의 주18을 보라.

9 『사통』「자서」는 이러하다. "어려서부터 글을 살피며 개념의 이치를 이야기하길 좋아했다. 내가 깨달은 것은 모두 마음[襟腑]으로 터득한 것이지 바깥에서 물든 것이 아니다. 그러므로 아직 어른이 되기 전[總角] 반고의 『한서』와 사승의 『후한지』(後漢志)를 읽을 때, 『전한서』에는 「고금인표」(古今人表)가 있어서는 안 되는데 있고, 『후한지』에는 새로 시작하여 「본기」를 세워야 하는데 없다는 것을 바로 이상하게 생각했다. 당시 내 말을 들은 사람들은 모두 어린 녀석이 뭘 알아서 감히 앞 시대의 훌륭한 분들을 가볍게 이러쿵저러쿵 하느냐고 꾸짖었다. 그래서 얼굴을 붉히며 자신감을 잃고 대꾸할 말이 없었다. 그 뒤에 장형과 범엽의 문집을 읽고 과연 두 가지 역사서가 그르다고 생각했다. 거기에 옛사람과 우연히 맞는 것이 있었는데 기록할 수 없을 만큼 많았다. 비로소 세속적인 선비들과 함께 이야기하기 어렵다는 것을 알았다. 차이를 발견하기만 하면 그것을 마음속에 차곡차곡 담아두었다. 나이도 이미

편찬을 맡은 벼슬아치가 되고 두 번이나 역사 편찬을 맡은 관청[東觀]에 들어갔으니[10] 잘 만났다고 할 수 있다. 그러나 역사가의 자질을 이야기하면 천리 길도 마다하지 않고 황제가 명령을 내려 데려왔건만 역사서 편찬을 의논하면 한 마디 말도 맞아 들어가지 않았다.[11] 이것도 '자취는 잘 알지만 마음은 모르는' 것이라고 말할 수 있다. '자취는 잘 안다'는 것은 가의처럼 잘 알면서도 중용하지 않은 경우가 아니라 유지기처럼 중용되었지만 믿지 않은 경우를 말한다. '마음은 잘 안다'는 것은 사마상여처럼 가벼이 보고 업신여김을 당한 경우가 아니라 한비자처럼 모함을 받아 목숨을 잃는 일을 당한 경우를 말한다. 한비자, 사마상여, 가의, 유지기처럼 대장부가 세상에 알려진다면 아주 대단하다고 말할 수 있다. 그러나 그들이 얻은 것도 대단했으나 그들이 잃은 것도 엄청나다. 믿을 수 있는 것 같기도 하고 믿을 수 없는 것 같기도 하다. 알 수 있을 것 같기도 하고 알 수 없을 것 같기도 하다. 그래서 임금과 신하가 잘 만나도 마음이 맞을지 맞지 않을지 아는 것은 말하기 어렵다.[12]

서른을 넘겼을 때 깨달음을 말하는 일이 나날이 많아졌다. 당시 나와 같이 좋아하는 사람이 없어서 함께 이야기할 수 없다는 것이 늘 불만이었다." 유지기의 줄거리는 「사덕」편의 주2를 보라.

10 이 말은 『사통』 「자서」를 보라. 원주는 이렇게 말한다. "측천무후 때 저작좌랑(著作佐郎)이 되었다가 좌사(左史)로 옮겼다. 현재의 황제(중종)가 처음 즉위했을 때 다시 저작(著作)에 임명되었다. 장안 연간에는 저작으로서 국사 편찬을 겸했다. 중서사인으로 옮겨가면서 잠시 직책을 그만 두었다. 신룡(神龍) 원년에 다시 중서사인으로서 국사 편찬을 겸했다가 지금까지 그것을 바꾸지 않았다. 오늘날의 사관(史館)은 바로 옛날의 동관이다."

11 『사통』 「오시」는 이러하다. "역사가의 자질을 찾으면 천리라도 좇아 내려가고 벼슬길을 말하면 십 년이 지나도 나아가지 않는다." 여기서 그 말을 사용했다. 또한 「자서」에서 이렇게 말한다. "장안 연간에 국사를 미리 편찬하라는 황제의 명령을 받들 기회가 있었다. 현재의 황제(중종)가 즉위하자 다시 『측천대성황후실록』(則天大聖皇后實錄)을 지으라는 명령이 있었다. 모든 저술은 오래된 논의를 행하고자 한 적이 있다. 그러나 당시 같이 짓는 일에 참여한 여러 선비들 및 편찬을 감독하는 지체 높은 대신들은 조그만 구멍을 팠을 뿐인데 어긋날 때마다 틀어지는 바람에 집어넣기 어려웠다." 이것은 역사 사실을 논하는 일에서 한 마디도 부합하지 않는다는 말이다.

12 나는 이렇게 생각한다. 여기까지 잘 만나서 합칠지 아닌지 알기 어렵다는 것을 말하

장자는 이렇게 말한다. "천하에 방술(方術)을 연구하는 사람치고 자신의 방술에 더 보탤 것이 있다고 생각하는 사람은 없다."[13] "귀, 눈, 입, 코가 각각 밝다고 해도 서로 역할을 바꿀 수는 없다."[14] 자신이 연구하는 것에 보탤 것이 없다고 모든 사람이 생각한다면 이것은 자신을 모르기 때문에 생긴 잘못이다. 천하에는 자신을 아는 사람이 드물다. 그러므로 서로 알아주는 사람이 적은 것은 당연하다.(아마 자신을 틀 안에 넣은 채 방어적인 사람, 과거에 저지른 자신의 잘못을 변호하기 급급한 사람, 좋게 말하고 잘 행동하는 사람을 믿고 복종하지 않는 사람은 자신을 알 수 없는 사람일 것이다) 세상 사람들은 소영사(蕭穎士)가 이화(李華)의 「조고전장문」[古戰場文]을 알아본 덕분에[15] 이화의 문장이 참된 감상자를 가지게 되었다고 말한다. 말은 마음에 뿌리를 두고 있는 것이다. 말이 사람마다 다른 것은 사람마다 얼굴생김새가 다른 것과 같다. 소영사는 글을 보자마자 그것이 이화의 글이라고 단박에 결단하지 못했다. 그리고 이화라면 이 정도 글을 쓸 수 있을 터라고 우물쭈물 말했다. 그래서 소영사가 참으로 이화를 알았다고 말할 수 없다. 그러나 세상에 소영사 정도의 판단력을 갖출 수 있는 사람[16]은

고 있다.

13 『장자』「천하」의 글을 보라.

14 위와 같다.

15 『신당서』「문원전」은 이러하다. "소영사(蕭穎士)는 자가 무정(茂挻)이며 양나라 파양왕(鄱陽王) 소회(蕭恢)의 칠대손이다. 개원 연간에 진사가 되었고, 천보 연간 초에 비서 정자(祕書正字)로 보임했으며, 곧이어 집현 교리(集賢校理), 사관 대제(史館待制)가 되었다가, 다시 하남부(河南府) 참군사(參軍事)로 옮겼다. 더불어 교제한 사람들 가운데 오직 이화만 그와 명성을 나란히 했기 때문에, 세상에서 소영사와 이화라고 불렀다." 『신당서』「문원전」은 이러하다. "이화는 자가 하숙(遐叔)이며 조주(趙州) 찬황(贊皇) 출신이다. 이화는 문사가 화려하고 아름다웠으며 어려서 뛰어난 기운이 컸다. 소영사는 강건하고 툭 틔었는데 자신을 펼쳐서 당시 소영사만한 사람이 없다는 말이 있었다. 그러나 이화 자신은 그보다 낫지 않을까 생각하고 있었다. 그래서 「조고전장문」(弔古戰場文)을 지었다. 생각할 수 있는 한 생각하고 갈고 닦아 완성한 뒤, 옛날 책처럼 보이려고 더럽히고 불경[梵書]을 놓아둔 시렁에 아무렇게나 던져두었다. 다른 날에 소영사와 그것을 읽고 잘 썼다고 칭찬하면서 이화가 이렇게 물었다. '지금은 누가 그 정도 수준일까?' 소영사는 이렇게 말했다. '그대가 정밀한 생각을 보탰으니 바로 이를 수 있을 게야.' 이화는 아연실색하고 탄복했다."

만 명에 하나 있을까 말까이다. 학업이 이화 정도에 머물지 않는 사람이 본디 있다 한들, 세상 누구에게 의지할 수 있을까? 천지의 이치를 받아 형태를 이룬 것치고 다르지 않은 것은 없다. 혈기를 타고난 것치고 다투는 마음이 없는 것은 없다. 일단 다르지만 거기 속하게 되면 주인을 떠받들고 나오는 종놈처럼 욕하는 폐단이나 주장이 다른 사람들을 떼 지어 공격하는 폐단이 나타나게 된다. 다투는 마음이 있다면 내 견해가 깨지지 않을까 두려워하는 마음을 가진 채 질투하고 꺼리거나 나무라고 헐뜯는 실마리가 열리게 된다. 혜시는 이렇게 말한다. "달리는 사람이 동쪽으로 뛰면 쫓아가는 사람도 동쪽으로 뛴다. 동쪽으로 뛴다는 점이 설령 같더라도 그들이 동쪽으로 뛰는 마음은 다를 것이다."[17] 오늘날 함께 뛰는 사람은 많다. 그렇다고 그들이 같이 뛰는 마음을 알 수 있을까? 믿을 수 있는 것 같기도 하고 믿을 수 없는 것 같기도 하다. 알 수 있을 것 같기도 하고 알 수 없을 것 같기도 하다. 이것은 같은 길을 걷는 사람이 아는지 모르는지 말하기 어렵다는 것이다.[18]

구양수는 사부 분류법[四部] 가운데 『칠략』의 책 이름만 남아 있지 실물이 사라진 상태를 못마땅하게 여겨 한탄한 적이 있다. 그리고 이것이 책을 지은 사람들의 불행이라고 생각했지만[19] 그가 문장 때문에 속상했

---

16 유함흔 『문사통의지어』는 이러하다. "오로지 글자를 알아보는 것만 거론한 것은 선생이 홀로 힘쓴 것이다."

17 주인을 들여보내고 종이 나온다[入主出奴]는 「원도 하」의 주4를 보라. 내 견해가 깨지지는 않을까 두려워하는 마음[挾恐見破]은 「언공 중」의 주7을 보라. 『한비자』 「설림 상」은 이러하다. "혜시[惠子]는 이렇게 말했다. '달리는 사람이 동쪽으로 뛰면 쫓아가는 사람도 동쪽으로 뛴다. 동쪽으로 뛴다는 점이 설령 같더라도 그들이 동쪽으로 뛰는 마음은 다를 것이다.' 그러므로 같은 일을 하는 사람이라도 찬찬히 살피지 않을 수 없다."

18 나는 이렇게 생각한다. 여기까지 같은 길을 걷는 사람을 알아보기 어려움을 말하고 있다.

19 『신당서』 「예문지서」(藝文志序)는 이러하다. "한나라 이후부터 사관은 자신의 이름과 성씨를 각 편의 맨 앞에 제시했다. 그리고 육예, 제자백가[九種], 『칠략』은 당나라 때 와서 비로소 네 가지 종류, 곧 경사자집으로 나뉘기 시작했다고 생각한다. 장서의 풍부함은 개원 연간보다 성대했던 적이 없다. 목록에 수록된 것이 오만삼천구

다는 일은 아마 믿을 수 없을 것이다. 그러나 기린을 잡았다는 기록으로 끝맺은 『춘추』 이후,[20] 저작이라는 사업은 사마천이나 반고가 그만큼 할 수 있었기 때문에 풍성해졌다. 사마천의 경우는 『사기』를 명산에 숨겼다가 전할 만한 사람에게 전하고자 했다.[21] 반고의 경우는 손아래누이 반소가 『한서』를 완성하고 마융이 동관의 장서각 아래 엎드려 절한 뒤 반소를 스승으로 삼아 반고의 『한서』를 전수하게 되었다.[22] 그래서 『사기』와 『한서』는 오늘날 마치 해와 달처럼 빛나게 되었다. 『사기』와 『한서』를 읽을 때 서광(徐廣), 배인, 복건(服虔), 응소 등 여러 사람이 쓴 뜻풀이를 살펴보면[23] 주석 틈틈이 사마천과 반고의 의도를 얻지 못한 것이

백십오 권이며, 당나라의 학자가 스스로 지은 책이 이만팔천사백육십구 권이다. 아! 성대하다고 말할 수 있겠다. 그러나 시들어 떨어지고 갈아 없어진 것도 헤아릴 수 없이 많다. 어찌 글이 화려하고 내용이 적다고 오랫동안 행할 수 없겠는가? 그리고 세속적인 주장과 학설이 분수에 맞지 않게 남는 일도 행운인가 불행인가? 이제 책에 수록하려고 보니 이름만 있고 글이 없는 것이 아마 열에 대여섯은 될 것이다. 어찌 안타깝지 않으랴!"

역주_ **사부 분류법**은 경사자집 네 가지로 나누는 도서분류법이다. 사부라는 이름이 여러 가지 뜻으로 나타나기 때문에 구분하기 위해 이렇게 옮겼다.

20 『춘추』는 이러하다. "(노나라) 애공 14년 봄 서쪽에서 사냥하여 기린을 잡았다." 공자의 『춘추』는 여기서 붓을 꺾었다.

21 사마천 「보임소경서」(報任少卿書)는 이러하다. "제가 만약 이 책을 완성한다면 명산에 숨겼다가 적임자에게 전하렵니다. 사통팔달의 도회지나 큰 도시에 두었다가 만일 죽임이라도 당하면 어찌 후회스럽지 않겠습니까?"

22 「사주」의 주8을 보라.

23 『수서』「경적지」 "정사류"는 이러하다. "『사기음의』(史記音義)는 열두 권이며 서광[徐野民]이 지었다. 『한서음훈』는 한 권이며 복건이 지었다." 『진서』「서광전」은 이러하다. "서광은 자가 야민(野民)이며 동완(東莞) 고막(姑幕) 출신이다. 제자백가의 수술 가운데 곰곰이 살펴보지 않은 것이 없었다. 효무제 때 비서랑에 제수되었다. 의희(義熙) 연간 초에 황제의 명령을 받들어 『거복의주』(車服儀注)를 지었다. 원외산기상시(員外散騎常侍)로 옮긴 뒤 저작을 이끌었다. 명령을 받들어 『진기』를 지은 뒤 표를 갖추어 올렸다. 비서감으로 승진했다." 『후한서』「유림전」은 이러하다. "복건은 자가 자신(子愼)이며 하남 형양 출신이다. 어려서 집안이 가난하여 고생했으나 뜻을 세웠고, 태학에 들어가 학업을 전수받았다. 우아한 재능이 있었고 문론을 잘 지었다. 『춘추좌씨전해』(春秋左氏傳解)를 지어 오늘날까지도 유행하고 있다. 중평(中平) 연간 말에 구강 태수에 임명되었다가 면직되었다. 객지를 떠돌다가 병으로 죽었다." 배인과 응소는 「사주」편의 주9 및 주10을 보라.

열에 서넛이나 된다. 『사기』나 『한서』를 전문적으로 연구하고 익힌 사람도 옛사람의 정밀하고 드러나지 않는 뜻에 통달할 수 없다. 하물며 마구잡이로 훑어봐도 알 수 있거나 『사기』와 『한서』를 아끼고 미워하는 평가가 제멋대로 결정될 수 있겠는가? 전해지지 않은 책은 분류 목록에 책 이름만 헛되이 남았다고 개탄한다. 전해지는 책에서는 지은이의 뜻을 헤아려 찾으려다가 도리어 잃어버리는 경우도 있고 자신이 못마땅한 점이나 아끼고 미워하는 평가가 들쭉날쭉한 경우도 있다. 그래서 믿을 수 있는 것 같기도 하고 믿을 수 없는 것 같기도 하며 알 수 있을 것 같기도 하고 알 수 없을 것 같기도 하다. 이것은 지은이가 죽은 뒤에 그를 아는지 모르는지 말하기 어렵기 때문이다.[24]

사람이 돌이나 나무와 다른 이유는 감정이 있기 때문이다. 감정이 소중한 이유는 서로 기뻐하면서 이해하기 때문이다. 훌륭한 사람은 세상에 이름이 널리 알려져서 임금과 함께 자신의 뜻을 행할 수 없더라도 난처하고 딱한 상황을 순순히 맞아들여 자신의 도를 즐긴다. 훌륭한 사람은 살아 있을 때 자신의 시대에 융숭한 대접을 받거나 때를 만났지만 마음이 맞지 않더라도 순순히 죽음을 맞아들여 후세에 자신을 알아줄 사람을 기다린다. 그러나 이런 이치가 있다 하더라도 틀림없이 그런 일이 있는 것은 아니다. 자취를 이은 사람이라 하더라도 꼭 마음을 이은 사람이라고 할 수는 없다. 그래서 믿을 수 있는 것 같기도 하고 믿을 수 없는 것 같기도 하며 알 수 있을 것 같기도 하고 알 수 없을 것 같기도 하다. 미래에서 현재를 보는 것도 현재에서 과거를 보는 것과 마찬가지일 것이다.[25] 아! 이것은 백아(伯牙)가 악기의 줄을 끊고 연주하지 않은 이유이며[26] 화씨가 옥의 원석을 부둥켜안고 슬퍼하며 울었던 이유이다.[27] 메추

24 나는 이렇게 생각한다. 여기까지 죽은 뒤의 일을 알기 어려움을 말하고 있다.

25 왕희지 「난정집서」(蘭亭集序)의 글이다.

26 『여씨춘추』 「본미」(本味)는 이러하다. "백아(伯牙)가 거문고를 두드리자 종자기(鍾子期)가 들었다. 장차 거문고를 두드리기 시작할 때 뜻은 태산에 있었다. 종자기는 이렇게 말했다. '좋구나, 거문고를 두드림이여! 높고도 높아 태산과 같구나.' 조금 고르

라기나 까치가 지저귀면 따라 우는 놈이 많은 법이다. 누런 띠나 흰 갈대[28]는 바람이 불면 같이 넘어가는 놈이 많은 법이다. 봉황은 천 길도 넘는 하늘에서 날고 오동나무는 팔백 자도 넘는 산에서 외로이 산다.[29] 그들은 자신과 화합할 수 있는 짝이 드물거나 아예 없다는 것을 안다. 그러나 그들이 자신을 굽히고 꺾어서 무리를 따를 수 없는 것도 어쩔 수 없는 추세이다. 그러므로 군자는 밥도 거를 정도로 마음과 힘을 다하여 떨쳐 일어나, 남들이 알아주지 않아도 자신을 닦는다. 노년이 다가오는 것도 모르는 채[30] 자신의 사업에 적합함을 추구할 뿐이다. 어찌 한도가 있는 삶으로 끝없는 헐뜯음과 칭찬을 쫓을 수 있겠는가?[31]

는 사이 뜻은 흐르는 물에 있었다. 종자기는 또 이렇게 말했다. '좋구나, 거문고를 두드림이여! 넓고도 넓어 흐르는 물 같구나.' 종자기가 죽자 백아는 거문고를 부수고 줄을 끊었다. 세상은 거문고를 다시 두드리기 부족하다고 생각했기 때문이다."

27 「언공 하」의 주71을 보라.

28 「언공 하」의 주127을 보라.

29 『문선』 가의 「조굴원문」(弔屈原文)은 이러하다. "봉황이 천 길 하늘 위를 나네. 덕성스런 빛을 살피고 아래로 내려오네." 매승 「칠발」은 이러하다. "용문(龍門)의 오동나무는 키가 백 자나 되는데 잎이 없다."

30 『논어』 「술이」는 이러하다. "분발하여 먹는 것도 잊고 즐거워 근심도 잊으며 노년이 장차 이르리라는 것도 모른다." 『예기』 「중용」은 이러하다. "군자의 도는 어두운 것 같아도 해처럼 밝다."

31 나는 이렇게 생각한다. 여기까지 앞에 나온 글 전체를 묶어서 어두운 채 스스로 수양하여 깨닫지 못하는 것이 없도록 하는 상태로 되돌아간다는 말이다.

석통(釋通)[1]

『주역』은 이렇게 말한다. "군자만 천하의 뜻에 통할 수 있다."[2] 이것을 풀이하는 사람은 밝게 드러냄[文明]이 군자의 능력[德]이며 사람들과 함께 할[同人] 때 천하의 뜻을 통하게 만들 수 있다는 말이라고 생각한다.

---

1 유함흔 『문사통의지어』는 이러하다. "「석통」(釋通)편은 사법(史法)을 전문적으로 논한 것이며, 바로 선생의 큰 계획이다. 통하지 않는 것은 각각 나뉘는 쪽으로 가게 마련이고, 통하는 것은 위대한 근원으로 돌아가게 마련이다. 통하지 않는 것은 억지로 통하게 하지 말 것이며, 통하는 것은 본래 가려지게 하지 말아야 한다. 이것이 바로 선생의 학설에서 큰 뿌리이며, 다름 아니라 통(通)이라는 뜻을 『문사통의』의 이름에 붙인 근거이기도 하다." 나는 이렇게 생각한다. 장학성의 『경신간초』(庚辛間草)에는 「석통」이나 「답객문」 등의 편이 있다. 그래서 이것은 건륭 55년과 건륭 56년 사이에 지은 것이다. 여강(廬江) 하씨(何氏)의 초본에는 원래 제목 다음에 "경"(經)이라는 글자를 주로 달았다. 아마 「신정」이나 「답객문」 같은 여러 편들이 바로 「석통」편의 뜻을 펼쳤다는 근거일 것이다.

역주_ 건륭 55년은 1790년 경술년이고, 건륭 56년은 1791년 신해년이다.

2 『주역』 「동인」(同人) "단사"의 글이다. 주는 이러하다. "군자는 문명을 덕으로 삼는다." 소는 이렇게 말한다. "오로지 군자라는 사람이 동인의 때에 올바른 도로써 천하의 뜻을 통달하게 할 수 있다."

『상서』는 이렇게 말한다. “그래서 희씨와 화씨에게 명하노니 땅과 하늘이 통하는 것을 끊어라.”[3] 이것을 풀이하는 사람은 사람과 신이 서로 방해하지 않고 각자의 질서를 얻으라는 말이라고 생각한다. 선왕은 사람들이 의지를 숨기는 일을 두려워했다. 그래서 밝게 드러내는 데서 정치가 나오게 되고 사람들이 인간 사회에 밝게 통달하도록 만들고 사람들과 함께 하는 마음을 넓히게 만든다. 선왕은 어지러운 정치가 세상에 나타날까봐 두려워했다. 그래서 사람들과 벼슬아치들에게 직책을 나눠주고 절대 통하지 못하도록 만들었다. 이것은 권세를 혼자 쥐고 제 마음대로 하거나 제멋대로 권세를 부리며 함부로 날뛰는 일을 엄격하게 막으려고 하기 때문이다.[4] 육경이 각자 전범을 나눠 맡고[5] 다섯 벼슬아치(五史)(내사, 외사, 태사, 소사, 어사를 가리킨다)가 문서를 다스린[6] 이후, 학업의 전수는 전문적인 스승에게 맡기고 벼슬아치들은 각자 법을 지켰다. 이것이 땅과 하늘이 통하는 것을 끊었다는 뜻이다. 산술은 모으면 아홉 가지이고 글자를 만드는 방법은 여섯 가지로 요약된다.[7] 만물이 뒤섞인 상태에서 개개인의 능력을 가려내고 글자를 통일하고 수레바퀴 폭을 통일한다.[8] 이것이 천하의 뜻을 통하게 만든다는 뜻이다. 공자가 돌아가시자 미언은

---

3 『상서』 “주서” 「여형」(呂刑)의 글이다. 공안국 『상서전』은 이러하다. “중(重)은 바로 희(羲)이다. 여(黎)는 바로 화(和)이다. 요임금이 희씨와 화씨에게 대대로 천지와 네 계절을 관장하는 관직을 명령했다. 사람들이 혼란스럽지 않도록 만들고 각각 순서를 얻게 만들었다. 이것은 땅과 하늘이 통하는 것을 끊었다는 말이다. 하늘의 신이 땅으로 내려오지 않고 땅의 기(祇)가 하늘에 이르지 못하니 서로 간섭하지 않음을 밝혔다.”

4 『시』 「대아」 “황의”(皇矣)는 이러하다. “하느님이 문왕에게 이르셨네. 그처럼 인심이 떨어져 나가지 않게 하라.” 『모시전』은 이러하다. “이처럼 도를 배반함이 없고 이처럼 잡아채지 않는다.” 정현의 「전」은 이러하다. “반원(畔援)은 발호(跋扈)와 같다.”

5 「서교 상」의 주12를 보라.

6 「사석」편의 주3을 보라.

7 「박약 하」의 주4를 보라.

8 『주역』 「계사전 하」는 이러하다. “사물이 뒤섞여 덕을 짓는다.” 소는 이러하다. “천하의 사물을 모두 모아 모든 사람의 덕을 지어 헤아린다는 말이다.” 동문공궤(同文共軌)는 「시교 상」의 주68을 보라.

끊어졌다. 공자 제자들이 돌아가시자 대의가 어그러졌다. 한나라 초기에 『춘추』는 다섯 학파로 나뉘고 『시』는 네 학파로 나뉘었다.[9] 『춘추공양전』을 연구하는 사람은 『춘추좌전』이나 『춘추곡량전』을 논의하지 않았고 『한시』를 학업으로 삼은 사람은 『제시』나 『노시』와 뒤섞지 않았다. 전문가의 학업은 그래서 성행하게 되었다. 스승에서 제자로 전수되는 전문가의 방법이 이후 차츰 쇠락하게 되자 학자들의 재치만 곁가지로 뻗어 넘쳐나고 기이한 이론만 어지럽게 일어나게 되었다. 그래서 판단력이 깊고 멀리 내다볼 줄 아는 선비들은 훈고만 하는 『이아』 같은 책을 두려워하게 되었다. 『이아』 같은 책 정도로는 시대가 단절되어 도통 알 수 없는 말이나 내용은 같지만 이름이 다른 말을 전부 망라할 수 없기 때문이다.[10] 대충 기워 맞추는 데 익숙한 무리들은 전문가의 방법에 있는 궁극적 뜻을 모을 근거가 없었다. 그래서 오경의 요점만 한데 모아서 묶고 육예의 글을 변별했다. 석거각에서 유학자들이 모여 만든 『오경잡의』(五經雜議) 같은 종류의 책[11](반고의 『한서』 「예문지」는 『오경잡의』가 열여덟 편이라고 한다)에서 처음으로 경을 떠나 별도로 책을 만드는 일이 시작되었다. 통한다는 뜻이 책 이름에 쓰인 것은 이것을 근거로 본뜬 것이다. 유향은 오경을 한데 모아 교정할 때, 세 가지 『예』를 편집하고 대략적인 내용을 기록했다. 유향은 『대대예기』와 『소대예기』의 분류 제목을 표시하여 나누고 종류가 비슷한 것끼리 모았다. 그러나 유향이 분류한 원칙은 한결

9 이 말은 『한서』 「예문지」를 보라. 『춘추』는 다섯으로 나뉜다. 위소는 이렇게 말한다. "좌씨, 공양씨, 곡량씨, 추씨, 협씨를 말한다." 『시』는 넷으로 나뉜다. 위소는 이렇게 말한다. "모씨, 제나라, 노나라, 한나라를 말한다."

10 『이아』는 「경해 상」의 주28을 보라. 곽박의 「이아서」(爾雅序)를 보라. 절대리사(絶代離辭)는 다른 시대의 다른 말이라는 뜻이며, 내용은 같지만 말이 다르다는 뜻이다.

11 『한서』 「예문지」 "육예략" '효경류'(孝經類)는 이러하다. "『오경잡의』는 열여덟 편이며 석거각에서 논한 것이다." 『한서』 「위현성전」(韋玄成傳)은 이러하다. "선제가 위현성을 불러 회양(淮陽) 중위(中尉)에 임명했다. 당시 왕은 아직 나라를 취하지 않았다. 위현성은 황제의 명령을 받고 태자 대부(太子大傅) 소망지(蕭望之) 및 오경의 여러 유학자들과 석거각에서 동일성과 차이에 대해 함께 논했다. 조리 있게 정리하여 대답을 바쳤다."

같지 않았다. 「단궁」(檀弓)이나 「예운」(禮運) 같은 편에는 통론(通論)이라는 제목을 달았다.[12] 통한다는 정해진 이름이 책 이름에 쓰인 것은 이것을 근거로 드러나게 되었다.[13](『수서』 「경적지」는 『오경통의』(五經通義) 여덟 권이라고 한다. 주석에서 양나라 때 판본은 아홉 권인데 지은이를 알 수 없다고 한다. 『신당서』 「예문지」는 유향의 『오경통의』가 아홉 권이라고 한다. 그러나 당나라 이전에 어떤 기록이나 전승이 있는지 찾을 길이 없다)

반고는 건초(建初) 연간에 한나라 장제(章帝)의 명령을 받아 『백호통의』(白虎通義)를 지었다.[14](『후한서』 「유림전」은 그냥 『통의』라고 부르고 있다. 반고의 열전에서는 『통덕론』(通德論)이라고 부르고 있지만, 후세인들은 '의'자를 없애고 그냥 『백호통』(白虎通)이라고 부른다. 옳지 않은 일이다) 응소는 당시 유행의 잘못을 불쌍히 여겨서 『풍속통의』(風俗通義)를 지었다.[15] 아마 장구와 훈고는 보

---

12 유향이 경을 교정한 일은 「서교 상」의 주14를 보라. 나는 이렇게 생각한다. 공영달의 『예기정의』는 각 편명 다음에 모두 "정현의 『목록』에 따르면 이렇고 저렇다"라는 단락이 있다. 그리고 정현의 목록 각 편에도 모두 "이것은 『별록』에서 어디어디에 속한다"라는 말이 있다. 그래서 유향이 목록을 편집할 때 분류한 것을 정현이 인용한 것이다. 분류 가운데 고증을 통해 알 수 있는 것은 첫째 통론(通論), 둘째 제도, 셋째 상복, 넷째 길례(吉禮) 또는 길사(吉事), 다섯째 제사(祭祀), 여섯째 자법(子法) 또는 세자법(世子法), 일곱째 악기, 여덟째 명당(明堂) 또는 명당음양(明堂陰陽)이다. 이것은 종류에 따라 따르게 한다는 것이며, 뜻이 한결같지는 않다. 나는 이렇게 생각한다. 또한 『예기정의』는 정현의 『목록』을 인용하고 있다. 「단궁」, 「예운」, 「옥조」, 「대전」(大傳), 「학기」, 「경해」, 「애공문」(哀公問), 「중니연거」(仲尼燕居), 「공자한거」(孔子閒居), 「방기」, 「중용」, 「표기」, 「치의」, 「유행」, 『대학』 등 여러 편에는 모두 이렇게 말하고 있다. "이것은 『별록』에서 통론에 속한다."

13 나는 이렇게 생각한다. 이 단락은 통의(通義)의 시작이다.

14 『후한서』 「유림전」은 이러하다. "건초 연간에 백호관에서 여러 유학자들을 크게 모아 동일성과 차이에 대해 비교하고 상세하게 만들었다. 몇 달이 걸려 비로소 마쳤다. 숙종(肅宗)은 직접 자리에 참석하여 황제의 명령서를 낭독했다. 석거각의 고사처럼 역사를 기록하는 신하에게 명령을 내려 『통의』를 지었다." 「반고전」은 이러하다. "천자는 여러 유학자들을 만나 오경을 강론하고 『백호통덕론』(白虎通德論)을 지었다. 반고에게 그 일을 지어서 모으라고 명령했다." 『수서』 「경적지」 "논어류"(論語類)는 이러하다. "『백호통의』(白虎通義)는 여섯 권이다." 『신당서』 「예문지」도 같다. 『중흥서목』(中興書目) 및 『숭문총목』은 열 권, 모두 마흔네 문이라고 한다. 건초는 한나라 장제의 연호이다.

15 『후한서』 「응봉전」은 이러하다. "응소는 자가 중원(仲遠)이며 『풍속통』을 지었다.

잘 것 없는 무리에게 갈수록 가라앉아 잘못되겠지만 경을 풀이하고 논의하는 전문가의 주장이 일어나서 그것을 구할 것이다.[16] 반고와 응소가

그는 여기서 사물의 종류[物類]와 이름[名號]을 구분하고 당시 풍속의 의심스러운 점을 풀었다. 글이 비록 고전적이진 않지만 후세인은 그가 들은 것을 정리한 점을 인정한다." 『수서』「경적지」와 『신당서』「예문지」는 『풍속통의』가 서른 권이라고 한다. 『직재서록해제』는 이러하다. "지금 열 권만 남아 있다." 응소 「자서」(自序)는 이러하다. "세속에 돌아다니는 말, 많은 사람들이 함께 전한 것, 세월이 오래 되었으나 버릇이 되지 않은 것에 대해 근원을 찾고 살필 수 없었다. 나는 나중에 올 사람들이 더욱 헛갈리고 잘 모를까 두려웠다. 그래서 애오라지 재주가 없는 대로 아는 것을 들어 가리키는 것에 따라서 분류하고 모았다. 모두 열한 권이며 『풍속통의』라고 불렀다. 세속의 잘못을 통하게 만들고 만사를 의리에 포괄시킨다는 말이다."

16 장구와 훈고는 「원도 하」의 주6을 보라. 『용재오필』(容齋五筆) 권6 「경해지명」(經解之名)은 이러하다. "진나라와 당나라 때부터 오늘날까지 많은 유학자들은 육경을 풀이했다. 그렇지 않으면 스스로 아름다운 이름을 세웠다. 아마 각자 온갖 것을 늘어놓고 그것을 전(傳)입네 해(解)입네 장구입네 부르고 있을 뿐이리라. 전국시대부터 한나라까지 글의 이름은 간단하고 우아했다. 첫째가 고(故)이다. 고는 가리키는 뜻을 통하게 하는 것이다. 『서』에는 『하후해고』(夏侯解故)가 있고, 『시』에는 『노고』(魯故), 『후씨고』(后氏故), 『한고』(韓故)가 있다. 『모시고훈전』(毛詩故訓傳)에 대해 안사고는 이렇게 말한다. '세속에서는 고훈전(故訓傳)을 고훈전(詁訓傳)이라고 고치고 있는데 참을 잃은 것일 뿐이다.' 소학에는 두림의 『창힐고』(蒼頡故)가 있다. 둘째가 미(微)이다. 이것은 드러나지 않는 뜻을 풀이하는 것이다. 『춘추』에는 『좌씨미』(左氏微), 『탁씨미』(鐸氏微), 『장씨미』(張氏微), 『우경미전』(虞卿微傳) 따위가 있다. 셋째는 통(通)이다. 와단(洼丹)의 『역』에 대한 통론은 『와군통』(洼君通)이라 하고, 반고의 『백호통』, 응소의 『풍속통』, 당나라 유지기의 『사통』, 한황(韓滉)의 『춘추통』(春秋通) 따위가 있다. 이런 여러 책들은 오로지 『백호통』과 『풍속통』만 있을 따름이다. 또한 정현[鄭康成]이 지은 『모시전』(毛詩箋), 신명(申明)의 『전의』(傳義)가 있지만 다른 책은 이 글자를 사용하지 않았다. 『논어』의 학문은 다만 『제론』, 『노론』, 『장후론』(張侯論)이라고만 부르고 나중에는 모두 그렇게 부르지 않게 되었다."

역주_ **두림**(?~47)은 자가 백산(伯山)이며 부풍 무릉(현재 섬서성 흥평) 출신이다. 두업(杜鄴)의 아들이다. 어려서부터 학문을 좋아하여 당시 통달한 유학자라 불렸다. 건무(建武) 6년(30) 시어사(侍御史)가 되었고 벼슬은 대사공까지 지냈다. 『고문상서』를 얻어 보배로 여기고 늘 지니고 다녔다 한다. 고문을 잘 썼다. 『창힐편』에 고대 문자가 많은데 읽을 줄을 모르자 그가 훈고했다 한다. **한황**(723~787)은 자가 태충(太沖)이며 장안 출신이다. 소사(少師) 한휴(韓休)의 아들이다. 음보로 기조참군(騎曹參軍)이 되었다. 이후 여러 벼슬을 두루 지냈다. 정원 연간에 진국공(晉國公)에 봉해졌다. 본래 절약하길 좋아하여 갖옷이나 자리는 십 년에 한 번 바꾸고 집도 비바람을 막을 정도였다 한다. 『주역』과 『춘추』를 잘했다 하고 거문고를 잘 탔으며 글씨와 그림도 잘 그렸다 한다. 예서를 잘 썼는데 장초(章草)는 양시중(梁侍中)에게 배우고 초서는 장욱(張旭)의 필법을 얻어서 전서와 초서도 잘 썼다 한다.

책을 쓴 것은 후세의 저작에 통한다는 말이 책 제목에 달린 시초이다.[17] 이때부터 경에 의지해서 뜻을 풀이하게 되었다. 집해(集解)(두예(杜預)의 『춘추경전집해』[左氏經傳集解], 범녕(范寧)의 『춘추곡량전집해』[穀梁傳集解], 하안(何晏)의 『논어집해』(論語集解) 따위)라든지, 집주(集註)(순상(荀爽)의 『구가역』(九家易), 최영은(崔靈恩)의 『집주모시』(集註毛詩), 공륜(孔倫)과 배송지의 『집주상복경전』(集註喪服經傳) 따위)라든지, 이동(異同)(허신의 『오경이의』, 하창(賀瑒)의 『오경이동평』(五經異同評) 따위)이라든지, 연부(然否)(하휴(何休)의 『공양묵수』(公羊墨守), 정현의 『박하씨한의』(駁何氏漢議), 초주(譙周)의 『오경연부론』(五經然否論) 따위)[18]라는 여러 가지 이

---

17 「경해 중」의 주13을 보라.

18 『수서』 「경적지」는 이러하다. "『춘추좌씨경전집해』(春秋左氏經傳集解)는 서른 권이며, 두예가 지었다. 『춘추곡량전』은 열두 권이며, 범녕이 집해했다. 『논어집해』는 열 권인데 하안이 모았다. 『주역』에 대해서 순상(荀爽)의 『역구가주』[九家注]는 열 권이다. 『집주모시』는 스물네 권인데 양나라 최영은(崔靈恩)이 주를 달았다. 『집주상복경전』은 한 권인데 진나라 공륜(孔倫)이 지었다. 『집주상복경전』은 한 권인데 송나라 배송지가 지었다. 『오경이의』는 열 권이며 후한 허신이 지었다. 『오경이동평』은 한 권인데, 하창(賀瑒)이 지었다. 『춘추공양묵수』(春秋公羊墨守)는 열네 권인데 하휴가 지었다. 『박하씨한의』(駁何氏漢議)는 두 권인데 정현이 지었다. 『오경연부론』은 다섯 권인데 진나라 초주가 지었다."

역주_ **순상**은 자가 자명(慈明)이며 영음(潁陰, 현재 하남성 허창) 출신이다. 순씨는 영음의 유명한 집안이다. 순상은 전국시대 순자의 십이대 손이며 순욱(荀彧)의 숙부이기도 하다. 품행이 고결하고 박학다식했다 한다. 순상은 여덟 명의 형제 가운데 여섯째이지만 재능은 첫째였다 한다. 연희 9년(166) 태상 조전(趙典)이 순상을 효자로 천거하여 낭중에 임명했는데 대책을 올리고 황제를 만난 뒤 바로 그만 두고 돌아왔다 한다. 당고의 재앙을 피하기 위해 한수 가에 십여 년을 은거하면서 저술에 매달렸다. 당고가 풀린 뒤 사공 원봉(袁逢)이 순상을 추천했지만 나가지 않았다. 헌제가 즉위하고도 순상은 피했지만 결국 평원 상(平原相)이 되었다. 평원에 가는 도중 완릉(宛陵, 현재 안휘성 선성)에 도착했을 때 광록훈 벼슬이 추가되었고 평원에 도착하여 사흘째 되는 날 사공에 임명되었다. 순상은 동탁을 제거하려는 왕윤과 뜻을 같이 하다가 일을 벌이기 전에 병으로 죽었다. **최영은**은 남조 때 송나라 청하(清河) 동무성(東武城, 현재 산동성 동무성) 출신이다. 어려서 열심히 공부하여 경전에 통달했고 특히 세 가지 『예』와 『춘추』의 세 가지 「전」에 정통했다. 북위에 벼슬하여 태상 박사가 되었다. 천감 13년(514) 양나라에 귀순했다. 여러 벼슬을 두루 거치고 계주(桂州) 자사로 있을 때 죽었다. 저술에 『집주모시』, 『삼례의종』(三禮義宗)이 있다. **하창**(452~510)은 자가 덕련(德璉)이며 남조 때 양나라 회계 산음 출신이다. 하순(賀循)의 고손자이다. 어려서부터 가학을 이었다. 유왕헌(劉王獻)이 국자생(國子生)으로 추천했으며 명경과에 합격했다. 제나라 때 태학박사, 태상 승을 지냈다. 양나라 때 다시

름이 생기게 되었다. 경을 벗어나서 책을 지은 것도 있다. 육예(六藝)(정현의 『육예론』 따위)라든지, 성증(聖證)(왕숙의 『성증론』(聖證論) 따위)이라든지, 광류(匡謬)(당나라 안사고의 『광류정속』(匡謬正俗) 따위)라든지, 겸명(兼明)(송나라 구광정(丘光庭)의 『겸명서』(兼明書) 따위)[19]이라는 여러 가지 제목이 생기게 되었다. 이런 책들은 설령 통한다는 말을 책 제목에 달지 않았더라도 사실 통한다는 뜻이 남아 있다. 따라서 경부의 유파는 변별하지 않을 수 없다. 『상서』의 「요전」과 「순전」은 통틀어 "하서"(夏書)라고 부른다.(『춘추좌전』은 "하서"를 "우서"라고 부른다. 마융, 정현, 왕숙은 『상서』의 첫 편에 "우하서"(虞夏書)라는 제목을 달았다. 복생의 『대전』에서 첫 편의 제목도 「우하전」(虞夏傳)이다) 『국어』와 『전국책』은 주나라의 기록[周記]을 따르지 않는다.[20] 『태사공서』 백서른 편은 스스로 자부에 속하는 책의 하나라고 부른다.[21](본래 『태사공

태상 승이 되었다. 천감 4년(505) 오경박사를 겸직했다. 세 가지 『예』에 정통했으며 양나라 초기 예악을 제정할 때 그의 학설을 많이 채용했다. 고향에서 학생들을 가르칠 때 삼천여 명의 제자를 받았다고 한다. 저술에 『오경의』(五經義) 등이 있다.

19 『수서』 「경적지」는 이러하다. "『육예론』은 한 권인데, 정현이 지었다. 『성증론』(聖證論)은 열두 권인데 왕숙이 지었다." 『구당서』 「경적지」 "경해류"(經解類)는 이러하다. "『광류정속』(匡謬正俗)은 여덟 권이며 당나라 비서감 안사고가 지었다." 『송사』 「예문지」 "경해류"는 이러하다. "구광정(丘光庭)의 『겸명서』(兼明書)는 세 권이다." 나는 이렇게 생각한다. 구광정은 오대 때 오정(烏程) 출신이며 벼슬은 태학박사를 지냈다.

20 『국어』는 「서교 하」의 주25를 보라. 『직재서록해제』 「춘추류」는 이렇게 말한다. "반고는 「예문지」에 『국어』 스물한 편이 있는데 좌구명이 지은 것이라고 썼다. 지금까지 『춘추전』과 함께 유행하고 있으며 춘추외전(春秋外傳)이라고 불린다. 지금 두 책을 비교해 보면 드나듦이 있다. 그래서 사실과 표현이 많은 차이가 나기도 하며 형식이 비슷하지 않기도 하다. 틀림없이 동일한 사람의 손에서 나온 것이 아니라는 뜻이다." 『한서』 「예문지」 '춘추류'는 이러하다. "『전국책』은 서른세 편이며 『춘추』 이후를 기록했다." 『직재서록해제』 「잡사류」는 이렇게 말한다. "『전국책』은 서른 권이며 사마천의 『사기』가 뿌리로 삼았고 유향이 교정한 것이다. 그러나 지은이의 이름이나 성씨가 없고 후한의 고유가 주를 달았다. 동주부터 중산국(中山國)까지 열두 나라를 기록했는데, 모두 서른세 편이다."

21 『한서』 「사마천전」은 이러하다. "하늘과 사람이 만나는 지점을 끝까지 파고들고 고금의 변화에 통하며 일가의 주장을 이루고자 한다." 사마천이 제자백가의 하나로 자신을 이름 붙이고자 한 의도를 알 수 있다. 홍이훤(洪頤煊)은 「서사기후」(書史記後)에서 이렇게 말한다. "『태사공서』는 「본기」 열두 편, 「표」 열 편, 「서」 여덟 편, 「세

서』라고 불렀지 『사기』라고 부르지 않았다) 반고의 『한서』 「오행지」와 「지리지」는 위로 하나라와 주나라까지 거슬러 올라간다.[22](「지리지」는 『상서』 「우공」에서 시작하며 「오행지」는 『춘추』와 부합한다. 사마천의 『사기』에서 빠지거나 생략된 것을 보충했으므로 한나라로 한정지을 수 없다) 옛사람의 전문적인 학파의 주장에서 글을 완성시키고 법을 세울 때, 분리시키거나 모으는 일과 저울질해서 짝을 맞추는 일은 이치에 따라서만 보았을 뿐이다. 본디 따로 표제를 단 적도 없었고 분류에 따라 나눈 적도 없다. 양나라 무제는 사마천과 반고 이후 어떤 왕조를 칼로 자르듯 잘라내어 역사서를 쓰게 되었

가」 서른 편, 「열전」 일흔 편을 지어 모두 백서른 편, 오십이만육천오백 자이다. 「태사공서서」(太史公書序)를 지어 대략이나마 남은 것을 모으고 「기」를 보충하여 일가의 주장을 이뤘다.' 이에 따르면 책의 이름 『태사공』은 사마천 스스로 붙인 것이다. 환담은 이렇게 말한다. '사마천이 책을 써서 완성하고 동방삭에게 보여줬다. 동방삭이 모두 『태사공』이라고 이름 붙였다.' 어떤 사람은 이렇게 말한다. '사마천의 외손자인 양운이 부른 것이다.' 이 이야기는 틀렸다. 『한서』 「예문지」'『태사공』 백서른 편이다. 풍상이 『태사공』 일곱 편을 이었다.' 「동평사왕전」(東平思王傳) '글을 올려 제자백가 및 『태사공서』를 찾았다.' 『후한서』 「두융전」(竇融傳) '두융에게 『태사공』, 「오종」(五宗), 「외척세가」(外戚世家), 「위기후열전」(魏其侯列傳)을 하사했다.' 「양종전」(楊終傳) '황제의 명령을 받고 『태사공서』를 편집했다.' 왕충의 『논형』과 갈홍의 『포박자』는 『태사공기』(太史公記)를 인용하고 있는데 모두 옛날 제목 그대로이다. 『수서』 「경적지」에 와서 비로소 이렇게 말하게 되었다. '『사기』 백서른 권과 목록 한 권은 한나라 중서령인 사마천이 지었다.' 육조시대부터 제목을 고친 것이다. 오늘날까지 결국 계속 이어져서 변하지 않았다."(『균헌문초』(筠軒文鈔) 권2)

역주_ **홍이훤**(1765~1837)은 자가 정현(旌賢), 호가 균헌(筠軒)이며 절강성 임해현 출신이다. 어려서부터 열심히 공부했고 형 홍곤훤(洪坤煊), 아우 홍진훤(洪震煊)과 절에서 공부했다. 절강 학정 완원의 칭찬을 받고 고경정사에 들어갔다. 완원을 도와 『경적찬고』(經籍纂詁)를 편찬했다. 가경 6년(1801) 공생으로 선발되어 산동 양도(糧道) 손성연 밑에 들어가 『손씨서목』(孫氏書目) 및 『평진관독비기』(平津館讀碑記)를 편찬하는 일을 도왔다. 여러 벼슬을 역임한 뒤 양광 총독 완원에게 다시 가서 경학과 사학을 연구했다. 고향집으로 돌아온 뒤 소정운산관(小停雲山館)을 짓고 삼만여 권의 장서, 이천여 개의 비판(碑版), 청동기와 서화 등을 수집하고 목록을 작성했다. 저술에 『상서홍범오행전론집본』(尙書洪範五行傳論集本), 『한지수도소주증』(漢志水道疏注證), 『제사고이』(諸史考異) 등이 있다.

22 『한서』 권27은 「오행지」이다. 유향과 허상(許商)의 『오행전기』가 서술한 내용을 많이 채용했다. 위로 춘추시대와 전국시대까지 미친다. 권28은 「지리지」이다. 『상서』 "하서" 「우공」과 『주례』 "직방"(職方)의 학설을 많이 채용했다.

다고 생각했다. 그래서 그는 위로 삼황에서 시작하여 아래로 양나라에 이르는 『통사』(通史)를 지어[23] 숱한 역사서를 남김없이 모두 받아들이려고 구상했다. 통한다는 책 제목을 역사서에 달게 된 것은 여기서 시작되었다.[24] 이것을 이어 근원과 갈래가 차츰 분리되기 시작했다. 고금의 학술을 한데 모아서 묶을 때, 기전체는 으레 사마천을 기준으로 삼게 되었다. 그래서 정초는 『통지』를 지었다.[25](『통지』에서 정밀하고 요긴한 부분은 의례에 있다. 아마 특정 학파의 주장은 여러 사람의 지식과 판단력에 달려 있지만 그들이 지은 여러 역사서의 법도에 깃들어 있을 것이다. 이것은 원래 자세히 살피고 검토하여 증거를 찾는다고 해도 장점을 보여주지 못할 것이다. 후세인은 여러 역사서가 꼼꼼하지 못하고 너절하다고 지껄이지만 이것은 잘못된 주장이다) 과거의 역사서에 있는 「서」나 「지」를 종합했지만 책을 쓸 때는 관청에서 지키는 『예』에서 방법을 취한다. 그래서 두우는 『통전』을 지었다.(『통전』은 유질(劉秩)의 『정전』에 뿌리를 두고 있다)[26] 기전체에서 부분에 따라 차이가 나는 글(互文)(기전체의 글은 때에 따라 서로 상세하거나 간단한 차이가 있다)을 모았지만 편집할 때

---

23 『양서』 「무제기」는 이러하다. "태청(太淸) 2년 『통사』(通史)가 완성되었다. 황제가 몸소 글을 지어 서문을 도왔다. 모두 육백 권이다." 『사통』 「육가」는 이러하다. "양나라 무제가 많은 신하에게 명령을 내려 위로는 태초 연간부터 아래로는 제나라 황실까지 『통사』 육백스무 권을 지으라고 했다. 그것은 진나라 이전은 모두 『사기』를 저본으로 하여 다른 학설도 따로 채집하여 달리 들은 것을 넓혔다. 한나라 때까지는 당시의 「본기」와 「열전」을 전부 수록하여 아래위로 통달하도록 했고 냄새와 맛이 서로 의지한다. 또한 오나라와 촉나라는 모두 「세가」에 넣었고 오호(五胡) 및 탁발씨(拓拔氏)는 「이적전」(夷狄傳)에 열거했다. 아마 형식이 모두 『사기』와 같을 것이다. 그것과 다른 것은 오로지 「표」가 없다는 것뿐이다." 나는 이렇게 생각한다. 『신당서』와 『구당서』의 「예문지」는 모두 육백두 권이라고 하는데, 목록 두 권이 포함된 것이 아닌지 의심스럽다. 『사통』은 육백스무 권이라고 하는데, 육백두 권의 잘못이 아닌지 의심스럽다. 『수서』 「경적지」는 사백여든 권이라고 되어 있는데, 여러 책들과 모두 부합하지 않는다. 자세한 것은 알 수 없다.

24 「서교 중」의 주27을 보라.

25 「문집」의 주30을 보라.

26 『통전』은 「서교 중」의 주23을 보라. 『구당서』 「유지기전」은 이러하다. "아들 유질은 자가 조경(祚卿)이며 벼슬은 낭주(閬州) 자사에 이르렀다. 『정전』 서른다섯 권을 지었다."

는 순열과 원굉이 한데 모아서 묶었다.(순열의 『한기』 서른 권과 원굉의 『후한기』 서른 권은 모두 기전체를 편년체로 바꾼 것이다) 그래서 사마광은 『자치통감』[27]을 지었다. 공적이거나 개인적인 조술과 창작을 모았지만 저울질하여 수록할 때는 공환과 소명태자를 본떴다.(공환의 『문원』은 백 권이고 소명태자 소통의 『문선』은 서른 권이다)[28] 그래서 배린(裴潾)은 『태화통선』(太和通選)[29]을 지었다. 앞의 네 가지 가운데 어떤 것은 정사의 법도를 남긴 경우도 있고(『통지』가 이렇다. 『수서』 「경적지」 이후에는 모두 기전체의 종류만 정사라고 생각한다) 어떤 것은 편년체의 표준을 바로 잡은 경우도 있으며(『자치통감』이다) 어떤 것은 전고를 규율과 법도[紀綱]라고 생각한 경우도 있고(『통전』이다) 어떤 것은 사장(詞章)을 빌어 문헌을 남긴 경우도 있다.(『통선』이다) 통한다는 제목을 사부에 달게 된 것은 여기서 가장 왕성하게 되었다.(한 시대나 여러 시대를 한데 모은 대규모의 선집은 장고를 남기려는 의도가 있다. 그래서 사부 아래에 매어놓는 것은 당연하고 글을 논하는 사람의 주장과 동일한 범례가 아니다) 고씨 집안[高氏]의 『소사』(小史)[30](고씨는 당나라 원화(元和) 연간의 고준(高峻)과

---

27 순열과 원굉은 「서교 하」의 주36을 보라. 『자치통감』은 「서교 하」의 주37을 보라.

28 『문선』에 대해서는 「서교 중」의 주30을 보라. 『문원』에 대해서는 「시교 상」의 주39를 보라.

29 『신당서』 「예문지」, "총집류"는 이러하다. "배린(裴潾)의 『태화통선』(太和通選)은 서른 권이다."

역주_ 배린(?~838)은 하동 문희 출신이다. 문음으로 벼슬길에 나가 헌종, 목종, 경종, 문종 때 두루 거쳤다. 원화 연간 좌보궐(左補闕)에 임명되어 당시 환관의 잘못을 극력 간언했다. 헌종이 늘그막에 장생술에 빠지자 다시 극력 반대했다. 헌종이 대노하여 강릉 령으로 강등시켰다. 이듬해 헌종이 단약을 지나치게 복용하여 죽고 목종이 즉위했다. 배린은 병부 원외랑이 되어 형부 낭중으로 옮겼다. 경종 보력 연간 초에 급사중이 되었고 문종 태화 4년(830) 여주 자사가 되고 어사중승을 겸직했다. 태화 7년(833) 좌산기상시(左散騎常侍)가 되어 집현전 학사에 임명되었다. 이때 배린은 소명태자의 『문선』을 이어 『태화통선』을 편찬했다. 배린은 당시 문학자들의 작품을 수록할 때 왕래가 뜸한 사람의 글은 거의 싣지 않아 비난이 대단했다. 죽은 뒤 호부상서에 추증되었고 경(敬)이란 시호를 받았다.

30 『신당서』 「예문지」, "정사류"는 이러하다. 『고씨소사』(高氏小史)는 백스무 권이다. 고준(高峻)이 처음 예순 권을 썼고 그의 아들 고형리(高逈釐)가 보탰다." 『직재서록해제』는 이렇게 말한다. "고준은 원화 연간 사람이기 때문에, 이 책은 당연히 순덕

그의 아들인 고형(高逈)이다)나 요씨의 『통사』(統史)[31](요씨는 당나라의 요강복(姚康復)이다)와 같은 종류의 책은 자질구레한 글을 알맞게 절제하고 원래 내용에서 필요 없는 것을 정리하고 수정한[隱括] 것이다. 나씨의 『노사』(路史)[32](나씨는 송나라의 나비(羅泌)이다)나 등씨의 『함사』(函史)[33](등씨는 명나라의 등원석(鄧元錫)이다)와 같은 종류의 책은 독자적으로 별도의 형식을 갖추고 일가의 주장을 이룬 것이다.(초주의 『고사고』(古史考), 소철의 『고사』(古史), 마숙(馬驌)의 『역사』(繹史)와 같은 종류의 책은 모두 경전에서 채록한 책이기 때문에 통사와 다르다)[34] 범씨의 『오대통록』(五代通錄)[35](범씨는 송나라의 범질(范質)이다. 그는

(順德) 연간에서 끝나야 한다. 그러나 당나라 말에서 끝나는 것은 아마 후세인이 붙여서 보탰기 때문이다. 그 부분은 고씨의 본래 책이 아니다."

31 『신당서』「예문지」"정사류"는 이러하다. "요강복(姚康復)의 『통사』(統史)는 이백 권이다."

32 『사고전서총목제요』「별사류」(別史類)는 이러하다. "『노사』(路史)는 마흔일곱 권이며 송나라 나비(羅泌)가 지었다. 대체로 「전기」(前紀) 아홉 권은 태곳적 삼황, 음강(陰康), 무회(無懷)의 사실을 기술하고 있다. 「후기」(後紀) 열네 권은 태호씨부터 하나라의 이(履)와 계(癸)의 사실을 기술하고 있다. 「국명기」(國名紀) 여덟 권은 상고시대부터 삼대까지 여러 나라의 성씨와 지리를 기술하는데, 아래로 후한 말까지 이르고 있다. 「발휘」(發揮) 여섯 권과 「여론」(餘論) 열 권은 모두 구분하여 논쟁한 것과 고증한 글이다."

역주_ 나비(1131~?)는 자가 장원(長源), 호가 귀우(歸愚)이며 길주 여릉(廬陵, 현재 강서성 길안) 출신이다. 어려서 힘껏 공부했으며 시문에 정통했다. 과거는 보지 않았다. 역사서에 오래된 옛날 일은 없었기 때문에 도장(道藏)이나 위서를 찾아 『노사』를 지었다.

33 『명사』「예문지」"정사류"는 이러하다. "등원석(鄧元錫)의 『함사』(函史)는 상편(上編)이 아흔다섯 권이고 하편(下編)이 스무 권이다." 『사고전서총목제요』「별사류」는 이러하다. "『함사』는 상편이 여든 권, 하편이 스물한 권이다. 명나라 등원석이 지었다. 이 책은 아마 정초의 『통지』를 본떠서 지었을 것이다. 상편은 다름 아니라 『통지』의 「본기」와 「열전」이고 하편은 다름 아니라 『통지』의 「이십략」이다." 나는 이렇게 생각한다. 기록된 권수가 다르다.

역주_ 등원석(1527~1592)은 자가 여극(汝極), 호가 잠곡(潛谷)이며 남성(南城) 출신이다. 열다섯 살에 부모님이 돌아가시고 제생이 되었으며 나여방(羅汝芳) 문하에서 배웠다. 가정 34년(1555) 향시에서 거인이 되었다. 다시 추수익(鄒守益) 등에게 배웠다. 삼십 년 동안 집에 있으면서 저술에 힘썼다. 나중에 한림 대조로 부름을 받았으나 곧 죽었다. 저술에 『잠학고』(潛學稿), 『함사』 등이 있다.

34 『수서』「경적지」"정사류"는 이러하다. "『고사고』(古史考)는 스물다섯 권이며 진나라 의양정후(義陽亭侯) 초주가 지었다." 『직재서록해제』「별사류」는 이러하다. "『고사』(古史)는 예순 권이며 미산(眉山) 소철이 지었다. 사마천의 옛 모습을 근거로 위

편년체로 오대의 왕조들인 후량(後梁), 후당(後唐), 후진(後晋), 후한(後漢), 후주(後周)의 사실을 기록했다)이나 웅씨의 『구조통략』(九朝通略)[36](웅씨는 송나라의 웅극(熊克)이다. 그는 여이간(呂夷簡)의 『삼조국사』(三朝國史), 왕규(王珪)의 『양조국사』(兩朝國史), 이도(李燾)나 홍매(洪邁) 등이 쓴 『사조국사』를 종합하여 편년체로 아홉 왕조의 역사서를 지었다)은 통한다는 책 제목을 달았지만 특정 조대(朝代)(왕조가 바뀌는 것을 대라고 하고 임금의 정통이 전해지는 것을 조라고 한다)에 한정한 것이다. 이씨의 『남사』(南史)와 『북사』(北史)[37](이씨는 이연수(李延壽)이다)나 설씨와 구양씨

로 『시』와 『서』를 보고, 아래로 『춘추』 및 진나라와 한나라 때의 잡록을 비교했다. 그래서 일곱 가지 「본기」, 열여섯 가지 「세가」, 서른일곱 가지 「열전」을 지었다." 『사고전서총목제요』 「기사본말류」는 이러하다. "『역사』(繹史)는 백예순 권이며, 청나라 마숙(馬驌)이 지었다. 이 책은 천지개벽[開闢]부터 진나라 말까지의 사실을 편찬하여 수록했다. 첫머리는 「세계」(世系)와 「도표」(圖表)인데, 권수에는 들어가지 않는다. 다음이 「태고」(太古) 열 권, 다음이 「삼대」 스무 권, 다음이 「춘추」 일흔 권, 다음이 「전국」 열다섯 권, 다음이 「외록」(外錄) 열 권이다. 원추의 『통감기사본말』에 있는 범례를 본떠 한 가지 사실을 만날 때마다 각각 표제를 세우고 줄거리를 상세하게 서술했다."

역주_ **마숙**(1621~1673)은 자가 완사(宛斯), 다른 자가 총경(驄卿)이며 산동성 추평현 출신이다. 순치 연간에 진사가 되었고 회안 추관과 안휘성 영벽 지현을 역임했다. 박학하고 고대를 좋아하며 경학과 사학 연구로 명성이 자자했다. 저서에 『좌전사위』(左傳事緯) 열두 권, 『역사』 백육십 권이 있다.

35 『송사』 「예문지」 "편년류"는 이러하다. "범질(范質)의 『오대통록』(五代通錄)은 예순다섯 권이다."

역주_ **범질**(911~964)은 자가 문소(文素)이며 대명(大名) 종성(宗城) 범가영(范家營) 출신이다. 후량 때 태어나 후당의 장흥 4년 진사에 합격하여 벼슬길에 나간 뒤 송나라까지 다섯 왕조에서 벼슬살이를 했다. 저술에 『범노공집』(范魯公集), 『오대통록』 등이 있다.

36 『송사』 「예문지」 "편년류"는 이러하다. "웅극(熊克)의 『구조통략』(九朝通略)은 백예순여덟 권이다."

37 『구당서』 「경적지」 "정사류"는 이러하다. "『남사』는 여든 권이고 『북사』는 백 권인데, 이연수가 지었다." 『구당서』 「이연수전」(李延壽傳)은 이러하다. "이연수는 정관 연간에 숭현관(崇賢館) 학사에 보임되었다. 송나라, 제나라, 양나라, 진나라 및 북위, 북제, 북주, 수나라 여덟 왕조의 역사서를 편집하고 보충한 적이 있다. 이것을 『남사』와 『북사』라고 부르며, 모두 백여든 권이다." 『직재서록해제』 「별사류」는 이렇게 말한다. "애초에 이연수의 아버지인 이 태사(李太師)는 예전 사실을 많이 알고 있었다. 늘 송나라, 제나라, 양나라, 진나라, 북위, 북제, 북주, 수나라로 천하가 나뉘어 갈라진 것, 남조는 북조를 삭로(索虜)라고 부르고 북조는 남조를 도이(島夷)라고 부르는 것, 자세한 것과 간단한 것, 헐뜯는 것과 아름답게 여기는 것이 전해지지 않

의 『오대사』(五代史)[38](설씨는 설거정(薛居正), 구양씨는 구양수이다. 그들은 각각 『오대사』를 썼다)는 특정 시대로 끊었지만 여전히 통사를 쓰는 방법을 시행한 책들이다.(앞의 두 가지 역사서는 설령 여러 왕조에 걸쳐 있어도 결국 한정해서 끊었기 때문에 양나라 무제의 『통사』처럼 고금을 통합한 것은 아니다) 이밖에 기전체나 고사의 종류나 찬록을 보충하여 편집한 책들이 어지러이 뒤섞여 일어났다. 비록 이것들을 줄로 엮듯 으레 엮을 수 없더라도 아마 이것들은 모두 소씨의 양나라 때 만든 『통사』의 뜻을 본떴을 것이다. 이들은 읽고 보는 데 편리한 쪽을 취했기 때문에 사부의 유파를 모르면 안 된다. 스승에서 제자로 전승되는 전문가의 방법이 더 이상 전승되지 않게 되자 사람들은 고대로 복귀하는 것을 정서적으로 무서워하게 되었다. 보잘 것 없는 무리에 의해 갈수록 가라앉아 잘못되자 학자들은 자신이 보고 들은 것에만 한정되었다. 세월이 지나자 훈고는 경에 대한 풀이로 바뀌었다. 첫 번째 탈바꿈하여 자부의 유가로 변해버렸고,(응소의 『풍속통의』나 채옹의 『독단』 같은 종류의 책이다)[39] 두 번째 탈바꿈하여 세속적인 선비의 어록으로 변해버렸으며(정호와 정이의 『이정어록』(二程語錄)이나 주희의 『주자어류』(朱子語類)[40]에는 기록한 사람이 구별하거나 선택하지 않은 곳이 있다. 결국 제자

았다고 생각하고 있었다. 그래서 개정하고 비교하여 바로잡을 방법을 생각하다가 완성하지 못하고 죽었다. 이연수는 돌아가신 아버지의 뒤를 좇아 모두 여덟 왕조를 두 가지 책으로 합쳐 백여든 편으로 만들었다. 이 책은 대단히 조리가 있고 구닥다리 말을 삭제하여 본래 책을 훌쩍 뛰어넘었다."

38 『송사』「예문지」 "정사류"는 이러하다. "설거정의 『오대사』는 백쉰 권이다. 구양수의 『신오대사』는 일흔네 권이다."

39 『풍속통의』는 앞을 보라. 『후한서』「채옹전」(蔡邕傳)은 이러하다. "채옹은 자가 백개(伯喈)이며 진류(陳留) 출신이다. 그가 지은 시, 부, 비, 뇌, 명, 찬(讚), 연주, 잠, 조(弔), 논, 의, 독단, 권학, 석회(釋誨), 서악(敍樂), 여훈(女訓), 전세(篆勢), 축문, 장표, 서기(書記)는 모두 사백 편이며 세상에 전해지고 있다." 『직재서록해제』「예주류」(禮注類)는 이러하다. "『독단』은 두 권이며 한나라 의랑(議郎) 채옹이 지었다. 한나라 제도, 예의 제도, 수레와 의복[車服] 및 여러 황제의 세대[世次]를 기록하고 아울러 이전 왕조의 예악까지 포괄한다."

40 청나라 장백행(張伯行)은 주희가 편집한 『정씨유서』(程氏遺書)의 순서에 의거하여 『이정어록』 열여덟 권을 지었다. 『주자어록』은 「주륙」의 주58을 보라.

의 제자 때 이르자 갈수록 가라앉았기 때문에 세속적인 선비라고 한 것이다) 세 번째 탈바꿈하여 졸렬한 교사의 강장(講章)으로 변해버렸다.(『몽존』(蒙存)이나 『천달』(淺達) 같은 종류의 책은 요점도 없이 마구 갈래치고 덩굴이 뻗은 것처럼 펼쳐져 있기 때문에 어록보다 심하다) 모르는 사람은 이것만 익히고 편안하게 생각하지만 아는 사람은 너절하게 생각해서 물리친다. 이것이 경에 대한 풀이를 통하게 만든다는 데서 나왔으나 본뜻을 잃어버렸다는 점을 알 만한 사람도 모른다. 역사 기록을 모아서 통사가 나타나게 되었다. 첫 번째 탈바꿈하여 사초(史鈔)로 변해버렸고(『소사』나 『통사』 같은 종류의 책은 정사만 줄여서 기록했을 뿐이지 결코 별도의 형식이 없기 때문에 사초에 넣어야만 한다. 이제껏 목록에 기록한 책들은 이것을 통사에 넣었는데 잘못된 것이다. 사부에는 "사초류"(史鈔類)가 있으며 『송사』에서 시작한 것이다) 두 번째 탈바꿈하여 책사(策士)가 시험을 대비할 때 참고하는 책으로 변해버렸으며(『문헌통고』[41] 같은 종류의 책은 비록 『통전』을 본뜬 것이긴 하지만, 분석하고 순서대로 배열한 것을 보면 사실은 유서의 학문이다. 『문헌통고』에는 특별한 판단력이나 일반적 형식이 없다. 그래서 과거 시험에 쓰이는 대책에서 자신의 주장을 늘어놓을 때 쓰기 편리하다) 세 번째 탈바꿈하여 어린이용 교재[42]로 쓰기 위해 인용하여 나열한 책으로 변해버렸다.(『강감합찬』(綱鑑合纂) 및 『시무책괄』(時務策括) 같은 종류의 책이다) 모르는 사람은 이것만 익히고 편안하게 생각하지만 아는 사람은 너절하게 생각해서 물리친다. 이것이 사부를 통하게 만든다는 데서 나왔으나 위대한 근원을 잃어버렸다는 점을 알 만한 사람도 모른다. 하물며 『칠략』이 변해서 사부 분류법이 되자 분류하는 형식은 드러나서 명백해졌지만[43] 옛사람의

역주_ **장백행**(1651~1725)은 자가 효선(孝先), 호가 경암(敬庵)이며 하남성 의봉(儀封, 현재 하남성 난고) 출신이다. 강희 24년(1685) 진사가 되어 예부 상서까지 올랐다. 시호는 청각(清恪)이다. 저술에 『정의당집』(正誼堂集), 『도통록』(道統錄), 『거제일득』(居濟一得), 『소학집해』(小學集解), 『성리정종』(性理正宗), 『염락풍아』(濂洛風雅) 등이 있다. 아래 본문의 **강장**은 과거 시험을 대비한 강의 노트이다. **책사**는 과거 시험을 대비하는 선비이다.

41 「문집」의 주30을 보라.

42 「전기」의 주23을 보라.

가법을 다시는 깊이 탐구하지 못하게 되었다. 어록이나 강장이 뒤섞여 한데 합해졌기 때문에 경부에 들어간 책도 꼭 경이라고 하지 못하고 자부에 들어간 책도 꼭 자서라고 하지 못하게 되었다. 과거 시험을 대비하기 위한 참고서[策括]나 어린이용 교재로 쓰기 위해 분류해서 인용한 책[類摘]이 뒤섞여 버렸기 때문에 사부에 들어간 책도 꼭 역사서라고 하지 못하고 집부에 들어간 책도 꼭 문집이라고 하지 못하게 되었다. 사부 분류법이 모든 책을 수록할 수 없고 구류도 구별이 없어졌기 때문에 어지럽게 뒤섞여 나온 것들을 일반적 형식에 어리석게 붙이고자 하는 시도는 엄격하게 변별하지 않을 수 없다. 옛사람은 책을 지을 때 남이 쓴 책에 의거하여 펼쳐 엮었고 자신이 창조한 형식을 취했다. 그래서 옛사람은 전문가의 학업을 완성했다. 후세인은 모든 제목을 합치고 생략해서 살펴서 조사할 때 편리함만 취한다. 그래서 후세인은 기송의 너절함에 빠져들었다. 경사는 장구만 달라도 스스로 일가를 이루었다고 말한다. (『한서』「유림전」은 비직(費直)의 『주역』이나 신배(申培)의 『노시』[44]에 대해서 그들에게 저술이나 훈고가 따로 없다고 말한다. 그러나 『한서』「예문지」에도 『비씨설』(費氏說)과 『신공노시』(申公魯詩)가 있는데 아마 다름 아니라 구두로 전수한 장구일 것이다) 역사서는 예전의 관례를 그대로 따라서 계속 이어졌기 때문에 동시에 보아

---

43 『칠략』에 대해서는 「서교 상」의 주14를 보라. 사부(四部)에 대해서는 「문집」의 주15를 보라.

44 『한서』「유림전」은 이러하다. "비직(費直)은 자가 장옹(長翁)이며 동래(東萊) 출신이다. 『주역』을 연구하여 낭이 되었고, 벼슬은 선보(單父) 영에 이르렀다. 점을 잘 쳤으며 장구가 없었다. 오로지 『단전』, 『상전』, 『계사전』 열 편('열 편'이라는 두 글자는 뒤의 『문언전』 다음에 있어야만 한다), 『문언전』으로 상경과 하경을 해설했다. 낭야 출신의 평중(平中) 왕황(王璜)이 그것을 전할 수 있었다." 『한서』「유림전」은 이러하다. "신공이 노나라로 돌아가 은퇴하고 집에서 가르치고 있었다. 죽을 때까지 고향을 나서지 않고 손님도 사절했다. 오로지 왕이 부르는 명령을 내려야 찾아갔다. 제자가 먼 곳에서 왔고 학업을 전수받은 사람이 천여 명이나 되었다. 신공은 홀로 『시경』을 훈고하는 것으로 가르쳤는데 전해지지 않았다." 안사고는 이렇게 말한다. "구두로 그 뜻을 말해주고 해설하는 「전」을 짓지 않았다." 나는 이렇게 생각한다. 『한서』「예문지」 '시류'에는 『노고』 스물다섯 권이 있다. '역류'의 서문에서 비씨경(費氏經)이 고문과 같다고 말하고 있지만, 목록에는 기록하지 않았다.

도 거리낄 것 없이 괜찮다.(사마천의 『사기』는 『춘추』나 『국어』 같은 여러 가지 역사서에 뿌리를 두었고 반고의 『한서』는 사마천의 기록 및 유흠이 지은 책에 뿌리를 두었다. 당시 두 가지 책이 동시에 존재했기 때문에 예전의 관례를 그대로 따랐다고 해서 거리낄 것이 없다) 전문가의 학업은 탁월한 뜻을 갖추고 있어야지 겉모습이 비슷하다는 것을 꺼리지 않는다. 남이 일정한 내용을 체계적으로 설명하여 가르친 것[講義]을 빼앗아 자기 것으로 만들고 이것을 오랫동안 이어서 익숙하게 되면 이미 본뜻이 아니게 된다.(명나라 때 『사서대전』(四書大全)이니 『성리대전』(性理大全)[45] 등을 편집할 때, 선유들이 주장한 것을 고쳐서 자신

45 『일지록』 권18은 이러하다. "주희가 『대학장구』와 『중용장구』, 『대학혹문』과 『중용혹문』을 짓고 『논어집주』와 『맹자집주』를 지은 이후부터 여기서 진력(陳櫟)이 『사서발명』(四書發明)을 짓고 호병문(胡炳文)이 『사서통』(四書通)을 지었다. 예사의(倪士毅)가 두 가지 책을 하나로 합치고 대단히 많이 삭제하고 바로잡은 뒤 『사서집석』(四書輯釋)이라는 이름을 붙였다. 영락 연간부터 유신(儒臣)에게 『사서대전』(四書大全)을 편찬하여 그것을 학관에 반포한 뒤 여러 가지 책을 모두 없애라고 명령했다. 예사의의 『사서집석』은 오늘날 유용장(劉用章)이 판각한 『사서통의』(四書通義)에 보인다. 『사서대전』은 조금만 증가시키거나 삭제했기 때문에 상세하고 간단한 것이 어쩌면 예사의보다 많지 않을 것이다. 『대학혹문』과 『중용혹문』은 전혀 다르지 않으며 사이사이 어그러지거나 잘못이 있다. 『춘추대전』(春秋大全)에 이르면 원나라 때 왕극관(汪克寬)의 『호전찬소』(胡傳纂疏)를 완전히 베꼈다. 다만 책에 있는 '내가 보기에는'[愚按]이라는 글자를 '왕씨가 이렇게 말했다'[汪氏曰]로 바꾸고, 여릉(廬陵) 이씨 등 한두 조목만 보탰을 뿐이다. 『시경대전』(詩經大全)은 원나라 때 유근(劉瑾)의 『시경통석』(詩經通釋)을 완전히 베낀 뒤 책에 있는 '내가 보기에는'[愚按]이라는 글자를 '안성 유씨가 이렇게 말했다'[安成劉氏曰]로 바꿨다. 후세인이 세 가지 경의 옛날 책을 모두 보지 못하게 된 것은 꼭 앞 시대 사람들 때문이 아닌 것만은 아니다."

역주_ **진력**(1252~1334)은 자가 수옹(壽翁), 휘지(徽之)이며 휴녕(休寧) 출신이다. 주자학을 높이 쳐서 송나라가 망한 뒤 은거하며 글을 썼다. 저술에 『정우집』(定宇集)이 있다. **호병문**(1250~1333)은 자가 중호(仲虎), 호가 운봉선생(雲峰先生)이며 고수(考水) 출신이다. 원나라 때 문학자이다. 제자백가, 음양, 의학, 천문 등 보지 않은 책이 없었다. 저술에 『운봉집』(雲峰集)이 있다. **예사의**(대략 1330년 무렵)는 자가 중굉(仲宏)이며 흡현(歙縣) 출신이다. 진력에게 배웠고 기문산(祁門山)에 은거하면서 강학했다. 도천 선생(道川先生)이라 불린다. 『작의요결』(作義要訣), 『중정사서집석』(重訂四書輯釋)이 있다. **왕극관**(1301~1369)은 자가 덕보(德輔)이며 기문(祁門) 출신이다. 태정(泰定) 3년(1326) 향시에 합격했다. 회시에서는 책문이 너무 직설적이라서 배척당했다. 과거 시험 준비를 그만두고 경학에 힘을 쏟았다. 환곡 선생(環谷先生)이라 불린다. 홍무 연간 초에 『원사』 편찬에 부름 받았다. 저술에 『환곡집』(環谷集), 『경례보일』

의 의도처럼 취했다) 전고를 짜깁기하여 나열한 책은 원서를 꺼내 대조하면 어그러지고 잘못된 것을 덮을 수 없다. 기송의 너절함은 가법도 없이 어지럽기 때문에 쉽게 표절할 수 있다. 전문가의 학업의 정밀함은 표절의 너절함과 완전히 구분된다. 아마 전문가의 학업과 표절은 거의 구분할 수 없는 틈에 있기 때문에 구별하여 선택할 때 조심하지 않을 수 없을 것이다.[46]

통사를 편집하면 여섯 가지 편리함이 있다. 첫째 겹침을 피하고[免重複] 둘째 종류대로 모으는 범례를 고르게 하며[均類例] 셋째 저울질하여 배치하기 편하고[便銓配] 넷째 옳고 그름이 공평하며[平是非] 다섯째 모순을 없애고[去牴牾] 여섯째 이웃나라의 사실이 상세하다.[詳鄰事] 통사를 편집하면 두 가지 장점이 있다. 첫째 가다듬을 수 있고[具翦裁] 둘째 가법을 세울 수 있다.[立家法] 통사를 편집하면 세 가지 폐단이 있다. 첫째 길거나 짧게 할 수 없고[無短長] 둘째 원래 제목을 그대로 써야 하며[仍原題] 셋째 목록을 잊어버린다.[忘標目] 통사를 편집하면 겹침을 피한다는 것은 무엇인가? 왕조가 바뀔[47] 무렵의 인물과 사실은 앞 왕조와 뒤 왕조의 역사서에 함께 나타난다. 망한 왕조가 멸망할 징조와 새 왕조가 일어날 길조[48]는 동일한 사실이다. 앞 왕조에서 좀도둑이라 불리는 사람들과 새

(經禮補逸) 등이 있다.

46 나는 이렇게 생각한다. 이 단락은 통의가 변화한 과정을 논하고 있다.

47 『주역』「잡괘전」은 이러하다. "혁(革)은 묵은 것을 제거한다. 정(鼎)은 새로운 것을 취한다." 그러므로 임금다운 왕이 왕조의 성을 바꿔 천명을 받는 일을 정혁(鼎革)이라고 한다.

48 『주례』「추관」은 이러하다. "사사(士師)는 멸망당한 나라의 사직에 제사를 지내고 그것을 위해 시(尸)가 된다." 가공언 소는 이러하다. "주나라가 은나라에 이긴 것을 승(勝)이라고 부르는 것에 근거하면 은나라가 망한 것은 바로 나라가 망했다고 말한다." 그러므로 나중에 멸망당한 나라를 승국(勝國)이라고 부른다. 『예기』「중용」은 이러하다. "기나라는 증명하기에 부족하다." 정현 주는 이러하다. "징(徵)은 명(明)과 같다." 『예기』「중용」은 이러하다. "비록 선하더라도 증거가 없다." 정현 주는 이러하다. "징(徵)은 어쩌면 증(證)이다." 『포박자』는 이러하다. "임금다운 왕의 덕이 하늘까지 도달하면 하늘의 상서로움이 생긴다. 임금다운 왕의 덕이 땅까지 도달하면 땅의 상서로움이 생긴다."

왕조의 선구자[49]는 동일한 인물이다. 동탁(董卓)과 여포(呂布)는 범엽의 『후한서』와 진수의 『삼국지』에 각각 「열전」을 세웠다.[50] 황제의 자리를 물려준다는 책서와 조령[冊詔]은 『양서』와 『진서』에 글이 통째로 동시에 실려 있다.[51] 이것을 겹쳤다고 한다. 『통지』는 모두 합쳐서 책을 만들었기 때문에 사실을 비교해서 볼 수 있고 글이 거듭 나타나지 않는다. 이것이 좋지 아니한가? 통사를 편집하면 분류의 형식을 고르게 한다는 것은 무엇인가? 사마천은 「천관서」를 새로 만들어 세웠고 반고는 「지리지」를 창조했으며[52] 『남제서』(南齊書) 「천문지」(天文志)는 추보를 기록하지 않았다.[53] 『신당서』 「예문지」는 책들의 근원을 서술하지 않았다.[54] 옛날

49 『상서』 「미자」는 이러하다. "은나라가 크든 작든 상관없이 나쁜 놈이 좋은 놈을 해치고 법을 어겨 어지럽히기를 좋아했다." 강성(江聲) 『상서집주음소』(尙書集注音疏)는 이러하다. "강아지풀이 곡식 싹을 해치는 것이 초절(草竊)이다." 『시』 「위풍」 "백혜"(伯兮)는 이러하다. "내 님은 긴 창 들고 임금님의 전구(前驅)로세." 공영달 소는 이러하다. "전구는 수레의 오른쪽에 있으며 용기와 힘이 있어 다섯 가지 무기를 사용한다."

역주_ 강성(1721~1799)은 자가 악도(鱷濤), 고친 자가 숙운(叔澐), 호가 간정(艮庭)이다. 강소성 원화(현재 강소성 오현) 출신이다. 혜동의 제자이다. 한나라 유학자의 경설을 으뜸으로 삼고 방증 수집에 탁월했다. 『설문해자』를 좋아해서 남에게 편지할 때는 꼭 전서로 썼다. 저술에 『상서집주음소』(尙書集注音疏), 『육서설』(六書說), 『논어질』(論語質) 등이 있다.

50 범엽의 『후한서』에 「동탁전」은 권102에 있고 「여포전」(呂布傳)은 권105에 있다. 진수의 『삼국지』에 「동탁전」은 권6에 있고 「여포전」은 권7에 있다.

51 『양서』 「경제기」(敬帝紀)는 이러하다. "태평(太平) 2년 겨울 10월 신미일(辛未日)에 황제는 이런 명령을 내렸다. '오운(五運)이 새로 시작하고 삼정(三正)이 차례로 대체될 것이다. 벼슬아치[司牧]와 백성[黎庶]은 그래서 성인과 현인에 속하게 될 것이다. 이로써 천지[乾坤]를 경륜하고 구역[區宇]을 통섭하며 백성[黔首]을 크게 감싸서 위대한 공적을 널리 드높일 수 있게 될 것이다. 어둠을 바꿔서 밝게 하고 대대로 쌓아서 통일하며 모든 왕들의 과거 업적을 뒤따라서 이것을 이루되 법칙에 따를 것이다.'" 이것은 경제(敬帝)가 황제의 자리를 물려주면서 내린 명령이다. 또한 『진서』(陳書) 「고조기」(高祖紀)에도 실려 있다.

52 『사기』에 「천관서」는 권27에 있는데 『한서』는 「천문지」[天文]라고 고쳐 불렀다. 『한서』에 「지리지」는 권28에 있는데 『후한서』는 「군국지」[郡國]라고 고쳐 불렀다.

53 소자현의 『남제서』(南齊書) 「천문지」는 당시 왕조에서 관측된 천상의 변화만 기록했고 추보는 기록하지 않았다. 유지기는 그것이 "조금만 잘한 것이 있어도 반고나 사마천보다 유능한 것이다"라고 말했다.(『사통』 「서지」) 추보는 「서교 하」의 주25를

부터 이렇게 들쭉날쭉했다. 정초는 『통지이십략』(通志二十略)을 썼다. 비록 역사서의 「지」[史志]의 장정을 바꿨지만 스스로 가법을 완성했다. 『통지이십략』의 「육서략」(六書略)과 「칠음략」(七音略)도 원래 변천해온 과정에 따르지 않으면서 「곤충초목략」(昆蟲草木略)은 어찌하여 꼭 시대가 바뀌어도 여전히 이으려고 하는가?[55] 고금에 통달해서 일가를 이루려고만 하면 범례는 뜻에 근거하여 정해지는 것이며 이미 있는 글을 스스로 정리하고 수정한 것이다.[56] 『수서』의 열 가지 「지」, 속칭 「오대사지」(五代史志)[57](오대는 양나라, 진나라(陳), 북제(北齊), 주나라, 수나라이다)는 심씨의 책, 소씨의 책, 위씨의 책을 능가한다.(심씨의 책은 심약이 쓴 『송서』의 「지」, 소씨의 책은 소자현(蕭子顯)이 쓴 『남제서』의 「지」, 위씨의 책은 위수가 쓴 『위서』의 「지」이다. 이것들은 모두 들쭉날쭉하여 고르지 않다) 통사를 편집하면 저울질하여 배치하기 편하다는 것은 무엇인가? 여러 가지 역사서를 널리 받아들여 포함시키면 제도는 계속 이어지는데 인물들만 불거져 나와 각각 시대를 따른다. 「후비」(后妃)부터 「종실」(宗室)까지는 표시한 제목이 그들의 왕조를 드러내고 신하들은 시간의 선후에 따라 순서대로 계속 배열한다.(『남사』와

보라.

54 포기룡은 이렇게 말한다. "「예문지」는 한나라 반고에서 시작되었다. 진시황의 분서[焚書] 때문에 잿더미가 된 것을 유향[蘇照]이 남은 것을 모았다. 다행스럽다는 생각이 든다. 진수와 범엽 이후 「지」는 도중에 끊어졌다. 당나라 초기 황제가 『수서』를 지으라고 명령하여 우지녕, 이순풍, 안사고, 공영달이 역사서와 방지를 나누어 편집했고 다시 「경적」(經籍)이라는 목록이 생겼다."(『사통』 「서지」에서 포기룡이 한 말) 나는 이렇게 생각한다. 『구당서』 「경적지」와 『신당서』 「예문지」는 책 제목만 수록하고 각 종류의 연원은 일괄적으로 수록하지 않았다.

55 『통지』 「이십략」에는 「육서략」(六書略), 「칠음략」(七音略), 「곤충초목략」(昆蟲草木略)이 있다.

56 하휴 「춘추공양전서」[公羊傳序]는 이러하다. "그러므로 드디어 정리하고 수정하여 그것이 법도를 받아들이도록 했다." 소는 이러하다. "은(隱)은 은심(隱審)을 말하고 괄(括)은 검괄(檢括)을 말한다."

57 『직재서록해제』 「정사류」는 이러하다. "『수서』는 여든다섯 권이며, 당나라 비서감 위징과 안사고 등이 지었다. 거기 있는 「지」 열 편은 고종 때 비로소 완성되었다. 위로 양나라, 진나라, 제나라, 주나라의 사실을 총괄했기 때문에, 보통 『오대지』(五代志)라고 부른다."

『북사』는 종실을 신하들 앞에 나누어 올려놓고 분별하여 알아볼 수 있게 만들어 놓았다. 구양수의 『신오대사』가 왕조를 구별하여 표시하기 시작했다) 그러나 아들과 손자는 할아비나 아비의 「열전」에 붙이고 「세가」(世家)는 같은 겨레붙이의 종파와 지파를 함께 모은다.(『남사』와 『북사』에 실린 왕씨 집안과 사씨 집안의 여러 「열전」은 완전히 왕조에 따라 자르지 않았다) 어떤 집안의 핏줄이 계속 이어지고 시대에 따라 성하기도 하고 쇠하기도 하는 것도 이것을 근거로 알 수 있다. 초나라 굴원이 한나라 가의와 같은 「열전」에 실린 것이나 주나라 태사 노자가 한나라 제후 아들 한비자와 같이 분류되어 「열전」에 실린 것[58]은 옛사람에게 틀림없이 깊은 뜻이 있기 때문에 서로 붙여 더욱 밝힌 것이다. 옛사람의 뜻은 남이 감히 따를 수 없을 만치 앞서가는 판단이다. 보잘 것 없는 학자들은 껍데기만 받았으니 어찌 껍데기를 좇아 어리석게 이러쿵저러쿵 할 수 있겠는가? 통사를 편집하면 옳고 그름이 공평하다는 것은 무엇인가? 사리의 옳고 그름은 왕조가 바뀌어야 결정할 수 있다. 진나라의 역사서인 『진서』는 결국 위나라를 정통이라고 해야만 했지만[59] 『신오대사』는 후주 신하인 한통(韓通)의 「열전」을 세우지 않았다.[60] 비록 지은이가 뛰어난 사람이라고 해도 나라에서 꺼리면 조심해야

---

58 『사기』가 굴원과 가생의 「열전」을 함께 쓴 것은 아마 굴원과 가의가 똑같이 모함을 받아 내쳐지는 경우를 당했기 때문일 것이다. 노자나 장자와 신불해나 한비자의 「열전」을 함께 쓴 것은 아마 노자와 장자의 학문이 흐르고 흘러 신불해나 한비자가 되었기 때문일 것이다. 노담은 주나라의 궁중 도서관을 지키는 벼슬아치[守藏室史]였기 때문에 주나라의 태사라고 말한다. 한비는 한나라의 여러 공자 중 한 사람이었다.

역주_ 위 본문의 **후비**는 임금의 아내들, **종실**은 임금의 친족들, **세가**는 여러 대를 계속하여 나라의 중요한 자리를 맡아 오는 집안이다.

59 『진서』는 「언공 하」의 주29를 보라. 진나라의 역사서는 예전에 열여덟 가지가 있었다. 진나라가 위나라의 선양을 받았기 때문에 위나라 임금을 황제라고 높여 부르는 경우가 많다. 오로지 습착치의 『한진춘추』만 촉나라를 정통으로 생각한다.

60 구양수는 『신오대사』에 한통(韓通)의 「전」을 세우지 않고 자기 왕조 안에 넣었다. 『직재서록해제』는 이러하다. "구양수는 이렇게 말한다. '옛날 공자가 『춘추』를 짓고 난세를 근거로 법도를 세웠다. 나는 「본기」를 지어 이로써 법도를 다스리고 어지러운 임금을 바로잡겠다.' 논의를 터트릴 때는 반드시 감탄을 터트려야만 한다. 그래서 이것은 난세의 책이라고 말한 것이다. 여러 신하들이 한 임금의 조정만 섬

만 한다. 그것도 어떻게 할 수 없는 것이다. 여러 왕조를 거친 뒤라야만 역사적 사실을 저울질하고 성찰하는 일이 지극히 공정해질 수 있고 기록하고 삭제하는 일이 거의 공평해져서 절충이 결정될 수 있다. 통사를 편집하면 모순을 없앤다는 것은 무엇인가? 어떤 왕조에 한정시켜 역사서를 쓰게 되면 역사서마다 가다듬는 형식이 생기게 마련이다. 상세함과 간단함이나 없앰과 취함도 서로 방해하지 않는다. 시작부터 끝까지 이리저리 엇갈려 뒤섞는 바람에 서로 드나들게 되면 모순의 실마리는 여기서 나타난다. 왕망이 황제를 대신해 한나라를 다스린 일에 대해 반고와 범엽은 다르게 쓰고 있다.[61] 두 명의 유씨가 겪은 내력을(유씨 두 명은 유표

기는 데 그쳤다면 아무개 신하의 「전」[某臣傳]이라고 하면 된다. 여러 왕조를 바꿔 섬긴 사람은 「잡전」(雜傳)이라 하며 더욱 세상의 교훈이 되기에 충분하다. 그러나 한통[韓瞠眼]을 위해 「전」을 세우지 않은 것은 배운 사람들이 이로써 역사서를 짓기 어려웠기 때문이다. 한통의 죽음을 살펴보면 태조가 아직 즉위하지 않았을 때이다. 그래서 당연히 「주신전」(周臣傳)에 있으면 되는 것은 명백하다. 오로지 왕호(王皡)의 『당여잡사』(唐餘雜史)만 「충의전」에 넣었다고 한다." 『곤학기문』 권14는 이러하다. "우리 왕조의 창업자[藝祖]께서 한통에게 중서령을 추증하면서 명령서에서 이렇게 말씀하셨다. '성씨를 바꿔 천명을 받는 것은 임금다운 왕이 지극한 공공성을 따라야 하기 때문이다. 순국하더라도 떳떳한 것은 신하된 사람이 큰 절개를 밝혀야 하기 때문이다.' 크구나, 왕의 말씀이! 충의(忠義)를 표창하여 신하의 절개를 격려한다. 영명한 주인의 판단력은 원대하다. 구양수의 『오대사』는 한통을 위해 전을 세우지 않았더니 유창[劉原父]은 그것을 비꼬아 이렇게 말했다. '이렇게 하는 것은 이류의 글짓기이다.'" 옹원기(翁元圻)의 『곤학기문주』는 송나라 손곡상(孫穀祥)의 『야로기문』(野老紀聞)을 인용하여 이렇게 말한다. "소식이 구양수에게 이렇게 물었다. '『오대사』는 전할 만합니까?' 구양수는 이렇게 대답했다. '저는 이것에 대해 개인적으로 선함을 선하다 하고 악함을 악하다 하는 뜻이 있다고 생각합니다.' 소식은 이렇게 물었다. '한통의 「전」이 없는 것이 어찌 선함을 선하다 하고 악함을 악하다 하는 것일 수 있습니까?' 구양수는 묵묵부답이었다. 한통은 주나라 신하이다. 진교(陳橋)의 쿠데타가 터지자 영창(永昌)을 옹립할 마음을 먹었다. 한통은 갑옷을 입고 군대에 맹서를 한 뒤 나가서 저항하다가 죽었다." 나는 이렇게 생각한다. 한통은 『송사』 권484 「주삼신전」(周三臣傳)을 보라.

역주_ 옹원기(1751~1825)는 자가 재청(載靑) 또는 봉서(鳳西)이며 절강 여요 출신이다. 유명한 서예가이다.

61 한나라 평제[孝平帝]가 돌아가시자 선제(宣帝)의 사대 손[玄孫子]인 유영(劉嬰)을 세워 후사로 삼았다. 왕망은 섭정의 자리에 올라 임금이 되니, 마치 주공의 옛 이야기 같았다. 삼 년 동안 섭정을 하다가 초시(初始)라고 원년을 고친 뒤, 왕망은 자신을

와 유언(劉焉)이다) 범엽과 진수는 다르게 쓰고 있다.[62] 이들의 역사서를 하나로 합쳐서 엮는다면 모순을 거의 피할 수 있을 것이다. 통사를 편집하면 이웃나라의 사실이 상세하다는 것은 무엇인가? 분수에 넘치게 황제라고 자칭하는 나라의 역사 기록이나 중국 주변의 모든 민족과 외국의 추세는 중국의 어떤 왕조와 함께 시작했다 함께 끝나지 않지만 정통 왕조의 기전체 역사서는 어떤 왕조에 한정하여 엮는다. 그러면 중국의 왕조가 사용한 전고는 온전하게 되지만 이웃나라[藩國]의 역사 기록은 반토막이 난다. 남조와 북조의 역사가 한데 합쳐져 있기 때문에 후량이나 동위(東魏)의 역사는 시작부터 끝까지 모두 갖추고 있다.[63] 오대의 역사는 모아서 엮었기 때문에 오월(吳越), 형남(荊南), 초나라 등 작은 나라들의 역사 기록도 끝까지 마칠 수 있었다.[64] 앞의 여섯 가지가 통사를 편집할 때의 편리함이다. 통사를 편집하면 가다듬을 수 있다는 것은 무엇인가? 여

신 황제(新皇帝)라고 불렀다. 사건은 『한서』「왕망전」에 상세하다. 『후한서』「광무본기」는 왕망의 지봉(地鳳) 4년부터 서술하기 시작했지만, 섭정한 일에 대해 한 마디도 언급하지 않고 있다. 아마 반고의 『한서』는 동한 때 완성되었기 때문에 왕망의 더러운 행실을 밝히려고 한 것일 테고, 필연적 추세일 것이다. 그러나 범엽의 『후한서』는 송나라 때 편찬되었기 때문에 사건이 두 왕조나 떨어져 있고 본디 구구절절 사족을 달 필요가 없었다.

62 범엽의 『후한서』에 「유표전」(劉表傳)과 「유언전」(劉焉傳)은 서술이 비교적 상세하다. 진수의 『삼국지』에 두 사람의 「전」은 서술이 비교적 간단하다. 이것은 두 책의 상세함과 간단함이 다르기 때문에 벌어진 일이다.

63 남조의 양나라 때 소찰(蕭詧)은 위나라에 항복하여 양왕에 봉해졌다가, 곧 강릉(江陵)에서 황제라고 자칭했다. 역사에서는 후량이라고 부른다. 후위 말에 우문태(宇文泰)는 문제 보거(寶炬)를 받들어 장안에 들어가 서위(西魏)를 만들었다. 그러나 고환(高歡)은 효정제(孝靜帝) 선아(善兒)를 받들고 업(鄴)으로 천도하여 동위(東魏)를 만들었다. 이연수의 『남사』와 『북사』에 줄거리가 갖춰져 있다.

64 당나라 말에 전류(錢鏐)는 진해 절도사(鎭海節度使)가 되어 절동과 절서[兩浙]의 땅을 아우르고 있었다. 후량은 그를 오월왕(吳越王)에 봉했다. 모두 네 명의 주인이 여든네 해 동안 대를 이었다. 고계흥(高季興)은 섬주 출신이다. 후량 태조 때 형남 절도사[荊南節使]가 되었다. 후당 때 남평왕(南平王)에 봉해졌다. 오대를 전하다가 송나라에 멸망당했다. 마은(馬殷)은 장사에 있으면서 호남 및 광서 동부를 장악하고 초국왕(楚國王)이라고 자칭했다. 나중에 남당에 멸망당했다. 세 나라의 줄거리는 모두 『신오대사』의 「세가」에 열거되어 들어가 있다.

러 가지 역사서를 두루 꿰어 합하면 어찌 그것의 범례(凡例)만 담겠는가? 각각 빠지거나 지나치게 간단한 부분도 보충하고 부실하게 다듬은 글도 잘라내야만 하며 튀어나온 놈은 평평하게 깎고 겹쳐 쌓인 놈은 고르게 채워야 한다. 이것은 특정 학파의 일정한 규칙을 가지고 해야 하는 일이다. 이연수의 『남사』와 『북사』처럼 앞 시대 사람보다 글은 줄이고, 과거의 기록보다 사실은 상세하게 만들어야 좋은 역사서라고 부를 수 있다.[65] 아마 후세에 태어난 사람은 눈으로 보고 귀로 들은 경험으로 앞 시대 사람을 보충해야만 할 텐데 이것이 이른바 빌려온 자질이 힘이 되기 쉽다는 말일 것이다. 통사를 편집하면 가법을 세울 수 있다는 것은 무엇인가? 과거에 엮은 역사서가 아직 남아 있는데 왜 엮고 다듬는 일을 거듭 벌이는 것이 소중한가? 전문가의 학업은 스스로 중요한 부분을 갖추고 있다. 정초의 『통지』처럼 정밀한 주장과 개념의 이치에 대한 뛰어난 판단력을 갖추고 탁월한 뜻을 독자적으로 보여준다면 옛사람이라 해도 정초의 선구자라고 자부할 수 없고 정초 이후의 사람이라 해도 정초의 규모와 범위를 벗어날 수 없다. 비록 『통지』가 기록한 사실이 옛 기록과 다르지 않더라도 명물을 변별하고 바로잡아 여러 선생들의 의도를 역사서의 형식 속에 깃들게 만든 일[66]은 불후의 업적이다. 앞의 두 가지가 통사를 편집할 때의 장점이다. 통사를 편집하면 길거나 짧게 할 수 없다는

---

65 이연수의 『남사』와 『북사』는 앞을 보라. 사마광은 이렇게 말한다. "이연수의 책은 바로 최근의 아름다운 역사서이다. 비록 조짐이나 상서 같은 보잘 것 없는 일에 대해서도 기록하지 않은 것이 없다. 그러나 사실의 서술이 간단하고 깔끔하여 남북조의 정사와 비교하더라도 번거롭거나 쓸데없이 변변치 못한 말도 없다. 진수 이후 오로지 이연수만 그에 버금갈 만하다."(「이유도원서」(貽劉道原書))

66 정초의 『통지』는 앞을 보라. 『주역』 「계사전 하」는 이러하다. "사물을 변별하고 말을 바로잡는다." 『주역정의』는 이러하다. "천하의 사물을 변별하여 각각 종류에 따라 그것을 결정하여 말하는 것이다. 만약 건장한 사물을 변별하면 용을 말하는 것이 바로 말하는 것이다. 만약 순종하는 사물을 변별하면 말을 말하는 것이 바로 말하는 것이다. 이것이 사물을 변별하고 말을 바로잡는 것이다." 『통지』가 제자백가의 뜻을 역사 기록에 깃들인 것은 별도로 「신정」에 상세하다. 여기서는 갖춰서 인용하지 않겠다.

것은 무엇인가? 자료를 모아 분류하고 일정한 기준 밑에 순서를 세워 엮은 책은 대체로 순서대로 배열해야지 본래 보태거나 덜어내지 않는다. 표제를 바꾼다면 이것이 바로 "학자는 본래 역사서를 열심히 익힐망정 새로 기록한 것은 천천히 보아도 된다"고 유지기가 말한 책이다.[67] 통사를 편집하면 원래 제목을 그대로 써야 한다는 것은 무엇인가? 여러 가지 역사서는 동일성과 차이가 있고 각각 정해진 제목이 있다. 지은이가 바르게 고치지 않았다면 스스로 새로 편집해야 한다. 『남사』에 「효의전」[孝義]은 있지만 「열녀전」은 없다.(이것은 「열녀」편에 상세하다)[68] 『통지』가 어떤 인물이 살았던 시대를 표시할 때는 『사기』를 인용하고 있다.(『통지』에 실린 한나라나 위나라 때 사람들은 모두 한나라나 위나라라고 표시하여 그들이 살았던 시대를 부르지 『한서』나 『위서』 같은 역사서에 따라 시대를 부르지 않는다. 그러나 『사기』에 실린 사람은 『사기』라고 표시하지 시대를 표시하지 않는다. 이것은 잘못된 것이지만 원문을 그대로 쓰는 것이다) 한쪽 모서리를 들어서 나머지 모서리 셋을 보여주는 방식[69]은 없애고 취할 때 마땅함을 잃는 경우가 많다. 통사를 편집하면 목록을 잊어버린다는 것은 무엇인가? 제왕이나 후비, 종실이나 세가는 표제가 그들의 왕조를 드러내 구별하면 쉽게 알 수 있을 것이다. 신하들의 「열전」은 스스로 당시 사실과 관련된 것은 문사(文詞)로 보여준다. 비록 표시해서 구별하지 않더라도 「열전」에 서술된 순서를 곰곰이 따지면 저절로 어떤 황제나 어떤 왕조 때의 것인지 알 수 있을 것이다. 「독행전」(獨行傳), 「방기전」, 「문원전」, 「열녀전」 등은 거기 실린 사람이 세상에서 일어나는 사건과 전혀 관련되지 않았다면 동일한 형식에 의해

67 이 말은 『사통』 「육가」 "사기가"(史記家)를 보라. 양나라 무제의 『통사』와 북위 제음(濟陰) 출신 왕휘업(王暉業)의 『과록』(科錄)은 『사기』를 그대로 본떠서 베낀 것이다. 그래서 폐단이 많고도 많다. 그래서 이렇게 말한 것이다.

68 나는 이렇게 생각한다. 『문사통의』에는 「열녀」(列女)편이 없다. 이 글은 「영청현지 열녀전 서례」[永淸縣列女傳序例]를 보라. 뒤에 상세하다.

69 『논어』 「술이」는 이러하다. "선생님이 이렇게 말씀하셨다. '분발하지 않으면 열어주지 않으며, 애태우지 않으면 말해주지 않고, 한 귀퉁이를 들어도 세 귀퉁이가 뒤집어지지 않으면 다시 말해주지 않는다.'"

순서대로 배열한다. 오규(吳逵)나 한영민(韓靈敏) 같은 사람에 대한 『남사』[70]의 글을 읽지 않았다고 그들의 시대를 어찌 모르겠는가? 앞의 세 가지가 통사를 편집할 때의 폐단이다.[71]

『설문해자』는 '통하다'[通]를 '도달하다'[達]라고 풀이하는데[72] 여기서 저기로 간다는 뜻이다. 통한다는 것은 천하의 통하지 않는 것을 통하게 하는 것이다. 『주역』을 읽을 때 마치 『상서』가 없는 듯 읽는다거나 『상서』를 읽을 때 마치 『시경』이 없는 듯 읽는 것이 통하지 않는 것이다.[73] 『이아』는 훈고를 연구하며 소학은 육서를 밝힌다. 이것이 통한다는 뜻이다. 옛사람이 이런 것들을 떨어트리기도 하고 합치기도 하여 글을 지은 일은 말하지 않아도 알 것이다. 한나라 때는 통한다는 말을 책 제목으로 달았고 양나라 때는 통한다는 말을 역사서 편집에 넣었다. 딱 잘라서 뒤섞을 수 없는 형식이 아마 있을 것이다. 두우는 유질의 『정전』이 완전하지 못하다고 생각했기 때문에 삼황오제 때의 옛날까지 올라갔다. 이것이 『통전』에 '통하다'라는 말을 쓴 이유이다.[74] 위료옹은 왜 이전부터 전례

---

70 「영청현지 열녀전 서례」는 이러하다. "이연수의 『남사』와 『북사』는 한 사람에게서 같이 나왔는데, 『북사』는 『위서』와 『수서』의 제목을 그대로 따라서 특별히 「열녀전」을 지었고 『남사』는 근거로 삼은 책에 「열녀」라는 원래 제목이 없어서 소교의 아내 양씨[蕭矯妻羊] 이하를 「효의전」에 뒤섞어서 편집했다. 결국 같은 권 안에서 남녀가 구별되지 않게 만들었고 또한 따로 뜻을 취한 것도 없으니, 이것은 잘못되고 어지럽다고 말할 뿐이다."(『문사통의』 외편 권7)

71 나는 이렇게 생각한다. 이 단락은 통사의 이점과 못마땅한 점을 논하고 있다.

72 『설문해자』 착부(辵部)는 이러하다. "통(通)은 도달한다[達]는 뜻이다. 착(辵)의 의미를 따르고 용(甬)이 소리를 표시하는 부분이다."

73 이고(李翱)는 「답왕재언서」(答王載言書)에서 이렇게 말한다. "육경의 어휘는 의도를 창조하고 말을 만든 것이라 모두 서로서로 스승으로 삼지 않는다. 그러므로 『춘추』를 읽을 때 『시』가 아직 없는 것처럼 읽는다. 『시』를 읽을 때 『역』이 아직 없는 것처럼 읽는다. 『역』을 읽을 때 『서』가 아직 없는 것처럼 읽는다."

74 『통전』은 「서교 중」의 주23을 보라. 『군재독서지』는 이러하다. "이에 앞서 유질은 경부와 사부에서 기록된 황제부터 당나라 천보 연간 말까지 제도의 연혁과 폐치, 논의의 성공과 실패를 채록한 뒤 『주례』 육관의 법도를 본떠서 『정전』 서른다섯 편을 지었다. 방관(房琯)은 유질의 재주가 유향보다 낫다고 칭찬했다. 두우는 이것이 모자란다고 생각하여 이어서 그것을 넓히고 새로운 예를 참작하여 이백 권을 지었다.

로 내려왔고 송나라의 장고로 이미 굳어진 것을 취해 놓고도 책 제목을 『국조통전』(國朝通典)이라고 달았던 것인가?[75] 국조라고 말한 것은 어떤 왕조로 한정한다는 뜻인데 통한다고 말할 수 있는 다른 근거가 있는가? 이것도 이름만 보고는 미루어 헤아릴 수 없는 이상야릇한 것이다. 육경이 함께 모여 일을 의논하고 직위를 가진 벼슬아치[職官]의 문서도 통한다는 뜻이 있다. 왜 반적(潘迪)은 원나라 때 어사라는 관직이 지키는 임무를 가지고도 책 제목을 『헌대통기』(憲臺通紀)라고 달았던 것인가?[76] 지리학에도 스스로 전문 분야가 있는데 주나 군의 방지[志書]는 외사의 업무에 속한다.(이것은 『문사통의』 외편의 「박주지의」(亳州志議)에 상세하다) 명나라는 원나라 때의 행성(行省)을 고쳐서 열세 개의 포정사사(布政使司)를 만들었다.[77] 각 포정사사에 속한 부, 주, 현, 위(衛)에는 각각 본래의 방지가 있다. 포정사사가 관할하는 땅이 넓고 거기에 있는 부나 현은 각자 만든 책이 한결같지 않을까 두려워했다. 그래서 포정사사가 거느린 지방의 방지를 모두 모으고 합쳐서 따로 통지를 만들었다. 통한다는 것은 부, 주,

---

「식화」, 「선거」, 「직관」, 「예악」, 「형법」, 「주군」, 「변방」의 여덟 문으로 종류대로 나누고 기록을 편집했다. 세상에서는 포괄적으로 다루었다고 칭찬했다. 모두 서른여섯 해만에 책이 완성되었고 덕종 황제에게 올렸다." 『동파지림』(東坡志林)은 이러하다. "세상에서 군사에 대해 말하는 사람들은 모두 『통전』을 취한다. 『통전』은 비록 두우가 모은 것이지만 근원은 유질에게서 나왔다."

75 위료옹은 「주륙」편의 주14를 보라. 『직재서록해제』 「전고류」는 이러하다. "『국조통전』은 이백 권이며, 이름이나 성씨를 밝히지 않았다. 어떤 사람은 위료옹[魏鶴山]이 지은 것이라고 말한다. 이 책은 막 초안을 잡아 만들기 시작한 것, 곧 완성되지 않은 것처럼 보인다."

76 전대흔 『원사』 「예문지」 "직관류"(職官類)는 이러하다. "반적(潘迪)의 『헌대통기』(憲臺通紀)는 스물세 권이다." 반적은 원나라 원성(元城) 출신이며 박학하고 글을 잘 했다 한다. 국자사업(國子司業), 집현학사 등 벼슬을 두루 거쳤다. 저서에는 『주역술해』(周易述解), 『춘추술해』(春秋述解), 『대학술해』(大學述解), 『중용술해』(中庸述解), 『격물유편』(格物類編), 『육경발명』(六經發明)이 있다.

77 원나라 때 각 노(路)에 중서성을 설치하고 행성이라 불렀다. 명나라 태조는 전국을 열세 개의 포정사(布政司)로 나눴다.(뒤의 「지리통부」(地理統部)의 주12에 상세하다) 각 포정사마다 포정사(布政使)를 두고 행성 전체의 민정(民政)과 재정(財政)을 관장하고 다스리게 했다.

현, 위가 각각 통하지 않는 것을 통하게 만든 것이다. 왜 통지를 편찬하는 사람들은 부, 주, 현의 산천과 인물 등을 모아서 그것을 분류하여 엮은 뒤, 부가 현을 거느리게 하고 현이 사실이나 인문(人文)을 거느리게 만들지 않는가? 왜 그들은 인용문을 나열하고 나누어 제목을 달고 아우른 뒤, 하나로 조직하지 않는가? 이렇게 만들지 않고 지금처럼 만든다면 독자는 부와 현에서 만든 본래 방지를 읽으면 되지 또 뭐하려고 통지를 읽겠는가?[78] 통사의 인문은 아래위로 천 년이나 된다. 그러나 의례가 통한다면 왕조가 다르더라도 합쳐서 짓는 일을 꺼리지 않는다. 포정사사가 거느리는 범위는 수십 개의 주나 현에 지나지 않는다. 조심스럽게 경계를 나눠두고 경계를 넘어올까 두려워하며 지킨다면 이것은 정말 온갖 일에 능통한 재능을 가진 사람이 없기 때문이다. 그래서 역사서를 구실아치가 메모한 보잘 것 없는 문서와 똑같이 만드는 일이다.[79]

---

78 「방지변체」(가업당본 『장씨유서』 권14)를 참고하라.

79 『송사』 「장항전」(張亢傳)은 이러하다. "서사(胥史)에게는 베껴 쓰는 수고로움이 있고 벼슬아치와 구실아치[官吏]에게는 큰 줄거리를 상의할 겨를이 없다." 서사는 서초(胥鈔)를 말한다. 나는 이렇게 생각한다. 이 단락은 나중에 나타난 통사의 잘못을 논하고 있다.

횡통(橫通)[1]

통달한 사람[2]이라는 이름은 대충 본뜰 수 없다. 전문가의 학업은 정밀하기도 하고 여러 분야를 종합적으로 전망할 수도 있어야 하기 때문이다. 각각 바꿀 수 없는 것이 있기 때문에 바꾼다면 뛰어나게 될 수 없고 각각 헤아릴 수 없는 것이 있기 때문에 헤아리게 된다면 보탬이 될 수 없다. 통달한다는 이름을 붙이는 것은 아마 길에 비유한 것이리라. 이리저리 사방팔방으로 길이 통해 있어서[3] 어디라도 이르지 못할 곳이 없음을 통한다고 할 것이다. 이것을 마음의 판단력에 비유해보자. 비록 판단

---

1 나는 이렇게 생각한다. 「횡통」(橫通)은 아마 장학성 당시의 목록학과 판본학을 논의한 것이리라. 가경 5년 경신년(庚申年)에 지었다. 『경신잡정』(庚申雜訂)이라는 이름으로 「서원성편후」(書原性篇後) 및 「횡통」 등 여러 편에 보인다.

2 「주륙」의 주56을 보라.

3 『설문해자』는 이러하다. "충(衝)은 통하는 길이다." 『한서』 「역이기전」은 이러하다. "진류(陳留)는 천하의 요충이며 사방으로 통하고 오방에 도달할 수 있는 서울 가까운 교외입니다."

력에는 높거나 낮음, 치우치거나 완전함, 크거나 작음, 너르거나 좁은 차이가 있지만 모든 사람이 위대한 도에 도달할 수 있기 때문에 통한다고 한다. 사방팔방 통하지 않는 길도 있듯, 위대한 도에 도달할 수 없는 판단력도 있다. 그러나 이것도 통한다고 부르지 않을 수 없으니 이것을 횡통이라고 부르겠다. 횡통과 통달한 사람은 같은 것 같으나 다르고 가까운 것 같으나 멀고 맞는 것 같으나 떨어져 있다.

늙은 장사치는 책을 잘 팔고 오래된 집안은 책을 풍부하게 소장하고 있으며 호사가는 책을 과감하게 출판한다. 이들은 학식이 너르고 성품이 우아한 유명 인사들과 팔짱을 끼고 숲으로 들어가는 사람들이다.[4] 예를 잃어버리면 들판에서 구한다고 한다.[5] 그들이 보고 들은 것도 자못 학식이 너르고 성품이 우아한 유명 인사들이 도달하지 못하는 것을 보충할 수 있다. 이들은 본디 신분이 높고 훌륭한 사람이라도 꼭 찾아보는 사람들이다. 그러나 그들은 음악을 연주하는 악사나 비석을 새기는 석수처럼 예술을 업으로 하기 때문에 풍류가 있고 우아한 사람과 만날 수 있는 것에 지나지 않는다. 그들이 접한 유명 인사가 많아질수록 수준 높고 유명한 주장을 자주 듣게 된다. 그러나 가슴 속에 지혜의 구슬이 없기 때문

---

4 박아(博雅)는 「주륙」의 주48을 보라. 『세설신어』 「품조」(品藻)는 이러하다. "손작[孫興公]과 허순[許玄度]는 모두 한 시대의 유명인사[名流]이다." 명류는 유명인사의 종류이다. 또한 『세설신어』 「상예」(賞譽)는 이러하다. "사공(謝公)께서 예장(豫章, 사곤(謝鯤)이다)에게 말씀하실 때는 마치 죽림칠현[七賢]을 만난 것 같았다. 반드시 스스로 팔짱을 끼고 숲으로 들어갔다."

역주_ 손작(孫綽, 314~371)은 자가 흥공이며 중도(中都, 현재 산서성 평요) 출신이다. 손초(孫楚)의 손자이다. 정위 경(廷尉卿)이 되어 저작을 이끌었다. 어려서부터 글 짓는 재주가 있었으며 글씨도 잘 썼다. 임해(臨海) 장안(章安)의 영을 할 적에 유명한 「천태산부」(天台山賦)를 썼다. 왕희지가 난정(蘭亭)에서 춘계(春禊)를 할 때 모인 시인과 서예가 가운데 하나이다. 허순(許詢, 대략 345년 무렵)은 자가 현도이며 고양 출신이다. 신동이라 했다. 자라서 분위기가 간단하고 소박하며 문학적 재능이 있어서 손작과 함께 당시 으뜸으로 꼽혔다.

5 『한서』 「예문지」는 이러하다. "공자에게 이런 말이 있다. 예를 잃어버리면 들판에서 구한다." 안사고는 이렇게 말한다. "도시[都邑]에서 예를 잃으면 바깥의 들판에서 그것을 찾고 역시 얻을 수 있을 것이라는 말이다."

에 그들의 말이 길거리에 퍼져 돌아다니는 뜬소문일 뿐이고 뿌리가 없이 아주 얕고 너절한 것도 어렵지 않게 알아차릴 수 있다.[6] 시독학사(侍讀學士)를 역임한 주장발(周長發)[7]은 이런 사람들을 횡통이라고 불렀다. 횡통은 기이하긴 하지만 확실한 말이다. 그러므로 군자는 그들의 장점을 취하고 단점은 흘려버린다. 이것은 음악을 연주하는 악사나 비석을 새기는 석수를 데려다 쓸 수 있으면 그만인 것에 비길 수 있다. 보고 들은 것도 변변치 않은 학자가 횡통의 논의를 만난다면 번개가 눈 깜짝할 사이에 산을 빼개는 것처럼 생각한다.[8] 그래서 결국 하찮을 것 없는 물고기 눈알과 보석을 뒤섞어 놓은 것처럼 청류(清流)와 변변치 않은 학자[9]도 구별하지 못한다. 변변치 않은 사람도 결국 자신이 대단하다고 자부하면서 시끄럽게 떠들게 되고 자신이 통달한 것이 정통이 아닌 데[橫]서 나왔다는

---

6 지주(智珠)는 본성을 똑똑하게 표현하는 것을 뜻한다. 장호(張祜) 「증지응상인」(贈志凝上人) 시는 이러하다. "속세 바깥에서 합치기를 바라노니, 합일하면 지혜의 구슬은 밝아지리라." 『논어』 「양화」는 이러하다. "길바닥에서 듣고 말하는 것은 덕을 버리는 것이다." 근저(根底)는 근저(根柢)라고도 쓴다. 『한서』 「추양전」은 이러하다. "용트림하듯 뒤틀린 나무의 밑동, 구불구불 서린 것이 기이하도다."

역주_ **장호**(785~849?)는 자가 승길(承吉)이며 청하 동무성 출신이다. 애초 고소(姑蘇)에 살다가 나중에 장안에 왔다. 장경 연간 영호초(令狐楚)가 그를 천거했지만 가지 않았다. 원진에게 배척을 당하자 결국 회남에 갔고 단양(丹陽) 곡아(曲阿) 땅을 사랑하여 은거했다.

7 『청사열전』 「문원전 2」는 이러하다. "주장발(周長發)은 자가 난파(蘭坡)이며 절강 산음 출신이다. 옹정(雍正) 2년에 진사가 되었고 한림원 서길사로 고쳤다가 외직에 나가 강서 광창현(廣昌縣)의 지현이 되었다. 나중에 낙청(樂清) 교유(教諭)로 고쳤다. 건륭 원년에 박학홍사과에 불려와 시험을 보고 검토(檢討) 벼슬을 받았다가 여러 차례 옮겨 시독학사가 되었다. 사건이 있어서 시강으로 강등되었다. 어려서 엄청난 노력을 기울여 시문을 지었는데 화려한 문장을 짓는 재주가 재빨랐다. 널리 듣고 잘 기억했다. 사람들과 더불어 『강목』(綱目)과 『황조문류』(皇朝文類)를 편찬했으며, 『요사』(遼史), 『속문헌통고』(續文獻通考), 『사림전고』(詞林典故) 등 여러 책을 교정하여 간행했다. 저서에 『사서당집』(賜書堂集)이 있다."

8 『장자』 「제물론」은 이러하다. "빠른 우레가 산을 쪼개고 바람이 바다를 뒤흔들어도 놀라게 할 수 없다."

9 물고기 눈알은 「설림」의 주70을 보라. 청류(清流)는 명사를 말한다. 『삼국지』 「진군전」(陳群傳)은 이러하다. "진군(陳群)은 문득 명의(名義)를 의지하여 청류라는 우아한 명망이 있었다."

역주_ **청류**는 명분과 절의를 지키는 깨끗한 사람이다.

것을 자신조차 잊게 된다. 세상에서 방귀깨나 뀐다는 놈치고[10] 음악을 연주하는 악사나 비석을 새기는 석수처럼 별도로 가풍을 열지는 않았는지 그들의 유파를 군자는 조심스럽게 살펴야만 할 것이다.

서생(徐生)은 예용(禮容)을 잘 알았고 제씨(制氏)는 곡조[鏗鏘]을 잘 알았다.[11] 한나라 조정에서 예악을 토론할 때, 설령 존경받는 대학자나 나이 많은 유학자라고 해도 서생이나 제씨보다 나은 사람이 없었다. 예악을 논의하는 사람이 어찌 그들과 만나지 않을 수 있겠는가? 그러나 석거각과 천록각의 논의[12]에는 서생과 제씨가 참여할 수 없었다. 이들도 예악에 횡통한 사람이다.

횡통한 사람이 적어질 수 있는가? 적어질 수 없다. 정통은 아니지만 자신이 통달한 능력으로 군자의 정통을 돕는다. 정통은 아니지만 그들에게 빌린 그들의 능력을 군자도 남모르게 감추지 않는다. 서생의 예용이나 제씨의 곡조가 예악을 보충한 것처럼 그들의 공이 어찌 적다고 하겠는가? 그들 자신도 정통이 아니라는 것을 모르고 군자도 그들이 정통이 아니라는 것을 살펴서 알아내지 못한다고 치자. 이것은 마치 예를 거행하면서 옥과 비단을 올릴 때, 비단을 짠 아낙네와 옥을 다듬은 옥장이가

---

10 『진서』「왕연전」(王衍傳)은 이러하다. "왕연은 현학의 주장[玄言]을 묘하게 잘했다. 오로지 『노자』와 『장자』를 이야기하는 것을 일삼았고 늘 옥으로 된 손잡이가 달린 먼지떨이[麈尾]를 잡고 있었는데 손과 같은 빛깔이었다." 진미는 먼지를 떠는 불진(拂塵)이다.

11 『한서』「유림전」은 이러하다. "한나라가 일어나자 노나라 고당생이 『사례』(士禮) 열일곱 편을 전했다. 그리고 노나라 서생(徐生)은 송(頌, 용(容)과 같다)을 잘했다. 효문제 때 서생은 송으로 예관대부(禮官大夫)가 되었다. 아들에게 전해 손자 서연[延]과 서양[襄]까지 이르렀다. 서양은 타고난 성품이 송은 잘했지만 경에 통달하지 못했다. 서연은 제법 경을 잘 했지만 송이 좋지 않았다. 서양도 송으로 대부가 되었고 벼슬이 광릉 내사(內史)까지 이르렀다. 서연 및 서연의 제자인 공호만의(公戶滿意), 환생(桓生), 단차(單次)는 모두 예관대부가 되었다." 『한서』「예악지」는 이러하다. "한나라가 일어나고 음악을 연구하는 사람[樂家]에 제씨가 있었다. 제씨는 아악이 가진 성률로 대대로 태악(太樂)의 관직에 있었다. 그러나 제씨는 곡조와 북춤을 대단히 잘 기록하고 있었지만 그 뜻은 말할 수 없었다."

역주_ 예용은 예절 바른 차림새나 태도, 곡조는 아악의 음률이다.

12 「서교 상」의 주16을 보라.

높다랗게 지은 집에다 베풀어 놓은 자리에 참여할 수 있다는 말과 같다.[13] 게다가 이것은 마치 그 자리에서 쇠북과 북을 치며 음악을 연주할 때, 쇠를 녹이고 가죽을 무두질하는 장색이 끼어들어 하간 헌왕이 지은 『악기』에 대해 논의할 수 있다는 말과 같다.[14] 그러므로 군자는 유파를 알아야만 한다. 그러면 횡통도 청류에게 억지로 붙을 수 없을 것이며 나쁜 것도 없을 것이다.

여자의 시나 글을 평할 때는 한수 접어줘야 한다. 횡통을 위해 「서」나 「발」을 지을 때는 많이 칭찬해줘야 한다. 하나는 그녀의 아름다운 얼굴을 가엾게 여기기 때문이고 하나는 그들을 데려다 써야 하기 때문이다. 만약 과거 시험장에서 응시자의 신분을 감추기 위해 풀을 바른 종이를 이름에 덧대 가리고 답안지의 내용을 다른 사람이 베껴 썼다고 치자.[15] 그렇게 단속해도 대략이나마 먹 냄새와 종이 맛을 아는 사람을 시켜서 상세하게 분석하고 변별하도록 시켜보면 속일 수 없는 것이 있다. 비록 그렇다 하더라도 여자의 시나 글은 바람이나 구름, 달이나 이슬을 읊은 것에 지나지 않으므로 시나 글이 변변치 않음은 쉽게 알 수 있다. 횡통을 위해 지어준 「서」나 「발」은 그들의 학술을 칭찬하더라도 그들이 지

---

13 노나라 고당생이 전수한 『사례』를 말한다.

14 『한서』 「예문지」는 이러하다. "무제 때 하간 헌왕은 유학을 좋아하여 모생(毛生) 등과 함께 『주관』 및 제자백가 가운데 음악의 일에 관한 주장을 채록하여 「악기」를 지었다. 팔일무를 바쳤는데 제씨와 그리 동떨어지지 않았다."

15 『신당서』 「선거지 하」는 이러하다. "애초 시험을 보고 사람을 선발할 때는 모두 이름을 풀로 바른다. 그런 뒤에 학사가 비교하여 판정한다. 측천무후는 이것이 신하에게 맡길 만한 방법이 아니라고 생각하여 없애버렸다." 송나라 오증(吳曾)의 『능개재만록』(能改齋漫錄) 권1은 이러하다. "선비를 취할 법은 인종 때 와서 비로소 이름을 풀로 바르고 비교하여 검토하는 법률이 생겼다. 비록 호령은 지극히 공정하나 그 폐단은 아직 근절되지 않았다. 그 뒤 원주(袁州) 출신 이이빈(李夷賓)이 주장을 올려서 따로 등록(謄錄)을 추가할 것을 청했다. 그래서 법령으로 드러낸 뒤에 자획(字畫)으로 사람을 알아보는 폐단이 비로소 없어졌다."

역주_ 오증은 자가 호신(虎臣)이며 무주(撫州) 숭인(崇仁, 현재 강서성) 출신이다. 소흥 11년(1141) 『좌씨발휘』(左氏發揮)를 헌상하고 과거 시험도 치르지 않은 채 우적공랑(右迪功郎)에 임명되었다. 이후 여러 벼슬을 거쳤다. 저술 가운데 『능개재만록』만 전한다.

혜롭다거나 지혜롭지 않다는 내 평가가 말 한 마디에 드러날 수 있기 때문에[16] 군자는 조심해야만 한다.

횡통한 사람치고 이름나는 것을 좋아하지 않는 사람이 없다. 이름나기를 좋아하는 사람은 의도를 아는 사람에게 변변치 못하다는 평가를 받는다.[17] 그들이 의지하고 좇는 사람도 틀림없이 일류가 아닐 것이다. 사광처럼 대단한 귀를 가지고[18] 사람을 가려내는 능력이 귀신과 통할 정도인 사람들은 그래서 그런 사람들을 싫어한다. 그러므로 군자는 횡통과 사귀게 되면 그들의 환심을 사려 하지 말고 그들이 충성을 바칠 것을 바라지 말며[19] 조금이라도 칭찬해줄 구석이 있으면 추켜 세워주고[20] 딱 부러지게 말하지 말고 여지를 남겨줘야 한다. 그러면 군자도 그들과 함께 지낼 수 있다.[21]

---

16 『논어』「자장」은 이러하다. "자공은 이렇게 말했다. '군자는 한 마디 말로도 지혜로운 사람(知, 지(智)와 같다)으로 생각하고 한 마디 말로도 지혜롭지 못한 사람으로 생각한다. 말은 조심하지 않을 수 없다.'"

17 『사기』「오제본기」는 이러하다. "배우기를 좋아하고 깊이 생각해서 진심으로 그 의도를 아는 사람이 아니라면 본디 보거나 들은 것이 적은 사람에게 이런 이야기를 하기 어렵다."

18 『맹자』「이루 상」을 보라. 조기 주는 이렇게 말한다. "사광은 진나라 평공(平公)의 악태사(樂太師)이다. 청각이 지극히 밝았다 한다."

19 『예기』「곡례 상」은 이러하다. "군자는 남이 내게 호의를 남김없이 베풀기 바라지 않으며 남이 내게 충성을 남김없이 바치길 바라지 않는다. 이로써 온전하게 사귄다."

20 『논어』「위령공」은 이러하다. "선생님은 이렇게 말씀하셨다. '내가 남에게 누구를 헐뜯고 누구를 추켜세우더냐? 만약 칭찬할 만한 일이 있으면 시험해 보았을 것이다.'"

21 나는 이렇게 생각한다. 가업당본 『장씨유서』에는 한 단락이 이것 다음에 더 있다. 여기서 다음과 같이 수록해둔다. "신해년[辛亥]에 『마성현지』(麻城縣志)를 편찬하면서 「식화지」의 원고를 바친 적이 있다. 글 안에서 시행경기(市行經紀, 원주는 이러하다. 다름 아니라 시장을 감독하는 관청[市司]이 물가를 평가하는 일이다)를 이렇게 논했다. '흉년이 들었을 때, 가난한 사람은 단 몇 홉이나 몇 말의 곡식만 있어도 여덟 식구를 먹여 살릴 수 있다. 돈을 주는 것은 수가 되지 않는다. 눈썹이 한 자나 자랄 지경인데도 고운 눈을 뜨고 쳐다보지 않는다. 백전을 주면 목숨을 부지할 수 있는데도 바로 굳은 얼굴을 하고 가마우지처럼 웃음 짓는다.' 이것은 바로 『요재지이』(聊齋誌異)라는 소설에서 탐욕스럽고 변변치 못한 것을 비꼬아 벼슬아치를 가르치는 것이다. 그 사람은 시행경기[行市經紀]하는 사람이 소 닭 보듯 닭 소 보듯 하는 일을 꾸짖고 있다. 이 분은 풍부한 장서를 소장한 것으로 유명한 사람이다."

번칭(繁稱)[1]

예전에 『춘추좌전』을 읽을 때, 거기 쓴 사람들의 이름이 정해진 방법이 없어서 고생했다.[2] 어릴 때 이름인 명(名), 어른이 된 뒤 이름인 자(字), 쉰 살이 넘은 뒤 이름인 백(伯)이나 중(仲), 죽은 뒤 이름인 시(諡)는 모두

1 나는 이렇게 생각한다. 『사통』에는 「제목」(題目)편이 있다. 여기까지 통명(統名)을 논하고 아울러 편년체와 기전체의 두 가지 형식을 말한다. 뒤에서는 편질(篇帙)의 제목을 논하고 오로지 기전체만 위주로 말한다. 그중 「열전」의 이름이 번거롭고 많은 것에 대한 논의와 분석이 더욱 상세하다. 「번칭」(繁稱)편은 앞에서 사람 이름을 논하고 성씨, 자(字), 호(號)를 조목조목 나누었다. 뒤에서는 책 이름을 논하고 자부, 사부, 별집을 조목조목 나누었다. 이로써 부르는 이름이 번거롭고 복잡해서 생기는 잘못을 보여준다. 지은 해는 고증하지 못한다.

2 송나라 황철(黃徹)의 『공계시화』(碧溪詩話)는 이러하다. "많은 역사서의 「전」은 처음부터 끝까지 일률적이다. 오로지 좌구명이 전한 『춘추』만 그렇지 않다. 천 번 변하고 만 번 모습을 바꿔도 어떤 사람의 이름은 여러 차례 달라지기까지 한다. 족씨(族氏), 명자(名字), 작읍(爵邑), 호시(號諡)는 모두 그 안에 빽빽하게 펴져 있다."

역주_ **황철**은 자가 상명(常明)이며 홍화군(興化軍) 보전(莆田, 현재 복건성) 출신이다. 선화 연간에 진사가 되었다. 여러 관직을 두루 거쳤다. 저술에 『공계시화』가 있다.

주나라의 방식이다.[3] 이것은 예의 제도[禮文]에서 부르는 말이지 역사서에서 사실을 서술할 때의 범례는 아니다. 『춘추좌전』은 마음대로 뒤섞어서 거명하고 의례가 없다. 하물며 명, 자, 시, 항렬 이외에 다시 관직과 작위[官爵]나 봉읍(封邑)도 같은 편 안에 섞여서 함께 나타난다. 만약 주석이 전해지지도 않고 스승이 전수하고 제자가 전수받지도 않은 채 오늘날에 이르렀다면 누가 누군지 도대체 알지 못했을 것이다. 후세의 역사서치고 『춘추좌전』을 우러러 떠받들지 않는 책은 없다. 그러나 이 일에 대해서만은 『춘추좌전』을 스승으로 삼지 않는다.[4]

사마천은 「열전」이라는 형식을 창조했다. 열(列)이라는 말은 여러 사람을 벌여놓은 것이 처음부터 끝까지 계속된다는 뜻이다. 그래서 편년체의 「전」과 다르다는 것을 표시한다.[5] 그러나 사람들의 이름을 늘어놓은 방식이 고르지 않다. 어떤 사람은 제목에 작위를 붙이고(회음후(淮陰侯) 같은 종류) 어떤 사람은 관직을 붙였으며(이장군(李將軍) 같은 종류) 어떤 사람은 어릴 때 이름을 곧바로 썼다. 비록 『춘추좌전』처럼 뒤섞여 나오지 않지만 결국 의례가 순수하지 않다. 어떤 사람은 이렇게 말한다. "사마천이 이렇게 한데는 드러나지 않는 의도가 있으리라." 사실에 근거하여 곧바로 써서 선악이 저절로 나타나게 하는 것은 『춘추』의 의도이다. 꼭 제목에 달아서 포폄을 보여주려 한다면 심약의 『송서』와 위수의 『위서』가

3 『예기』「단궁 상」의 글을 보라.

역주_ 백은 맏이, 중은 둘째이다. 항렬에 따라 부르는 이름이다. 아래 본문의 예문은 예법에 관하여 써 놓은 글이다. 관작은 관위와 작위이다. 봉읍은 제후가 되어 받은 땅이다.

4 『논어』「자한」은 이러하다. "우러러 볼수록 더욱 높아지고 뚫을수록 더욱 여물어진다." 하안 『논어집해』는 이러하다. "완전히 다할 수 없다는 말이다." 나는 이렇게 생각한다. 이 단락은 『춘추좌전』에서 부르는 이름이 한결같지 않다는 점을 논하고 있다.

5 『사통』「열전」(列傳)은 이러하다. "「기」는 연도에 따라 엮는 것[編年]이다. 「전」은 일을 열거하는 것[列事]이다. 편년은 제왕의 세월을 거치는 것이다. 마치 『춘추』의 경과 같다. 일을 열거하는 것은 신하의 행장을 기록하는 것이다. 마치 『춘추』의 「전」과 같다. 『춘추』는 「전」으로 경을 풀이한다. 『사기』와 『한서』는 「전」으로 「기」를 풀이한다." 열(列)에는 펼쳐 벌인다는 뜻이 있기 때문에 어떤 사람이 행한 일을 늘어놓고도 「열전」이라고 부른다. 그래서 편년의 「전」과 다르다는 것을 표시한다.

그저 재미삼아 표제를 단 일도 무슨 이상한 점이 있겠는가?[6] 하물며 『사

---

6 나는 이렇게 생각한다. 심약의 『송서』 권95 「삭로열전」(索虜列傳)은 다름 아니라 북위를 가리킨다. 권99 「이흉열전」(二凶列傳)은 다름 아니라 바로 원흉인 유소(劉劭)와 시흥(始興) 왕준(王濬)을 가리킨다. 이것은 모두 제목으로 희롱한 것이다. 『사통』 「제목」은 이러하다. "범엽이 범례를 들면서 비로소 성명을 전부 기록하게 되었다. 대대로 같은 권에서는 줄여 불렀고 표시한 바깥에 잔글씨를 모았다. 자손들을 뒤에 붙일 경우에는 조상 아래에 주를 달았다. 이것은 번쇄함의 극치가 이보다 지나칠 수 있는가! 이것 이후부터 범엽을 배우는 사람이 많았다. 위수가 그것을 따르자 더욱 심해졌다. 그는 위나라의 이웃나라를 위나라 역사에 편집할 때 그들의 성명 위에 또한 어느 나라, 어느 지역인지 열거하고 직관을 알렸다. 강동(江東)의 제왕에 대해서는 진나라 사마예(司馬叡)를 참칭한 도이(島夷) 유유(劉裕)라고 부른다. 하서(河西)의 추장들에 대해서는 양주목(涼州牧) 장실(張實)이라고 제멋대로 서명하고 양왕(涼王) 이고(李暠)라고 제멋대로 서명했다고 말한다. 이것은 모두 해당 편에 갖춰져 있고 또한 맨 처음 권에도 갖춰서 제시했다. 꼭 위수의 의도처럼 『한서』와 『후한서』, 『삼국지』를 짓는다면 「제도적전」(諸盜賊傳)이라는 제목을 달고, 서초(西楚) 패왕(霸王)을 참칭한 항우(項羽), 가짜 영삭왕(寧朔王) 외효(隗囂)라고 불러야 한다. 나머지 진섭(陳涉), 장보(張步), 유장(劉璋), 원술(袁術)부터는 그들의 지위와 이름도 모두 하나하나 갖춰 말하고 다 불러주지 않으면 안 된다."

역주_ **유소**(426?~453)는 자가 휴원(休遠)이며 남북조시대 송나라의 네 번째 황제이다. 유의륭의 태자인데 원가(元嘉) 30년(453) 무고를 당해 폐위되자 아우 유준과 공모하여 군사를 이끌고 밤에 황궁에 난입하여 아버지를 죽이고 스스로 즉위했다. 연호를 태초(太初)로 고쳤다. 아버지를 죽이고 황제 자리를 찬탈하여 사람들이 등을 돌렸고 석 달 동안 황제 자리에 있다가 유준에게 습격을 당해 사로잡힌 뒤 처형되었고 유준에 의해 원흉이라 불렸다. **왕준**(206~286)은 자가 사치(士治)이며 홍농 호현(湖縣, 현재 하남성 영보) 출신이다. 서진의 장군이며 꾀가 많아 싸움에 능했다. 오나라를 멸망시키는 마지막 전쟁을 이끌었다. 군사적 업적으로 보국대장군(輔國大將軍), 영보병교위(領步兵校尉)가 되었다. **유유**(363~422)는 자가 덕여(德輿)이며 어릴 적 이름은 기노(寄奴)이다. 조상은 팽성(현재 강소성 서주시) 출신이고 나중에 경구(京口, 현재 강소성 진강시)로 옮겨왔다. 남북조시대 송나라를 건국한 태조이며 송무제(宋武帝)라고도 부른다. **이고**(351~417)는 자가 현성(玄盛), 어릴 때 자가 장생(長生)이며 농서 성기 출신이다. 아버지 이창(李昶)의 유복자이며 십육국 때 서량(西涼)을 건국했다. 서한의 장군 이광의 후손으로 한나라 때 이주했다고 자칭했다. 당나라 황실도 이고가 조상이라고 주장했다. 북량(北涼) 신새(神璽) 원년(397) 단업(段業)이 양주목을 자칭하고 이고를 효곡현령(效谷縣令)으로 삼았다가 나중에 돈황 태수(敦煌太守)로 승진했다. 천새 2년 이고는 대장군, 호강 교위(護羌校尉), 진주 목(秦州牧), 양주목, 양공(涼公)을 자칭하고 경자(庚子)라고 연호를 바꾸고 돈황을 서울로 삼았다. 405년 건초(建初)로 연호를 바꾸고 진나라에 사신을 보내 표를 바치고 주천(酒泉)으로 천도한 뒤 북량과 오랫동안 전쟁을 벌였다. 건초 13년(417) 이고가 죽자 무소왕(武昭王)이란 시호를 바치고 묘호는 태조라 했다.

기』의 「열전」 일흔 편에서 관직과 작위로 부른 사람은 가끔 하나씩 보일 뿐이고 나머지는 곧바로 성씨와 이름[姓名]을 썼다. 이것은 범례에서 나쁘다고 말한 뒤 물리쳐야 한다는 것도 아니다. 그렇다면 사마천이 처음 만들었을 때, 잘못이 없었다고 말할 수는 없으리라. 반드시 사마천을 좇아 그를 변명해주려고 하면 도를 해치게 될 것이다.[7]

당나라 말기부터 오대까지는 기풍이 이상해서 사람을 부를 때 어릴 적 이름을 부르지도 않고 성을 부르지도 않았다. 익살스러운 별명이나 우언에 나오는 이름을 썼기 때문에 보는 사람이 얼핏 글을 읽어서는 도대체 어떤 사람인지 모르는 경우가 많았다. 예를 들어 이씨를 농서(隴西)라고 부른다든지 왕씨를 낭야(瑯琊)라고 표시하는 것은 설령 대단히 어그러지고 거슬린다 하더라도 군망(郡望)을 드러냈다고 말할 수 있다.[8] 그런

---

7 나는 이렇게 생각한다. 이 단락은 『사기』 「열전」의 제목이 고르지 않음을 논하고 있다.

8 하맹춘(何孟春) 『여동서록』(餘冬序錄)은 이러하다. "오늘날 사람들은 남의 성을 부를 때 꼭 대대로 명망 있는 집안[世望]으로 바꾸며 관직을 부를 때 꼭 앞 시대의 관직 이름을 사용한다. 부, 주, 현을 부를 때도 꼭 앞 시대의 군읍 이름을 사용하여 남과 달라 보이려고 한다. 문자 사이에 이런 것들을 드러내는 것이 글이 기교가 있고 없는 데 얼마나 보탬이 되는지 모르겠다. 이것은 이치로만 취하지 못할 것이 아니라 또한 사실에 대해서도 장애가 있다. 이씨 성을 가진 사람을 농서공(隴西公)이라 부른다든지 두씨 성을 가진 사람을 경조라고 부른다든지 왕씨 성을 가진 사람을 낭야라고 부른다든지 정씨 성을 가진 사람을 형양이라고 부르는 것은 어떤 성 가운데 명망 있는 집안으로 모든 사람을 싸잡아 부르는 것이니 말이 되겠는가? 이것은 당나라 말부터 오대 사이에 잃어버린 것이며 손광헌(孫光憲)의 무리에게서 시작되었다. 『북몽쇄언』(北夢瑣言)에서 풍연(馮涓)을 장락공(長樂公)이라고 부르며 『냉재야화』(冷齋夜話)에서 도곡(陶穀)을 오류공(五柳公)이라 부르는 것은 옛날 사람의 호로 같은 성을 가진 사람을 싸잡아 부르는 것과 비슷하니 더욱 변변치 못한 짓이다."(『일지록』 권19 「문인구고지병」(文人求古之病) 조에서 재인용) 전대흔은 이렇게 말한다. "위나라와 진나라 때부터 집안의 등급[門第]으로 선비를 취하면서 단출하고 쓸쓸한 집안은 내동댕이쳐서 맞지 않았다. 그래서 사대부들은 비로소 군망으로 자신을 뽐내기 시작했다. 당나라와 송나라는 진사과를 중시했다. 유명하고 신분이 높은 선비들은 타향에 깃들어 사는 사람이 많았기 때문에 군망이라는 것이 있는지도 모르는 채 오륙백 년이 흘렀다. 오로지 민간에서 시집 장가보낼 때 이름을 쓰는 명첩(名帖)에만 가끔 한번씩 쓸 뿐이다. 왕씨를 말할 때는 꼭 낭야라고 쓰고 이씨를 말할 때는 꼭 농서라고 쓰며 장씨를 말할 때는 꼭 청하(清河)라고 쓰고 유씨를 말할 때는 꼭 팽성이라고 쓰며 주씨(周氏)를 말할 때는 꼭 여남이라고 쓰고 고씨(顧氏)를 말할 때는

데 장씨를 칠원(漆園)이라 부른다든지 우씨를 태뢰(太牢)라고 부르는 것[9]은

꼭 무릉(武陵)이라고 쓰며 주씨(朱氏)를 말할 때는 꼭 패국(沛國)이라고 쓴다. 자기 조상이 어떤 사람이든, 어디서 옮겨 왔든 내버려 두고 묻지도 않는다. 이것은 세속의 풍습 가운데 대단히 웃긴 것이다."(『십가재양신록』 권12)

역주_ **하맹춘**(1474~1536)은 자가 자원(子元), 호가 연천(燕泉)이며 호광 침주(郴州, 현재 호남성 침현) 출신이다. 홍치 연간 진사가 되었고 병부 주사에 임명되었다가 원외랑, 낭중이 되었다. 정덕 연간 우부도어사(右副都御史)로 운남 순무가 되었다. 가정 연간 이부 좌시랑(吏部左侍郎)이 되어 이부의 일을 총괄했다. 대예의(大禮議)가 시작될 때 운남에 있으면서 상소를 올려 흥헌왕(興獻王)을 황숙고(皇叔考)라 부르는 것에 반대했다. 이부에 있을 때 세종이 이미 생부를 황고(皇考)라고 높였기 때문에 다시 상소를 올려 힘껏 반대했다. 이 일로 남경 공부 좌시랑(工部左侍郎)으로 좌천당했지만 바로 병을 핑계로 사직하자 삭탈관직 된다. 이동양을 스승으로 삼아 학문이 넓었다. 저술에 『하연천시』(何燕泉詩), 『하문간소의』(何文簡疏議), 『연천하선생유고』(燕泉何先生遺稿)가 있다. **손광헌**(?~968)은 자가 맹문(孟文), 스스로 지은 호가 보광자(葆光子)이며 능주(陵州) 귀평(貴平, 현재 사천성 인수) 출신이다. 형남 절도부사, 조의랑, 검교 비서소감, 시어사 중승을 역임하고 송나라에 들어와 황주(黃州) 자사가 되었다. 태조 건덕 6년 죽었다. 저술에 『북몽쇄언』, 『형대집』(荊臺集), 『귤재집』(橘齋集)이 있다. 『**냉재야화**』는 혜홍(惠洪, 1071~1128) 스님이 지은 불교 관련 이야기 모음이다. 내용은 선시(禪詩)가 많고 불교와 시의 밀접한 관계를 보여준다. 혜홍 스님은 속성이 팽씨(彭氏)이며 이름이 덕홍(德洪), 자가 각범(覺範)이다. 의풍현(宜豐縣) 교서향(橋西鄉) 출신이다. 송나라의 유명한 시승(詩僧)이다. 어려서 집안이 가난하고 열네 살에 부모님을 모두 여의어 절에 들어가 사미가 되었다. 열아홉 살에 서울에 가서 천왕사(天王寺)에서 스님이 되었다. 나중에 여산(廬山) 귀종사(歸宗寺)의 진정선사(眞靜禪士)에 의탁했다. 다시 그를 따라 정안(靖安) 보봉사(寶峰寺)로 옮겼다. 혜홍 스님은 파란만장한 생애를 살았다. 두 번 옥살이를 했고 해남도로 유배당하기도 했다. 혜홍 스님은 불학에 정통하고 시문을 잘 해서 저술이 많다. 황정견(黃庭堅)은 스님을 대단히 우러렀다. **도곡**(903~970)은 자가 수실(秀實)이며 빈주(邠州) 신평(新平, 현재 섬서성 빈현) 출신이다. 본래 성은 당씨(唐氏)이지만 후진 고조 석경당의 이름을 다른 글자로 써서 도씨로 바꿨다. 할아버지 당언겸(唐彦謙)은 자주(慈州), 강주(絳州), 예주(澧州) 자사를 역임했다. 아버지 당환(唐渙)은 이주(夷州) 자사였고 당나라 말기의 혼란한 틈에 양숭본(楊崇本)에게 죽었다. 도곡이 아직 어려 어머니 유씨가 양숭본에게 시집가는 것을 따라 갔다. 후진 때 교서랑으로 벼슬길에 올라 여러 벼슬을 두루 거쳤다. 개보 3년 죽었을 때 상서우복야에 추증했다. 예서를 잘 썼으며 저술에 『청이록』(淸異錄) 등이 있다. **군망**은 지역의 유력한 집안이다. 교주의 세망도 같은 뜻이다.

9 『사기』「장주전」(莊周傳)은 이러하다. "장주는 몽(蒙)의 칠원리(漆園吏)가 된 적이 있다." 『예기』「왕제」는 이러하다. "제후는 이유 없이 소를 잡지 않는다." 소는 이러하다. "태뢰(太牢)를 말한다." 『구당서』「우승유전」(牛僧孺傳)은 이러하다. "우승유는 이덕유의 미움을 받았기 때문에 '태뢰공'(太牢公)이라며 손가락질 당했다. 그들은 서

익살을 부리며 비웃는 것이며 결코 문리가 성립하지 않는다. 이런 종류의 말은 변려문(騈麗文)의 화려한 단어들에서 시작해서 점점 편지[10]나 소설에 쓰이게 되었다. 무식한 문인들은 결국 말도 안 되는 이런 말을 써서 사실을 기록하게 되었다. 과거 시험을 칠 때 제출해야 하는 글에서 줄(茁)이니 알(軋)이니 하는 희한한 말로 흐른다면[11] 문장의 도는 혼돈에 빠질 것이다.[12]

구양수나 증공 같은 분들이 당나라 말기부터 오대까지 유행했던 이상하고 말도 안 되는 기풍을 없애고 깨끗하게 만든 뒤,[13] 송나라와 원나라

로 이처럼 증오했다."

10 옛날 서간(書簡)의 길이가 한 자 정도였기 때문에 척독(尺牘)이라고 한다. 『한서』「진준전」(陳遵傳)은 이러하다. "진준은 「전」과 「기」를 대략 섭렵하고 문사에 눈을 떴다. 타고나길 글씨를 잘 쓰게 타고나서 남에게 편지를 보내면 받는 사람은 모두 소장하는 것을 영광으로 알았다."

11 시독(試牘)은 시권(試卷)이다. 심괄(沈括) 『몽계필담』 권9는 이러하다. "가우 연간에 유기(劉幾)가 글을 지었는데 자주 괴상하고 험한 말을 썼다. 구양수는 그것을 대단히 싫어했다. 공주시(公主試)를 칠 때 어떤 거인이 이렇게 논했다. '천지는 삐걱거리고[天地軋] 만물은 싹트며[萬物茁] 성인은 나타난다.[聖人發]' 구양수는 이렇게 말했다. '이것은 틀림없이 유기이다.' 우스개로 이어서 이렇게 말했다. '수재가 어지럽히면[秀才刺] 시험관은 치워버린다.[試官刷]' 붉은 먹을 듬뿍 묻힌 붓을 가로로 죽 그었다. 이것을 홍륵백(紅勒帛)이라고 부른다."

역주_ 軋, 茁, 發은 알, 줄, 발로 읽는다. 모두 같은 운자를 썼다. 구양수의 刺, 刷도 같은 운자로 응수한 것이다.

12 나는 이렇게 생각한다. 이 단락은 당나라 말기 성씨를 부르는 방식이 번거로웠음을 논하고 있다.

13 구양발(歐陽發) 「선공사략」(先公事略)은 이러하다. "가우 2년 아버님이 공거를 책임지셨다. 당시 학자들의 글짓기는 새롭고 기이한 것을 높이는 바람에 형식이 크게 허물어졌다. 아버님은 그런 폐단을 근본적으로 개혁하려고 한꺼번에 괴상하고 치우친 것으로 이름났는데 높은 등수에 있는 사람을 거의 다 탈락시켜 버렸다." 『송사』「구양수전찬」(歐陽修傳贊)은 이러하다. "삼대 이후 진나라와 한나라에 가까워지면서 문장은 비록 시대와 함께 흥성하고 쇠락했지만 옛날 말처럼 우거졌고 옛날 빛처럼 빛났으며 옛날 소리처럼 길을 갔다. 아마 선왕이 남기신 업적을 모두 가지고 있었을 것이다. 위나라와 진나라를 지나면서 폐단이 많아졌다. 당나라 한유에 와서 떨쳐 일어났다. 당나라의 글은 오대를 지나면서 폐단이 많아졌다가 송나라 구양수에 와서 다시 떨쳐 일어났다. 모든 강물의 퇴락한 파도를 끌어들이고 오랫동안 지속되어온 올바르지 못한 학설을 멈추게 하며 유학의 올바른 기운을 부려 위대한 도를 돕고 인심을 지탱할 수 있게 만든 사람은 바로 이 두 사람의 힘이다." 『송사』「증공전찬」

의 삼백여 년 동안은 문사에 비록 높고 낮은 수준 차이는 있었지만 기운의 근본 바탕이 깨끗하고 거짓이 없는 상태를 높여 소중히 여겼다. 우리도 이것을 높이고 소중히 여길 만하다. 그러나 송나라 때는 섬세하고 이상한 길도 텄다. 바로 모든 사람이 호를 쓰는 것이다. 호가 하나로도 부족하여 서너 개나 짓고도 멈추지 않았다. 아주 오랜 옛날에는 순박해서 사람들은 어릴 때 이름 하나만 가졌을 뿐이다. 주나라의 도는 문을 높여 소중히 여겼기 때문에 어릴 때 이름과 어른이 된 뒤 이름만 있었다. 신분이 낮은 사람이 신분이 높은 사람을 부를 때는 어릴 때 이름을 피하고 어른이 된 뒤 이름을 부르는 경우가 많았다. 그러므로 어른이 된 뒤 이름은 인격을 드러내는 것이라고 한다.[14] 이것도 모자라서 여기에 호까지 보태게 되었는데,[15] 이것은 무슨 근거가 있는 주장이겠는가? 최근까지 오는 동안, 풍속이 나날이 나빠졌다. 처음에는 어릴 때 이름을 버리고 어른이 된 뒤 이름을 부르더니 점점 어른이 된 뒤 이름을 버리고 호를 부르게 되었다. 신분이 낮은 사람이 자기가 존경하는 사람을 부를 때 어릴 때 이름을 피할 뿐만 아니라 어른이 된 뒤 이름도 피하게 되었다. 어릴 때 이름이나 어른이 된 뒤 이름을 부르는 것을 꺼리고 피해야 할 일 마냥 생각한다. 이것이 어찌 우러른다는 핑계로 알랑거리고 더럽히는 일이 아니겠는가? 공자는 이렇게 말한다. "이름이 올바르지 않으면 말이 공손

(曾鞏傳贊)은 이러하다. "증공은 구양수와 왕안석 사이에서 주장을 세웠기 때문에 세상 물정에 어둡고 느릿하지만 번거롭지 않고, 간단하고 오묘하지만 어둡지 않다. 스스로 뛰어난 일가를 이뤘으니 어려운 일이라 할 만하다." 나는 이렇게 생각한다. "확"(擴)은 "곽"(廓)이라고 써야만 한다.

14 『예기』 「곡례 상」은 이러하다. "남자가 스물이 되면 관을 쓰고 자를 받는다." 『의례』 「사관례」(士冠禮)는 이러하다. "관을 쓰고 자를 받는 것은 명(名)을 공경하기 때문이다. 아버지의 앞에 있을 때는 명을 부르고 다른 사람 앞이라면 자를 부른다." 『안씨가훈』 「풍조」(風操)는 이러하다. "옛날에 명으로 몸을 바르게 하고 자로 덕을 드러냈다. 명은 죽은 뒤에 꺼린다." 나는 이렇게 생각한다. 가업당본 『장씨유서』에는 이것 다음에 "지표덕"(至表德)이란 세 글자가 더 있다.

15 『주례』 「춘관」은 이러하다. "태축(太祝)은 여섯 가지 호를 변별하는 일을 관장한다." 주는 이러하다. "호는 명을 높이는 것이며 더욱 아름답게 부르는 것이다."

하지 않다."[16] 호를 부르고 어른이 된 뒤 이름을 피하는 것은 더구나 올바르지도 않고 공손하지도 않은 일이겠지?[17]

호의 기원은 송나라 때 시작된 것이 아니다. 아마 춘추시대와 전국시대에 이미 조짐이 있었을 것이다. 도주공이나 저이자피(鴟夷子皮)는 목숨을 부지하려고 다른 이름을 빌어 도망친 사람들이다.[18] 갈관자(鶡冠子)나 귀곡자는 성명을 스스로 숨겼기 때문에 남들은 그들의 입성이나 사는 곳을 따라서 그들에게 호를 붙였다.[19] 이런 사람들은 아무런 이유도 없이 그렇게 불린 것이 아니다. 당나라 개원 연간에 도교를 으뜸으로 치고 높이게 되었다. 그래서 진인(眞人)(남화진인(南華眞人)이나 충허진인(沖虛眞人) 같은 부류이다),[20] 법사(法師)(엽정법사(葉靖法師) 같은 부류이다),[21] 여관(女冠)(태진옥

---

16 『논어』「자로」의 글을 보라.

17 나는 이렇게 생각한다. 이 단락은 자와 호의 번거로움을 논하고 있다.

18 『사기』「화식열전」은 이러하다. "범려는 회계의 치욕을 깨끗이 씻은 뒤 후 하고 탄식하며 이렇게 말했다. '계연(計然)의 일곱 가지 계책 가운데 월나라는 다섯 가지를 써서 의도하는 것을 얻었다. 이미 나라에 시행했으니 나는 집에 그것을 써보려고 한다.' 이에 조그만 배를 타고 강호를 떠돌면서 성명을 바꿨다. 제나라에 갔을 때는 치이자피라고 하고 도에 가서는 주공이라고 했다."

19 『한서』「예문지」'도가'는 이러하다. "『갈관자』는 한 편이다." 반고 스스로 이렇게 주를 달고 있다. "초나라 사람이며, 깊은 산속에 살면서 갈새의 깃털로 관을 만들어 썼다." 『수서』「경적지」"종횡가류"는 이러하다. 『귀곡자』는 세 권이며 황보밀의 「전」이 있다." 또한 악일(樂壹)이 주를 단 판본 세 권이 있다. 『사기』「소진전」은 이러하다. "소진은 동쪽으로 가서 제나라에서 스승을 섬겼고 그것을 귀곡 선생에게 익혔다." 『사기집해』는 서광을 인용하여 이렇게 말한다. "영천 양성(陽城)에 귀곡(鬼谷)이 있다. 아마 여기가 그 사람이 살던 곳이기 때문에 호를 지었을 것이다."

20 『당회요』(唐會要)는 이러하다. "천보 원년 2월 12일에 장자에게 남화진인(南華眞人)을 추증했다. 3월 19일에 이임보(李林甫)가 열자에게 충허진인(沖虛眞人)이라는 호를 드리자고 주청했다."

역주_ 진인은 도교의 깊은 진리를 깨달은 사람이다. 이임보(?~752)는 현종 때의 유명한 간신이다. 음악을 잘 알고 학문은 없었으며 기회를 잘 틈탔다. 당나라 종실 출신이며 이숙량(李叔良)의 증손자이다. 처음에 천우직장(千牛直長)으로 출발하여 여러 벼슬을 두루 거쳤다. 무혜비(武惠妃)가 현종의 총애를 받자 이임보는 비위를 맞추길 능사로 했다. 혜비의 아들 수왕(壽王)을 황제로 앉히는 데 힘쓰겠다는 언질을 주자 혜비도 현종에게 이임보를 칭찬하였고 승진하게 되었다. 비빈과 환관을 구워삶아 현종의 심기를 살피고 아첨하여 신임을 얻었고 결국 대권을 쥐게 되었다. 같은 재상

비(太眞玉妃) 같은 부류이다),[22] 승가(僧伽)(삼장법사(三藏法師) 같은 부류이다.[23] 삼장법사는 당나라 태종 때이긴 하지만 개원 연간에 시작한 것이 아니다. 그러나 지금 종류대로 거명하면서 함께 넣었다)에게도 호를 내리게 되었다. 이것은 불교도와 도교도가 어떤 명목을 붙여 앞에 내세운 것이었는데[24] 나중에는 세상을

을 모함하여 파면시키고 상소를 가로 막았다. 현종이 태자를 폐위시키는 것을 지지하고 수왕을 태자로 삼게 만들려 했으나 현종은 충왕(忠王, 나중의 숙종)을 태자로 삼았다. 이임보는 숙종이 즉위하면 위태롭게 될 판이라 무고한 사람들을 사건을 만들어 얽어 넣고 태자를 흔들었다. 양국충(楊國忠)을 시켜 태자의 친척과 자신에게 붙지 않는 신하들을 죽였다. 천보 11년 이임보가 죽자 이미 사이가 벌어졌던 양국충이 안녹산을 시켜 이임보가 반란을 꾀하고 있었다고 무고하도록 한다. 현종은 이임보의 관작을 삭탈하고 재산을 몰수했으며 아들과 사위들은 유배했다.

21 『당육전』 권4는 이러하다. 도사가 수행할 때 세 가지 호가 있다. 첫째가 법사(法師)이고 둘째가 위의사(威儀師)이며 셋째가 율사(律師)이다." 엽정법사(葉靖法師)는 알 수 없다.

역주_ 법사는 진리를 풀어주는 스승이다.

22 『신당서』 「후비전」(后妃傳)은 이러하다. "현종의 귀비(貴妃)인 양씨(楊氏)는 본래 수왕(壽王)의 왕비였다. 개원 20년 무혜비(武惠妃)가 세상을 떠나자 후궁[後廷] 중에 현종의 뜻에 맞는 사람이 없었다. 어떤 사람이 수왕비의 자태는 하늘을 찌를 듯하니 궁궐[掖廷]을 채우기 마땅하다고 말했다. 결국 궁궐[內禁] 안으로 불러들였는데 그녀를 기이하게 생각했다. 이것은 바로 귀비의 의도에서 나온 것이다. 여관(女官, 다름 아니라 바로 여관(女冠)이다)의 이름을 빌었는데 태진(太眞)이라고 불렀다."

역주_ 여관은 도교의 여자 도사이다.

23 『구당서』 「방기전」은 이러하다. "현장(玄奘) 스님은 낙주(洛州) 언사(偃師) 출신이다. 대업 연간 말에 출가하여 불경과 논서[經論]를 널리 섭렵했다. 정관 연간 초에 상인을 따라 서역(西域)으로 여행했다. 현장의 변론과 박학다식은 군계일학이라서 그가 있는 곳이라면 언제나 강석(講釋)과 논란(論難)이 있었다. 외국인들은 멀리서든 가까이서든 모두 존경하고 탄복했다. 서역에 있은 지 열일곱 해 동안 백여 개의 나라를 거쳤다. 가는 곳마다 그 나라의 말을 모두 익혔고 그곳의 산천, 민요와 풍속[謠俗], 토지에 대한 모든 것을 채록하여 『서역기』(西域記) 열두 권을 지었다. 정관 19년에 서울로 되돌아 왔다. 태종은 그가 가지고 온 불경[梵本] 육백쉰일곱 부를 홍복사(弘福寺)에서 번역하라고 명령했다. 고종이 아직 태자일 때 문덕태후(文德太后)의 명복을 빌기 위해 자은사(慈恩寺) 및 번경원(翻經院)을 세웠다. 현장 및 고승대덕들이 들어가 살았다. 현경(顯慶) 원년에 고종은 좌복야 우지녕 등에게 현장이 결정한 불경을 윤색하라고 명령했다. 모두 일흔다섯 부를 완성해서 상주문을 갖춰 바쳤다. 현경 6년에 죽었는데, 나이 쉰여섯이다." 태종 때 삼장법사(三藏法師)가 되었다. 유함흔 『문사통의지어』는 이러하다. "삼장법사는 마치 오경박사라는 이름과 같은 것이다. 아름다운 이름을 특별히 하사한 것이 아니다. 이것은 잘못된 고증이다."

역주_ 승가는 부처의 가르침을 믿고 실천하는 사람들, 곧 불교 승려를 가리키는 말이다.

피해 숨어사는 사람도 쓰게 되고(진단(陳摶)이나 임포(林逋) 같은 부류이다)[25]

---

24 『후한서』 「당고전」(黨錮傳)은 이러하다. "천하의 사모하고 본받으려는 무리가 결국 함께 표방하게 되었다." 장회태자 주는 이러하다. "표방(標捞)은 서로 칭찬하고 치켜세운다는 것이다. 방(捞)은 방(榜)과 같으며 옛날 글자는 통한다." 혜동[惠氏]의 보주는 호삼성(胡三省)을 인용하여 이렇게 말한다. "표를 세워 남에게 보이는 것이 표(標)이고 글을 내걸어 남에게 보이는 것이 방(榜)이다. 표방은 표게(表揭)를 말하는 것이다."

역주_ 호삼성(1230~1302)은 본래 이름이 만손(滿孫), 본래 자가 경삼(景參)이며 나중에 자를 신지(身之)라 고쳤다. 집이 계곡의 시냇가에 있고 오래 묵은 매화나무가 많아 매간(梅磵)이란 호를 썼다. 태주(台州) 영해(寧海, 현재 절강성 영해) 중호촌(中胡村) 출신이다. 송나라와 원나라 교체기의 역사학자이다. 남송 보우 4년(1256) 진사 출신이다. 같은 시험에 합격한 사람은 문천상(文天祥), 육수부(陸秀夫), 사방득(謝枋得), 황진 등이 있다. 현령, 부학 교수 등을 역임했다. 가사도의 손님 가운데 요영중(廖瑩中)이 그의 명성을 듣고 많은 돈을 들여 그를 초빙하여 『자치통감』을 교감하고 제자를 가르치게 했다. 얼마 지나지 않아 요영중은 다시 가사도에게 그를 추천했다. 함순 11년(1275) 호삼성은 가사도의 막료로 임명되어 종군하였다. 무호(蕪湖)에 도착한 뒤 여러 차례 건의했으나 가사도가 받아들이지 않았다. 나중에 은거하고 벼슬하지 않았다. 보우 4년부터 『자치통감광주』(資治通鑑廣注)를 쓰기 시작했다. 남송 서울 임안이 함락된 뒤 피난하던 도중 원고를 신창(新昌, 현재 광동성 태산) 부근에서 잃어버렸다. 송나라가 망한 뒤 다시 쓰기 시작했다. 쿠빌라이 칸의 지원 22년(1285) 『자치통감음주』(資治通鑑音注) 및 『석문변오』(釋文辯誤)를 썼다.

25 『송사』 「은일전」은 이러하다. "진단(陳摶)은 자가 도남(圖南)이며 박주 진원(眞源) 출신이다. 후당의 장흥(長興) 연간에 진사 시험에 응시했으나 급제하지 못했다. 결국 봉록과 벼슬을 추구하지 않기로 하고 자연[山水]을 즐거움으로 삼았다. 무당산(武當山) 구실암(九室巖)에 머물면서 이십여 년이나 복기(服氣)와 벽곡(辟穀)을 수련했다. 매일 술 몇 잔만 마시고 살 수 있게 되었다. 화산(華山) 운대관(雲臺觀)으로 옮겼다. 북주 세종은 신선이 되는 방법[黃白術]을 좋아했는데, 현덕(顯德) 3년에 화주(華州)에 명령해서 그를 대궐로 보내오도록 했다. 대궐에 머물게 하면서 달포가 지나도 다른 술수가 없다는 것을 알자 놓아서 돌려보냈다. 태평흥국 연간에 조정에 오자 태종이 그를 매우 도탑게 대접하고 희이 선생(希夷先生)이라는 호를 하사했다. 몇 달이 지난 뒤 산으로 돌아갔다. 단공(端拱) 연간 초에 죽었다." 『송사』 「은일전」은 이러하다. "임포(林逋)는 자가 군복(君復)이며 항주 전당(錢塘) 출신이다. 어려서 고아가 되었으나 학문에 힘썼다. 그러나 장구는 짓지 않았다. 성품이 욕심이 없고 담백하여 명예와 이익을 좇지 않았다. 집안이 가난하여 입성과 먹을거리가 부족해도 편안한 모양이었다. 예전에 장강과 회수 사이로 나가 자유롭게 여행한 뒤, 오랜 시간이 지나서 항주로 되돌아 왔다. 서호(西湖)의 고산(孤山)에 오두막을 얽어 살면서 스무 해나 성 안에 발을 들이지 않았다. 진종(眞宗)이 그의 명성을 듣고 지방의 행정 책임자에게 해가 바뀔 때마다 찾아보고 위문하라는 명령을 내렸다. 죽음을 맞이하면서 지은 시에 '무릉에서 이전에 남은 원고를 찾았지, 「봉선서」가 원래 없었던 걸 알자 오히려 기뻤네'라는 구절이 있다. 죽은 뒤 항주에서 황제에게 보고했고 인종은 탄식하

얼마 지나지 않아 선비들에게도 퍼지게 되었다. 그런데 이런 호는 조정에서 내려준 것이다. 이것이 비록 중요한 전거는 아니지만, 본인 스스로 호를 붙인 것은 아니었다. 당시 호를 내려 영예와 총애를 보이려는 의도를 헤아려 본다면 이것은 이미 죽은 사람에게 이름을 주는 것[諡法]이나 아직 죽지 않고 살아 있는 사람에게 직함을 주는 것[頭銜]과 같다. 이것은 아마 헛된 말로 상을 주는 것일 뿐이리라.[26]

자호(自號)가 많아진 것은 군망을 드러내는 일을 본뜬 것이지만 보잘 것 없는 무리 가운데서도 가장 심한 놈들에게 이어지는 바람에 완전히 망가져 버렸다. 육조시대에 집안의 등급[門弟]에 군망을 다투어 표시한 일은 아마 이름을 부를 때 살고 있는 본관(本貫)을 쓰지 않고 오로지 족성(族姓)으로 군망을 드러내 이름의 맨 앞에 놓으려 했기 때문일 것이다. 이것이 바로 유지기가 사관에게 도리어 비웃음을 샀던 이유이다.[27] 이것이 오랫동안 이어지자 군망을 당시의 상투적인 말[文語]일 뿐이라고 생각하게 되었다. 상투적인 말인데도 산뜻한 말인 것처럼 주고받으면서 누가 더 이상야릇할 수 있는지를 다투었다.[28] 이름을 마음대로 지어 어떤 명목을 앞에 내세웠다. 그러므로 별호(別號)가 시작되었을 때, 산이나 샘물, 숲이나 늪의 이름을 따라 지은 것이 많았다. 이것은 군망이 변한 것이라

며 슬퍼했다. 화정 선생(和靖先生)이란 시호를 하사했다."

26 나는 이렇게 생각한다. 이 단락은 사호(賜號)의 번거로움을 논하고 있다.

27 『사통』「읍리」(邑里)에 스스로 단 주는 이렇게 말한다. "당시 국사를 편찬할 때 나는 「이의염전」(李義琰傳)의 편찬을 배당받았다. 이의염의 집은 위주(魏州) 창락(昌樂)에 있었고 그곳에서 삼대도 넘게 살았다. 그래서 이렇게 말했다. '이의염은 위주 창락 사람이다.' 편찬을 감독하던 사람이 크게 비웃으며 역사서의 형식을 크게 어그러뜨렸다고 생각했다. 결국 이씨 집안의 오래된 군망에 따라 농서 성기 사람이라고 고쳤다."

역주_ **자호**는 스스로 지어 부르는 호이다. **문제**는 집안의 사회적 지위이다. **족성**은 씨족의 성씨, 집안의 문벌이다.

28 『장자』「제물론」은 이러하다. "이것이 그 말이다. 그 이름은 조궤(弔詭)이다." 육덕명 『경전석문』은 이러하다. "조(弔)는 적(的)이라 읽는다. 지(至)이다. 궤(詭)는 이(異)이다." 이것은 괴상하고 이상하다는 뜻이다.

역주_ 아래 본문의 **별호**는 이름 이외에 따로 지은 호이다.

고 증명할 수 있다. 자기가 살고 있는 땅에 의지하는 사람이 그렇기 때문이다. 차츰 당(堂), 헌(軒), 정(亭), 원(苑)이라는 이름으로 다시 바뀌었는데 이것은 살던 땅 이름이 변한 탓이다. 자신이 살고 있는 집에 의지하는 사람이기 때문이다. 처음에는 자신이 사는 땅 이름을 근거로 했지만 세월이 흐른 뒤 땅 이름이 꼭 그런 것도 아닌데 자신이 사는 산이나 물 이름을 개인의 상상에 따라 만들어냈다. 처음에는 아마 자신이 살고 있는 집 이름이 정말 있었을 지도 모른다. 그러나 세월이 흐른 뒤에는 집의 이름이 꼭 그런 것도 아닌데 아무 근거나 토대도 없는 공중누각을 상상으로 만들어냈다.[29] 판단력이 있는 사람은 사람의 마음이 이상한 것을 높여 소중히 여긴다는 것만 알지 군망이라는 원천에서 이상한 일이 시작되었다는 것을 모른다. 그래서 군자는 허수아비를 만드는 일을 미워한다.[30]

무슨 봉우리[峯]니 샘[泉]이니 냇물[溪]이니 다리[橋]니 다락집[樓]이니 정자[亭]니 처마 깊은 집[軒]이니 나그네 묵는 여관[館]이니 호에 쓰이는 말 따위도 징그럽게 번거롭고 복잡하다. 게다가 운율을 맞추기 위한 말이나 은어에서 나온 호도 있다.[31] 이것은 송나라와 원나라 때까지 미처 시작되지 않은 방식이다. 그런데 이런 기풍은 명나라 때부터 최근까지 실로 불길처럼 유행하고 있다.(자와 같은 소리인 글자로 호를 짓는 경우도 있고, 자의 글꼴을 나누거나 합쳐서 호를 짓는 경우도 있다) 도둑과 강도가 스스로 호를 짓는 것은 뭇 사람의 정신을 빼앗기 위해서이다.(적미군(赤眉軍)이나 황건적

---

29 적호 『통속편』(通俗編)은 이러하다. "『몽계필담』에 이런 말이 있다. '등주(登州)는 사방이 바다에 닿아 있는데 봄여름에 바다와 맞닿은 공중에 도시의 누각 모습이 멀리 나타난다. 현지인들은 이것을 해시(海市)라고 부른다.' 오늘날 언행이 허구인 사람을 공중누각(空中樓閣)이라 부르는 것은 이 일을 쓴 것이다."

30 『맹자』 「양혜왕 상」은 이러하다. "공자는 이렇게 말했다. '처음으로 인형을 만든 사람은 후손이 없을 것이다!'" 조기 주는 이러하다. "용(俑)은 우인(偶人)이다. 그것은 장사를 치를 때 쓴다. 공자는 인류를 소중하게 생각했다. 진나라 목공 때 삼량(三良)으로 순장하면서 인형을 만드는 일이 비롯되었다. 처음 만든 것을 미워하기 때문에 이런 사람에게 후사가 없을 것이라고 말한 것이다." 나는 이렇게 생각한다. 이 단락은 별호의 번거로움을 논하고 있다.

31 「감우」의 주20을 보라.

(黃巾賊)처럼 이런 무리는 대단히 많다) 노래를 직업으로 하는 기생이 스스로 호를 짓는 것은 손님을 끌기 위해서이다.(기생 이름에 연(燕), 앵(鶯), 연(娟), 소(素) 같은 글자가 대단히 많다) 사대부는 도리어 자신의 명이나 자를 불편하게 생각하여 어지러이 호로 부르고 있으니 이것도 아무 생각이 없기 때문이다.[32]

도망친 죄수가 이름을 고치는 경우가 많은 이유는 남이 알까 두렵기 때문이다. 내쫓은 계집종이 반드시 이름을 바꾸려고 하는 이유는 새로운 주인으로 바꾸기 위해서이다. 그러므로 여러 번 도망친 죄수나 여러 번 팔린 계집종에게 이름이 많은 것은 틀림없다. 이것은 어쩔 수 없다고 치자. 만약 의도를 깃들이고 싶어서 어쩔 수 없이 한 일이라면 어떤 문인이 어른이 되면서 자를 받고 호를 지었더라도 하나로 충분하다. 그런데도 호 하나로 만족하지 못하고 세 개나 심지어 다섯 개씩 짓기도 한다. 아! 정말 어수선하고 귀찮은 것도 꺼리지 않는다고 할 수 있겠다.[33]

옛사람은 책을 지을 때 편명을 표시하지 않는 일이 자주 있었다. 후세인은 그것을 비교하여 정리할 때[34] 바로 편의 첫머리에 나오는 글자나 구절로 편명을 지었다. 옛사람은 책 제목을 달지 않는 경우도 있었다. 나중에 비교하여 정리할 때 책을 쓴 사람의 이름을 책 제목으로 썼다. 이것은 옛사람이 어떤 이름을 앞에 내세우려는 의도가 없었다는 것을 보여준다. 편명이나 책 제목이 있는 것은 의심할 바 없이 아주 뚜렷하여 알기 쉬우며 이상한 이름을 내걸려는 의도도 없었다. 그러나 동일한 책에 두 가지 제목이 있다고 치자. 앞 제목과 뒤 제목 사이에 아름답고 소박한 차이가 있고 어떤 것인지 결정할 수 없다면 비교하여 정리하는 사람이 제목을 바꿔서 드러내 기록했기 때문에 빚어진 결과이다. 제대로

---

32 나는 이렇게 생각한다. 이 단락은 은명(隱名)의 번거로움을 논하고 있다.

33 나는 이렇게 생각한다. 이 단락은 호를 고치는 번거로움을 논하고 있다.

34 「편권」편의 주9를 보라. 나는 이렇게 생각한다. "교"(較)는 "교"(校)라고 고치는 것이 마땅하다. 청화각본은 교(校)라고 올바르게 되어 있다. 아래도 같다.

살피지 않는 상태가 계속 이어진다면 결국 책 제목이 여러 개로 나뉘는 현상이 나타나게 된다. 이것은 애초에 책을 쓴 사람 자신이 새롭고 이상한 것을 높여 소중히 여기고 이상한 이름을 내걸려고 했기 때문이다.[35]

어떤 책은 원래 제목이 소박한데 적을 때 아름답게 꾸민 경우도 있고 어떤 책은 원래 제목이 화려한데 적을 때 소박하게 바꾼 경우도 있다. 어떤 책은 본래 온전한 이름을 가지고 있는데 다른 사람이 인용할 때 일부만 거명한 경우도 있고 어떤 책은 본래 짧은 이름을 가지고 있는데 다른 사람이 인용할 때 온전하게 거명하는 경우도 있다. 학자가 이런 상황을 몰라서는 안 된다. 제목이 소박한데 적을 때 아름답게 꾸민 책은 다음과 같은 경우가 있다. 『노자』는 본래 경이라는 이름이 없는데 목록은 『도덕경』(道德經)이라고 우러르고 있다.[36] 『장자』는 본래 사람 이름을 붙인 것인데 목록에는 『남화진경』이라고 기록하고 있다. 이런 종류가 제목은 소박한데 목록에 기록할 때 아름답게 꾸미는 것이다.(한나라 때는 『장자』라고 불렀다. 당나라 때 황제가 『남화진경』이라고 우러르라는 명령을 내렸다. 당나라 개원 연간에 만든 『수서』「경적지」에 이미 『남화진경』이라는 제목이 있다)[37] 제목이 화려한데 적을 때 소박하게 바꾼 책은 다음과 같은 경우가 있다. 유안의 책은 본래 『홍렬해』라고 불렀는데 『한서』「예문지」는 『회남내편』과 『회남외편』이라고만 기록하고 있다.[38] 괴통의 책은 본래 『준영』이라고 불렀는데 『한서』「예문지」는 『괴통』이라고 지은이의 본래 이름만 기록하고 있다.[39] 이런 종류가 제목이 화려한데 목록에 기록할 때 소박

35 나는 이렇게 생각한다. 이 단락은 책 이름의 번거로움을 논하고 있다.

36 『수서』「경적지」 "도가류"는 이러하다. "『노자도덕경』은 두 권이다." 하상공, 왕필, 종회, 손등, 유중융, 노경유 등 여러 사람의 주가 있다. 나는 이렇게 생각한다. 『한서』「예문지」에는 『노자인씨경전』 네 편, 『노자부씨경설』 서른일곱 편, 『노자서씨경설』 여섯 편이 있다. 그래서 『노자』를 경이라고 부른 것은 이미 『한서』「예문지」에 보인다.

37 『수서』「경적지」 "도가류"는 이러하다. "『남화론』(南華論)은 스물다섯 권이며 양광(梁曠)이 지었다."

38 「언공 상」의 주40을 보라.

하게 바꾼 것이다.(『준영』 팔십일 수는 「괴통전」에 나타나며 『한서』 「예문지」가 기록한 편의 숫자와 들어맞지 않는다) 온전한 이름을 가지고 있는데 다른 사람이 인용할 때 일부만 거명한 책은 다음과 같은 경우가 있다. 『여씨춘추』에는 「십이기」, 「팔람」, 「육론」이 있는데도 후세인들은 『여람』이라고만 부르는 경우가 있다.[40] 굴원의 작품 스물다섯 편 가운데 「이소」는 첫 번째 편일뿐이지만 후세에 결국 『이소』라고 불리게 되었다.[41] 이런 종류가 온전한 이름을 가지고 있는데 다른 사람이 인용할 때 일부만 거명한 것이다.(유향이 이것에 『초사』라는 이름을 붙이는 바람에 나중에 드디어 전문 분야가 되었다) 짧은 이름을 가지고 있는데 다른 사람이 인용할 때 온전하게 거명한 책은 다음과 같은 것이 있다. 『사기』는 본래 목록에 쓸 때 전체 이름을 기록했는데 후세인들은 『태사공서』라고만 부른다.[42] 손무의 글 팔십여 편은 그림도 있고 글도 있는데 후세인들은 그중에서 열세 편을 『손자』라고 부른다.[43] 바로 이런 종류가 짧은 이름을 가지고 있는데 다른

---

39 「편권」편의 주17을 보라. 『한서』 「예문지」 '종횡가'는 이러하다. "『괴자』(蒯子)는 다섯 편이다."

40 『사기』 「십이제후연표서」는 이러하다. "여불위는 진나라 장양왕(莊襄王)의 재상이다. 위로 상고시대를 보고 『춘추』를 삭제하여 모으고 전국시대의 사건을 모아 「팔람」, 「육론」, 「십이기」를 지었다. 이것이 『여씨춘추』이다." 『한서』 「예문지」 '잡가'는 이러하다. 『여씨춘추』는 스물여섯 편이다." 『한서』 「사마천전」은 이러하다. "여불위가 촉으로 옮긴 뒤 세상에 『여씨춘추』를 전했다." 나는 이렇게 생각한다. 여러 판본에는 "기"(紀) 앞에 "이"(二)라는 글자가 탈락되어 있다. 여기서는 가업당본 『장씨유서』을 근거로 보충했다.

41 「경해 하」의 주27을 보라. 나는 이렇게 생각한다. 가업당본 『장씨유서』에는 그 앞에 "특"(特)이라는 글자가 있지만 다른 여러 판본에는 없다. 이것을 근거로 보충했다.

42 사기(史記)는 본래 옛날 역사서의 일반적인 명칭이다. 이 말은 사마천의 책에 다음과 같이 나타난다. 「주본기」"태사 백양(伯陽)이 사기를 읽었다." 「십이제후연표」"공자는 사기와 오래된 소문을 논했다." 「육국표」(六國表) "진나라는 천하의 『시』와 『서』를 불살랐는데 제후의 사기가 더욱 심했다." 이처럼 하나로 그치지 않는다. 『한서』 「예문지」는 사마천의 책을 '춘추류'에 수록하고 있다. 그러면서 "『태사공』은 백서른 편이다"라고 말한다. 『수서』 「경적지」가 처음으로 『사기』라고 부르고 정사에 수록했다.

43 『한서』 「예문지」 "병서략"은 이러하다. "오나라 『손자』의 병법은 여든두 편이며 「도」가 아홉 권이다." 『사기』 「손무전」은 이러하다. "합려는 이렇게 말했다. '그대의 열

사람이 인용할 때 온전하게 거명한 것이다. 이것은 모두 교수학자와 목록학자가 유의해야만 하는 일이다.(『교수통의』에 상세하다) 비록 바탕을 높여 소중히 여기는 경향과 겉으로 드러난 무늬를 높여 소중히 여기는 경향이 오르락내리락 하는 것은 시대의 필연적 추세에 따라 그런 것이다. 그러나 목록학자가 구별하여 의심할 바 없이 뚜렷하게 만들지 않는다면 예전부터 유행하는 나쁜 풍속은 별호로 어릴 때 이름을 대신하는 이상한 일과 별반 다르지 않다.[44]

자부와 사부의 책이 가진 이름과 내용, 동일성과 차이는 정말 세상에 널리 퍼지는 과정에서 피할 수 없는 것이다. 집부가 일어난 일은 모두 후세인이 엮어서 모은 데서 나왔다. 그러므로 지은이를 근거로 문집의 이름을 붙이고 구별을 표시했다. 동한 이후부터 당나라 초기까지 다른 갈래는 없었다. 당나라 중엽의 문인은 자신의 문집에 실릴 글을 스스로 결정했다. 그런 과정에서 『회창일품집』[會昌一品]이라든지 원진의 『원씨장경집』(元氏長慶集)과 백거이의 『백씨장경집』(白氏長慶集)[45]처럼 가끔 문집의 이름을 표시하기도 했지만 아마 갈래일 뿐이리라. 연대를 거론한 것은 그나마 괜찮다. 지명을 쓰는 경우도 있고(두목(杜牧)의 『번천집』(樊川集)이나 독고급(獨孤及)의 『비릉집』(毘陵集) 같은 종류이다)[46] 관직 이름을 쓰는 경우도

세 편은 내가 모두 보았소.'" 『칠록』은 이러하다. "『손자병법』(孫子兵法)은 세 권이다." 『사기정의』는 이러하다. "열세 편이 상권이며 다시 중권과 하권이 있다."

44 나는 이렇게 생각한다. 이 단락은 자부와 사부의 다른 이름을 논하고 있다.

45 『신당서』 「예문지」 "별집류"는 이러하다. "이덕유의 『회창일품집』은 스무 권이며, 또한 『고장집』(姑臧集) 다섯 권, 『궁수지』(窮愁志) 세 권, 『잡부』(雜賦) 한 권이 있다." 『신당서』 「예문지」 "별집류"는 이러하다. "『원씨장경집』(元氏長慶集) 백 권이 있고 또한 소집(小集)도 열 권이 있다." 조공무는 이렇게 말한다. "현재 그중에서 마흔 권이 없어졌다." 이렇게도 말한다. "『백씨장경집』은 일흔다섯 권이다." 나는 이렇게 생각한다. 회창은 당나라 무종의 연호이다. 장경은 당나라 목종의 연호이다.

46 『신당서』 「예문지」 "별집류"는 이러하다. "두목의 『번천집』(樊川集)은 스무 권이다." 『신당서』 「예문지」 "별집류"는 이러하다. "독고급(獨孤及)의 『곤릉집』(昆陵集)은 스무 권이다."

역주_ 독고급(725~777)은 자가 지지(至之)이며 하남 낙양 출신이다. 어려서 아버지를 여의고 어머니 장손씨가 가르쳤다. 어려서 공부를 잘했고 대의를 생각했다. 스물이 넘어

있지만(한악(韓偓)의 『한림집』(翰林集)이다)[47] 여기도 취할 만한 것이 있다. 『금낭』(錦囊)(이송(李松)의 책이다), 『망전』(忘筌)(양회옥(楊懷玉)의 책이다), 『피사』(披沙)(이함용(李咸用)의 책이다), 『도룡』(屠龍)(웅교(熊皦)의 책이다), 『오서』(鼇書)(심안(沈顔)의 책이다), 『만편』(漫編)(원결(元結)의 책이다) 등과 같은 익살스럽고 조롱하는 책은 이름을 마음대로 표시한다. 어지럽게 제목을 달게 되면[48] 『시

변주(汴州, 현재 하남성 개봉)와 송주(宋州, 현재 하남성 상구) 등지에서 가지(賈至), 고적(高適) 등과 어울렸다. 천보 13년(754) 동효현경과(洞曉玄經科)에 합격하여 화음위(華陰尉)에 임명되었다. 안사의 난이 일어나자 강남으로 피난했다. 대종 때 다시 벼슬하여 상주 자사로 있을 때 죽었다. 시호는 헌(憲)이다.

47 『서목답문』(書目答問)은 이러하다. "『한내한별집』(韓內翰別集)은 한 권이며, 당나라 한악(韓偓)이 지었다."

역주_ 한악(842~923)은 자가 치요(致堯) 또는 치광(致光)이며 어렸을 때 이름은 동랑(冬郎), 호는 옥산초인(玉山樵人)이다. 경조 만년 출신이다. 용기(龍紀) 원년(889) 진사에 합격하여 막부에 몸담은 적도 있고 조정에 벼슬한 적도 있다. 당시 권력자인 주온(朱溫)을 건드렸다가 복주(濮州) 사마로 좌천당하게 되자 벼슬을 버리고 강남으로 내려왔다. 저술에 『한내한별집』(韓內翰別集), 『향렴집』(香奩集) 등이 있다.

48 『송사』「예문지」"별집류"는 이러하다. "이송(李松)의 『금낭집』(錦囊集)은 세 권이다." 그리고 "양회옥(楊懷玉)의 『망전집』(忘筌集)은 세 권이다." 그리고 "웅교(熊皦)의 『도룡집』(屠龍集)은 다섯 권이다." 『전당시』「소전」은 이러하다. "이함용(李咸用)은 내붕(來鵬)과 동시대 사람이다. 시를 잘 썼지만 과거 시험에 급제하지 못했다. 조정의 부름을 받고 추관(推官)이 된 적이 있다. 『피사집』(披沙集) 여섯 권이 있다." 『신당서』「예문지」"별집류"는 이러하다. "심안(沈顔)의 『오서』(鼇書)는 열 권이다." 『직재서록해제』「별집류」는 이러하다. "『원차산집』(元次山集)은 열 권이며, 당나라 용관경략사(容管經略使) 원결(元結)이 지었다. 원결은 만수(漫叟)라는 호를 스스로 지어 불렀다."

역주_ 내붕(?~883)은 『전당시』에서 내곡(來鵠)이라 했다. 예장(豫章, 현재 강서성 남창) 출신이다. 집안이 가난했지만 시를 잘 썼고 향교소신(鄕校小臣)이라 자칭했다 한다. 자연 속에 은거하며 한유와 유종원의 글을 본받았다 한다. 대중(847~860)부터 함통(咸通, 860~874) 연간에 명성이 났다. 진사 시험에 응시했으나 번번이 낙방했다. 건부 5년(878) 무렵 복건 관찰사 위수(韋岫)가 막부에 초빙했고 그의 재주를 아껴 사위 삼으려 했으나 이루지 못했다. 광명(廣明) 원년(880) 황소의 난이 일어나자 그는 형양(荊襄)으로 피신했다. 나중에 강남에 가서 중화 연간에 양주에서 객사했다. 이함용과 친분이 두터웠다. 저술에 『내자』(來子)가 있다. 심안(?~924)은 자가 가주(可鑄)이며 소주 오군 출신이다. 심기제(沈旣濟)의 증손이다. 어려서부터 문학적 재능이 있었고 거문고와 바둑에 조예가 깊었다. 본성이 한가롭고 담백하여 세상의 이익을 달가워하지 않았다. 천복(天復) 연간 초에 진사 시험에 합격하여 교서랑이 되었다. 당나라 말기의 난을 피해 호남으로 피신했다. 당나라가 망한 뒤 오나라에 벼슬을 살기도 했

경』의 「대아」가 보여주는 올바른 기풍이 다시는 일어날 수 없으리라.[49]

자부와 사부의 책은 내용을 근거로 해서 이름을 세운다. 아마 이것은 어쩔 수 없는 일일 것이다. 문집은 여기저기 흩어서 지은 글들을 전하는 것이다. 여러 편으로 나눠서 흩어 지은 글은 일이 있을 때마다 세상에 널리 드러내어 알린 것이다. 이런 글들은 각각 표제를 가졌기 때문에 애당초 종지를 변별하지 못할까 걱정하지 않았다. 시가를 모으고 글을 모으는 일은 흩어진 것을 근거로 어떤 사람의 말이라고 분류하는 것이다. 그러면 지은이의 이름을 근거로 문집의 이름을 붙이게 될 테고 분별하여 알아볼 수 있게 된다. 가장 윗길이라면 글이 설령 흩어지더라도 종지는 동일한 데서 나올 것이다. 이것은 본디 자부와 사부에 수록된 전문가들이 남긴 본보기이다. 그보다 못하다면 시가와 글 가운데 아름다운 것을 한데 모은 것이다. 이것도 용을 조각하는 듯 글을 쓰는[50] 기이한 재주에서 무언가 마음 깊이 깨달아서 간직한 것이리라. 그런 글과 시가에 이미 각각 이름을 표시했다면 모아둔 시가와 글을 가져다 따로 이름을 붙일 필요가 본디 없다. 사람의 마음이 기이한 것을 좋아해서 다투어 제목을 다는 일은 본디 분수를 넘는 일이다. 한 문집에 한 이름을 붙이는 일도 만족하지 못하여 전집이니 후집이니 하는 식으로 나누어 원래의 편

다. 심안은 당시 글이 지나치게 화려하고 공허한 것을 못마땅하게 생각하여 고문을 지은 뒤 오수(聱叟) 원결의 주장을 취하여 『오서』라고 이름 지었다. 이밖에 『능양집』(陵陽集)도 있다. **원결**(719~772)은 자가 차산(次山), 호가 만수 또는 오수이며 하남 노산(魯山) 출신이다. 천보 6년(747) 과거 시험에 응시했으나 낙방하고 상여산(商餘山)에 은거했다. 천보 12년 진사에 합격했다. 안녹산의 난이 일어나자 친족을 이끌고 의우동(猗玗洞, 현재 호북성 대야)으로 피난했기 때문에 의우자(猗玗子)란 호를 쓰기도 했다. 건도 2년(759)부터 군사 업무에 종사하여 큰 공적을 남겼다. 대력 7년(772) 조정에 들어왔지만 이 해에 장안에서 죽었다. 어떤 사람은 한유나 유종원이 추진한 고문운동의 선구자라고도 한다.

49 나는 이렇게 생각한다. 이 단락은 집부의 제목에서 잘못된 것들을 논하고 있다.

50 『사기』「맹순열전」은 이러하다. "용을 새기는 듯한 사람은 추석이다." 『사기집해』는 『별록』을 이렇게 인용하고 있다. "추석이 가다듬어 펼친 글은 마치 용무늬를 새기듯 꾸몄기 때문에 용을 새겼다고 한다."

장을 분리시킨다.[51] 어떤 사람은 관직을 역임할 수 있는 자격을 가지기도 하고[52] 어떤 사람은 여러 고장을 두루 돌아다니는 여정을 거치기도 한다.[53] 재산이 많고 지위가 높은 사람은 자신의 신분이 귀하게 되고 이름을 떨친 일을 자랑하고 떠벌리며 지위나 신분이 낮고 천한 사람은 자신이 몹시 가난하여 고통스러운 일을 곱씹는다. 그러면서 이름과 제목을 교묘하게 세우고 어른이 된 뒤 이름과 호를 마음대로 나눈다. 그래서 결국 동일한 사람의 시가와 글에 문집의 이름은 헤아릴 수도 없이 많아지게 된다. 표제의 목록이 문사보다 더 화려해지고 글의 편수와 권수를 고르게 만들 수 없게 되며 목록에 기록하는 일도 덩달아 간단해질 수 없다. 그러나 종지를 묻고 훌륭하게 잘된 문장을 대조하여 조사한다면 누런 띠나 흰 갈대[54]와 터럭만큼도 다르지 않을 것이다. 그렇다면 이런 문집은 몽땅 가져다 불쏘시개[丙丁]로 써버려야지 어찌 인쇄 재료로 쓰는 비싼 나무판[甲乙]을 더럽힐 수 있겠는가?[55](구양수와 소식 등의 문집에는 간단함과 긴요함이 없다. 그러나 거기에 기록된 글에는 중시할 만한 것도 있다. 요즘 문집은 이런 현상을 좇는 미친 짓이 더욱 심하다. 그래서 이치에 맞지 않게 시끄럽게 군다)

---

51 『수서』「경적지」 "별집류"는 이러하다. "양나라 의동삼사(儀同三司)의 『서면전집』(徐勉前集)은 서른다섯 권이고 『후집』(後集)이 열여섯 권이다." 이와 같은 것이다.

52 『수서』「경적지」 "별집류"는 이러하다. "양나라 태자세마의 『왕균집』(王筠集)은 열한 권, 왕균(王筠)의 『중서집』(中書集) 열한 권, 왕균의 『임해집』(臨海集) 열한 권, 왕균의 『좌좌집』(左佐集) 열한 권, 왕균의 『상서집』(尙書集) 아홉 권이다." 이와 같은 것이다.

53 『국사경적지』 "별집류"는 이러하다. "유대모(劉大謨)의 『촉유집』(蜀游集)은 여섯 권이며 진선(陳善)의 『검남고』(黔南稿)는 열 권이다." 이와 같은 것이다.

역주_ **유대모**는 사천 동부(東阜) 출신이며 진사 출신이다. 가정 연간 사천 포정사의 참정(參政)을 역임했다. **진선**(대략 1147년 무렵)은 자가 자겸(子兼) 또는 경보(敬甫)이며 호가 추당(秋塘)이다. 나원(羅源) 출신이다. 『문슬신화』(捫虱新話)가 있다.

54 「언공 하」의 주127을 보라.

55 『여씨춘추』「맹하기」는 이러하다. "그 날은 병정(丙丁)이다." 주는 이러하다. "병정은 화일(火日)이다." 이런 모든 문집은 불을 확 싸질러 버려야만 마땅하지 사부에 열거하여 수록해서는 안 된다는 말이다. 나는 이렇게 생각한다. 이 단락은 집부에 수록된 시문의 제목이 잘못되었음을 논하고 있다.

광류(匡謬)[1]

책에 서문이 있는 이유는 책을 지은 뜻을 밝히기 위해서이지 아름다움을 드러내려는 생각에서 짓지 않는다. 한 편의 글에 서문을 붙이는 것은 글의 뜻을 밝히기 위해서이다. 옛사람은 아마 편명의 순서와 앞뒤 순서를 의례에 의해서 정하기도 하고 의례에 따라서 정하지 않기도 했을 것이며 책의 요지를 추려서 순서를 정할 때 억지로 받아들이지도 않았을 것이다. 『주역』「서괘전」의 상편과 하편은 육십사괘가 이어지는 뜻에 따라 순서를 부여한 것이다. 『주역』의 맨 앞에 나오는 「건」 괘, 「곤」 괘, 「준」(屯) 괘, 「몽」(蒙) 괘 이후의 괘들이 어떻게 이어받는지 「서괘전」은 설명한다.[2] 『주역』의 뜻이 설령 여기서 완전히 설명되지는 않더라도 「서괘

---

1 나는 이렇게 생각한다. 『사통』「자서」 뒤에는 「비류」(紕繆)가 있다. 그러나 제목만 남아 있고 글은 전해지지 않는다. 여기서는 오로지 역사 서적을 위주로 논하고 있다 한다. 「광류」편은 일반적인 글을 널리 지적하고, 오류와 잘못을 널리 바로 잡아 학자들이 성공과 실패를 비교하여 비춰볼 때 도움을 주려는 것이다. 지은 해는 「경해 상」의 주1을 보라.

전」도 『주역』의 뜻을 스스로 갖추고 있지 억지로 보태지 않았다. 나는 후세인의 서문도 보았지만 무슨 말을 하는지 도통 이해할 수 없었다. 책에 애당초 글 순서를 연결하는 의례가 있는 것은 아니다. 옛사람을 우러르는 마음이 생기면 그를 위해 편마다 서문을 쓴다. 마음대로 허튼 소리를 채우고 억지로 운에 맞춘 말들을 연결시킨 뒤, 이것이 마치 '그러므로 첫 번째 무슨 편을 지었다'라든지 '그러므로 두 번째 무슨 편을 지었다'라는 옛사람의 서문과 같다고 생각한다. 그런 뒤 자신을 회남왕 유안, 태사공 사마천, 반고, 양웅[3]과 같은 사람이라고 생각하니 얼마나 정신이 오락가락한 사람인가? 나는 어떤 글을 창작하거나 조술하는 일이 정말 무엇인지 들은 적이 있다. 거기에는 첫 번째 편이니 두 번째 편이니 하는 주장은 아무 데도 없었다. 하물며 「서괘전」이 「준」 괘를 「건」 괘와 「곤」 괘 뒤에 편집한 것은 틀림없이 뜻이 있을 것이다. 하늘과 땅 사이를 가득 채운 것은 만물이다. 이것이 「준」 괘를 「건」 괘와 「곤」 괘 뒤에

---

2 공영달 『주역정의』는 이러하다. "「서괘」는 이렇게 나왔다. 문왕이 육십사괘의 괘사를 쓰고 상편과 하편으로 나눴지만, 앞뒤의 순서에 담긴 이치가 나타나질 않았다. 그래서 공자는 상경과 하경에 대해 순서가 그렇게 된 뜻을 편집했기 때문에 「서괘」라고 부른다." 『주역』 「서괘」는 이러하다. "하늘과 땅이 생긴 뒤에 만물이 생긴다. 천지 사이를 가득 채운 것은 오로지 만물이기 때문에 하늘을 상징하는 「건」 괘와 땅을 상징하는 「곤」 괘를 「준」 괘로 받는다. 준은 영(盈)이다. 준은 조물주가 비로소 낳은 것이다. 만물이 생기면 틀림없이 어리다[蒙]. 그러므로 「준」 괘를 「몽」 괘로 받는다. 몽(蒙)은 몽(蒙)이다. 만물이 어린 것이다." 「건」 괘와 「곤」 괘는 하늘과 땅을 가리키며 다음에 「준」 괘로 잇는다. 준은 만물이 처음 생기는 것을 가리킨다. 다음에 「몽」 괘로 잇는데 몽은 유치함을 가리킨다. 다음은 「수」 괘로 잇는데 수는 기르는 일[養]을 가리킨다. 다음은 「송」 괘로 잇는데 기를 때는 위아래 다투기 마련이다. 모든 괘의 순서는 어지럽혀서는 안 된다. 그러므로 「건」 괘와 「곤」 괘 뒤에 「수」 괘와 「송」 괘를 이어서는 안 된다.

3 『회남자』 「요략」, 『사기』 「태사공자서」, 『한서』 「서전」, 『법언』의 서문은 모두 기술하여 쓴 뜻을 밝히고 순서를 드러낸 것이다. 유함흔 『문사통의지어』는 이러하다. "「역서」(易序)는 순서를 서술한 것이다. 「서서」(書序)는 대의를 취한 것이다. 『모시서』는 본문의 사실에 주를 단 것이다. 사마천과 반고의 서문은 『주역』과 『상서』를 겸하고 있다. 『회남자』와 『법언』은 『주역』의 뜻만 쓰고 있을 뿐이다. 후세의 단편 가운데 글 앞쪽에 서문을 붙인 것은 『시』에서 나왔다. 순서를 기술한 것은 서문을 목차로 쓰기 위한 것이며, 후세인들이 순서를 뒤죽박죽 만드는 것을 방지하기 위해서이다."

편집한 뜻이다. 「서괘전」이 '그러므로 「준」 괘로 「건」 괘와 「곤」 괘를 받았다'라고 말한 것은 아마 「수」(需) 괘나 「송」(訟) 괘로는 받을 수 없으며 반드시 「준」 괘로 받아야만 한다는 이유를 말한 것이리라. 「몽」 괘와 「수」 괘 이하도 이와 같을 뿐이다. 이것은 「서괘전」이 순서를 말하는 근거이다. 후세인들의 수많은 서문은 그 글을 왜 짓지 않으면 안 되었는지 말하는 것에 지나지 않을 뿐이다. 왜 어떤 편이 꼭 앞에 가고 어떤 편이 꼭 뒤에 가야 하는지에 대한 이유는 억지로 연결시켰다. 「준」 괘에서 「몽」 괘로 이어지는 것처럼 서로 바꿀 수 없는 이치가 어디 있겠는가? 그렇다면 『주역』의 순서를 본받은 글은 『시』나 『서』의 순서[4]만큼도 얻지 못한 것이다. 『시』와 『서』의 순서에 어찌 의례가 전혀 없겠는가? 그러나 어떤 편이 어떤 편을 꼭 어떻게 이어야만 한다는 원칙은 없다. 육

4 『수서』 「경적지」는 이러하다. "선유가 계속 이었고 『모시서』라고 불렀다. 자하가 지었고 모공 및 위굉[衛敬仲]이 더욱 윤색했다." 정현은 이렇게 말한다. "『모시서』는 본래 한 편이다. 모공이 처음으로 나눠 여러 편의 첫머리에 두었다." 『사고전서총목제요』는 「소서」의 첫 구절을 자하가 지었고, 그 다음은 위굉 등이 이어서 지은 것이라고 생각한다. 아마 「소서」의 첫 구절은 『노시』, 『모시』 등 여러 집안에서 모두 같기 때문에, 그것이 동일한 근원에서 나온 것임을 단정할 수 있을 것이다. 별도로 「경해 중」의 주29에 상세하다. 『한서』 「예문지」는 이러하다. "『서』가 일어난 지 오래되었다. 공자가 편찬할 때 위로는 요임금에서 끊었고 아래로는 진나라에 그쳤다. 모두 백 편이며 그것을 위해 「서」를 써서 지은 의도를 말했다." 육덕명 『경전석문』은 이러하다. "마융과 정현의 무리는 『상서』 백 편의 「서」를 한 권으로 모았다. 공안국은 각각 편의 첫머리에 두었다. 사라진 편들의 「서」는 바로 남아 있는 것들 사이에 순서에 따라서 보인다."(『경의고』 권73에서 재인용) 임광조(林光朝)는 이렇게 말한다. "「서」는 바로 사관이 대대로 계속 전한 것이며 『서』의 전체 목록이라고 생각한다. 이것은 마치 『시』에 「소서」가 있는 것과 같다."(왕응린 『한서예문지고증』(漢書藝文志考證) 권1에서 재인용)

역주_ **임광조**(1114~1178)는 자가 겸지(謙之), 호가 애헌(艾軒)이며 보전(莆田) 출신이다. 융흥(隆興) 원년(1163) 진사에 합격했다. 유명한 유학자로 황제의 초빙을 받아 국자 좨주가 되었다가 태자좌유덕(太子左諭德)을 겸직했다. 여러 벼슬을 두루 거치고 공부시랑으로 관직을 마쳤다. 시호는 문절(文節)이다. 젊을 때 주돈이의 학통을 이어받아 보전의 동정서당(東井書堂), 홍천서당(紅泉書堂), 포롱서당(蒲弄書堂) 등에서 가르쳤다. 그래서 후세인들은 홍천학파라고 부르고 그를 남부자(南夫子)라고 부른다. 주희도 어렸을 때 보전을 지나가다 그의 수업을 들은 적이 있다 한다. 저술에 『애헌문집』(艾軒文集)이 있다.

예는 각각 가르침을 드리웠지만 가르침은 동일한 데로 귀결된다. 어찌 반드시 『주역』의 순서만 뛰어나다고 하고 『시』와 『서』의 순서를 마땅치 않게 여길 것인가?(조기의 『맹자편서』(孟子篇敍)는 더구나 따지고 파고들어 자기에게 유리하게 만들었기 때문에 취할 것이 없다)[5]

어떤 책이 상수를 위해 지어진 것이라면 그 책의 편장에서 상수를 이용하여 탐구할 수 있어야 한다. 그 책이 애당초 상수와 관련된 것이 아닌데도 상수를 탐구하여 증명하려고 한다면 그것은 따지고 파고들어 자기에게 유리하게 만든 것이다. 『주역』에는 양의(兩儀)와 사상(四象)이 있다. 팔괘와 팔괘가 서로 낳고 낳는 과정을 거쳐 『주역』의 육십사괘가 된다.[6] 이것은 하늘의 이치 자체가 가진 본성에서 나온 것이다. 『태현경』은 아홉 개의 괘와 아홉 개의 괘가 거듭하여 여든한 개의 괘를 만들었고 『잠허』는 다섯 개의 괘와 다섯 개의 괘가 거듭하여 스물다섯 개의

---

5 조기 「맹자편서」는 이러하다. "맹자는 거룩한 임금의 성대함이 오로지 요임금과 순임금에게만 있다고 생각했다. 요임금과 순임금의 도는 인의를 최고로 한다. 그러므로 양나라 혜왕이 나라를 이롭게 하는 방법을 물었을 때 인의로 대답한 것을 첫 편으로 삼았다. 인의는 마음에 뿌리를 둔 뒤에 정사를 크게 행할 수 있다. 그러므로 공손추가 관중과 안영의 정사를 물었을 때 증서(曾西)가 부끄럽게 생각했다고 답한 것을 다음에 두었다. 고대의 도로 되돌아가는 것보다 아름다운 정사는 없다. 등나라 문공은 고대로 되돌아가길 즐기기 때문에 등나라 문공이 세자였을 때 비로소 선을 따라 예를 생각하는 마음을 가졌던 일을 다음에 두었다. 예를 받드는 것을 명(明)이라 한다. 명은 이루보다 대단한 사람이 없기 때문에 이루의 명을 다음에 두었다. 명은 행위에 밝아야만 한다. 행위는 효보다 큰 것이 없으므로 만장은 순임금이 들에 나가 울부짖은 일을 물었다. 효도의 근본은 성정(情性)에 있다. 그러므로 고자가 성정을 논한 일을 다음에 두었다. 성정은 마음속에 있으며 마음에서 주인 노릇을 하므로 「진심」을 다음에 두었다." 이것은 아마 『주역』 「서괘전」을 본떴을 것이다. 나는 이렇게 생각한다. 이 단락은 후세의 책에 실린 서문을 논하고, 그 순서의 오류를 서술하고 있다.

6 양의는 음양을 말한다. 사상은 네 계절을 말한다. 『주역』 「계사전 상」은 이러하다. "그러므로 역에 태극이 있고 이것은 양의를 낳는다. 양의는 사상을 낳고 사상은 팔괘를 낳으며 팔괘는 길흉을 정하고 길흉은 위대한 사업을 낳는다." 『한서』 「예문지」는 이러하다. "문왕이 여섯 효를 거듭하여 바꾸고 상편과 하편을 지었다." 여섯 개의 효를 거듭해서 바꿨다는 것은 다름 아니라 바로 팔 곱하기 팔은 육십사괘라는 것이다.

역주_ 사상은 소음, 소양, 노음, 노양이라고 부른다.

괘를 만들었다.[7] 『태현경』이나 『잠허』는 『주역』을 본떠 만든 책이며 숫자를 먼저 정한 뒤에 글을 썼다. 그러므로 편장은 병법에서 말하는 군진의 대오[部伍]와 같은 것이라서 대략 헤아릴 수 있다. 사마천은 『사기』 백서른 편을 지을 때, 정치가 훌륭하다고 이름난 시대를 잇고 『춘추』를 이었다고 스스로 말했다.[8] 사마천의 말은 믿을 만하고 『사기』는 삼대 이후의 걸작이다. 그러나 사마천 자신이 본뜬 것 중에도 지나친 것이 있다. 열두 편의 「본기」는 『춘추』가 열두 명의 노나라 제후를 기준으로 만든 방식을 몰래 본받고 있다. 「진본기」(秦本紀)는 진나라 장양왕(莊襄王) 이전의 진나라를 나누고 잘라내 따로 한 권으로 엮었으며 마지막에는 한나라 무제의 시대에서 끝난다. 한나라 무제를 위해 「금상본기」(今上本紀)를 지었다면 편의 길이를 나누어 차지하려는 속셈이나 열둘이라는 숫자를 맞추려 했다는 것이 명백했으리라.[9] 공자의 『춘추』는 글을 완성한 뒤 방법이 생긴 것이다. 새로운 제후가 즉위하여 새 출발하는 시기가 열두 개인 이유는 사실이 마침 그랬기 때문이지 애당초 열세 명의 제후라면 넘치고 열한 명의 제후라면 모자란다고 생각했기 때문이 아니다. 한나라 때의 유학자들은 고대를 탐구할 때 자취에 얽매이는 경우가 많았다. 사마천처럼 판단력이 있는 사람도 피할 수 없었기 때문에 『사기』의 열두 편의 「본기」 같은 일이 생긴 것이다. 이런 상황은 「본기」에만 나타날 뿐이고 다른 편에 이런 의도가 있는 것은 아니다. 그러나 사마천의 『사기』를 연구하는 사람들은 어지러이 자기에게 유리하게 만들었다. 그들은 『사기』의 열두 편의 「본기」는 일 년의 열두 달을 본받은 것이고 여덟

---

7 「역교 상」의 주31 및 주37을 보라.

8 『사기』 「태사공자서」를 보라.

9 유함흔 『문사통의지어』는 이러하다. "이것은 사마천의 「본기」가 『춘추』가 열두 명의 노나라 제후로 연대기를 나눈 방식을 흉내 냈다는 말이지만, 사마천은 아마 이런 뜻이 없었던 것 같다. 「진본기」(秦本紀)를 가른 것은 다른 뜻이 있다. 장양왕 이후를 「본기」로 만들어 놓고 보니, 장양왕 이전은 여전히 「세가」로 놔둘 수 없었기 때문에 아울러 「본기」로 만들고 갈라서 구별한 것이다. 앞 시대 사람들이 이런 방식을 비방했지만, 사마천이 어쩔 수 없이 이렇게 했다는 것을 모른다."

편의 「서」는 여덟 방향의 바람[八風]을 본받은 것이며 열 편의 「표」는 십간(十干)을 본받은 것이고 서른 편의 「세가」는 한 달의 삼십 일을 본받은 것이며 일흔 편의 「열전」은 칠십이후(七十二候)를 본받은 것이고 백서른 편은 일 년에 윤달을 더한 것을 본받았다고 말한다.[10] 이런 것들은 마구잡이로 갈라져 있기 때문에 깨닫기 어려운 것이다. 설령 그들의 주장이 맞다고 치자. 「표」가 열 개의 천간을 본받았다면 「본기」는 십이지(十二支)를 본받은 것이리라. 그렇다면 어찌 높은 지위에 있는 제왕들의 「본기」가 도리어 낮은 위치에 있는 땅의 숫자를 쓰고 낮은 지위에 있는 왕과 제후가 높은 위치에 있는 하늘의 숫자를 쓴단 말인가? 삼년이 되지 않았는데 어떻게 윤달을 넣는 것을 상징할 수 있는가? 칠십이후라고 하면서 어떻게 둘이 빠졌는가? 이름을 따라서 내용을 따져보니 건드리는 곳마다 모순투성이이다. 그러나 자부와 사부의 책을 연구하는 학자들은 그런 주장을 아무 생각 없이 잇고 있는 경우가 많다. 어떤 사람은 음양이나 홀짝을 가지고 풀이하고 어떤 사람은 오행의 생성을 가지고 풀이한다. 편의 길이가 짧은 것은 세 편이나 다섯 편을 합쳤고 긴 것은 백 편이나 열 편까지 배당한 경우도 있다. 오리의 짧은 다리를 이어붙이고 두루미의 긴 다리를 잘라내는 것처럼[11] 편장을 상수에 맞추려고 한다. 『맹자』

10 장수절 『사기정의』 「논사례」(論史例)는 이러하다. "「본기」를 열두 편으로 지은 것은 한 해의 열두 달을 상징한다. 「표」를 열 편으로 지은 것은 하늘의 강유(剛柔) 열흘을 상징하며, 땅을 봉하여 나라를 세워 시작하고 끝난 것을 기록했다. 「서」를 여덟 편으로 지은 것은 한 해의 여덟 마디를 상징하며 천지, 일월, 산천, 예악을 기록한다. 「세가」를 서른 편으로 지은 것은 한 달의 삼십일이나 서른 개의 바퀴살이 바퀴통 하나를 함께 하는 것을 상징하고 대대로 녹을 먹는 집안이나 임금을 보필하는 팔다리 같은 신하들의 충성과 효성, 성공과 실패를 기록한다. 「열전」을 일흔 편으로 지은 것은 닷새씩 각각 일흔두 번 운행하는 것을 상징한다. 일흔이라고 말하는 것은 우수리를 뗀 숫자를 든 것이다. 나머지 두 번은 윤달에 넣을 나머지 날을 상징한다. 이로써 왕과 제후, 장군과 재상, 영재와 현인이 천하에 공이나 이름을 세운 일을 순서대로 배열할 수 있다. 합쳐서 백서른 편인데 한 해의 열두 달 및 윤달에 넣을 나머지 날을 상징한다." 사마정의 「보사기서」(補史記序)에 있는 이야기는 대략 동일하다.

역주_ **칠십이후**는 음력에서 자연 현상에 따라 닷새를 하나로 하여 일 년의 기후를 일흔두 개로 나눈 것이다.

일곱 편을 칠정(七政)에 의해 풀이하지만[12] 굴원의 『구가』는 구장(九章)에 부합하기 어렵다.[13] 최근 등원석이 지은 『함사』의 노양(老陽)이나 소양(少陽),[14] 『경악전서』(景岳全書)의 여덟 가지 방위[八方]나 여덟 가지 진법[八陣][15] 같은 것도 아이들 장난과 거의 진배없겠지?[16]

---

11 『장자』「변무」(騈拇)는 이러하다. "물오리는 비록 정강이가 짧지만 그것을 이어주면 근심한다. 두루미의 정강이는 비록 길지만 그것을 자르면 슬퍼한다."

12 조기「맹자편서」는 이러하다. "편이 일곱 개인 이유는 하늘을 일곱이라는 숫자로 쓰기 때문이다. 선기(璿璣)가 도는 도수와 칠정(七政)의 분리로 성인은 별들을 벌여놓기 때문에 그것을 본받은 것이다."

역주_ **칠정**은 해, 달, 화성, 수성, 목성, 금성, 토성 일곱 개의 별이다. 이를 바탕으로 한 천문학의 계산법을 칠정산(七政算)이라고 부른다.

13 『문선오신주』[五臣注]에서 장선(張銑)은 이렇게 말한다. "아홉은 양수(陽數)의 극한이다. 극한이 아니라고 스스로 말하여 노래 이름으로 취한 것이다." 요관(姚寬)『서계총어』(西溪叢語)는 이러하다. "「구가」 장구가 아홉이라고 이름 붙이고 열한 편을 실은 이유는 무엇인가? 아홉은 숫자로 이름을 붙인 것이다. 「칠계」나 「칠발」처럼 장의 이름으로 붙인 것이 아니다."

역주_ **구장**은 아홉 장으로 된 수학이라는 뜻이다. 중국의 고대 수학 체계이다. 위의 칠정과 구장은 모두 현대의 자연과학이라 할 수 있다. 따라서 인문학을 자연과학으로 만들려는 시도가 있다고 이해할 수 있다. **요관**(?~1161)은 자가 영위(令威)이며 승(嵊, 『직재서록해제』는 섬천(剡川)이라 한다) 출신이다. 음보로 벼슬에 나갔으며 육부감문(六部監門)이 되었다. 금나라가 쳐들어오자 요관은 이길 것이라고 했는데 과연 말이 맞았다. 낭에 임명받는 날 임금 앞에 나갔다가 풍을 맞아 죽었다. 글씨와 글을 잘했다고 한다. 저술에 『서계거사집』(西溪居士集), 『서계총어』, 『주사기』(注史記) 등이 있다.

14 『함사』는 「석통」의 주33을 보라. 장학성 「가서」(家書) 3은 이러하다. "할아버지는 '열두 편의 「본기」는 열두 달을 본받았고 열 편의 「표」는 십간을 본받았다'와 같은 『사기색은』의 말들이 변별하여 지루하게 견강부회한 것이라고 물리쳤다. 나는 당시 나이가 아직 스물이 되지 않았지만 등원석의 『함사』 상하 편이 음양을 노소(老少)로 배분한 것이 그르다는 점을 바로 깨달았다. 다만 바로 붓을 들어 학설을 이룰 수는 없었을 따름이다."(가업당본 『장씨유서』 권9)

15 『사고간명목록』「의서류」는 이러하다. "『경악전서』(景岳全書)는 예순네 권이며 명나라 장개빈(張介賓)이 지었다. 이 책의 분류 목록[門目]에는 「전충록」(傳忠錄), 「맥신장」(脈神章), 「상한전」(傷寒典), 「잡증모」(雜症謨), 「부인규」(婦人規), 「소아칙」(小兒則), 「두진전」(痘疹詮), 「외과검」(外科鈐), 「본초정」(本草正), 「신방팔진」(新方八陣), 「고방팔진」(古方八陣)이 있다. 이름들이 모두 섬세하지만 방정맞다. 그리고 전이나 모라는 두 가지 이름은 더구나 억지스럽다. 대의는 온보(溫補)를 으뜸으로 치지만 너무 지나치게 견지한다. 그러므로 이 학설을 위주로 하는 사람은 공로와 허물이 반반이다." 『남순고어』는 이러하다. "장개빈은 약을 팔진(八陣)으로 나눴다. 그것은 보

옛사람은 책을 쓰고 편명을 정할 때 무슨 편, 무슨 편 하면서 변별했지 깊은 뜻이 있었던 것은 아니다. 육예의 글은 오늘날에도 알 수 있다. 아마 한번 정해서 변하지 않는 이름과 고정되지 않은 이름이 있지만 결국 어떤 편, 어떤 편이라고 변별한 것이지 깊은 뜻이 있지는 않을 것이다. 한번 정해서 변하지 않는 이름은 전, 모, 공, 범 등이 여기 속한다. (『상서』의 「제전」(帝典), 「고요모」(皐陶謨), 「우공」, 「홍범」 등은 모두 옛날 경의 정해진 이름이다. 「다방」(多方), 「다사」(多士), 「재재」(梓材) 등과 같은 나머지 편들은 정해진 이름이 아니다) 고정되지 않은 이름은 『시경』의 풍, 아, 송 등이 여기 속한다.(여기에 속하는 시는 장의 머리글자 두 글자를 이름으로 삼았다) 제자백가의 「전」이나 「기」 같은 책도 한번 정해서 변하지 않는 이름과 고정되지 않은 이름이 있다. 글의 내용에 따라 범례를 일으키는 경우는 일일이 헤아릴 수 없이 많다. 그러나 그들도 무슨 편, 무슨 편 하면서 변별했지 깊은 뜻은 없다. 이것은 육예의 글과 대략 같다.(상수에 관한 책은 이런 범례에 들어오지 않는다) 공자가 돌아가시자 미언은 끊어졌다. 『논어』 스무 편에는 본디 육예의 깊은 뜻이 깃들어 있다.[17] 그러나 「학이」나 「위정」 같은 여러 편의 제목은 모두 장의 머리글자나 구절을 가져다 편명을 표시한 것이지 다른 의도가 없다. 『맹자』 일곱 편은 만장의 무리가 기록한 것도 있고 맹자 자신이 지은 것도 있다.[18] 그러나 결국 이것도 『논어』를 칭송하

(補), 화(和), 한(寒), 열(熱), 고(固), 인(因), 공(攻), 산(散)이다. 그의 『경악전서』에서 상한을 전, 잡증을 모라고 한 것은 더욱 기이하고 방자하다."

역주_ 장개빈(1563~1640)은 자가 회경(會卿), 호가 경악(景岳), 별호가 통일자(通一子)이다. 원래 본적은 사천 면죽(綿竹)이지만 나중에 절강 회계로 옮겼다. 어려서부터 총명했고 성품이 바르고 조용했다. 나중에 서울의 명의 금영(金英, 호는 몽석(夢石)이다)에게 의술을 배웠다. 군대에 들어가 북방을 두루 돌아다녔으나 공적이 별로 없어 그만두고 의술을 베풀었다. 『소문』과 『영추』를 깊이 연구하여 삼십 년 만에 『유경』(類經)을 지었다. 다시 부족한 것을 보충하여 『유경도익』(類經圖翼)을 지었다. 늘그막에 평생 치료한 경험을 바탕으로 『경악전서』를 지었다.

16 나는 이렇게 생각한다. 이 단락은 상수에서 견강부회하는 잘못을 논하고 있다.

17 『논어』는 「시교 상」의 주73을 보라. 반고 「서도부」는 이러하다. "방어하고 막는 것은 천지의 깊은 구역이다."

고 본받은 제목이다. 「양혜왕」이나 「공손추」 같은 편명도 장의 머리글자나 구절을 가져다 편명을 표시한 것이니 어찌 다른 의도가 있겠는가? 풀이하는 사람은 글의 의리를 탐구하지 않고 글 바깥의 표제를 지나치게 조사하고 찾아서 뜻을 자기에게 유리하게 만들었다. 스승과 제자의 문답 자체는 일상적인 일이다. 우연히 단락 첫머리에 있는 글자를 가져다 편명을 정한 일이 무엇이 이상한가? 풀이하는 사람은 위나라 영공(靈公)과 계씨(季氏)가 공자 당시의 제후와 대부이고 공자의 도덕은 임금다운 왕들의 스승이 될 만한 것이기 때문에 이런 이름을 가져다 「위령공」편이나 「계씨」편의 제목을 삼았다고 생각한다. 그렇다면 이런 편들은 「공야장」(公冶長)편이나 「옹야」(雍也)편처럼 제자의 반열에 속한다. 『맹자』의 편명 가운데 「양혜왕」편이나 「등문공」편 등이 있다. 이들은 맹자 당시의 제후이지만 「만장」편이나 「공손추」편과 같은 반열에 속한다. 그러면 이것도 『논어』와 마찬가지 형식이다.[19] 이런 것들은 따지고 파고들어 자기에게 유리하게 만들었지만 이치에 맞지 않는 것이다. 설령 그들의 주장이 맞다고 치자. 『논어』에 「태백」편이 있는데 태백은 고대의 성인이거나 현인이다. 그리고 「요왈」편이 있는데, 요임금은 고대의 거룩한 제왕이다. 공자를 아무리 떠받들더라도 어찌 공자가 요임금과 태백의 스승이라고까지 할 수 있겠는가? 미자는 공자의 조상이다. 『논어』에 「미자」편이 있는

---

18 조기 「맹자제사」는 이러하다. "이 책은 맹자가 지은 것이다." 『맹자정의』는 이렇게 말한다. "당나라 임신사(林愼思)는 『맹자』를 잇는 책 두 권을 지었다. 『맹자』 일곱 편은 맹가 자신이 지은 것이 아니고 제자들이 맹자의 말을 함께 기록한 것이라고 생각했다. 한유도 이렇게 말했다. '맹가의 책은 맹가 스스로 지은 것이 아니다. 맹가가 죽은 뒤 그의 무리인 만장과 공손추가 맹가가 한 말을 더불어 기록한 것이다.'"

19 『맹자』 「양혜왕장구(梁惠王章句) 상」에 대해서 조기의 주는 이렇게 말한다. "성인 및 위대한 현인 가운데 도덕이 있는 사람을 왕공과 제후 및 경대부들이 모두 스승으로 모시길 원했다. 공자 때 제후가 의심나는 것을 묻거나 선물을 드려 예를 표한 것은 제자가 스승에게 묻는 것 같았다. 노나라와 위나라의 임금은 모두 우러러 섬겼다. 그러므로 『논어』는 「위령공」편이나 「계씨」편처럼 제자의 이름으로 편명을 붙이는 경우도 있다. 맹자도 훌륭한 유학자로서 제후의 스승이었다. 그래서 「양혜왕」이나 「등문공」으로 편명을 단 것은 「공손추」 등과 마찬가지 범례이다."

데 어찌 조상을 제자라고 할 수 있겠는가? 하물며 제후 가운데 제나라 환공이나 진나라 문공 같은 사람이 어찌 위나라 영공보다 훌륭하지 않았겠는가?(제자는 본디 동시대에 사는 사람이라는 것에 근거해서 말했다면 공자와 동시대의 노나라 애공과 제나라 경공(景公)도 위나라 영공에 비해서 훌륭했기 때문에 위나라 영공을 여기서 취하면 안 된다) 안영과 거원(蘧瑗) 같은 사람[20]이 어찌 계씨보다 훌륭하지 않았겠는가? 같은 단락에 있는데 왜 글 첫머리로 올리지 않고 도리어 안영이나 거원을 버리고 계씨를 취했는가? 맹자는 고자에 대해 아마 언급할 필요도 없다고 할 정도로 깔보았을 것이다. 고자를 공손추나 만장과 더불어 동등한 반열에 올린 것은 옳고 그름을 따지는 마음이 없기 때문이다. 이런 뜻을 가지고 책을 풀이한다면 책을 지을 때 어리석게 옛사람을 본받고도 그들의 의도를 얻지 못한 일이 후세에 거침없고 끊이지 않는 상태를 이상하게 여기지 않을 것이다.[21]

어떤 사람이 이렇게 물었다. "편명에 이치에 맞지 않는 말을 억지로 끌어 붙이고 억지로 어떤 명목을 붙여 자신의 주장을 앞에 내세우는 일이 있습니다. 아마 한나라 때 유학자들이 경을 설명할 때 편명을 붙인 뜻을 탐구하면서도 너무 지나쳤기 때문일 것입니다. 그러나 한나라 때 유학자들이 어찌 아무 것도 모르고 근거도 없는 자기 나름의 상상을 가볍게 펼쳤겠습니까?"

나는 이렇게 대답했다. "이것은 아마 주나라 말기의 세속적인 유학자가 실마리를 연 것이라네. 책을 짓는 일이 성행한 것은 전국시대보다 대단한 때가 없었지. 책을 짓는 일이 벼슬아치가 되어 녹봉을 얻는 바탕으로 취급된 것도 아마 전국시대에 시작되었을 것이라네. 굴원의 초고를 상관 대부가 빼앗으려 했고[22] 『전국책』에도 남 대신 글을 올린 경우가

20 안영은 자가 평중이며 남들과 교제를 잘했다. 「공야장」편을 보라. 거원은 자가 백옥이며, 공자에게 사람을 부렸던 적이 있다. 「양화」편을 보라.

21 나는 이렇게 생각한다. 이 단락은 편명을 견강부회하는 잘못을 논하고 있다.

많았지.[23] 문장이 중요해지자 책을 지을 때 남의 손을 빌리는 일이 시작되었다네. 진나라 왕이 『한비자』의 「오두」편이나 「고분」편을 보고나서 한비자와 동시대에 함께 살지 못하는 것을 한탄했다는 대목은 아랫사람이 글로 녹봉을 얻으려고 하고 윗사람도 글로써 아랫사람을 얻게 되었다는 말이지.[24] 녹봉을 찾거나 가지려는 사람이 많아지면 어떤 명목을 뽐내며 주장하거나 앞세우는 사람이 나타나게 되며 거짓으로 꾸미는 기풍도 열리게 되네. 내가 『한서』 「예문지」를 보니 '유가'에 『위문후』(魏文侯)라는 책과 『평원군』(平原君)이라는 책이 있더군.[25] 읽는 사람이 세심하게 살피지 않으면 전국시대의 제후나 공자(公子)를 어떻게 '유가'에 넣었을까 생각하기 십상이겠지. 책을 지은 사람이 자신을 유가라고 했을 지도 모르겠네만 제후나 공자가 그에게 학업을 요청하고 궁금한 것을 물은 일을 서술했기 때문에 물은 사람의 이름이 글 첫머리에 있게 된 것이라네. 그 책이 전해지지 않게 되자 후세인이 표제의 이름을 오해하게 되

---

22 『사기』 「굴원열전」은 이러하다. "회왕이 굴원에게 헌령을 만들도록 했다. 굴원은 초고를 쓰다가 미처 완성되지 않았는데 상관 대부가 보고서 그것을 빼앗으려고 했다." 『사기정의』는 왕일을 인용하여 이렇게 말한다. "상관(上官)은 근상(靳尙)이다."

23 『안씨가훈』 「성사」(省事)는 이러하다. "글을 올려 사실을 진술하는 일은 전국시대부터 일어났다." 『전국책』 「조책 1」에는 소진이 제나라를 위해 글을 올려 조나라 왕에게 유세한 일을 기록하고 있다. 이것은 나라를 위해 글을 올린 것이기도 하고, 제나라 왕을 위해 글을 올린 것, 곧 남을 위해 글을 올린 것이기도 하다.

24 「지난」의 주5를 보라.

25 『한서』 「예문지」 '유가'에는 『위문후』(魏文侯) 여섯 편이 있다. 또한 『평원군』(平原君) 일곱 편도 있다. 반고는 스스로 이렇게 주를 달고 있다. "주건(朱建)이다." 장태염 선생은 「여인논국학서」(與人論國學書)에서 이렇게 말한다. "「예문지」에 『평원군』 일곱 편이 있는 것을 근거로 이것은 글을 지은 사람이 스스로 유가에 가탁한 것이라고 말한다. 그리고 제후와 공자들이 학업을 요청하고 질문한 일을 서술하고 그래서 이로써 편에 이름을 붙여 첫머리에 두었다고 한다. 이것은 평원군[平原]이 본디 조승(趙勝)이 아닌 것을 깨닫지 못할까봐 「예문지」의 본래 주는 주건이라고 말한 것이다. 주건은 역이기[酈生], 육가, 누경(婁敬), 숙손통과 동시대이다. 육가와 누경의 글도 유가에 있다. 『한서』는 명백한데도 오히려 여우같은 의심을 품었다. 이로써 잘못을 바로잡았다고 해도 역시 스스로 틀리게 말한 것일 따름이다."(『장씨총서』(章氏叢書) 「문록」(文錄) "별록" 2)

었고 결국 위나라 문후나 평원군 스스로 지었다고 생각하게 되었겠지. 일시적으로 시대의 기풍을 좇아 책을 짓는 사람이 어찌 도덕이 있어서 남의 스승이 될 수 있으며 제후, 육경, 재상이 전혀 망설이지도 않고 으레 그를 좇아 학업을 요청했단 말인가? 그런 일은 틀림없이 없었을 것이며 신분이 높은 유명인과 사귀어 가까이 지낸다는 것을 빌미로 세상을 속이려는 짓이겠지. 『전국책』은 남을 도와 꾀를 내는 당시 사람의 슬기로운 꾀를 많이 기록하고 있네. 기묘한 꾀나 이상한 예측을 가진 사람이라도 일시적으로 쓰이지 못하는 경우가 있었지. 그러나 글을 짓는 선비는 잘라낼 수 없을 정도로 아꼈다네. 소진과 설나라 제후[薛公] 및 소진과 초나라 태자 사이의 일처럼[26] 실제로 없는 것을 있는 것으로 쳐서[假設] 주인과 손님이 서로 물으며 옳고 그름을 따져 변론하는 것을 기쁘게 생각하는 일이 명백한 증명이지. 그러나 가난하고 신분이 낮은 사람이 신분이 높은 유명인과 사귀어 가까이 지내는 일을 빌미로 말을 바치거나 어리석고 너절한 사람이 고명한 사람에게 찰싹 붙어 같은 무리가 되거나 남을 도와 꾀를 내는 사람이 뻐기며 속이는 기풍이 마침 다듬은 말로

---

26 『전국책』「제책」 3은 이러하다. "초나라 왕이 죽고 태자는 제나라에 인질로 있었다. 소진은 설공(薛公)에게 이렇게 말했다. '임금은 어찌 초나라 태자를 잡아두지 않으십니까? 이로써 동쪽 나라 아래에 두는 거래를 할 수 있습니다.' 설공은 이렇게 대답했다. '안 됩니다. 내가 태자를 잡아두면 초나라 서울에서 왕을 세울 테고 그러면 나는 허튼 인질을 껴안고 천하에 떳떳하지 못한 일을 하는 짝입니다.' 소진은 이렇게 말했다. '그렇지 않습니다. 초나라 서울에서 왕을 세우면 임금은 새로운 왕에게 이렇게 말하시면 됩니다. 나와 함께 동쪽 나라의 아래 들어가자. 내가 왕을 위해 태자를 죽이겠다. 그렇지 않다면 나는 장차 세 나라와 함께 그를 세우겠다. 그러면 동쪽 나라 아래에 들어가는 일은 틀림없이 얻을 수 있을 것입니다.' 소진[蘇子]의 일은 행하자고 청하게 되면 초나라 왕이 즉시 동쪽 나라 아래에 들어오게 만들 것이다. 그러면 초나라를 더욱 가르게 되고 태자에게 충성하여 초나라가 땅을 더욱 들어오게 할 것이다. 그러면 초나라 왕에 의해 태자를 달아나게 만들 것이고 태자에게 충성하여 그가 즉시 떠나도록 할 것이다. 그러면 설공이 소진을 미워하게 할 것이고 소진은 초나라에 봉해줄 것을 청할 것이다. 그러면 소진이 좋다고 다른 사람이 설공에게 설득하게 만들 것이고 소진은 설공에 의해 풀려나도록 만들 것이다." 다음에는 그의 주장을 누누이 펼치고 있다. (…중략…) 이것은 명백하게 가정하여 논의하는 말이다.

서로 추켜세우는 때를 만나는 바람에 천하의 기풍은 그리로 쏠린 지 오래 되었다네. 경을 풀이하는 사람은 자신이 사는 시절의 일들이 이와 같은 것을 두 눈으로 똑똑히 보았지. 그러고도 그들은 성인과 현인의 도덕이 대단히 높기 때문에 제후, 육경, 재상이 성인과 현인을 우러르는 것처럼 자신을 스승으로 우러러 줄 테고 나중에 이것을 근거로 한 세대의 위에 올라설 것이라고 착각하지. 아! 이것은 유행에 사로잡혀 나타난 것이라네."[27]

어떤 사람이 이렇게 물었다. "실제로 없는 것을 있는 것으로 쳐서 서로 물으며 옳고 그름을 따져 변론하는 것을 글로 쓴 경우가 고대에 있었습니까?"

나는 이렇게 대답했다. "실제로 있었을 법한 일로부터 허구를 구성한 경우가 있지. 『장자』나 『열자』의 우언은 요임금과 순임금, 공자와 안연의 물음과 대답이라며 서술하고 있지만 그것이 풍자와 교훈의 뜻을 나타내는 이야기라는 점을 흘낏 바라만 봐도 알 수 있다네.[28] 허구인 듯한 일로부터 실제를 구성한 경우도 있지. 굴원의 사부 작품에서 언급한 어부나 첨윤[29] 같은 사람은 본래 없지만 굴원 자신의 말에 넣었다네. 그들

---

27 나는 이렇게 생각한다. 이 단락은 유명하고 신분이 귀한 사람에게 견강부회하는 풍습의 유래를 논하고 있다.

28 『장자』「소요유」의 "요임금이 허유(許由)에게 천하를 양보했다" 단락, 또한 「제물론」의 "옛날에 요임금이 순임금에게 물었다"라는 단락, 또한 「대종사」의 "안회가 공자에게 물었다"라는 단락은 모두 우언이다.

29 「어부」는 『초사』의 편 이름이다. 「복거」에서 첨윤은 「언공 하」의 주103을 보라. 어부와 첨윤은 모두 가탁한 것이다. 홍흥조는 『초사보주』에서 이렇게 말한다. "「복거」와 「어부」는 모두 가정하여 문답을 베푼 뒤 의도를 깃들인 것일 따름이다. 그러나 태사공의 「굴원전」, 유향의 『신서』, 혜강(嵇康)의 『고사전』(高士傳)은 간혹 『초사』나 『장자』에 나오는 「어부」의 말을 채록하고 있는데 이것을 사실의 기록이라고 생각하지만 아니다."

역주_ 혜강(223~262 또는 224~263)은 자가 숙야(叔夜)이며 초군(譙郡) 질(銍, 현재 안휘성 숙주) 출신이다. 죽림칠현의 대표자이자 위나라 말기 유명한 시인이고 음악가이다. 사람됨이 강직하여 어린 시절 아버지가 돌아가신 뒤 공부에 힘썼다. 나중에 조조의

은 실제 없는 사람이지만 굴원에겐 본디 있는 사람이니 이것도 흘낏 바라만 봐도 알 수 있는 일인 셈이지. 꾸미기 위해 빌린 경우도 있다네. 매승의 『칠발』에 나오는 초나라 태자와 오나라 손님이라든지 사마상여의 「자허」에 나오는 오유선생과 자허 같은 사람이 그런 경우이지.[30] 소박하게 빌린 경우도 있다네. 『춘추공양전』이나 『춘추곡량전』이 경을 풀이할 때, 묻고 변론하는 상황을 설정하고서도[31] 묻고 대답하는 사람의 이름을 드러내지 않은 경우가 바로 이것이지. 후세의 선비들은 말을 꾸미고 다듬을 때[32] 이상한 빌미가 많지만, 아마 읽는 사람들이 자취에 얽매여 허둥대지 않을 것을 알고 있었다네 의심스러운 첫을 비교하여 질문한다면 진짜 이름을 틀림없이 알게 되겠지. 의심을 풀어줄 사람을 찾지 못해 자신의 의도대로 추측해 놓고도 '어떤 사람이 물었다'라고 말하는 것은 허구로 지은 말로 후세인의 오해를 부를까 두렵다네. 최근에 저술된 책들에 대해 나는 수상하게 생각하는 마음을 거둘 수 없네. 이치가 쉽사리 드러나는 것은 말하지 않아도 되겠지. 꼭 말하고자 한다면 책에 쓰면 된다네. 지은이가 꼭 물음을 설정하고자 한다면 마음이 비뚤어진 것일세.

증손녀(조림(曹林)의 딸인 장락정주(長樂亭主)이다)와 결혼했다. 중산대부 벼슬을 지냈다. 사마소가 혜강을 끌어들이려 했지만 그는 출신 때문에 응하지 않았다. 사마소의 심복인 종회는 혜강과 교제하려 했으나 냉대를 받고 원한만 맺혔다. 혜강의 친구인 여안(呂安)이 형에게 불효하다는 모함을 받자 혜강은 그를 변호했다. 종회는 이 틈에 여안과 혜강을 제거하자고 사마소에게 권했다. 태학생 삼천 명이 혜강의 사면을 요구하며 스승으로 삼게 해달라고 했지만 사마소는 허락하지 않았다. 처형을 앞두고 혜강은 즐겨 연주하던 「광릉산」을 연주한 뒤 죽음을 맞이했다.

30 「언공 하」의 주104 및 주105를 보라.

31 『춘추공양전』과 『춘추곡량전』은 모두 스스로 묻고 스스로 대답하는 형식으로 경의 뜻을 밝히고 있다. 유희재 『문개』는 이러하다. "『춘추공양전』과 『춘추곡량전』의 뜻풀이는 모두 헤아려 짐작하는 것이 지극히 드러나지 않는다. 배우길 좋아하고 깊이 생각하는 사람이 아니라면 옳을 수 없다."

32 리(摛)는 리(螭)라고 읽으며, 펼친다는 뜻이다. 반고 「답빈희」는 이러하다. "펼쳐진 어휘는 마치 봄꽃 같구나." 섬(掞)은 섬(閃)이라고 읽는다. 거성(去聲)이고 펼친다는 뜻이다. 좌사 「촉도부」(蜀都賦)는 이러하다. "펼쳐진 어휘가 하늘 궁전에 펼쳐진다." 이것은 조정에서 문학적 수사[文藻]를 발표하여 퍼뜨린다는 뜻이다.

꼭 물음을 설정하려고 할 때 어떤 사람은 갑이나 을이라는 사람을 빌리고 그렇지 않으면 '어떤 사람이 물었다'라고 말하지. 이것은 그럴 만하다네. 그러나 꼭 어떤 사람이라고 드러내서 사실로 확인한 뒤에도 이렇게 하는 것은 무엇 때문인가? 게다가 빌미로 삼으려는 사람은 자신과 동시대에 사는 사람이고 더불어 자주 오가는 사람인데다가 조금이라도 명성이 있는 사람을 택할 테지. 그렇지 않으면 어떤 명목을 붙여 앞에 내세울 수 없다네. 그 사람이 지은 책을 가지고 트집을 잡아 따져 묻는다면 그 사람이 애초에 몰랐다 손치더라도 거짓말로 남을 모함하는 짓 아닌가? 하물며 묻고 대답하는 형식에서 물음이 얕다면 대답은 틀림없이 깊은 법이고 물음이 그르다면 대답은 틀림없이 옳은 법일세. 오늘날 묻고 대답하는 형식을 가짜로 빌린 경우는 자신이 늘 깊고 옳은 것처럼 만들고 남이 얕고 그른 것처럼 만든다네. 이것도 인정머리 없는 짓 아닌가? 군자가 만약 저술의 뜻을 드러낼 수 있고 옳고 그름을 절충할 수 있다면 설령 그런 사람이 과연 있다 손치더라도 그의 성이나 이름을 드러내지 않은 채 충직하고 두터운 인정을 남길 수 있겠지. 하물며 이런 주장이 본래 없는데 억지로 남에게 뒤집어씌우는 일이 있겠는가? 거짓말로 남을 모함하여 명성을 얻는 일이 남을 위협하거나 폭력으로 빼앗아서 이익을 추구하는 일과 다를 게 무엇인가? 하물며 글에도 성하였다 쇠하였다 하는 변화가 있으니 가끔 뜻에 대한 물음과 대답의 형식을 빌리게 마련이지. 이것은 글의 추세가 그런 상태에 있기 때문이며 뜻을 숨기는 일과 애당초 상관없는 일이라네. 만약 이것을 묻는다면 이는 틀림없이 어리석고 가장 너절한 놈일세. 이제 자신의 글에 리듬과 변화를 주기 위해 남을 어리석고 너절한 지경에 앉혀놓는다면 이것은 추관(推官)을 빌어 운율을 맞췄다는 이야기나 매한가지이지. 옛날에 시를 읊어 상관을 헐뜯은 어떤 부하 벼슬아치가 있었네. 상관이 그를 불렀을 때 마침 어떤 추관도 함께 만났지. 상관이 그에게 세세히 따져 묻자 그는 시를 다시 읊으며 자신을 변명했다네. 시의 마지막 구절은 '어떤 추관에게 물어보소'였다지. 추관은 처음에 영문도 모르고 몹시 두려워하며 무슨 말을 해야 할지 몰라 쩔쩔 맸다네. 두 사람이 물러 나온 뒤, 왜 나를 거짓말로 모함했느냐고 추관이 따져 물었지. 그러자 그는 이렇게 대답했다네. '다른 이유는 없고 그대의 직함을 빌어 운율을 맞춘 것일 뿐이요.'"[33]

문난(問難)이라는 형식은 반드시 묻는 사람을 굽히고 대답하는 사람을 펴줘야 한다. 의리에 가장 중요한 일이 아니라면 군자는 굽힌 사람의 성씨를 드러내려고 하지 않는다. 맹자는 양주와 묵적을 물리칠 때 반드시 양주와 묵적의 주장을 가지고 반박했다.[34] 사람을 비난하는 것이 아니라

33 서구(徐釚) 『사원총담』(詞苑叢談) 권11은 이러하다. "왕제수(王齊叟)는 자가 언령(彦齡)이며 원우 연간에 추밀(樞密) 벼슬을 지낸 왕언림(王彦霖)의 아우이다. 임협(任俠)이라는 명성이 자자했다. 처음 태원에서 벼슬살이 하면서 사(詞)를 수십 곡 지어 같은 고을의 동료 및 태원부의 장수[府帥]까지 모두 조롱했다. 장수는 진노하여 모든 벼슬아치들에게 들어와서 보자고 했다. 그리고 얼굴을 맞대고 삿대질하며 이렇게 말했다. '그대는 자네 형을 믿고, 내가 자네를 다스리지 못할 것이라고 생각하는가?' 왕제수는 판(版)을 거두며 머리를 조아리고 사과한 뒤, 그 이유를 말하게 해달라고 요청했다. 장수가 말해보라고 했다. 다시 재빨리 앞으로 나와 나지막한 소리로 이렇게 읊었다. '아랫자리 있으니 남의 모함 받을까 두렵네. 어젠 「청옥안」(青玉案)만 읊었으니 언제 「망강남」(望江南)을 불러볼까?' 다음 구절은 미처 짓지 않았을 때, 고개를 돌려 장교들을 휘익 둘러보고 나서 바로 이렇게 말했다. '마도감(馬都監)에게 물어보소.' 장수는 저도 모르게 웃음이 터져 나왔고, 다른 사람들도 웃음을 참으며 물러나왔다. 그때 도감(都監)이 당황하여 허둥대다가 그가 나오기를 기다려 이렇게 따졌다. '평소에 알고 지내는 사이도 아닌데 무슨 억하심정으로 나를 증인으로 댔소?' 왕제수는 웃으며 이렇게 말했다. '그대를 빌어 운을 맞춘 것뿐이오.'" 섭장청(葉長青)은 이렇게 말한다. "추관은 아마 도감을 잘못 쓴 것이리라." 여거인(呂居仁) 『헌거록』(軒渠錄)의 기록도 대략 같다. 어쩌면 서구가 거기서 가져온 것일 수도 있다. 나는 이렇게 생각한다. 이 단락은 가탁과 문답을 실제 사실이라고 생각하는 잘못을 논하고 있다.

역주_ 위 본문의 **추관**은 용의자를 신문하는 직책의 벼슬아치이다. **서구**(1636~1708)는 자가 전발(電發), 호가 홍정(虹亭)이며 오강(현재 강소성) 출신이다. 강희 18년(1679) 박학홍사과에 초빙되어 시험을 보았고 한림원 검토에 임명되었다. 사(詞)로 유명했으며 애초의 기풍은 화려하고 맑은 것이었으나 세월이 흐를수록 침착하고 원숙해졌다. 그는 최초의 사에 관한 이론서이자 자료집인 『사원총담』을 편찬했다. 만당(晚唐)부터 청나라 중기까지 사인(詞人)에 관한 이야기, 작품, 평론 등을 수록하고 체재, 음운, 품조(品藻), 기사(紀事), 변증, 해학, 외편(外編)의 일곱 가지로 나눴다. 이밖에 『남주초당집』(南州草堂集), 『국장사』(菊莊詞) 등이 있다.

그들의 학문을 반박하기 때문이다. 양주와 묵적의 주장을 인용하더라도 양주와 묵적의 학파가 가진 학문을 밝혔을 뿐이지 양주와 묵적이라는 사람만 지목할 필요가 없었다. 이것은 맹자가 그들을 깊이 물리쳤으며 그들에게서 갈라져 나온 먼 후손까지 철저하게 없애려 했다는 점을 보여준다. 저편과 이편이 동시에 성립할 수 없기 때문에 아마 이렇게 하지 않으면 선왕의 위대한 도를 밝힐 수 없었을 것이다. 저편의 이단적 학설이 우리 유학을 바라볼 때 언제 이렇지 않은 적이 있던가? 한비자는 형명의 학설을 연구하면서 유가와 묵가를 싫어하여 물리쳤다.[35] 묵가의 주장은 분량이 적지만 유가는 『시』, 『서』와 육예를 칭찬하고 있다. 한비자는 요임금, 순임금, 문왕, 주공이 시행한 사업을 하나하나 비난하면서도 반드시 유가의 주장을 빌어서 자신의 비난에 근거가 있다는 것을 변명한다. 그러므로 「난」이라는 제목을 단 한비자의 글 여러 편[36]에는 유가를 제목

34 맹자가 양주와 묵적을 물리친 일은 「천유」의 주13을 보라. 증공 「전국책목록서」(戰國策目錄序)는 이러하다. "맹자의 책에는 신농씨 때문에 말한 것도 있고, 묵자 때문에 말한 것도 있다. 이것은 모두 드러내놓고 비난하는 것이다."

역주 위 본문의 문난은 문답의 형식으로 옳고 그름을 따지고 변론하는 문체이다.

35 『사기』 「한비전」은 이러하다. "한비는 형명과 법술의 학문을 좋아하지만 귀결점은 황로에 뿌리를 두고 있다." 한비자는 유가와 묵가를 배척하면서, "유학자는 글로 법을 어지럽히고 임협[俠]은 무력으로 금지하는 것을 범한다"라고 말한다. 「오두」와 「현학」(顯學) 등 여러 편에 드러나 있다.

36 『한비자』 권15부터 권16까지는 「난(難) 1」, 「난 2」, 「난 3」, 「난 4」이다. 예를 들어 「난 1」은 이렇게 말하고 있다. "역산(歷山)의 농부들은 남의 밭두둑을 침범했다. 순임금이 가서 농사를 짓기 시작한 지 한 해가 되자 밭두둑이 올바르게 되었다. 황하가[河濱]의 어부들은 그물 치는 자리를 다퉜다. 순임금이 가서 고기를 잡기 시작한 지 한 해가 되자 어른에게 양보하게 되었다. 동이(東夷)의 도공들이 만든 그릇은 엉망이고 일그러졌다. 순임금이 가서 그릇을 구운 지 한 해가 되자 그릇이 튼튼해졌다. 공자는 감탄하며 이렇게 말했다. '농사짓고 고기 잡으며 그릇을 굽는 것은 순임금의 업이 아니다. 그러나 순임금이 가서 그런 것을 한 이유는 그르친 것을 구제하기 위해서이다. 순임금은 참으로 어질다! 이에 몸소 괴로움에 있으니 백성들이 그를 따른 것이다. 그러므로 성인의 덕화(德化)라고 하겠지.' 어떤 사람이 유학자에게 이렇게 물었다. '이런 때 요임금은 어디 있었습니까?' 유학자는 대답했다. '요임금은 천자였다.' 그 사람이 이렇게 말했다. '그러면 공자가 요임금을 성인이라고 한 것은 무엇입니까? 성인은 위에서 밝게 살펴서 천하에 간사함이 없도록 만들어야 합니다.

에 단 경우가 많다. 제목에 단 유가의 이름은 활쏘기를 익힐 때 과녁과 같은 것이라고 생각한다. 이것은 저편에서 말하자면 어쩔 수 없는 것이지만 군자는 비교 자체를 달가워하지 않는다. 한비자의 글은 화려하고 말을 능숙하게 잘할 뿐 아니라 한비자의 의도도 확실하고 깊이가 있다. 문장이나 쓰려는 후세의 선비 가운데 한비자의 글을 즐겨 보는 사람이 많다. 그의 글만 보고 사람됨을 보지 않는 태도는 애초에 참고하여 취할 수 없는 것이 아니다. 왕충의 『논형』[37]은 한비자의 「난」이라는 제목의 글 여러 편을 본받아 지었다. 왕충이 한비자의 글을 본받은 이유는 왕충의 학문이 한비자에게서 출발했기 때문은 아니다. 왕충도 유학자를 제목에 단 뒤 트집을 잡아 따지고 들기 때문이다. 왕충은 유학자들의 「전」과 「기」가 갈피를 잡을 수 없이 뒤섞여 어수선한 점을 따지고 들었다. 그래서 왕충의 논점도 완전히 유학을 벗어난 것은 아니다. 그러나 왕충은 유가의 주장을 억지로 엮어서 앉힌 뒤 활쏘기의 과녁으로 만들어 버렸다. 왕충은 유가에 무슨 원한을 가지고 있었던가? 「문공」(問孔)편이나 「자맹」(刺孟)편[38]에서 옳고 그름을 따져 논변할 때 왕충은 유가의 주장이 그르다고 생각한다. 그래서 왕충의 글은 한비자와 비슷해 보인다. 한비자가 유가를 물리치는 이유는 이를 근거로 형명을 펼치려고 했기 때문이다. 왕충의 의도는 무엇을 펼치려 한 것인가? 한비자가 사슴과 말의 비유로 유가를 우러른 것을 왕충이 깊이 물리친 일,[39] 왕충 자신의 「서」에서 옛날

만약 농부와 어부가 다투지 않고 질그릇이 일그러지지 않았다면 순임금은 무슨 덕을 베풀고 교화할 것이 있었겠습니까? 그르친 것을 순임금이 구제했다는 것은 요임금이 잘못 했다는 말입니다. 순임금을 훌륭하다 한다면 요임금이 밝게 살피는 것을 없애는 것이 되고, 요임금을 성인이라고 하면 순임금이 덕으로 교화한 것을 없애는 것이 됩니다. 두 가지 모두 얻을 수는 없습니다.'"

37 「시교 하」의 주67을 보라.

38 『논형』 권9에 「문공」(問孔)이 있고 권10에 「자맹」(刺孟)이 있다.

39 『한비자』 「외저설 우상」은 이러하다. "사슴 비슷한 말은 천금의 값을 매긴다. 그러나 백금짜리 말은 있어도 천금짜리 사슴은 없다. 무엇 때문인가? 말은 사람에게 쓸모가 있지만 사슴은 사람에게 쓸모가 없기 때문이다." 『논형』 「비한」(非韓)은 이러하다. "한자의 방법은 법을 밝히고 업적을 높이는 것입니다. 그러므로 유학자를 논

부터 전해오는 풍속이 전해지는 과정에서 잘못된 것을 변별하여 인심과 풍속을 바로 잡으려고 한 일[40]을 보자. 이것은 유학자의 종지이다. 그러면 왕충은 유학자로서 유학자를 물리친 것인가? 한비자는 고유한 종지가 있다. 한비자의 글이 남달리 뛰어나고 훌륭한 이유는 그가 유가를 물리칠 수 있다는 데 있지 않다. 왕충은 한비자의 글에 빠져서 허우적대기 때문에 유가를 물리치지 않으면 글이 뛰어나거나 훌륭하지 않다고 생각한 것이겠지? 보통 사람들은 욕할 때, 상대방의 말로 도리어 상대방을 욕하는 경우가 많다. 이것은 인지상정이다. 이름을 물리치는 욕을 할 때, 욕하는 사람을 도로 욕할 경우 반드시 이름을 바꾸게 마련이다. 이것은 필연적 추세이다. 이제 왕충이 유가를 물리치는 것은 그들이 배척하는 말로 도로 욕하면서도 여전히 자신의 이름을 사용하고 있는 꼴이다.[41]

할 때 농사짓지 않고 먹기만 먹는다고 그들을 좀의 하나로 비유했습니다. 이익이 되는지 이익이 되지 않는지 논하면서 그들을 사슴과 말에 비유했습니다. 천하에 천금짜리 말은 있지만 천금짜리 사슴은 없다. 사슴은 이익이 없고 말은 쓸모가 있기 때문이다. 유학자는 사슴이고 쓸모 있는 벼슬아치는 말입니다. 한자는 사슴과 말에 비길 줄만 알고 모자와 신발에 비길 줄은 모릅니다. 한자가 갓을 쓰지 않고 신발을 신지 않은 채 조회에 참석하게 한다면 저는 장차 그의 말을 들을 것입니다. 머리에 갓을 쓰고 조정에 서고도 이익이 되지 않는 옷을 받고 이익이 되지 않는 벼슬만 보탠 것이라면 말과 옷이 어긋나고 행위와 방법이 반대가 될 것입니다. 저는 그래서 그의 주장을 비판하고 그의 방법을 쓰지 않는 것입니다."

40 『논형』「자기」(自紀)는 이러하다. "저는 세속의 실정을 미워하여 세속을 꾸짖는 글을 지었습니다. 또한 임금의 정사를 걱정합니다. 헛되이 사람을 다스리려고 할 뿐이지 적절함을 얻지 못하고 사무를 모릅니다. 쓸쓸하고 괴롭게 곰곰이 생각해도 어디로 달려가고 있는지 보이질 않습니다. 그래서 정무(政務)의 글을 썼습니다. 또한 실제적이거나 참되지 않은 상스러운 글이 많은 것을 상심하여 『논형』이라는 글을 쓰게 되었습니다." 또한 이렇게도 말한다. "논의는 옳음을 소중하게 생각하지 화려함에 힘쓰지 않는다. 일은 본래 상태를 높게 치지 합하는 것을 높게 치지 않는다. 논설은 그런지 그렇지 않은지 변별하는 것이다. 어찌 사람들의 똑같은 마음을 속이고 세속을 거스를 것인가? 모든 사람의 마음이 아니라고 해도 따르지 않는다. 그래서 그들의 거짓을 없애 버리고 그들의 참만 남겨서 안정시킨다." 왕충은 참을 남기고 거짓을 쫓아내려 한다. 한비의 주장이 참되지 않다고 생각한다. 그래서 그것을 비난한다. 그는 또한 공자와 맹자의 주장도 참되지 않기는 마찬가지라고 생각한다. 그래서 「문공」과 「자맹」은 모두 모순되지 않는다.

41 나는 이렇게 생각한다. 이 단락은 『논형』이 변별하고 논란을 벌인 잘못을 논하고 있다.

질성(質性)[1]

『상서』「홍범」의 세 가지 덕은 사람을 바르고 곧게 만들어 중용에 적합하게 하며 강한 동시에 부드러울 수 있게 만들어[2] 지나침과 모자람을 적절히 조정하게 한다. 천하의 심지, 혈기, 영리하고 재주 있음, 재주와 능력을 묶어서 세 가지 덕을 벗어나지 못하게 할 수 있다. 언행이 중용에 맞는 사람[中行]과 사귀지 못할 바에는 차라리 이상주의자[狂]나 우직한 사람[狷]과 사귈 생각을 하라고[3] 공자는 제자들을 가르쳤다. 이들도

1 나는 이렇게 생각한다. 「질성」편은 여강 하씨의 초본에는 제목이 「장소」(莊騷)이고, 소산(蕭山) 왕종염의 글 제목에는 제목이 「성정」(性情)이며, 현재 유행하는 판본에서 「질성」이라고 되어 있다. 왕종염 「복장씨서」(復章氏書)는 이러하다. "「질성」편의 제목을 「문성」(文性)이라고 고치고 싶어도 역시 편안하지 않은 듯합니다. 결국 「성정」이라고 제목을 다는 것이 낫겠습니다.(원주는 이러하다. 「질성」이라는 두 글자도 생소합니다) 근심이 지극한 것과 즐거움이 지극한 것은 감정입니다. 음을 돕고 양을 돕는 것은 본성입니다. 자신의 감정을 본성으로 만든다면 올바르게 되는 데 이롭습니다. 이것은 바로 이상주의자나 우직한 사람이 언행이 중용에 맞는 사람으로 나아가는 것이며 신분이 높은 사람이나 저명한 사람이 명령한 의도와 비교적 부합할 수

있는 것 같습니다."(가업당본 『장씨유서』 부록) 그래서 당시 편명을 정할 때 상당히 고심했다는 것을 알 수 있다. 가업당본 『장씨유서』에는 편이 시작되기 전에 서문이 있는데 이렇게 말하고 있다. "앞 시대 사람들은 감정과 글이 상생한다고 논한 적이 있다. 여기서부터 논하는 사람은 문정(文情)을 논하는 일을 기뻐했지만 문성(文性)이 사실 으뜸가는 주재자임을 몰랐다. 본성을 떠나 감정만 이야기한다면 보석은 잃어버렸는데 궤짝만 있는 것이다. 그래서 「질성」편을 지었다." 「질성」편은 비록 글을 논하기 위해 지은 것이지만, 편의 뜻이 사실 글에만 한정된 것은 아니다. 그래서 제목을 "문성"이라고 고친다고 해도 본디 편치 않다. 그리고 본성을 구별하는 논지가 위주이긴 하지만, "성정"이라는 제목도 조화롭지 않다. 아마 감정은 본성의 운동이며, 본성은 감정의 바탕일 것이다. "질성"이라고 편명을 정한 것은 이러한 뜻을 보여주기 충분하다. 또한 "질성"이라는 두 글자는 『한비자』 「난언」(難言)에 나타나고 있기 때문에 본디 왕종염[王氏]이 답장에서 말한 것처럼 생소한 데 가까운 것이 아니다. 『순자』 「악론」(樂論)은 이러하다. "근본을 다하여 극에 도달하면 변하는 것이 음악의 감정이다. 참됨을 드러내고 인위를 제거하는 것이 예의 떳떳함이다." 「질성」편의 대의는 글이 감정에서 생기고 감정이 본성에 뿌리를 두고 있다고 생각한다. 세 가지 덕성을 보존하고 세 가지 거짓을 제거하는 것을 위주로 하며, 특히 이상주의자와 우직한 사람, 참과 거짓을 구분하는 일에 열심이다. 이것은 다름 아니라 참됨을 드러내고 인위를 제거하는 일이다. 그리고 결국 『맹자』가 말한 떳떳함으로 돌아가는 뜻으로 되돌아간다. 지은 해는 고증할 수 없다.(「질성」편의 주에는 정천범의 『문학발범』을 많이 채용했다)

2 『상서』 「홍범」은 이러하다. "세 가지 덕은 첫째 올바름, 둘째 강함으로 다스림, 셋째 부드러움으로 다스림이다." 공영달 소는 이러하다. "여기 세 가지 덕은 임금의 덕이 셋으로 펼쳐진다는 것이다. 첫째 올바름은 사람의 능력을 바르게 만들어 곧게 부릴 수 있다는 말이다. 둘째 강함으로 다스림은 굳세고 강하여 사업을 세울 수 있다는 말이다. 셋째 부드러움으로 다스림은 화합하고 부드러워 다스릴 수 있다는 말이다." 나는 이렇게 생각한다. 『춘추좌전』 「문공 5년」에는 영영(甯嬴)이 「상서」를 인용한 말이 있다. "가라앉은 사람은 강함으로 다스린다. 들뜬 사람은 부드러움으로 다스린다." 두예 주는 이러하다. "침점(沉漸)은 체닉(滯溺)과 같다. 고명(高明)은 항상(亢爽)과 같다. 각자 강함과 부드러움으로 자신을 이겨야 타고난 성품이 이에 온전해질 수 있다는 말이다." 두예의 뜻은 이렇다. 가라앉은 사람은 우유부단해지기 쉽기 때문에 반드시 강함으로 자신을 극복해야 한다. 들뜬 사람은 성급하게 결단하기 쉽기 때문에 반드시 부드러움으로 자신을 극복해야 한다고 말한다. 「전」과 「소」는 남을 다스리는 뜻이 다르다는 것을 위주로 한다. 장학성의 「질성」편은 다음 글들을 곰곰이 풀어보면 아마 두예의 뜻을 구사하고 있을 것이다.

3 『논어』 「자로」는 이러하다. "선생님이 이렇게 말씀하셨다. '언행이 중용에 맞는 사람을 얻어 함께 할 수 없다면 반드시 이상주의자나 우직한 사람과 함께 할 것이다. 이상주의자는 진취적이고 우직한 사람은 하지 않는 일이 있다.'" 형병 소는 이러하다. "중행(中行)은 행위가 중용을 얻을 수 있는 사람이다. 광(狂)은 선한 도에 나아가 취하지만, 나아갈 줄만 알지 물러설 줄 모른다. 견(狷)은 절개를 지키고 하지 않지만,

세 가지 덕에서 재질을 취한 것이다. 그러나 향원의 무리는 언행이 중용에 맞는 사람과 겉으로 비슷하다는 것을 구실로 이상주의자나 우직한 사람을 나무란다. 향원은 세 가지 덕으로 묶을 수 있는 사람이 아니다. 공자와 맹자는 이런 사람을 덕을 해치는 강도라고 미워했다.[4] 어지럽긴

응하여 나아가야 해도 물러선다. 이상주의자와 우직한 사람은 모두 중용을 얻지 못했지만 본성은 늘 한결같다. 이런 두 종류의 사람을 얻고자 한다면 때맞춰 나아가고 물러남이 많으며 늘 한결같은 것을 취해야 한다." 『후한서』 「독행전서」(獨行傳序)는 이러하다. "공자는 이렇게 말한다. '중용(中庸)에 맞는 사람을 얻어 함께 하지 못한다면 반드시 이상주의자나 우직한 사람과 함께 할 것이다.' 이것은 아마 두루 통달하는 것, 온전한 도를 잃고 치우침의 극단에서 취하는 것이리라. 그러면 하지 않는 것도 있을 수 있고 반드시 해야만 하는 것도 있을 수 있다. 나아가서 취한다고도 말하지만 취하지 않는 것이 있다고도 말한다." 그래서 이상주의자와 우직한 사람의 차이는 자취에서 차이가 나는 것이지, 뿌리가 다른 것은 아니다.

역주_ **이상주의자**는 '狂'을 옮긴 말이다. 이상주의자는 실행이 따르지 못하는 단점이 있다. **우직한 사람**은 '狷'을 옮긴 말이다. 우직한 사람은 새로운 것을 잘 받아들이지 않는 단점이 있다.

4 『논어』 「양화」는 이러하다. "선생님은 이렇게 말씀하셨다. '향원은 덕의 도적이다.'" 원(原)은 원(願)의 본래 글자이다. 『맹자』 「진심 하」는 이러하다. "'공자는 이렇게 말씀하셨다. 「내 문 앞을 지나가면서 내 집에 들어오지 않는 사람 가운데 내가 유감스럽게 생각하지 않는 사람은 오직 향원뿐이겠지? 향원은 덕의 도적이니라.」' 만장은 이렇게 물었다. '어떻게 해야 향원이라고 할 수 있겠습니까?' 맹자가 대답했다. '공자는 이렇게 말씀하셨다. 「어찌 이렇게 자신이 큰 뜻을 가졌다고 떠들 수 있는가? 주장이 행위를 돌아보지 않고 행위가 주장을 돌아보지 않으면서 옛날 사람이 이렇다는 둥, 옛날 사람이 저렇다는 둥 지껄인다. 행위를 어찌 혼자만 하고 각박하게 하겠는가? 이 세상에 태어나 이 세상을 위하는 것이 선하다면 그것으로 되었다. 숨어서 세상에 아부하는 사람이 향원이다.」' 만장이 이렇게 물었다. '어떤 동네에서 모두 조심스러운 사람이라고 칭찬한다면 어디를 가든 조심스러운 사람이라고 생각하지 않을 곳이 없을 것입니다. 공자가 덕의 도적이라고 생각하신 것은 무엇 때문입니까?' 맹자는 이렇게 대답했다. '그를 비판하려 해도 들 것이 없고 그를 풍자하려 해도 풍자할 것이 없다. 세상의 유행과 같으며 더러운 세상에 영합하여 충성스럽고 믿음직한 것처럼 살고 청렴하고 깨끗한 것처럼 행하면 대중이 모두 기뻐한다. 스스로도 이것을 옳다고 생각하기 때문에 요임금과 순임금의 도에 더불어 들어갈 수가 없다. 그러므로 덕의 도적이라고 하는 것이다. 공자는 이렇게 말씀하셨다. 「비슷하면서도 아닌 것을 미워한다. 강아지풀을 싫어하는 것은 그것이 어지럽힐까 두렵기 때문이다. 제멋대로인 사람을 싫어하는 것은 그것이 의로움을 어지럽힐까 두렵기 때문이다. 빠른 입을 싫어하는 것은 그것이 믿음을 어지럽힐까 두렵기 때문이다. 정나라 곡조를 싫어하는 것은 그것이 음악을 어지럽힐까 두렵기 때문이다. 자줏빛을 싫어하는 것은 그것이 주홍색을 어지럽힐까 두렵기 때문이다. 향원을 싫어하는 것은

하지만 이런 사람은 아마 언행이 중용에 맞는 사람, 이상주의자, 우직한 사람과 함께 네 번째 유형일 것이다. 인심이 고대와 다르고 세상에 유행하는 기풍이 나날이 아래로 떨어지는 바람에 언행을 거짓으로 중용에 맞추는 사람이 세 가지 유형의 사람을 어지럽혀 네 가지 유형으로만 만든 것은 아니다. 도리어 거짓 이상주의자나 거짓으로 우직한 사람의 무리가 네 가지 유형을 다시 어지럽혀 여섯 가지 유형으로 만들어 버렸다. 언행이 중용에 맞는 사람만 앞일에 대하여 어떤 기대를 가지고 바랄 수 없는 것이 아니라면 이상주의자나 우직한 사람의 진실한 상태를 추구하는 일은 어떻게 얻을 수 있는가? 맹자는 지언(知言)에 대해 논할 때, 잘못된 말은 잘못된 마음에서 생기며 그것이 정치에서 나타나게 되면 사업에 해를 끼치게 된다고 생각했다.[5] 나는 책이나 글을 지은 여러 사람들의 작품에 담긴 이유를 깊이 탐구한 적이 있다. 변화무쌍하고 산만한[6] 책은 본래 자신의 주장을 세우는 뜻이 없기 때문에 논하지 않아도 된다. 결국 스스로 주장을 이뤘다고 생각하는 사람이 있는 경우, 그들의 종지를 살폈다. 거기에 말할 만한 게 아무 것도 없는 것은 아니었다. 그러나 세 가지 덕의 내용에 따라 살펴본 결과, 본래 가지고 있던 고유한 성질도 잃었고 옛사람의 중요한 길과 부합하지도 않았다. 이것이 이른바 사

그것이 덕성을 어지럽힐까 두렵기 때문이다.」 군자는 떳떳함으로 돌아갈 뿐이다. 떳떳함이 바르게 되면 모든 백성들이 흥이 날 것이다. 모든 백성들이 흥이 나면 못되고 악한 것이 없어질 것이다.'"

5 『맹자』「공손추 상」은 이러하다. "공손추는 이렇게 물었다. '선생님이 잘하시는 것이 무엇인지 감히 물어도 되겠습니까?' 맹자는 이렇게 대답했다. '나는 주장을 알며 내 호연지기를 잘 기른다.' '주장을 안다는 것은 무엇을 말하는 것입니까?' 맹자는 이렇게 대답했다. '흔한 말에 가려진 것을 알고 음탕한 말에 빠져 있음을 알며 못된 말에 떠난 것을 알고 숨기는 말에 궁한 것을 안다. 마음에서 생겨 정사에 해를 끼치며 정사에서 튀어나와 사업을 해치게 된다. 성인이 다시 나오더라도 틀림없이 내 말을 좇으실 것이다.'"

역주_ 지언은 남의 말을 듣고 옳고 그름을 분별하여 아는 일이다.

6 『장자』「제물론」은 이러하다. "그것을 근거로 만연(曼衍)한다." 사마표는 이렇게 말한다. "만연은 끝이 없는 것이다."

이비이다.[7] 학자가 옛사람의 대의를 탐구하려 하면서도 이것을 세밀하게 변별하지 않는다면 세 가지 유형의 사람을 어지럽혀 여섯 가지 유형으로 만드는 데서 시작하여 결국 세 가지 거짓을 근거로 세 가지 덕을 없앨 것이다. 아! 질성에 대한 논의를 어찌 끝낼 수 있겠는가?[8]

『주역』은 이렇게 말한다. "말은 실제 내용이 있어야 하고, 행동은 항상성이 있어야 한다."[9] 『상서』는 이렇게 말한다. "시는 뜻을 표현하는 것이다."[10] 나는 특정 학파의 주장을 세운 군자와 시를 노래하는 시인을 보았다. 어찌 그리도 많은지! 그들은 글의 실제 내용을 얻으려 하지만 얻지 못하고 지은이의 의지를 엿보려 하지만 까마득하다. 그런데도 그들은 모두 '내가 주장을 세웠네, 내가 시를 썼네'라고 말한다. 주장이 없는데도 주장이 있다고 하고 시가 없는데도 시가 있다고 한다. 그들이 말하는 실제 내용과 의지는 이것이다. 그러나 여기서 어지러워지기 시작했다.[11]

의지가 있는 선비는 자신의 마음을 자랑스러워하며 자신의 의도를 떨쳐 일으키고 '나는 함부로 주장하지 않는다'라고 생각한다. 학은 반드시 인간 본성과 천도에 뿌리를 두고[12] 깊은 뜻은 반드시 인의에 부합하며

---

7 나는 이렇게 생각한다. 「변사」는 이렇게 말한다. "학술의 걱정거리는 군자의 말과 한결같은 것을 걱정하지 않는다. 한결같은 말이라고 해도 의도를 가지고 말하면서 말의 근거를 찾는 것은 아주 가까운 거리에 있지만 하늘과 땅만큼이나 차이가 나는 일이자, 비슷하면서도 아닌 일이다." 동일한 것을 구분하고 다른 것을 가르는 일은 드러난 것으로부터 드러나지 않은 것으로 가는 법이다. 「질성」편은 참됨과 거짓을 구분하는데, 이것은 드러나지 않은 데서 드러난 것으로 가는 것이다. 이렇게 하면 주장을 아는 일의 근본을 더 잘 찾아 볼 수 있다.

8 나는 이렇게 생각한다. 이 단락은 세 가지 인위를 구분하는 것과 세 가지 덕을 보존하는 것이 주장을 세우는 큰 뿌리임을 논하고 있다.

9 『주역』 「가인」 괘 「상전」은 이러하다. "군자는 말에 뭔가 있으며 행위에 항상성이 있다." 왕필 주는 이러하다. "군자가 말을 하면 틀림없이 뭔가 있지만 입으로 말을 고르지 않는다. 행위를 하면 틀림없이 항상성이 있지만 몸으로 행위를 고르지 않는다."

10 『상서』 「순전」의 글이다. 공영달 소는 이러하다. "『시』를 지은 사람은 자신의 의지를 말한 것이다. 그래서 『시』는 의지를 말하는 글이다. 그것을 익히면 의지와 의도를 낳고 기를 수 있다."

11 나는 이렇게 생각한다. 이 단락은 아무런 내용도 없는 주장과 아무런 뜻도 없는 마음의 폐단을 논하고 있다.

말은 반드시 『시』와 『서』라는 결과에 이르고[13] 사공은 반드시 백성과 만물에게 도달하며[14] 요임금과 순임금을 옳다고 하고 걸왕과 주왕을 그르다고 하고 공자와 맹자를 우러르고 양주와 묵적을 물리친다. 그의 말은 성인이 부활한다고 해도 바꿀 수 없다. 그러나 그가 말하는 근거를 찾아보면 종지는 아득하다. 이것은 마치 손님을 모신 잔치에서 「동궁」(彤弓)이나 「담로」(湛露)를 연주할 때 막 연습 과정을 마친 악사가 연주하는 것처럼 들려도[15] 어떤 사람이 '저들은 아무 죄가 없는 것 같다'라고 말하는 것에 비길 수 있다. 자막(子莫)은 이것에 대해 절충하는 태도를 취할 것이고 향원은 비판하지 않을 것이다.[16] 혜시는 이렇게 말한다. "달리는 사람

12 「주륙」편의 주21을 보라.

13 『예기』「악기」는 이러하다. "가락을 모은다." 주는 이러하다. "요(要)는 회(會)와 같다." 한유 「답이익서」는 이러하다. "인의의 길에서 행하고 『시』와 『서』의 근원에서 노닌다."

14 장재 「서명」은 이러하다. "백성은 내 형제요 만물은 나와 함께 한다."

15 『춘추좌전』「문공 4년」은 이러하다. "위나라 영무자(甯武子)가 노나라에 빙문하자 노나라 문공이 그와 함께 잔치를 베풀었다. 영무자를 위해 「잠로」(湛露) 및 「동궁」(彤弓)을 읊었지만 영무자는 감사의 뜻을 보이지 않았고 화답하여 시를 읊지도 않았다. 문공이 행인를 시켜 슬쩍 묻게 했다.[私] 영무자는 이렇게 대답했다. '저는 악공들이 학업을 연습하다가 거기까지 갔다고 생각했습니다.(악공이 지금 연주한 두 편의 시를 배웠고, 두 편의 시는 그를 위해 연주한 것이 아니라고 생각했기 때문에 답가를 부르지 않았다는 뜻이다) 옛날 제후들이 정월을 맞아 주나라 왕에게 조회할 때 왕은 잔치를 베풀고 음악을 연주하게 했습니다. 이럴 때 「잠로」를 읊었습니다. 천자는 해에 해당하고 제후들은 명령을 시행하는 것입니다. 제후들은 왕이 한탄하며 분노하는[愾] 사람을 적으로 삼아 그 공을 바치면 왕은 이럴 때 제후에게 동궁 하나와 동시(彤矢) 백 개, 노궁(玈弓) 열 개와 노시(玈矢) 천 개를 하사하고 감사의 뜻을 밝히고 잔치로 보답하는 것입니다. 이제 저[陪臣]는 노나라에 와서 예전의 우호 관계를 잇는 참입니다. 임금이 욕되게도 하찮은 저를 잔치에 초대하시니 제가 감히 대례(大禮)를 범하여 스스로 죄를 취하겠습니까!'"

16 『맹자』「진심 상」은 이러하다. "맹자는 이렇게 말했다. '양자(楊子)는 지독한 개인주의를 취한다. 터럭 하나를 뽑아서 천하를 이롭게 한다 하더라도 하지 않는다. 묵자는 두루 사랑하기[兼愛] 때문에 이마를 갈기 시작해서 발꿈치까지 없어져도 천하를 이롭게 한다면 그렇게 한다. 자막(子莫)은 중간을 잡고 있다. 중간을 잡는 것이 도에 가깝다. 중간을 잡고서도 저울질하지 않는다면 오히려 하나를 잡고 있는 것과 같다. 하나를 잡는 것을 미워하는 이유는 그것이 도를 노략질하기 때문이다. 하나를 들어 백 가지를 없애버린다.'"

이 동쪽으로 뛰면 쫓아가는 사람도 동쪽으로 뛴다. 동쪽으로 뛴다는 점이 설령 같더라도 그들이 동쪽으로 뛰는 마음은 다를 것이다."[17] 그가 달리는 사람으로서 동쪽으로 간 것인가? 쫓아가는 사람으로서 동쪽으로 간 것인가? 이 사람의 말을 봐도 아직 알 수 없지만 여기서 어지러워지기 시작했다.[18]

호걸이 나타나 '나는 함부로 주장하지 않는다. 나는 확실한 의도가 있기 때문에 만물이 공평해지지 않으면 부르짖으리라'라고 생각한다.[19] 그가 이름을 부르고 종류를 가리키는 것을 보면[20] 어떤 것은 시인의 비흥 같기도 하고[21] 어떤 것은 유세객의 익살스럽고도 품위가 있는 말이나 은유 같기도 하다.[22] 그는 보잘 것 없는 것에 근거하여 큰 것을 비유하고[23] 고대를 애도하고 자신의 시대를 슬퍼하며 실없는 웃음이 못마땅하여 흘겨보는 눈초리보다 심하고[24] 슬픈 노래로 울음에 맞설 만하다. 그는 정말 어쩔 수 없어서 말하는 것이다. 그는 '훌륭한 사람이 자신의 시대에

17 「지난」의 주17을 보라.

18 나는 이렇게 생각한다. 이 단락은 향원, 이른바 언행이 중용에 맞는 사람과 겉모습만 비슷하면서도 이상주의자나 우직한 사람을 꾸짖는 사람을 논하고 있다.

19 한유 「송맹동야서」(送孟東野序)는 이러하다. "모든 사물은 공평함을 얻지 못하면 울게 되어 있다."

20 『주역』 「계사전 하」는 이러하다. "그것이 이름을 부르는 것은 작지만 그것이 종류를 취하는 것은 크다."

21 「시교 상」의 주31을 보라. 『문심조룡』 「비흥」은 이러하다. "비는 붙임[附]이고 흥은 일으킴[起]이다. 이치에 붙인다는 것은 같은 종류의 다른 사물을 잘라서 다른 사물을 가리키는 것이다. 정서를 일으키는 것은 드러나지 않는 것에 의하여 뜻을 빗대는 것이다. 정서가 일어나기 때문에 흥이라는 형식이 설 수 있고 이치에 붙이기 때문에 비의 범례가 생기는 것이다. 비는 울분을 품은 채 잘못을 지적하는 것이며, 흥은 에두르는 비유로 풍자를 깃들이는 것이다. 아마 때에 따르는 뜻은 한결같지 않을 것이다. 그러므로 시인의 의지에는 두 가지가 있어야만 한다."

22 「감우」의 주20을 보라.

역주_ 유세객은 자신의 주장을 펼치고 다니는 사람이다.

23 『설문해자』는 이러하다. "자(眥)는 눈초리이다." 『사기』 「항우본기」(項羽本紀)는 이러하다. "머리털이 위로 치솟고 눈초리가 쫙 찢어졌다."

24 고악부(古樂府) 「잡곡가사」(雜曲歌辭)를 보라.

뜻을 이루지 못하면 발분하여 책을 써서 자신을 표현한다'라고 생각한다. 그의 긴요한 뜻은 아마 『이소』를 벗어나지 않을 것이다. 나는 『이소』를 지은 굴원의 말을 읽은 적이 있다. "나는 이러한 내면의 아름다움도 가지고 있는데다가 또한 그것을 잘할 수 있도록 거듭해서 닦았다."[25] 태사공 사마천은 이렇게 말한다. "나는 『이소』를 읽고 그의 뜻 때문에 슬퍼졌다." 사마천은 이렇게도 말한다. "도덕이 넓고 높다는 점과 정치적 안정과 불안정의 갈피를 밝혔다. 그의 의지는 순결하고 그의 행위는 청렴하다. 맑고 깨끗함이 마치 진흙탕에서 나왔어도 더러움이 묻지 않은 것 같다. 설령 해나 달과 빛을 다투어도 될 정도이다."[26] 이것은 가의가 굴원을 기리는 이유이며 사마천이 가의의 「열전」을 세운 이유이기도 하다.[27] 이들은 삼대의 빼어난 인물만한 사람들이다.[28] 『이소』를 빌어 자신

---

25 『초사』「이소」의 글을 보라.

26 『사기』「굴원열전」의 글을 보라.

27 『사기』「가생열전」은 이러하다. "천자는 가의에게 공경의 자리를 맡게 하는 생각을 의논하게 했다. 강후, 관후, 동양후, 풍경 등의 무리가 남김없이 그를 해치고자 하여 이에 가의를 얕잡아 보았다. 그래서 천자는 나중에 그것을 보고하라고 하고 그런 논의를 쓰지 않았다. 이에 가의를 장사왕의 태부로 삼았다. 가의는 작별하고 길을 나섰다. 그는 장사의 지대가 낮고 습하다는 소리를 듣고 자신의 목숨이 길지 않을 것이라고 생각했다. 또한 강등당하여 가는 길이라 내키지 않았다. 상수(湘水)를 건널 때 부를 지어 굴원을 조문했다." 굴원과 가의 두 사람의 마음과 자취는 서로 비슷하다. 그래서 사마천은 그들을 묶어서 같은 「열전」에 넣었다. 「서교 하」는 이러하다. "「굴가열전」은 강후와 관영이 굴원을 모함한 일을 미워했기 때문에 굴원의 글을 서술한 것이지, 굴원의 충성심을 밝히기 위해 서술한 것은 아니다. 그래서 「굴가열전」은 가의의 문학 작품도 함께 애도하는 것이다."

28 『예기』「예운」은 이러하다. "위대한 도가 행해지고 삼대의 뛰어난 사람과 함께 한다." 장학성은 「위사사마찬초사장구서」(爲謝司馬撰楚辭章句序)에서 이렇게 말한다. "태사공은 이렇게 말했다. '나는 『이소』를 읽고 그의 뜻을 슬퍼했다.' 굴원의 글을 읽고 그의 뜻을 슬퍼할 줄 알면 굴원을 안다고 할 수 있습니다. 그러나 그의 뜻을 미처 확실하게 말할 수 없는데 후세인들이 마음대로 그의 뜻을 추측하여 그것을 말한다면 어지러워질 것입니다. 아마 가탁하려는 의지를 찾았지만 얻지 못하면 천착하더라도 통할 수 없을 것입니다. 굴원의 의지는 임금에게 충성하고 나라를 사랑하며 모함에 상심하고 더러운 세상을 미워하지만 종신(宗臣)의 대의로 차마 떨치고 떠나지 못했다는 것은 세상이 다 압니다. 그러나 굴원을 모르면 삼대의 뛰어난 사람을 거역하는 마음을 품고 한 편 안에서도 여러 번 반복해서 의도를 비치며 외로운 심

의 사명을 결정한 사람은 그들이 억울해 하고 불평을 터트리는 이유를 탐구한다면[29] 아득하게 느껴질 것이다. 이것이 아득하게 느껴지는 사람은 꽉 막혀 펼치지 못하는 신세와 헛되이 나이만 먹는 것을 한탄하고 남은 재산도 많고 지위도 높은데 나는 가난하고 신분도 낮다고 탄식하며 남은 과거 시험에 합격하는데[30] 나는 시험에 떨어졌다고 한탄하고 권력이 있는 중요한 자리에 있는 사람에게 몸을 던져 일했어도 칼을 빼려고 칼자루에 손을 댈 정도로 그의 분노만 일으킨 것을 탄식하며 세력과 권리를 다투어도 밀려나기만 한 것을 한탄한다. 한탄하는 사람은 이런 이유 때문에 뜻을 이루지 못하면 『이소』나 『시경』의 노래를 빌려 자신의 문장을 표현해볼까 생각하고 그것을 옛사람의 의지이려니 생각한다. 그런 사람은 옛 시가 "같은 마음으로 똑같은 소원을 품었고 의도는 있었지만 펼치지 못했다"[31]라고 읊은 대로 보통 수준 이하의 사람도 자신과 마찬가지라는 것을 모른다. 과거 시험에서 수백 명을 선발하더라도 틀림없이 가의처럼 억울하다고 생각하는 수천 명이 생기게 마련인데 이들이 소리를 높여 슬피 울면서 굴원이 뛰어든 상강(湘江)을 기린다 하더라도 상강은 들어주지 않을 것이다. 이부(吏部)에서 수천 명에게 벼슬자리를 준다 하더라도 틀림없이 굴원처럼 억울하다고 생각하는 수만 명이 생기

정으로 홀로 가서 봄가을로 계절이 순환하는 세상에 돌아오지 않는 것처럼 보일 것입니다. 그러므로 그의 행위는 향기롭고 의지는 깨끗하여 사마천과 함께 해와 달처럼 빛을 다툽니다. 그리고 가생이 삼대의 내용과 형식을 진술했으나 끝내 강후와 관영의 모함을 받은 것은 굴원과 같이 조문해야 한다고 생각했기 때문에 사마천은 그의 뜻을 슬퍼한다고 말한 것이겠지요."(가업당본 『장씨유서』 권8)

29 『한서』「양웅전」은 이러하다. "또한 「석송」(惜誦) 이후부터 「회사」까지 한 권을 의지했는데 반뢰수(畔牢愁)라는 이름을 붙였다." 뇌수(牢愁)를 위소는 뇌소(牢騷)라고 풀이했다. 지금은 억울해서 불평하는 말이라는 뜻으로 쓴다.

30 당나라는 과목으로 선비를 선발했기 때문에 과거라고 부른 것이다. 송나라는 첩괄을 사용했고 명나라와 청나라는 팔고로 시험을 봤는데도, 여전히 과거라는 이름을 사용했다. 시험에 응시하여 합격하는 일을 급제라고 불렀다. 성적이 좋아 이름이 앞에 나온 것을 고제(高第)라고 부른다.

31 이 말은 「고시십구수」(古詩十九首)를 보라.

게 마련인데 이들이 머리를 긁적이며 「천문」을 짓는다 하더라도[32] 하늘은 싫어할 것이다. 맹자는 이렇게 말한다. "이윤과 같은 뜻이 있다면 괜찮지만 이윤과 같은 뜻이 없는 사람이라면 자리를 억지로 빼앗을 것이다."[33] 나는 억울해 하고 불평을 터트리는 사람에게 이렇게 말해주련다. 굴원이나 가의의 의지가 있다면 괜찮지만 굴원이나 가의의 의지가 없다면 너절하고 더러워질 것이다. 그러나 『이소』를 짓기로 결정한 사람은 더욱 어지럽게 널렸다.[34]

사소한 일에 얽매이지 않고 세속을 벗어난 사람은 이렇게 풀이할 것이다. '이런 일 따위를 마음에 두고 생각할 것이 무에 있는가?[35] 내게 주장하고자 하는 말이 있으면 내 의도를 펼치련다. 남이 나를 옳다고 해도 나는 기쁘지 않고 남이 나를 옳지 않다고 해도 나는 성내지 않는다. 고금의 옳고 그름을 너무 뚜렷하게 밝히고 싶지 않다. 남의 의견과 내 의견을 고치지 않겠다고 지나치게 버티고 싶지도 않다. 반드시 지금 사람들의 신뢰를 받고 싶은 이유는 무엇 때문인가? 주장이 없는 것이 주장이 있는 것보다 훨씬 낫기 때문이다.'[36] 그의 종지는 아마 만물 평등[齊物]이

---

32 왕일 「천문장구서」(天問章句序)는 이러하다. "「천문」은 굴원이 지은 것이다. 왜 문천(問天)이라고 하지 않은 것인가? 하늘은 높기 때문에 물을 수 없다. 그래서 천문이라고 한 것이다. 굴원이 쫓겨나서 근심스런 마음에 슬프고 초췌해진 채 산과 물을 방황했다. 언덕과 땅을 지나다가 하늘이여, 하늘이여 부르짖고 하늘을 우러러 탄식했다. 초나라 선왕의 사당 및 공경의 사당을 찾아 갔다. 거기서 천지와 산천의 신령을 그린 그림은 진기하고 기괴했다. 그리고 고대의 현인과 성인, 괴물이 서지른 일들을 보았다. 두루 흘러 다니던 지겨움을 없애고 그 아래서 쉬면서 우러러 그림을 보았다. 그래서 벽에 글을 쓰고 꾸짖어 물음으로써 터져 나오는 분노를 흩었고 슬픈 생각을 펼쳐 그렸다."

역주_ 위 본문의 이부는 벼슬아치를 관리하는 정부 부서이다.

33 『맹자』 「진심 상」의 글을 보라.

34 나는 이렇게 생각한다. 이 단락은 가짜 우직한 사람, 이른바 자신을 굴원과 비교하는 사람은 변변치 않다는 것을 논하고 있다.

35 『후한서』 「마원전」(馬援傳)은 이러하다. "마음에 두고 잊지 않는 사람[介介]만 이것을 미워할 따름이다." 주는 이러하다. "개개(介介)는 경경(耿耿)과 같다."

36 『회남자』 「설산」(說山)은 이러하다. "사람에게 말이 없으면 신령스럽다. 말하면 상하게 된다." 『광아』 「석언」(釋言)은 이러하다. "유(愈)는 현(賢)이다." 나는 이렇게 생각

라는 장자의 주장에 기대고자 하는 것이리라.[37] 나는 다음과 같은 장자의 말을 들었다. "내성외왕의 학은 어둡고 밝지 않다." "제자백가가 위대한 도를 떠나 되돌아오지 않는 바람에 도술은 찢어져 나뉠 것이다."[38] "내가 한 말 중에 열에 아홉은 우언이고 치언(卮言)은 나날이 나온다."[39] 그러나 장자는 도를 조화롭게 이해하여 높은 경지에 도달했고 내면을 알차게 채우는 일을 멈추지 않았다.[40] 장자는 자신의 주장도 없는 채 사소한 일에 얽매이지 않고 세속을 벗어난다는 말을 마음대로 지껄이면서 세상일을 소홀히 여긴 사람이 아니다. 장자에 달라붙어 사소한 일에 얽매이지 않고 세속을 벗어났다고 말하는 사람의 뜻은 과연 모든 주장을 쓸모없는 것이라고 생각하긴 하는 것일까? 설령 그것이 쓸모없음의 학

한다. 가업당본 『장씨유서』에는 "유언"(有言) 다음에 "이계인쟁"(而啓人爭)이라는 네 글자가 있다.

37 『장자』 「제물론」 곽상 주는 이러하다. "이것을 옳다 하고 저것을 그르다 하며 자신을 아름답다 하고 남을 밉다 하는 것은 만물이 모두 그러하다. 그런 까닭에 옳고 그름이 비록 달라도 남과 나는 동등한 것이다."

38 「시교 상」의 주4를 보라.

역주_ **내성외왕**은 내면적으로 성인이 되고 외면적으로 임금다운 왕이 되는 것이다.

39 『장자』 「우언」은 이러하다. "우언은 열에 아홉이고 중언(重言)은 열에 일곱이며 치언(卮言)은 날마다 생겨 옳고 그름을 초월한다." 곽상 주는 이러하다. "그것을 다른 사람에게 기탁하는 것은 열 마디 말 가운데 아홉 마디는 믿을 만하다." 곽상은 또한 이렇게도 말한다. "치(卮)가 가득차면 기울게 마련이고 비면 위를 우러르게 마련이다. 이것은 쥐고 있지 않기 때문이다. 하물며 말할 때 사물을 근거로 하고 변화를 따른다. 오로지 저것을 따르기 때문에 나날이 생긴다. 나날이 생긴다는 것은 나날이 새로워진다는 말이다."

역주_ **치언**은 앞뒤가 맞지 않는 말, 모순된 말이다.

40 『장자』 「천하」는 이러하다. "그(장자를 가리킨다)는 자신이 충실하여 어쩔 수 없이 말한 것이다. 위로 조물주와 노닐고 아래로 삶과 죽음을 바깥에 둔 채 시작도 없고 끝도 없는 자를 벗 삼는다. 그는 근본에 대해 드넓게 활짝 열어 놓고 깊숙이 시원스레 뻗어나간다. 그는 으뜸(宗, 조물주[主]이다)에 대해 만물과 조화를 이루면서 위로 도달한다(조화를 이루고 통달하여[調通] 위에 도달한다[上達])고 말할 수 있다. 비록 그렇다 해도 그는 조화에 순응하면서 사물에 대해 풀어졌다. 그 이치는 다함이 없고 그 유래는 벗어나지 않는다. 아득하구나, 그윽하구나, 끝이 없는 것이로구나." 나는 이렇게 생각한다. 월아당총서본에는 "조적"(稠適)을 잘못해서 "적조"(適調)라고 썼다. 여기서는 가업당본 『장씨유서』에 의해 바로 잡았다.

설이라 할지라도 남겨둘 필요가 없다. 쓸모없음의 학설이 가르침을 내려줄 수 있겠는가? 시장의 장사치나 관아에서 부리는 하인조차도[41] 그것이 틀림없이 쓸모 있어야만 한다는 말을 들어본 적이 없을 것이다. 돼지는 배가 터지도록 먹이를 먹는데 열중하고 양은 뿔을 모으고 쉰다.[42] 어찌 고금의 옳고 그름을 밝히려고 하면서도 남의 의견과 내 의견을 고집하는가? 겁이 많은 사람이 용맹한 사람을 이길 수 있는 이유는 힘이 넘치지만 쓰지 않기 때문이다. 말이 어눌한 사람이 말을 잘 하는 사람을 이길 수 있는 이유는 지혜가 넘치지만 다투지 않기 때문이다. 교룡과 용이 깊은 못에서 싸워도 지렁이와 개미는 누가 이기고 지는지 모른다. 범과 표범이 산에서 겨뤄도 족제비와 삵은 누가 약하고 강한지 모른다. 이것은 알 수 없기 때문이지 그들이 알고 싶지 않은 것이 아니다. 할 수 없는 것을 하고 싶지 않은 것이라고 갖다 붙이는 짓은 어리석은 보통 부부라도 가장 지혜로운 사람과 같을 수 있다.[43] 그러나 그 속에 숨어들어간 사람은 더욱 어지럽게 널렸다.[44]

『주역』은 이렇게 말한다. "한번 음이 되었다가 한번 양이 되는 것이

---

41 나는 이렇게 생각한다. 가업당본 『장씨유서』는 '이기무용지설'(而其無用之說)에서 "이"(而) 자를 "앙"(昻)이라고 썼다. 『춘추좌전』「소공 7년」은 이러하다. "사람에는 열 등급이 있어서 아랫사람은 윗사람을 섬기며 윗사람은 신을 받드는 것이다. 그러므로 왕은 제후를 신하로 삼고 제후는 대부를 신하로 삼으며 대부는 사를 신하로 삼고 사는 부(皁)를 신하로 삼으며 부는 여(輿)를 신하로 삼고 여는 예(隸)를 신하로 삼으며 예는 요(僚)를 신하로 삼고 요는 복(僕)을 신하로 삼으며 복은 대(臺)를 신하로 삼는다."

42 『춘추좌전』「문공 18년」은 이러하다. "진운씨(縉雲氏)에게 불량한 아들이 있었다. 게걸스럽게 먹고 마시는 일을 탐하고 욕심 사납게 재물을 탐하자 천하의 백성들은 도철(饕餮)이라고 불렀다." 주는 이러하다. "재물을 탐하는 것이 도(饕)이다. 먹을거리를 탐하는 것이 철(餮)이다." 『시』「소아」 "무양"(無羊)은 이러하다. "그대 양이 오는 것을 보니 뿔이 오글오글 모였네." 『모시전』은 이러하다. "뿔을 모으고 쉬는 것이 즙즙(濈濈, 사이좋은 모습)이다."

43 『예기』「중용」은 이러하다. "지아비 지어미의 어리석음이라도 함께 알 수 있다. 그것이 지극해지면 비록 성인이라도 모르는 것이 있다."

44 나는 이렇게 생각한다. 이 단락은 가짜 이상주의자, 이른바 자신을 장자에 비교하는 사람은 어리석다는 것을 논하고 있다.

도이다."[45] 음과 양이 변화하고 합하며 영원히 순환하는 것은 천지 기운의 변화[天地之氣化] 때문이다. 사람은 치우치지 않고 올바른 기운[中和之氣]을 타고 태어났기 때문에 영리하고 이치를 꿰뚫어 보는 지혜로운 사람이 된다. 음과 양이 손상을 입게 되면[46] 강한 것과 부드러운 것이 서로 이기도록 만들어줘야 한다. 그래서 학문을 소중하게 여기는 것이다. 양을 더 북돋우고 음을 더 가라앉게 만들어 자신의 기질을 침범하게 되면 학자는 자신을 이길 수 없을 것이다. 그리고 사이비를 학문이라고 생각하게 될 것이다. 그러면 그것을 배우지 않는 것만 못하게 된다. 공자는 이렇게 말한다. "언행이 중용에 맞는 사람과 사귀지 못할 바에는 차라리 이상주의자나 우직한 사람과 사귀도록 해라! 이상주의자는 진취적이고 우직한 사람은 하지 않는 일이 있다." 장자나 굴원은 아마 저술에서 이상주의자이거나 우직한 사람이겠지? 굴원은 자신을 지나치게 꼼꼼히 살폈기 때문에 사물의 더러움을 받아들일 수 없었다.[47] 그는 깨끗하지 않은 것을 달갑게 여기지 않는 우직한 사람이다. 장자는 홀로 천지의 정신과 서로 오갔지만 만물에게 거드름을 피우며 흘겨보지 않았다.[48] 그는 진취적인 이상주의자이다. 옛날 사람들은 장자와 굴원의 책이 표현한 슬픔과 즐거움이 보통 사람의 감정을 지나쳤다고 말한다. 아마 인간 본성에 대해 말하는 경우를 볼 수 없더라도 감정이 장자나 굴원만큼 기이할 수 있다면, 이것도 이상주의자나 우직한 사람이라도 불후의 명성을 남길 수 있는 이유가 되리라. 향원의 무리는 언행이 중용에 맞는 사람과 겉모습이 비슷하다는 구실로 인간 본성과 천도에 대해 말한다. 그러나 표절

45 『주역』「계사전 상」의 글을 보라.

46 「사덕」의 주23을 보라.

47 『초사』「어부」는 이러하다. "굴원은 이렇게 말한다. 나는 이렇게 들었소. 「새로 머리를 감은 사람은 반드시 갓을 털어 쓰고 새로 목욕한 사람은 반드시 옷을 털어 입는다.」 사람이라면 어찌 자신의 깨끗한 몸에 더러운 때를 묻히려 하겠소? 차라리 상강의 물결에 뛰어들어 물고기 뱃속에 들어갈지언정 어찌 어찌 희디흰 깨끗함으로 세속의 먼지를 뒤집어쓰겠소?"

48 『장자』「천하」의 글이다.

하거나 거짓으로 꾸민 그들의 언행은 쉽사리 드러나기 때문에 말할 필요도 없다. 사람 됨됨이를 학에서 볼 수 있고 감정을 이해하며 글로 지을 수 있다면 이상주의자나 우직한 사람과 거의 더불어 사귈 수 있으리라! 그러나 자신의 사명이 『이소』를 지은 굴원과 동일하다고 생각하는 사람은 변변치 않고 자신의 사명이 장자와 동일하다고 생각하는 사람은 어리석다. 이상주의자나 우직한 사람을 볼 수 없게 되자 변변치 않거나 어리석은 놈들이 자신의 사명을 어지러이 떠들고 다닌다. 감정은 인간 본성에 뿌리를 두고 있으며 타고난 자질은 기운에 따른다. 음양 사이에 매여 있는 것치고, 차고 기울거나 자라고 시드는[49] 메커니즘이 없을 수 없다. 타고난 자질과 감정은 혈기를 떠나지 않는다. 학이 없이 그것을 지탱한다면 음양의 이동에 영향을 받지 않을 수 없다. 기쁨, 펄쩍 뛸 정도로 기쁨, 성냄, 슬픔과 같은 감정[50]은 내 몸 안에 있으면서 끝없이 순환한다. 그래도 나는 스스로 모르고 지낸다. 만약 이치를 완전히 알 수 있다면 설령 공자가 '밥 먹는 것을 잊을 정도로 분발하고 근심을 잊을 정도로 즐겁다'는 식으로 찾더라도[51] 이 정도에 지나지 않을 것이다. 공자

49 『주역』「풍」(豊)괘「단전」은 이러하다. "해가 중천에 뜨게 되면 기울고 달이 차면 이지러진다. 천지가 찼다가 비었다가 하는 것은 때와 함께 사그라졌다가 늘어났다가 하는 것이다. 그런데 하물며 사람이야?"

50 『예기』「단궁 하」는 이러하다. "사람이 기쁘면 가슴이 뭉클해지고[陶] 가슴이 뭉클하면 노래 부르게 되고[詠] 노래 부르면 몸을 움직이고[猶] 몸을 움직이면 춤추게 되고[舞] 춤추면 기분이 끝내주고[慍] 기분이 끝내주면 마음이 아프고[戚] 마음이 아프면 탄식이 절로 나고[歎] 탄식이 절로 나면 가슴을 두들기고[辟] 가슴을 두들기면 가슴으로 춤추게 된다.[踊]"

51 『논어』「술이」는 이러하다. "섭공이 자로에게 공자에 대해서 물었다. 자로는 대답하지 않았다. 공자는 이렇게 말했다. '너는 어찌 말하지 않았느냐? 그 사람됨은 분발하여 먹는 것도 잊고 즐거워 근심도 잊으며 노년이 장차 이르리라는 것도 모르고 있다고 말하면 되었을 것을.'" 주희 주는 이렇게 말한다. "아직 얻지 못했으면 분발하여 먹는 것도 잊고 이미 얻었다면 그것을 즐겨 근심을 잊는다. 이런 두 가지로 힘쓰면 아는 것이 나날이 늘어나게 되고 날이 부족한 것도 모른다. 다만 자신이 학을 돈독하게 좋아한다는 것을 말했을 따름이다." 이것은 분(憤)과 낙(樂)이 서로 찾는다는 말이다.

보다 수준이 낮은 사람들은 각자 도달하는 경지가 다를 테고 각자 통하는 경지도 다를 것이다. 그들의 즐거움은 달콤함에 취했다가도 문득 빛이 만든 풍경이 사라질 것이 안타까워 이내 슬픔이 생기는 정도일 것이다. 그러나 근심걱정이 깊어지면 아무 것도 할 수 있는 게 없다는 것을 알게 되고 도리어 활달하게 될 것이다. 굴원의 근심은 극에 달했기 때문에 가벼운 몸을 들어 머나먼 곳으로 놀러가거나 빛깔 고운 안개와 이슬을 먹고 마신다는[52] 문학 작품을 지을 수 있었다. 장자의 즐거움은 지극했기 때문에[53] 후세인들이 천지의 순수함과 옛사람의 큰 줄거리를 보지 못한다는 슬픔을 쓸 수 있었다. 이것도 재앙과 행복이 상호 원인이 되어 생기고 없어지는 지극한 이치이다. 음적인 것에 손상을 입은 사람은 자신이 굴원과 같은 처지에 있다는 망상에 사로잡혀 어떤 느낌이 마음 깊은 곳에서 마구 배어 나온다. 이런 놈은 굴원을 해치는 놈이다. 양적인 것에 손상을 입은 사람은 미친 듯이 사납게 날뛰며 줏대가 없이 분열적인데도 슬쩍 움직이기만 해도 무위자연을 말한다. 이런 놈은 장자를 해치는 놈이다. 그러나 마찬가지로 끊임없이 순환을 거듭한다.[54]

장학성의 조카인 장정풍은 말한다. "사람들은 역사가의 타고난 자질과 역사가의 탄탄한 지식을 논하면서 역사가의 덕은 논하지 않는다. 글의 감정과 글의 마음을 논하면서 글의 본성은 논하지 않는다. 앞 시대 사람들의 뜻에 본디 빠지거나 모자란 것이 있기 때문이다. 「질성」편과 「사덕」편은 앞 시대 사람들이 덮어두고 몰랐던 것을 밝힐 수 있으리라."

---

52 『초사』 「원유」(遠遊)는 이러하다. "요즘 세상이 답답하게 조여드는 것이 서글퍼 가볍게 몸을 들어 아득한 곳에 노닐고파." 또한 이렇게도 읊는다. "육기(六氣)를 밥 삼고 푸른 이슬[沆瀣] 마시며 햇빛으로 양치질하고 아침노을 머금네."

53 『장자』 「지락」은 이러하다. "천지는 아무 것도 하지 않지만 아무 것도 하지 않는 것도 아니다. 사람은 누가 무위를 얻을 수 있겠는가?" 곽상 주는 이러하다. "무위를 얻는다면 즐거움도 없고 즐거움이 이르지도 않는다."

54 나는 이렇게 생각한다. 이 단락은 성정을 해부하여 분석하고 이상주의자와 우직한 사람의 참과 거짓을 가리는 일을 조심하고 있다.

힐루(黠陋)[1]

동택(董澤) 호수에서 갯버들을 가져다 쓴 일,[2] 양웅의 「장양부」(長楊賦)에서 윗대를 이어 살핀 일,[3] 손님을 주인에게 모셔 드리는 하인과 통한

1 나는 이렇게 생각한다. 「힐루」편은 후세의 문집 가운데 교활하게 명성을 좇으면서도 뜻을 알려고 하는 데는 변변치 못한 것이 많다는 점을 논하고 있다. 그리고 그런 종류를 조목조목 구별하기 때문에 경계하는데 충분한 도움을 준다. 지은 해는 「경해 상」의 주1을 보라.

2 『춘추좌전』 「선공 12년」은 이러하다. "초나라 웅부기(熊負羈)가 지앵(知罃)을 사로잡았다. 아버지 지장자(知莊子)가 일족을 이끌고 반격했다.[反] 이때 주무자(廚武子)가 전차를 몰았는데 하군(下軍)의 많은 병사들이 그를 뒤따랐다. 그런데 지장자는 활을 쏠 때마다 시추(矢箙, 좋은 화살)을 뽑아서 주무자의 살통[房]에 집어넣었다. 주무자는 화가 나서 이렇게 말했다. '아들을 구하는 것이 아니라 포(蒲, 버드나무로 만든 화살)를 아끼고 있소? 동택(董澤)의 포가 많은데 언제 다 쓸 셈이요?'" 홍량길(洪亮吉) 『춘추좌전고』(春秋左傳詁)는 이러하다. "기(旣)는 즐(塈)이다. 옛날 글자는 통했다. 『모시전』은 이러하다. 즐은 취(取)이다." 동택은 현재 산서성(山西省) 문희현(聞喜縣) 북동쪽에 있다. 이것은 동택에 화살감이 하도 많아서 다 가질 수 없다는 뜻이다.

역주_ **홍량길**(1746~1809)은 자가 군직(君直) 또는 치존(稚存)이며 호가 북강(北江)이다. 강소 양호(陽湖, 현재 강소성 상주) 출신이다. 청나라 때의 경학자이자 문학자이다. 건

것을 자랑한 일,[4] 점치는 가게에서 얻은 점괘가 들어맞은 것을 드러낸 일[5]을 사람들은 영리하다고 말한다. 하지만 그것은 영리한 것이 아니라 너절한 것이다. 이름은 내용의 손님인데[6] 이름을 찾다가[7] 내용을 잊어버린다면 그가 찾으려고 했던 이름도 함께 잃어버리게 된다. 왜냐하면 바탕이 사라진 뒤 무늬만 홀로 있을 수 없기 때문이다. 이름은 잊어버리고 지금 맡고 있는 일만 알고[8] 남이 내게 뭐라고 말하든 상관하지 않는 것

륭 연간에 진사가 되어 편수에 임명되었다. 가경 연간에 조정을 비판하여 이리(伊犁)로 귀양을 갔지만 오래지 않아 사면되었다. 그리고 갱생거사(更生居士)라는 호를 지었다. 황경인(黃景仁)과 친분이 두터웠다. 경학, 사학, 음운학, 훈고학, 지리학에 두루 통달하여 작품이 많다. 시문을 잘 썼고 변려문은 당시 대단하게 여겨졌다. 저술에 『춘추좌전고』, 『홍북강전집』(洪北江全集)이 있다.

3 『이아』「석친」(釋親)은 이러하다. "부(父)가 고(考)이다." 『한서』「성제기」는 이러하다. "원연(元延) 2년 겨울 장양궁(長楊宮)으로 거둥하여 이민족 용병[胡客]을 풀어놓고 크게 사냥 시합을 했다." 「양웅전」은 이러하다. "이듬해 황제는 이민족 용병[胡人]이 길짐승과 날짐승을 많이 잡은 것을 칭찬했다. 가을에 우부풍으로 명령을 내렸다. 백성들을 징발하여 남산(南山)에 넣는데 서쪽은 포사(褒斜)부터 동쪽은 홍농(弘農)까지, 남쪽은 한중까지 짐승 몰이를 하라고 시켰다. 그물을 펴고 곰, 말곰, 가시도치[豪豬]를 사로잡고 범, 표범, 검은 원숭이[狖]를 얻었다. 여우, 토끼, 말사슴, 사슴은 난간 달린 수레에 싣고 장양궁 사웅관(射熊館)으로 옮겼다. 이민족 용병들에게 맨손으로 치고 박아 잡으라고 시키고 얻은 것은 자신이 가지도록 했다. 당시 농민은 세금을 낼 수 없는 지경이었다. 양웅은 따라갔다가 사웅관으로 돌아와 「장양부」를 올렸다." 이선 주는 『삼보황도』(三輔皇圖)를 인용하여 이렇게 말한다. "장양궁에 사웅관이 있는데 산과 물을 낀 곳[盩庢]에 있다." 이것은 「장양부」에 조상의 공덕을 존경하는 뜻이 아직 있다는 말이다.

4 『예기』「곡례 하」는 이러하다. "사(士)의 아들 나이를 묻는 경우, 아들이 다 컸으면 전알(典謁)을 할 수 있다고 말한다. 아직 어리다면 아직 전알을 할 수 없다고 말한다." 정현 주는 이러하다. "알(謁)은 청(請)이다. 전알은 주인과 손님이 알려서 청하는 일이다."

5 엄준(嚴遵)은 자가 군평(君平)이며, 성도의 저자에서 점을 쳐서 생활했다. 하루에 백 전만 벌면 자급자족했기 때문에, 점방을 닫고 발을 드리운 뒤 『노자』를 가르쳤다. 『한서』「왕공공포전」(王貢龔鮑傳)을 보라.

6 『장자』「소요유」의 글을 보라.

7 순(徇)은 구(求)이다. 순(殉)과 통하는 글자이다. 『문선』「붕조부」(鵩鳥賦)는 이러하다. "탐욕스런 남자는 재물에 목숨 바치고 열사는 명분에 목숨 바친다." 주는 찬(瓚)을 인용하여 이렇게 말한다. "몸으로 사물을 좇는 것을 순(殉)이라 한다."

8 『예기』「곡례 상」은 이러하다. "가장 훌륭한 것은 덕을 소중하게 생각한다." 『안씨가훈』「명실」(名實)은 이러하다. "가장 뛰어난 선비는 명성을 잊는다." 『맹자』「진심

이 가장 뛰어난 것이다. 어떤 일을 당하여 자신의 명예를 더럽히는 일이 아닌지 돌이켜 보고 의리에 어긋나는 일이 아닌지 생각하는 것[9]이 그 다음으로 뛰어난 것이다. 내 마음대로 이름을 지어 부를 수 있는 땅이 천하 어디에도 없는 것은 이미 있는 이름을 근거로 그렇게 부르는 이유를 생각하기 때문이다. 그러면 지금 맡고 있는 일을 알고 스스로 부지런해질 수 있다.[10] 이름을 두려워하고 함부로 하지 않는 것이 그 다음으로 뛰어난 것이다. 자기가 아는 것과 할 수 있는 것을 남김없이 하지만 모르는 것과 할 수 없는 것은 억지로 하지 않는다. 영리한 사람이 보면 서투른 것처럼 보인다. 서투르지 않다면 서로 도움도 되고 공들인 보람도 있을 것이다. 이름을 찾다가 내용을 잊어버리는 것이 가장 처지는 것이다.[11]

상」은 이러하다. "맹자는 이렇게 말한다. '지혜로운 사람은 모르는 것이 없다. 사무를 맡는 것이 급하다.'"

9 『삼국지』「위서」"왕창전"(王昶傳)은 이러하다. "형의 아들과 자기 아들을 위해 명과 자를 지을 때 겸손과 실질을 중시하는 자신의 뜻을 보였다. 그러므로 형의 아들 왕묵(王默)은 자가 처정(處靜)이고 왕침(王沈)은 자가 처도(處道)였다. 자기 아들 왕혼(王渾)은 자가 현충(玄沖)이고 왕심(王深)은 자가 도충(道沖)이었다. 드디어 글을 써서 그들을 이렇게 경계시켰다. '너희들이 이름을 돌아보고 뜻을 생각하도록 시키고 싶었다.'"

10 『후한서』「황경전」(黃瓊傳)은 이러하다. "영건(永建) 연간에 공경대신들 가운데 황경(黃瓊)을 추천하는 사람이 많았다. 공거(公車)는 황경을 뽑아서 윤씨(綸氏)로 보냈지만 병을 핑계로 나아가지 않았다. 이고(李固)는 그에게 편지를 보내 이렇게 말했다. '늘 듣는 말 가운데 이런 것이 있소. 성격이 강직한 사람은 깨지기 쉽고 결백한 사람은 더럽혀지기 쉽다. 양춘곡[陽春之曲]에 화답할 사람은 틀림없이 적을 게요. 성대한 명성을 가진 사람은 사실 밑에 두기 어렵소. 최근 노양(魯陽) 출신 번영[樊君]이 뽑혀서 처음 도착했을 때 조정은 자리를 깔고 부산을 떠는 게 마치 신명을 기다리는 것 같았소. 비록 크게 차이는 없더라도 언행을 지킨 것 역시 결함이 없었는데 깎아내리고 비방하는 말이 널리 퍼졌소. 시절에 응하여 자신을 굽히고 덜어내는 사람이 어찌 보고 듣고 깊이 바라보지 않아 명성이 너무 커진 것이겠소?'" 이것은 이름이 있기 때문에 이름을 근거로 내용을 갖다 붙이는 일에 열심이라는 말이다.

11 『안씨가훈』「명실」은 이러하다. "이름과 내용은 마치 형체와 그림자 같다. 덕성과 예술이 두루 도달하고 두텁다면 틀림없이 좋은 명성이 날 것이다. 얼굴이 예쁘고 곱다면 틀림없이 그림자도 아름다울 것이다. 만약 자신을 수양하지 않고 세상에 아름다운 명성을 추구하는 사람이 있다면 이것은 마치 모습이 대단히 추한데도 예쁜 그

동택 호수에서 갯버들을 가져다 쓴 일이란 무슨 뜻인가? 문장을 말하는 사람들은 『춘추좌전』과 『사기』를 으뜸으로 꼽는다. 문학에서 『춘추좌전』과 『사기』의 위치는 경학에서 육경의 편집이 차지하는 위치와 같다. 『춘추좌전』은 춘추시대의 모든 나라에서 보배롭게 여긴 역사서에 근거했고[12] 『사기』는 『상서』, 『국어』 및 『세본』, 『전국책』, 『초한춘추』 등의 모든 역사 기록에 근거했다.[13] 자신이 쓴 분량이 열에 하나라면 편집하는 과정에서 남긴 분량은 열에 아홉이다. 군자는 이것을 그르다고 생각하지 않는다. 그들이 책을 지은 뜻은 본래 편집이 잘하는 일이라고 생각했다. 『춘추』를 이어 일가의 주장을 이룬 사람은 이런 측면을 조심하고 두려워했으며 사실을 서술하고 다듬는 일은 그 다음일 뿐이다. 옛사람은 문사를 뽐내지도 않았고 자기 소유라고 주장하지도 않았다. 그래서 역사서의 글도 실속 없이 헛된 말을 근거로 따로 지을 수 없었다. 그들이 뿌리를 두고 있는 문헌도 하늘과 땅 사이에 매달린 채 훤히 드러나 있었다. 그들이 편집해 넣은 문사를 보면 각각 그것이 도달하는 근원은 여전히 볼 수 있다. 이것은 질그릇을 굽고 쇳물을 녹이는 사람의 기술이 만물을 창조하고 기르는 대자연의 이치와 같은 것이나 매한가지이다. 나는 최근의 문집들을 볼 때마다 수상하다는 생각을 지울 수가 없다. 전기 형식의 글은 옛사람이 본래 일가를 이룬 책이기 때문에 집부에 들일 수 없다. 후세인들이 흩어진 글들을 집부에 들인 것은 문장이 변한 것이다.

림자가 거울에 비추지 않는다고 꾸짖는 것과 같다. 가장 뛰어난 선비는 명성을 잊고 중간쯤 가는 선비는 명성을 세우며 가장 처지는 선비는 명성을 훔친다. 명성을 잊은 사람은 도를 체득하여 덕과 합하여 귀신의 축복과 도움을 누린다. 이것은 명성을 추구하는 근거가 아니다. 명성을 세우는 사람은 자신을 수양하고 행동을 조심스러우며 영예롭게 보는 것이 드러나지 않음을 두려워한다. 이것은 명성을 사양하는 근거가 아니다. 명성을 훔치는 사람은 두터운 외모와 깊은 간사함을 가지고 들뜨고 화려한 허튼 칭송을 구한다. 이것은 명성을 얻는 근거가 아니다." 장학성의 논리가 확실하고 정당함은 여기와 참조하여 증명할 수 있다. 나는 이렇게 생각한다. 이 단락은 교활한 사람이 명성을 뽐내는 폐단을 논하고 있다.

12 「서교 상」의 주21을 보라.

13 「언공 상」의 주47을 보라.

문집 형식 속에 들어온 전기는 편집을 거쳐 완성된 일가의 주장을 담은 책이 아니다. 자신이 보고 들은 것을 기록하여 후세인들의 편집에 대비하는 일은 거의 마땅한 일이리라. 아무리 명성을 좋아하는 일에만 영리하고 의도를 아는 일에는 너절한 놈이라도 그 시대의 학문과 문장을 보면 마음이 흔들리지 않을 수 없을 것이다. 자신이 타고난 자질과 힘을 헤아려 보면 그들처럼 이룰 수 없다는 것을 알 것이다. 어떤 사람은 역사가들이 예전의 관례를 그대로 따르는 것을 본 뒤, 자기도 다른 사람의 글을 조금씩 따다가 편집하여 전기를 만들어 자신의 문집 분량을 엄청나게 늘리려 한다. 그러나 사실이 그렇지 않다는 것을 그는 모른다. 선성(宣城) 출신의 매문정(梅文鼎)이 지은 책력의 법칙[曆算]에 관한 책은 집집마다 가지고 있다. 매문정이 역법에 대해 황제에게 아뢴 의견서를 모아 기록한 책을 두 권이나 되는 분량으로 만들었는데 여기에 매문정의 전기도 지어서 문집에 넣었다.[14] 이것은 뭐하려고 한 짓인가? 한 걸음 물러

14 『청사열전』「유림전 하1」은 이러하다. "매문정(梅文鼎)은 자가 정구(定九, 호는 물암(勿庵)이다)이며, 안휘 선성 출신이다. 나이 스물일곱에 대관교식법(臺官交食法)을 익히고, 『역학변지』(曆學駢枝) 두 권을 지었다. 이때부터 드디어 역학에 뜻을 두었다. 책을 읽다가 이해하기 어려운 것을 만나면, 반드시 그 학설을 끝까지 탐구했다. 심지어 먹고 자는 일도 그만 둘 정도였다. 주인(疇人)의 자제 및 서역의 관생(官生)을 만날 기회가 있다면 언제라도 부절을 부러뜨리고 방문했다. 누구라도 묻는 사람이 있으면 마찬가지로 상세하게 알려주고 숨김이 없었다. 이것은 이 세상과 함께 밝히고자 했기 때문이다. 그가 지은 역산서(曆算書)는 여든 가지도 넘을 정도로 많다. 강희 60년에 죽었는데, 나이가 여든아홉이다." 청나라 항세준(杭世駿)의 『도고당문집』(道古堂文集)에 「매문정전」(梅文鼎傳)이 있는데, 매문정의 역학에 관한 논의를 수록하고 있다. 글이 두 권에 꽉 찰 정도이다.

역주_ 항세준(1696~1773)은 자가 대종(大宗), 호가 근포(堇浦), 별호가 지광거사(智光居士), 진정노민(秦亭老民), 춘수노인(春水老人), 아준(阿駿), 사는 집의 이름이 도고당(道古堂)이다. 인화 출신이다. 옹정 2년(1724) 거인이 되어 복건 동고관(同考官)에 임명되었고 건륭 원년(1736) 박학홍사과에 천거되어 한림 편수에 임명되었다. 관직은 어사까지 올랐다. 어려서 똑똑했고 널리 배우고 기억했다. 고문과 시사를 쓰는 일에 마음을 썼다. 타고난 성격이 강하여 건륭 8년(1743) 상소가 문제되어 벼슬에서 갈린 뒤 늙은 어머니를 모시고 독서와 저술을 일삼았다. 건륭 16년(1751) 억울함을 풀고 복직했다. 늘그막에 광동 월수서원(粵秀書院)과 강소 양주서원(揚州書院)에서 가르쳤다. 글씨를 잘 쓰고 매화와 대를 잘 쳤으며 산수화 소품도 잘 그렸다. 화훼를 그린

나 그의 사정을 살펴보아도 매문정이 음악의 법칙[律算]에 대해 어떤 이해나 판단력을 가졌다는 소리는 들어본 적이 없다. 단계(丹溪) 주진형(朱震亨)의 의학 이론은 전하는 사람이 있다. 주진형이 의안(醫案)에서 필요한 부분만 잘라서 적은 글은 수만 자나 되는 분량인데 여기에 주진형의 전기도 지어서 문집에 넣었다.[15] 이것은 뭐하려고 한 짓인가? 한 걸음 나아가 그의 학설을 탐구해보아도 주진형이 방술에 대해 옳고 그름이나 좋고 나쁨을 변별한 일이 있다는 소리는 들어본 적이 없다. 반고는 『홍범오행전』을 근거로 『한서』 「오행지」를 기술했고 『칠략』을 근거로 『한서』

수묵화는 예스럽고 소박하며 우아하여 문인의 기풍이 잘 드러난다. 저술에 『사기고증』(史記考證), 『경사질의』(經史質疑), 『문선과허』(文選課虛), 『용성시화』(榕城詩話), 『도고당집』, 『용계당집』(榕桂堂集) 등이 있다.

15 원나라 주진형(朱震亨)은 자가 언수(彦修)이며 무(婺)의 의오 출신이다. 학자들은 단계옹(丹溪翁)이라 부른다. 그는 허겸의 문하에서 공부한 적이 있고, 의학은 별도로 나지제(羅知悌)에게 배웠다. 그는 양기가 움직이기 쉽고 음기가 줄어들기 쉽다고 생각하여 음기를 증가시키고 화기를 내리는 방법을 주장했다. 그래서 양기는 늘 여유가 있고 음기는 늘 부족하다는 학설을 창조했는데 이것이 의가의 한 파를 형성했다. 저서에는 『격치여론』(格致餘論), 『국방발휘』(局方發揮), 『금궤구현』(金匱鉤玄) 등이 있다. 대량(戴良)의 「단계옹전」(丹溪翁傳)은 의학 처방을 전부 수록하고 있다. 「전」은 『구령산방집』(九靈山房集) 권10에 실려 있다.

역주_ 의안은 사람을 치료할 때 쓴 진단 기록부이다. 나지제(1243?~1327)는 자가 자경(子敬, 일설에는 경부(敬夫)라고도 한다), 호가 태무(太無)이다. 절강 전당 출신이다. 송나라 말부터 원나라 초 무렵의 의학자이며 문학 작품도 달 쓰고 서예도 훌륭했다 한다. 천문과 지리에도 정통했다. 명의 유완소(劉完素)의 문인이고 형산(荊山)에 살던 스님에게 의술을 배웠다. 남송 말에 벼슬을 하여 목종의 시의였고 총애를 받았다. 송나라가 망하자 대도로 끌려갔으나 조정에는 나가지 않고 사람과 왕래를 끊고 의술만 연구했다. 유완소에게 배우고 장종정(張從正)과 이동원(李東垣)의 설도 받아들였다. 그래서 북방의 의술을 강남에 퍼트렸다. 치료받으러 온 사람은 하나도 빠트리지 않고 돌보았고 가난한 사람은 약값도 보태줬다 한다. 늘그막에 병으로 쇠약해진 뒤 조용한 것을 좋아하게 되었다. 치료받으러 온 사람은 제자에게 진맥을 보게 하여 보고를 들은 뒤 처방해 주었다고 한다. 태정(泰定) 2년(1325) 주진형이 그에게 배우려고 석 달 동안 찾아오자 성의를 봐서 제자로 받아들이고 의술을 남김없이 전수했다. 주진형은 여기서 유완소, 장종정, 이동원, 왕해장(王海藏)의 책을 보고 아울러 나지제의 경험에서 우러난 깨달음을 얻어 단계학파를 열었다. 나지제 의술의 특징은 처방이 유연하게 변화하며 정신 요법을 중시한다는 것이다. 저술에 『나태무선생구수삼법』(羅太無先生口授三法)이 있다.

「예문지」를 서술했다. 반고는 재앙과 상서의 징조에 대해 깊이 알지 못했지만 교수에 대해서는 깊고 자세히 알았다. 그러나 군자는 반고가 『한서』를 편집한 결과가 사마천의 『사기』를 보충하는 정도라고 생각한다. 군자는 반고가 『한서』를 편집할 때 남이 해놓은 것을 근거로 잘 삼고 자신의 의견을 함부로 쓰지 않은 일을 아름답게 생각한다.[16] 『한서』를 종묘와 명당[廟堂]이라고 한다면 아마 다른 사람들의 학술은 거기 큰 종이나 큰 북 따위의 악기[17]를 펼쳐놓은 것에 비길 수 있을 것이다. 오늘날 매문정과 주진형을 위해 전기를 지어준 사람은 마치 종묘에 참석한 온갖 벼슬아치들의 아름다움과 풍부함이 부러워 몰래 종묘와 명당을 밝히는 등불이나 술잔을 놓아두는 받침대를 훔쳐다가 쑥으로 지붕을 인 초라한 오막살이를 꾸밀 생각을 하는 것이나 마찬가지이다.[18] 설령 그렇게 한다 한들, 이것도 아무 소용없는 짓이라고 할 수 있다. 경사가 전수하고 제자가 전수받는 일과 제자백가의 방법으로 일가를 이루는 일은 옛사람이 평생을 바치는 학업이다. 만약 그들의 깨끗하고 순수한 알짜를 사냥해서[19] 내 글을 풍부하게 만들 수 있다고 생각한다면 사고(四庫)의 모든

---

16 반고는 「오행지」를 기술하고 「예문지」를 서술했다. 이것은 「언공 중」의 주30도 아울러 보라. 『문심조룡』 「사전」은 이러하다. "반고는 『한서』를 서술하면서 과거의 업적을 근거로 따랐다. 사마천의 어휘를 살핀다면 절반 이상이 사실 사마천에서 온 것을 알게 된다." 「언공 중」은 이러하다. "유향의 『홍범오행전』과 『칠략별록』이 사라지긴 했지만 반고의 사학은 유흠에게서 나온 것이다. 오늘날까지 『한서』의 「오행지」와 「예문지」가 온전히 남아 있기 때문에 유흠의 학문이 사라진 것은 아니다."

17 『시』 「대아」 "영대"는 이러하다. "큰 북과 큰 종이 있네." 『모시전』은 이러하다. "분(賁)은 대고(大鼓)이다. 용(鏞)은 대종(大鐘)이다." 분(賁)은 『설문해자』에 분(鼖)이라고 되어 있다.

18 『시』 「소아」 "정료"(庭燎)에서 『경전석문』은 이렇게 말한다. "정현은 이렇게 말한다. 땅에 있으면 요(燎)이고 들고 있으면 촉(燭)이며 문밖에 세워놓으면 대촉(大燭)이고 안에 있으면 정료라고 한다. 이것은 모두 사람을 비춰 밝히는 것이다." 『논어』 「팔일」은 이러하다. "임금이 다른 나라 임금을 만나 우호 관계를 다질 때는 반점(反坫)이 있다." 『논어집해』는 이러하다. "정현은 이렇게 말한다. 반점은 술잔을 놓아두는 잔대이다. 두 기둥 사이에 있다. 이웃나라와 우호 관계를 다지려 만나면 술잔을 바치는 예가 있다. 술이 한 순배 돌면 마신 뒤에 반드시 잔대에 잔을 되돌려 놓아야 한다." 『장자』 「양왕」은 이러하다. "봉호(蓬戶)는 완전하지 못하다."

책들은 동택 호수에서 가져온 갯버들과 마찬가지일 것이다. 이것에 대해 무에 기뻐할 것이 있는가?[20]

양웅의 「장양부」에서 윗대를 이어 살핀 일이란 무슨 뜻인가? 잘한 일은 아버지가 한 것이라 말하고 허물이 있으면 자신에게 돌리는 일[21]은 효자의 행동이기도 하고 문장의 중심이기도 하다. 이것을 『시』와 『서』가 칭찬하며 서술한 것은 오래 전의 일이다. 삼대 이후, 사마천과 반고는 대대로 이어서 내려온 사관 집안 출신이기 때문에 사마담과 반표의 학업도 사마천과 반고의 서술에 대략이나마 보인다.[22] 반고는 아버지의 책을 훔쳤지만 사마천은 아버지가 잘한 일을 칭찬했다는 것은 후세인의 말이다.[23] 오늘날의 관점에서 보면 어찌 틀림없이 그렇다고 하겠

19 청(菁)은 정(精)이라고 읽으며 꽃처럼 뛰어난 것[華英]이라는 뜻이다. 『진서』 「문원전서」는 이러하다. "『한림』(翰林)은 가장 뛰어난 것을 모았고 『전론』은 말을 다듬는 일[藻絢]이 상세하다."

20 사고(四庫)는 『교수통의』 「일곱 번째 교수조리(校讎條理)」의 주17에 상세하다. 나는 이렇게 생각한다. 이 단락은 전문 서적을 가져다가 문집에 넣는 짓의 변변치 못함을 논하고 있다.

역주_ 사고는 경사자집 사부의 책을 종류대로 넣어두는 창고이다. 사부의 비유이다.

21 『예기』 「방기」의 글을 보라.

22 『사기』 「태사공자서」는 다음의 주를 보라. 『한서』 「서전」은 이러하다. "반표의 학은 남을 위하지 않았고 박학하지만 속되지 않았다. 말은 화려하지 않았고 조술할 뿐이지 창작하지 않았다."

23 『문심조룡』 「사전」은 이러하다. "반고는 『한서』를 서술하면서 과거의 업적을 근거로 따랐다. 사마천의 어휘를 살핀다면 절반 이상이 사실 사마천에서 온 것을 알게 된다. 『한서』에 있는 열 편의 지는 포괄적이고 풍부하다. 「찬」(讚)과 「서」(序)는 넓으면서 아름다워 유학자다운 우아함이 빛나서 믿을 만하고 맛이 오랫동안 감돈다. 경을 으뜸으로 삼고 성인의 전적을 법도에 맞게 다뤘다. 실마리를 바로잡고 풍부하게 바라보게 만든 공도 있으나 아버지가 남긴 글의 아름다움을 빼앗은 죄도 있다. 뇌물을 받고 글을 팔아먹은 허물은 공리(公理, 중장통(仲長統)이다)가 끝까지 밝혔다." 중장통의 『창언』(昌言)은 책이 사라져 버리는 바람에 고증할 수 없다. 『한서』의 「찬」은 사도연 반표가 어쩌고저쩌고 하면서 자주 칭송하고 있다. 이것을 어찌 아버지가 남긴 글의 아름다움을 빼앗았다고 모함할 수 있는가? 『안씨가훈』 「문장」은 이러하다. "반고는 아버지의 역사서를 훔쳤다." 『사기정의』 「사기집해서」(史記集解序)는 이러하다. "사마천은 아버지를 인용하여 의도를 밝혔고 반고는 아버지가 편찬한 것을 숨겼으니 누가 낫고 누가 못한지 알 수 있다."

는가? 사마담이 남긴 실마리는 겨우 육가(六家)의 종지를 설명한 글에만 나타난다. 사마담은 주남(周南)에 멈춰 죽음을 맞이할 때, 아버지와 아들이 손을 부여잡고 목맨 울음을 터트리며 역사서를 건네주었다지만[24] 이것은 다만 허튼 글로 기록된 것일 뿐이지 구체적인 사실인지 알 수 없다. 반표가 지은 『후전』(後傳)에 근원과 갈래가 모두 남아 있고[25] 세 가지 「본기」의 끝에 반표가 덧붙인 논찬(論贊)은 반표의 학설이라고 분명히 밝히고 있으니[26] 가학을 반표가 전수하고 반고가 전수받았다는 것을 알 수

24 사마담의 「논육가요지」는 「원도 중」의 주39를 보라. 『사기』 「태사공자서」는 이러하다. "이 해에 천자는 처음으로 한나라 왕가가 봉해진 것을 하늘에 알렸다. 그러나 태사공은 주남에 머물고 있었기 때문에 일에 함께 따라갈 수 없었다. 그래서 분노가 폭발하여 죽었다. 아들 사마천은 사신으로 갔다가 돌아오는 길에 아버지를 황하와 낙수 사이에서 만났다. 태사공은 사마천의 손을 잡으며 울면서 이렇게 말했다. '내 조상은 주나라 왕실의 태사였다. 상고시대에 순임금과 하나라에서 공명을 드러낸 때부터 천관의 일을 관장했다. 후세에 쇠락했는데 내게서 끊어지려는 것인가? 네가 다시 태사가 되면 우리 조상을 잇게 된다. 지금의 천자는 천 년 동안 이어진 계보를 이어 태산에서 봉선을 행했다. 그러나 나는 따라갈 수 없었다. 이것은 운명이겠지! 운명이겠지! 내가 죽거든 너는 꼭 태사가 되어라. 태사가 되면 내가 논하고 짓고 싶었던 것을 잊지 말아라. 기린을 잡은 이후부터 사백여 년이 흘렀다. 제후들이 서로 겸병하면서 각국의 역사 기록은 놓아버려 끊어졌다. 이제 한나라가 일어났고 중국이 통일되었다. 밝은 군주, 훌륭한 임금, 충신, 죽음을 무릅쓴 지사에 대해 나는 태사로서 논하고 기록하지 않았다. 천하의 역사서가 없어질까 나는 대단히 두렵다. 너는 꼭 기억해라!' 사마천은 머리를 수그리고 눈물을 흘리며 이렇게 말했다. '제가 멍청하지만 아버님[先人]이 편집한 오래된 말을 상세히 논하고 감히 빠트리지 않겠습니다.'"

25 「서교 상」의 주34를 보라.

26 『한서』 「원제기찬」(元帝紀贊)의 주는 응소를 인용하여 이렇게 말한다. "「원제기」와 「성제기」는 모두 반고의 아버지 반표가 지은 것이다. 저[臣]라는 것은 반표 자신이 말하는 것이다." 나는 이렇게 생각한다. 「위현전찬」(韋賢傳贊), 「적방진전찬」(翟方進傳贊), 「원후전찬」(元后傳贊) 세 가지도 모두 "사도연 반표는 이렇게 말한다"라고 한다. 안사고는 이렇게 말한다. "『한서』의 많은 찬은 모두 본디 지었던 것이다. 거기서 반표[叔皮]가 먼저 논술한 것은 본디 마찬가지로 후세인에게 드러내서 보여주고 있다. 그래서 간혹 반고가 아버지의 이름을 훔쳤다고 하는 것은 이것을 보면 피할 수 있을 것이다." 나는 이렇게 생각한다. 또한 세 가지 「본기」는 두 가지 「본기」라고 해야 마땅하다. 정초 「통지서」(通志序)는 이러하다. "반표는 사마천의 『사기』를 이어 무제부터 후한까지 대대로 계속 이어진 것이 마치 같은 사람에게서 나온 듯했다. 좋구나, 이으려는 뜻이. 그의 글은 얻어 볼 수 없다. 볼 수 있는 것은 원제와 성제에 대

있다. 어찌 후세인의 말처럼 아버지의 책을 훔쳐서 베낀 혐의가 있다는 정초의 모함을 반고에게 뒤집어씌울 수 있는가?[27] 다만 사마천이 사마담을 서술할 때 고의로 생략하려 하지 않은 것처럼 반고도 반표를 기술할 때 낱낱이 쓰는 것을 좋아하지 않았다. 제 아비를 대단히 사랑하는 효자라면 아비의 어진 행실과 공적을 책에 적을 때 틀림없이 아비의 평소 모습을 그리려고 하지 자신과 임금의 뜻이 잘 맞는지 맞지 않는지는 넣지 않을 것이다. 나는 최근의 문집들을 볼 때마다 수상하다는 생각을 지울 수가 없다. 제 아비에게 칭찬하여 서술할 만한 것이 없는가? 없으면 비워두면 된다. 제 아비는 겨우 조금 잘했을 뿐인가? 작으면 작은 대로 기록하면 된다. 생략하여 흘려버려도 안 되고 넘치게 거짓말하지 않으면 된다. 명성을 좋아하는 일에만 영리하고 의도를 아는 일에는 너절한 놈은 자신의 공적을 지나치게 늘어놓고 아무리 많이 쓰더라도 그만둘 생각을 하지 않는다. 그러나 실컷 거짓말을 해놓고도 끝맺음은 우아하게 하려고[28] "이것은 돌아가신 내 아버지의 가르침이다"라고 한다. 그놈은 심지어 자신이 영화롭게 대우받은 일을 크게 펼쳐놓고 입에 착착 달라붙을 정도로 맛있다는 듯 그것을 말한다. 그러나 실컷 뽐내놓고도 끝맺음은 차분하게 하려고[29] "이것은 돌아가신 내 아버지 덕분이다"라고 한

한 「찬」뿐이다." 여기서 증명할 수 있다.

27 「언공 상」의 주45를 보라.

28 『한서』 「사마상여전찬」은 이러하다. "사마상여는 허튼 소리나 지나친 말이 많지만 그의 요점과 귀결점은 근검절약[節儉]으로 끌어들이려는 것이다. 이것이 『시경』의 풍간과 무슨 차이가 있는가? 양웅은 화려하고 아름다운 부가 백 가지를 권하고 한 가지를 풍자한다고 생각했다. 그리고 이것은 도리어 정나라 음악과 위나라 음악으로 말 달려 좇아가는 것과 같다고 생각했다. 정나라와 위나라의 음악이 끝나고 아악을 연주해 본들 이것도 우스운 일 아닌가!"

29 『논어』 「태백」은 이러하다. "선생님은 이렇게 말씀하셨다. '악사 지[師摯]가 처음 벼슬할 때 연주한 "관저"의 마지막 장이 생생하게 귀에 가득 차는구나!'" 주희 주는 이러하다. "난(亂)은 음악의 마지막 장이다." 『국어』 「노어 하」는 이러하다. "옛날 정고보가 상나라의 이름을 붙인 「송」 열두 편을 주나라 태사와 비교했는데 『나』를 첫 편으로 한다. 그는 마지막 장을 완성했는데 이런 가사였다. '아주 옛날부터 가까운 옛날까지 선민이 지으셨네. 아침저녁 온화하고 공손하며 일을 맡아 조심하셨네.'"

다. 자신의 일을 서술한 글에서 자신을 지나치게 추켜세우더라도 유지기는 오히려 그들이 자신의 뜻을 말하면서 겸손하지도 않고 경솔해서 비웃음을 사게 되리라 나무랄 것이다.[30] 하물며 그들의 아버지를 칭찬하여 서술한 일이 자신을 자랑하기 위한 자리를 만들기 위해서라면? 장탕(張湯)에게 대를 이을 자식이 있다는 말[31]은 유능한 사람을 천거하기 위해 사신이 권한 것이다. 만약 장탕의 아들인 장안세(張安世)의 입에서 이 말이 나왔다면 어그러졌을 것이다. 양진(楊震)은 대대로 덕이 있는 집안 출신[32]이라는 말은 청렴하고 충성스러운 사람을 위해 사신이 말했다면 다

위소 주는 이러하다. "집(輯)은 성(成)이다. 편장을 지으면 편의 뜻은 이뤄진다. 편의 큰 요점을 잡아 글을 마무리한다. 시는 노래이며 마디에 따라 춤추게 하는 근거이다. 만약 지금 세 마디의 춤을 추었다면 음악이 끝나고 이에 장을 바꾸게 되며 마디를 정돈한다. 그러므로 난(亂)이라고 말한다." 『이소』에는 "난왈"(亂曰)이라는 말이 있다. 왕일 주는 이러하다. "난(亂)은 이(理)이다. 가사가 가리키는 것을 터트리고 정리한 뒤 요점을 모두 잡는 근거이다."

30 『사통』「서전」(序傳)은 이러하다. "양웅 이후 그들 자신이 서술한 것을 누누이 살펴보면 비로소 뽐내고 높이는 일을 으뜸으로 생각했다는 것을 알겠다. 위나라 문제, 부현, 매도(梅陶, 포기룡의 주에 의거하여 교정했다), 갈홍의 무리에 이르면 또한 이것을 뛰어넘는 것이 있다. 무엇인가? 몸은 조금 선하고 행실은 조금 능력이 있으면서 이들 모두 자신의 주장을 해부하고 분석하여 하나둘이라도 반드시 기록한다. 이것이 어찌 이른바 앞 시대의 성인을 법도로 밝히며 겸손하게 스스로 성찰하는 것이겠는가?" 『논어』「선진」은 이러하다. "자로가 경솔하게 대답했다. '천승의 나라가 대국 사이에 끼어 있고 게다가 군대까지 그 나라에 보태지면 그것 때문에 기근이 듭니다. 저는 그런 나라를 다스려 대충 삼년이 될 무렵에 용맹하도록 만들 수 있고 또한 방향을 알도록 만들겠습니다.' 선생님은 비웃었다."

역주_ 매도는 원제 초 왕돈(王敦)에 의해 자의참군(諮議參軍)이 되었다가 나중에 장군(章郡) 태수가 되었다. 성제 초에 상서가 되어 광록대부를 수여받았다. 저술에 『신론』(新論) 등이 있다.

31 『한서』「장탕전찬」(張湯傳贊)은 이러하다. "한나라가 일어난 이후 제후는 백수십 명이었으나 나라를 가지고 총애를 받은 사람 가운데 부평후[富平]만한 사람은 없었다. 장탕이 비록 혹독하고 심하다지만 자신이 허물을 뒤집어썼다. 현인을 추천하고 선한 사람을 찬양했으니 본디 뒤를 이어야 마땅하다." 장탕은 두릉(杜陵) 출신이다. 무제 때 태중대부[大中大夫] 벼슬을 받았고, 나중에 주매신(朱買臣) 등의 모함을 받고 자살했다. 아들인 장안세(張安世)는 벼슬이 위장군(衛將軍)에 이르렀고 부평후에 봉해졌다.

32 『후한서』「양진전론」(楊震傳論)은 이러하다. "연광(延光, 안제(安帝)의 연호) 연간에 양진이 상상(上相)이 되자 곧고 반듯한 사람을 두둔하여 권력으로 왜곡시키는 사람

행이다. 만약 양진의 아들인 양병(楊秉)이나 양사(楊賜)의 글에 이 말이 나왔다면 잘못된 것이다. 옛날 사람들은 「장양부」나 「상림부」 등이 건물과 경치 등을 지나치게 늘어놓았다고 말했다. 그러나 이런 작품의 끄트머리에 잘못을 바로잡으려는 경계의 소리가 깃들어 있기 때문에 하나를 풍자하여 백 가지를 권장한다고 생각했다.[33] 명성을 좋아하는 일에만 영리하고 의도를 아는 일에는 너절한 사람이라면 자신을 추켜세우는 글이 거의 백 가지 정도 될 때 아버지를 칭찬한 글은 겨우 하나 정도이겠지?[34]

손님을 주인에게 모셔 드리는 하인과 통한 것을 자랑한 일이란 무슨 뜻인가? 국사가 『시』에 서문을 쓰면서 여섯 가지 뜻을 밝혔다.[35] 아마 시

들에 대처했다. 공공의 도리[公道]를 앞세우고 자신의 명성을 뒤에 두었다. 굴원[懷王臣]의 절개이며 맡은 일의 근본 바탕을 알았다고 말할 수 있다. 결국 여러 대에 걸쳐 덕을 쌓고 재상이 계속 배출되었다. 믿음직하구나! 선을 쌓은 집안에 반드시 경사가 있다더니. 앞 세대의 위현(韋賢)은 평정되고 바로 없어졌다." 양진은 자가 백기(伯起)이며 화음(華陰) 출신이다. 태위 벼슬을 살았고 번풍(樊豊) 등이 얽은 모함에 걸려들어 죽었다. 아들 양병(楊秉), 손자 양사(楊賜), 증손자 양표(楊彪), 고손자 양수(楊修)는 모두 신분이 높고 유명했다.

33 "정나라와 위나라 음악이 끝나고 아악을 연주한다"를 언급한 앞의 주28을 보라.

34 나는 이렇게 생각한다. 이 단락은 부모를 기술하는 일을 빌미로 자신을 뽐내는 일의 변변치 못함을 논하고 있다.

35 『모시서』는 이러하다. "국사는 성공과 실패의 자취를 밝히며 인륜이 없어지는 것을 상심하고 형정의 가혹함을 슬퍼하며 성정을 읊어서 자신의 임금을 풍자로 충고한다." 공영달 소는 이러하다. "국사는 『주관』의 대사, 소사, 외사, 어사가 쓰는 것이 모두 이것이다. 이것은 변풍과 변아 이후를 잇는 것이다. 그래서 천자와 제후의 벼슬아치를 겸하여 근거로 한다. 성공과 실패의 자취는 임금이 과거에 행한 일이다. 성공과 실패의 자취에 밝으며 슬프고 상심하여 감정과 본성을 읊는 사람은 시인이지 사관이 아니다. 『시』 「대아」의 "민로"(民勞)와 "상무"(常武)는 공경대신이 지은 것이다. 『시』 「국풍」의 "황조"(黃鳥)와 "석인"(碩人)은 나라사람의 기풍이다. 그래서 모든 신하된 백성은 모두 풍자할 수 있고 국사가 풍자할 필요가 없다. 이 글이 국사를 특별히 말한 것에 대해 정현은 장일(張逸)에게 이렇게 대답했다. '국사가 모든 시를 채록할 때 그들이 좋아하고 싫어하는 것을 밝히고 악공[瞽矇]을 시켜서 노래하게 한다. 시는 지은이가 없으므로 모두 국사가 주관하며 노래 부르게 한다.' 이렇게 말하면 이것은 국사가 글을 관장하기 때문에 문사(文史)를 맡긴 것이다. 만약 문장을 지을 수 있다면 이것도 사라고 부를 수 있겠지만 사관을 만들 필요는 없다. 『시』 「노송」(魯頌) "경"(駉)은 이렇게 말한다. '사극(史克)이 송을 지었다.' 사관 스스로 시를 지은 사람이 있다는 것이지 사관만 지은 것이 아닐 것이다. 좋고 나쁨을 밝혀서

에는 처음부터 끝까지 일관되는 주장이 없기 때문에[36] 지은이의 뜻은 만약 시 앞에 쓴 서문의 해설이 아니라면 시인이 지은 말이 무엇을 말하는지 변별하지 못할 것이다. 오늘날 『모시서』는 전수되는 과정에서 그 뜻을 잃었다고 생각해도 괜찮다. 그러나 서문에 기대지 않아도 된다고 생각해서는 안 된다. 『상서』 서문은 어쩌면 외사가 삼황오제의 책을 관장할 때[37] 만들어둔 편명이겠지? 오늘날 전해지는 「서서」는 경사가 전수하고 제자가 전수받은 말이라고 생각되는데 아마 『모시서』를 본떠서 만든 것이겠지? 책을 처음부터 끝까지 읽으면 저절로 사리가 드러나는 법이다. 『상서』에 설령 서문이 없더라도 뜻을 아는 데는 지장이 없다. 『상서』에 본래 서문이 있다면 훈이나 고 같은 글은 끝까지 말을 기록한 것이기 때문에 글의 첫머리에 사실을 기록했을 테고 훈이나 고를 지은 이유도 알 수 있을 것이다. 『상서』에서 사실을 기록한 부분에는 서문이 필요 없지만 『상서』에서 말을 기록한 부분에는 본래 서문이 있다.[38] 이로써 보자면 서문이 있고 없고는 글이 명백한지 명백하지 않은지에 뿌리를 두고 있다는 것도 알 수 있다. 나는 최근의 문집들을 볼 때마다 수상하다는 생각을 지울 수가 없다. 뜻을 세운 글 가운데 어떤 것은 앞 시대 사람의 말에서 나온 경우도 있고 어떤 것은 글의 옳고 그름을 본래 쉽게

악공을 시켜 노래하게 한다고 말한 것은 국사가 좋은 시를 가려 뽑아 음악을 맡은 벼슬아치[樂官]에게 비로소 붙였다는 말이다. 지은이가 없으므로 국사가 주관한다는 것은 시의 지은이에게 이름이 없는 것을 싫어하여 국사가 그것을 주관하지 않을 뿐이다. 시에 지은이가 있으면 국사가 역시 그것을 주관할 따름이다." 여섯 가지 뜻은 「시교 하」의 주14를 보라.

역주_ 국사는 나라의 역사 기록을 맡은 벼슬아치, 곧 나라의 사관이라는 뜻이다.

36 『춘추번로』 「정화」(精華)는 이러하다. "시는 통하게 풀이하지 않는다." 달고(達詁)는 통하게 풀이한다는 말이다.

37 「서서」에 대해서는 「광류」의 주4를 보라. 외사에 대해서는 「원도 중」의 주24를 보라.

38 예를 들어 다음에서 말하는 것이 바로 이것이다. 「탕고서」(湯誥序)는 이렇게 말한다. "탕왕은 이미 하나라의 천명을 쫓아냈기 때문에 박에 돌아와 「탕고」를 지었다." 「이훈서」(伊訓序)는 이렇게 말한다. "탕왕이 이미 돌아가신 태갑(太甲) 원년에 이윤이 「이훈」을 지어 앞으로 올 임금[徂后]에게 천명을 펼쳤다."

알 수 있는 경우도 있다. 꼭 그 글에 의해 논하고 써야만 하는 이유는 그 중에 어쩌면 드러나지 않는 의도가 있기 때문일 수도 있고 어쩌면 그 글을 빌어 풍자하려 하기 위해서일 수도 있으며 어쩌면 그 글에서 느낀 점이 있어 드러내려 하기 때문일 수도 있음을 그 사람도 모르지 않을 것이다. 그 이유를 명백하게 말하지 않은 바에야 그 글이 논의한 당시 세상과 그 글이 보고 들은 큰 줄거리를 서문으로 반드시 써야만 한다. 그러면 후세인이 이것을 근거로 참고하고 비교한 뒤 글을 써서 논한 뜻이 어디에 근거를 두고 있는지 알 수 있으리라. 이것도 『상서』가 훈이나 고에 서문을 달면서 남긴 유산이다. 이제 논하여 쓴 글을 보면 논할 필요도 없는 것을 논하는 경우가 늘 열에 일곱은 된다. 그중 뭔가 목적이 있는 주장에서 나온 것이 어찌 하나둘 정도야 없겠는가? 『시』「국풍」에 서문이 없는 것처럼 거기서 드러나지 않는 뜻을 무슨 근거로 알 수 있겠는가? 하물며 의견을 주고받는 글에 서문이 있다면 경생(經生)의 시험문제집과 비슷하고 내용 없는 주장이 약간 많아질 수도 있을 것이다.[39] 그러나 많은 사람들이 익히고 살피지 않을 것이다. 옛사람은 사실을 그대로 적은 글의 서문에서 사실대로 적었다. 후세의 문집을 보면 남의 요청에 응해서 지어준 「전」과 「명」이 있다. 이런 글의 대다수가 그것을 요청한 사람을 「서」에 쓰고 또한 그가 요청할 때 한 말도 상세하게 기술하고 있다. 우연히 이렇게 했다면 본디 손상이 없는 일이다. 그러나 계속 익혀서 기풍이 되었다면 이것은 서문 이외의 서문이다. 비록 그렇긴 하더라도 아직 괜찮은 편이다. 명성을 좋아하는 일에만 영리하고 의도를 아는 일에는 너절한 놈은 남이 자신에게 요청한 말을 서문에 일부러 대단하게 쓴 뒤, 자신을 지나치게 추켜세워 자신을 뽐낸다. 첫째로 이런 것이 있

---

39 첩괄은 「박약 상」의 주7을 보라. 『당서』「선거지」는 이러하다. "명경은 다만 첩괄에 적는다." 나는 이렇게 생각한다. 월아당총서본에는 "초"(稍) 앞에 "가"(可) 자가 없다. 여기서는 가업당본 『장씨유서』을 근거로 보탰다.

역주_ 경생은 과거 시험을 준비하는 학생이다.

다. '당신의 도덕은 높고 깊으며 주장은 세상의 모범입니다. 당신이 글을 써주시지 않는다면 돌아가신 분은 편히 눈을 감지 못하실 겁니다.' 둘째로 이런 것이 있다. '당신의 문장과 학문은 모든 사람이 높이 우러러 존경하는 이 시대의 스승이십니다. 만약 당신의 한 마디 말을 얻을 수 있다면 후세가 증명하고 믿을 것입니다. 나는 여러 차례 사양했지만 그는 다시 이마를 땅에 박으며 간절히 요구했다.' 이런 종류의 글은 문사일 뿐, 사실에 대해서는 아무런 보탬이나 도움이 되질 않는다. 남을 빌려 자신을 뽐내는 것이 어찌 이렇게 뻔뻔스러울 수 있는가? 하물며 문장이 만약 이렇게 치켜세우는 말을 감당할 수 없다면 돌아가신 사람을 거짓말로 모함한 짝이다. 요청한 사람이 본래 이렇게 말하지 않았다면 산 사람을 거짓말로 모함한 짝이다. 만약 사실이 어떤 원인에 의해 일어나게 된 과정을 말하는 경우라면 상세하게 하지 않을 수 없다. 그렇다면 어떤 사람을 집으로 찾아와서 뵙기를 요청한 사람은 마땅히 문지기를 통해서 찾아뵈러 왔다는 것을 알리고 명함을 꺼내 먼저 건네 드린다. 들어오라고 하면 들어가서 주인과 마주 앉아 날씨가 따뜻한지 추운지 하는 인사를 주고받은 뒤 싸들고 온 선물을 나중에 드리는 법이다.[40] 이것도 사실이 어떤 원인에 의해 일어나게 된 과정인데 어찌 상세하게 그것을 기록하지 않는 것인가? 그래도 일시적으로 글을 요청하면서 칭찬하는 말이 이것과 다르다고 생각하는가?[41]

점치는 가게에서 얻은 점괘가 들어맞은 것을 드러낸 일이란 무슨 뜻인가? 저작이 내리막을 치달아 문집이 된 것은 하늘이 정한 운명이기도 하고 사람이 만든 일이기도 하다. 도덕을 닦지 않으면 학문은 자립할 수

40 『석명』「석서계」(釋書契)는 이러하다. "성과 자를 주(奏, 전주(箋奏)이다)에 써서 올리는 것이 자(刺)이다."자는 명함이다. 『순자』「대략」(大略)은 이러하다. "꾸러미로 싸서[包苴] 가서 주다." 주는 이러하다. "뇌물은 반드시 뭔가로 싼다. 그러므로 이런 것을 총괄하여 포저(苞苴)라고 부른다."

41 나는 이렇게 생각한다. 이 단락은 남이 글을 요청하는 일을 빌미로 자신을 높이려는 변변치 못함을 논하고 있다.

없고 뿌리가 엎어지면 가지와 잎이 시들어 버린다. 이것은 사람이 만든 일이기 때문에 어쩔 수 없이 내리막에 접어든 이유이다. 세상일이 시대마다 다르기 때문에 내용과 형식이 변한다. 세속의 주고받는 말이나 예법과 제도 가운데 고대에 없다가 현대에 나타난 것은 문장에 고스란히 나타난다. 그러므로 깊은 산속에 들어가 나오지 않는다면 모를까, 만약 세속에 발을 들여놓으면 남이 내게 찾는 것에 응해야 하고 달라는 것을 주어야 한다. 문장의 쓰임새가 많기 때문에 문체가 나뉘고 문체가 나뉘면 문집의 원래 범위를 벗어나지 않을 수 없다. 아무리 도덕이 높고 깊으며 학문이 깨끗하고 순수한 사람이라도 문집을 저작으로 생각하고 사실에 따라 주장을 세운다고 생각한다. 그러나 벌써 글을 주고받는 일이나 찾는 글을 주는 쓰임새에 끼어들지 않을 수 없게 되었다. 만약 자부와 사부 전문가의 가학이 될 수 없다면 말은 다른 것에 끼어들지 않는다. 주고받거나 남이 내게 찾기 때문에 주는 글을 스스로 주장을 세운 것으로 잘못 생각하고 어지러이 문집이라고 부르는 것도 얼마나 많은지 아마 알 수 없을 것이다. 이것은 운수와 기회[運會]가 그렇기 때문이지 사람이 만든 일과 전혀 상관이 없다. 나는 최근의 문집들을 볼 때마다 수상하다는 생각을 지울 수가 없다. 사학이 쇠락하자 전기에 뒤섞여 나온 것이 많아졌다. 동한 이후 『해내선현전』(海內先賢傳)이나 『사해기구전』(四海耆舊傳) 같은 「전」[42]이나 『습유기』(拾遺記)나 『수신기』(搜神記) 같은 「기」[43]가 이런 것이다. 사학이 못쓰게 되자 문집은 전기를 받아들였다. 당나라와 송나라 이후 한유나 유종원이 쓴 「지」(誌)나 「명」(銘), 구양수나 증공이 쓴 「서」나 「술」[44]이 이런 것이다. 역사가의 자질을 타고난 사람이 역사

42 『수서』 「경적지」 "잡전류"가 수록하고 있는 것은 『해내선현전』(海內先賢傳)과 『사해기구전』(四海耆舊傳) 이하 대략 스무 가지가 넘는다.

43 『수서』 「경적지」 "잡사류"는 이러하다. "『왕자년습유기』(王子年拾遺記)는 열 권이며 소기(蕭綺)가 지었다." 또한 "잡전류"는 이러하다. "『수신기』(搜神記)는 서른 권이며 간보가 지었다." 이런 종류는 정전이 아니다.

44 방포[方望溪]는 이렇게 말한다. "한유, 구양수, 왕안석[介甫]은 모두 「명」을 잘 쓴

기록의 임무를 맡아 자기에게 알맞고 잘하는 일을 남김없이 못한다 하더라도 보고 들은 것을 수집한 뒤 옳고 그름을 밝힌 책을 써서 전기라는 전문가의 가학에 붙여야 한다. 어쩔 수 없는 때 남의 요청을 받아 지은 「비」, 「명」, 「서」, 「술」 등 여러 가지 형식의 글은 남이 내게 찾는 바람에 어쩔 수 없이 해주마고 대답하고 써달라는 대로 써준 글이라서 글의 뜻이 잡스럽다. 이것이 어쩔 도리가 없다는 말은 바로 한유, 유종원, 구양수, 증공의 말이다. 명성을 좋아하는 일에만 영리하고 의도를 아는 일에는 변변치 못한 놈은 자기가 쓴 글이 남을 감동시킬 만큼 멋이 없으며 자기의 학문이 독자적인 주장을 세울 수 없다는 것을 헤아리고 있다. 그래서 남의 글을 빌어서라도 불후의 사업에 붙을 생각을 한다. 동시대에 사는 인물들의 사공을 보고 떼 지어 추켜세워 주다보면 결국 그들에게 묻어갈 수 있다고 생각한다. 묻어가게 되면 마찬가지로 비슷해진다. 그들은 전기가 전문적인 학파의 찬술이라는 것도 모르고 그들이 알고 이해하는 것도 한유나 구양수의 문집을 넘지도 못한다. 그러면서 그들이 「비」와 「명」의 옳고 그름을 따지는 것은 가당치 않다고 생각한다. 「비」나 「명」은 틀림없이 돌아가신 분의 아들이나 손자가 요구했기 때문에 나온 것이지 남의 아들이나 손자가 그것을 구할 리는 없다. 「비」나 「명」을 허투루 지어서 자기 문집에 넣고서 마치 아들이나 손자가 구한 것처럼 만들어 놓고 자신이 한유나 구양수와 거의 같다고 생각한다. 한유나 구양수는 남이 찾는 바람에 그것에 응해 지었고 이것은 어쩔 수 없는 상황에서 나왔다. 구양수는 『오대사』를 쓰는 일만 자신의 사명으로 생각했고[45] 한유는 간사하게 아첨 떨다가 죽은 사람들을 글로 다시 죽여 버리

다."(「고문약선범례」(古文約選凡例)) 요내 「고문사유찬서」는 이러하다. "내가 『고문사유찬』을 지으면서 역사 기록을 수록하지 않은 것은 너무 많아 실을 수 없기 때문이다. 오직 태사공과 구양수의 표, 지, 서(序), 논 몇 편만 실었다. 이것은 서 가운데 가장 잘 쓴 것이다. 그 뒤 목록의 서는 증공[子固]만 뛰어날 따름이다." 이것은 "전기류"가 집부에 들어간 일을 가리킨다.

45 「사주」의 주32 및 「석통」의 주60을 보라.

려고 했다. 그렇게 한다면 드러나지 않은 덕행이 있는 사람이 죽은 뒤라도 빛을 볼 뿐 아니라 당나라 때 경을 하나 짓는 일이 되었을 것이다.[46] 그러나 안타깝게도 이것은 빈 말이 되고 말았다. 앞 시대 사람에겐 어쩔 수 없는 상황에서 나왔던 것이 오늘날에는 우러러 바라보다 못해 부러움이 넘쳐 우맹[47]이 했던 것처럼 매만지는 지경에 이르렀다. 그렇다면 이것은 사과(詞科)에 응시할 때 지은 포고문 같은 글이지 임금의 진짜 명령서에서 나온 것이 아니다.[48] 이것은 『칠림』에 실린 문답[49]이지 반드시 이런 말이 있는 것도 아니다. 그렇다면 앞으로 돌이나 쇠에 새긴 선왕이 남긴 말을 어떻게 증명하여 미래의 후손들에게 분명히 알릴 수 있겠는가?[50] 전기가 직접 전달하는 방식을 버리고 「비」와 「명」의 방통(旁通)을 본받는다면 그것은 한유나 구양수와 비슷하게 되는 것인가? 이것은 마

---

46 한유 「답최립지서」(答崔立之書)는 이러하다. "나는 비록 훌륭하지 않지도 않고 자신의 성공과 실패를 곰곰이 연구해보지도 않았지만 우리 재상에게 의견을 냈고 우리 임금에게 천거하기도 했습니다. 위로 경대부의 자리를 바랐지만 아래로 오히려 병풍을 치고 그것을 올라탔습니다. 만약 도시에서 얻을 수 없다면 넓고 한적한 들판에서 장차 농사짓고 적막한 물가에서 낚시를 드리우며 국가의 사라진 사실을 찾고 현인과 철인의 줄거리를 비교하렵니다. 그래서 당나라의 경 하나를 지어 그것을 영원히 남기고 싶습니다. 이미 죽었더라도 간사하고 아첨하는 사람을 죽이고 드러나지 않은 덕스러운 사람의 희미한 빛을 밝히렵니다. 두 가지 가운데 하나는 장차 틀림없이 이룰 테지요."(『창려집』 권16) 장학성은 『병진차기』에서 이렇게 말한다. "한유의 도덕과 문장은 태산이나 북두칠성도 부끄럽지 않다. 다만 사학에 대해 자신의 장기가 아니라서 당나라에 경 하나를 짓겠다는 말은 자신의 소임이 아니었을 따름이다. 그의 글은 맹자와 순자에서 나왔고 『시』와 『예』에서 연원한 것이다. 육경의 진정한 날개라서 학자들은 저절로 모범으로 삼았다. 그러나 역사가의 연원은 반드시 같은 말이나 사물을 모아 비교하고 가치를 판단하는 『춘추』의 가르침에서 나오는 것이다. 이것은 한유가 할 수 없는 것이다."(가업당본 『장씨유서』 외편 3) 이것은 한유가 글은 잘했지만 사학은 잘 몰랐다는 말이다.

47 「경해 하」의 주4를 보라.

48 「언공 하」의 주8을 보라.

역주_ 사과는 문학 작품인 사부의 창작을 시험하는 과거 시험의 일종이다.

49 칠림은 「시교 상」의 주49를 보라.

50 『시』 「대아」 "하무"(下武)는 이러하다. "이렇게 앞으로 나아감을 밝히시다." 「전」은 이러하다. "허(許)는 진(進)이다."

을에 대고 찡그리는 짝이다.[51] 남이 요청하는 바람에 그것에 응한다고 그의 바람을 만족시킬 수 있는가? 이것은 점치는 가게 짝이다. 옛날 서시(西施)는 가슴 병을 앓아 늘 찡그리고 다녔다. 같은 마을에 아주 못난 여인이 있었는데 서시가 찡그리고 다니는 것도 아름답다고 생각해서 그것을 따라 했다. 그러자 살림이 넉넉한 사람은 문을 닫아걸고 나오지 않았고 가난한 사람은 아내와 자식을 이끌고 멀리 떠나버렸다. 천한 일을 하는 장인이 사람이 많이 사는 저자에서 점을 치고 있었다. 그런데 지나가는 사람들 중에 아무도 점을 치지 않자 이렇게 말했다. "임금의 후손 아무개 아무개는 나를 아주 잘 대접했고, 높은 벼슬아치 아무개 아무개는 내 점술이 아주 신통하다고 칭찬했다."[52]

---

51 『장자』「천운」은 이러하다. "서시가 가슴을 앓아 마을에서 눈살을 찌푸리고 있었다. 그 마을의 못난이가 보고는 그것이 아름답다고 생각하여 집에 돌아오자 마찬가지로 가슴을 부여잡고 마을에서 눈살을 찌푸리고 있었다. 그 마을의 부자는 그것을 보자마자 문을 굳게 걸어 잠근 채 나오지 않았다. 가난한 사람은 아내와 자식을 이끌고 마을을 버리고 도망갔다. 그는 눈살을 찌푸리는 것이 아름답다는 것은 알았으나 눈살을 찌푸리는 것이 왜 아름다운지는 몰랐다."

역주_ **방통**은 자세하고 분명하게 아는 방식이라는 뜻이다. 그러나 장학성은 앞의 **직접 전달하는 방식**이라는 말과 짝을 이뤄 사용하면서, 공연히 에두르고 변죽만 울리는 방식이라는 뜻으로 쓴다.

52 장학성 『을묘차기』는 이러하다. "『지북우담』은 왕운[王秋澗]이 논한 글을 인용하여 이렇게 말한다. '『한서』의 여러 「열전」에 좌우명이 될 만한 말을 더한다면 바로 대단히 좋은 「비」나 「명」이 된다.' 이 이야기는 바로 내가 「힐루」편에서 논한 적이 있는 용한 점집 조목의 반증이 될 수 있다. 왕운도 대가라고 불리는 사람이며 왕사정[漁洋]도 고문에 통달한 인재라고 불린다. 그러나 그들의 견해는 누추하기가 마치 시골의 황폐한 서당의 훈장 같다. 그래서 과거 시험에 쓰이는 글이 사람을 해치는 것이 얕지 않다."(가업당본 『장씨유서』 외편 2) 나는 이렇게 생각한다. 이 단락은 거짓으로 「비」와 「명」을 지어 문집에 넣는 변변치 못함을 논하고 있다.

역주_ **왕운**(王惲, 1227~1304)은 자가 중모(仲謀), 호가 추간이며 위주로(衛州路) 급현(汲縣, 현재 하남성 위휘) 출신이다. 원나라 때의 유명한 벼슬아치, 장군, 시인이다. 원호문의 제자이며 쿠빌라이 칸 때 감찰어사, 한림학사, 가의대부 등을 역임했다. 죽은 뒤 한림학사 승지, 자선대부를 추증하고 태원군공(太原郡公)으로 추봉했다. 저술에 『추간선생전집』(秋澗先生全集)이 있다.

속혐(俗嫌)[1]

세상일을 건드리는 글을 짓기 어려운 이유는 세속의 금기가 많기 때문이다. 한유는 이소(李愬)의 헐뜯음을 당했고[2](「평회서비」(平淮西碑)는 본래

1 나는 이렇게 생각한다. 두보 「우제」(偶題)는 이러하다. "문장은 오래된 일이라 성공과 실패는 진심으로 안다네." 내 마음의 달고 쓴 감정과 느긋하고 서두는 감정을 남에게 바르게 이해시키기 어렵다. 「속혐」(俗嫌)편은 자신이 직접 겪은 일을 가지고 예를 들어 세상이 싫어하는 것을 글에서 말하기 어렵다는 것을 밝히고 있다. 「속혐」편에는 한 시대를 굽어보기도 하고 우러러 보기도 하며, 침묵을 지킨 채 알만 한 사람을 기다려야 한다는 탄식이 있다. 「속혐」편 이후의 네 편은 언제 지었는지 고증할 수 없다.

2 『구당서』「한유전」은 이러하다. "원화 12년 8월에 재상 배도가 회서선위처치사(淮西宣慰處置使) 겸 창의군 절도사(彰義軍節度使)가 되어 한유에게 행군사마(行軍司馬)를 맡아달라고 청했다. 회주[淮]와 채주[蔡]가 평정되자 섣달에 배도를 따라 조정으로 돌아와 업적을 근거로 형부 시랑에 임명되었다. 이에 황제는 한유에게 「평회서비」(平淮西碑)를 지으라는 명령을 내렸는데 비문의 글에는 배도의 일을 서술한 것이 많았다. 당시 먼저 채주에 들어가 오원제(吳元濟)를 사로잡는 일에는 이소의 공이 제일이었기 때문에 이소는 그것을 불평했다. 이소의 아내(당나라 안공주(安公主)의 딸이다)는 궁궐에 드나들며 비문의 글이 부실하다고 호소했다. 황제는 한유의 글을 갈

이소의 공적을 생략하지 않았는데도 말이다) 구양수는 사로(師魯) 윤수(尹洙)의 묘지명에 대해 변명했다.[3] 오랜 옛날부터 글의 뜻을 이해할 수 있는 사람

아 없애라고 명령했다. 헌종은 한림학사 단문창(段文昌)에게 다시 글을 지으라고 명령해서 돌에 새겼다." 나는 이렇게 생각한다. 한유의 비문은 본래 이소의 업적을 소홀히 한 적이 없다. 주장을 세우는 형식에서 마땅히 써야하는 방식에 따랐다. 그래서 서술한 순서가 여러 장군들과 같아진 것이며, 특별히 드러내지 않은 것일 뿐이다. 채주를 평정한 사실은 『자치통감』 「헌종기」(憲宗紀)에 상세하게 갖춰져 있다. 단문창의 비문은 현재 『당문수』 권59에 수록되어 있다.

역주_ **오원제**(783~817)는 창주(滄州) 청지(淸池, 현재 하북성 창주) 출신이다. 아버지 오소양을 이어 회서 절도사가 되었다. 오소양이 죽은 틈을 타서 회서의 세력을 제거하려는 당나라 조정에 맞서 싸웠다. 헌종은 진압하기 위해 토벌군을 보냈다. 하북의 번진 가운데 성덕(成德, 현재 하북성 정정)의 왕승종(王承宗), 치청(淄靑, 현재 산동성 익도)의 이사도(李師道)가 몰래 오원제와 결탁해 있었기 때문에 나서서 중재하려 했다. 그러나 조정이 허락하지 않자 이사도는 군대를 도적으로 위장시켜 하음(河陰, 현재 하남성 형양)에 쌓아둔 당나라 군대의 양식을 불살라 버렸다. 그리고 자객을 서울에 보내 무원형을 찔러 죽이고 배도에게 중상을 입혔다. 헌종은 개의치 않고 배도를 무원형의 후임 재상으로 임명하고 토벌을 진행했다. 원화 12년 10월 이소가 항복한 장수 이우(李佑)의 인도로 눈 내리는 밤 채주를 기습하여 성공한 뒤 오원제를 사로잡았다. 동짓달 오원제는 장안에서 처형된다. **이소**(773~821)는 자가 원직(元直)이며 조주(洮州) 임담(臨潭, 현재 감숙성) 출신이다. 병법에 능하고 말타기와 활쏘기를 잘했다. 절도사로 오원제의 반란을 진압한 공으로 산남동도(山南東道) 절도사로 승진하고 양국공(涼國公)에 봉해졌다. 여러 지역의 절도사를 역임하다가 병이 심해져서 태자소보로 서울에 돌아와 죽었다. **단문창**(773~835)은 자가 묵경(墨卿) 또는 경초(景初)이며 조상은 제주(齊州) 임치(臨淄)에서 나왔지만 대대로 형주에서 살았다. 천거를 받아 교서랑이 되었고 감찰어사, 사부낭중(祠部郎中) 등을 역임했다. 나중에 검남서천 절도사로 있을 때 죽었다. 저술에 문집과 『식경』(食經) 등이 있다.

3 윤사로(尹師魯)는 이름이 수(洙)이며 하남 출신이다. 구양수는 「윤사로묘지명」(尹師魯墓誌銘)을 지었는데 집안사람들은 글이 너무 간단하다고 끙끙 앓았다. 새로 진사가 된 공사종(孔嗣宗)이 영주로 가겠다고 요청하여 구양수와 변론을 벌이며 대략 반달 정도를 머물렀다. 구양수는 특별히 「논윤사로묘지」(論尹師魯墓誌)라는 글을 지어서 구분하여 밝혔다. 글은 대략 다음과 같다. "「묘지」는 '천하 사람들이 제대로 판단하든 판단하지 못하든 윤수의 문학과 논의와 재능은 모두 알고 있다'라고 말한다. 문학을 잘하고 논의의 수준이 높으며 재능이 아름다운 것은 말하지 않아도 안다. 또한 그의 글을 '간단하지만 법도가 있다'라고 서술했다. 이 구절은 공자의 육경 가운데 오직 『춘추』만 감당할 수 있는 말이다. 또한 그의 학문을 서술하면서 '고금에 통달하여 알았다'라고 말했다. 이 말은 만약 굳이 감당할 수 있는 사람을 구한다면 오로지 공자와 맹자 밖에 없을 것이다. 또한 그의 논의를 서술하면서 '옳고 그름은 그 도리를 다하는 데 힘썼고 떳떳하지 못하게 그쳐서 제멋대로 따르지 않았다'라고 말했다. 이것도 맹자가 아니라면 이 말을 감당할 수 없다. 또한 그의 재능을 서술했다.

윤수가 여러 차례 유배를 간 일, 전쟁이 일어났을 때 마침 섬서에 있어서 서쪽 변경의 일을 더욱 깊이 알고 있었다는 일, 제대로 베풀지 못하여 원호(元昊)의 신하가 된 일을 갖춰서 말했다. 윤사로가 죄를 지었지만 천하 사람에게 윤수의 재능을 남김없이 알게 만들었다. 이런 세 가지 일은 모두 군자의 지극히 아름다운 것이다. 그러나 윤수에게는 오히려 하찮은 일이다. 그의 큰 마디는 바로 인의에 돈독해야 하고, 곤궁하던 높은 벼슬에 오르든 옛사람에게 부끄럽지 않았다는 것이다. 그런 일은 두루 열거할 수 없다. 그러므로 중요한 것 한두 가지만 들어 믿게 만든 것이다. 상소를 올려 범중엄[范公]을 논하고 같이 유배를 보내달라고 자청한 일이나 죽음을 맞닥뜨리고도 개인적인 일을 언급하지 않은 일에서 평생의 충성과 의로움은 알 수 있다. 그는 곤궁하던 높은 벼슬에 오르든 재앙이든 축복이든 옛사람에게 부끄럽지 않았다는 것도 알 수 있다. 이미 그의 글, 그의 학문, 그의 논의, 그의 재능, 그의 충성과 의로움을 갖춰 말했고 결국 원수가 감정을 가지고 있었기 때문에 그의 죄를 논하고 고발하는 바람에 그를 유배 보내고 죽음에 내몰게 된 일도 말했으며 죽은 뒤에 곤궁한 상태까지도 말했다. 이와 같은 사람이 있었다는 것을 알리고 이런 일 때문에 죽음을 당했다고 알리며 아내와 자식이 이렇게 곤궁해진 일을 후세에 알리고 싶을 것이다. 그래서 죽은 이를 깊이 가슴 아프게 생각하고 오늘날 군자들이 이런 사람을 이런 지경까지 몰았다는 것을 절절하게 꾸짖었다."(『구양문충전집』(歐陽文忠全集) 권72)

역주_ **원호**(1003~1048)는 서하(西夏)를 건국한 황제(1038~1048 재위)이다. 북위를 세운 선비족 탁발씨의 후예인 당항족(黨項族)이며 묘호는 경종(景宗)이다. 이원호(李元昊)라고도 하는데 당나라에서 받은 성을 붙인 경우이다. 원호가 태어나기 몇 달 전 할아버지 이계천(李繼遷)이 화살 맞은 상처가 덧나 죽었고 아버지 이덕명(李德明)이 이었다. 이덕명은 삼십 년 동안 추장 자리에 있으면서 서하를 건국하는 바탕을 만든다. 원호가 태어난 1003년 북송과 요나라는 전연(澶淵)의 맹약을 맺었다. 요나라와 맞서기 위해 북송은 당항족을 자기편으로 끌어들인다. 이덕명은 유리한 환경에서 송나라를 이용했다. 원호는 어려서부터 병법을 익혔고 한어와 티베트어도 익혔다 한다. 그리고 불교도 이해하고 있었다. 원호는 송나라와 화친하려는 아버지의 정책에 불만을 가지고 있었다. 대중상부 3년(1010) 이덕명은 요나라에게 하국왕(夏國王)으로 봉해졌다. 대중상부 9년(1016) 이덕명은 황제를 자칭하고 이계천에게 황제를 추증하고 묘호를 무종(武宗)이라 했다. 이듬해 여름 회원진(懷遠鎭, 현재 영하 은천)의 온천산(溫泉山)에서 용을 봤다는 보고가 있자 회원에 제사를 지내러 보냈으나 사실 회원으로 천도하려는 속셈이 있었다. 회원진에 성을 쌓고 흥주(興州)라 이름 붙이고 서울로 정했다. 천성 6년(1028) 원호는 회골(回鶻)과 전투에서 이긴 뒤 태자가 된다. 이듬해 요나라에 청혼하자 요나라 흥종(興宗)은 종실의 여자를 흥평공주(興平公主)로 봉한 뒤 시집보냈다. 명도 원년(1032) 이덕명이 죽고 원호가 즉위했다. 송나라는 토번을 이용하여 원호를 견제할 생각이었다. 그래서 벌어진 토번과의 전쟁에 원호가 직접 나서 평정한다. 이어서 하서주랑(河西走廊)을 회골에게서 빼앗고 서하의 기틀을 놓았다. 그러나 재위한 십육 년 동안 공신을 시기하고 의심하여 파면시키거나 죽이기도 하여 인심을 잃었고 늘그막에 술과 여자에 빠져 서하가 쇠약해졌다. 황후 야리씨(野利氏)와 태자 영림격(寧林格)을 폐하고 태자와 정혼한 장래의 며느리감 몰이은 드물다. 예전 주균 선생님께 고문(古文)을 배우러 다닐 때[4] 선생님은 「경오과거인여군행장」(庚午科擧人呂君行狀)을 지으셨다.[5] 거기 이런 이야기가 있다. 여원룡은 오랫동안 어렵게 살면서 과거 시험에 번번이 떨어졌지만 매일 밤 대단히 열심히 공부했다. 이웃에 사는 아낙네가 자기 남편

씨(沒移氏)를 새 황후로 맞아들였다. 이 일로 태자 영림격에게 시해된다. 태자 영림격도 나중에 아버지를 죽인 죄로 죽는다.

4 주균은 「전기」의 주15를 보라. 장학성은 「여왕룡장간」(與汪龍莊簡)에서 이렇게 말한다. "제가 처음 서울에 들어왔을 때를 떠올려 보면, 주균 선생은 처음 저를 만나시자 오랫동안 사귄 것처럼 인정해주셨습니다. 그러나 과거 시험에 쓰는 글에 대해 언급하시면서 이렇게 말씀하시더군요. '자네는 이것과 인연이 없으니 배울 수 없네. 그러나 그것은 배울 필요도 없는 것이지.' 저는 이렇게 대답했습니다. '집도 가난하고 부모님도 연로하십니다. 과거에 목매지 않을 수 없습니다.' 주균 선생은 이렇게 말씀하셨습니다. '과거가 무에 어려운가? 과거에 언제 과거 시험용 글이 필요한 적이 있었던가? 그대의 도를 근거로 그대의 천성을 따르면 과거는 얻지 않은 적도 없지만 끝내 얻지도 못할 걸세. 이것도 과거 시험용 글을 배우지 않은 허물은 아닐세.' 저는 선생의 주장을 믿습니다. 그래서 사람들에게 글만 가르쳤지 남의 마음을 읽은 뒤 쓰는 글을 지으라고 가르친 적은 없습니다."(가업당본 『장씨유서』 권29) 또한 주균이 글을 논할 때의 뜻을 이렇게 기술한 적이 있다. "글에 의도가 있어도 표현할 수 없는 것이 있지. 쉽거나 어렵게 짓는 게 아니라 그것이 옳은지만 생각한다면 옛사람이 말로 표현하려는 뜻에 거의 다가갈 것이야. 그러나 공평한 마음으로 맞아들이고 물리치는 일과 남의 낯빛이나 살피고 뭐라 부르는지 헤아리는 일은 자질구레한 일이라네. 요점은 여전히 도를 들었느냐에 있는 게지. 마음이 도에 있지 않고 글에 있다면 장차 옳은 말을 한 마디 얻으려 해도 얻지 못할 걸세."(「주선생오십초도병풍제사」(朱先生五十初度屛風題辭), 가업당본 『장씨유서』 권23)

역주_ 고문은 진나라 이전에 쓴 옛 투의 산문이다.

5 주균 「경오과거인려군행상」(庚午科擧人呂君行狀)은 이러하다. "여군의 이름은 원룡(元龍)이며 자는 인주(麟洲), 다른 자는 모당(慕堂)이고 순천부 대흥 출신이다. 신미년(辛未年)에 예부에서 시험을 보았으나 합격하지 못했다. 이에 더욱 분발하여 공부했는데 그 소리가 마치 종소리 같았다. 여원룡이 잘 지내던 한씨[韓生]라는 사람도 역시 독서를 좋아했다. 이웃집에 살았는데 아침이면 아침, 밤이면 밤마다 담장 동쪽과 서쪽에서 이오(咿唔) 이오 하는 글 읽는 소리가 서로 주거니 받거니 노래하는 것 같았네. 한씨의 아내인 한씨 부인[韓夫人]은 훌륭했고 사람 평가를 잘했다. 글 읽는 소리를 듣고 남편에게 이렇게 말했다. '이 분의 소리는 큰데 처량한 속마음 때문에 슬픕니다. 마음에 들지 않은 일이 있는 것일까요?' 한씨는 이것을 여원룡에게 알렸다. 여원룡은 이렇게 부르짖었다. '부인이 나를 아시는구려.' 이어서 이렇게 말했다. '세상에서 부인처럼 날 알아준다면 내가 어찌 과거 시험에 낙방했겠소?' 그리고 즉시 통곡했다. 매일 아침 일어나면 한씨 집을 바라보고 두 번 고개 숙여 절했다. 어떤 사람들은 미쳤다고 했다."(『사하문집』(笥河文集) 권9)

에게 이렇게 말했다. "여원룡의 글 읽는 소리가 높지만 가락은 처량하고 슬픕니다. 설마 뜻대로 되지 않아 그의 마음에 불만이 쌓인 걸까요?" 남편이 여원룡에게 이 말을 전하자 여원룡은 목이 메여 소리가 나오지 않을 정도로 꺽꺽거리고 울다가 이렇게 말했다. "당신 부인이 나를 아는구려. 가령 시험을 주관하는 감독관이 당신 부인만큼만 똑똑했다면 내가 어찌 이리 오랫동안 시험에 떨어졌겠소?" 이 날부터 여원룡은 공부를 시작할 때마다 이웃집의 담에 대고 세 번씩 절했다. 선생님의 글은 여원룡이 자기를 알아주는 사람을 만나지 못한 슬픔 때문에 속 썩인 일을 깊이 표현하고 있다. 그러나 당시 사람들은 선생님의 글이 신중하지 못하고 가벼우며[6] 여원룡과 이웃 아낙네 사이를 수상하게 여기지도 않았다고 생각하여 몇몇이 모이기만 하면 수군거리곤 했다. 선생님은 「왕모고부인행장」(王母高夫人行狀)도 지으셨다.[7] 거기 이런 이야기가 있다. 부인의

---

6 조(佻)는 훔친다는 뜻이다. 『초사』 「이소」는 이러하다. "나는 오히려 경박함이 싫구나."

7 주균 「왕모고부인행상」(王母高夫人行狀)은 이러하다. "부인은 정해(靜海) 고씨(高氏)이다. 이름이 순(詢)이고 보지(寶坻) 출신 왕순부 선생(王舜夫先生)의 본처이다. 시아버지 북대 선생(北臺先生) 왕매사(王枚士)와 시어머니 태부인(太夫人) 해씨(解氏)를 잘 섬기고 며느리의 직분을 다했다. 시어머니를 어머니처럼 섬기고 주변에서 받들어 모시니 본래 있던 사람처럼 잘 지냈다. 하루도 곁을 떠난 적이 없다. 태부인 해씨는 성품이 엄격하고 진중했기 때문에 부인이 뜻을 살펴 기쁘게 해드리고 상냥하게 굴었다. 같이 지낸지 오래된 시어머니를 대하는 것처럼 효도했다. 병인년(丙寅年)에 부인의 나이 쉰이었다. 이때 순부 선생은 여러 생질들을 집으로 부르시고 그들을 위해 스승을 초빙하여 글을 읽혔다. 사이사이 감독이 지나쳐서 매를 들기도 했다. 생질이 매질에 병이 났는데 외손자를 아끼는 태부인 해씨는 그 이야기를 듣고 즐겁지 않았다. 그래서 이렇게 말했다. '어찌 생질처럼 앓는 아이가 있겠느냐?' 그것 때문에 밥도 거르고 다음 끼니에 이르렀다. 순부 선생은 태부인이 화가 나셨다는 소리를 듣고 무서워서 감히 찾아뵙지도 못하는 지경이었다. 그래서 부인이 태부인 앞에 오랫동안 무릎 꿇고 남편 대신 잘못을 빌고 태부인이 진지를 드시라고 굳이 권했다. 태부인은 화가 덜 풀려서 부인에게 욕을 하고 꾸짖다가 빰을 후려치는 지경이 되었다. 부인은 기꺼운 낯빛으로 순순히 받아들이고 태부인이 진지를 드시라고 굳이 권했다. 시간이 꽤나 흐르자 태부인의 낯빛도 조금 풀리더니 진지를 드셨다, 이에 물러날 수 있었다. 순부 선생도 누이에게 해명을 하고 욕과 설교를 듣고서야 태부인의 뜻이 풀릴 수 있었다. 이에 감히 찾아뵙고 잘못을 빌 수 있었다. 일이 끝난 뒤 생질과 외삼촌의 관계는 처음처럼 좋아졌다. 사람들은 이것으로 왕씨 집안 아들들이 학생의 직분으로 조심하는 것과 부인이 나이 쉰에도 새 며느리처럼 순수한 효도를 하

남편이 시누이의 아들에게 공부를 가르치다가 말을 듣지 않으면 피가 듣는 정도로 회초리를 쳤다. 시어머니께서 시누이의 아들을 아끼셔서 역정을 내고 끼니도 거르셨다. 그러자 부인은 무릎 꿇고 진지를 자시라고 빌었다. 시어머니는 역정을 내서 부인의 뺨을 후려쳤다. 부인은 더욱 환한 표정으로 끝내 시어머니의 환심을 얻었다. 선생님의 글은 자애와 효성, 우애와 화목에 대한 것이라서 애초에 틈이 벌어지지 않는 것이다. 그러나 당시 사람들은 며느리가 시어미에게 얻어맞은 수치와 모욕은 숨겨야만 하며 누이의 아들과 며느리에게 매질한 일은 아랫사람에게 베푸는 도타운 사랑과 어그러지는 일이므로 삭제해야 한다고 생각했다. 나는 이전에 「천안현중수성원비」(遷安縣重修城垣碑)를 쓴 적이 있다.[8] 거기 이렇게 썼다. '성벽이 오래 되어 허물어질 정도로 낡았다. 하지만 당시 벌여놓은 공사 중에 더 급한 것이 있었기 때문에 천안현 현령은 성벽 보수를 뒤로 미루는 공사에 끼워 넣었다. 이제 시일도 더 지나고 허물어진 것이 더욱 심하여 더 이상 미룰 수가 없다.' 이것은 실제 상황에 근거하여 쓴 것이

고 훌륭한 것을 살펴보았다. 이것은 더욱 잘하기 어렵다."(『사하문집』 권9)

8 「천안현중수성원비」(遷安縣重修城垣碑)의 중간 단락은 이렇게 말한다. "조심스럽게 살피니 건륭 13년 전 통주(通州) 이사통판(理事通判) 부 아무개[富某]가 격문을 받들어 조사하고 논의한 적이 있다. 건륭 27년 전 난주(灤州) 지주도 격문을 받들고 전 지현 고 아무개[顧某]와 함께 조사한 적이 있으며 은화 육만여 량이 필요하다고 했다. 건륭 28년이 되어 전 직예 총독[總督直隸] 병부 상서 방관승(方觀承)은 직예성에 소속된 성곽의 공사 가운데 늦춰도 되는 것과 급한 것을 모아서 아뢰라고 했다. 천안현과 창려현[昌黎]은 낙정현[樂亭]과 마찬가지로 늦춰도 되는 공사에 열거되었다. 이로부터 이어져 결과가 없이 오늘날까지 다시 십오 년이 흘렀다. 누적된 지 오래되어 성곽이 허물어지고 없어지는 일이 나날이 더욱 심해졌다. 관청 건물과 창고, 감옥만이 아니라 수비도 보통 일이 아니었다. 건물과 백성들의 집은 성을 빌어서 보호받는 것이다. 낮은 직급의 내가 건륭 39년 일을 맡자마자 즉시 신사(紳士), 군인, 백성이 어지러이 부르짖고 요청하는 것을 보았다. 내가 다시 조사해 보니 틀림없었다. 오로지 막 도착하여 사정에 어두웠고 또한 공사비도 대단히 커서 감히 성곽 공사를 일으켜 수리하자는 말을 즉시 논의하지 못했다. 이제 삼년 동안 요청하는 사람이 더욱 많아지고 이로움과 해로움을 상세히 살펴 더욱 확실해졌다. 시간을 다퉈 공사를 세워야만 한다는 것은 다른 방도가 없을까 의심할 필요가 없다."(가업당본 『장씨유서』 권16)

니 아무 것도 수상하지 않은 듯하다. 그러나 당시 내 글을 읽은 사람은 비문에서 성벽을 보수해야 한다고 서술하면 그만이지 덧붙여 공사 계획을 끼워 넣은 일은 천안현 현령의 단점을 그린 것이기 때문에 드러내서는 안 된다고 생각했다. 처음에 그 사람이 지나치게 걱정하는 것은 아닌지 의심했지만 나중에 이것을 당시 글줄이나 안다고 이름난 사람들에게 물어보니 으레 옳은 말이라고 하는 것이 약속이나 한 듯했다. 나는 또 남을 위해 「서동절부사」(書董節婦事)를 쓴 적이 있다.[9] 거기 이렇게 썼다. '그녀가 살았던 시절은 힘들었고 살림이 몹시 가난했으며 가까운 일가붙이도 아무 도움을 주지 않았다. 결국 힘껏 일해서 스스로 먹고 살 수밖에 없었고 어려서 아비를 잃은 자식을 품어 어엿하게 길러냈다.' 그러나 아들은 도리어 이렇게 말했다. "그때 일가붙이는 가난하지 않았지만 우리 모자만 불쌍하게 여기지 않았습니다. 이제 이러쿵저러쿵 말해봐야 아마 그들은 부끄러움을 느껴 우리를 꺼리고 싫어하여 틈만 벌어질 것입니다. 내 어머니가 고생한 것만 서술해 주시고 일가붙이가 아무 도움도 주지 않았던 일은 쓰지 마시길 바랍니다."(이렇게 어떤 일에 필요 이상으로 마음을 쓰거나 얽매이는 경우는 대단히 많아서 더 헤아릴 수도 없다. 그리고 가끔 상황

9 장학성 「서동절부사」(書董節婦事)는 이러하다. "창려현 고휘정(高彙征)이 자신의 장모인 절부 동씨(董節婦)의 일을 말하면서 내게 실정을 글로 써달라고 해서 풍자의 뜻을 채택하여 갖춰주었다. 이렇게 말했다. '장모 대씨(戴氏)는 같은 현의 감생(監生)인 대천정(戴天挺)의 딸이다.' '나이 스물하나에 장인에게 시집와서 조상이 하던 일을 이었다. 이태가 지나 아들 동태래(董泰來)를 낳았다. 다시 이태가 지나 두 딸을 예쁘게 낳았다. 다시 이태가 지나 장인이 돌아가셨다. 건륭 12년 정묘년[丁卯] 봄 정월이다. 장모의 당시 나이는 스물일곱이었다.' '장학성 선생[章子]은 이렇게 말한다. 동씨(董氏)의 아내 대씨는 유학자 집안의 딸로 규수의 훈계를 익히고 들었다. 그래서 시부모에게 효도를 할 수 있었고 시누이들과 화목하게 지냈으며 며느리의 도를 굳게 지켰다. 여기 무슨 이상한 것이 있으랴? 다만 잘 사는 집안사람이 많은 일을 당하다 보니 안으로 근심이요 밖으로 걱정이라, 갑자기 엄청난 일이 벌어져 집안이 외롭고 외로워져 손을 내밀어 도와주는 사람이 없었다. 그래도 끝내 소리나 낯빛을 부르르 떨치지 않았고 시름에 잠겨 이리저리 뒤척이며 혼자 삭이는 것을 편안하게 생각했다. 어찌 의로움을 살펴 밟으며 덕성과 지혜가 보통 사람을 뛰어넘는 사람이 아니라고 하겠는가?"(가업당본 『장씨유서』 권18)

이 너무 사람을 옥죄는 경우가 있기 때문에 사실 정해진 방법에 근거해서 쓰기 어려운 경우도 있다. 그러나 이것이 완전히 필요 이상으로 마음을 쓰거나 얽매였기 때문만은 아니다) 나는 주균 선생님에게 바친 「수장제사」(壽幛題辭)에서 이렇게 쓴 적도 있다. "계사년 학정에서 파면되어 돌아오신 뒤로 가르침을 받기 위해 따르는 사람들이 비로소 엄청나게 많아지기 시작했다."[10] 그러자 계사년 이전부터 선생님을 따르며 가르침을 받은 선생님의 제자 가운데 하나가 성을 벌컥 내며 분한 낯빛으로 이렇게 말했다. "꼭 계사년 이후부터 제자가 많아졌다면 우리들은 중요한 사람이 아니란 말인가?" 나는 문정공(文定公) 양국치(梁國治)를 위해 『양문정공연보』(梁文定公年譜)의 문장을 교정하고 주석을 단 일도 있다. 거기 이렇게 쓴 적이 있다. "문정공은 형수가 나이 젊어 홀어미가 된 것을 가련하게 생각하여 평생 어머니처럼 받들어 모셨다. 형수가 마음이 불편하기라도 하는 날에는 반드시 자상하게 보살펴 기쁘게 해드렸다."[11] 그러자 어떤 사람이 이렇게 말했다.

---

10 「주선생오십초도병풍제사」는 이러하다. "건륭 무술년(戊戌) 유월 초엿새 주균 선생[笥河朱先生]의 쉰 번째 생신[初度之辰]을 맞았다. 선생님 제자 가운데 당시 서울에 있던 사람들은 계속 함께 술잔을 받들어 장수를 기원하고 내게 그것을 위해 글을 쓰라고 했다." "이보다 십 년 전인 무자년(戊子, 건륭 33년)에 주균 선생은 찬선대부[贊善]에서 학사로 승진하셨다. 그 사이 복건[八閩]의 과거 시험 감독을 맡으셨고 안휘[皖歙] 학정을 지냈다. 외직에 나가서는 임금의 사자[輶軒]가 돌아다니는 것처럼 옛 전적을 사들이고 조정에 들어와서는 서울에서 책을 찾으셨다. 명산대천을 두루 유람하고 의지와 기운을 펼치셨으며 쇠와 돌을 쪼개고 깎았고 사라진 문헌과 남겨진 글들을 수집하여 망라하셨다. 그래서 남동쪽 지방에서 당시 공부 때문에 야위어서 파리한 지경에 빠져있다는 선비와 마음이 툭 터진 선비, 뛰어나게 훌륭한 선비, 크고 씩씩한 선비, 널리 통달했다는 선비치고 햇빛이 합하면 구름이 따르듯 선생을 따르지 않는 사람이 없었다. 그래서 선생의 문하에 좇아 노니는 자들이 비로소 지극히 성대해졌다고 말하게 되었다."(가업당본 『장씨유서』 권23)

11 「양문정공연보서후」(梁文定公年譜書後)는 이러하다. "문정공이 태어난 날은 맏형과 같은 날이다. 맏형이 일찍 세상을 떴기 때문에 죽을 때까지 술을 입에 대지 않았다. 국가의 기밀을 다루는 자리에 오른 뒤 생일날 하객이 문에 넘쳐나는데 문정공은 침울하여 바로 조용한 방으로 피해 들어갔다. 어떤 사람이 가만히 그를 살펴보니 눈물이 비처럼 쏟아지는데도 그치질 못하고 있었다. 홀어미가 된 형수를 섬기는 것이 어머니를 모시듯 예를 갖춰 공경스러웠다. 호북 순무가 되었을 때 생질 이요동(李堯棟)이 한림에 들어간 뒤 어린 아들이 학을 게을리 하고 장난이나 치는 지경이라는 소

"형수는 본래 공경해야 하는 사람이다. 그런데 형수가 나이 젊어 홀어미가 된 것을 가련하게 생각하여 공경했다고 하면 이것은 형수가 평생 수절을 지키다가 죽으라고 개가를 막은 것이지 참으로 공경한 것이 아니다." 자질구레하게 남들이 지적하고 수군거린 나머지 말들은 일일이 논할 수 없으니 여기서 잠시 큰 줄거리만 잡으련다. 세상일을 건드리는 문장은 정말 말할 수 없이 어렵다는 것을 알 수 있다. 문장의 쓰임새는 안으로 학문에 뿌리를 두지 않고 밖으로 세상의 교화와 관련되지 않는다면 글의 내용을 잃을 것이다. 그러나 어떤 사람은 밴댕이 소갈딱지를 품고[12] 뛰어난 사람을 비방하고 헐뜯으며 심한 경우 드러나지 않는 개인적인 일까지 공격하고 까발리며 곧고 깨끗한 사람을 거짓말로 모함하고 더럽힌다. 이런 사람은 명교[13]의 죄인이기 때문에 가령 다행스럽게 사람이 내린 형벌이나 죽임을 피했다 하더라도 틀림없이 천벌이 내릴 것이

식을 들었다. 형수가 문정공을 불러 아들을 엄하게 가르치지 않았다고 따져 묻고 꾸짖는 말이 성가셨다. 문정공은 물러나 나가려 하는데 형수가 급히 부르며 이렇게 물었다. '자네 내 말 듣기가 지겹지도 않은가?' 그러면서 문정공이 앉아 있던 당 아래를 가리키면서 이렇게 말했다. '날 위해 잠시 여기 머물러주게!' 사정이 있어 지루하게 이야기하고 수다를 떨다가도 꾸짖는 일이 여러 번 있었다. 그래서 듣는 사람이 견딜 수 없는 지경에 이르기도 했다. 문정공은 조금도 흔들리지 않고 형수의 기분이 부끄럽고 편안하게 될 때까지 기다렸다가 비로소 천천히 자리를 떴다. 문정공의 막부에 있는 빈객이 기이한 일이라며 전했다."(가업당본 『장씨유서』 권21) 양국치(梁國治)는 자가 계평(階平), 호가 요봉(瑤峰)이다. 절강 회계 출신이다. 건륭 연간에 진사가 되었고, 벼슬은 동각대학사(東閣大學士) 겸 호부 상서에 이르렀다. 죽은 뒤 문정(文定)이라는 시호를 받았다.

12 『장자』「산목」은 이러하다. "빈 배가 떠내려 와서 배에 부딪히면, 비록 조급한 마음을 가진 사람이라도 화를 내지 않는다." 『경전석문』은 이러하다. "편(褊)은 급(急)이다."

13 명(名)은 명분을 말한다. 교(教)는 교화를 말한다. 『세설신어』「덕행」(德行)은 이러하다. "왕평자(王平子)와 호모언국(胡毋彦國) 여러 사람은 모두 본성에 따라 제멋대로 하는 것[任放]을 통달한 것이라 생각했다. 홀딱 벗고 알몸으로 있는 경우도 있었다. 악광(樂廣)이 웃으면서 이렇게 말했다. '명교 가운데 본래 천당[樂地]이 있다는데 어찌 이렇게까지 할 것이야!'"

역주_ **왕평자**는 왕징(王澄)이며 자가 평자이다. 형주 자사를 역임했다. **호모언국**은 성이 호모이며 언국은 자이다. 이름은 보지(輔之)이며 상주(湘州) 자사를 역임했다. **악광**은 자가 언보(彦輔)이며 하남윤(河南尹), 상서령을 역임했다. 명망이 높았고 말에 체통이 있으며 사람에게 관대했다 한다.

다. 옳고 그름을 가려야 하는 것에 대해서는 누가 옳고 누가 그른지 그들이 남긴 글로 결판이 날 것이다. 견주어 비교한 나머지는 관례대로 보조적인 것과 주요한 것으로 나뉘게 될 것이다. 너그러운 사람은 틀림없이 경박하지 않다고 말할 것이고 순수한 사람은 틀림없이 흠이 없다고 말할 것이다. 이것은 마치 시를 지을 때[14] 반드시 평측을 조화롭게 만든 뒤에야 가락이 탄생하는 것이나, 마치 어떤 단어를 사용하려고 할 때 반드시 조사(助辭)를 쓴 뒤에야 말이 매끄럽게 표현되는 것과 거의 같다. 오늘날 순수하고 너그러운 사람을 위해 글을 지으려고 할 때마다 나는 오로지 흠이 있다거나 경박하다는 의심을 받을까 두렵다. 만약 문장 끝에서 언(焉), 재(哉), 호(乎), 야(也) 같은 조사를 반드시 빼버리고 시구 끝에서 모두 측성이거나 모두 평성인 글자만 꼭 쓴다면 설령 주공이나 공자가 다시 살아난다 해도 나무랄 데가 없다는 칭찬 한 마디도 들을 수 없을 것이다.[15] 아! 경세의 학업으로 세상일을 건드리는 글을 쓰면 안 된다.

---

14 나는 이렇게 생각한다. 여러 판본에서 "부시"(賦詩) 두 글자는 잘못해서 순서가 뒤바뀌어 있다. 여기서는 가업당본 『장씨유서』를 따라 순서를 바로 잡았다.

15 장학성 『병진차기』는 이러하다. "이고[李習之]는 「양열부전」(楊烈婦傳)을 짓고 이렇게 말했다. '이희열은 병사를 나눠 항성현(項城縣)에서 전투를 벌였다. 현령(縣令) 이간(李侃)은 어찌 할 바를 몰랐다. 아내 양씨(楊氏)가 충성과 의로움을 심하게 일으켜 벼슬아치와 백성들에게 호소했다. 그러다가 이간의 손이 화살을 맞아 부상을 입었다. 이간이 집에 돌아오자 양씨는 꾸짖은 뒤 성가퀴에 올라가 성을 사수하라고 시켰다.' 양씨의 굳센 기세를 잘 서술했다. 그러나 이간이라는 사람도 역시 어려운 것 아닌가? 옛사람은 사실을 기록하면서 실정에 따르고 에둘러 비호하지 않았다. 그러므로 글이 밝고 허심탄회하여 남들에게 믿음을 줄 수 있다. 오늘날 사람들이 글을 쓸 때는 대부분 세속의 거리낌이 많다. 만약 남의 아내를 위해 전을 지으면 반드시 그녀의 남편이 흠잡을 데가 없게 만들려 한다. 만약 글에서 온 가족[六親]과 친가, 외가, 처가[三黨]까지 파급되면 그들은 모두 성인과 현인의 무리라고 해야 그들을 안심시킬 수 있다. 그러나 글을 지은 사람은 헐뜯는 논의를 피할 수 없게 된다. 만약 그렇게 잘 써주지 않으면 떼로 몰려와 난리를 치니 비록 칭찬받은 사람이 있더라도 마찬가지로 저절로 마음이 황송하여 몸을 굽히고 감히 안절부절 한다. 아! 삼대 때 에두르지 않고 바로 말하는 것의 공정함은 물을 수도 없구나."(가업당본 『장씨유서』 외편 3)

역주_ 조사는 말과 말의 관계를 표시하거나 뜻을 도와주는 문법 성분이다.

기대하지도 않았던 명예나 완벽함을 추구한다는 헐뜯음[16]은 옛날부터 그랬던 것이다. 고악부(古樂府)를 읽어보면 촉으로 들어가는 길이 얼마나 힘들고 고생스러운지 태항산맥[太行]으로 난 길이 얼마나 구불구불한지 그려놓았다.[17] 나는 이것을 읽으면서 지세가 좁고 험한 곳으로 향한다는 것은 길이 막히는 것의 비유라고 생각했다. 문자의 길도 결국 이처럼 순탄하지 못하고 가탈이 많은 줄은 나도 미처 몰랐다. 그래서 깊은 판단력을 갖춘 선비는 자기 뜻을 밖으로 드러내지 않고 말이 없다. 스스로 명산에 새길 만한 학업은 장차 자신의 글을 알 만한 사람이 그것을 밝힐 때를 기다린다. 그런데 어찌 남의 마음에 들도록 아첨하여 기쁜 얼굴을 한 무리[18]와 다니 쓰니 따지겠는가!

---

16 『맹자』「이루 하」는 이러하다. "맹자는 이렇게 말한다. '지키지 못했다고 칭찬하는 일은 있는데 온전히 구하지 못했다는 헐뜯음도 있구나.'"

17 이백의 악부인 「촉도난」(蜀道難)은 촉으로 가는 길의 험준함을 묘사하고 있다. 위나라 무제의 악부인 「고한행」(苦寒行)은 태항산맥의 구불구불함을 꾸짖고 묘사한다.

역주_ **고악부**는 인정이나 풍속을 읊고 글귀에 장단이 있는 시가의 일종이다.

18 『맹자』「진심 상」은 이러하다. "맹자는 이렇게 말한다. '임금을 섬기는 사람이 있는데 이 임금을 섬기면 기쁘게 하는 사람이다.'" 조기 주는 이러하다. "임금을 섬기는 것은 임금의 의도를 찾아서 떳떳하지 못하게 임금을 기쁘게 꾸미는 것이다."

침명(鍼名)[1]

이름은 내용의 손님이다.[2] 내용이 도달하면 이름도 되돌아가는 것은 본래 그러한 이치[自然之理]이지 반드시 그래야만 하는 일[必然之事]이 아니다. 군자는 본래 그러한 이치를 따르지 반드시 그래야만 하는 일을 추구하지 않는다. 군자의 학은 지금 맡은 일이 있다는 것만 안다. 이름을 어떻게 부르는지 모른다면 어찌 내용을 알겠는가? 명성을 좋아하는 무리는 이름을 찾다가 내용을 잊어버린다.[3] 그래서 잊지 않은 이름을 보고 그것을 내용이라고 할 뿐이다. 판단력이 있는 사람은 이것을 못마땅한

---

1 나는 이렇게 생각한다. 예전의 현인들은 명성에 급급한 사람을 마치 이익에 급급한 사람처럼 말하곤 했다. 하지만 그들은 거의 차이 나지 않는다. 그들이 사림(士林)에 있으면 남을 왜곡해서 뒤섞은 뒤 원망하고 꺼린다. 거짓으로 참을 어지럽히기 때문에 정말 학술의 공연한 근심거리이다. 「침명」(鍼名)편은 그런 사정과 폐단을 드러낸 뒤, 참된 앎 속에서 안정된 사람도 느낀 점이 있어서 말한 것이다. 「침명」편의 뜻은 「힐루」나 「폄이」 같은 여러 편과 서로 밝힌다. 지은 해는 고증할 수 없다.

2 『장자』 「소요유」의 글을 보라.

3 「힐루」의 주7을 보라.

점이라고 생각하여 결국 사람들이 이름을 뒤로 하고 내용을 앞세우게 만들고자 했다. 비록 그렇게 했지만 사람들은 여전히 이름과 내용에 대해 본 것을 잊지 않았다. 군자는 이렇지 않다. 군자가 세상에 나가거나 은둔하는 선택은 명의(名義)를 근거로 해야만 한다.[4] 선왕이 세상을 깨우치고 백성들을 일깨운 근거는 명교를 벗어나지 않았다.[5] 옛날 옛적부터 이름을 버리고 천하를 다스릴 수 있는 사람은 없었다.[6] 그런데 어쩌다가

---

4 『주역』「계사전 상」은 이러하다. "군자의 도는 세상에 나오는 경우도 있고 나오지 않는 경우도 있으며, 침묵하는 경우도 있고 말하는 경우도 있다." 『맹자』「고자 하」는 이러하다. "공자가 노나라 사구가 되었으나 쓰이지 않았다. 따라서 제사를 지내고도 구운 고기가 오지 않자 면류관을 벗지도 않은 채 노나라를 떠났다. 모르는 사람은 고기 때문이라고 생각한다. 아는 사람은 예가 없었기 때문이라고 생각한다. 공자는 드러나지 않는 자그마한 실수를 죄로 생각해서 가려고 한 것이지, 떳떳하지 못하게 떠나고 싶지 않았다. 군자가 하는 일을 많은 사람들은 본디 알지 못한다." 옛사람이 세상에 나오거나 나오지 않는 것은 반드시 명의에서 비롯되었다는 점은 다름 아니라 바로 여기서 볼 수 있다.

역주_ **명의**는 명분과 정의, 또는 명분의 정의라는 뜻이다. 명교가 사람이라면 지켜야 할 명분의 가르침이라는 의미와 짝이 되는 개념이다. 바로 다음 문장에서 명교가 나오는 것은 당연하다.

5 『맹자』「만장 상」은 이러하다. "하늘이 이 백성들을 낳으매 먼저 안 사람이 나중에 알 사람을 깨우치게 하시고 먼저 깨우친 사람이 나중에 깨우칠 사람을 깨우치게 하셨다. 나는 하늘 백성[天民] 가운데 먼저 깨우친 사람이다. 나는 장차 이 도로 이 백성들을 깨우치려 한다. 내가 깨우치지 않았다면 누가 깨우쳤겠는가?" 『시』「대아」"판"은 이러하다. "하늘이 백성을 인도하심이 훈(壎) 소리 같기도 하고 지(篪) 소리 같기도 하구나." 「전」은 이러하다. "유(牖)는 도(導)이다." 명교는 「속혐」편의 주13을 보라.

6 『윤문자』「대도(大道) 상」은 이러하다. "이름에는 삼과(三科)가 있고 법도에는 사정(四呈)이 있다. 첫째는 사물에 명명한 이름이다. 네모, 동그라미, 흰색, 검은색이 이것이다. 둘째는 깎아내리고 칭찬하는 이름이다. 좋다, 나쁘다, 귀하다, 천하다가 이것이다. 셋째 상황을 말하는 이름이다. 훌륭하다, 어리석다, 사랑한다, 미워한다가 이것이다. 첫째는 변하지 않는 법도이다. 임금, 신하, 위, 아래가 이것이다. 둘째 세상을 가지런히 하는 법도이다. 잘한다, 변변치 않다, 같다, 다르다가 이것이다. 셋째 대중을 다스리는 법도이다. 경사, 상, 형벌, 법이 이것이다. 넷째 공평하게 수준을 맞추는 법도가 있다. 율려, 도수, 저울, 됫박이 이것이다." 또한 『윤문자』「대도 상」은 이렇게도 말한다. "만약 만물이 모두 있을 때 이름으로 바로잡지 않는다면 어지러워진다. 만물의 이름이 모두 나열되었을 때 형체로 대응시키지 않는다면 어그러진다. 그러므로 형명(形名)은 바로잡지 않으면 안 된다. 좋은 이름은 좋다고 명명하고 나쁜 이름은 나쁘다고 명명한다. 그러면 좋은 것은 좋은 이름을 가지게 되고 나쁜 것

명성을 좋아하면서 결국 내용은 잊어버리는 지경에 이르렀는가? 이렇게 말할 수 있다. 정의에는 본래 명분이 없다. 정의를 모르는 사람이 정의에 따르도록 만들려고 했기 때문에 명의라고 부르게 된 것이다. 가르침에는 본래 이름이 없다. 가르침을 모르는 사람이 가르침에 따르도록 만들려고 했기 때문에 명교라고 부르게 된 것이다. 여러 사람에게 두루 알려 이름을 삼는 것은 내용을 찾기 위해서이다. 비유하자면 사람들이 밥을 몰랐다가 심어서 가꾸는 이름을 두루 알려 농사를 장려한 일이나, 사람들이 옷을 몰랐다가 누에고치에서 실을 잣는[7] 이름을 두루 알려 누에치기를 장려한 일이다. 따뜻한 옷을 입고 배불리 먹는 사람은 농사나 누에치기의 이름을 찾지 않는다. 오늘날 농사와 누에치기를 묻지 않고 다만 배부르고 따뜻한 것만 서로 뽐내고 있지만 밭을 갈고 길쌈하는 일을 멈추면 굶주림과 추위를 참아야 하는 것은 틀림없다. 등겨 따위를 빌어 배를 채우고 헤진 솜을 속에 넣어 두고 거짓으로 따뜻한 체한다. 이것은 명성을 좋아해서 생긴 폐단이다. 그러므로 명교나 명의에서 이름이란 농사와 누에치기이다. 명성을 좋아하는 사람의 이름이란 배부름과 따뜻함이다. 반드시 배부름과 따뜻함이란 이름을 향해 달려가고자 하는 사람치고 추위와 굶주림을 억세게 견디지 않는 사람은 없다.[8]

은 나쁜 이름을 가지게 된다. 거룩하다, 훌륭하다, 어질다, 지혜롭다는 좋은 것을 명명하는 말이다. 완고하다, 들레다, 흉하다, 어리석다는 나쁜 것을 명명하는 말이다. 만약 거룩하다, 훌륭하다, 어질다, 지혜롭다는 이름을 가지고 거룩하다, 훌륭하다, 어질다, 지혜롭다는 내용을 구한다면 어쩌면 다할 수 없게 된다. 완고하다, 들레다, 흉하다, 어리석다는 이름을 가지고 완고하다, 들레다, 흉하다, 어리석다는 내용을 구한다고 해도 어쩌면 다할 수 없을 것이다. 좋고 나쁜 것을 남김없이 나누려면 비록 모든 사물의 내용을 다할 수 없더라도 오히려 차이를 근심하지 않는다. 그러므로 이름은 변별하지 않을 수 없다."

7 조(繰)는 소(繅)와 같다. 『설문해자』는 이러하다. "소(繅)는 실을 풀어내는 것이다." 『예기』「제의」는 이러하다. "부인이 실을 풀려면 세 번 대야에 손을 담가야 한다." 정현 주는 이러하다. "삼분수(三盆手)는 삼엄(三淹)이다. 실을 풀 때마다 크게 푹 담가서 손으로 그것을 흔들어야 실마리가 나온다." 분(盆)은 담근다는 뜻이다. 누에고치를 물에 담가 실을 뽑는 것이다.

8 나는 이렇게 생각한다. 이 단락은 명성을 자랑하고 내용을 잊는 폐단을 논하고 있다.

명성을 좋아하는 사람이 명성을 잃는 것은 본래 그러한 이치이지 반드시 그래야만 하는 일이 아니다. 옛날에 개지추(介之推)는 녹봉을 말하지 않았고 녹봉도 그에게 돌아오지 않았다.[9] 내용이 온 뒤에야 명분도 돌아오지만 명분이 즉시 돌아오는 것은 아니다. 천하의 이름은 참으로 아는 사람에 의해 정해지는 것이다.[10] 그러나 아는 것 같지만 사실 깊이 알지 못하는 사람에 의해 도움을 받기도 한다. 참으로 아는 사람은 틀림없이 먼저 자신을 아는 사람이리라. 자신을 아는 사람은 천하에 드물다. 참으로 남을 알 수 있는 사람은 많지 않다. 아는 것 같지만 사실 깊이 알지 못하는 사람은 많다. 아는 것 같기 때문에 더불어 명성을 날릴 수 있다. 사실 깊이 알지 못하기 때문에 명성을 좋아하는 사람은 이것을 빌미로 자신의 속임수를 팔 수 있다. 하물며 하찮은 꾀로 명성을 얻어 온갖 술

9 『춘추좌전』「희공 24년」은 이러하다. "진나라 문공이 자신을 좇아 망명했던 사람들에게 상을 줄 때 개지추(介之推)만 녹봉을 말하지 않았다. 그래서 녹봉도 그에게 돌아가지 않았다. 개지추는 이렇게 말했다. '헌공의 아들이 아홉 명인데 지금 오로지 임금만 남았다. 혜공과 회공은 가까운 사람이 없어져 외내(外內)가 그를 버렸다. 하늘이 진나라를 끊어버리지 않은 것은 틀림없이 장차 주인이 있으려고 그런 것이다. 진나라의 제사를 주관할 사람은 임금이 아니면 누구겠는가? 하늘이 참으로 그를 둔 것인데 두세 명이 그것을 자기 힘이라고 생각하니 이것도 역시 속임수 아니겠는가! 남의 재물을 훔쳐도 오히려 도둑이라 부른다. 하물며 하늘의 공을 탐하여 자기의 공이라 하는 것이야? 아랫사람이 자신의 죄를 의롭다고 하고 윗사람은 그들의 간사함에 상을 준다. 위아래가 서로 덮어주니 더불어 살기 어렵겠구나.' 그의 어머니가 이렇게 말했다. '어찌 너도 가서 상을 달라고 하지 않느냐? 죽는다고 누구를 원망할 것이냐?' 개지추가 이렇게 대답했다. '남을 책망하고 그들을 본받는다면 죄가 더 큽니다. 또한 저는 원망하는 말을 뱉었으니 진나라의 식읍을 먹지 않을 것입니다.' 그의 어머니가 이렇게 말했다. '역시 그것을 임금이 알게 하는 것이 어떻겠느냐?' 개지추가 이렇게 대답했다. '말은 몸의 무늬입니다. 몸을 장차 숨기려는데 어찌 그것으로 꾸미겠습니까? 그것은 잘 되기를 바라는 짓입니다.' 그의 어머니가 이렇게 말했다. '그렇게 할 수 있겠느냐? 나는 너와 함께 숨으련다.' 결국 숨어 살다가 죽었다. 진나라 문공은 그를 찾으려고 했으나 찾지 못했다. 그래서 면상(緜上)을 그의 제사지내는 땅으로 삼고 이렇게 말했다. '이로써 내 허물을 기록하고 좋은 사람을 널리 알린다.'"

역주_ 외내는 제후와 신민을 가리킨다.

10 『장자』「대종사」는 이러하다. "또한 진인(眞人)이 있은 뒤에 진지(眞知)가 있다." 곽상 주는 이러하다. "진인이 있은 뒤에 천하의 지혜로운 자는 모두 자신의 참됨을 얻어서 어지럽지 않을 수 있다."

책을 부려 조종하는 일에만 평생토록 생각하는 힘을 완전히 소모하니 여기서 마땅한 것을 하나도 얻지 못했다고 말할 수 있겠는가? 그러므로 명성을 좋아하는 사람이 가끔 일시적인 명성을 얻기도 하는 일은 이익을 좋아하는 사람이 꼭 일시적 이익을 누리지 말란 법이 없는 것과 같다.[11]

하물며 명성을 좋아하는 사람은 본디 이로운 것이 있으면 그것을 하는 사람이다. 이것은 마치 장사치가 장사에서 이익을 올리는 것과 같다.[12] 장사치는 반드시 자신이 쌓아놓은 것을 내다 팔아야만 이익을 얻을 수 있다. 명성을 좋아하는 사람도 반드시 그 내용을 사람들이 좋아하는 맑은 술인 듯 꾸며야만[13] 일시적인 명성을 구할 수 있다. 아마 사람마다 얼굴이 다른 것처럼 사람의 마음도 각자 다를 것이다.[14] 그러므로 내용에 힘쓰는 사람은 모든 사람에게 잘한다고 칭찬할 수 없다. 명성을 좋아하는 사람은 세상 사람들의 마음이 어디로 향하는지 헤아리는 일에만 힘쓴다. 세상 사람들의 마음은 사람의 마음에서 참된 상태라고 불리는 데서 반드시 나오는 것은 아니다. 명성을 좋아하는 사람은 반드시 시대의 유행을 좇는다. 유행은 돌고 도는 것이다. 마치 봄의 난초나 가을의 국화처럼[15] 계속 변해서 서로 이어지지는 않는다. 사람은 유행의 틈바구니에 살지만 재주와 기질이 뛰어나면 그것에 딱 맞출 필요는 없다. 명성을 좋아하는 사람은 반드시 자신의 뜻을 굽혀서라도 그것을 찾는다. 그러므로 그들의 마음씀씀이에 대해 물을 수 없는 경우가 많다. 입술이 없

---

11 나는 이렇게 생각한다. 이 단락은 명성을 좋아하는 사람이 일시적인 영광을 누리는 것을 논하고 있다.

12 『주역』「설괘전」은 이러하다. "이익을 가까이 하여 세 배로 장사한다."

13 『설문해자』는 이러하다. "요(澆)는 엷다[薄]는 뜻이다." 리(漓)는 리(醨)와 통가자이다. 『설문해자』는 이러하다. "이(醨)는 박주(薄酒)이다."

14 「언공 중」의 주52를 보라.

15 국(鞠)은 국(菊)과 같다. 『초사』「구가」 "예혼"(禮魂)은 이러하다. "봄 난초와 가을 국화여, 오랫동안 끊이질 않고 영원하구나." 홍흥조 『초사보주』는 이러하다. "춘란추국(春蘭秋菊)은 각각 한 시절의 빼어난 것이다."

어지면 이빨이 시리고 노나라의 술이 멀거면 조나라의 한단(邯鄲)이 포위당한다.[16] 이것은 추세에는 필연적으로 이뤄지는 것이 있고 이치에는 당연한 것이 있다는 말이다.[17] 학문의 길이 사람과 더불어 해치거나 꺼리는 경우는 없다.[18] 그러나 명분과 관련된 곳에는 해치거나 꺼리는 일이 틀림없이 생기게 마련이다. 학문의 길이 세상과 더불어 결점을 고치는 경우는 없다. 그러나 명분이 있는 곳에는 결점을 고치는 일이 반드시 있게 마련이다. 그러므로 명성을 좋아하는 사람은 덕을 해치는 강도이다.[19]

참으로 아는 사람은 자신에 대해 정확히 알고 있으며 세속에서 자신을 알아주길 바라지 않는다.[20] 아는 것 같지만 사실 깊이 알지 못하는 사

---

16 『춘추좌전』「희공 5년」은 이러하다. "진나라 헌공이 다시 우나라[虞]에 길을 빌려 괵나라[虢]를 정벌하려고 했다. 우나라 대부 궁지기(宮之奇)가 임금에게 이렇게 충고했다. '괵나라는 우나라의 병풍입니다. 괵나라가 망하면 우나라도 틀림없이 뒤를 좇을 것입니다. 진나라의 탐욕을 열어줄 수 없으며 도둑을 만만히 볼 수 없습니다. 지난번 한 번 열어준 것도 심한 일인데 어찌 두 번 열어줄 수 있습니까? 볼과 잇몸이 서로 의지한다[輔車相依]거나 입술이 없어지면 이가 시리다[脣亡齒寒]라는 속담은 우나라와 괵나라를 두고 말한 것입니다.'" 『장자』「거협」은 이러하다. "그래서 이렇게 말한다. 입술이 없어지면 이빨이 시리고, 노나라 술이 멀거면 조나라 서울(邯鄲)이 포위된다. 성인이 태어나면 큰 도둑이 일어난다." 『경전석문』은 허신의 『회남자』에 대한 주를 인용하여 이렇게 말한다. "초나라가 제후를 모아 맹서하려는데 노나라와 조나라가 함께 초나라 왕에게 술을 바쳤다. 노나라 술은 멀겠고 조나라 술은 진했다. 초나라 왕의 술을 담당하는 벼슬아치가 조나라에 술을 요구했다. 조나라는 주지 않았다. 벼슬아치는 화가 나서 이에 조나라의 진한 술을 노나라의 멀건 술과 바꿔서 올렸다. 초나라 왕은 조나라 술이 멀건 것 때문에 조나라 서울을 포위했다."

17 섭장청의 주는 『전국책』「제책」 4의 다음과 같은 말을 인용하고 있다. "담습자(譚拾子)는 이렇게 말한다. '일은 반드시 이뤄지는 것이 있고 이치에는 본디 그런 것이 있다. 그대는 그것을 아는가?'"

18 『시』「패풍」 "웅치"(雄雉)는 이러하다. "해치지 않고 탐내지 않으면 무엇인들 잘되지 않겠는가?" 『모시전』은 이러하다. "기(忮)는 해(害)이다." 한유 「원훼」(原毁)는 이러하다. "비록 그렇지만 그렇게 하는 것은 근본도 있고 근원도 있다. 게으름과 꺼림을 말한다. 게으른 사람은 수양할 수 없지만 꺼리는 사람은 남이 수양하는 것을 두려워한다."(『창려집』 권11)

19 나는 이렇게 생각한다. 이 단락은 명성을 좋아하는 사람이 원망하고 꺼릴 뿐 아니라 왜곡하기 때문에 덕을 해치는 강도라는 것을 논하고 있다.

20 한유 「여풍숙서」(與馮宿書)는 이러하다. "이로써 말하자면 지은이는 남이 알기를 바라지 않는 것이 명백하다. 백 개의 왕조가 바뀌는 동안 성인을 기다려도 미혹되지

람이 같은 길을 가는 사람이라고 그는 달갑게 인정하지 않는다. 같은 길을 가는 사람은 어쩌면 백 세대를 거슬러 올라가도 한 사람 있을까 말까지만 나는 그의 고독함과 짝이 없음을 기린다.[21] 그는 애초부터 그보다 후세에 일어나 그를 도울 나를 기다리지 않았던 적이 없다. 같은 길을 가는 사람은 어쩌면 천리 밖에 한 사람 있을까 말까지만 나는 그가 멀리 떨어져 있어 발자국을 잇대며 따르지 못하는 것을 슬퍼한다.[22] 그는 애초부터 이웃에 살면서 나와 어울리지 않았던 적이 없다. 따라서 이 시대에 참으로 아는 사람이 누구냐고 묻는다면 몇 명 되지 않아 쓸쓸할 지경이다. 그러나 군자는 이것을 근심하지 않는다. 천박한 기운이 사그라지면 유행은 바로잡힐 것이다. 천하가 이렇게 큰데 어찌 참으로 아는 사람이 없을 소냐? 그렇게 되면 명성을 좋아하는 배우들도 어려워질 것이다. 그러므로 내가 앞에서 이렇게 말한 것이다. 내용이 도달하면 이름도 되돌아가고 명성을 좋아하는 사람이 명성을 잃는 것은 본래 그러한 이치이지 반드시 그래야만 하는 일이 아니다. 마지막에 이르면 일도 이치를 넘지 못한다.[23]

않으며 그것을 귀신에게 물어봐도 의심하지 않을 따름이다."(『창려집』 권17)

21 『노자』 제39장은 이러하다. "옥처럼 영롱하길 바라지 않고 돌처럼 울퉁불퉁하길 바란다." 낙락(落落)은 맞아 들어가지 않는 모양이다. 한나라 광무제 「임치로경엄」(臨淄勞耿弇)은 이러하다. "장군은 남양을 앞에 두고 있으니 이렇게 큰 계책을 세웠구려. 나는 늘 울퉁불퉁하여 맞아 들어가지 않는다고 생각했는데 의지가 있는 사람은 일을 결국 완성하게 마련이구려."

22 『시』 「소아」 "정월"(正月)은 이러하다. "그의 이웃과 의좋게 친하며 인척들과 아주 잘 지낸다오." 『모시전』은 이러하다. "흡(洽)은 합(合)이다."

23 나는 이렇게 생각한다. 이 단락은 명성을 좋아하는 사람이 참으로 아는 사람을 만나면 기술도 막히게 되고 명성도 잃어버린다는 점을 논하고 있다.

폄이(砭異)[1]

옛사람은 학에서 진리를 찾았지 남다른 것을 추구한 적이 없다. 사람들은 학이 가장 높은 경지에 이른 사람을 바라보지만 그와 같은 경지에 도달할 수 없다. 그래서 그가 남다르다는 것을 깨달은 것은 사람들이지 그 자신이 남다른 점이 있는 것은 아니다. 공자는 이렇게 말한다. "검소함은 내가 뭇사람을 따르련다. 그러나 교만함은 설령 뭇사람을 거스르더라도 나는 아래에서 절하겠다."[2] 성인도 이렇게 사람들과 같아지길 추구

---

1 나는 이렇게 생각한다. 「폄이」는 앞의 「침명」편을 이어서 주장하는 것이다. 명성을 좋아하는 사람은 가끔 남과 다른 주장을 세우길 좋아한다. 그리고 명성이 높아졌다고 생각한다. 장학성은 특별히 글을 지어 논하며 그것을 비판한다. "마음이 허전하면 바깥에 뽐내지 않을 수 없다. 내용이 이르지 않으면 이름에 매달리지 않을 수 없다." 이 말은 병의 뿌리가 어디에 있는지 들춰내고 있다. 유함흔은 『문사통의지어』에서 이렇게 말한다. "「폄이」편도 「원도」에서 미처 말하지 못한 뜻이다. 선생은 교수학에서 공동 유래[共由]의 뜻을 얻었고 공동 유래로부터 평범함[平常]의 뜻을 얻었다." 이것도 제대로 본 것이다.

2 『논어』 「자한」은 이러하다. "선생님이 이렇게 말씀하셨다. '삼으로 만든 면류관이

하고 있다. 어떤 때는 뭇사람과 다른데 이것은 성인도 어쩔 수 없기 때문이다. 천하에는 공인된 진리가 있다. 진리는 뭇사람이 그렇게 된 지도 모르는 새 그렇게 되어버리기 때문에 성인도 다르게 할 수 없다. 훌륭하고 지혜로운 선비는 그렇게 되는 이유를 깊이 탐구한 뒤에 그렇다는 것을 믿는다. 변변치 못하고 어리석은 사람은 아는 것도 없으면서 그런 상태를 역시 편안하게 여긴다. 자신의 타고난 자질을 믿고 마음을 당당히 가진 사람은 변변치 못하고 어리석은 사람처럼 그런 상태라고 인정하는 것을 부끄럽게 생각한다. 그래서 그런 관점을 일부러 고친 뒤 그것이 틀렸다고 말한다. 칼질이나 요리를 잘하는 사람에게 비유하자면 달고 기름진 음식은 사람들이 으레 좋아하게 마련이고[3] 맛을 모르는 사람이라도 이것이 달다고 생각하지 않은 적은 없을 것이다. 이제 맛을 모르는 사람과 똑같은 음식을 좋아한다는 것을 부끄럽게 생각한다면 틀림없이 맛좋은 술을 버리고 술지게미를 먹으며 육회와 구운 고기처럼 좋은 음식을 없애고 명아주 잎과 콩잎처럼 변변치 못한 음식을 찾아야만[4] 평범하고 세속적인 사람들과 달라질 수 있으리라. 상스러운 말에 이런 것이 있다. "만약 나중에도 공정하지 못하다면 지금까지도 성인이나 현인도 없었다는 말이다." 영원히 믿을 수 있는 사람은 공자 한 사람뿐이다. 공자를 믿

예에 맞다. 지금은 생사로 만드니 검소해진 것이다. 나는 대중을 따르겠다. 당 아래서 절하는 것이 예에 맞다. 지금은 위에서 절하니 교만한 것이다. 비록 대중을 어기더라도 나는 아래에서 절하는 것을 따르겠다.'" 『논어집주』는 정자를 인용하여 이렇게 말한다. "군자가 세상에 살면서 의로움에 해가 없는 일은 세속을 따르더라도 괜찮다. 의로움에 해가 되는 일은 따르면 안 된다."

3 『맹자』「고자 상」은 이러하다. "사람 입이 맛에 대해 같이 즐기는 것이 있다. 역아(易牙)는 우리 입이 좋아하는 것을 먼저 알았던 사람이다."

4 『초사』「어부」는 이러하다. "모든 사람들이 다 취했다면 어찌 술지게미를 씹지 않고 멀건 술이나마 쩝쩝거리지 않는 것이오?" 『맹자』「진심 하」는 이러하다. "공손추는 이렇게 물었다. '육회와 구운 고기, 양조(羊棗) 가운데 어느 것이 아름답습니까?' 맹자는 이렇게 대답했다. '육회와 구운 고기지.'" 『설문해자』는 이러하다. "회(膾)는 잘게 썬 고기이다." 또한 이렇게도 말한다. "자(炙)는 구운 고기이다." 『사기』「태사공자서」는 이러하다. "여곽(藜藿)의 국이다." 장수절 『사기정의』는 이러하다. "여(藜)는 곽(藿) 비슷하지만 겉이 붉다. 곽(藿)은 콩잎이다."

을 수 있다는 것은 누가 정한 것인가? 모든 사람이 이것을 어길 수 없는 뚜렷한 진리로 인정하고 있다. 공자는 고대의 신인, 성인, 현인을 많이 들추어내어 늘어놓고 있다. 백이는 어짊은 추구하여 어짊을 얻었고[5] 태백은 아우에게 미뤄 천하를 주었다.[6] 만약 공자가 캄캄하게 드러나지 않은 것을 밝혀주지 않았다면[7] 사람들은 알 도리가 없었을 것이다. 요임금, 순임금, 우임금, 탕왕, 문왕, 무왕, 주공은 설령 공자가 칭찬하여 서술하지 않았더라도 사람들이 어찌 몰랐겠는가? 공자 같은 성인이 칭찬하여 서술한 요임금, 순임금, 우임금, 탕왕, 문왕, 무왕, 주공 가운데 뭇사람과 달리 더하거나 뺀 사람이 있다는 것은 들어본 적이 없다. 그렇다면 천하에는 다른 것을 추구할 수 있는 사람이 정말 없을 것이다. 옳고 그름을 따지는 마음은 사람마다 가지고 있다.[8] 빛깔, 소리, 냄새, 맛에 대해 천하 사람들의 눈, 귀, 입, 코는 비슷하다. 마음이 한결같은 것은 이치이자 정의이다.[9] 그러나 천하의 갈라진 대세가 흘러가는 방향은 이치와 정의를 다투는 데서 비롯되고 옳고 그름을 따지는 마음도 이에 따라 바뀐다. 어찌 마음이 한결같은 것이 눈, 귀, 입, 코만도 못하겠는가? 빛깔, 소리, 냄새, 맛은 근거가 있지만 이치와 정의는 생김새가 없다. 근거가 있다면 변

---

5 『논어』「술이」는 이러하다. "자공이 이렇게 물었다. '백이와 숙제는 어떤 사람입니까?' 선생님이 대답하셨다. '고대의 현인이다.' 자공이 물었다. '원망했습니까?' 선생님이 대답하셨다. '인을 찾아 인을 얻었는데 다시 어찌 원망하랴?'"

6 『논어』「태백」은 이러하다. "선생님이 이렇게 말씀하셨다. '태백은 지극한 덕을 가진 사람이라고 할 수 있겠구나! 세 번 천하를 사양하는 바람에 백성들이 얻지 못하고 칭송한다.'"

7 『주역』「계사전 하」는 이러하다. "『역』은 과거를 밝히고 미래를 살피며 드러나지 않은 것이 드러나고 어두운 것을 밝힌다.."

8 『맹자』「고자 상」의 글이다.

9 맹자』「고자 상」은 이러하다. "그러므로 이렇게 말한다. 입이 맛에 대해 같이 즐기는 것이 있다. 귀가 소리에 대해 같이 듣는 것이 있다. 눈이 빛깔에 대해 같이 아름답게 보는 것이 있다. 마음에 대해서만 유독 같은 것이 없겠느냐? 마음이 같은 것은 무엇인가? 이치, 의로움이라고 한다. 성인은 내 마음과 같은 것을 먼저 얻었을 뿐이다. 그러므로 이치와 의로움이 내 마음을 기쁘게 하는 것은 짐승 고기가 내 입을 기쁘게 하는 것과 같다."

변치 않고 어리석은 사람도 따라야만 한다는 것을 알 텐데 생김새가 없으니 훌륭하고 지혜로운 사람도 자기 마음대로 쓰는 일을 피하지 못한다. 남다른 것을 추구하는 사람치고 자기 마음대로 쓰는 데서 나오지 않는 사람이 없다. 자기 마음대로 쓰는 폐단을 다스릴 때, 근거가 있는 학으로 다스리는 것보다 나은 것이 없다. 생김새가 없는 이치와 정의를 알차게 만든 뒤에는 대세가 흘러가는 방향이 갈림길로 들어서지 못한다. 내면을 중시하면 외면이 가벼워지고 내용이 이뤄지면 명분을 잊는다.[10] 남다른 것을 추구하는 사람은 내면이 부족하기 때문이다. 부족하다는 것을 알면서도 명성을 좋아하는 마음을 견디지 못하기 때문에 남다른 것을 추구하여 남들에게 억지로 보태려고 하지만 결국 남들에게 억지로 보태지는 못한다. 내면이 부족하면 어쩔 수 없이 바깥으로 뽐내게 되며 내용이 이뤄지지 않으면 어쩔 수 없이 명성을 추구하게 된다.[11] 세상 사람들의 마음은 대체로 비슷하다. 세상 사람들의 마음이 대체로 비슷하고 남다른 것을 추구하는 사람도 본디 여기서 벗어날 수 없다면 남다른 것을 추구하는 사람은 무엇이 남다르단 말인가? 명성을 좋아하는 사람은 너그럽고 넓은 마음을 가진 군자와 다를 뿐이다.[12] 어떤 말이든지 털과 갈기가 있다는 것은 같다. 풀을 뜯고 물을 마시며 꼴과 곡식을 먹여 기르고 말에게 안장과 언치를 얹거나 재갈을 먹이는 것도 하나도 다를 게 없다.[13] 하지만 어떤 말은 하루에 백리를 달릴 수 있고, 어떤 말은 하루

10 『장자』「달생」은 이러하다. “겉을 장중하게 꾸미는 자는 안이 졸렬하다.” 「덕충부」는 이러하다. “그러므로 덕을 기르면 형체는 잊는다.”

11 스스로 훌륭하다고 생각하는 것을 뽐낸다고 한다. 『상서』「대우모」는 이러하다. “네가 오로지 뽐내지 아니하나 천하가 너와 잘났음을 다투지 않는다.” 『한서음의』는 이러하다. “직빙(直騁)은 치(馳)이고 난빙(亂騁)은 무(騖)이다.” 겉으로 자랑한다면 자신의 능력을 뽐내는 것이다. 명성을 좇는다면 자신의 거짓을 왜곡하여 꾸밀 것이다.

12 『논어』「술이」는 이러하다. “선생님이 이렇게 말씀하셨다. ‘군자는 평탄하고 느긋하지만 소인은 늘 조마조마하여 초조하다.’” 정현은 이렇게 말한다. “탄탕탕(坦蕩蕩)은 느긋한 모습이다.”

13 『장자』「마제」는 이러하다. “말은 발굽으로 서리나 눈을 밟을 수 있고 털로 바람과 추위를 막을 수 있다. 풀을 뜯고 물을 마시며 발을 들고 땅을 박찬다. 이것이 말의

에 천리를 달릴 수 있다. 같은 것을 따르는 가운데 홀로 다른 것이다. 이것이 바로 성인과 현인, 호걸이 보통 사람과 다른 이유이다. 뭇사람과 똑같은 것을 따르지 않고 먼저 남다른 것을 추구한다면 이것은 틀림없이 재갈을 망가뜨리고 고삐를 물어뜯은 뒤 발길질을 하고 사람을 무는 놈이니 타고 달릴 때 쓸 수 없는[14] 놈이다.

참된 본성이다." 성현영 소는 이러하다. "흘(齕)은 설(齧)이다." 『시』「주남」는 이러하다. "그 말에 꼴을 먹이리라." 『모시전』는 이러하다. "말(秣)은 양(養)이다." 『목란시』(木蘭詩)는 이러하다. "서쪽 시장에서 안장과 언치를 샀네." 『설문해자』는 이러하다. "천(韉)은 말안장 용구이다." 『정운』은 이러하다. "겸(箝)은 쇄항(鎖項)이다." 재갈이 있으면 늑(勒)이라 하고 재갈이 없으면 기(羈)라고 한다.

역주_ 『시』「주남」이 인용한 시는 "한광"(漢廣)이다.

14 『장자』「마제」는 이러하다. "재갈을 망가뜨리고 고삐를 물어뜯는다." 『경전석문』은 이러하다. "궤함(詭銜)은 재갈을 뱉는 것이다. 절비(竊轡)는 고삐를 물어뜯는 것이다." 『한서』「무제기」는 이러하다. "말은 어떨 때 바람처럼 내달려 천리를 갑니다." 안사고는 이렇게 말한다. "치(踶)는 답(蹋)이다." 『후한서』「반고전」은 이러하다. "달리려고 하니 좇아 뒤따르다." 주는 이러하다. "결(趹)은 분(奔)이다." 『시』「용풍」(鄘風) "재치"(載馳)는 이러하다. "달리고 달려 위나라 임금을 위문하고자."

폄속(砭俗)[1]

환갑잔치를 할 때 둘러치는 병풍[壽屛]과 장례에 쓰는 만장[祭帳]이 저자거리에 있는 살림집 칸살 얽은 것이나 거의 진배없기 때문에 학문을 지망하는 선비의 집에 들일 수 없다고 문장가는 말한다. 사실 이것은 시절이 그렇게 만들었다. 세상 살다보면 주고받는 인사처럼 고사를 없앨

1 장학성 「답주소백서」(答朱少白書)는 이러하다. "형식에서 응수(應酬)는 없애지 않았습니다. 한유의 묘지명은 사실이 없고 잠시 응수해서 취한 것이 열에 일고여덟입니다. 최근의 장수를 기원하는 글과 무슨 차별이 있습니까? 돌아가신 아버님은 수서(壽序)라는 형식에 대해 전기의 법도를 많이 쓰셨습니다. 가장 쓸모 있는 글인데 어찌 가볍고 소홀히 대할 수 있습니까? 세속은 형식에 사로잡혀 우열을 나누지 글의 우열을 살피지 않습니다. 제 글은 결코 형식의 겉모습을 헤아려보고 우열을 얻으려 하지 않습니다. 그래서 「폄속」(砭俗)편을 지은 것은 사람들이 글은 관두고 내용을 찾길 바라기 때문입니다."(가업당본 『장씨유서』 「보유」) 이것이 「폄속」편을 지은 뜻이라고 장학성이 스스로 말하고 있다. 유함흔 『문사통의지어』는 이러하다. "선생은 글을 논할 때마다 바탕에 뿌리를 두고 있다. 그는 고금을 찬양하고 기뻐하기 때문에, 극히 기이하고 극히 어지러운 어떤 것도 여기서 나오지 않는다."

수 없다. 축하(祝嘏)한다며[2] 늘어놓는 말이나 애만(哀輓)하는[3] 입버릇이 되다시피 한 말에서 성령을 이끌어낼 수도 없다. 하지만 여전히 이것을 잘하니 못하니 조심스럽게 따지는 것과 꿈결에 이 꿈이 좋은 꿈인지 나쁜 꿈인지 점치는 것[4]과 무엇이 다른가? 글은 지은이의 의도를 드러내는 근거여야지 자신의 의도를 펼칠 이유도 없고 으레 남과 더불어 같아지려고 할 이유도 없다. 옛사람은 행사가 닥칠 때마다 새로 글을 짓지 않고 사내가 성인식을 치를 때 읽는 축문이나 계집이 시집갈 때 읽는 경계시키는 글처럼[5] 지어둔 지 오래된 글을 썼을 뿐이다. 남과 글을 겨루려는

---

2 『국어』「초어」(楚語)는 이러하다. "자신의 종축(宗祝)을 공경한다." 주는 이러하다. "축(祝)은 축원과 기도를 주관한다." 『시』「대아」는 이러하다. "큰 복 언제나 누리셨네." 「전」(箋)은 이러하다. "복을 주는 것이 하(嘏)이다." 또한 「노송」 "비궁"(閟宮)은 이러하다. "하늘이 희공께 큰 복을 내리시니 오래토록 노나라를 보전하시길." 이것 때문에 장수를 비는 일[祝壽]을 나중에 축하(祝嘏)라고 부르게 되었다.

역주_ 『시』「대아」가 인용한 시는 "권아"(卷阿)이다.

3 지우 『문장유별집』은 이러하다. "애도하는 말은 뇌의 유파이다." 최표 『고금주』는 이러하다. "전횡(田横)이 자살하자 문인들이 그것을 상심하여 비가(悲歌) 두 장을 지었다. 무제 때 이르러 이연년이 두 곡으로 나눴다. 「해로」(薤露)는 왕공과 귀족을 장사지낼 때 연주하고 「호리」(蒿里)는 사대부와 서인을 장사지낼 때 연주한다. 상여를 메는 사람이 노래하기 때문에 만가(輓歌)라고도 한다." 『세설신어』「임탄」 주는 이러하다. "『장자』에 따르면 이런 말이 있다. '상여 소리[紼謳]가 생긴 것은 틀림없이 힘쓰는 괴로움을 멀리하려는 것이다.' 사마표의 주는 이렇게 말한다. '불(紼)은 상여를 끄는 줄이다. 척(斥)은 느슨하게 만드는 것이다. 고(苦)는 힘 드는 것이다. 상여를 끌 때 노래를 부르는 것은 사람들이 힘쓸 때 고르지 않기 때문에 그것을 재촉하려는 것이다.' 『춘추좌전』은 이렇게 말한다. '노나라 애공이 오나라와 만나 제나라를 정벌하는데 장수인 공손하(公孫夏)가 「우빈」(虞殯)이라는 노래를 부르라고 명령했다.' 두예는 이렇게 말한다. '「우빈」은 장송곡이다.' 『사기』「강후세가」(絳侯世家)는 이렇게 말한다. '주발은 퉁소를 불어 장사 지낼 때 음악 연주를 했다.' 그래서 만가의 유래가 오래되었고 전횡에게서 비로소 시작된 것이 아니다."

4 『장자』「제물론」은 이러하다. "꿈결에 또 꿈속의 꿈을 점친다."

5 『의례』「사관례」(士冠禮)는 이러하다. "첫 번째로 치포관을 쓰고 기원하여 이렇게 말한다. '좋은 달 길일에 치포관(元服, 관(冠)이다)을 쓰게 되었다. 네 어릴 적 의지를 버리고 네 아름다운 덕을 따르라. 네 장수와 상서를 비노니 네게 큰 복을 내려주시길 비노라!' 두 번째로 피변을 쓰고 이렇게 말한다. '길한 달 좋은 시각에 네 피변을 펼쳤다. 네 위엄 있는 모습을 공경스럽게 하고 네 덕을 맑고 삼가라. 만년 동안 오래 살고 영원히 큰 복을 받길 비노라!' 세 번째로 작변을 쓰고 이렇게 말한다. '한 해의 올바름과 한 달의 좋음으로 네 모자를 모두 씌워 주었다. 형제가 모두 있으니 그대

습성이 있으면 틀림없이 새롭게 말을 다듬으려고 한다. 그것을 짓게 된다면 어찌 좋은 것이 없기야 하겠는가? 그렇다면 결국 자신의 마음을 계속 뽐내고 자신의 의도를 계속 떨쳐 일으키려 할 뿐 아니라 계속 우러러 그리워하고 본받으려고 한다. 이런 현상은 옹달샘이 흘러 황하나 장강처럼 큰 강물이 된 것처럼 더 이상 막을 수 없다.[6] 글은 내용에서 생긴다. 첫 지은이는 변화에 통달하지 못했기 때문에 글짓기의 수단이 금방 줄어들어 쉽사리 없어졌다. 이것이 바로 나중에 따라한 사람이 걸음걸이를 잘못 배운 사람처럼 된 이유이다. 황하나 장강처럼 막을 수 없는 큰 흐름을 이었다면 마땅히 계속 살펴서 강물이 넘치지 않게 잘 다스리고[7] 강물을 바탕으로 논밭에 물을 잘 대며 강물에 배를 띄워 사람과 물자를 소통시켜야만 한다. 이처럼 해야만 신명이 소통하고 지속하는[8] 작용을 알 수 있다. 문장의 도는 과거에 없었지만 지금 생긴 것을 지어야 하는 것은 당연하다. 오래 사시기를 비는 말이 고대에 없었지만[9] 평생의 일에

의 덕을 완성하라. 목숨이 끝이 없고 하늘의 복을 받길 비노라!'" 또한 「사혼례」(士昏禮)는 이렇게 말한다. "아버지가 딸을 보내면서 딸에게 이렇게 명한다. '삼가고 공경해라! 아침부터 저녁까지 명을 어겨서는 안 된다.' 어머니가 딸의 옷깃을 매만지고 수건을 묶어준 뒤 이렇게 말한다. '부지런하고 공경해라! 아침부터 저녁까지 지아비를 어기면 안 된다.' 서모(庶母)는 사당문 안까지 와서 작은 주머니를 매만져주고 부모의 명을 딸에게 다시 일러준다. 딸에게 이렇게 명한다. '네 부모의 말을 공경스럽고 공손하게 듣고 따라라. 아침부터 저녁까지 허물이 있으면 안 된다. 옷깃과 주머니를 네 부모 보듯 하거라!'" 정현 주는 이러하다. "술잔을 받고 다시 돌려주지 않는 것을 초(醮)라고 한다."

6 남상은 「서교 중」의 주27을 보라. 인(堙)은 막힌다는 뜻이다. 알(閼)은 알(遏)이라고 읽으며, 막히고 가린다는 뜻이다.

7 『한서』 「구혁지」(溝洫志)는 이러하다. "황하가 호자구[瓠子]에서 터진 뒤 이십여 년 동안 해마다 이것을 통해 자주 물이 오르지 않았다. 황제는 이에 급인(汲仁)과 곽창(郭昌)에게 병졸 만 명을 징발하여 호자구에서 황하가 터지는 일을 막으라고 시켰다. 그 위에 집을 지었는데 선방궁[宣防]이라는 이름을 붙였다."

8 『주역』 「계사전 상」은 이러하다. "신령스럽고 밝은 것은 그 사람에게 있다." 또한 「계사전 하」는 이렇게 말한다. "『역』은 막히면 변하고 변하면 통하고 통하면 오래 지속된다."

9 『일지록』 권13은 이러하다. "생일의 예는 옛사람에게 없었다. 『안씨가훈』 「풍조」는 이렇게 말한다. '강남의 풍속에 아이가 태어나 돌이 되면 새 옷을 만들어 입히고 대

순서를 매기는 일은 전기를 기술하는 방법과 한결같은 것이다. 이렇게 기술한 글을 영원히 변치 않을 글로 만드는 일은 죽간이나 백서의 글을 전한 역사서와 같다. 만장이나 제사에 쓰는 축문은 본래 사장에서 나왔다. 그러나 돌아가신 분의 행실을 일일이 거슬러 올라가는 것은 뇌시(誄諡)[10]의 의도와 한결같은 것이다. 이렇게 적은 글을 삶의 내력을 묶어 매

야에 목욕시킨 뒤 꾸며준다. 사내아이라면 활, 화살, 종이, 붓, 여자아이라면 칼, 자, 바늘, 실을 음식물 및 진귀한 보배, 옷, 장난감과 함께 아이 앞에 놓아둔다. 아이가 드러낸 의도로 취한 것을 살펴 탐욕스러운지 청렴한지 지혜로운지 어리석은지 시험한다. 그것을 시아(試兒)라는 이름을 붙였다. 친척과 이종까지 모여 이어서 잔치를 벌인다. 이 이후부터 양친이 만약 있으면 이 날이 될 때마다 늘 음식을 먹는 일이 있다. 가르침을 받지 못한 무리들은 비록 부모님이 돌아가셨어도 그 날짜마다 늘 잔치음식을 늘어놓고 술이 취해 노래 부르고 음악을 연주하니 도대체 슬픔을 느끼는 건지 모르겠다. 양나라 효원제[孝元]가 어린 시절 팔월 초엿새가 돌아올 때마다 탄신일이라고 늘 재강(齋講)을 베풀었다. 완수용(阮修容)이 죽은 뒤부터 이런 일도 역시 끊어졌다.' 그래서 이 예는 제나라와 양나라 무렵 시작되었다. 당나라와 송나라 이후에 천자부터 서민까지 이 날을 높이고 꾸미지 않는 사람이 없었다. 잔치를 열고 손님을 불러 시를 읊고 장수를 기원한다. 그러나 옛날 사람들의 근본으로 돌아가고 삶을 즐기는 의도에 대해서는 한참 동떨어졌다."

역주_ **완수용**은 양나라 원제의 생모이다. 본래 성은 석씨(石氏), 이름은 영영(令嬴)이다. 회계 여요 출신이다. 제나라 시안왕(始安王) 요광(遙光)이 맞아들였다가 요광이 반란을 꾀하다 죽자 동혼궁(東昏宮)에 들어갔다. 건강성이 함락되자 양나라 고조가 채녀(彩女)로 맞아들였다. 천감 7년 나중의 원제 소역(蕭繹)을 낳았다. 바로 수용 품계와 완씨 성을 하사받았다. 대동 6년 유월 강주(江州) 궁궐에서 세상을 뜨니 당시 나이가 예순일곱이다.

10 『문심조룡』「뇌비」(誄碑)는 이러하다. "뇌는 누(累)이다. 죽은 사람의 덕행을 쌓아서 그에게 불후의 명성을 세워주는 것이다." 『예기』「단궁 상」은 이러하다. "노나라 장공이 송나라와 승구(乘丘)에서 싸웠다. 현분보(縣賁父)가 장공의 전차를 몰고 복국(卜國)이 거우였다. 말이 놀라 수레가 쓰러지니 장공이 수레에서 떨어졌다. 좌거(佐車)가 말고삐를 주었다. 장공은 이렇게 말했다. '하찮은 놈이로구나, 복국은.' 현분보가 이렇게 말했다. '다른 날엔 말이 쓰러지지 않았는데 지금 쓰러진 것은 용기가 없기 때문입니다.' 드디어 전투 중에 죽었다. 어인이 말을 씻기다 보니 빗나간 화살이 말의 다리 사이에 꽂혀 있었다. 장공은 이렇게 말했다. '그들의 죄가 아니었다.' 드디어 그들의 업적을 뇌문으로 지었다. 사에게 뇌문이 있게 된 것은 여기서부터 시작된 것이다." 『설문해자』는 이러하다. "시(諡)는 행한 자취이다." 『급총주서』「시법해」(諡法解)는 이러하다. "주공 단(旦)과 태공 망(望)이 왕업을 새로 이으면서 목야(牧野) 가운데서 공격했다. 전쟁이 끝나고 죽은 자들을 장사지냈다. 이에 시호를 제정하고 법도를 서술했다. 큰 공이 있으면 큰 이름을 받고 조그만 공이 있으면 조그만 이름

듭짓는 글로 만드는 일은 돌이나 쇠에 새긴[11] 묘지명과 같다. 글은 내용에서 생긴다. 구체적 내용이 어떤지 보고 글을 지었어도 세상을 교화시키는 데 아무런 보탬도 되지 않는다면 저자거리에 있는 살림집 칸살 얽은 것 같다고 의심하거나 학문을 지망하는 선비가 말할 만한 가치가 거기 없는가?[12]

살아 있으면 수언(壽言)이 있고 죽으면 제만(祭輓)이 있다. 이것은 예의 규범이 사라진 가운데 남은 최근의 예이다. 예의 규범은 때에 마땅한 것을 따르고 사신은 자기가 간 나라의 풍속을 따르는 법이다.[13] 만약 옛사람의 도와 모순되지 않는다면 군자는 예의 규범을 없애지 않는 법이다. 문장가는 수언과 제만을 하찮게 본다. 그들은 이런 방법을 신명스럽게 만들 줄 모르기 때문에 폐단이 여기까지 이르게 되었다. 그중 심한 경우가 제만은 남기면서도 수언을 기록하는 것은 부끄러워하는 것이다. 최근의 문인들은 자신의 문집을 편집할 때, 잘라버리기 아까워 틈틈이 남긴 것도 꼭 따로 가다듬어 둔다. 이것은 『시경』의 대아나 소아를 정나라의 시와 동일한 수준에서 말할 수 없는 것과 완전히 같은 것이다.(둔옹(鈍翁) 왕완(汪琬)[14]은 고문을 짓는 일을 자신의 사명이라고 생각했기 때문에 설핏 움직이기만 해도 남

을 받는다. 공은 자신에게서 나오고 이름은 남에게서 생긴다." 『예기』 「단궁 상」은 이러하다. "죽고 시호를 받는 것은 주나라의 도이다." 소는 이러하다. "은나라 이전에는 살았을 때 이름[號]이 있으면 여전히 죽은 뒤의 이름[稱]으로 썼다. 주나라는 죽은 뒤에 따로 이름[諡]을 세웠다."

역주_ **뇌시**는 죽은 이가 살았을 당시의 덕행을 적어서 죽은 뒤 받는 이름의 근거가 되는 글이다. 아래 본문의 **수언**은 오래 사시기를 비는 말이다. **제만**은 슬퍼 기리는 글이다. **애뢰**는 죽은 이를 기리기 위해 죽은 이가 살았을 당시의 덕행을 적은 글이다.

11 이상은 「한비」(韓碑)는 이러하다. "쇠나 돌에 새기고 그리는 것은 제가 잘 합니다." (『이의산시집』(李義山詩集) 상)

12 나는 이렇게 생각한다. 이 단락은 형식이 내용에서 생기며 내용이 어떤지 보고 형식을 베푸는 일을 논하고 있다. 그러므로 과거에는 없었는데 지금 있는 것은 싫어하지 않는다. 가업당본 『장씨유서』에는 "불설"(不屑) 앞에 "소"(所)라는 글자가 있다.

13 『예기』 「곡례 상」의 글을 보라.

14 『청사열전』 「문원전」은 이러하다. "왕완(汪琬)은 자가 초문(苕文)이며 강소 장주(長洲) 출신이다. 순치(順治) 12년에 진사가 되어, 형부 낭중에 제수되었다. 말미를 내어

을 꾸짖었다. 사실 그는 타고난 자질은 있었지만 판단력이 없었기 때문에 아무런 가치도 없는 금기 따위를 따지기 좋아했다. 그래서 그는 도리어 자신이 판단력이 있는 사람이라는 긍지를 가지고 있었다. 아마 그럴 것이다) 이것은 하나 곱하기 열이 열인 것은 알아도 둘 곱하기 다섯이 얼마인지 모르는 것이라고 말할 수 있다. 애뢰(哀誄)는 앞 시대 사람들의 문집에 있지만 수언은 없다는 점만 그는 보았다. 애뢰에는 고대와 공통되는 부분이 있지만 축하의 말은 고대에 없었다고 생각한다. 이런 사람은 「명」이 육조시대에 시작되었으며[15] 「비」가 동

고향에 돌아와 요봉산(堯峰山)에 오두막을 지은 뒤 아홉 해 동안 문을 닫아걸고 글을 지었다. 강희 18년에 부름을 받아 박학홍유(博學鴻儒) 시험을 쳤고 편수에 임명되어 『명사』를 편찬했다. 강희 29년에 죽었는데 나이가 예순일곱이다. 왕완은 어려서 고아가 되었다. 스스로 분발하여 공부했고 특히 고문사에 각별한 뜻을 가졌다. 아마 육경에 뿌리를 두고 너르고 너르며 툭 트여 화창한 기풍이 자못 남송 때의 여러 선생님들에 가까웠을 것이다. 시는 범성대(范成大), 육유, 원호문(元好問)의 시풍에서 뛰어난 점을 겸비했다. 『요봉시문초』(堯峯詩文鈔)가 있다."

역주_ **범성대**(1126~1193)는 자가 치능(致能), 호가 석호거사(石湖居士)이며 평강(平江) 오군 출신이다. 남송의 시인이다. 부모님이 일찍 돌아가셔 가난하게 컸다. 소흥 24년(1154) 진사가 되어 여러 벼슬을 두루 거쳤다. 임시 자정전(資政殿) 대학사로 금나라에 사신을 가서 금나라가 보낸 황제의 명령서를 고칠 것과 하남의 선조릉을 파헤친 사건의 책임을 물었다. 거의 죽을 뻔했지만 사명을 마치고 돌아왔다. 순희 연간에 참지정사에 이르렀지만 효종과 의견이 맞지 않아 두 달 만에 그만두고 은퇴했다. 죽은 뒤 문목(文穆)이란 시호를 받았다. 저술에 『석호거사시집』(石湖居士詩集), 『석호사』(石湖詞) 등이 있다. **원호문**(1190~1257)은 자가 유지(裕之), 호가 유산(遺山)이다. 태원 수용(秀容, 현재 산서성 흔주시) 한암촌(韓巖村) 출신이다. 금나라에서 태어나 원나라 때 죽은 금나라 시인이자 역사학자이다. 저술에 『원유산선생전집』(元遺山先生全集), 『유산악부』(遺山樂府) 등이 있다.

15 『봉씨견문록』(封氏見聞錄)은 이러하다. "위나라 시중 무습(繆襲)이 부모를 장사지내면서 무덤 아래 판(版)에 글을 썼다. 그래서 「명」을 써서 뫼 구덩이 안에 넣은 것은 의심할 나위 없이 위나라와 진나라 때 시작된 것이다." 『문선』 "묘지류"(墓誌類) 이선 주는 이러하다. "오균(吳均)의 『제춘추』(齊春秋)는 이렇게 말한다. 왕검이 이렇게 말했다. 돌로 만든 「지」[石誌]는 예전(禮典)에 나오지 않는다. 송나라 원가 연간에 안연지(顔延之)가 왕림(王琳)의 「지」를 만들면서 시작되었다."이것은 「지」가 육조시대 때 시작되었다는 설이다. 섭장청은 이렇게 말한다. "『서경잡기』 3은 이러하다. '두업[杜子夏]은 장안 북쪽 사 리쯤 되는 곳에 장사지냈다. 죽음을 앞두고 이런 글을 지었다. 「위군(魏郡) 출신 두업(杜鄴)은 뜻을 세워 충실하게 이 날까지 살았다. 견마지로를 미처 펼치지 못했는데 문득 먼저 풀잎에 맺힌 이슬처럼 허망하게 가는구나. 살과 뼈는 후토(后土)에게 되돌아가겠지만 기운과 넋은 어디로 갈지 모른다. 어찌 반드시

한 때 성행했다지만[16] 고대에는 아직 유행하지 않았다는 것을 모른다. 학문을 지망하는 선비들은 비석에 새긴 채옹의 글,[17] 한유가 쓴 묘지명[18]을

고향의 언덕에 묻혀야만 제대로 썩겠는가? 장안의 북쪽 교외에 봉분을 쌓고 여기서 잔치 벌이며 쉬련다.」 죽었을 때 돌에 새겨 무덤 옆에 묻으라고 명령했다.' 이에 근거하면 「지」는 서한[前漢] 때 시작되었지 육조시대 때 시작된 것이 아니다."

역주_ **무습**(186~245)은 자가 희백(熙伯)이며 동해군 난릉(현재 산동성 창산 난릉진) 출신이다. 위나라 문학자이며 벼슬은 상서 광록훈에 이르렀다. 중장통과 교분이 두터웠다. 저술이 많지만 『위고취곡』(魏鼓吹曲) 열두 수는 조조의 공적을 기리는 작품으로 유명하다. **오균**(469~520)은 자가 숙상(叔庠)이며 오흥(吳興) 고장(故鄣, 현재 절강성 안길현) 출신이다. 남조 때 양나라의 문학자이다. 서예도 일가를 이뤄 오균체(吳均體)라고 부른다. 한 시대의 시풍을 만들었다. 그의 시문은 심약의 칭찬을 들었다. 천감 연간 초에 군주부가 되었고 천감 6년(507) 건안왕(建安王) 소위(蕭偉)가 기실로 초빙했다. 나중에 봉조청(奉朝請)에 임명되었다. 그래서 개인적으로 『제춘추』를 편찬하다가 양나라 무제를 건드리는 바람에 면직되었다. 얼마 지나지 않아 황제의 명령으로 『통사』를 짓다가 완성하지 못한 채 죽었다. **안연지**(384~456)는 자가 연년(延年)이며 조상 때 낭야 임기에 살았다. 동진 말에 강주 자사의 후군 공조(後軍功曹)가 되었다. 유유가 진나라를 대신하여 송나라를 세우자 태자사인이 되었다. 소제(少帝) 때 시안(始安) 태수가 되었고 문제 때 금자광록대부(金紫光祿大夫)가 되었다. 안연지는 도잠과 깊은 교분을 나눴는데 도잠이 죽자 「도징사뢰」(陶徵士誄)를 썼다. 그의 시는 당시 사령운에 비견되었다.

16 사마광[司馬溫公]은 이렇게 말한다. "옛사람의 공덕[勳德]은 청동기[鼎鐘]에 새긴 것이 많다. 그것을 종묘에 갈무리하고 장사를 치르면 큰 비석을 세우고 관직을 내릴 뿐이다. 진나라와 한나라 이후 비로소 글을 지어 공덕(功德)을 칭찬하고 찬양하여 그것을 돌에 새기고 마찬가지로 비라고 불렀다."(조익 『해여총고』(陔餘叢考) 「비표고」(碑表考)를 보라) 요내 「고문사유찬서」는 이러하다. "비지류(碑誌類) 형식은 『시』에 뿌리를 두고 있다. 공덕을 노래하고 칭송한다. 쓰임새는 쇠나 돌에 베푼다. 주나라 때 석고(石鼓)에 새긴 글이 있다. 진나라는 순수하면서 지나간 곳에 돌을 새겼다. 한나라 때 비문을 지었고 또한 서문을 보탰다." 『문심조룡』 「뇌비」는 이러하다. "후한 이후 비와 갈(碣)이 구름처럼 일어났다. 창끝처럼 예리한 재능이 표현된 것으로 채옹보다 높은 것은 없다." 이것은 비문이 동한 때 성행했다는 설이다.

17 『후한서』 「채옹전」은 이러하다. "채옹은 자가 백개(伯喈)이며 진류 출신이다. 교현(橋玄)의 막부에 부름을 받았다가 조금 시간이 흐른 뒤 중랑으로 옮겼다. 나중에 동탁이 채옹을 불러 상서로 옮겼다. 동탁이 죽임을 당한 때에 왕윤이 채옹을 체포하여 정위에게 보냈다. 그래서 결국 옥중에서 죽었다." 『문심조룡』 「뇌비」는 이러하다. "채옹이 쓴 양사(楊賜)의 비문을 보면 뼈대의 굳음이 마치 『상서』의 훈이나 전[訓典]과 같다. 진식(陳寔)의 비문과 곽태(郭泰)의 비문은 어휘 선택이 더 이상 말할 것이 없을 정도라서 많은 비문에 두루 쓰이고 맑으며 적절하지 않은 것이 없다. 그가 서술한 사실은 포괄적이며 요점을 잡고 있다. 그가 기운 어휘는 우아하며 윤택하다. 맑은 어휘가 돌고 돌면서 끝이 없으며 교묘한 뜻이 나와 우뚝 선다. 그의 재능을 살

굉장히 칭찬한다. 채옹과 한유 두 분의 문집에는 칭찬할 만한 덕이 없이 말만 남긴 경우나 일이 잘되도록 여러 가지 방법으로 힘써주셔서 우러러 본다는 등의 말을 남에게 해준 경우가 있음을 볼 수 있다. 이것이 최근의 수언과 무엇이 다른가? 고대의 사물을 취할 때는 너그럽고 현대에 대해서는 모질게 옥죄면 그에게 귀는 있으되 눈이 없다고 군자는 생각한다. 「비」나 「명」 따위가 정말 고대에 시작된 게 틀림없다고 생각한다면 축하의 글도 『주관』에서 시작된 것이 틀림없다. 육축(六祝)의 말[19]은 행복과 상

펴보면 저절로 이런 경지에 이른 것을 알게 된다." 『채중랑집』(蔡中郎集)에는 「사공문렬후양공비」(司空文烈侯楊公碑), 「진태구비」(陳太丘碑), 「곽유도비」(郭有道碑)가 있다.

역주_ **교현**은 자가 공조(公祖)이며 한나라 말기의 양나라 휴양(睢陽) 출신이다. 칠대조 교인(橋仁)은 같은 군의 대덕에게 배우고 『예기장구』(禮記章句) 마흔아홉 편을 썼다. 이것을 교군학(橋君學)이라 부른다. 성제 때 대홍려(大鴻臚)가 되었다. 할아버지 교기(橋基)는 광릉 태수였고 아버지 교숙(橋肅)은 동래 태수였다. 교현은 젊어서 현 공조(縣功曹)가 되었다. 당시 예주 자사 주경(周景)이 양나라를 지날 일이 있었다. 교현은 주경을 알현하고 엎드려 진나라 상[陳相] 양창(羊昌)의 죄를 아뢰고 바로잡길 청했다. 주경은 교현의 뜻을 장하게 여기고 서명해서 보냈다. 교현이 도착하여 양창의 빈객을 모두 모아놓고 숨긴 죄목을 밝혔다. 양창은 본디 대장군 양기(梁冀)의 비호를 받고 있었기 때문에 양기가 치격(馳檄)을 보내 구하려 했다. 주경은 황제의 명령을 받들어 교현에게 보내자 격문을 돌려보내고 결국 양창은 죄인의 신세가 되었다. 교현은 이로써 유명해졌다. 여러 벼슬을 두루 거치다가 제나라 상이 되었는데 사건에 연루되어 성단(城旦) 형벌에 처해졌다. 형벌이 끝나자 다시 뽑혀서 여러 벼슬을 거치고 광화(光和) 6년 죽었다. 죽었을 때 장례 치를 형편도 안 되어 많은 이들이 청렴함을 칭찬했다.

18 모곤(茅坤) 「한문공문초인」(韓文公文鈔引)은 이러하다. "한유의 기이함은 「비」와 「명」에서 가장 가파르고 깎아지른 듯하다." 증국번 『독서록』(讀書錄)은 이러하다. "먼저 사실을 서술하고 나중에 공덕을 새기는 경우도 있고 먼저 그의 능력을 드러내고 나중에 조상의 계보[世系]에 도달하는 경우도 있다. 「명」만 있고 시가 없는 경우도 있고 시만 있고 「명」이 없는 경우도 있다. 이것은 모두 한유가 창조한 법도이다. 나중에 나타난 문학자[文家]들은 그것을 뒤쫓았고 결국 쇠나 돌에 새길 때의 정해진 범례로 원용되었다. 그것을 연구하여 글에 깊은 사람은 더불어 범례를 이야기할 수 있다. 범례에 정밀한 사람이 마찬가지로 글을 안다고는 꼭 말할 수 없다."

역주_ **모곤**(1512~1601)은 자가 순보, 호가 녹문이다. 귀안(歸安, 현재 절강성 오흥) 출신이다. 모곤의 산문은 사마천, 구양수를 본뜬 것이다. 저술에 『백화루장고』(白華樓藏稿), 『옥지산방고』(玉芝山房稿) 등이 있다.

19 『주례』 「춘관」은 이러하다. "태축은 여섯 가지 축(六祝)의 축사를 관장하여 인귀(鬼), 천신(神), 지기(示)를 섬기며 복록과 상서로움을 빌고 영원히 바른 것을 구한다. 첫째

서로움을 비는 것이다. 축하의 글이 문학을 지망하는 선비가 지었고 늦게 나타났다고 해서 이를 핑계로 종류와 범례를 구별하고 있다. 이것이 어찌 시대의 변화를 아는 사람이 말한 것이겠는가?[20]

글은 내용에서 생긴다. 수언과 축하나 애뢰는 그 사람의 내용을 근거로 글을 짓기 때문에 변화무쌍하며 정해진 방향이 없다. 후세인들이 연 경지가 앞 시대 사람보다 뛰어날 수 있다. 사람에 근거하여 쓴 글은 사람이 변할 때마다 변한다. 사실에 근거하여 쓴 글은 사실이 변하지 않으면 변하지 않는다. 계집이 시집갈 때 읽는 경계시키는 글이나 사내가 성인식을 치를 때 읽는 축문은 지어둔 글이나 오래된 관례를 쓰는 법이다. 옛사람이 행사가 닥칠 때마다 새로 글을 짓지 않았지만, 「전」이나 「기」에 기록된 것도 아마 많을 것이다. 손님과 주인이 읍하는 예를 갖추면서 사양하는 관례적인 의식의 글이나 북을 치고 나발을 불면서 가락을 맞추는 일[21]은 예악이 없애지 않은 것이다. 그러나 내용은 남지 않았다. 설령 그것을 신인이나 성인이 지었다 하더라도 관례적인 의식의 글이나 가락을 맞추는 일을 특이하다고 특별히 쓰지 않았다. 흐름을 잇지도 근원을 변별하지도 않은 후세인들은 으레 행사가 있을 때마다 글을 지었다. 그래서 새로 지은 글이 지나치게 많다. 과거 시험에 합격하여 진사가 된 사람의 이름을 기록한[題名][22] 비석에는 반드시 「기」가 있다.(명나라 때

는 순축(順祝), 둘째는 연축(年祝), 셋째는 길축(吉祝), 넷째는 화축(化祝), 다섯째는 서축(瑞祝), 여섯째는 협축(筴祝)이다.”

20 나는 이렇게 생각한다. 이 단락은 최근의 문집에 장수를 비는 말을 수록하지 않는다는 잘못을 논하고 있다.

21 『예기』 「악기」는 이러하다. “문채(文采)와 가락은 곡조의 꾸밈이다.”

22 『신당서』 「선거지 상」은 이러하다. “처음에 거인이 급제하면 곡강회(曲江會)를 베푼다. 자리에 이름표를 붙여놓는다.” 당나라 왕정보(王定保) 『척언』(摭言)은 이러하다. “완성된 자은사의 탑에 이름을 열거한다. 이것을 제명(題名)이라고 부른다.” 유우석(劉禹錫) 『가화록』(嘉話錄)은 이러하다. “자은사의 제명은 장초(張莒)에게서 시작되었다. 본래 자은사에서 한가하게 유람하던 중 같은 해에 합격한 사람의 이름을 적었다. 그래서 고사가 되었다.”

역주_ **왕정보**(870~954)는 광화 3년(900) 진사에 합격했으며 오융(吳融)의 사위이다. 남창

의 이런 폐단은 이미 사라졌다) 과거 시험 합격자의 명단을 발표할 때[23] 올리는 기록에는 반드시 「서」가 있다.(이것은 아직도 있다. "하표"(賀表)의 형식 같은 일정한 격식으로 고쳐서 쓰자고 요청할 수 있을 것 같다) 당나라와 송나라 때부터 가을에 응시자들을 풀어주고 봄에 예부가 주관하는 시험에 모이게 되었다. 그래서 진사로 시험에 합격한 일은 마치 현물로 받은 세금을 배로 운반할 때 장부를 위에 올리는 제도와 같아졌기 때문에[24] 특별히 내놓고 기록할 만한 일도 아니다. 진사 합격자 이름을 비석에 기록하고 합격자 명단을 올리는 일은 그나마 고사에 따라 시행되었다. 설령 이사에게 비석[25](합격자 이름을 기록한 비석[題名碑]을 가리킨다)을 새기게 하고 유향에게

출신이다. 당나라가 망한 뒤 호남으로 들어가 옹관순관(邕管巡官)이 되었다. 아내를 버리고 돌아보지 않아 선비들의 비난을 받았다. 남한(南漢) 영원군(寧遠軍) 절도사, 중서시랑 동평장사 등을 역임했다. 저술에 『당척언』이 있다.

23 「서교 하」의 주23을 보라.

24 『송사』 「선거지」는 이러하다. "처음에 예부의 공거는 모두 가을에 모임을 해제하고 겨울에 예부에 모아 봄에 시험을 쳤다. 합격하여 급제한 사람은 이름을 열거하여 상서성에 방을 붙였다." "가는 곳을 철하고 모임 기한을 정한 뒤 사람의 성명[名氏], 본적[鄕貫], 할아버지부터 집안의 내력 따위를 열거하여 서술하여 쓴다. 이것을 소록(小錄)이라고 부른다." 『신당서』 「선거지 하」는 이러하다. "처음에 이부는 해마다 늘 사람을 모았다. 그 뒤 삼년 내지 몇 년에 한 번씩 모아서 사람을 뽑는 일이 갑자기 있기 때문에 문부(文簿)가 어지럽고 뒤섞여 있었다. 벼슬아치들은 이것을 기화로 간사한 이익을 챙길 수 있었다. 선비들은 차질을 빚으면 어쩌다 십 년이 지나도록 관직을 얻지 못했다. 그리고 빠진 인원이 있어도 마찬가지로 여러 해가 지나도록 보충하지 않았다. 육지가 재상이 되자 그런 폐단을 응징했다. 이부에 내원과 외원[內外員]을 근거로 삼등분하여 빠진 인원이 있으면 사람을 모으고 해마다 정기적으로 모으라고 시켰다. 이 때 하서(河西)와 농우(隴右)는 이민족에게 함락되었고 하남과 하북은 셈에 넣지 않았다. 벼슬아치의 숫자가 아마 천보 연간의 삼분의 일 정도로 줄었기 때문에 들어오는 숫자를 늘렸을 것이다." 『사기』 「소상국세가」는 이러하다. "조세를 돌려서 군대에 주었다." 한나라 제도에서 군국은 해마다 서울에 가서 회계 장부[計簿]를 올려야 했다. 이것을 상계(上計)라고 한다. 『한서』 「선제기」는 이러하다. "감천궁(甘泉宮)에서 회계 장부를 받았다." 주는 이러하다. "군국이 올린 회계 장부를 받은 것이다. 이것은 오늘날 모든 주의 회계 장부[計帳] 같은 것이다."

25 이사의 「역산각석」(嶧山刻石), 「태산각석」(泰山刻石), 「낭야대각석」(琅邪臺刻石), 「지부각석」(之罘刻石), 「갈석각석」(碣石刻石), 「회계각석」(會稽刻石)은 모두 만든 해에 따라서 서술한 것이다. 순시한 지역과 각석을 세운 뜻 및 내려준 경계의 말은 마치 진사제명비(進士題名碑)처럼 일정한 격식이 있다.

책[26](합격자 명단을 올리는 기록[進呈錄]을 가리킨다)을 올리게 한들, 어찌 보통 때 쓰는 글 이외에 새로 글을 쓸 수 있겠는가? 그러나 이 방면에 재능이 있는 사람은 뽐낼 것이고 서투른 사람은 부끄러워할 것이다. 글만 생각하고 사실을 생각하지 않기 때문에 홀려서 정신을 차리지 못하는 것이다. 집을 다 짓고 대들보를 올릴 때는 반드시 완공을 축하하는 글이 있다. 결혼하면서 예물을 보낼 때는 반드시 혼인을 요청하는 글이 있다.[27] 이렇게 집을 짓는 방법도 같고[28] 이렇게 사내와 계집이 혼인하는 방법도 같다. 설령 노반에게 완공을 축하하는 일을 시키고 고매(高禖)에게 손님 소개하는 일을 맡기게 한들,[29] 어찌 보통 때 쓰는 글 이외에 새로 글을

---

26 『한서』「예문지」는 이러하다. "성제 때 서적이 대단히 흩어지고 없어졌다. 알자 진농에게 천하에 남은 책을 찾으라고 시켰다. 광록대부 유향에게 경전, 제자백가, 시부를 교정하고, 병부 교위 임굉에게 병서를 교정하며, 태사령 윤함에게 수술을 교정하고, 시의 이주국에게 방기를 교정하라고 명령했다. 책이 하나씩 끝날 때마다 유향은 바로 책 제목을 순서대로 배열하고, 가리키는 의도를 취하여 베껴 쓴 뒤 아뢰었다." 유향은 교정한 책을 바칠 때마다 모두 책의 이름, 편의 숫자, 어떤 판본을 참조하여 교정했는지, 몇 편으로 확정지어 지었는지 서술하여 밝혔다. 게다가 「상전국책서」(上戰國策敘), 「상관윤자」(上關尹子), 「상안자」(上晏子) 등처럼 지은이의 생애와 저작의 내용도 서술했다. 이것은 과거 시험의 『진정록』(進呈錄)처럼 일정한 격식이 있다.

27 성실(成室)은 다음의 주를 보라. 후위의 온자승(溫子昇)에겐 「창합문상량축문」(閶闔門上梁祝文)이 있다. 그래서 상량할 때도 축문이 있다는 것을 안다. 또한 예전에는 남자 쪽에서 신부 집으로 예를 갖추어 찾아가고, 여자 쪽에서는 예를 받아들일 때마다 청첩이 있었다.

역주_ 온자승(495~547)은 자가 붕거(鵬擧)이며 제음(濟陰) 원구(寃句) 출신이다. 북위의 유명한 문학자이며 중군 대장군까지 벼슬살이를 했다. 북위 효명제가 전국에서 사인을 선발하여 어사 자리를 보충하려 했을 때 팔천 명이 응시했는데 그가 일등을 했다. 시에도 뛰어나고 군사 전략에도 뛰어났다. 동위(東魏) 무정(武定) 5년(547) 원근(元瑾)이 난을 일으키자 고징(高澄)은 온자승도 함께 모의했다고 의심하여 진양(晉陽)의 옥에 가뒀다. 이 해 옥에서 굶어죽었다. 저술에 『문필』(文筆), 『영안기』(永安記)가 있다.

28 『상서』「대고」는 이러하다. "만약 아버지가 집을 지어 이미 법도가 갖춰졌다면 그의 아들은 즐겨 방을 더 짓지 않는다. 그런데 하물며 새로 집을 지으려 하는가?" 공안국 『상서전』은 이러하다. "아버지가 이미 법도를 이뤘으면 아들은 덧붙이는 방의 터도 새로 잡으려고 하지 않는다. 하물며 새 집을 지으려고 하겠는가?"

29 조기 『맹자』 주는 이러하다. "노반은 노나라의 장인[巧人]이다." 반(班)은 반(般)이라 적기도 한다. 『예기』「단궁 하」는 이러하다. "진나라 헌문자(獻文子)가 집을 완성했

쓸 수 있겠는가? 그러나 이 방면에 재능이 있는 사람은 뽐낼 것이고 서투른 사람은 부끄러워할 것이다. 글만 생각하고 사실을 생각하지 않기 때문에 홀려서 정신을 차리지 못하는 것이다. 그러나 그 시대의 문인은 이제 저편은 서투르고 이편은 뛰어나다고 한다. 이것은 무슨 일인가?[30] 나라와 집안의 영전(令典)이나 교외와 종묘의 축판(祝版)[31]은 해마다 거행하는 늘 있는 일이다. 정해진 방식이 있지 새로 고치지 않는다. 관례에 따라 일정한 벼슬 이상인 사람의 아비에게 명예 관직을 주고 임금이 모든 신하에게 포고문이나 훈계하는 글을 내리는 일은 벼슬의 등급이 같으면 정해진 방식이 있지 새로 고치지 않는다. 임금의 생일 같은 경사를 축하하는 의식에서 모든 신하가 하표를 올리는 일도[32] 정해진 방식이 있

다. 진나라 대부들은 가서 축하했다." 정현 주는 이러하다. "문자(文子)는 조무(趙武)이다. 집을 완성하자 진나라 임금이 그것을 축하했다.[獻] 이것은 경사스런 일이다. 모든 대부들은 발례(發禮)를 근거로 갔다." 공영달 소는 이러하다. "발(發)은 예이다. 진나라 임금이 이미 축하를 했고 조정의 대부도 아울러 발례를 하여 임금을 좇아가 그것을 축하했다." 발호(發號)는 발례이다. 낙성을 축하한다는 뜻이다. 『여씨춘추』「중춘기」는 이러하다. "이 달에 제비가 온다. 제비가 오는 날 태뢰로 고매(高禖)에게 제사지낸다." 고유 주는 이러하다. "『주례』 "매씨"(媒氏)는 이러하다. '중춘의 달에 남녀가 짝을 찾는다. 이때는 뛰어다니는 것도 금하지 않는다.' 그 신을 교외에서 제사지내기 때문에 교매(郊禖)라고 부른다. 교(郊)의 소리는 고(高)와 아주 가깝기 때문에 고매라고도 하는 것이다. 왕과 왕비, 후궁들은 제비가 오는 날에 고매에게 후계자를 점지해달라고 빈다." 『예기』「빙의」는 이러하다. "개(介)가 연락해서 명을 전한다." 소빈(紹賓)은 빈의(賓儀)를 돕는다는 뜻이다.

역주_ **노반**은 목수의 신, **고매**는 혼인의 신이라 설명하고 있다. 노반은 앞서 나왔던 적이 있으며, 전국시대의 실존인물이라 믿고 있다. 고매는 사실 혼인의 신이 아니라 태양신이다. 고매는 고매(高媒)라고도 쓰며 제곡(帝嚳) 고신씨(高辛氏)를 신격화시킨 것이다. 고신씨는 은나라와 주나라 공통 조상인데, 은나라 시조를 낳은 여자가 간적(簡狄)이다. 간적은 춘분(春分)에 제비가 물고 가다 떨어트린 오색찬란한 알을 삼키고 시조를 잉태했다 한다. 간적은 대지의 여신이고 고매는 태양신이다.

30 나는 이렇게 생각한다. 이 단락은 등과(登科), 상량, 통빙(通聘) 등에 쓰는 여러 가지 글은 모두 정해진 격식이 있는데도, 문인들이 어리석게 우열을 나누는 잘못을 논하고 있다.

31 교묘(郊廟)는 하늘에 제사지내고 종묘에 제사지내는 것이다. 축판(祝版)은 제사지낼 때 축문을 쓰는 것이다.

역주_ **영전**은 경사를 축하하기 위해 법도에 맞춰 베푸는 의식이다. **축판**은 천지신명과 조상신에게 드리는 제사의 축문이다.

지 새로 고치지 않는다. 성인이 창조해서 예의 제도의 큰 줄기가 된 것 가운데 어떤 때는 내용을 따라야 하는 것도 있고 어떤 때는 형식을 따라야 하는 것도 있다. 하지만 반드시 괜찮은 것이라야만 어떤 것을 따를지 결정한다. 글은 사실에 근거하기 때문에 사실이 변할 때마다 글도 변한다. 사실이 변하지 않으면 글도 변하지 않는다. 설령 주공과 공자가 지었다 한들, 어찌 다르겠는가? 손님과 주인이 읍하는 예를 갖추면서 사양하는 관례적인 의식의 글이나 북을 치고 나발을 불면서 가락을 맞추는 일은 보통 사람이 덜어낼 수 있는 것도 아니고 신인이나 성인이 보탤 수 있는 것도 아니다. 문인들은 쌓아온 습성으로 계속 새로운 글을 찾으려 하니 뽐내는 것이 많고 다투는 일에 쏠리는 것은 틀림없다. 문집이 그렇게 어지러이 많은 것도 당연하리라.[33]

『예기』는 이렇게 말한다. "군자가 상을 당했을 때, 시신을 아직 묻지 않았다면 상중에 지키는 모든 예절을 읽는다. 시신을 묻었다면 제사를 지내는 예절을 읽는다. 삼년 동안의 상이 끝나 일상으로 돌아오면 가락이 있는 시가를 읽는다."[34] 상중에 지키는 모든 예절에는 가까운 관계냐 먼 관계에 따라 구별이 있으며 내용을 앞세우느냐 형식을 앞세우느냐 하는 것도 구분이 있다. 이것은 지극한 감정에 뿌리를 두고 있기 때문이다. 근세의 문인들은 어버이를 여읜 뒤 일가붙이들이 상복을 입을 때 읽는 제문(祭文)도 있고 어버이의 시신을 묻고 돌아온 뒤 넋을 모신 집에서 제사지내면서 읽는 제문도 있으며 죽음을 슬퍼하며 상주를 위문하러 온 손님들에게 답례품을 나눠줄 때 돌아가신 분이 평생 살아온 일을 적은 글도 함께 준다. 『효경』이나 『예기』는 이렇게 말한다. "효자는 어버이의 장례를 치를 때, 곡하되 흐느껴 울지 않고 예의범절은 평소의 멋진 모습

---

32 고칙(誥勅)은 벼슬아치가 봉해졌다는 말이다.

33 나는 이렇게 생각한다. 여기까지 글에 정해진 격식이 있는데, 아무 일도 없이 바꾼 경우를 논하고 있다.

34 『예기』「곡례 하」의 글을 보라.

을 차리지 않으며 말은 꾸미지 않는다. 외롭고 근심스럽게 거적자리와 흙덩이 베개를 두고 지팡이를 짚고서야 일어날 수 있으며 아침부터 저녁까지 때때로 곡한다."[35] 이런 사람이 아직 있다면 붓을 들어 글을 쓰더라도 죽간이나 백서에 쓸 것이다. 창오(蒼梧) 사람이 아내를 양보한 일[36]이나 송나라 대부 화우(華耦)가 조상의 죄를 말한 일과 이것은 무엇이 다르겠는가?[37] 어떤 사람은 '그런 글이 꼭 스스로 쓴 것은 아니고 아마 장례 치르는 일을 도와준 사람이 대신 쓴 말일 것이다'라고 말한다. 글은 내용에서 생긴다. 따라서 대신 쓴 말이라도 틀림없이 그런 사람이기 때문에 이렇게 말할 수 있었을 것이다. 올빼미는 큰 바람에 휩쓸린 처지가 되어도 밝고 부드러운 좋은 소리를 내지 못하며,[38] 붕어는 수레 때문에 파인 바퀴자국에 물이 고인 웅덩이에 있으면[39] 성을 벌컥 내며 화내는

---

35 『효경』「상친장」(喪親章)은 이러하다. "효자가 어버이를 여의었을 때 곡은 하지만 울지 않는다. 예를 차리지 않으며 입으로 꾸미지 않으며 아름다운 옷이 편안하지 않으며 음악을 들어도 즐겁지 않으며 기름진 음식을 먹어도 달지 않다. 이것이 슬퍼하는 감정이다." 『예기』「문상」(問喪)은 이러하다. "거적자리에서 자고 흙덩이를 배며 어버이가 흙 속에 있는 것을 슬퍼한다. 그러므로 곡하고 눈물 흘리는 것이 정해진 때가 없다." 의(偯)는 곡할 때 뒤에 끄는 소리가 있는 것을 뜻한다.

36 『설원』「건본」(建本)은 이러하다. "창오의 아우가 아내를 맞이하는데 인물이 아름다웠다. 그러자 형에게 바꾸자고 청했다. 충성스럽다면 충성스러우나, 예가 아니다."

37 『춘추좌전』「문공 15년」은 이러하다. "송나라 대부 화우(華耦)가 노나라에 와서 맹약을 맺었다. 문공이 그에게 잔치를 베풀려고 했다. 화우는 사양하며 이렇게 말했다. '임금님의 죽은 신하 독(督, 화우는 화독(華督)의 증손자이다)은 송나라 상공(殤公)에게 죄를 지었고 이름이 제후들의 역사서에 있습니다. 제가 그 제사를 이었으니 어찌 감히 임금을 욕보이겠습니까? 아려(亞旅, 상대부(上大夫)이다)에게 명을 받들게 하길 청합니다.' 노나라 사람들은 그가 똘똘하다고 생각했다." 두예 주는 이러하다. "아무런 이유 없이 조상의 죄를 들먹이는 것은 똘똘하지 않은 것이다. 어리석은 사람[魯人]은 똘똘하다고 생각했으니 군자가 한 것이 아니다."

역주_ **노나라 사람**은 '魯人'을 옮긴 말이다. 문맥에 적절하다. 두예는 이것을 어리석은 사람이라고 풀었다. '魯'는 어리석다는 뜻도 있기 때문이다. 두예는 깊은 뜻을 밝혔다고 생각하여 이런 주를 달았지만 그저 두예의 주장일 뿐이다.

38 『시』「빈풍」"치효"는 이러하다. "내 날개는 해져서 상하고 내 꼬리는 닳아서 빠질 지경이라네. 내 집은 흔들흔들 비바람에 이리저리 흔들리네. 내 울음은 짹짹 두려운 소리 지른다." 또한 「패풍」"개풍"(凱風)은 이러하다. "아름다운 꾀꼬리 좋은 소리로 지저귀네." 현환(睍睆)은 아름다워 좋은 모습이다.

기색이 없을 수 없다. 비록 사람이 새나 물고기 대신 주장을 세우더라도 틀림없이 그들의 감정을 말할 수 있으리라. 어찌 대신 쓴 말이라고 하면서 효자가 처신하는 방법을 잊어버린단 말인가?[40]

남 대신 글을 써주더라도 부모님이 살아계시는 사람이라면 남을 위해 돌아가신 남의 부모님을 서술해서는 안 된다고 어떤 사람이 말했다. 안지추는 『안씨가훈』을 쓰면서 '효자는 혐의를 멀리해야 하며 부모님의 소리 없는 가르침을 듣고 모습 없는 가르침을 보아야 한다'라고 했는데 이것은 아마 지극히 다정하고 친절하게 타이르는 말일 것이다.[41] 비록 그렇다고 하더라도 이것은 대신 말해주는 형식을 이해하지 못한다. 혐의 가운데 가장 큰 혐의는 임금과 신하 사이의 일을 넘어서지 못한다. 주공은 조카 성왕을 위해 신하와 백성들에게 명령을 내렸지만[42] 임금의 자리를 넘보는 혐의는 없었다. 혐의 가운데 가장 심한 혐의는 사내와 계집 사이의 일을 넘지 못한다. 곡영(谷永)은 한나라 원제(元帝)를 위해 허후(許后)를 비난하는 말을 했지만[43] 허후가 아버지의 친척이라고 해서 꺼리지

---

39 「언공 상」의 주15를 보라.

40 나는 이렇게 생각한다. 이 단락은 부모를 여의었을 때 지은 제문이나 행술(行述)의 잘못을 논하고 있다.

41 『안씨가훈』「문장」은 이러하다. "남을 위해 글을 짓는 것은 모두 그 사람의 말을 만드는 것이라 이치에 마땅한 것이다. 슬프고 상심하고 흉하고 재앙에 대한 말은 곧바로 남에게 대신하게 하면 안 된다. 채옹이 호금영(胡金盈)을 위해 어머니의 「영표송」(靈表頌)을 지으면서 이렇게 말했다. '슬프구나 어머님의 영원히 사시지 못함이여. 그래서 내게 맡기고 일찍이 돌아가셨구나.' 또 호호(胡顥)를 위해 아버지의 명(銘)을 지으며 이렇게 말했다. '우리 효의낭군(孝議郎君)을 장사지내다.' 「원삼공송」(袁三公頌)은 이렇게 말한다. '아름답구나, 우리 조상! 옛날 유규(有嬀)에서 나오셨네.' 왕찬의 반문칙(潘文則) 「사친시」(思親詩)는 이렇게 말한다. '몸소 이렇게 수고스럽고 초췌하시며 나 같은 소인을 길러 주셨네. 바라노니 우리 어머니 오래오래 사시기를.' 그리고 아울러 채옹과 왕찬의 문집에도 수록되어 있다. 이런 사례는 대단히 많다. 옛사람이 행했던 일을 오늘날은 꺼림칙하게 생각한다." 『예기』「곡례 상」은 이러하다. "부모님이 말씀하시기 전에 소리 없는 것을 듣고 형체 없는 것을 본다." 정현 주는 이러하다. "늘 어버이가 장차 가르쳐서 시킬 것처럼 한다."

42 「언공 상」의 주5를 보라.

43 『한서』「곡영전」은 이러하다. "황제는 허황후(許皇后)에게 글을 내린 적이 있다. 여

않았다. 고대의 이름난 신하들은 책봉에 관한 임금의 명령, 신명께 고하는 글, 임금의 명령서, 포고문을 지었다. 그들이 돌아가신 임금의 시호를 올리거나 황후를 책봉하고 태자를 세우는 일부터 신하들에게 훈령을 내려 단단히 일러서 경계시키는 일까지 어느 하나 제왕의 명령을 대신하여 주장을 세우지 않은 일이 있는가? 어찌 혐의가 있다는 것인가? 세상에 살면서 혐의를 멀리하는 일은 벼슬아치가 맡은 책임을 지키는 일과 다르다고 말하면서도 악부 가운데 「고아」(孤兒)라는 편의 지은이는 왜 상을 당해 흰 갓을 쓰고 마른 사람이어야만 하는가?[44] 옛사람이 홀어미의 탄식은 대신 읊으면서도[45] 왜 수염과 눈썹이 짙은 남자의 탄식은 읊지 않는가? 문인이 남의 아들을 위해 어버이를 서술하려면 문인은 꼭 고아가 되어야만 쓸 수 있게 된다. 그러면 지아비를 위해 아내를 서술하려면 반드시 불까야만[46] 쓸 수 있는가? 예에 맞지 않는 예와 의롭지 않은 의를 군자는 하지 않는다. 그것은 아마 이런 이유 때문이리라.[47]

기서 곡영의 말을 취하여 꾸짖었다. 이 말은 「외척전」에 있다." 또한 「외척전」은 이러하다. "효성 허황후(孝成許皇后)는 대사마 거기장군 평은후(平恩侯) 허가(許嘉)의 딸이다. 태자비가 되었을 때부터 즉위할 때까지 늘 황제의 총애를 받았기 때문에 후궁이 나아가 황제를 뵙는 일은 드물었다. 황태후 및 황제의 여러 외삼촌들은 황제에게 후사가 없는 것을 걱정했다. 때마침 재이가 자주 발생하자 유향과 곡영 등은 모두 그 허물이 후궁들에게 있다고 진술했다. 황제는 그들의 말이 사실이라고 생각했다. 그래서 초방(椒房)과 궁궐[掖庭]에서 쓰는 것들을 줄였다. 황후는 이에 상소를 올렸다. 황제는 그래서 유향과 곡영의 주장을 채록하여 알렸다."

역주_ 초방은 왕비 등이 사는 집이다.

44 『악부시집』 「상화가사」(相和歌辭) "슬조곡"(瑟調曲)에는 「고사고아행」(古辭孤兒行)이 있다. 『시』 「회풍」(檜風) "소관"(素冠)은 이러하다. "흰 관 쓴 그이 보고 싶어라. 병든 사람 여위고 괴로운 마음 이를 곳 없네." 소관은 초상을 치를 때 대상(大祥)이 지난 뒤에 쓰는 모자이다.

45 『문선』에는 반악(潘岳)의 「과부부」(寡婦賦)가 있다.

46 『설문해자』는 이러하다. "엄(閹)은 수(豎)이다. 궁중의 환관[閹閽]이나 문지기[閉門]이다." 『시』 「진풍」(秦風) "거린"(車鄰)은 이러하다. "내시를 통하면 되지." 「전」은 이러하다. "시인(寺人)은 궁중의 낮은 신하이다."

47 『맹자』 「이루 하」는 이러하다. "맹자는 이렇게 말한다. '예가 아닌 예와 의롭지 않은 의로움을 대인은 하지 않는다.'" 나는 이렇게 생각한다. 이 단락은 체통 있는 글을 대신 말하는 것을 싫어하는 세상의 잘못을 논하고 있다.